Patran 与 Dytran
有限元分析标准教程

胡仁喜 刘庆 著

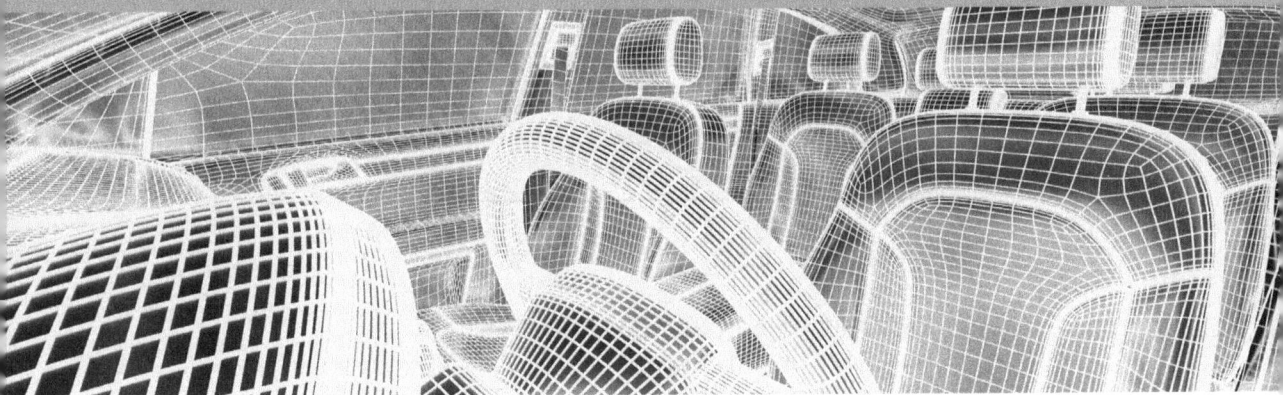

人民邮电出版社

北京

图书在版编目（ＣＩＰ）数据

Patran与Dytran有限元分析标准教程 / 胡仁喜，刘庆著. -- 北京：人民邮电出版社，2025.9
ISBN 978-7-115-63536-5

Ⅰ. ①P… Ⅱ. ①胡… ②刘… Ⅲ. ①有限元分析一应用软件一教材 Ⅳ. ①O241.82-39

中国国家版本馆CIP数据核字(2024)第013361号

内 容 提 要

本书介绍 Patran 2020 的基本操作以及 Dytran 2020 的求解分析。全书共 15 章，前 8 章分别介绍 MSC Software 公司及其产品 Patran 和 Dytran 的基本功能、Patran 建模和 Dytran 分析过程、创建几何模型、划分有限元网格、单元属性、约束和加载、流固耦合、运行分析；第 9 章至第 15 章涵盖 Dytran 对应的主要分析类型，分别介绍水下爆炸分析实例、地雷 EFP 成型射流穿甲分析实例、飞机加油软管分析实例、两个结构抗暴分析实例、火药密闭试验分析及参数拟合实例以及火药作用下弹片运动分析实例。书中所有实例的操作步骤都提供了详细的文字和图例说明，便于读者学习与掌握。

本书可以作为高等院校研究生自学计算机辅助有限元分析软件的教材，也可以作为各科研院所研究人员的研究参考资料。

◆ 著　　　　胡仁喜　刘　庆
　　责任编辑　蒋　艳
　　责任印制　王　郁　胡　南
◆ 人民邮电出版社出版发行　　北京市丰台区成寿寺路 11 号
　　邮编　100164　　电子邮件　315@ptpress.com.cn
　　网址　https://www.ptpress.com.cn
　　固安县铭成印刷有限公司印刷
◆ 开本：787×1092　1/16
　　印张：23.5　　　　　　　　　　2025 年 9 月第 1 版
　　字数：623 千字　　　　　　　　2025 年 9 月河北第 1 次印刷

定价：119.80 元

读者服务热线：(010)81055410　印装质量热线：(010)81055316
反盗版热线：(010)81055315

前　言

Dytran 用于仿真冲击、碰撞等类型的瞬时事件，并可分析在此类事件期间结构的复杂非线性行为，专门用于高速瞬态非线性动力问题、瞬态流固耦合问题的数值仿真。该软件采用显式积分法并能模拟各种材料及非线性几何，特别适合用来分析涉及大变形、高度非线性和复杂的动态边界条件的短暂的动力学过程。该软件提供拉格朗日求解器与欧拉求解器，所以既能模拟结构又能模拟流体。拉格朗日网格与欧拉网格之间可以进行耦合，从而可以分析流体与结构之间的相互作用，形成精确、独特的流固耦合技术。该软件自带丰富的材料模型，能够模拟从金属、非金属（包括土壤、塑料、橡胶等）到复合材料的各种材料，还能模拟从线弹性、屈服、状态方程、破坏、剥离到爆炸燃烧等各种行为模式。

随书配套资源包含本书实例源文件和操作过程录屏视频文件，可以帮助读者形象、直观地学习本书内容。

本书由海克斯康提供技术顾问，并指定为官方培训指导教材，河北工业职业技术大学的胡仁喜教授和 MSC Software 大中华区技术经理刘庆著。另外，石家庄三维书屋文化传播有限公司康士廷老师对本书的出版也提供了大量的帮助，在此表示感谢。

由于编者水平有限，书中难免存在不足之处，恳请各位专家和读者批评、指正。欢迎广大专家和读者加入 QQ 群 679410531 或者联系 714491436@qq.com 指导切磋。

编者

2025 年 4 月

资源获取

本书提供如下资源：

- 配套源文件；
- 视频讲解文件；
- 本书思维导图。

要获得以上资源，扫描下方二维码，根据指引领取。

提交勘误

作者和编辑尽最大努力来确保书中内容的准确性，但难免会存在疏漏。欢迎您将发现的问题反馈给我们，帮助我们提升图书的质量。

当您发现错误时，请登录异步社区（https://www.epubit.com），按书名搜索，进入本书页面，单击"发表勘误"，输入错误相关信息，单击"提交勘误"按钮即可（见下图）。本书的作者和编辑会对您提交的勘误进行审核，确认并接受后，您将获赠异步社区的 100 积分。积分可用于在异步社区兑换优惠券、样书或奖品。

与我们联系

我们的联系邮箱是 contact@epubit.com.cn。

如果您对本书有任何疑问或建议，请您发邮件给我们，并请在邮件标题中注明本书书名，以便我们更高效地做出反馈。

如果您有兴趣出版图书、录制教学视频，或者参与图书翻译、技术审校等工作，可以发邮件给我们。

如果您所在的学校、培训机构或企业，想批量购买本书或异步社区出版的其他图书，也可以发邮件给我们。

如果您在网上发现有针对异步社区出品图书的各种形式的盗版行为，包括对图书全部或部分内容的非授权传播，请您将怀疑有侵权行为的链接发邮件给我们。您的这一举动是对作者权益的保护，也是我们持续为您提供有价值的内容的动力之源。

关于异步社区和异步图书

"异步社区" (www.epubit.com) 是由人民邮电出版社创办的 IT 专业图书社区，于 2015 年 8 月上线运营，致力于优质内容的出版和分享，为读者提供高品质的学习内容，为作译者提供专业的出版服务，实现作者与读者在线交流互动，以及传统出版与数字出版的融合发展。

"异步图书" 是异步社区策划出版的精品 IT 图书的品牌，依托于人民邮电出版社在计算机图书领域 40 余年的发展与积淀。异步图书面向 IT 行业以及使用 IT 相关技术的用户。

目　录
CONTENTS

第8章 运行分析 ·············· 169

第9章 水下爆炸分析实例 ······ 199

第 1 章
Patran、Dytran 概述

本章介绍 MSC Software 公司及其主要产品 Patran 和 Dytran 的功能。

通过对本章的学习，读者可以对计算机辅助设计（Computer Aided Design，CAD）和计算机辅助工程（Computer Aided Engineering，CAE）领域有一个大概的了解。本章还会简要介绍使用 Patran 建模的基本操作以及 Dytran 的各种功能，为后面使用 Patran 和 Dytran 打好基础。

1.1 Patran 介绍

Patran 是一个集成的并行框架式的有限元前 / 后处理及分析仿真系统。Patran 的开放式、多功能的体系结构将工程设计、工程分析、结果评估、用户化设计和交互图形界面等集于一身，构成了一个完整的 CAE 集成环境。Patran 可以帮助产品开发人员实现从设计到制造全过程的产品性能仿真。Patran 拥有良好的用户界面，便于用户学习和使用。

1.1.1 图形用户界面

Patran 采用符合开放软件基金会（Open Software Foundation，OSF）Motif 标准的图形用户界面，如图 1-1 所示。Patran 的图形用户界面条理清晰，菜单最多不超过 3 级，便于用户接通各类分析任务。该软件还拥有丰富的电子表格工具，如弹出式或下拉式菜单与表格、滑动条、图形图标、按钮等，方便用户输入和管理数据。各类表格均使用普通的工程术语，而不是特定的代码、命令或缩写，需要时辅助表格会自动弹出，不需要时会自动隐藏，整个界面始终给人一种直观的感觉。

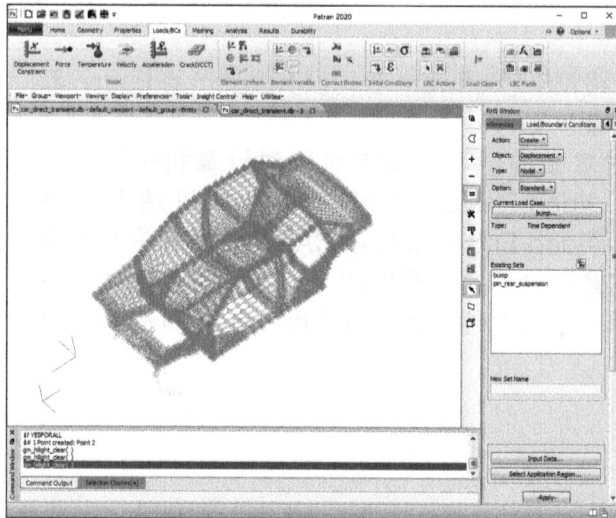

图 1-1　Patran 的图形用户界面

Patran 不但拥有基于 Motif 标准的图形菜单和电子表格系统，而且通过在线帮助系统为用户提供用户手册并允许用户快速定位所需信息，易学易用。

为方便用户使用，Patran 的用户手册系统始终处于"等待激活状态"，可在用户需要帮助的任意时刻被激活并提供相应的信息。

在在线帮助系统中，用户可单击相应的主题目录，并从"内容表"上选择需要的主题信息，一旦选定内容，文档中的相应信息就会出现在屏幕上供用户读取。

1.1.2 CAD 几何模型的直接访问

有限元分析模型可通过 CAD 几何模型快速生成，用精确表现产品设计的方式取代以往的近似描述，进而省去了在分析软件系统中重新构造几何模型的传统过程。Patran 中生成的分析模型（包含直接分配到 CAD 几何模型上的载荷、位移、材料和单元特性等）将保存在 Patran 的数据库中，而 CAD 几何模型将继续保存在原有的 CAD/CAM（Computer Aided Manufacturing，计算机辅助制造）系统数据库中。当相关的设计模型存储在 Patran 中并生成有限元网格时，原有的设计模型将被标记。设计与分析之间的相关性可使用户在 Patran 中迅速获取几何模型的任何改变，并能通过观察新的几何模型调整分析的精度。Patran 通过在世界范围内与先进的 CAD、CAM 软件建立紧密而重要的合作来实现并行工程和几何模型直接访问（Direct Geometry Access，DGA）技术，保证用户在同步的工程环境下从一个或多个 CAD 系统中获取 CAD 信息。这些 CAD、CAM 软件包括 CADDS5、CATIA、EUCLID、Pro/ENGINEER、Unigraphics、SolidWorks 等。

对于其他 CAD 软件，可依据其所遵循的标准进行访问。上面提到的 CAD 信息包括几何点、曲线、曲面、曲面和实体、Unigraphics 的特征等。其中，Unigraphics 的特征不但可以导入 Patran，而且可以在 Patran 中根据分析的要求进行更改，随后特征仍可返回 UG（交互式 CAD/CAM 系统）中供 CAD 设计人员修改与使用。

Patran 中的中间文件可用于在不同平台之间传递几何模型，STEP 或 IGES 文件主要用于任意 CAD 模型的几何数据的输入和输出。

1.1.3　几何造型功能

Patran 提供了一系列基于 Parasolid 的几何造型和编辑功能，不但可以编辑导入的 CAD 几何模型并划分有限元网格，而且可以通过布尔运算独立创建各种复杂的几何模型。

Patran 拥有统一的菜单形式，提供了强大的建模功能。支持多种几何要素，包括点、曲线、曲面、Trimmed 裁剪曲面、Parasolid 实体、三参数实体、B-rep 实体；支持多种生成方式，包括平移、转动、比例缩放、镜像、抽取中面、倒角、要素相交、投影、几何序号的重新排序等。此外还包含曲线、曲面合并，任意局部坐标系设定，重心、形心、转动惯量等几何模型的质量和几何特性的计算等功能。

1.1.4　分析集成

作为世界一流的前 / 后处理器，Patran 可根据不同的分析软件设置不同的工作环境，以满足用户对使用效益和集成的需求，使用户无须针对不同的分析软件的特点重复建模。Patran 界面内可直接选择的求解器包括：Nastran、Marc、Dytran、Patran Thermal、FE Fatigue、ABAQUS 和 ANSYS 等，如图 1-2 所示。

Dytran 目前还没有完全集成到 Patran 中。虽然大部分数据卡片能够在 Patran 中生成，但仍有个别卡片不能够自动生成，需要我们手动使用文本编辑器加以补充。Dytran 中包含丰富的材料模式，有些材料定义卡，例如用于定义钣金材料的 SHEETMAT，在 Patran 中还不能直接生成；还有些载荷卡也需要我们手动修改，例如定义刚体强制运动的卡片。

这些卡片在一个分析模型中通常只有几张，因而用文本编辑器手动生成并不费事。相信 Patran 后续的版本会更好地支持这些卡片。

用 Patran 生成 Dytran 的模型数据时，首先根据几何模型（可以将 CAD 软件产生的文件导入 Patran，也可以在 Patran 中创建），用网格划分功能生成网格，产生节点和单

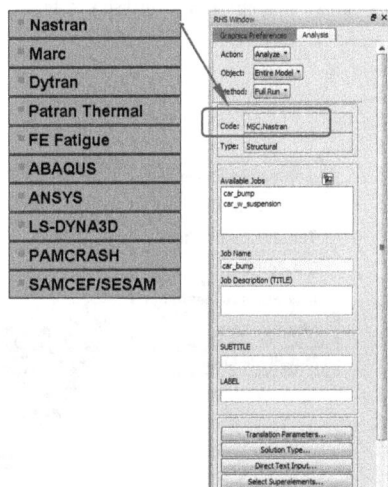

图 1-2　Patran 界面内可直接选择的求解器

元节点联结关系等数据；然后定义单元物理特性数据、材料数据、约束条件和载荷条件；接下来定义输出请求等情况控制卡以及其他控制参数；最后用 Patran 中的 Analysis 操作面板形成输入数据文件，并用文本编辑器补充剩下的个别卡片。

1.1.5 有限元建模

Patran 提供了全面、方便、灵活的可满足各种分析精度要求的复杂有限元建模功能。它拥有综合、全面、先进的网格划分技术，为用户提供了多种不同的生成和定义有限元模型的工具，可用于网格生成、有限元模型的编辑处理、单元选定、任意梁截面建模、位移和载荷的定义，以及交互式计算结果的后处理。

Patran 中的快速曲面网格生成器的功能包括任意二维曲面网格的生成和缝合；允许用户定义局部或全局单元尺寸；网格自动光顺以确保网格质量；网格的密度控制，包括曲率检查；无曲面的面网格生成；板壳元中性面的自动提取与网格划分；通过先进的算法保证边界和特殊区域的网格形状最优；基于 p- 单元的分析。自动实体单元网格生成器的功能包括任意三维几何体的四面体网格的生成；强大的网格密度控制功能，包括曲率控制和基于邻近面的网格划分（Proximity-based Meshing）；通过先进的算法保证边界及重要区域网格的形状最优；详尽的四面体网格诊断信息准确定位几何缺陷。映射网格生成器的功能包括多种网格划分选项、均匀或非均匀（包括单方向、双方向及基于曲率的网格划分）控制、网格过渡控制、网格种子控制和用户自定义的网格平滑处理。扫掠网格生成器的功能包括二维和三维单元可从低一阶次的单元扫掠形成，扫掠方法包括圆弧方向、柱面径向、拉伸方向、球面径向、球面周向等。

除了拥有优异的网格划分技术外，Patran 还拥有一些独特的网格处理功能，如图 1-3 所示，方便用户的使用，如网格的优化处理、单元验证试验等，具体包括：自动硬点生成；自动产生高阶单元的边中、面中或中心节点；单元的平移、转动、镜像和比例缩放，以及复制和管理单元；节点和单元的修改与编辑；单元细化；一个几何体对应多种不同网格划分并存在于同一个数据库；节点、单元的编号与控制；有限元单元检查包括壳单元的长宽比、翘曲、扭曲、阶梯性及法向的一致性检查，高阶壳单元的法向和切向的偏置检查等。

在 Patran 中，结构分析所施加的载荷可直接作用于集中点、边线、平面、柱面或球面、实体等几何模型或有限元模型上。载荷的形式包括力和力矩、压力或面分布力、强制位移、速度、加速度、温度、热通量等，如图 1-4 所示。

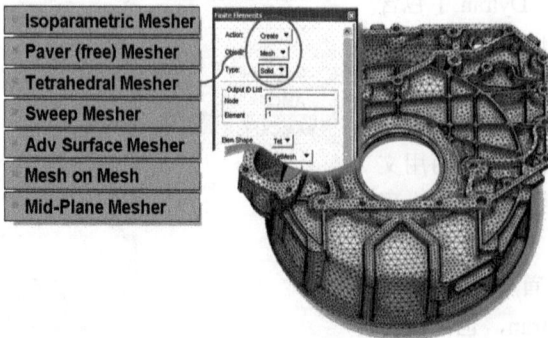

图 1-3　Patran 中的网格处理功能

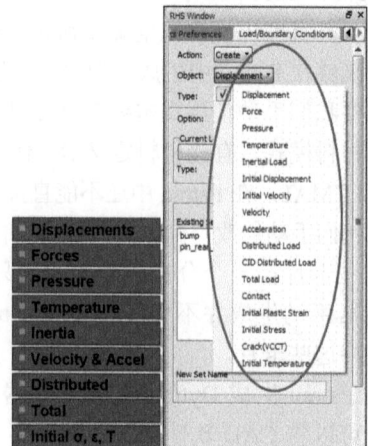

图 1-4　Patran 中载荷的形式

1.1.6　结果交互式可视化后处理

Patran 提供了多种计算分析结果交互式可视化后处理工具，如图 1-5 所示，帮助工程师灵活、快速地理解载荷作用下的复杂行为，如结构变形、温度场、疲劳寿命、流体流动等。输出结果的方式包括半自动、手动等。结果显示选项包括：在单元中心或节点显示、节点结果仅在可见的表面显示、仅显示用户选定的节点和单元的结果。输出的图形格式包括 BMP、JPEG、MPEG、PNG、TIFF、VRML 等。

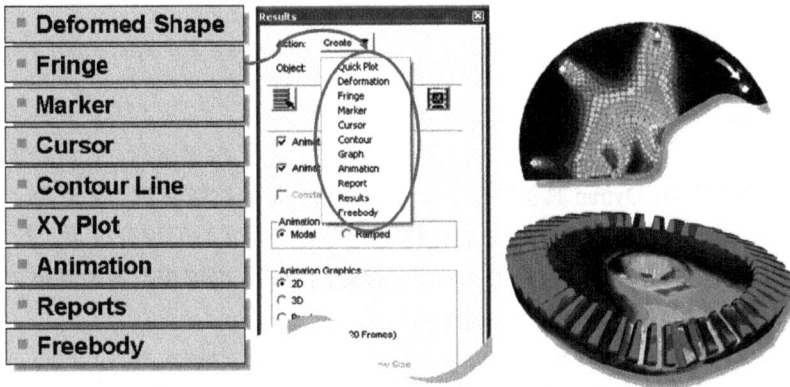

图 1-5　Patran 中的后处理工具

1.1.7　高级用户化工具

Patran 命令语言（Patran Command Language，PCL）是 Patran 中的一种高级、模块化结构的编程语言和用户自定义工具，与 C 语言和 Fortran 语言类似，可用于生成应用程序或特定的用户界面、显示自定义图形、读写 Patran 数据库、建立新的功能或增强功能。通过 PCL，其他商品化或自编分析程序可被集成到 Patran 系统中。

1.2　Dytran 介绍

Dytran 是 MSC Software 公司的核心产品之一，特别适用于分析涉及大变形、高度非线性的瞬态事件，以及流体与结构之间的相互作用，典型的应用如下所示。

- 气囊充气分析。
- 安全气囊与乘员的相互作用分析。
- 钣金成型分析。
- 武器的设计与计算，如爆炸碎片的分析。
- 撞击分析。
- 轮胎在积水路面的排水性和动平衡分析。
- 爆炸与冲击分析。
- 高速穿透分析。
- 船舶碰撞分析。

- 水下或空中弹体发射过程的分析。
- 液阻型橡胶隔振器瞬态动力响应分析。

Dytran 是一个显式有限元分析（Finite Element Analysis，FEA）解决方案，用于仿真冲击、碰撞等类型的瞬时事件，并可分析在此类事件期间结构的复杂非线性行为。Dytran 能够分析设计的结构完整性，以确保最终产品在满足用户的安全性、可靠性及管理机构的要求等方面处于有利的地位。

Dytran 在单一软件包中提供了结构、材料流及流体结构耦合分析功能。Dytran 采用了独特的耦合特性，使结构部件与流体、高度变形材料的分析能够集成在同一个连续仿真中。以下是 Dytran 分析的优点。

- 与 Patran 完全集成，易于建模。
- 具有领先的材料流动欧拉技术。
- 将纯结构的有限元技术和纯流动的欧拉有限体积技术结合，形成精确、独特的流固耦合技术。
- 强大的结构分析能力：Dytran 具备完整的单元类型和大量的材料模型，从金属、复合材料、混凝土到塑料、橡胶和泡沫；采用更新的拉格朗日方法和显式时间积分技术，具备对极度大变形和结构失效问题的分析能力；提供各种定义接触的模式，能够模拟各种复杂边界条件。
- 在 Patran 的开发环境支持下，易于实现 Dytran。

Dytran 具有强大的仿真功能，其使用范围涉及 CAE 的整个领域——结构分析、流体分析与机构分析。该软件集成了来自多种软件的求解器，从理论上讲几乎可以模拟任何力学过程（在硬件资源满足需要的前提下）。

1.2.1 完整的单元库

Dytran 采用拉格朗日求解器和欧拉求解器对结构和流体进行建模。实体、壳、梁、薄膜、弹簧和刚性单元等可使用拉格朗日求解器进行建模；欧拉求解器可以处理具有剪切强度的材料的流动。Dytran 具备完整的一维、二维、三维单元库。

1.2.2 丰富的材料库

Dytran 的材料库中包括线弹性材料、弹塑性材料、刚性材料、橡胶材料、低密度泡沫材料、土壤材料、正交各向异性材料、层合复合材料、率相关材料以及各种屈服准则、失效模式、状态方程、多点爆炸燃烧模型等。

Dytran 采用组合方式可定义上百种材料；通过大量用户子程序接口，可以定义各种材料破坏模式。

1.2.3 接触算法

Dytran 可以处理多个构件相互高速撞击的问题，接触面可以扩大、缩小、考虑摩擦的相对滑动、分离或粘接。

- 面与面接触：分为变形体与变形体接触、变形体与刚性体接触和刚体与刚体接触。
- 点与面接触：分为节点与变形体接触和节点与刚性体接触。
- 单面自身接触。

1.2.4　面向行业的强大分析能力

Dytran 分析的精度已被相关的物理实验证实。Dytran 可帮助工程师预测样机对各种现实动态事件的反应、分析产品失效的潜在原因。一些行业应用的例子如下所示。

- 航空航天的应用：飞机迫降、燃料箱的晃动与破裂、飞机鸟撞仿真、发动机叶片包容性、飞机耐撞性、座椅设计与安全性、飞机货仓防爆设计。
- 汽车的应用：安全气囊设计（见图 1-6）、假人建模与座椅设计、车辆冲击与碰撞试验、轮胎湿路打滑、油箱的晃动与破裂。
- 军事与国防的应用：聚能弹仿真与武器设计、弹丸侵彻与目标贯穿、水动力锤击、船舶碰撞、水下冲击爆炸、防爆性与生存能力。
- 其他行业的应用：瓶子与容器设计、纸带设计、跌落试验、运动器材影响分析、包装设计。

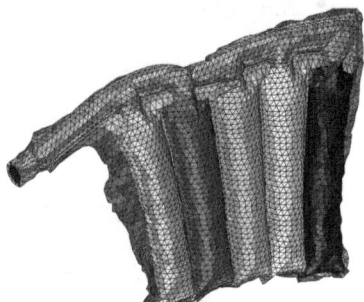

图 1-6　安全气囊

1.2.5　独特的仿真技术

借助 Dytran 的创新能力，可以在移动和变形的耦合表面建立自适应网格以及根据多欧拉域的相互作用进行建模，从而对采用其他工具难以或无法仿真的复杂场景进行分析，如下所示。

- 多个对象冲击多层结构。例如，确定多次鸟撞对飞行中的飞机的影响等。
- 出现液体泄漏或渗透的灾难性结构失效。例如，检查车辆是否能够承受可能导致油箱被压碎或漏油的碰撞。
- 封闭箱体内的液体的加注与晃动。例如，设计挡板以优化燃料箱的噪声、振动与声振粗糙度（Noise、Vibration、Harshness，NVH）特性。

拉格朗日求解器和欧拉求解器可用于对每个求解器内的结构和流体网格进行建模：可以将每个求解器中的流体结构的相互作用耦合在一起，以分析流体结构相互作用时实体、壳体、梁、膜、弹簧和刚性元素之间的相互作用，从而对结构进行建模；可以用三维欧拉单元建立欧拉网格。拉格朗日求解器和欧拉求解器都能处理具有剪切强度的流体材料。

从工程工作站到超级计算机等应用，Dytran 可用于简单单元处理和共享内存并行系统的刚体变形体接触等。

1.2.6　提升效率

通过持续不断的改进，Dytran 发布的每一个新版本都实现了效率的提升。一些新的技术改进如下所示。

- 利用欧拉求解器的分布式内存并行功能，能够在流固耦合（Fluid-Structure Interaction，FSI）分析中耦合表面计算性能。
- 利用循环对称边界功能，有助于调整涡轮机的仿真模型尺寸、优化旋转结构之间的流动以及解决管流问题。
- 借助不协调网格的联结技术，可将欧拉单元的一侧与其他几个欧拉单元的侧面相连，即将细网格"粘"到粗网格上，实现有效、灵活的建模，特别是对那些只存在局部不均匀的网格；

这一功能在 FSI 分析中有着重要的应用，例如气囊的弹出分析，如图 1-7 所示。

- 可通过定义最小和最大的网格尺寸之间的偏离比来实现非均匀的欧拉网格的划分，从而以另一种方式实现建模的灵活性。此外，渐变网络和非均匀欧拉网格还可以同时使用，这在进行 UNDEX 仿真时较为有用。
- 可以根据轴向和径向确定时间步长，加快轴对称网格的建模速度。
- 在军舰和 UNDEX 的应用中，可以使用静水压力边界。

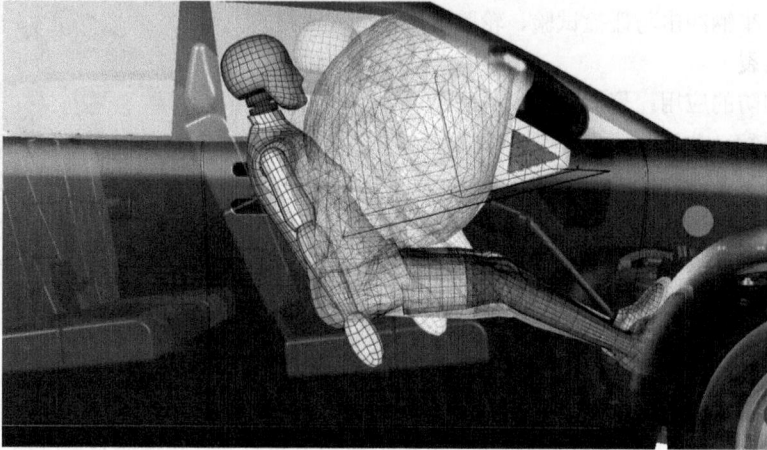

图 1-7　气囊的弹出分析

1.2.7　瞬态结构分析（碰撞或冲击）

Dytran 使用显式技术来解决瞬态动力学问题。实体、壳、梁、膜、连接单元及刚性单元均可用于构建结构模型。同时，用户可以将各种材料模型用于非线性响应和失效分析，其中包括线弹性、屈服准则、状态方程、失效及破坏模型、爆炸燃烧模型及复合材料等。接触表面允许在结构部件之间相互作用，或者与刚体相互作用。这些相互作用包括摩擦接触、滑动摩擦效应及分离。单面接触可用于建立结构的压曲模型，此时材料可折叠到自身，如图 1-8 中的卡车碰撞所示。

图 1-8　卡车碰撞

1.2.8　流固耦合

在流固耦合问题的分析中，Dytran 独有的"自适应多欧拉区域"技术——欧拉网格随着耦合面的变化自动调整的技术得到扩展，此技术从只支持单一材料发展到支持多种欧拉材料。欧拉材料可以是多种流体或气体材料，亦可以是有刚度但能经受大变形的结构材料。这种自适应网格的技术不仅可以优化计算步长，提高计算速度，还可以提高计算精度。此外，多材料欧拉求解技术让部分场景在鲁棒性和准确性上得到大大改善，如油箱晃动、燃料箱燃料的注入和流出、水下爆炸、模拟水从瓶中倒入杯中的流动过程、容器跌落等。其中，容器跌落如图 1-9 所示。

Dytran 中同时提供了欧拉求解器和拉格朗日求解器，不仅能在单一模型中同时对结构和流体建模，还能仿真结构与流体之间的相互作用。流体与结构之间的相互作用是通过在结构上建立一个耦合表面（拉格朗日域）来实现的。

图 1-9　容器跌落

1.2.9　欧拉网格技术

Dytran 具有欧拉网格的自适应技术，欧拉网格的数量可随结构的大小自动调整，从而可大量节约耦合计算的时间。Dytran 开发了无须进行网格过渡协调而直接将不同密度的网格联结起来的技术，即非均匀网格的 Mesh-Box 技术，如图 1-10 所示。采用该技术，可以十分方便地在不同区域采用不同密度的网格，提高了网格的费效比。

Dytran 允许采用不均匀的网格对长方体空间进行网格划分，通过定义各方向上的网格划分数量、将最大与最小网格尺寸的比率加以控制，并与分次网格（Graded meshes）结合，可更加方便、灵活、高效地划分出欧拉网格。

Dytran 可以直接定义静水压力边界条件，如图 1-11 所示，以此来对欧拉网格进行压力初始化。这样就改变了以往需要通过施加重力场来模拟初始压力的做法，使建模和分析变得较为简单。这一功能对水下爆炸分析等非常有用。

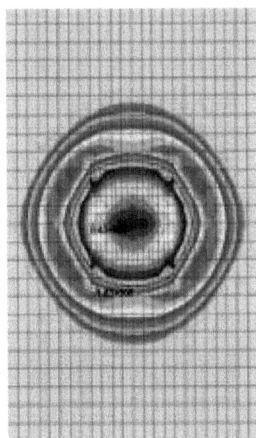

图 1-10　非均匀网格的 Mesh-Box 技术　　　　图 1-11　静水压力边界条件

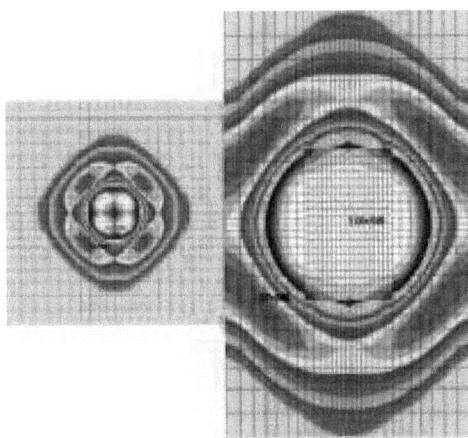

1.2.10 多种求解方法

Dytran 含有多种求解方法，如下所示。

- 线性方程组求解：直接法、迭代法、多前沿稀疏法、并行法等。
- 实特征值求解：Lanczos 法、增强逆迭代法、Givens 法、改进 Givens 法、Householder 法、带 Sturm 序列检查的逆迭代法等。
- 复特征值求解：Delerminated 法、Hessenberg 法、新 Hessenberg 法、逆迭代法、Lanczos 法等。
- 非线性方程组求解：牛顿 - 拉弗森法、修正的牛顿 - 拉弗森法、有应变修正的牛顿 - 拉弗森法。
- 矩阵运算优化算法：致密乘致密法、致密乘稀疏法、稀疏乘稀疏法、稀疏乘致密法、稀疏法、三重乘法和并行算法等。
- 矩阵分解方法：对称矩阵的 Cholsky 法、非对称矩阵的标准法。
- 带宽优化算法：Cuthill-McKee 法、Gbbs-Pool-Stk 法和混合算法等。优化准则包括波前均方根最小、带宽最小、轮廓最小、波前上限最小等。

第 2 章
Patran 建模和
Dytran 分析过程

　　本章主要介绍 Patran 的用户界面以及使用 Patran 和 Dytran 的一般流程，同时对操作分析过程中的各类文件进行介绍。

　　通过对本章的学习，读者可以了解 Patran 的用户界面中的各种菜单、按钮以及图标的功能，最后通过对典型问题的分析，读者可以对 Patran 建模和 Dytran 分析有初步的了解。

2.1　有限元分析简介

有限元分析也称为有限元法，它是求场问题数值解的一种方法。场问题需要确定一个或多个相关变量的空间分布。在数学上，一个场问题由微分方程或积分表达式描述。每种描述都可用于有限元列式。通用的有限元分析程序中包含了现有形式的有限元列式。

单个的有限元可形象化地视为结构的一小片。"有限"这个词区分了这些小片和微积分中的无穷小微元。在每个有限元中，允许一个场量仅有简单的空间变化。有限元所跨区域内的实际变化比较复杂，因此有限元法提供的仅是近似解。在有限元分析中，将单元的连接点叫作"节点"。而单元的集合被称为有限元结构。通常所说的"结构"是指已定义好的物体或区域。特定的单元排列称为网格。在数值分析中，有限元网格用待求节点未知量的代数方程组来表示。节点上的未知量是场量的值，它依赖于单元的形状，或许也依赖于它的一阶导数。节点的解和给定单元上的场量结合起来时，完全决定了单元上场的空间变化。这样，整个结构上的场量就可以以分段的形式逐个单元进行近似。虽然有限元解不是精确解，但是可以通过对结构划分更多的单元来提高解的精度。

有限元法具有许多优点，包括通用性强和物理概念明确，主要的优点如下。

（1）有限元分析可以运用于任何场问题：热传导、应力分析、磁场问题等。

（2）没有几何形状的限制，所分析的物体区域可以是任何形状。

（3）边界条件和载荷没有限制。

（4）材料性质并不限于各向同性，可以从一个单元变化到另外一个单元，甚至在同个单元内也可以有所不同。

（5）具有不同行为和不同数学描述的分量可以结合起来。

（6）有限元结构和被分析的物体或区域很相似。

（7）通过网格细分可以很容易地提升解的精度。

通用的有限元分析软件的使用步骤如下。

（1）前处理：输入描述几何、材料属性、载荷和边界条件的数据，软件能自动地划分大部分有限元网格，但必须提供相应的指导，如单元类型和单元疏密度；也就是说，分析者须选择一个或多个单元列式以适应数学模型，并说明有限元模型所选区域的单元应有的大小；在进行下一步操作前，须检查输入数据的正确性。

（2）数值分析：软件自动生成描述单元性能的矩阵，并把这些矩阵组合成表示有限元结构的大型矩阵方程，然后求解，得到每个节点上的场量值；如果单元性能依赖于时间或者属于非线性问题，要另外进行具体的计算。

（3）后处理：有限元解和由它得到的数值被列出来或者用图显示出来，分析者需要告诉软件列出或显示哪些变量；在应力分析中，典型的显示包括具有变形被放大的形状、动画，以及在不同平面上的不同类型的应力。

2.2　Patran 建模和 Dytran 分析流程

使用 Dytran 进行分析，需要先在 Patran 的用户界面中进行建模。Patran 的用户界面是基础，所以需要先学习 Patran 2020 的用户界面。

2.2.1　Patran 2020 的用户界面

Patran 2020 具有良好的用户界面，该界面清晰、简单、易于使用且方便记忆。

按照各部分的功能，可将 Patran 2020 的用户界面划分为 5 个区域，即菜单栏、工具栏及快捷应用工具按钮、操作面板区、图形编辑区、信息显示栏和命令行输入区，如图 2-1 所示。

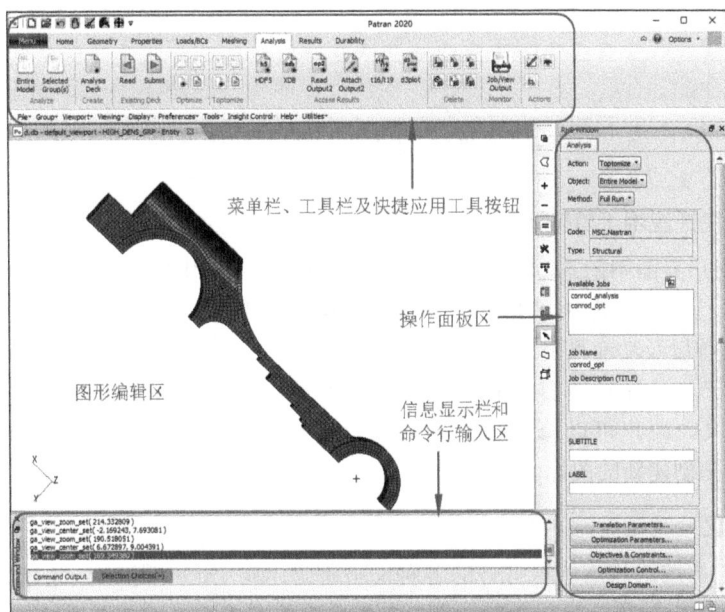

图 2-1　Patran 2020 的用户界面

1. 菜单栏

在图 2-2 所示的菜单栏中，Patran 图形编辑区上方的第一行是 Patran 的系统菜单，系统菜单的分类和作用简介如下。

（1）File（文件）：文件的创建、打开、关闭、保存、另存；释放空间（Reclaim），通过备份文件恢复 Patran 的 DB 文件（Revert），通过 Patran 的日志文件恢复 DB 文件（Rebuild）；几何模型的输入与输出；文件的回放和记录（Session）、打印输出、视窗图片的输出、生成报告；退出 Patran。

（2）Group（组）：组的创建、显示、修改；移动或复制到组、设置当前组、由已存在的组的实体生成新的实体、组分层、删除组。

（3）Viewport（视口）：视图窗口的创建、显示、修改、删除，同时显示所有的视图。

（4）Viewing（视图）：视图操作，即从不同角度和距离或者以不同方式观看模型，如平移、缩放、转动、切割等。

（5）Display（显示）：图形显示的相关操作，即控制在视图窗口中显示哪些实体以及如何显示它们。

（6）Preferences（设置）：环境设置，可对分析求解器、全局参数、显示、鼠标指针及其选择、报告格式、几何图形和有限元等进行设置。

（7）Tools（工具）：工具选项，含列表、计算质量属性、梁截面定义、变量定义等多个模块。

（8）Help（帮助）：提供在线帮助。

（9）Utilities（实用程序）：工具集。

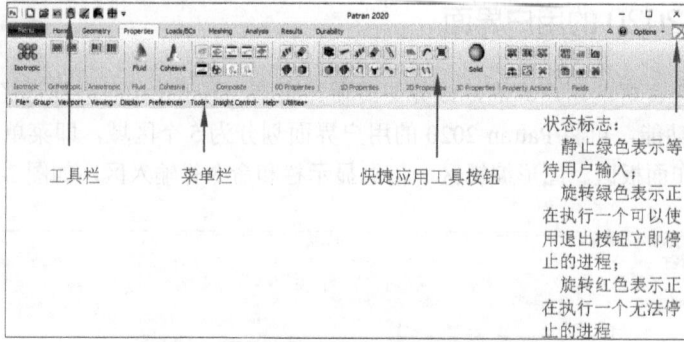

图 2-2　菜单栏工具栏及快捷应用工具按钮

2. 工具栏及快捷应用工具按钮

单击 Patran 用户界面中的选项卡即可找到 Patran 的快捷应用工具按钮，单击这些工具按钮可以快捷、方便地执行命令。其中，"Home"选项卡中的快捷应用工具按钮最为常用，各快捷应用工具按钮的形状、名称以及功能见附录。

工具按钮位于 Patran 安装目录的 icons 子目录下，其在 Patran 用户界面上的显示由文件 p3toolbar.def 来定义。用户可以修改该文件来设置自己的工具按钮图标。用户也可以通过修改 p3midilog.pcl 文件来创建新的图标。

3. 操作面板区

由快捷应用工具按钮和菜单栏打开的各种面板都显示在 Patran 用户界面的右侧，这些面板被称为操作面板。图 2-3 所示为单击"Geometry"（几何）选项卡打开的创建曲面的面板。一般面板中包含 3 个选项，即 Action（动作）、Object（对象）和 Method/Type（方式 / 类型），分别对应 3 个下拉列表。Action 用于说明执行的动作，Object 用于说明动作的对象，Method（或者 Type）则用于说明动作执行所采用的方式，三者结合其他选项或者数据即可完成一个具体操作。在操作面板上有一个"Auto Execute"（自动执行）选项，前面有对钩，表示选中，这时用鼠标选择"Auto Execute"选项下面的数据框后，系统会自动完成操作。如果"Auto Execute"选项前方是空白方格则表示没选中，或者即使选中，但是数据框信息是从键盘输入，则最后要单击"Apply"按钮或者"OK"按钮表示确认。Preferences 定义的求解器和分析类型不同，与 Action、Object 和 Method（或者 Type）对应的 3 个下拉列表中的内容和操作面板的设置也可能不同。Patran 的系统会自动过滤掉与用户当前使用的求解器和分析类型无关的下拉列表。

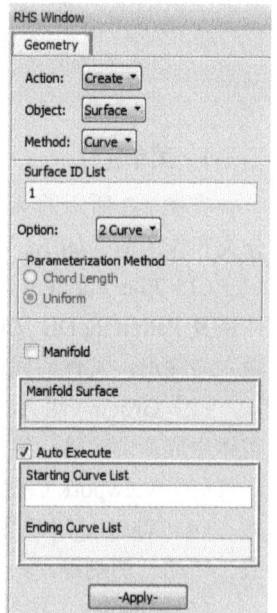

图 2-3　创建曲面的面板

Patran 中创建 Loads/BCs、Proper…、Load C…、Fields 等信息时通常需要对对象进行命名操作，因此要随时准备在操作面板区中对某一个创建或定义的对象命名。Patran 中对象的命名没有统一的标准，一般遵循如下规则。

①不接受中文名。

②不超过 31 个字符，空格算一个字符。

③一般采用大写英文字母 A ～ Z、小写英文字母 a ～ z、数字 0 ～ 9，适当选用下画线。

④区分大小写，如 Mater1 和 mater1 是两个不同的名称。

4．图形编辑区

图形编辑区如图 2-4 所示，所占的区域最大，主要用来显示有限元分析模型前后处理各阶段的图形，包括几何点、线、面、体及编号；单元节点、单元实体及编号；载荷与边界条件的标记和数值；后处理生成的数据和云图等。其视窗属性和显示属性可单击菜单栏中的 Viewport、Viewing 和 Display 命令，通过其操作面板来设置。

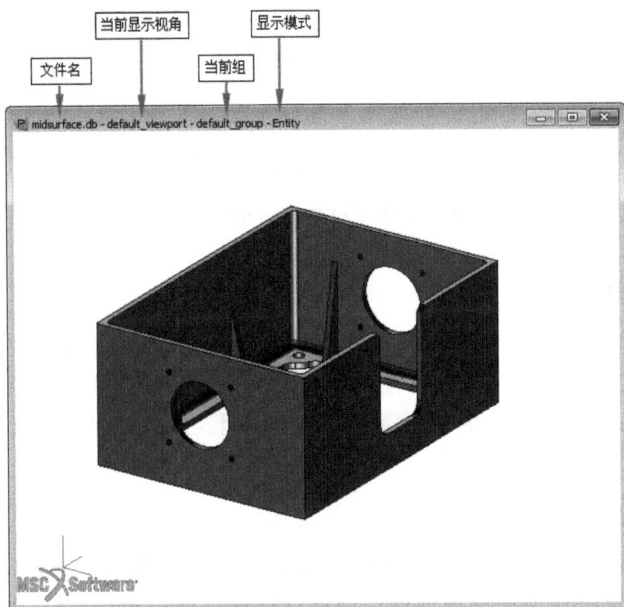

图 2-4　图形编辑区

5．信息显示栏和命令行输入区

Patran 中所有的操作行为都会显示在信息显示栏，用户可以直接在命令行输入区中输入 PCL 命令来完成各种操作，如图 2-5 所示。

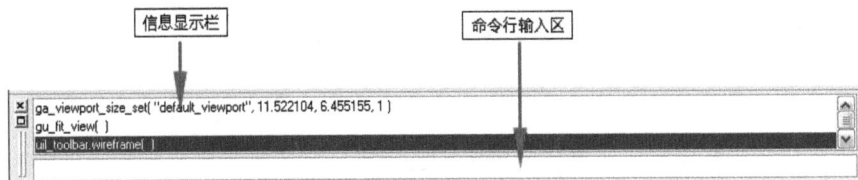

图 2-5　信息显示栏和命令行输入区

2.2.2　Patran 建模和 Dytran 分析的一般流程

Patran 建模和 Dytran 分析的一般流程如图 2-6 所示。

1．导入或者建立几何模型

首先应该建立几何模型，或者从其他 CAD 软件中直接导入，再利用"Geometry"选项卡打开"Geometry"面板，用该面板中提供的功能对导入的模型进行编辑与修改。

15

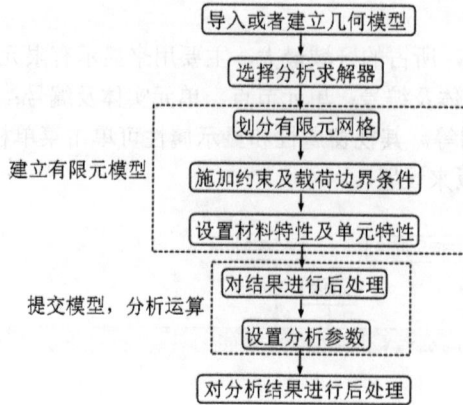

图 2-6　Patran 建模和 Dytran 分析的一般流程

2. 选择分析求解器

不同的分析程序在材料的本构关系、单元类型、分析过程等方面都有各自的特点。因此，在创建分析模型前，一定要选定所需的分析程序。单击"Preferences"选项卡中的"Analysis"按钮，打开"Analysis Preference"面板，从中选择适当的求解器。Patran 默认的求解器是 Nastran，需要我们手动设为 Dytran。

3. 建立有限元模型

做完 1、2 步的工作，接下来就是在几何模型上建立有限元模型。建立有限元模型的过程包括划分有限元网格、施加约束及载荷边界条件、设置材料特性及单元特性等，常用的快捷应用工具按钮如图 2-7 所示。

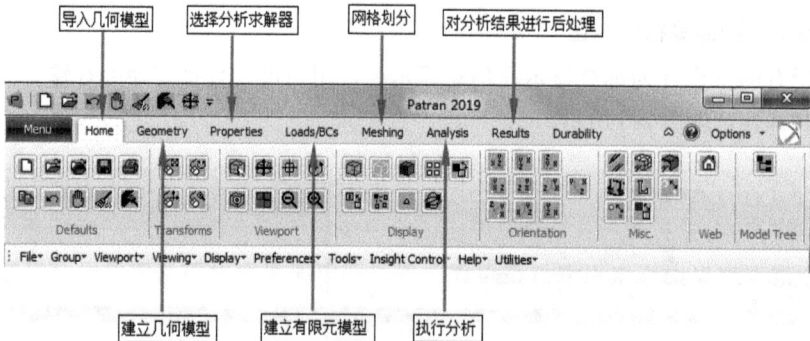

图 2-7　常用的快捷应用工具按钮

4. 提交模型，分析运算

设置与计算相关的求解程序及参数，即可提交运算，该操作对应的工具是 Analysis，运算完成后会产生相应的输出文件。

5. 对分析结果进行后处理

导入结果文件，通过后处理工具 Result 对分析结果进行后处理，计算结果可以以图形、动画、曲线等多种形式显示出来，也可以清楚地看到应力应变分布、变形情况、变形过程等。

第 3 章
创建几何模型

  Patran 提供了一系列几何建模功能，包括几何元素的创建（Create）、删除（Delete）、编辑（Edit）、显示（Show）、变换（Transform）、检查（Verify）、关联（Associate）、取消关联（Disassociate）、重新标号（Renumber），使用户可以快速、方便地对几何实体进行多种操作，同时 Patran 能和其他 CAD 软件良好地兼容，可以保证用户在一个或多个 CAD 系统中获取 CAD 信息。通过本章的学习，读者可以掌握使用 Patran 直接创建几何模型、转换创建的几何模型、编辑与修改几何模型等多种操作。

  创建几何模型是进行有限元分析的基础，模型的方案确定以后，用户要做的就是把模型的数据生成 Dytran 格式的输入文件。由于模型中有大量的节点、单元以及几何面段等数据，通过文本编辑器人工填写这些数据是不可能的。建模过程需要使用前处理程序来生成这些数据并形成相应的卡片。前处理程序可以采用 MSC/XL、Ideas 及 Patran 等有限元分析的通用前后处理程序。Patran 因其强大的功能成为最常用的前后处理程序之一。本章对 Patran 用作 Dytran 的前处理程序所具有的功能做一个简单的介绍，详细内容请查阅 Patran 的相关手册。

3.1 直接创建几何模型

几何模型对 Patran 来说是非常重要的，建立良好的几何模型的目的就是给建立有限元模型提供方便，只有良好的几何模型才能使建立有限元模型的过程顺利进行（便于有限元网格的划分、材料与物理特性的定义和边界条件的施加）。在 Patran 的用户界面中单击"Geometry"选项卡，打开创建几何模型的快捷应用工具按钮和操作面板区，利用快捷应用工具按钮和操作面板区的命令，可以创建各种几何模型，还可以对几何模型进行各种编辑与修改，以满足建立有限元模型的要求。Patran 中的几何元素包括点（Point）、曲线（Curve）、曲面（Surface）、实体（Solid）、坐标系（Coord）、平面（Plane）、矢量（Vector）。

3.1.1 创建点

点是 Patran 中最基本的几何元素之一，在 Patran 中单击"Geometry"选项卡，然后单击"创建点"按钮 ![按钮] 创建点，在打开的面板中设置（Action > Create，Object > Point），创建点的方法有 8 种，如图 3-1 所示，下面一一介绍。

（1）XYZ 方法：根据输入点的 3 个坐标值来建立点。通过在操作面板的"Point Coordinates List"文本框中输入坐标值来创建点，如图 3-2 所示。

每创建一个点，Patran 都会赋予创建的点一个标号，同时在"Point ID List"文本框中显示下一个将要创建的点的标号。创建其他几何体也是一样，用户也可以自己修改几何体的标号。

（2）ArcCenter 方法：在圆弧的圆心处建立点。在"Curve List"文本框中选中相应的圆弧，单击"Apply"按钮，在圆弧圆心处创建点，如图 3-3 所示。

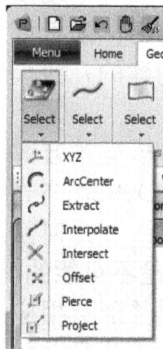

图 3-1　创建点的方法

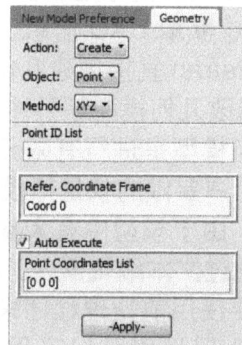

图 3-2　输入坐标值创建点

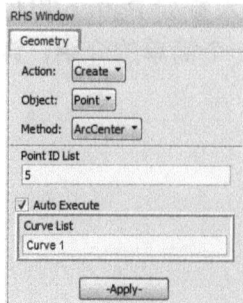

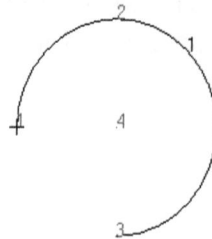

图 3-3　在圆弧圆心处创建点

（3）Extract 方法：在曲线或者曲面上生成点。根据曲线和曲面的局部坐标系中 u Parametric Position 或者 v Parametric Position 的位置来生成点（u、v 的值在 0 到 1 之间变化）。图 3-4 所示为在曲线上生成点，u 的值为 0.5，对应点为 Point 4。图 3-5 所示为在曲面上生成点，u 和 v 取值均为 0.5 时，对应的点为 Point 1，u 和 v 分别取 0.8 和 0.5 时，对应的点为 Point 2。在曲面上生成一组点有两种生成方式，分别为"Diagonal Points"和"Parametric"。选择"Parametric"单选项，单击"Parametric Bounds"选项卡，打开 u、v 参数的设置面板，在"Surface List"文本框中选择曲面，即可在曲面上生成一组点，图 3-6 所示为使用 Parametric 法在曲面上生成一组点的操作过程，图 3-7 所示为使用该法生成一组点的效果。

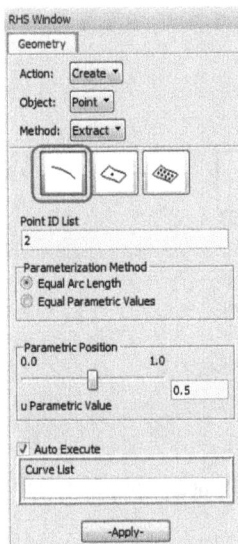

图 3-4　在曲线上生成点

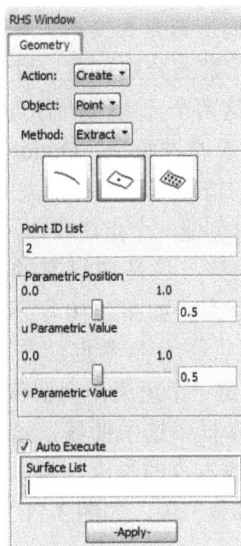

图 3-5　在曲面上生成点

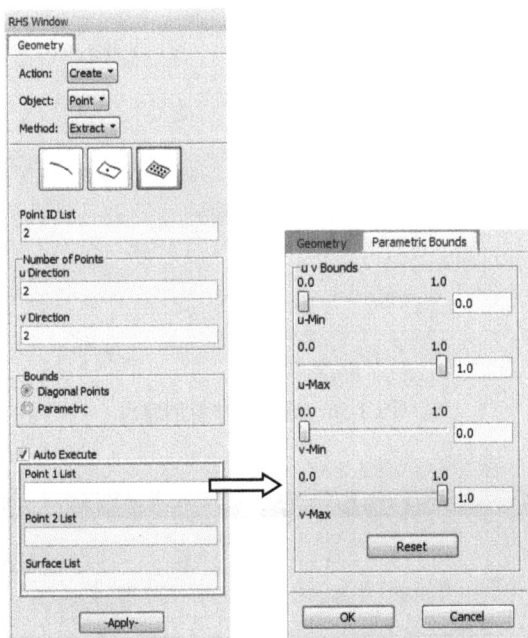

图 3-6　在曲面上生成一组点的操作过程

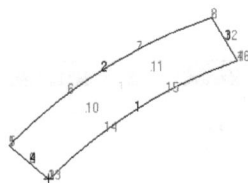

图 3-7　在曲面上生成一组点的效果

（4）Interpolate 方法：在已有的两点之间或者已有的曲线上，同时创建多个点。创建的类型由"Option"下拉列表中的选项来确定。生成的点有等矩或者不等矩两种，由"Point Spacing Method"来控制。要生成的点的数量由用户在"Number of Interior Points"文本框中输入，默认为 1，图 3-8 所示的是在 Point 1 和 Point 2 之间生成的不等矩的 3 个点的效果。

（5）Intersect 方法。①在两个元素的交点处创建点，如图 3-9 所示，在"Option"下拉列表中选择相应的元素，两种元素的组合有：曲线 / 曲线、曲线 / 曲面、曲线 / 平面、矢量 / 曲线、矢量 / 曲面、矢量 / 平面、矢量 / 矢量。在系统公差范围内，这两个元素之间应该是相交的，如果不相交，Patran 会在两个元素上分别创建一个点，这两个点之间的连线是这两个元素上所有点之间的最短连线。这两个元素通过两个"Option"选项来确定，这种不相交的情况有时会有很大的用途。②在 3 个平面的交点处创建一个点。

（6）Offset 方法：该方法是在已有的曲线上通过指定偏移量来创建点，如图 3-10 所示。在给定的曲线上选择一个点作为参考点，在"Offset Distance"文本框中指定一个距离作为偏移量，在"Curve/Point List"文本框中选中曲线，给定的偏移量必须小于等于曲线本身的长度，否则，系统提示应给出正确的偏移量范围，如图 3-11 所示。

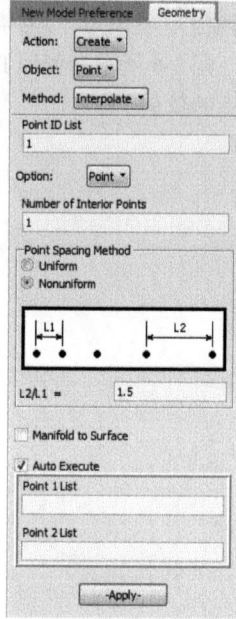

图 3-8　在 Point 1 和 Point 2 之间创建不等距的 3 个点

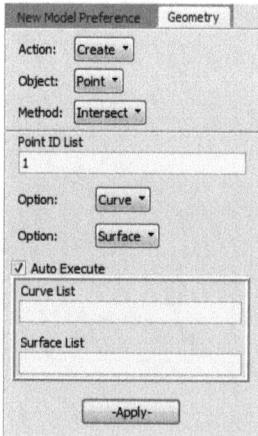

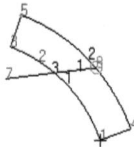

图 3-9　在两个元素的交点处创建点

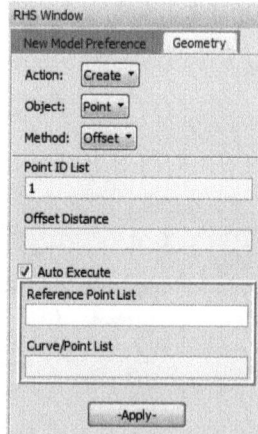

图 3-10　通过偏移量创建点

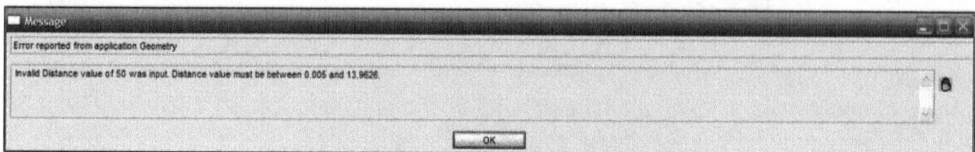

图 3-11　系统提示应给出正确的偏移量范围

（7）Pierce 方法：在曲线与曲面的交点处创建点，如图 3-12 所示。在 "Curve List" 文本框中选择曲线，在 "Surface List" 文本框中选择曲面。需要说明的是，这里的曲线既可以是独立的曲线，也可以是曲面、实体的边；曲面可以是独立的曲面，也可以是某个实体的面。曲线和曲面必须完全相交，如果两者的交点不止一个，则 Patran 会在每一个交点处都创建一个点。

（8）Project 方法：通过投影法创建点，如图 3-13 所示。该方法可以将一组已有的点按照给定的方向投影到曲线、曲面、实体表面上并创建新的点。投影的方向在 "Direction" 下拉列表中定义，可以垂直于投影目标，或者垂直于视野平面，也可以自己定义向量。至于原来的点，可以通过 "Delete Original Points" 选项选择是否保留，图 3-13 所示分别为点沿着曲线的法向方向和曲面的法线方向投影创建新的点。

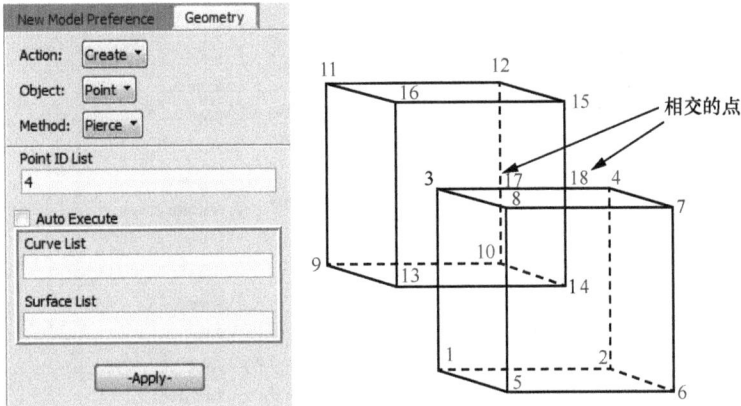

图 3-12　在曲线与曲面的交点处创建点

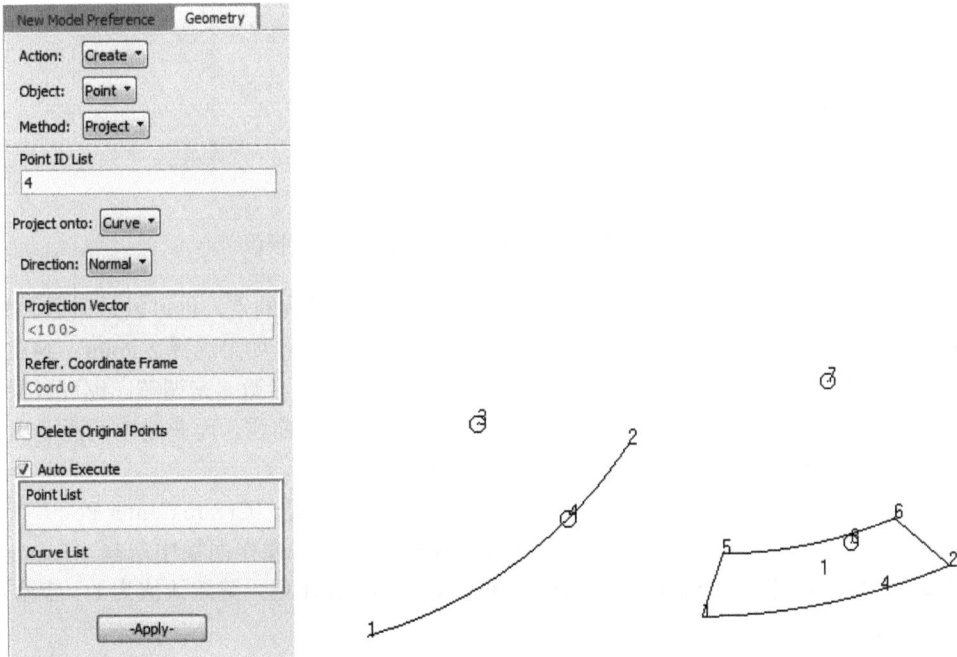

图 3-13　通过投影法创建点

3.1.2 创建曲线

在 Patran 中单击"Geometry"选项卡，再单击"创建曲线"按钮 （Action > Create，Object > Curve）创建曲线，创建曲线的方法有很多种，如图 3-14 所示，下面一一介绍。

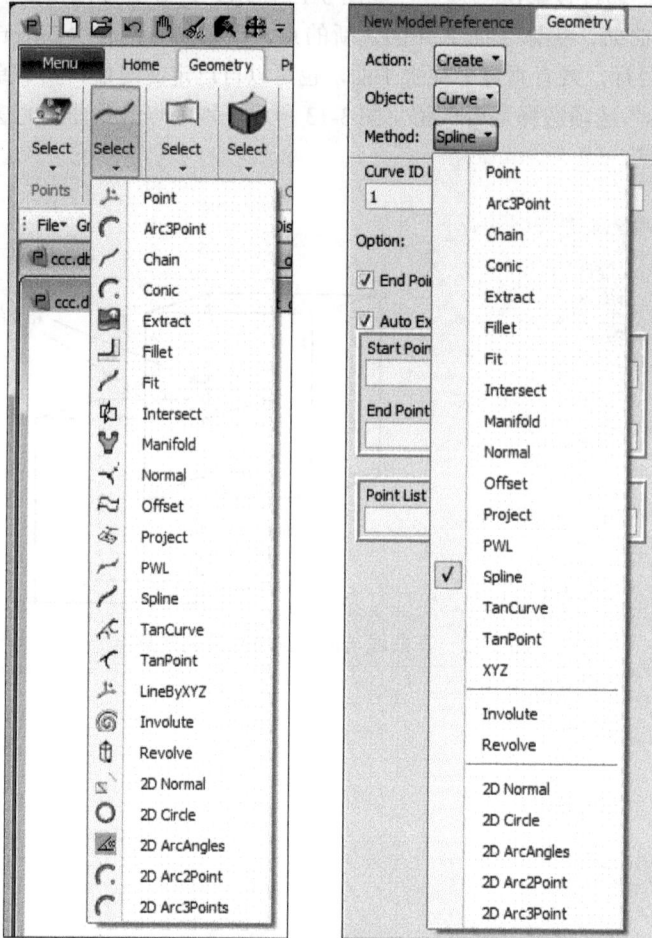

图 3-14 创建曲线的快捷应用工具按钮和操作面板区

（1）Point 方法：用点来创建曲线。需要说明的是，点可以是已有的点，也可以是顶点、节点，或者其他点。在"Option"下拉列表中可以选择创建曲线的点的个数，如果选择 2 Point，则在两点间建立一条曲线。如果选择 3 Point，中间点在曲线上的位置可以通过参数 u 来调节，也可以根据弦长来确定，如图 3-15 所示。如果选择 4 Point，则过 4 个点建立一条曲线，而曲线中间两个点的位置则通过选择"Parametric Positions"单选项打开的面板来确定。

（2）Arc3Point 方法：用 3 点创建圆弧。如图 3-16 所示，如果勾选"Create Center Point"选项，则在该圆弧的圆心处创建一个点。如果在"Preferences>Geometry"操作面板中选择"Exportable to Neutral File"，则在创建圆弧操作面板中出现"Curve per Arc"文本框，其默认值为 1，若输入 n，则表示把圆弧等分为 n 份。

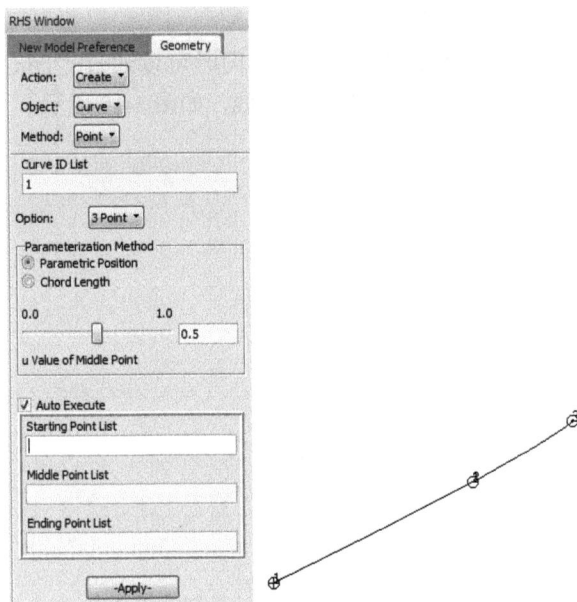

图 3-15　用点来创建曲线

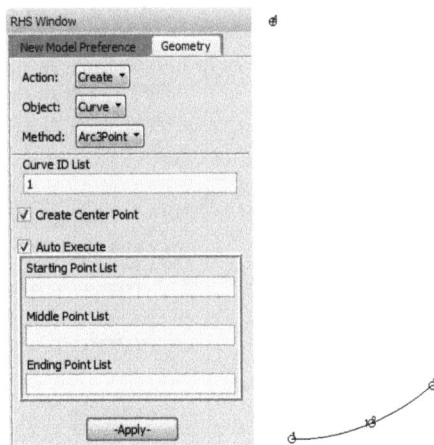

图 3-16　用 3 个点创建圆弧

（3）**Chain** 方法：将已有的曲线、边连接起来，构成一条复合曲线。需要说明的是，这些已有的曲线应该首尾相连。复合曲线用于创建平面或裁剪曲线。

（4）**Conic** 方法：创建圆锥曲线，包括双曲线、抛物线、椭圆、圆弧等，通过指定焦点、起点和终点来控制曲线的生成，如图 3-17 所示。需要说明的是，这些点可以是独立的几何点，也可以是顶点、节点或者其他点。

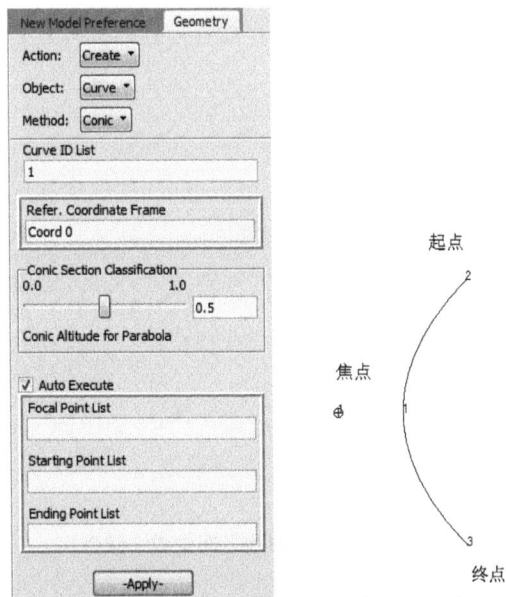

图 3-17　创建圆锥曲线

（5）**Extract** 方法：在已有的曲面或者实体表面创建曲线。"Option"下拉列表中的"Parametric"表示通过指定曲面上的 u 或者 v 方向的参数值来控制所生成的曲线在曲面上的方向和位置，一般适合较规则的曲面，如图 3-18 所示；Edge 则表示直接将曲面的边转换成线段。

（6）Fillet 方法：在两条曲线之间生成一圆弧，将这两条曲线连起来，同时可以通过"Trim Original Curves"选项选择是否裁剪原有的曲线，从而构成复杂的光滑连接曲线，如图 3-19 所示。

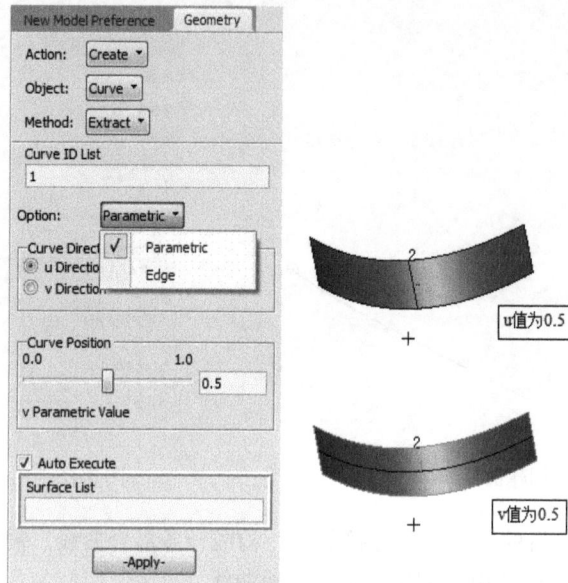

图 3-18　在已有的曲面上创建曲线

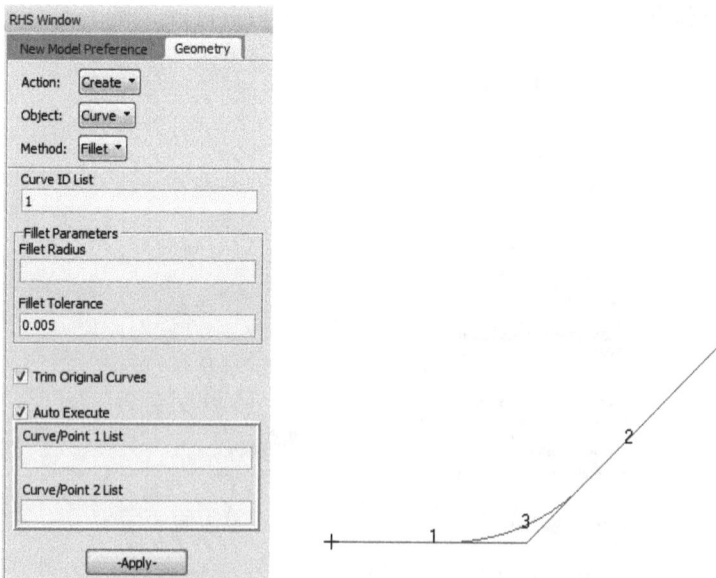

图 3-19　在两条曲线之间生成一圆弧

（7）Fit 方法：由一组点通过最小二乘法生成拟合曲线，如图 3-20 所示。

（8）Intersect 方法：由 2 Surface、Surface-Plane 或者 2 Plane 相交生成曲线。

（9）Manifold 方法：根据曲面上的点直接在曲面上生成曲线，如图 3-21 所示。可以在"Option"下拉列表中通过选择 2 Point 或者 N-Points 来完成，也就是由两个点生成曲线或者由多个点生成曲线。需要说明的是，这里的曲面可以是单独的曲面，也可以是实体的表面。

（10）Normal 方法：过一点生成一条垂直于某曲线的线段。

（11）Offset 方法：通过偏移生成曲线，如图 3-22 所示。偏移的形式有两种，分别是 Constant Offset 和 Variable Offset。同时可以设置偏移量的大小和偏移次数，单击"Draw Direction Vector"按钮可以在已知的曲线上显示偏移方向，单击"Reverse Direction"按钮可以将偏移方向反向。

（12）Project 方法：通过投影生成曲线，也就是通过将曲线沿指定的方向向平面或者曲面投影来生成曲线，如图 3-23 所示。投影的方向可以垂直于投影面，也可以自己定义矢量方向，或者沿视野矢量方向。

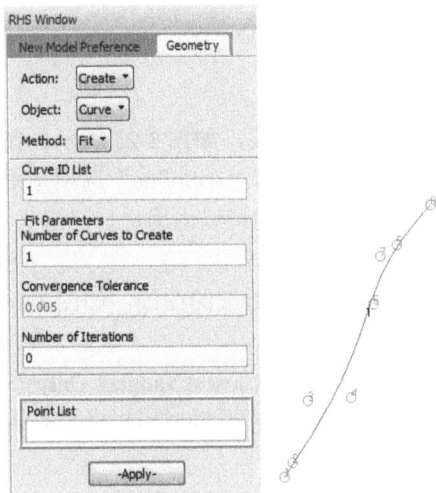

图 3-20　通过最小二乘法生成拟合曲线

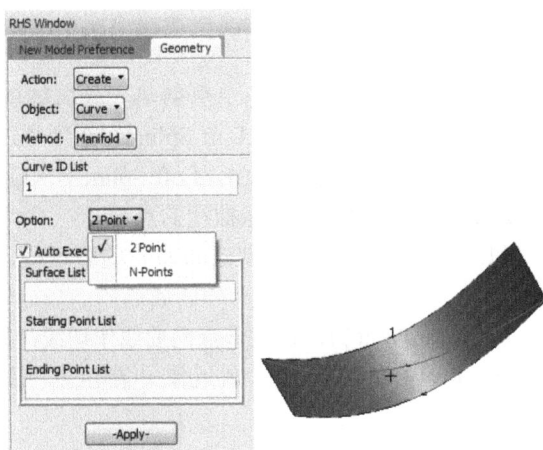

图 3-21　根据曲面上的点在曲面上直接生成曲线

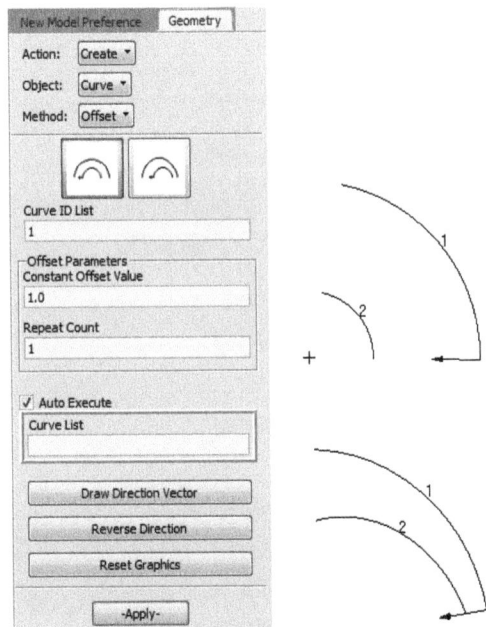

图 3-22　通过偏移生成曲线

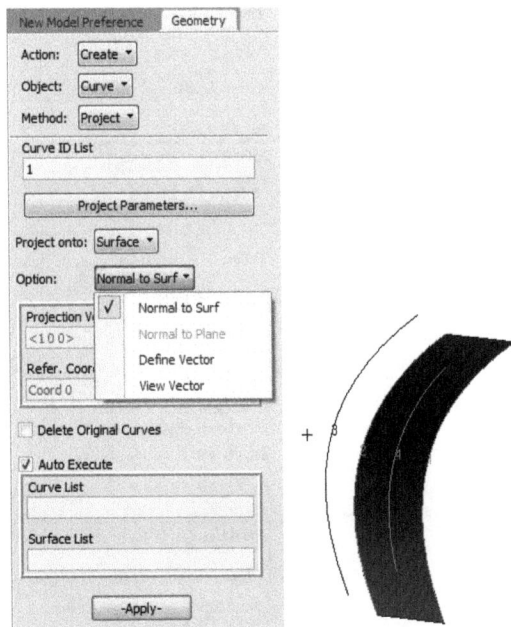

图 3-23　通过投影生成曲线

（13）PWL 方法：选择多个点，Patran 会在这些点之间依次绘出多条线段，如图 3-24 所示。

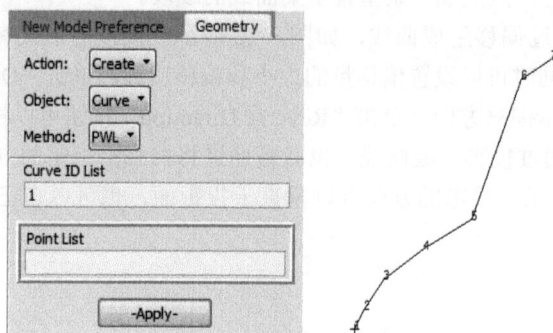

图 3-24　在多点间创建线段

（14）Spline 方法：过多个点创建一条曲线或者根据多点拟合一条曲线，如图 3-25 所示。在"Option"下拉列表中选择"Loft Spline"选项是过多点创建一条曲线，选择"B-Spline"选项是根据多个点拟合一条曲线。其中，Loft Spline 法中起始点与终止点的切线方向可以由用户自己定义；B-Spline 法可以设置创建样条曲线的点数。

（15）TanCurve 方法：创建两曲线的公切线，并且可以选择是否裁剪原来的曲线，如图 3-26 所示。

（16）TanPoint 方法：过一点向曲线作切线，如图 3-27 所示。该方法有 Closest Tangent Only 和 All Tangents 两种类型。前者就近作一条切线，后者可以作出多条相关的曲线，同时可以选择是否裁剪原来的曲线。

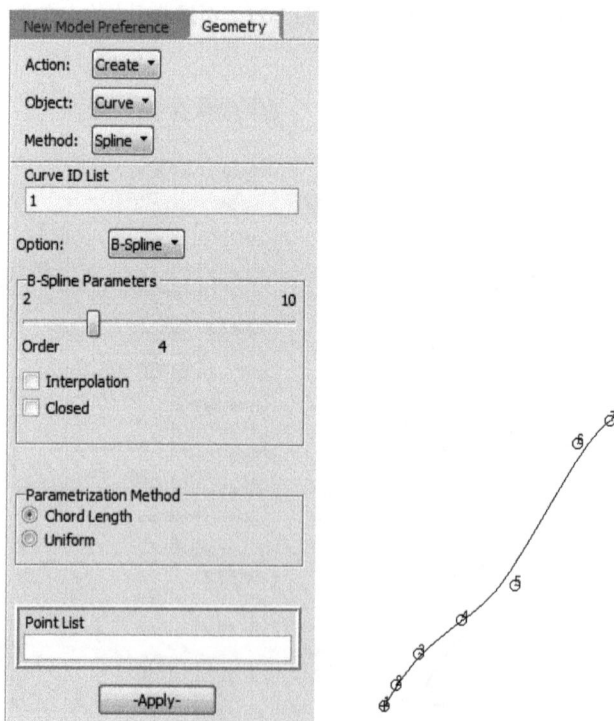

图 3-25　过多点拟合曲线

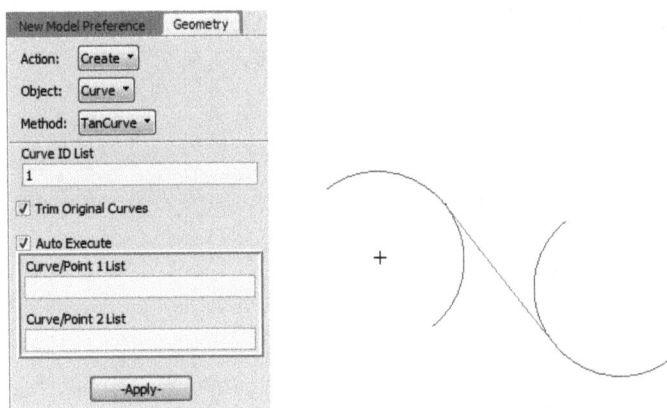

图 3-26　创建两曲线的公切线

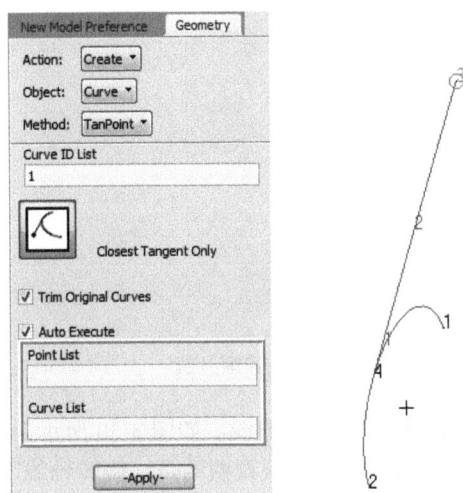

图 3-27　过一点向曲线作切线

（17）XYZ 方法：在初始点按照给定的矢量方向创建一条线段，如图 3-28 所示，在"Vector Coordinates List"文本框中输入矢量。

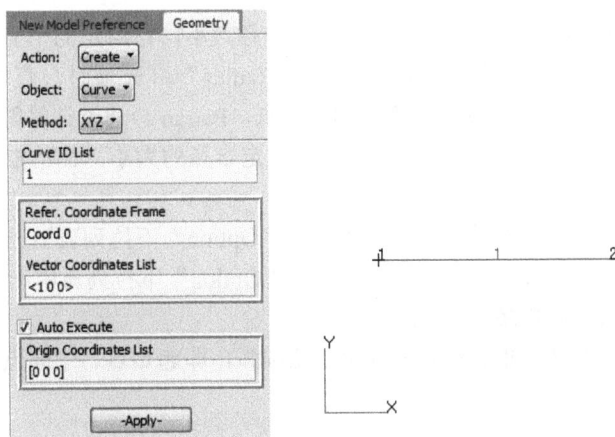

图 3-28　在初始点按照给定的矢量方向创建一条线段

（18）Involute 方法：创建渐开线，如图 3-29 所示。"Option"下拉列表中可以选择使用渐开角（Angles）或者使用初始与终止半径（Radii）来创建渐开线。

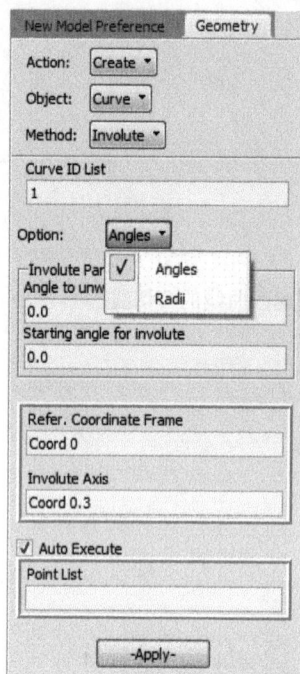

图 3-29　创建渐开线

（19）Revolve 方法：通过点绕轴线旋转生成曲线，如图 3-30 所示。该法就是通过选定点，绕指定的旋转轴线旋转指定的角度来生成曲线。需要说明的是，旋转轴线既可以是坐标系的坐标轴，也可以是由两点确定的轴。

（20）2D Normal 方法：过一点向一曲线作垂线，如图 3-31 所示。指定垂线的长度的方式有两种：选择"Input Length"单选项时，输入垂线的长度；选择"Calculate Length"单选项时，通过计算得到垂线的长度。需要说明的是，垂线的起点是垂足，勾选"Flip Curve Direction"选项，可以翻转曲线的方向。

（21）2D Circle 方法：以指定的点为圆心，给定半径大小，在给定的平面内创建一条圆弧。需要说明的是，半径的给定方式有两种：选择"Input Radius"单选项时，直接输入半径值；选择"Calculate"单选项时，选择将会出现在圆弧上的任一点，Patran 会通过计算得到半径值。

（22）2D ArcAngles 方法：以指定的点为圆心，给定半径的大小，在给定的平面内根据起始角度和终止角度创建圆弧。

（23）2D Arc 2 Point 方法：在给定的平面内，在"Option"下拉列表中选择"Center"选项时，通过指定 3 个点绘制圆弧，即圆心、起点、终点；在"Option"下拉列表中选择"Radius"选项时，通过指定圆的半径、起点坐标和终点坐标绘圆。

（24）2D Arc 3 Point 方法：根据给定的 3 个点绘圆弧，即起始点、中间点和终点。同时可以选择是否在圆弧圆心处创建一点。

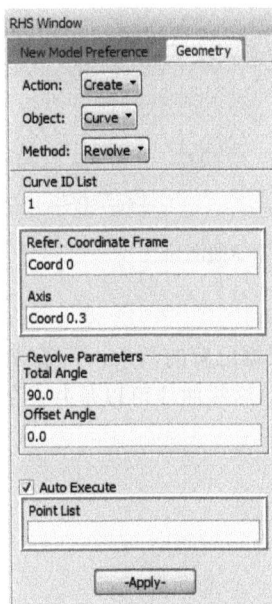

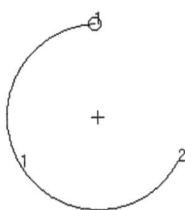

图 3-30　通过点绕轴线旋转生成曲线

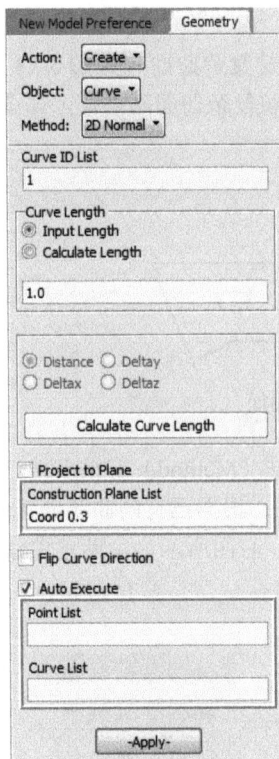

图 3-31　过一点向曲线作垂线

3.1.3　创建曲面

　　单击"Geometry"选项卡，单击"创建曲面"按钮（Action > Create，Object > Surface）创建曲面，创建曲面往往要以已存在的曲线或者点为基础。同时，为了便于以后的网格划分，在此把曲面分成以下两类。

　　（1）简单曲面，如图 3-32 所示，含有 3 条或 4 条边，可以用两个参数化局部坐标变量来描述。可以用 Isomesh（映射）或者 Paver（自由）Mesher 网格生成器将简单曲面网格化，如图 3-33 所示。

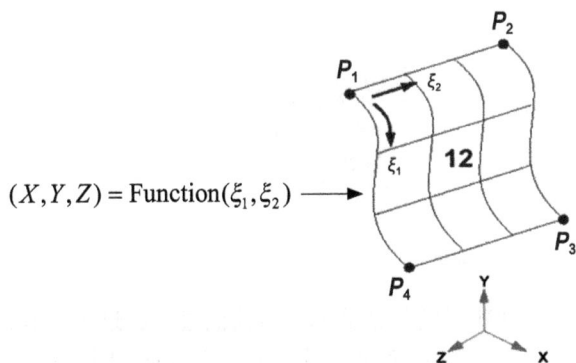

$$(X, Y, Z) = \text{Function}(\xi_1, \xi_2)$$

图 3-32　简单曲面

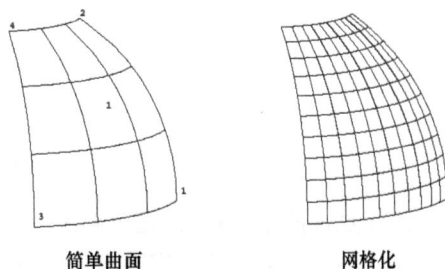

图 3-33　将简单曲面网格化

（2）复杂曲面，由4条及以上条边围成任意形状的封闭内边界或者任意形状的封闭外边界，一般内外封闭边界都是复杂曲面，如图3-34所示。不能用两个参数化坐标变量描述，只能用 Paver Mesher 网格生成器将复杂曲面网格化，如图3-35所示。

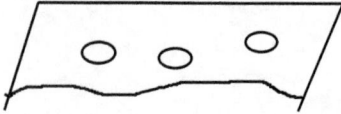

图 3-34　复杂曲面

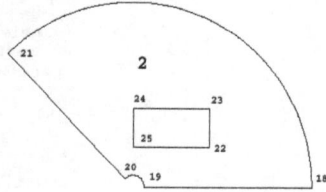

图 3-35　将复杂曲面网格化

创建曲线的方法（Method）有很多种。

（1）Curve 方法：根据已有的曲线创建曲面。如图3-36所示，可以根据已有的两条、三条或者四条曲线生成曲面，右图所示为由两条曲线生成的曲面。需要说明的是，这些曲线可以是共面的，也可以是空间曲线。

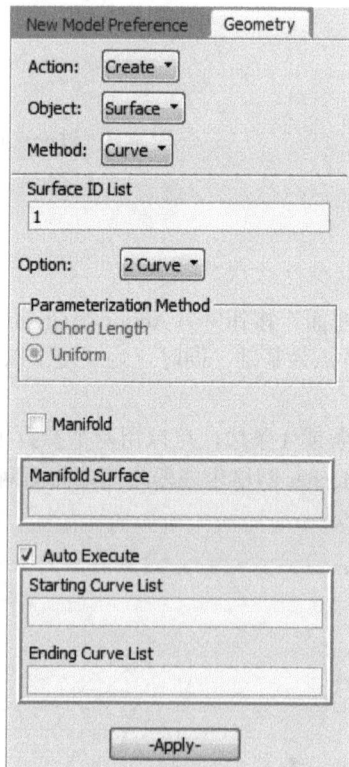

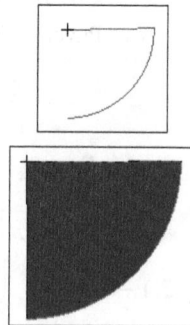

图 3-36　由曲线生成曲面

（2）Composite 方法：在已有的曲面的基础上，创建新的复杂曲面。若曲面过多、过于琐碎，则在划分网格的时候比较容易出现问题，所以应该将这样的曲面组合成一个新的曲面。图3-37所示为由已有的曲面生成曲面的示例，可以看到在面板上有一个"Inner Loop Option"下拉列表，当选择 All 时，建立的复杂曲面内部闭合的环线都会被作为内部边界来处理，也就是说，新建立的复杂曲面的内部是有孔的；若选择"None"，则 Patran 会将内部不连续的部分连接在一起，形成一个没有内部边界的复杂曲面；如果选择"Select"，Patran 会把该项的处理权交给用户，用户可以有选择地处理内部闭合的曲线。

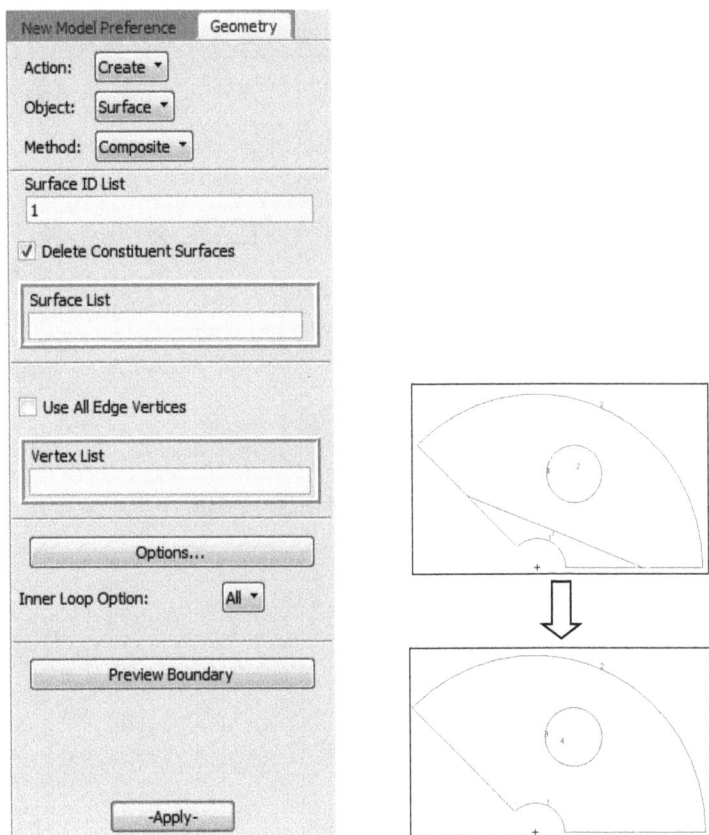

图 3-37　由已有的曲面生成曲面的示例

（3）Decompose 方法：根据已有的曲面上的 4 个顶点创建一个四边形。这样做的主要目的是划分有限元网格。通常，原有曲面是多边形曲面，建立一个新的四边形，则可以在划分有限元网格时采用 Isomesh（映射）网格生成器。

（4）Edge 方法：根据已有的曲面的边创建新的曲面，"Options"按钮中有两种选择，分别是选择 3 条边或者选择 4 条边来创建该曲面。

（5）Extract 方法：在实体表面或者内部创建一曲面，在"Option"下拉列表中选择 Parametric 时，在实体内部创建表面，并且可以设置新建曲面和原实体的位置关系，即在实体的自然坐标 u、v、w 中，选择其一，并指定其大小。u、v、w 的值可以在 0 到 1 之间变化；如果在"Option"下拉列表中选择 Face，则在三维实体的表面生成一曲面，图 3-38 所示为参数 u = 0.5 时在实体内部创建的曲面。

（6）Fillet 方法：在已有的两个曲面、实体表面之间创建过渡曲面。过渡曲面的曲率由用户在"Fillet Parameters"栏目中指定的其在两端的半径 Fillet Radius 1 和 Fillet Radius 2 来控制，如图 3-39 所示。可以选择是否将原有的曲面删除。需要说明的是，已有的曲线不必相交。

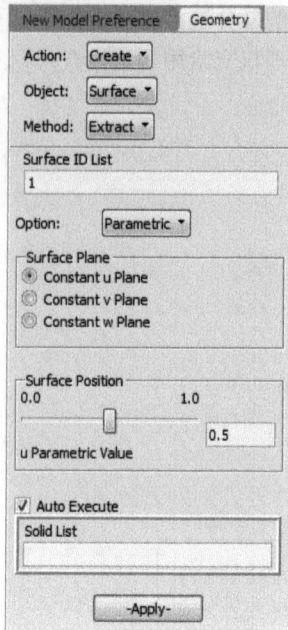

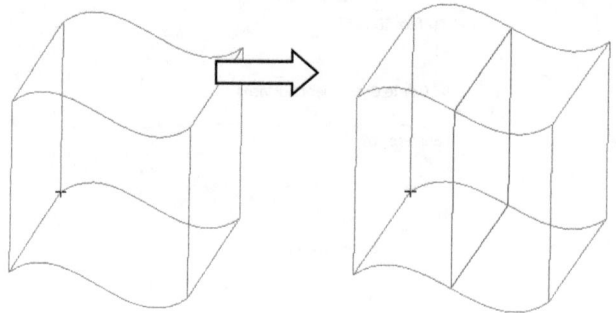

图 3-38　在实体内部创建一个曲面

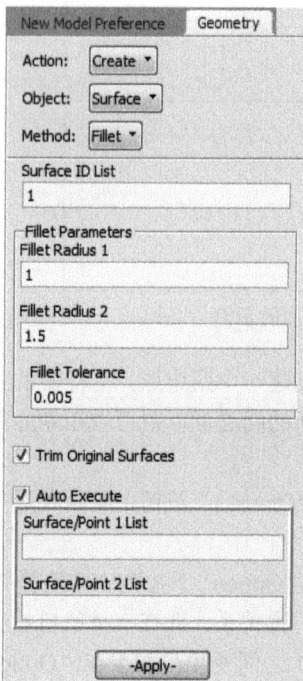

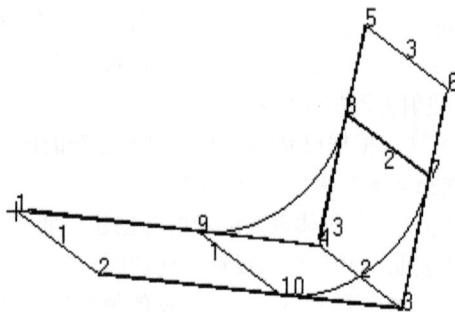

图 3-39　创建过渡曲面

（7）Match 方法：通过匹配创建曲面，将两个已有曲面的相邻近的边连接起来。这方法使用的情况是，两个曲面或实体表面的边界在拓扑上是不一致的，两个曲面有两个公共的顶点，但边界是不匹配、不相连的，如图 3-40 所示。

（8）Offset 方法：通过平移创建一曲面，即将原来的曲面沿其法向或者反法向方向平移得到一新曲面，可以选择是否保留原来的曲面，如图 3-41 所示。

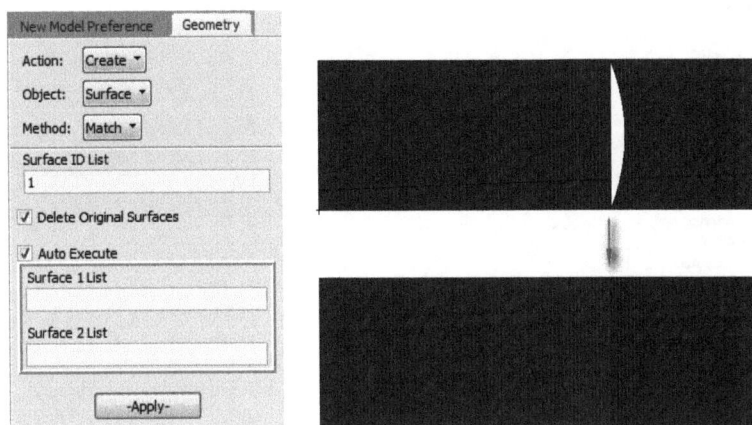

图 3-40　通过匹配创建曲面

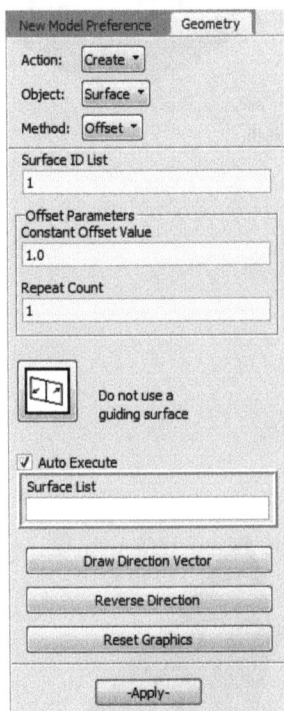

图 3-41　通过平移创建曲面

（9）Ruled 方法：在两条曲线或者边之间生成规则的曲面，如图 3-42 所示。在"Ruling Curve 1 List"和"Ruling Curve 2 List"文本框中输入曲线，即可在两条曲线之间生成曲面。

（10）Trimmed 方法：创建裁剪曲面，如图 3-43 所示。"Option"下拉列表中共有 3 个选项，分别是："Surface""Planar"和"Composite"。"Surface"选项用于在已有的曲面上，利用外环线和内环线裁剪出具有复杂边界的曲面；"Planar"选项用于从一个平面上利用复杂的内外环线裁剪出一个具有复杂边界的平面；"Composite"选项用于在多个曲面上裁剪生成一个裁剪曲面，此时，原有的曲面之间可以有裂缝和重叠，也不要求拓扑形状一致。需要说明的是，创建裁剪曲面之前，创建一条复杂的曲线作为裁剪曲面的外环线（Action > Create，Object > urve，Method > Chain），或者在面板中单击 Auto Chain 按钮，将所选择的若干条曲线自动连接成复杂曲线。这 3 种情况都可以选择是否保留内外环线。

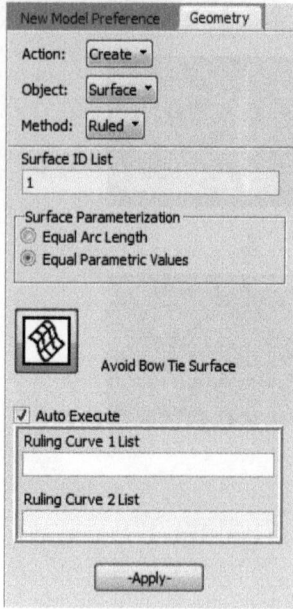

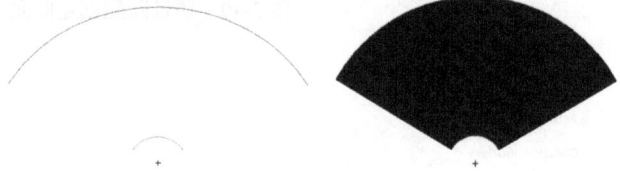

图 3-42　在两条曲线之间生成规则的曲面

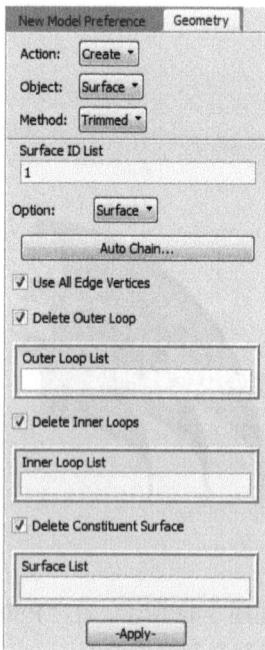

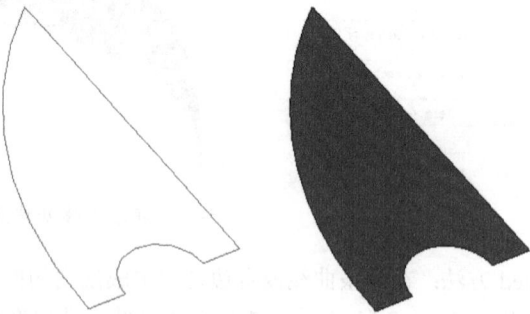

图 3-43　创建裁剪曲面

（11）Vertex 方法：根据 4 个顶点生成一个曲面。

（12）XYZ 方法：根据给定的矢量方向、大小和给定的原点，从给定的点出发，以给定的矢量为对角线，创建一个矩形平面。

（13）Extrude 方法：扫掠生成曲面，如图 3-44 所示。由一条基准的边或者曲线在空间中移动以扫成一个曲面，在"Translation Vector"文本框中输入矢量，确定移动方向和移动距离。比例因子 Scale Factor 用于控制扫成面的形状，Angle 用于控制扫成面以方向矢量为轴心旋转的角度。

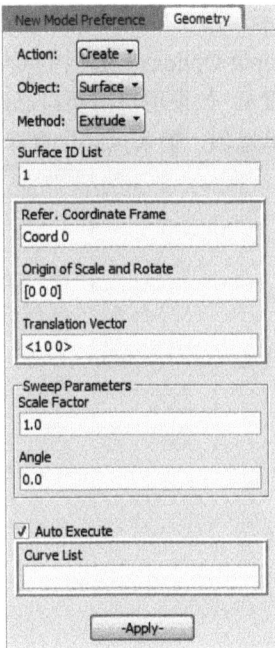

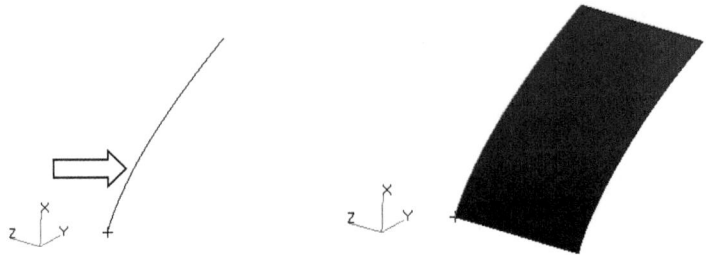

图 3-44　扫掠生成曲面

（14）Glide 方法：沿方向曲线扫掠生成曲面，该方法与 Extrude 方法有相似之处，如图 3-45 所示。在"Option"下拉列表中，可以选择一条方向曲线或两条方向曲线。当选择一条方向曲线时，在"Glide Input Options"选项中如果选择"Normal Project Glide"单选项，则可以消除一个自由度，这样就可以避免曲面扭曲；当选择"Fixed Glide"单选项时，3 个转动自由度将被消除，曲线只能平移。如果选择两条方向曲线，就不需要对曲线的运动加以限制，这样可以构造出更为复杂的曲面。需要说明的是，方向曲线可以是一条曲线，也可以是实体的边。

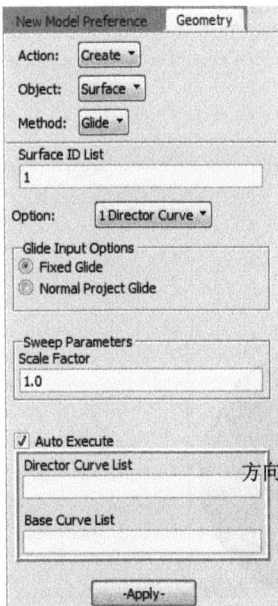

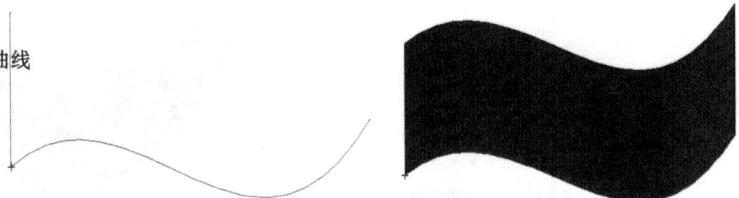

图 3-45　沿方向曲线扫掠生成曲面

（15）Normal 方法：沿曲线曲率方向扫掠生成曲面，如图 3-46 所示。新生成的曲面的宽度可以通过"Thickness Input Option"和"Thickness"来确定，"Thickness Input Options"选项中可以选择是"Constant Thickness"（常宽度）还是"Varying Thickness"（变宽度）。如果用户需要自己确定扫掠方向，则可以通过 Construction Point Options 来实现，选择需要的单选项，输入点的位置即可。

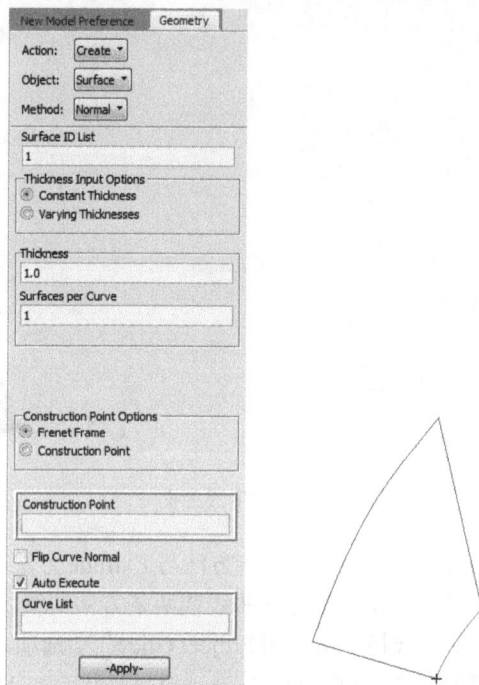

图 3-46　沿曲线曲率方向扫掠生成曲面

（16）Revolve 方法：旋转生成曲面。将指定的曲线绕指定的轴线旋转给定的角度即可完成曲面的创建。如果新曲线相对于基曲线有一定的角度偏移，则在"Offset Angle"文本框中输入相应数值，图 3-47 所示的是曲线绕 Y 轴旋转 360° 后生成的曲面。

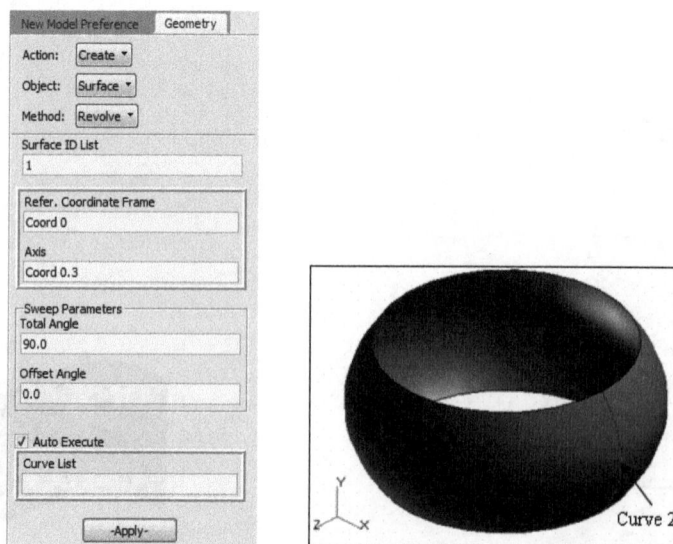

图 3-47　旋转生成曲面

（17）Mesh 方法：根据有限元单元和节点生成曲面。需要说明的是，该方法主要适用于模型局部网格化出现困难的情况，根据已经生成的单元节点创建局部曲面，然后再重新生成有限元模型。

（18）Midsurface 方法：提取实体的中面。在提取中面的操作面板上有两组按钮，如图 3-48 所示，分别代表了两种提取中面的方法，一种是自动提取，另一种是手动提取。图 3-48 右图显示的是按自动提取方法对某零件提取中面的结果。

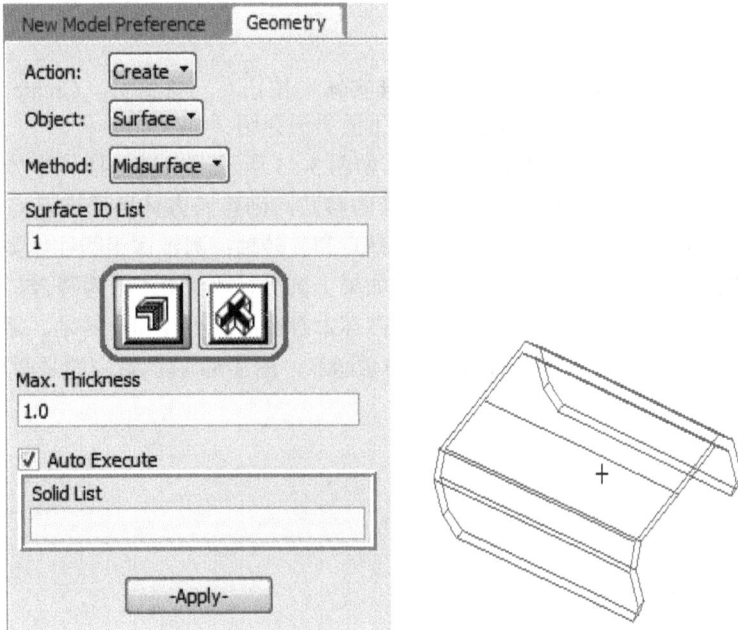

图 3-48　提取中面

3.1.4　创建三维实体

Patran 中的实体分简单实体（Parametric Solid）和 B-rep 实体（Boundary Representation Solid），简单实体只能是四面体、五面体或者六面体，可以用 ξ_1、ξ_2、ξ_3 这 3 个参数表示，也可以用 $P_1 \sim P_8$ 顶点来表示，如图 3-49、图 3-50 所示。简单实体可以用 IsoMesher 划分成六面体或五面体单元，可以用 Tet 网格生成器划分成四面体单元。B-rep 实体是由边界面描述的实体，如图 3-51 所示。B-rep 实体只能用 Tet 网格生成器划分成四面体单元，如图 3-52 所示。

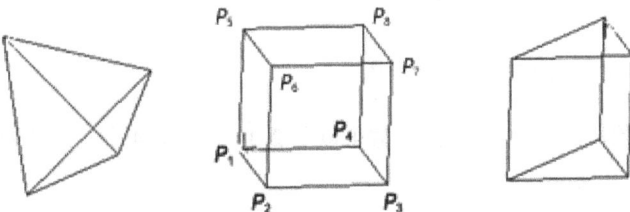

图 3-49　简单实体

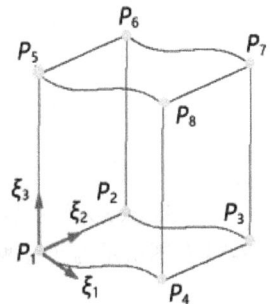

图 3-50　简单实体的表示

图 3-51 B-rep 实体

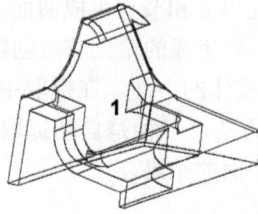

图 3-52 B-rep 网格化

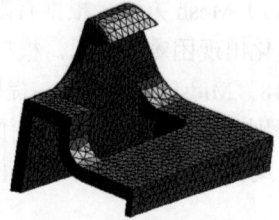

单击"Geometry"选项卡，单击"创建三维实体"按钮 ▣（Action > Create，Object > Solid）创建三维实体，创建三维实体的方法有很多种，下面一一介绍。

（1）Primitive 方法：创建简单的几何实体，如图 3-53 所示，主要包括长方体、圆柱体、圆锥体、球体和圆环体。创建不同的形体要输入不同的参数：创建长方体要给定基点和 3 个方向的长度；创建圆柱体要给定圆柱体的高度、圆半径、基点和旋转轴；圆锥体跟圆柱体类似，只是多了上圆半径参数，如果上圆半径为 0，则为圆锥体，如果上圆半径不为 0，则为圆台；创建球体要给定球心和半径；创建圆环体要给定圆环的轴半径、圆环本身截面的半径和旋转轴。需要说明的是，勾选"Modify Solid"选项，即可对几何形体进行布尔运算，图 3-53 右图对应的是圆台和圆环体。

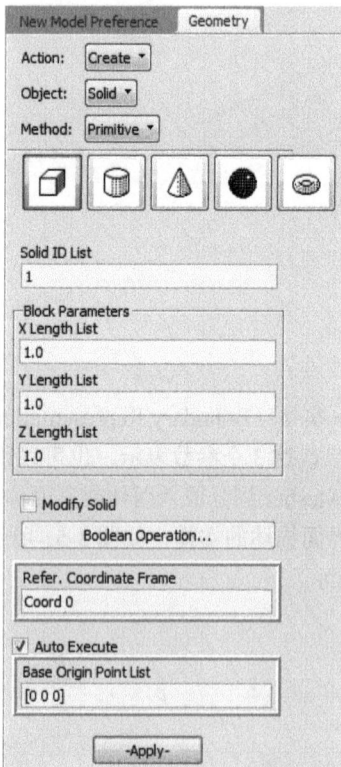

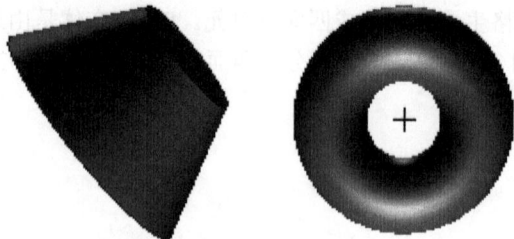

图 3-53 创建简单的几何实体

（2）Surface 方法：以曲面为表面来创建几何实体，曲面数可以是 2 个、3 个、4 个，或者更多，图 3-54 右图所示为通过两个曲面构建的几何实体。

图 3-54　以曲面构建实体

（3）B-rep 方法：根据若干个封闭的曲面和体的表面生成实体，这些曲面应该是封闭的，并具有一致的拓扑结构。

（4）Decompose 方法：在实体相对面中生成实体。参考图 3-55 所示，具体生成方法为：先选中实体的一个表面，并且在该面上选择 4 个点作为要创建的实体的 4 个顶点，然后选中与其相对的属于另一个实体的表面，同样要选择面上 4 个点作为要创建的实体的 4 个顶点，单击"Apply"按钮完成创建。

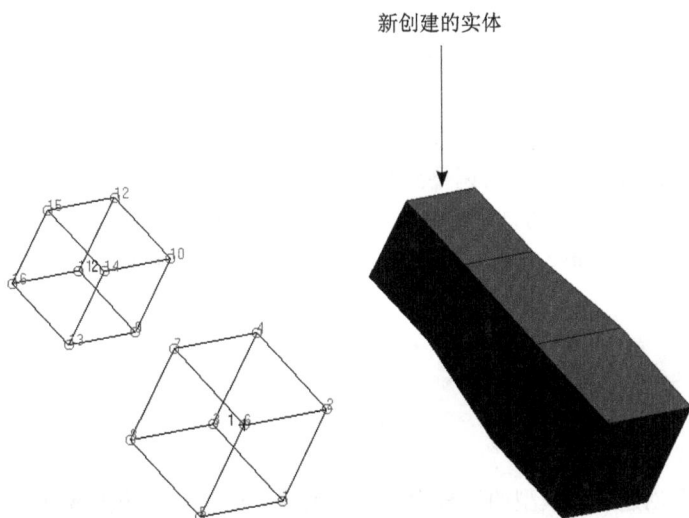

图 3-55　在实体相对面中生成实体

（5）Face 方法：将 5 个或 6 个曲面，或者实体表面定义成一个实体。这些面之间没有顺序，也不用考虑其方向，只要能够有效地定义一个外表面即可。

（6）Vertex 方法：指定 8 个顶点来创建一个实体。需要说明的是，这些点可以是几何点，也可以是其他实体的角点。图 3-56 右图所示为用 4 个几何点和 4 个实体的角点为顶点创建的实体。

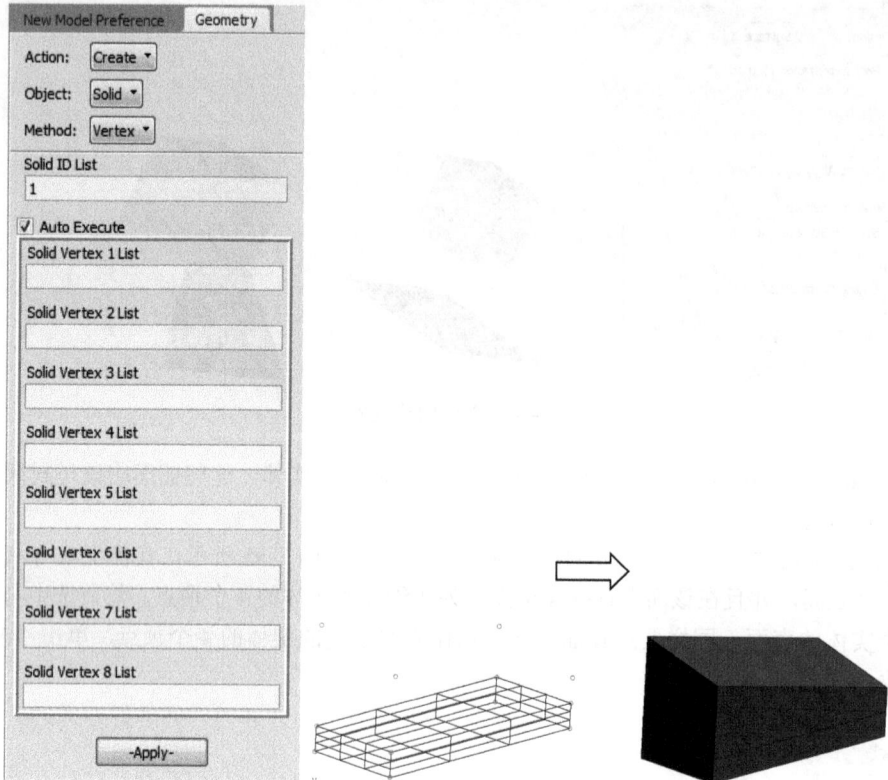

图 3-56　用顶点创建实体

（7）XYZ 方法：根据给定的初始点和矢量创建立方体。需要说明的是，矢量的每一个分量表示新创建的实体在每个方向上的尺寸。

（8）Extrude 方法：参考生成曲面方法中的此法。曲面从给定的初始点，沿着指定的矢量方向平移，扫掠成一个实体。

（9）Glide 方法：参考生成曲面方法中的此法。曲面以给定的曲线为轨迹，扫掠成实体。可以通过参数 Scale Factor 来调整截面大小的变化。

（10）Normal 方法：参考生成曲面方法中的此法。给定的曲面沿其法向方向移动，扫掠成实体。

（11）Revolve 方法：将给定的曲面绕给定的轴旋转，生成实体。可以指定旋转角度的大小和初始角度。

3.2　辅助建模

在创建几何模型的过程中，可以使用一些辅助建模的操作，如创建坐标系、创建平面、创建矢量等。

3.2.1　创建坐标系

Patran 中的坐标系是右手坐标系，其支持的坐标系有直角坐标系、柱坐标系和球面坐标系。Patran 通常使用的坐标系是直角坐标系，其标号为 0。但有时由于建模、定义材料特性等的需要，用户要定义自己的坐标系，在前面介绍点、线、面、实体的创建过程中，每个面板中都有 Reger. Coordinate Frame，它就是用来让用户选择坐标系的。

在 Patran 中单击“Geometry”选项卡，单击“创建坐标系”按钮（Action > Create，Object > Coord）创建坐标系，如图 3-57 所示。共有 6 种创建方法，下面将一一说明。

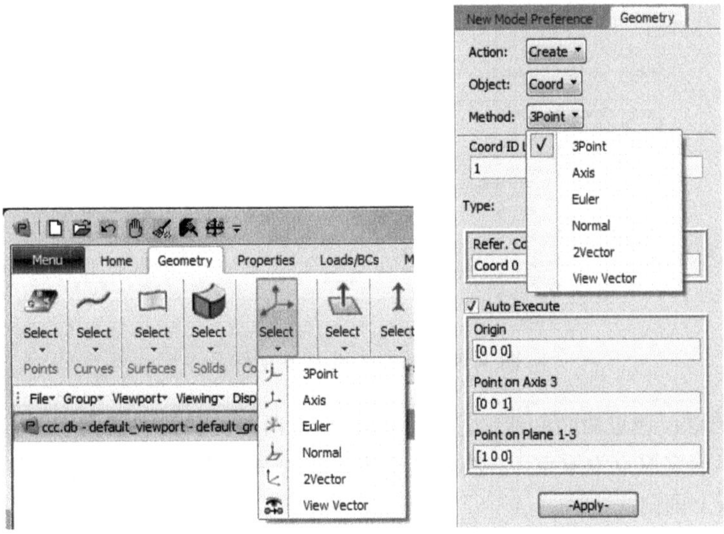

图 3-57　创建坐标系

（1）3Point 方法：根据 3 个点来创建坐标系。3 个点分别是：坐标系的原点、新坐标系轴上的一个点和新坐标系平面上的一个点。用户可以通过“Type”下拉列表来确定建立的是哪种类型的坐标系。图 3-58 所示为利用 3 个点创建的柱坐标系。

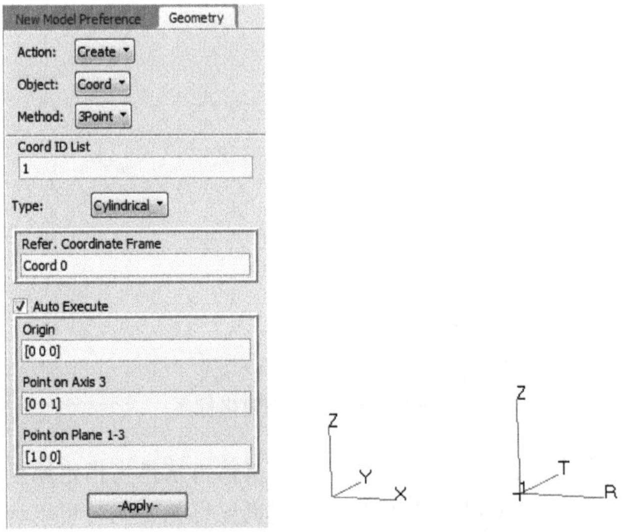

图 3-58　利用 3 个点创建的柱坐标系

（2）Axis 方法：通过给定的原点和两个轴来创建坐标系。给定原点之后，通过给定另外两个轴上的两个点来确定两个轴，从而建立坐标系。

（3）Euler 方法：把原坐标系通过 3 次旋转生成新的坐标系。其旋转参数可以通过单击"Rotation Parameters"按钮打开对应的面板来设定，图 3-59 示为在坐标系中绕 Z 轴旋转 45° 生成的球坐标系。

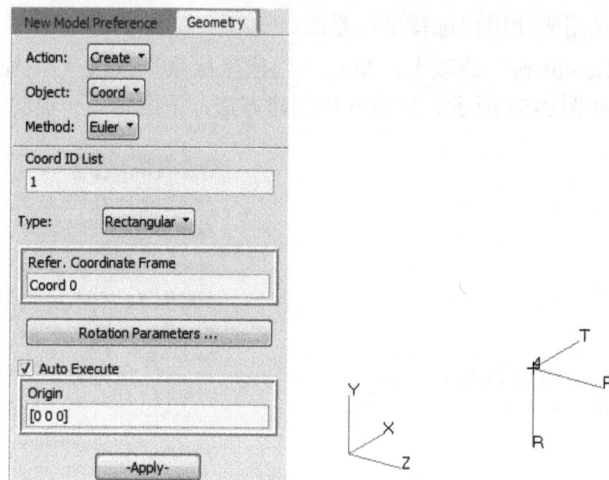

图 3-59　Euler 法生成新坐标系

（4）Normal 方法：通过曲面创建坐标系，如图 3-60 所示。具体方法为给定原点，选定一曲面，就可以创建一个以给定原点为原点，Y 轴垂直于所选定的曲面的坐标系。同时可以选择 X 轴是与曲面的局部坐标 u 或 v 同向。

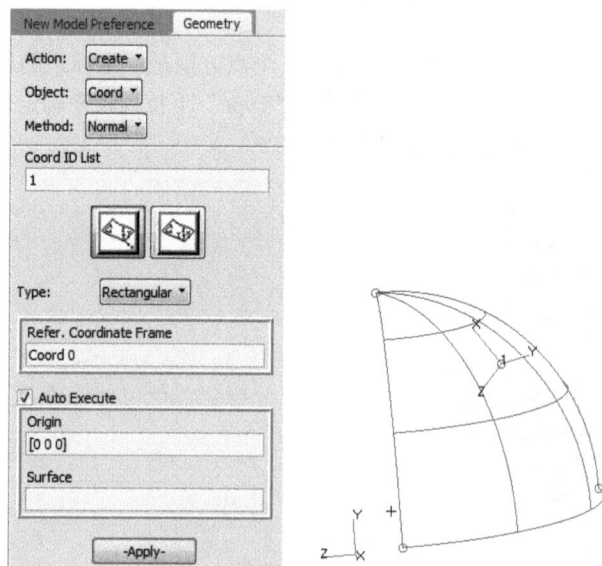

图 3-60　通过曲面创建坐标系

（5）2Vector 方法：通过两个矢量来建立坐标系。具体方法是先指定原点，然后指定两个矢量作为坐标系的两个轴向，单击"Apply"按钮即可创建新坐标系。同时可以选择哪两个轴与选定的矢量同向。

（6）View Vector 方法：把当前的视野平面作为 1 － 2 平面来建立一个新的坐标系，如图 3-61。操作时只需指定原点。水平方向为 1 轴方向，垂直方向为 2 轴方向，垂直于视野平面向外的方向为 3 轴方向。

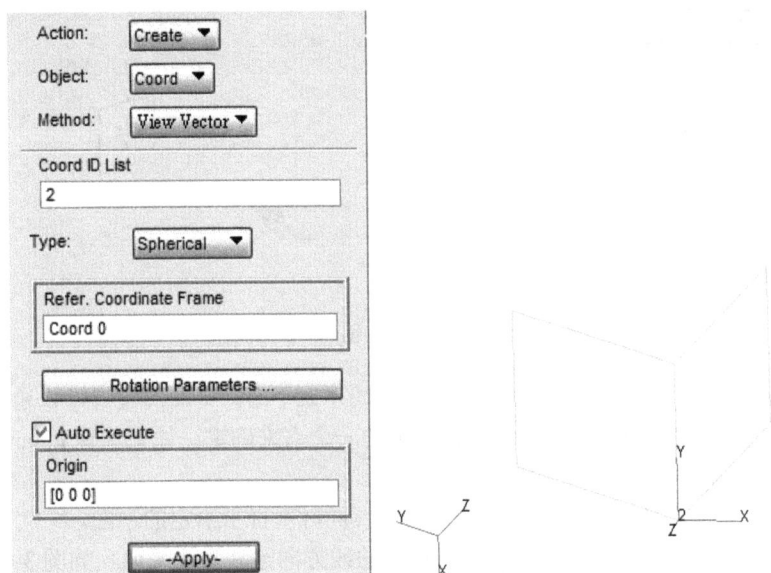

图 3-61　建立新的坐标系

3.2.2　创建平面

单击"Geometry"选项卡，单击"创建平面"按钮（Action > Create，Object > Plane）创建平面。在 Patran 中创建平面的方法共有 10 种，下面一一介绍。

（1）Point-Vector 方法：通过一个点和一个矢量创建一个平面，如图 3-62 所示。需要说明的是，平面过该点，且其法线方向是给定的矢量方向。

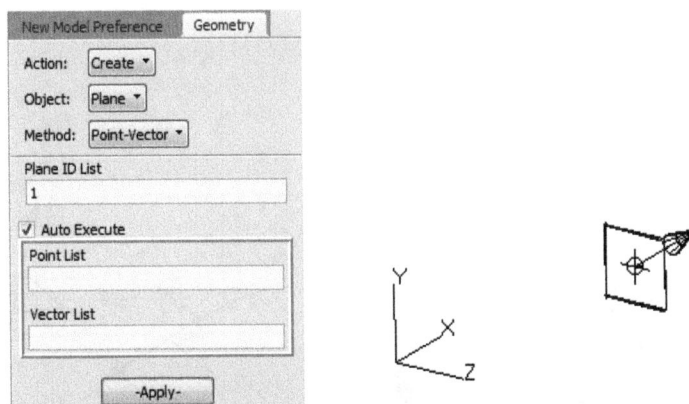

图 3-62　通过一个点和一个矢量创建一个平面

（2）Vector Normal 方法：通过矢量和偏移量创建一个平面，如图 3-63 所示，在"Plane Offset Distance"文本框中输入偏移量，所建立的平面以该矢量方向为法线方向，且平面到矢量原点的距离为所设定的偏移量。

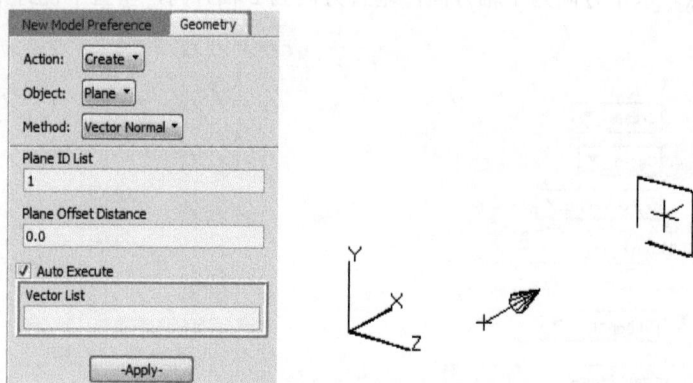

图 3-63　通过矢量和偏移量创建一个平面

（3）Curve Normal 方法：以给定的曲线的切线为法线建立平面。平面的位置可以通过"Option"下拉列表来控制，如果选择 Point，则通过给定曲线上的一个点来确定；如果选择 Parametric，则通过曲线的局部坐标 u 来确定。

（4）Plane Normal 方法：建立一平面过给定的矢量，同时垂直于给定的平面。

（5）Interpolate 方法：以给定的曲线的切线方向为法线方向建立多个平面，如图 3-64 所示。平面的数量可以指定，平面之间的间隔可以设定。

（6）Least Squares 方法：根据最小二乘法拟合创建平面，如图 3-65 所示。"Option"下拉列表中共有 3 种元素用来创建平面，分别是点、曲线、曲面。根据点来创建平面，即根据最小二乘法来拟合一个平面，使得这些点到该平面的距离的平方最小，需要说明的是，这些点应该不共线；根据曲线来创建平面，即用最小二乘法拟合一曲面；同样，根据曲面创建一个平面也是通过最小二乘法拟合得到的。

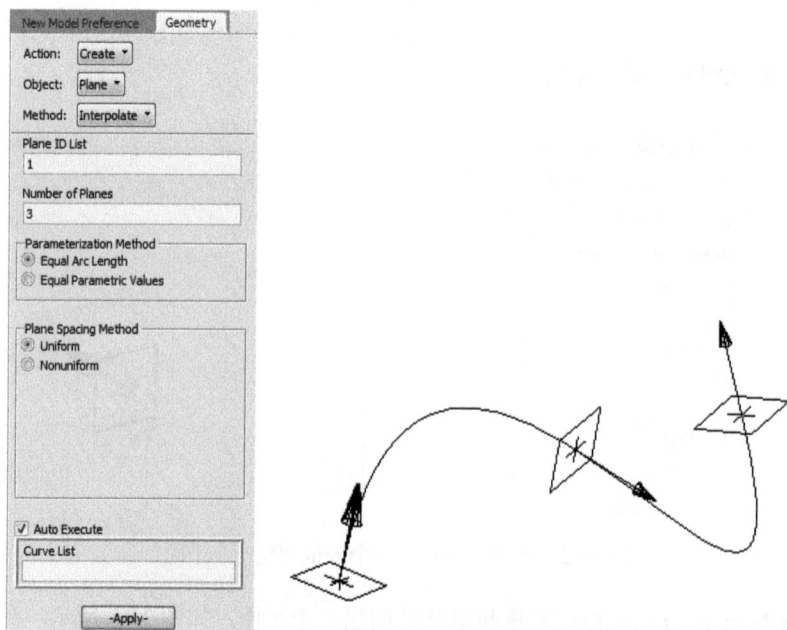

图 3-64　以给定的曲线的切线方向为法线方向建立多个平面

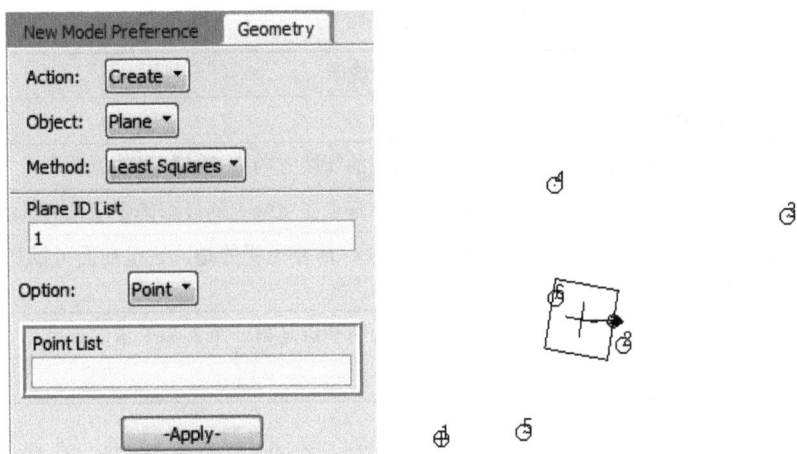

图 3-65　根据最小二乘法拟合创建平面

（7）Offset 方法：平移一平面得到新平面，可以指定平移的次数。

（8）Surface Tangent 方法：通过与曲面相切建立一平面。"Option"下拉列表中有两个选项，分别是 Point 和 Parametric。选择 Point，则过曲线上的一点创建一个与曲面相切的平面；选择 Parametric，则通过给定的曲面局部坐标的位置创建一个与曲面相切的平面，如图 3-66 所示。

（9）3Points 方法：过不共线的 3 个点创建一平面。

（10）2Vector 方法：根据两个不平行的矢量创建一平面，该平面过第一个矢量，平面的法向量以前面两矢量的空间交点为原点。

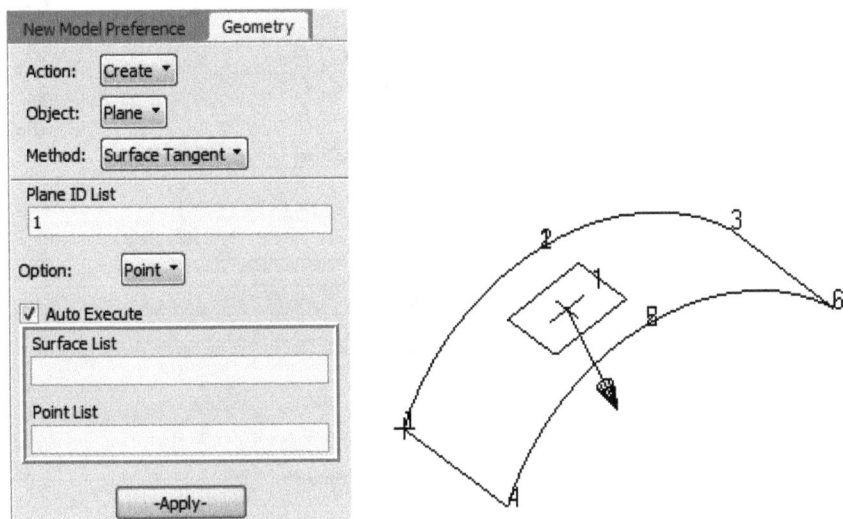

图 3-66　创建一个与曲面相切的平面

3.2.3　创建矢量

前面讲了建立几何元素的多种方法，几何元素多种多样，但是建模的方法有相似之处，表 3-1 所示为创建矢量的方法。

表 3-1　创建矢量的方法

方法	说明
Magnitude	通过指定矢量方向、模的大小和基点创建矢量
Interpolate	在曲线不同的位置创建多个矢量，相应的曲线的切线方向为该处矢量的方向
Intersect	在两平面的交线处创建矢量。矢量参考平面的基点在交线上的投影确定了该矢量的基点和大小
Normal	以给定的点为基点，垂直于另一个面创建矢量，需要说明的是，这里的面可以是平面，也可以是曲面或者单元面
Product	用两个矢量相乘来创建一个新矢量，该新矢量的基点是第一个参考矢量的基点
2 Point	过两点创建一个矢量

3.3　转换创建的几何模型

Transform 是常用的几何建模操作，通过它可以对已有的几何元素进行平移（Translate）、旋转（Rotate）、缩放（Scale）、镜像（Mirror）等操作来创建新的几何模型。

单击"Geometry"选项卡，单击"Transform"面板中的任意按钮，打开转换几何模型的面板，如图 3-67 所示，转换的对象包括点、曲线、曲面、实体、坐标系、平面和矢量。

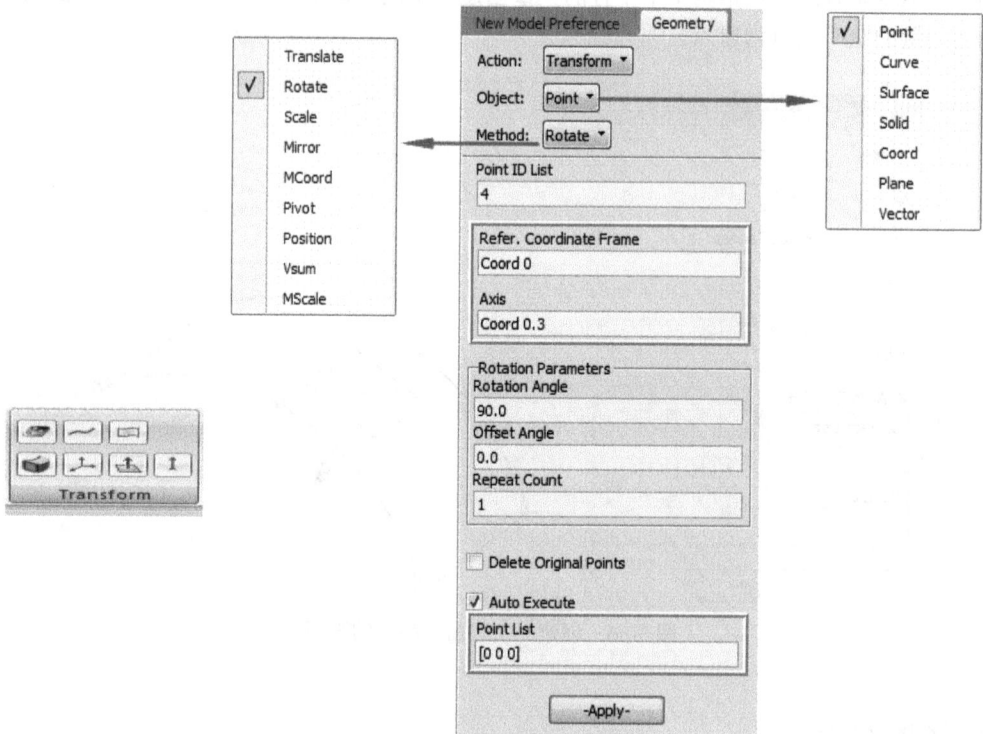

图 3-67　转换几何模型的面板

下面以点为例讲述转换创建的几何模型的具体方法。

（1）Translate 方法：以给定的点为参考，根据指定的矢量方向创建点，可以一次创建多个点。

需要说明的是，如果参考坐标系是直角坐标系，则沿线段创建点；如果参考坐标系为球坐标系或者柱坐标系，则沿弧线创建点。图 3-68 所示为在柱坐标系下，通过 Point 1 ～ 7 创建 Point 8 ～ 14。

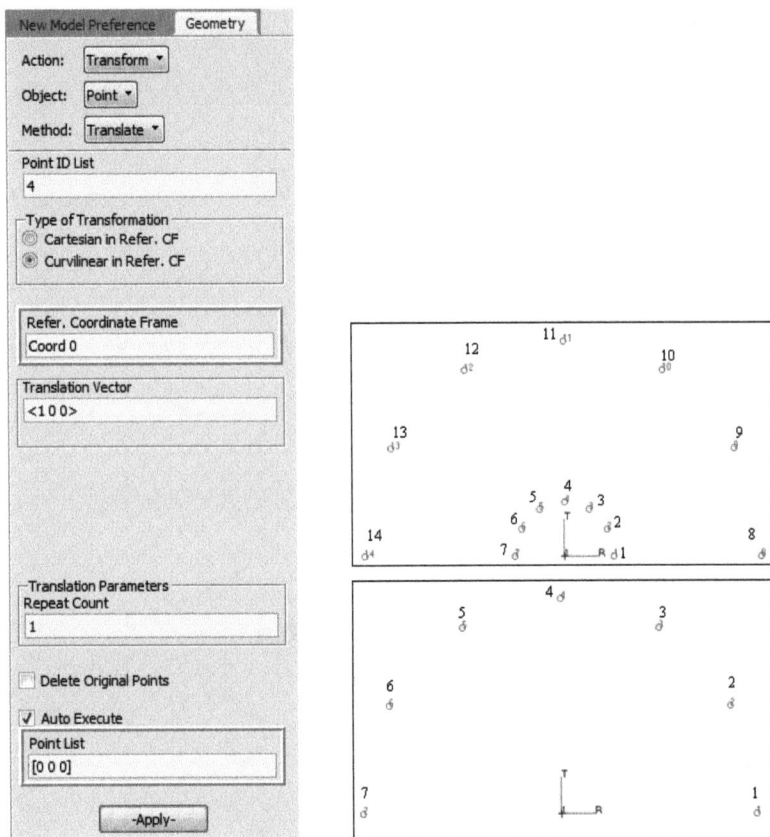

图 3-68　用 Translate 方法创建点

（2）Rotate 方法：通过旋转创建点。以选中的点为参考，根据给定的轴线、指定的旋转角度和设置的重复次数旋转来创建点，如图 3-69 所示，选择 Point 1 作为基点，"Repeat Count"文本框设置为 1，"Rotation Angle"文本框设置为 90，即可在半圆周上生成等间距分布的点。

（3）Scale 方法：通过缩放来创建点。以选定的点为参考，根据指定的基点、各方向的缩放比例系数、重复次数来创建新的点。

（4）Mirror 方法：通过镜像来创建点，如图 3-70 所示。以选定的点为参考，通过指定对称平面，在参考点的对称位置创建新的点，同时可以设定对称平面的偏移量。

（5）MCoord 方法：根据参考点 a 在坐标系 A 中的位置，在坐标系 B 中创建点 b，使点 b 在坐标系 B 中的坐标和点 a 在坐标系 A 中的坐标相同。

（6）Pivot 方法：在定义的平面内通过旋转创建点，如图 3-71 所示。通过设置 Pivot Point、Starting Point 和 Ending Point 的值可以定义一个平面，以通过 Pivot Point 这个点，且垂直于该平面的线段为轴线，根据 Starting Point 和 Ending Point 的旋转参考点生成新的点。

（7）Position 方法：根据原始点和目标点的位置关系来创建点，如图 3-72 所示，原始点共有 3 个，相应的目标点也有 3 个，如果选定的 3 个原始点和 3 个目标点之间的尺寸不匹配，则按比例进行缩放。

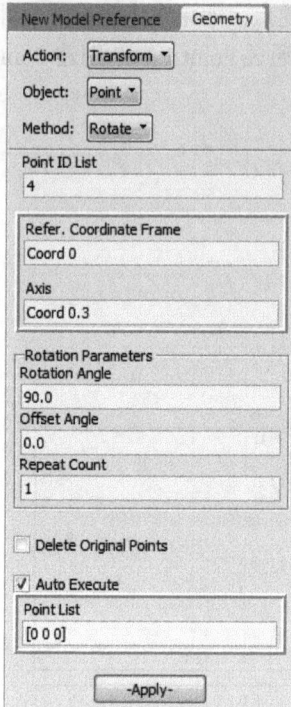

图 3-69　通过旋转来创建点

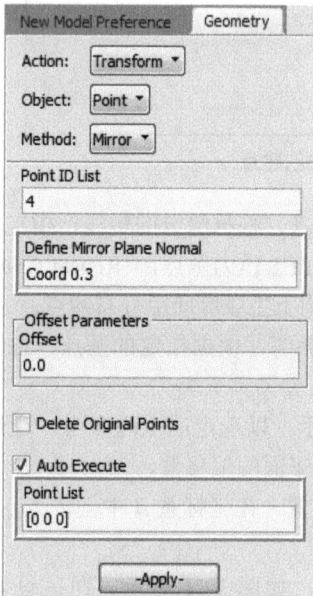

图 3-70　通过镜像来创建点

（8）Vsum 方法：通过矢量求和创建点。先指定两组矢量，则两组矢量和两组点之间对应形成两组矢量。将这两组矢量按顺序求和，则在和的矢量位置创建新的点。同时可以在"Multiplication Factor 1"和"Multiplication Factor 2"文本框中分别设置两组矢量在各个方向上的放大比例因子，如图 3-73 所示。

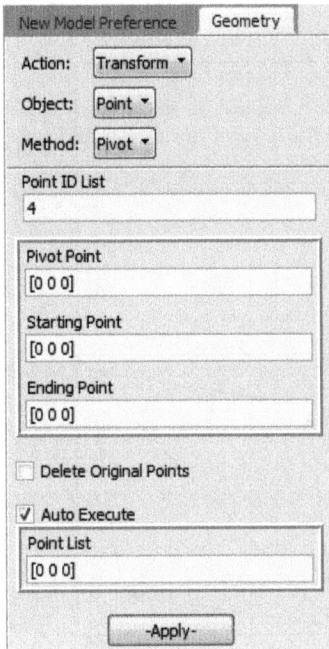

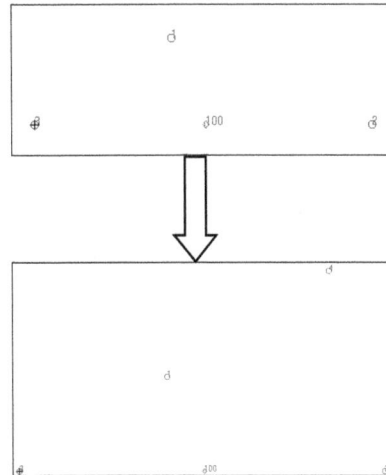

图 3-71　在定义的平面内通过旋转创建点

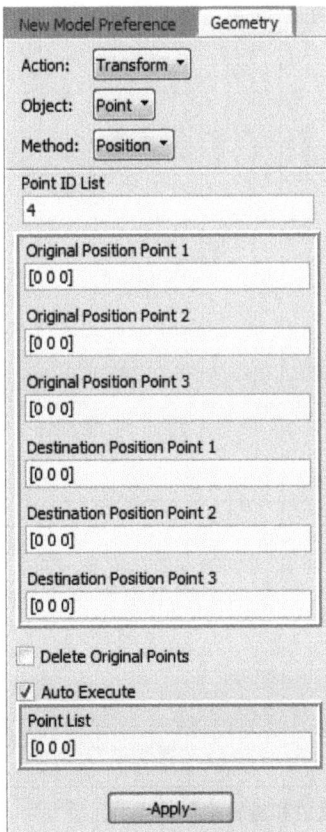

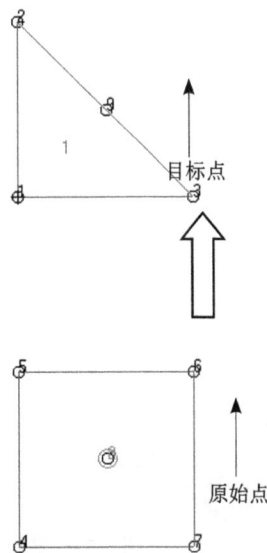

图 3-72　根据原始点和目标点的位置关系来创建点

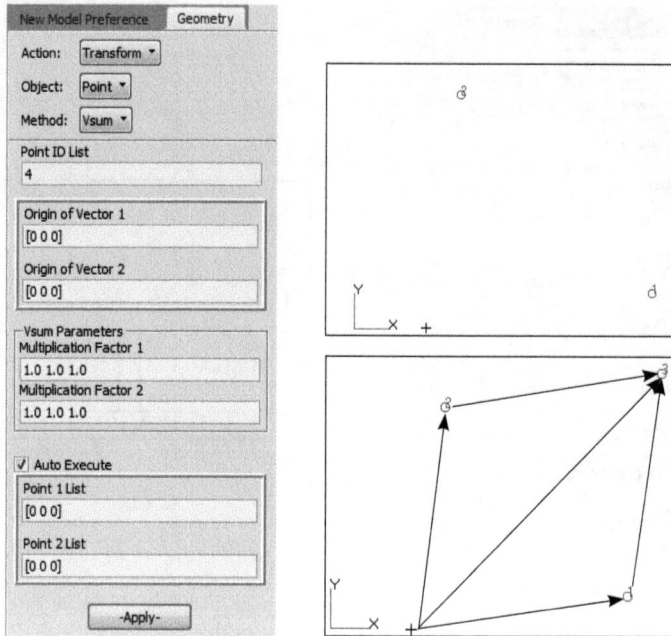

图 3-73　通过矢量求和创建点

（9）MScale 方法：通过移动、缩放、旋转来创建点，如图 3-74 所示。指定原点，选定平移矢量，并指定矩阵各分量，通过移动、缩放和旋转产生新的点。

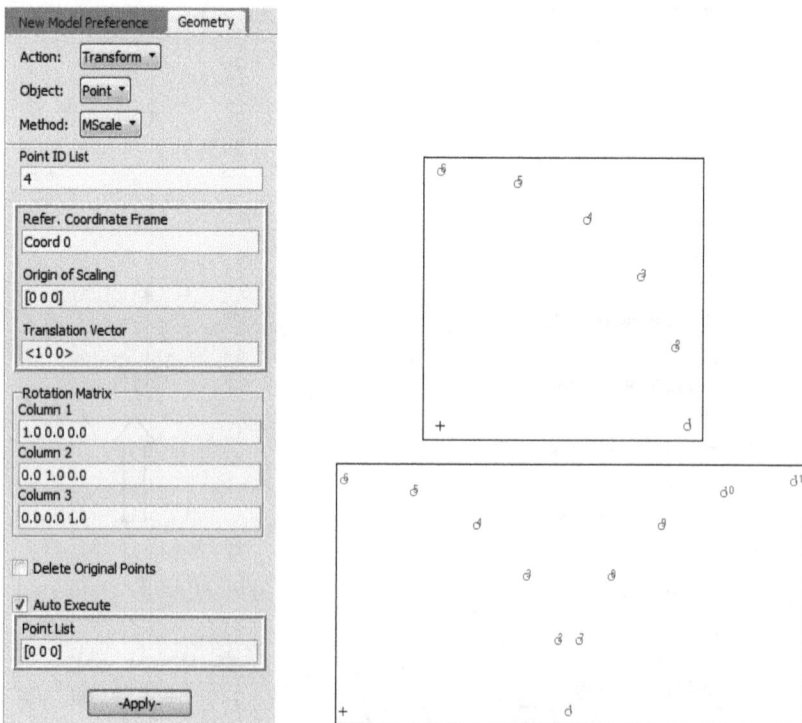

图 3-74　通过移动、缩放和旋转来创建点

对于曲线、曲面、实体、坐标、平面、矢量的转换操作参见对点的操作。

3.4　Patran 的输入接口与输出接口

Patran 作为世界上一流的有限元分析前后处理器，不但可以作为一个完整的应用系统独立运行，进行各种复杂模型的实体建模，还可以配合为满足不同需求的可选应用模块完成各种工程分析。并行 CAE 工程使 Patran 从另一个角度打破了传统有限元分析的前 / 后处理模式，其独有的几何模型直接访问技术为基础的 CAD/CAM 软件间的几何模型的信息沟通，及各种分析模型的无缝连接提供了趋于完美的集成环境。

3.4.1　Patran 的输入接口

应用工程师可直接在 Patran 框架内访问现有的 CAD/CAM 系统数据库，读取、转换、修改和操作正在设计的几何模型。有限元分析模型可通过 CAD 模型快速地直接生成，用精确表现产品设计的方式取代以往的近似描述，进而省去了在分析软件系统中重新构造几何模型的传统过程。Patran 访问外界几何模型的数据都是通过在菜单栏中选择"File > Import"命令实现的，图 3-75 所示为执行命令后打开的 Import 窗口。

Patran 目前支持两种几何造型内核的传输标准，即 Parasolid xmt 和 ACIS，如图 3-76 所示。Patran 可以直接导入由主流 CAD 软件制作的几何模型，包括 CATIA、Pro/Engineer 和 Unigraphics 等软件。另外，Patran 还支持多种几何传输标准，包括 IGES、STEP、STL 等格式。

下面以 IGES 为例，阐述导入文件的主要过程。在菜单栏中选择"File > Import"命令，打开"Import"窗口进行设置（Object > Model，Source > IGES），单击"IGES Options"按钮，进行相关的参数设置，如图 3-77 所示，选择要导入的文件，单击"Apply"按钮，此时，Patran 会弹出一个窗口，显示正在进行的工作。最后 Patran 会弹出图 3-78 所示的"IGES Import Summary"窗口，完成模型的输入。

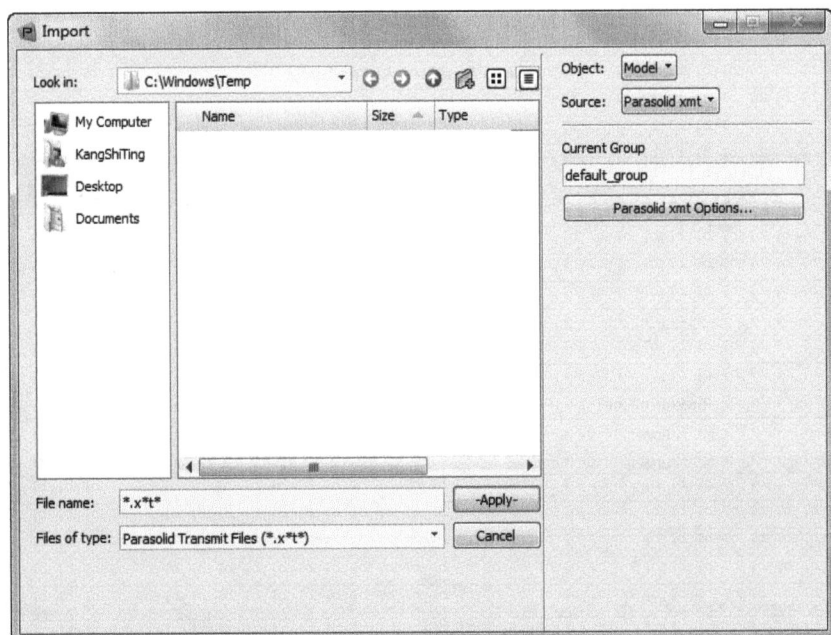

图 3-75　"Import"窗口

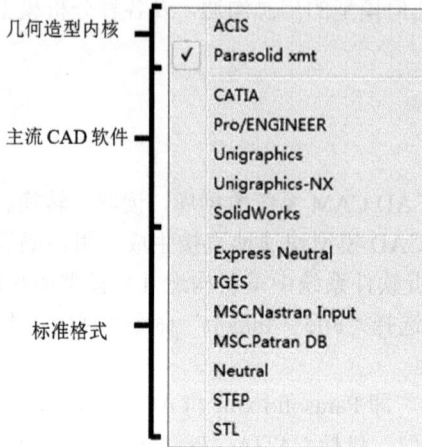

图 3-76 Patran 支持导入的文件类型

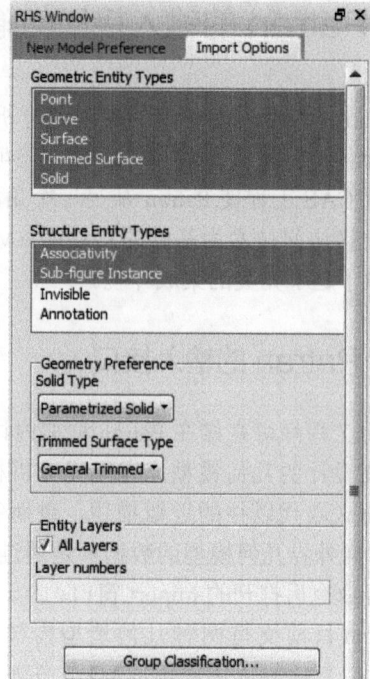

图 3-77 设置 IGES 模型的输入参数

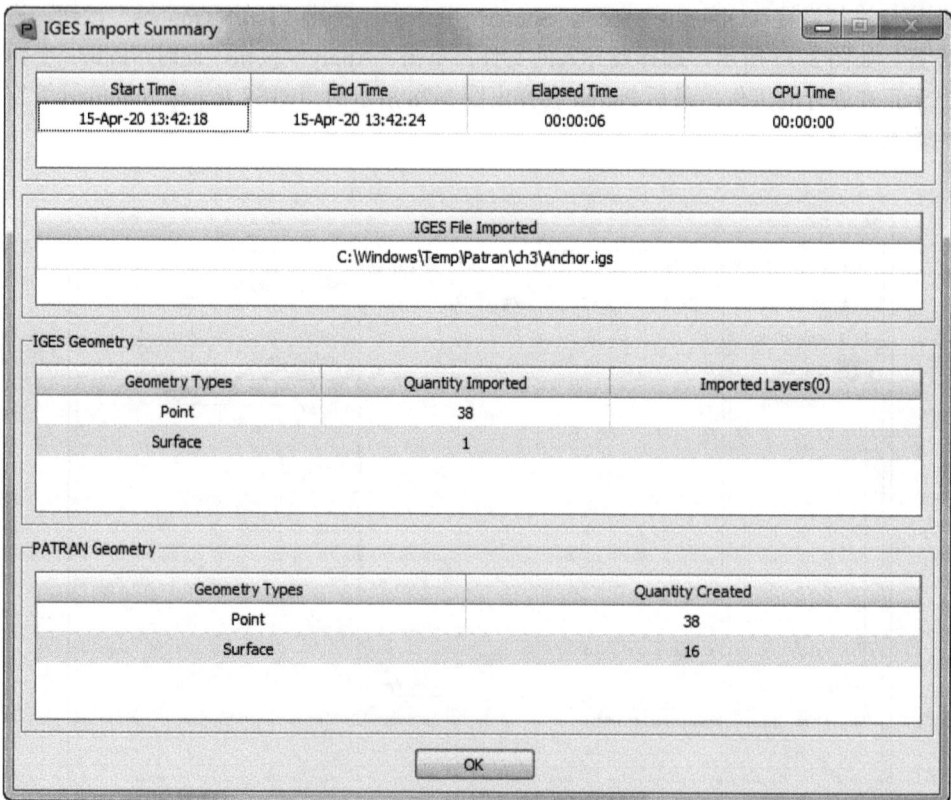

图 3-78 "IGES Import Summary"窗口

3.4.2 Patran 的输出接口

Patran 作为一个前处理系统，也可以将几何数据输出到其他 CAD 系统或者其他前处理系统中。Patran 输出几何数据都是通过在菜单栏中选择"File > Export"命令来实现的，图 3-79 所示为执行命令后打开的 Export 窗口。

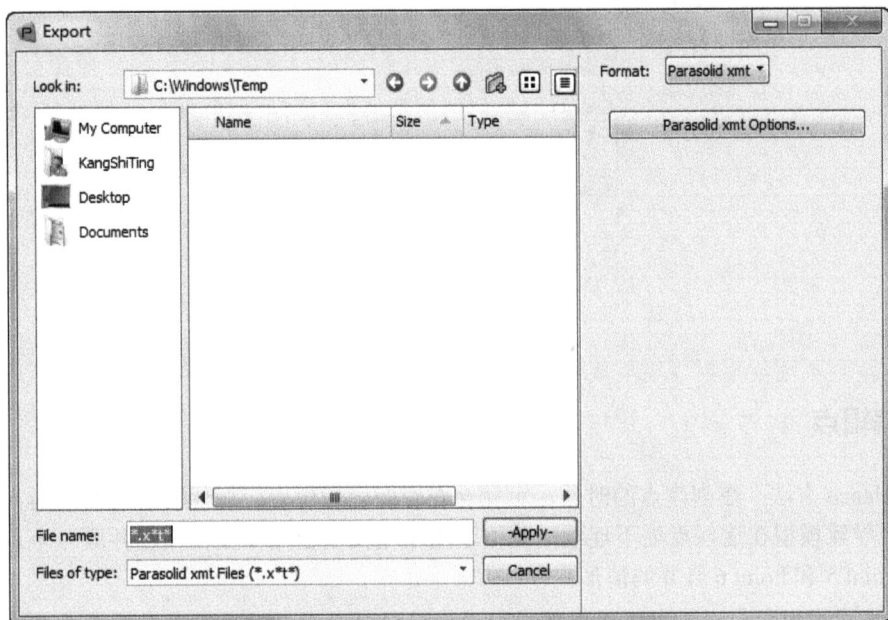

图 3-79 Export 窗口

Patran 目前支持两种几何造型内核的传输标准，即 Parasolid xmt 和 ACIS。同时 Patran 还可以直接导成 CAD 软件支持的 CATIA V4、IDEAS 格式。Patran 还可以导成 IGES、Neutral、STEP 和 VDA 格式。

下面简单介绍输出文件的特点。输出的 Parasolid xmt 文件包括指定类型的 Parasolid 几何，并能指定 Parasolid 版本，没有结果信息。输出的 ACIS 文件包括几何信息，没有结果信息。输出的 CATIA V4 文件、IDEAS 文件只有几何信息。输出的 IGES 文件的内容包括点、线、面、剪切参数面、有限元节点和单元，没有结果信息。输出的 Neutral 文件的内容包括有限元节点、单元和材料特征、单元特征、坐标系等，没有结果信息。输出的 STEP 文件若为 AP203 类型和 AP214 类型，则只能输出几何信息，而 AP209 类型可以输出几何信息、有限元网格、分析设置或分析结果。输出的 VDA 文件只有几何信息，没有结果。

3.5 编辑几何模型

创建几何模型只是创建几何模型最基本的部分，为了满足创建几何模型的实际需要，还要对各种几何元素进行编辑、修改。Patran 有非常丰富的几何编辑功能，下面简单介绍一下。

单击"Geometry"选项卡，单击"编辑几何模型"按钮 （Action > Edit），如图 3-80 所示，可以对点、曲线、曲面、实体和特征进行编辑。

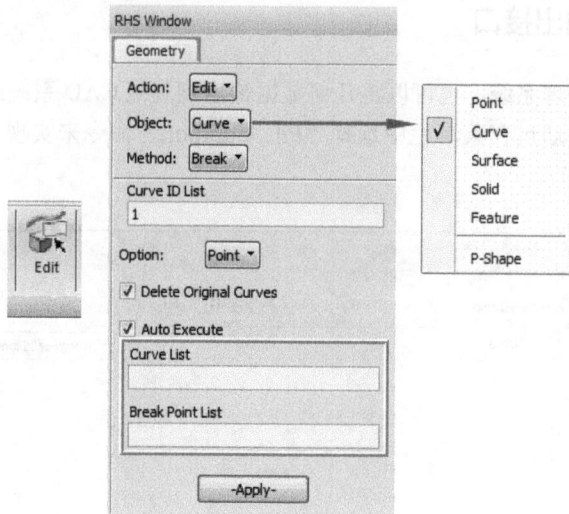

图 3-80　编辑面板

3.5.1　编辑点

　　Equivalence 方法：在创建点的时候，可能会在空间同一位置（总体模型公差之内）创建若干个点，从而导致模型在这些点处不连续，此方法用于查找重合点并且将其合并成一个点，图 3-81 所示为将 Point 5 和 Point 6 合并的情形。

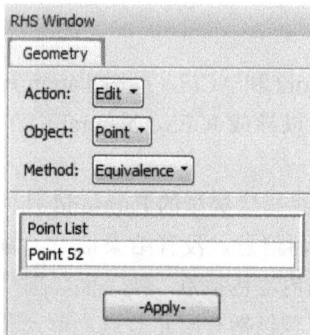

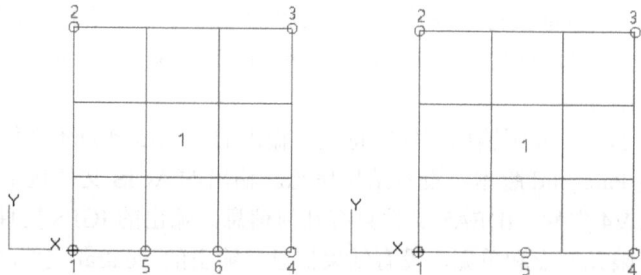

图 3-81　合并点

3.5.2　编辑曲线

　　单击"Geometry"选项卡，单击"编辑曲线"按钮 ▦（Object > Curve），打开曲线编辑面板，编辑曲线的方法共有 8 种。

　　（1）Break 方法：将曲线打断，如图 3-82 所示，"Option"下拉列表中共有 3 个选项，分别是用点、参数和平面将已有的曲线分成几段。需要说明的是，用来打断曲线的点不一定要在曲线上，此时将在以该点到垂线的垂足位置断开曲线。

　　（2）Blend 方法：把一系列首尾相连的曲线采用平滑的过渡方法重新连接，新曲线过原来曲线的首尾点，且与原曲线在连接点处相切，如图 3-83 所示。

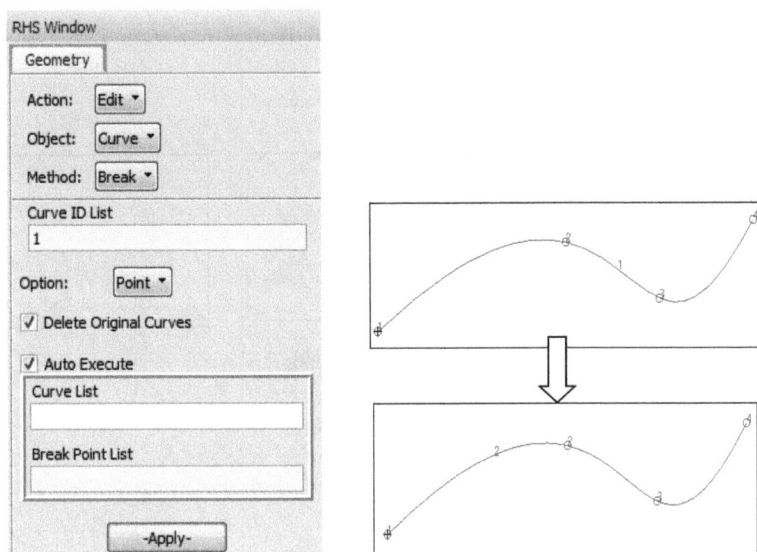

图 3-82　将曲线打断

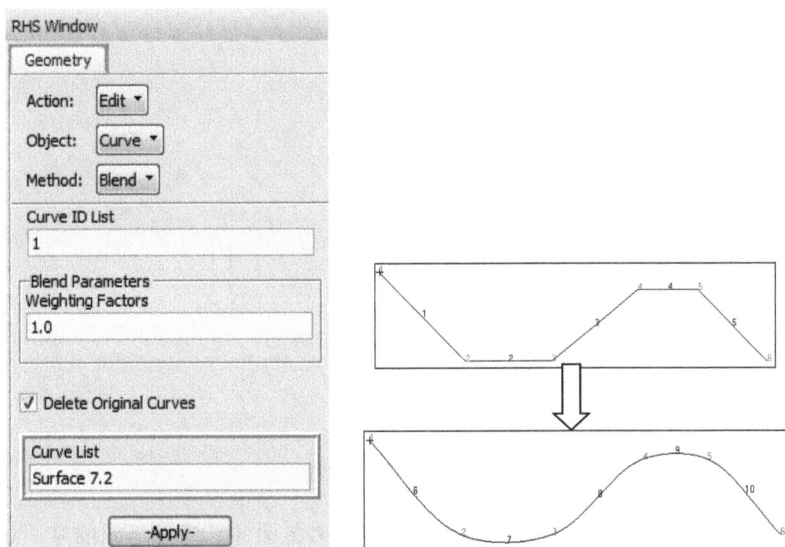

图 3-83　平滑处理曲线

（3）Disassemble 方法：将由"Edit > Curve > Chain"创建的曲线打散到原来各段曲线的状态，如图 3-84 所示。

（4）Extend 方法：延伸曲线，如图 3-85 所示。"Option"下拉列表中有"1 Curve"和"2 Curve"两个选项。选择"1 Curve"时，共有 5 种方式，分别是直线延伸、连续曲率延伸、经过点延伸、整圆延伸、延伸到另一条曲线。直线延伸是从曲线上指定的点开始，沿着曲线在该点的切线和曲线的正方向延长给定的长度；连续曲率延伸是根据给定点处曲率的大小延伸曲线；经过点延伸即要求曲线延伸时过指定的点；整圆延伸是将部分圆弧生成一个整圆；延伸到另一条曲线是延伸至另一条曲线上。需要说明的是，如果两条曲线不共面，则延伸至两条曲线的空间交点。如果选择"2 Curve"，则同时延伸两条曲线至两条曲线的空间交点。

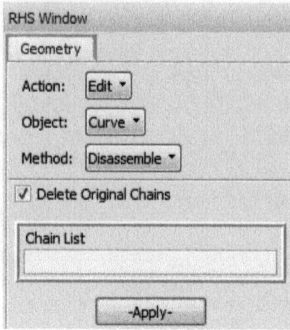

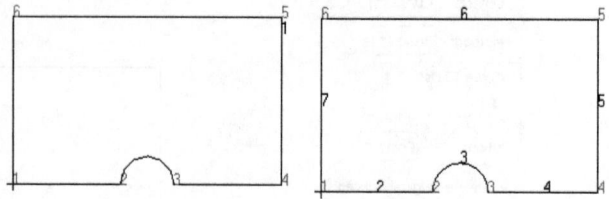

图 3-84 打散曲线

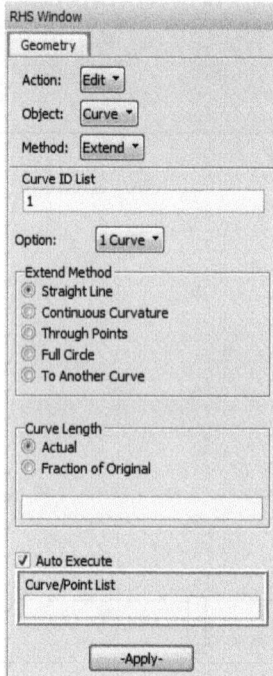

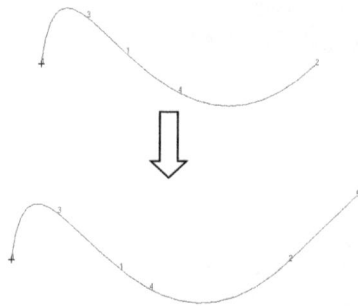

图 3-85 延伸曲线

（5）Merge 方法：将多条相连的曲线连成一条或者多条曲线。需要说明的是，新曲线将不严格地过原有的曲线，主要是做平滑拟合处理。

（6）Refit 方法：当 CAD 导入几何模型或者用平面切割几何模型时，会产生高阶曲线，这些高阶曲线的存在会严重影响网格划分，若在"Option"下拉列表中选择"Uniform"，则根据已有的曲线创建 3 次曲线，以近似高阶部分。

（7）Reverse 方法：将曲线的自然坐标正方向反向，从而重新定义已有一组曲线的连接。

（8）Trim 方法：裁剪曲线。以给定的点和自然坐标为界，将曲线多余的部分裁剪。

3.5.3　编辑曲面

单击"Geometry"选项卡，单击"编辑曲面"按钮 ▦ （Object > Surface），打开曲面编辑面板，有多种编辑曲面的方法，下面一一介绍。

（1）Break 方法：将曲面分成两个或者多个曲面。此方法共有 5 种方式分割曲面。在"Option"下拉列表中选择"Curve"时，用曲线来分割曲面，该曲线可以不在曲面上，但是在曲面上的投影必须与曲面的相对边相交；选择"Plane"时，用平面分割原曲面，即用平面和曲面的交线将原曲面分割；选择"Surface"时，用曲面分割原曲面，即用两曲面的交线将原曲面分割；选择"Point"时，用点来分割原曲面，如果点在曲面的边界上，则将曲面分成两部分，如果点在曲面的内部，则将曲面分成 4 部分；选择"2 Point"时，通过由两点定义的曲线来分割原曲面；选择"Parametric"时，将根据曲面的局部坐标将曲面分割，如图 3-86 所示。

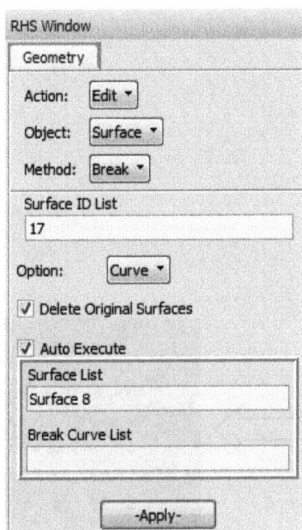

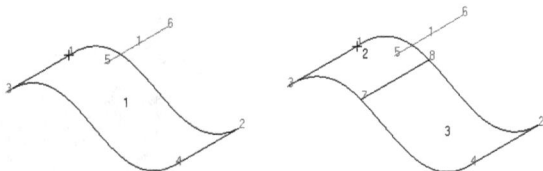

图 3-86　分割曲面

（2）Blend 方法：将已有的一组曲面创建参数化双三次曲面，如图 3-87 所示。需要说明的是，每两组曲面之间至少要有一条公共边，类似于曲线的编辑，相邻曲面的边界处将做平滑处理，可以通过权重系数（Weighting Factors）来调节对选定曲面边的改变程度，权重系数的值从 0 到 1。

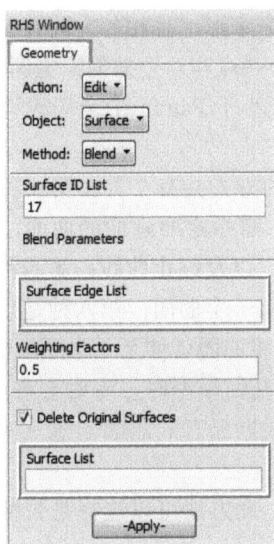

图 3-87　创建双三次曲面

（3）Disassemble 方法：恢复裁剪曲面之前各曲面的状态。

（4）Edge 方法：编辑裁剪曲面的边，共有 3 种编辑方式，分别是去除、添加和替换曲面的边。"Option"下拉列表中有两个选项，分别是"Edge"和"Edge Length"，选择"Edge"时需选中要裁剪的曲面或要裁剪的边；选择"Edge Length"时，输入最小边的长度，小于该长度的边将被裁剪，如图 3-88 所示。

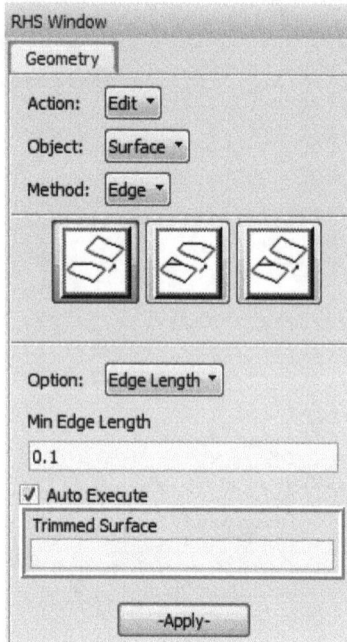

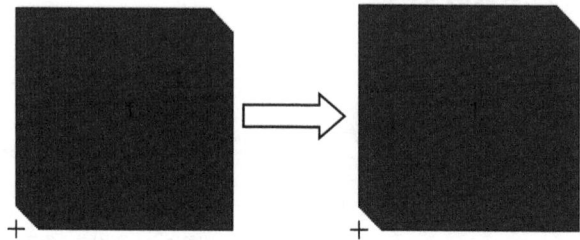

图 3-88　编辑曲面的边

（5）Edge Match 方法：通过重新创建曲面使已有的曲面拓扑一致。如果已有的两个曲面有两个公共点，但两个公共点之间有裂缝，则两个曲面之间存在拓扑不一致的现象，为了消除这种不一致，需在"Option"下拉列表中选择"2 Surface"，Patran 将通过重新创建的两个曲面消除裂缝，使两个曲面拓扑一致。如果有 3 个相邻曲面，它们的交线呈"丁"字形，且相邻之间存在裂缝，则在"Option"下拉列表中选择"Surface-Point"，通过指定 3 个面的公共点和一个曲面，重新创建该曲面，以消除裂缝。需要说明的是，这里的裂缝的尺寸非常小，一般小于 Patran 中全局模型公差的十分之一。

（6）Extend 方法：延伸曲面，如图 3-89 所示，延伸曲面的方式共有 7 种。第一种是同时延伸两个曲面到它们的相交位置；第二种是延伸曲面到一个平面，需指定要延伸的曲面，以及终止平面；第三种是延伸一个曲面到一条曲线，需指定要延伸的曲线，以及终止曲线；第四种是按一定的百分比同时从相邻两条边延伸曲面；第五种是延伸一个曲面到另一个曲面；第六种是延伸曲面到指定的点；第七种是以指定长度延伸曲面，图 3-89 右图所示的是将曲面延伸至一平面的情形。

（7）Refit 方法：当从 CAD 导入一个模型或者用平面切割几何模型时，有时会产生高阶曲面，这些高阶曲面的存在严重影响了网格划分，使用 Refit 方法可根据已有的曲面创建三次曲面，即用三次曲面来近似高阶几何曲面。

（8）Reverse 方法：翻转曲面的法向方向。需要说明的是，此方法可以选择是否翻转与曲面相联系的单元的方向。

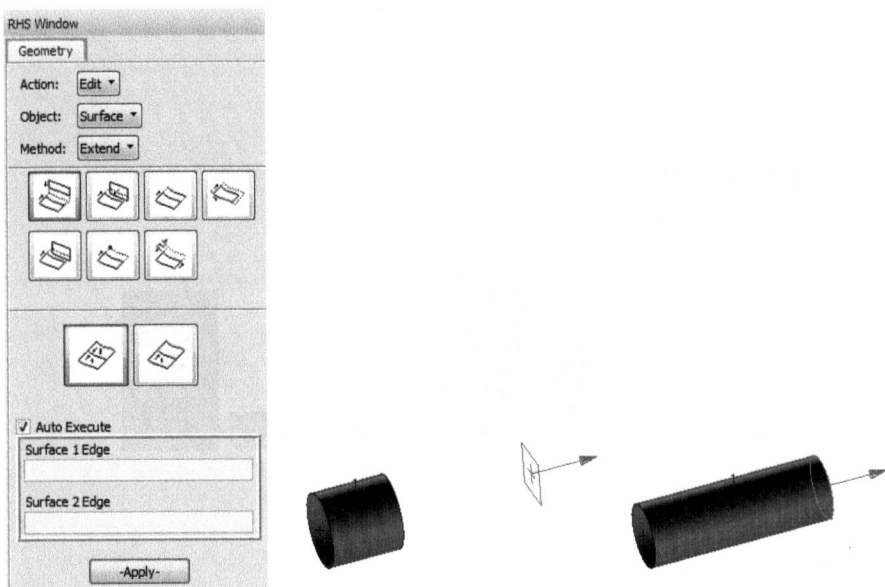

图 3-89　延伸曲面

（9）Sew 方法：与 Edit、Point、Equivalence 方法相结合，可以消除曲面的重复顶点，与 Edit、Surface、Edge 方法相结合，可以消除曲面的重复边界。

（10）Subtract 方法：从 B 曲面上减去 A 曲面，图 3-90 右图所示的是从 1 平面减去 2 平面的情形。

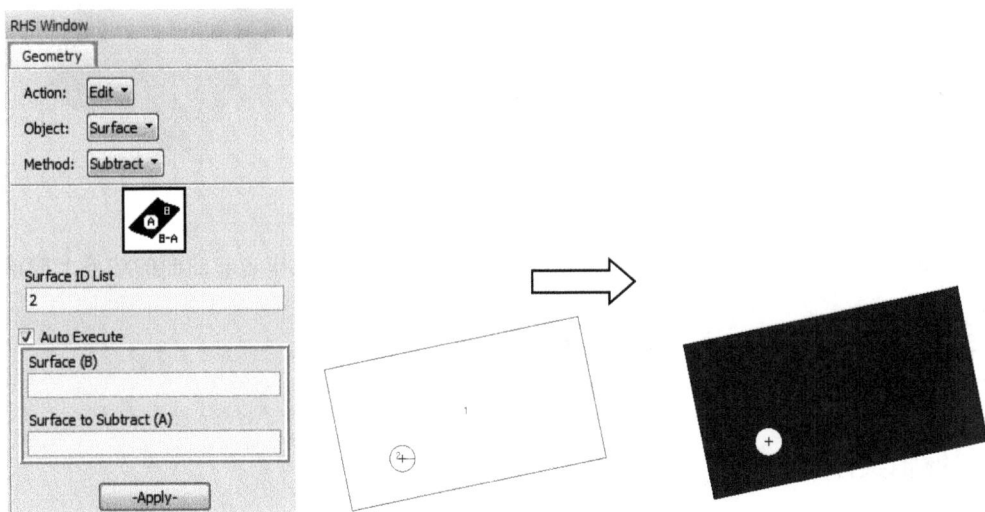

图 3-90　曲面相减

（11）Trim 方法：以给定的边来裁剪曲面，如图 3-91 所示，可以看到曲面裁剪前后的变化。

（12）Fillet 方法：对曲面倒圆角。需要指定曲面的顶点和要倒的圆角的半径。

（13）Add hole 方法：在曲面上挖孔，如图 3-92 所示。"Option"下拉列表中共有 3 个选项，选择"Center Point"是指定点为圆心，同时指定半径，以圆柱正投影的形式在面上挖孔，需要说明的是，指定的点可以不在曲面上；选择"Project Vector"是以给定的点、半径和矢量方向，以圆柱投影的形式挖孔；选择"Inner Loop"是选择任意封闭的曲线向曲面正投影挖孔。

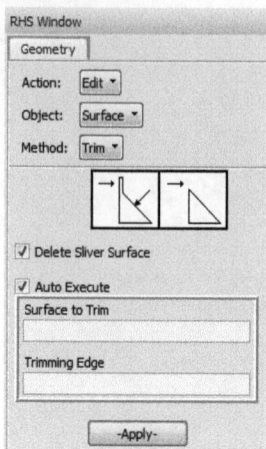

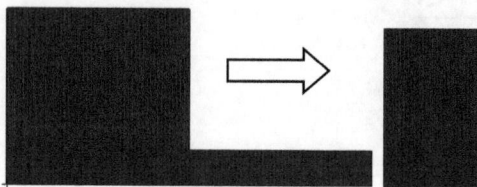

图 3-91　裁剪曲面

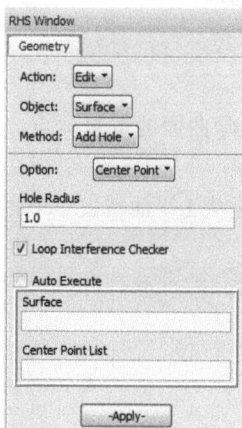

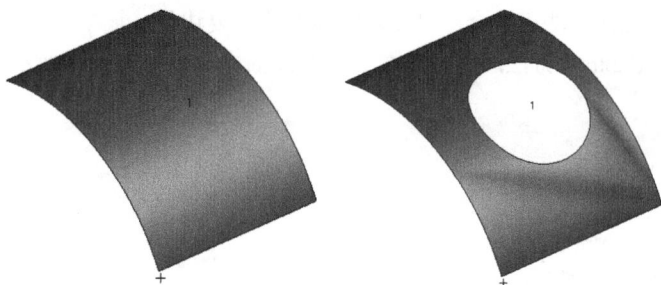

图 3-92　在曲面上挖孔

（14）Add Vertex 方法：给曲面增加顶点，需要说明的是，在操作之前曲面的边界上应该有合适的点。

（15）Remove Hole 方法：与 Add Hole 互逆。

（16）Remove Vertex 方法：与 Add Vertex 互逆。

3.5.4　编辑实体

单击 Geometry 应用工具按钮 Geometry ，单击"编辑"按钮 （Object > Solid），打开对实体编辑面板，有多种对实体的编辑方法，下面一一介绍。

（1）Break 方法：根据给定的条件分割实体。"Option"下拉列表中共有 4 个选项，选择"Point"时，用给定的点来分割实体，需要说明的是，如果点的位置在实体边界上，则过点的平面将实体分割成两部分，如果点在实体的表面，过点的两个正交平面将实体分割成 4 部分，如果点在实体的内部，则过点的 3 个正交平面将实体分成 8 部分；选择"Parametric"时，根据指定的实体的局部坐标来分割实体；选择"Plane"时，根据指定的平面将实体分割；选择"Surface"时，根据指定的曲面将实体分割，图 3-93 所示为用点分割实体。

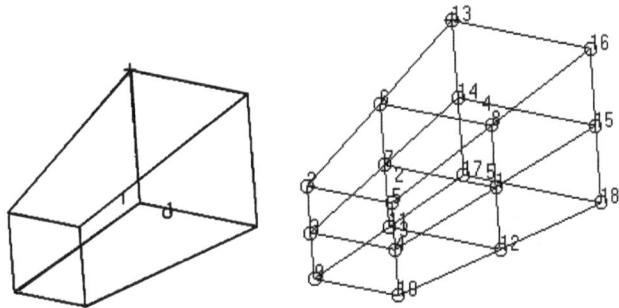

图 3-93　用点分割实体

（2）Blend 方法：根据一组实体生成新的实体，同时可以对原实体的连接部分做平滑处理，其中，可通过"Weighting Factors"选项来控制平滑处理的过程。

（3）Disassemble 方法：将用 Create、Solid、B-rep 方法创建的实体拆分成组成它的原来的曲面。

（4）Edge Blend 方法：对实体倒角，如图 3-94 所示，可以对实体倒圆角和倒直角，同时可以选择对实体的一条边、实体一个面上的边或实体的所有边倒角。选择倒圆角时只需要输入一个半径值，选择倒直角时要输入一个长度值和方向值，图 3-95 所示的是对实体一个面上的边倒圆角和倒直角的情形。需要说明的是，对实体所有的边倒角可以生成一个多面体，原来的顶点被倒成一个三角形面。

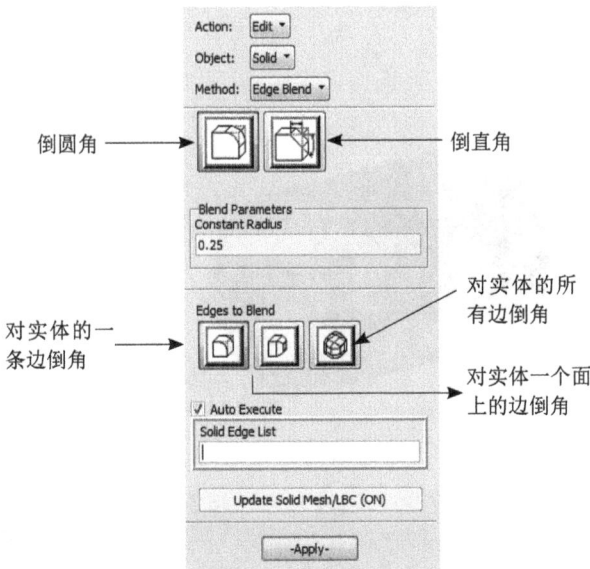

图 3-94　对实体倒角

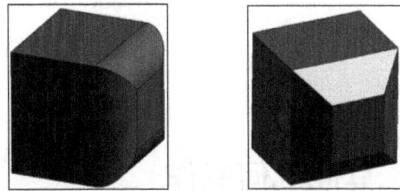

图 3-95　对实体一个面上的边倒圆角和倒直角

（5）Refit 方法：将实体中的高阶部分用三阶实体来近似表示。

（6）Reverse 方法：改变实体自然坐标的方向。

（7）Boolean 方法：实体间进行布尔运算。

（8）Imprint 方法：将第一个实体和第二个实体相交形成的曲线印到第二个实体的表面，在实体的表面形成一条曲线，如图 3-96 所示。需要说明的是，两个实体之间可以相接触或者相嵌。

（9）Shell 方法：对实体抽壳。将实体内部抽空形成一个壳体，壳体厚度由用户输入，如图 3-97 所示。

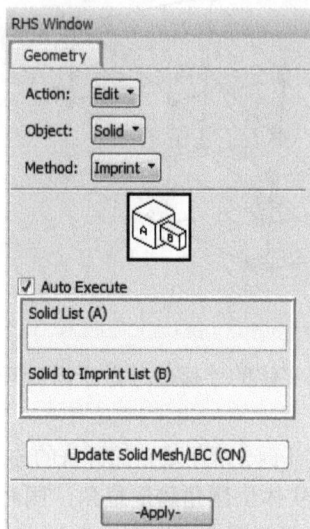

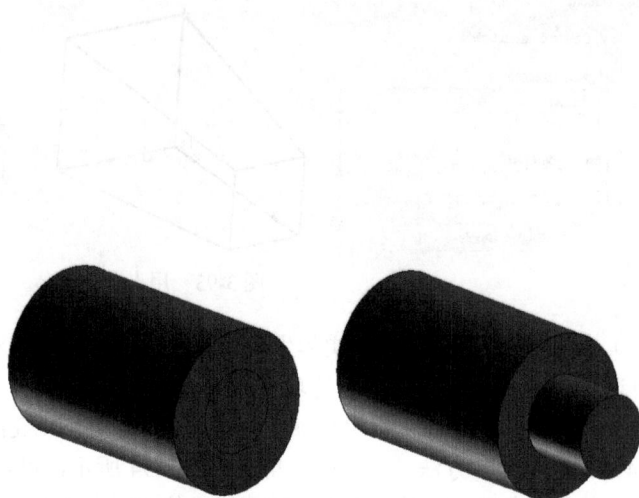

图 3-96　创建接触印记

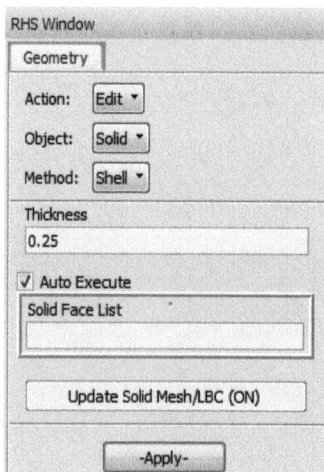

图 3-97　对实体抽壳

3.6　其他几何操作

对几何建模来说，仅用前面介绍的创建和编辑操作是远远不够的，有时还会用到一些常用的其他几何操作，如复制、镜像、显示几何信息等，下面将简单介绍这些常用的其他几何操作。

3.6.1　删除功能

单击"Geometry"选项卡，单击"删除功能"按钮 （Action > Delete），打开删除信息的面板，删除的对象包括点、曲线、曲面、实体、坐标系、平面和矢量。

3.6.2　信息显示

单击"Geometry"选项卡，单击"信息显示"按钮 （Action > Show），打开显示信息的面板，可以帮助用户随时了解各种对象的几何信息，如位置、尺寸、方向等。显示的对象涵盖所有的几何元素，表 3-2 所示为 Patran 的信息显示功能。

表 3-2　Patran 的信息显示功能

对象	信息	说明
Point	Distance	显示点到点、曲线、曲面、平面、矢量的距离
	Location	显示点的坐标
	Node	显示节点的标号
Curve	Attribute	显示曲线的属性
	Arc	显示模型中圆弧的数量、当前组中圆弧的总数和几何建模公差
	Angle	显示两曲线间的夹角
	Length	显示在给定的最小长度和最大长度之间的曲线的起始点、长度和类型
	Node	显示曲线上节点的标号
Surface	Attributes	显示曲面的属性
	Area Range	显示在给定的面积范围内，曲面的面积、几何类型以及与曲面相关的顶点和边
	Node	显示曲面上节点的标号
	Normal	显示曲面的法向矢量
	Attributes	显示实体的属性
	Attribute	显示坐标系的属性
	Attribute	显示平面的属性
	Attributes	显示矢量的属性

3.6.3　检查几何模型

"检查几何模型"按钮 （Action > Verify）的作用是检查曲面的自由边、检查是否出现重复曲面和检查实体的边界。检查时边界以高亮形式显示，同时，用相应的图形显示出来，如空心圆、实心圆等，如图 3-98 所示。这样可以为建立良好的有限元模型打好基础。

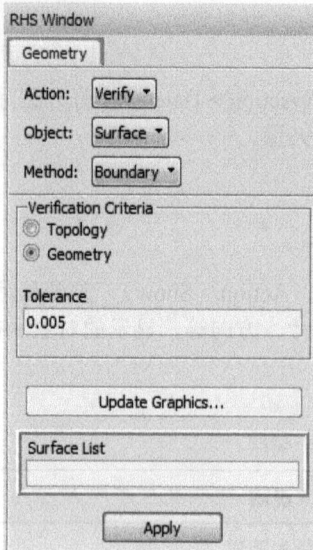

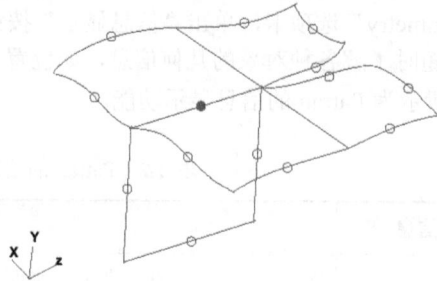

图 3-98　检查曲面的边

3.6.4　关联

"关联"按钮 （Action > Associate）的作用是将点定义为曲面或者曲线上的点，或者将线定义为曲面上的线。此类点在有限元网格划分中必定为有限元模型中的节点，被称为硬点；此类线在有限元网格划分时位于有限元的边界上，被称为硬线。

关联的作用是在网格划分时控制节点的分布。例如，需要在曲线内部的某点施加载荷时，那么就先在该位置处创建一个点，并将点关联到曲面上，划分网格时，就可以准确地在该点生成一个节点。再如，两个曲面呈"丁"字形对接时，也需要将作为交线的曲面 A 的点关联到曲面 B 上，使得在划分网格时，两曲面上相邻单元的节点都在该交线上。

3.6.5　反关联

"反关联"按钮 （Action > Disassociate）的作用与"关联"按钮 的作用刚好相反，即将关联的对象拆散，恢复其原貌。

3.6.6　重新标号

"重新标号"按钮 （Action > Renumber）用来对点、曲线、曲面、实体、平面和矢量进行重新标号。

3.7　圆顶凸台建模实例

本例采用 Patran 自带的几何建模功能，建立圆顶凸台的三维模型，涉及的内容包括创建立方体、创建球面、进行布尔运算等基本操作。

3.7.1 创建立方体

单击"Geometry"选项卡，单击"创建三维实体"按钮 （Action > Create，Object > Solid，Method > XYZ），在"Vector Coordinates List"文本框中输入"<1 1 1>"，如图3-99所示，单击"Apply"按钮，再单击"Home"选项卡中的"等轴测视图"按钮 ，生成图3-100所示的三维实体。

图 3-99　创建实体面板

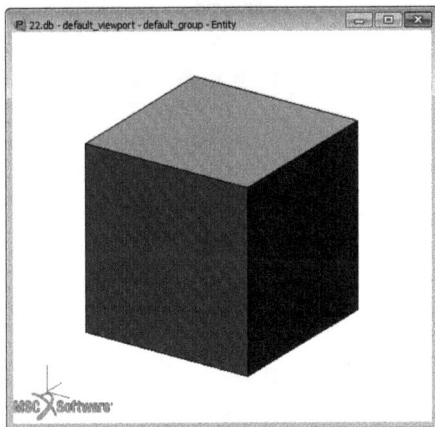

图 3-100　生成的三维实体

3.7.2 在实体表面中心创建点

单击"Geometry"选项卡，单击"创建点"按钮 （Action> Create，Object > Point，Method > Extract），单击"Single Point on Surface"（曲面奇异点）按钮 ，在"Surface List"文本框中输入"Solid 1.2"，单击"Apply"按钮，在平行的平面上重复以上操作，输入"Solid 1.1"，单击"Apply"按钮，如图3-101所示。

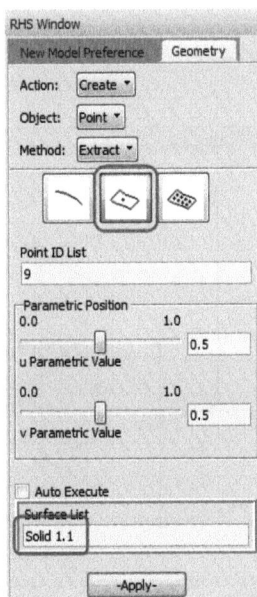

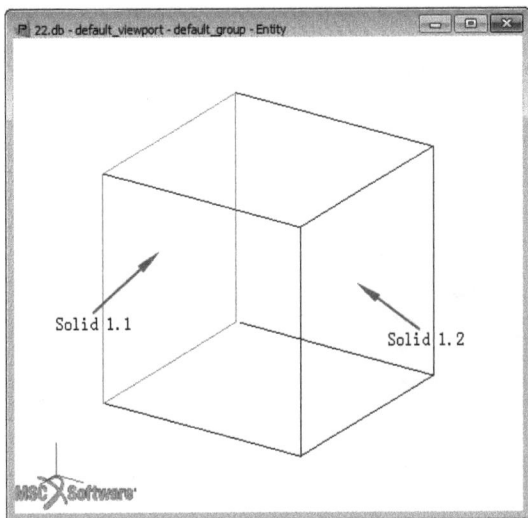

图 3-101　在实体表面中心创建点

3.7.3 显示点的标号

单击"显示点标号"按钮 ⬚⬚，显示点的标号，在菜单栏中选择"Display > Geometry"命令，如图 3-102 所示。

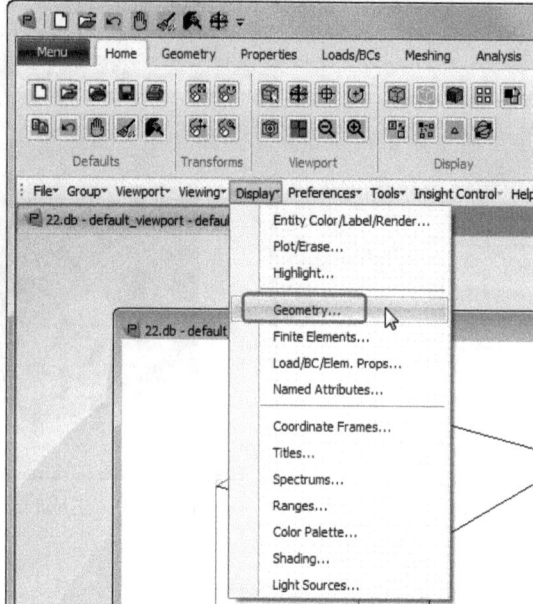

图 3-102 选择"Display > Geometry"命令

打开图 3-103 所示的几何实体属性设置面板，更改 Point 的颜色，调大"Point size"的值，单击"Apply"按钮，显示的模型如图 3-104 所示。

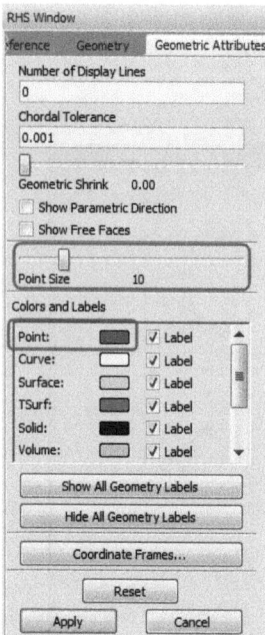

图 3-103 几何实体属性设置面板

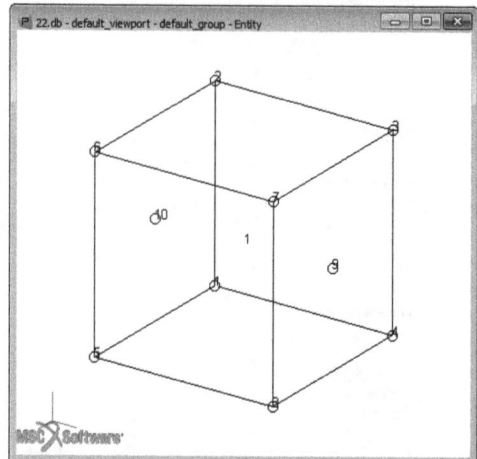

图 3-104 显示的模型

3.7.4　在一个实体表面创建球面

单击"创建三维实体"按钮 （Action > Create，Object > Solid，Method > Primitive），单击"创建球体"按钮，在操作面板区的"Radius List"文本框中输入"0.5"，在"Center Point List"文本框中输入"Point 9"，单击"Axis List"选项框，单击"Base and tip Points"按钮，选择在实体表面中心的两个点 Point 9 和 Point 10，单击"Apply"按钮，如图 3-105 所示，生成的模型如图 3-106 所示。

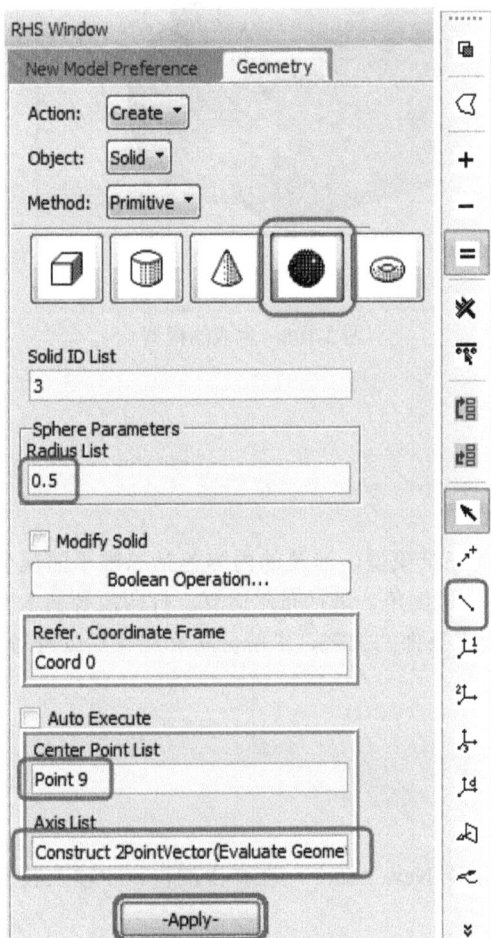

图 3-105　创建球体的面板

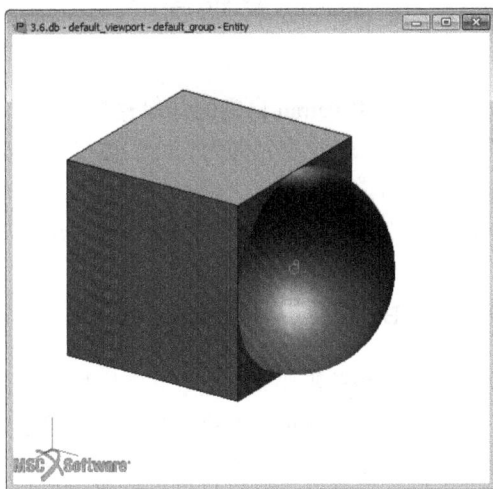

图 3-106　生成的模型

3.7.5　进行布尔运算

单击"编辑几何模型"按钮（Action > Edit，Object > Solid，Method > Boolean），单击"Add"按钮，在"Solid List"文本框中输入"Solid 12"，单击"Apply"按钮，如图 3-107 所示，单击"显示实体"按钮，生成的模型如图 3-108 所示。

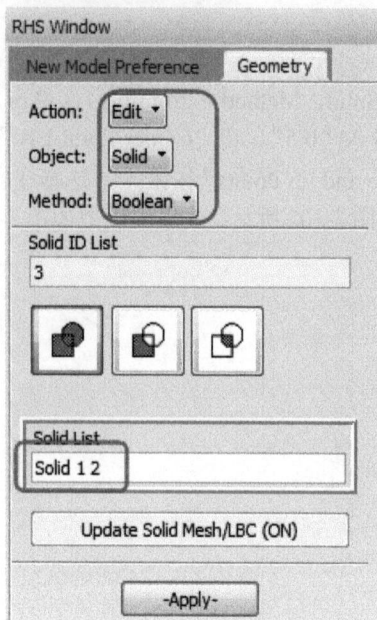

图 3-107　布尔操作的面板

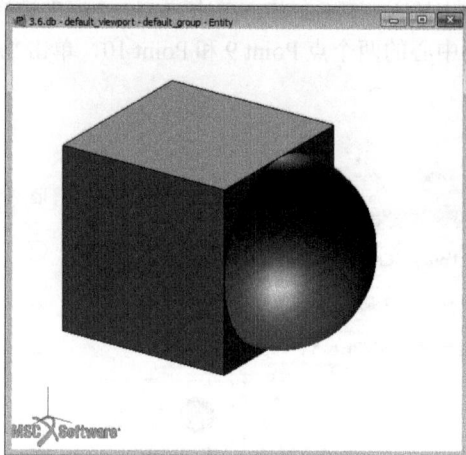

图 3-108　生成的模型

3.8　实例——托架建模

本例采用 Patran 自带的几何建模功能，建立托架的三维模型，涉及的内容包括二维平面模型的创建、将二维模型拉伸为三维实体模型、实体抽壳、棱边倒角、进行布尔运算、打印痕等基本操作。在几何模型的基础上进行三维模型的网格划分、边界条件的加载、求解分析和结果后处理等。本例的重点在于掌握 Patran 自带的几何建模功能。

3.8.1　创建数据库模型

创建模型前需要先创建数据库模型。

（1）新建 Patran 空数据文件。在菜单栏中选择"File > New"命令，在弹出的窗口中输入数据库文件名 tension_fitting.db，单击"OK"按钮。

（2）在"New Model Preference"操作面板中确认"Tolerance"为"Based on Model"，"Analysis Code"为"MSC.Dytran"，"Analysis Type"为"Structural"，单击"OK"按钮退出。

3.8.2　创建二维平面图

本例将在二维模型平面图的基础上，采用拉伸的方法以生成三维实体模型，故本小节需先创建二维平面图。

（1）单击"Geometry"选项卡，打开"Geometry"操作面板，依次设置（Action > Create，Object > Surface，Method > XYZ）。

（2）在操作面板中的"Vector Coordinates List"文本框中输入"<5 1 0>"。

（3）在"Origin Coordinates List"文本框中输入"[0 0 0]"，单击"Apply"按钮，如图 3-109 所示，得到图 3-110 所示的平面矩形。

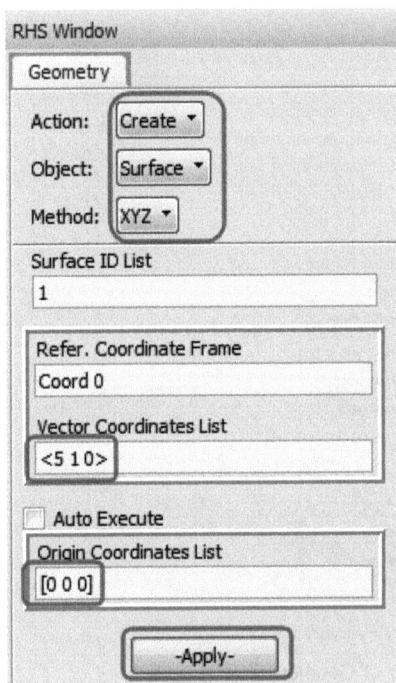

图 3-109　"Geometry"操作面板 1

图 3-110　平面矩形

（4）单击"点显示" 按钮，打开点显示方式。

（5）在"Geometry"操作面板中，重新设置（Action > Transform，Object > Point，Method > Translate）。

（6）在操作面板中的"Direction Vector"文本框中输入"<0.5 0 0>"。

（7）单击"Point List"文本框，然后单击平面左上角的点，在图形区自动生成复制的几何点，如图 3-111 所示。

（8）按照同样的方法，在"Direction Vector"文本框中输入"<0 0.5 0>"，单击平面右下角的点，自动生成复制的几何点。

（9）在"Geometry"操作面板中，重新依次设置（Action > Create，Object > Curve，Method > Point）。在"Starting Point List"和"Ending Point List"文本框中分别选择上述生成的两点，如图 3-112 所示。生成用于后续切分平面的直线段，得到图 3-113 所示的平面模型。

（10）在"Geometry"操作面板中，重新依次设置（Action > Edit，Object > Surface，Method > Break）。

（11）在"Surface List"文本框中选取整个平面，在"Break Curve List"文本框中选取生成的线段，如图 3-114 所示。弹出"Message"对话框，提示是否删除原有平面，单击"Yes"按钮，确定删除操作。

（12）在图 3-115 所示的"Geometry"操作面板中，重新依次设置（Action > Delete，Object > Surface），取消勾选"Auto Execute"选项。在"Surface List"文本框中选择右上角的平面，单击"Apply"按钮删除该表面。

（4）在 Refer. Coordinates List，中输入坐标值 2，10 0 0，如图 3-109 所示，

在如图 3-110 中所示的平面模型。

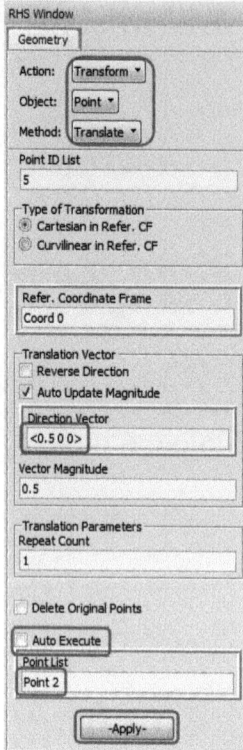

图 3-111 "Geometry"操作面板 2

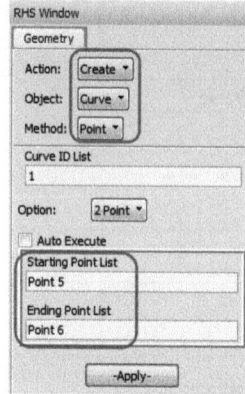

图 3-112 "Geometry"操作面板 3

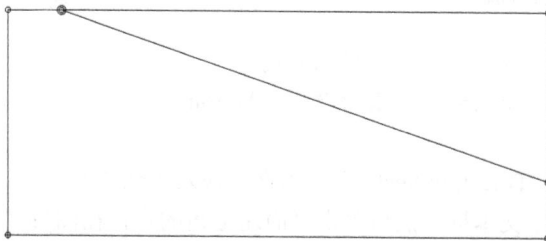

图 3-113 平面模型

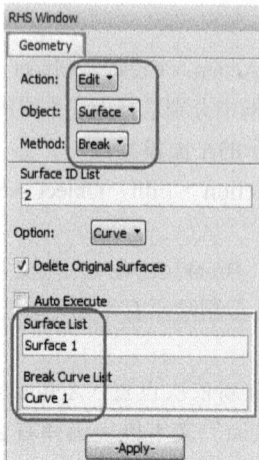

图 3-114 "Geometry"操作面板 4

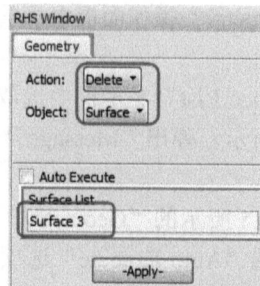

图 3-115 "Geometry"操作面板 5

3.8.3 创建三维实体

本小节在二维平面图的基础上，通过拉伸命令生成三维实体模型，并对其进行实体抽壳操作。

（1）在"Geometry"操作面板中，重新依次设置（Action > Create，Object > Solid，Method > Extrude），确认"TetMeshable"按钮 回 处于选中状态。

（2）在"Translation Vector"文本框中输入"<0 0 2>"，在"Surface List"文本框中选择全部表面，自动生成三维实体，如图 3-116 所示。

（3）依次单击"显示实体"按钮 ● 和"等轴测"按钮 ，得到图 3-117 所示的几何实体模型。

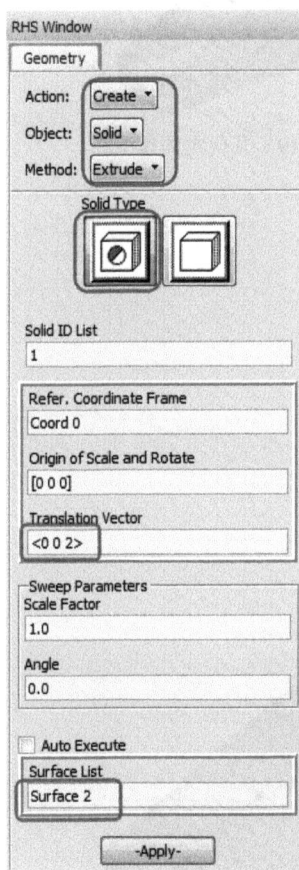

图 3-116 "Geometry"操作面板 1

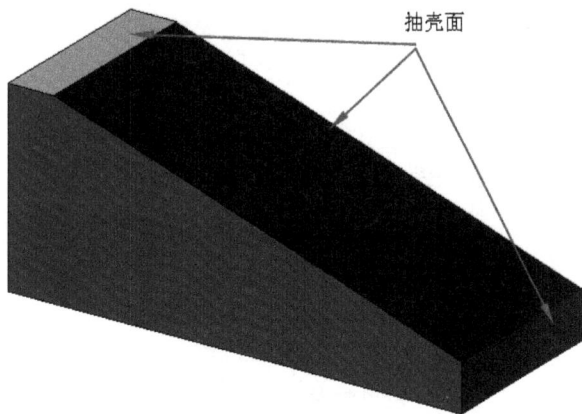

图 3-117 几何实体模型 1

（4）在"Geometry"操作面板中，重新依次设置（Action > Edit，Object > Solid，Method > Shell）。

（5）取消勾选"Auto Execute"选项。在"Solid Face List"文本框中选取顶面和侧面这 3 个平面，单击"Apply"按钮，如图 3-118 所示，生成图 3-119 所示的几何实体模型。

（6）在"Geometry"操作面板中，重新依次设置（Action > Edit，Object > Solid，Method > Edge Blend），如图 3-120 所示。

（7）在"Constant Radius"文本框中输入数值"0.25"，取消勾选"Auto Execute"选项，在"Solid Edge List"文本框中，选择几何实体内的所有棱边，单击"Apply"按钮，得到图 3-121 所示的几何实体模型。

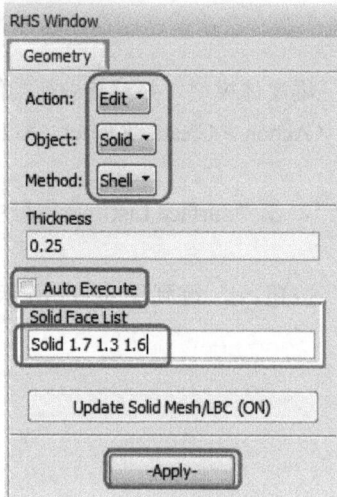

图 3-118 "Geometry"操作面板 2

图 3-119 几何实体模型 2

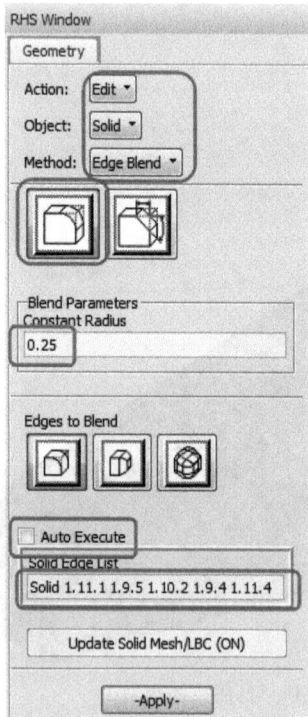

图 3-120 "Geometry"操作面板 3

图 3-121 几何实体模型 3

3.8.4 创建切割实体模型

本小节将利用 Patran 自带的基本体素创建功能，在侧壁创建圆柱体，通过布尔减运算功能生成侧壁面上的孔洞。

（1）在"Geometry"操作面板中，重新依次设置（Action > Create，Object > Solid，Method > Primitive）。

（2）单击操作面板上方的"圆柱体"按钮⟦⟧。在"Height List"和"Radius List"文本框中分别输入数值"2.0"和"0.25"。在"Base Center Point List"文本框中输入"[-1 1.25 1]"，在"Axis List"文本框中输入"Coord 0.1"，单击"Apply"按钮，如图 3-122 所示，生成圆柱体。

（3）在"Geometry"操作面板中，重新依次设置（Action > Edit，Object > Solid，Method > Boolean）。

（4）单击"Subtract"（差运算）按钮⟦⟧。在"Target Solid"和"Subtracting Solid List"文本框中依次选择"Solid 1"和"Solid 2"，如图 3-123 所示，自动生成图 3-124 所示的几何实体模型。

提示：在工具栏中单击"Home"按钮后，单击"wireframe"（线框图）按钮⟦⟧也可以得到图 3-124 所示的几何实体模型。

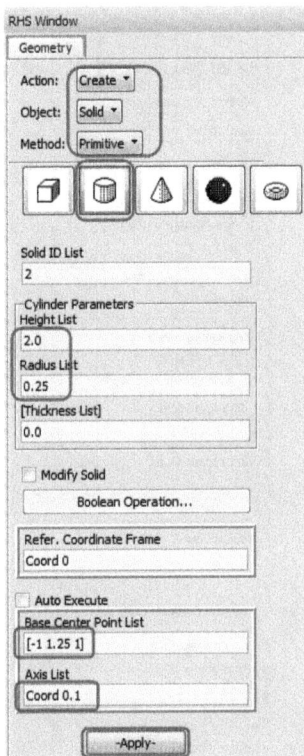

图 3-122 "Geometry"操作面板 1

图 3-123 "Geometry"操作面板 2

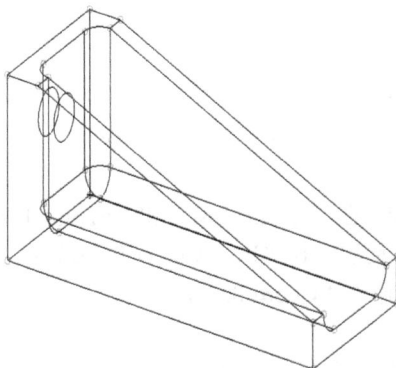

图 3-124 几何实体模型

3.8.5 创建底部圆孔

本小节将采用与上一小节类似的操作步骤和方法，创建底部圆孔。

（1）在"Geometry"操作面板中，重新依次设置（Action > Transform，Object > Point，Method > Translate）。

（2）在"Direction Vector"文本框中输入"<0 0 -0.5>"，在"Point List"文本框中选择 Point 30，如图 3-125 所示。

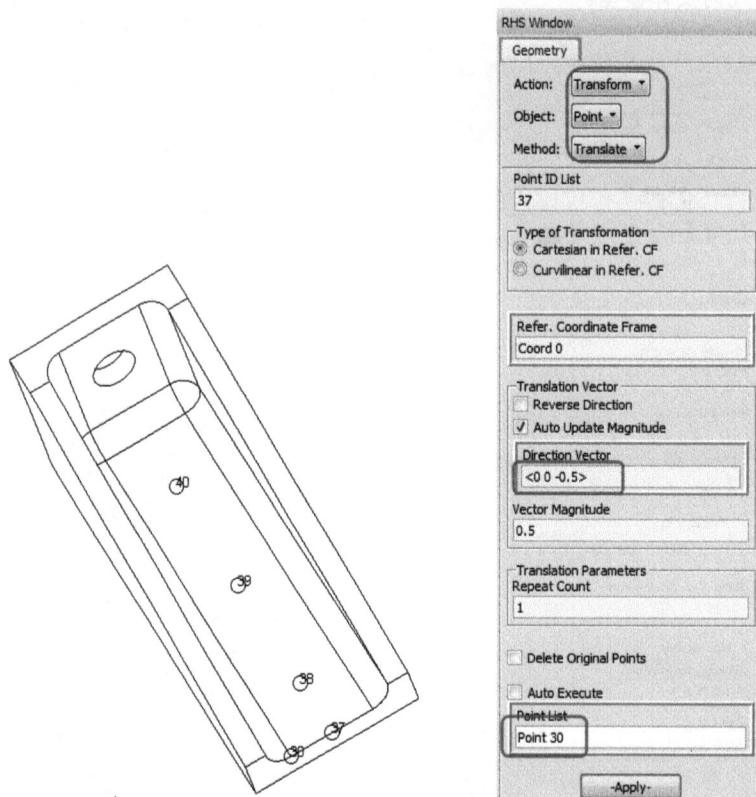

图 3-125 "Geometry"操作面板 1

（3）采用相同的方法，在"Direction Vector"文本框中输入"<-0.75 0 0>"，在"Point List"文本框中选择步骤（2）生成的点。

（4）采用相同的方法，在"Direction Vector"文本框中输入"<-1.5 0 0>"，在"Repeat Count"文本框中输入"2"，在"Point List"文本框中选择步骤（3）生成的点。

（5）在"Geometry"操作面板中，重新依次设置（Action > Create，Object > Solid，Method > Primitive）。

（6）单击"圆柱体"按钮🛢。在"Height List"和"Radius List"文本框中分别输入数值 -1 和 0.25，取消勾选"Auto Execute"选项。在"Base Center Point List"文本框中依次选择上述生成的 3 个点，在"Axis List"文本框中输入"Coord 0.2"，单击"Apply"按钮，如图 3-126 所示，生成 3 个圆柱体。

（7）在"Geometry"操作面板中，重新依次设置（Action > Edit，Object > Solid，Method > Boolean），取消勾选"Auto Execute"选项。在"Target Solid"和"Subtracting Solid List"文本框中

依次选择"Solid 1"和"Solid 2:4"，单击"Apply"按钮，如图 3-127 所示，生成图 3-128 所示的几何实体模型。

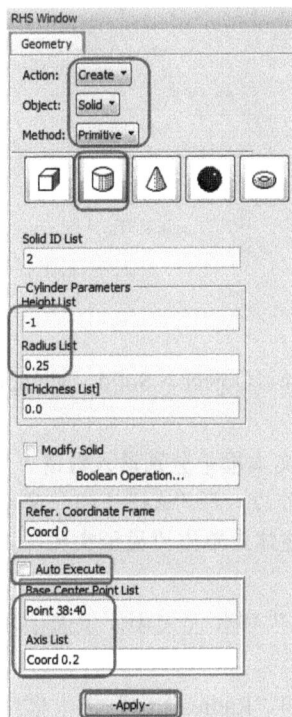

图 3-126　"Geometry"操作面板 2

图 3-127　"Geometry"操作面板 3

图 3-128　几何实体模型

3.8.6　打印痕

本小节利用 Patran 中的打印痕功能在几何模型上打印痕，即划分出相应的几何区域，从而方便后续步骤中的载荷施加。

（1）单击"线框模式"按钮⊞进行线条显示。

（2）在"Geometry"操作面板中，重新依次设置（Action > Create，Object > Point，Method > ArcCenter）。

（3）在"Curve List"文本框中选择侧面内壁上的圆弧，如图 3-129 所示，自动生成中心点。

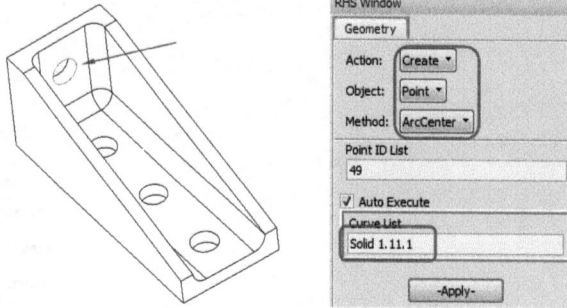

图 3-129 "Geometry"操作面板 1

（4）在"Geometry"操作面板中，重新依次设置（Action > Create，Object > Solid，Method > Primitive）。

（5）单击"圆柱体"按钮 ，在"Height List"和"Radius List"文本框中分别输入数值"1.0"和"0.371"。在"Base Center Point List"文本框中选择上述步骤生成的点，在"Axis List"文本框中输入"Coord 0.1"，如图 3-130 所示。单击"Apply"按钮，生成圆柱体。单击"显示实体"按钮 ，重新进行渲染实体显示，并观察模型。

（6）重新单击"线框模式"按钮 进行线条显示。在"Geometry"操作面板中，重新依次设置（Action > Create，Object > Solid，Method > Primitive）。

（7）在操作面板中单击"圆柱体"按钮 ，在"Height List"和"Radius List"文本框中分别输入数值"0.5"和"0.298"。在"Base Center Point List"文本框中选择底部中心点，在"Axis List"文本框中输入"Coord 0.2"，如图 3-131 所示。单击"Apply"按钮，生成图 3-132 所示的 3 个小圆柱体。

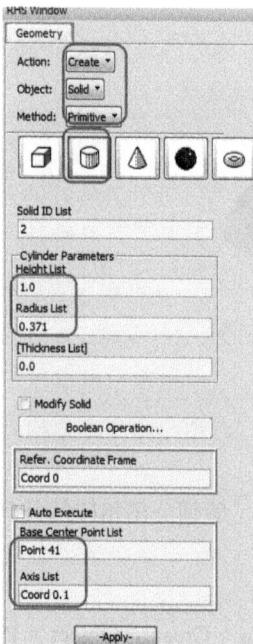

图 3-130 "Geometry"操作面板 2

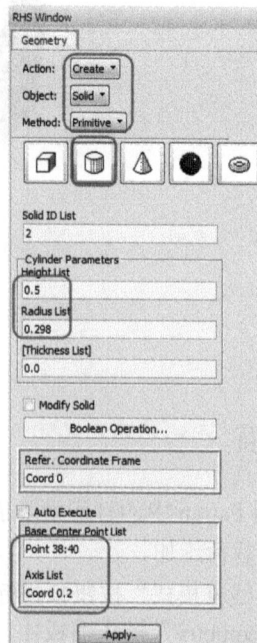

图 3-131 "Geometry"操作面板 3

（8）在"Geometry"操作面板中，重新依次设置（Action > Edit，Object > Solid，Method > Imprint）。

（9）取消勾选"Auto Execute"选项，在"Solid List（A）"文本框中选择 Solid 1，在"Solid to Imprint List（B）"文本框中选择 Solid 3:52，如图 3-133 所示，单击"Apply"按钮完成打印痕操作。

（10）在"Geometry"操作面板中，重新依次设置（Action > Delete，Object > Solid），取消勾选"Auto Execute"复选框，在"Solid List"文本框中选择 Solid 3:52，如图 3-134 所示，单击"Apply"按钮删除 4 个圆柱体。

提示：在 Wireframe 模式下，可观察模型上的几何印痕。

图 3-132　几何实体模型

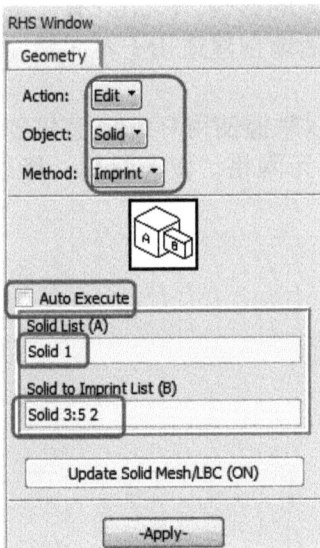

图 3-133　"Geometry"操作面板 4

图 3-134　"Geometry"操作面板 5

第 **4** 章
划分有限元网格

　　划分有限元网格是进行有限元分析的基础，网格质量的好坏对有限元分析结果有很大的影响，Patran 有先进的网格划分技术，可以方便、灵活地创建适用于不同精度的有限元网格。

　　通过本章的学习，读者可以掌握使用 Patran 直接创建有限元网格、转换创建的有限元网格，以及编辑、修改、检查有限元网格等多种操作。

4.1　单元库简介

Patran 提供了比较丰富的单元库，从点、曲线、曲面到实体，都有相对应的单元形状和不同的拓扑形式，图 4-1 所示为 Patran 中的各种单元形状。

下面具体介绍各种单元形状。

- 点单元（Point）：点单元通过节点来创建，其一般用于动态问题中集中质量的处理。在节点处创建点单元，然后将结构中该点处的集中质量赋予该点单元，这样，集中质量所代表的质量力就施加到了节点上。
- 梁／杆单元（Beam/Bar）：梁／杆单元有 2 节点、3 节点和 4 节点 3 种拓扑形式（以 Bar 后跟一个表示节点数的数字表示，如 Bar2、Bar3、Bar4，其他形式的单元也类似），对应线性几何。从几何表达上来讲，梁和杆是没有区别的，都用线来表示，但从物理特性上来讲，两者是有区别的，所以，Patran 中将梁截面的定义放在了 Properties 部分。对于 3 节点和 4 节点的梁／杆单元，各节点将均匀地插入单元中，以提高单元的表达精度。一般来说，在每种单元的端点或拐角位置，都有节点，以表征和维持单元的基本形状，例如杆单元的两个端点，三角形单元的 3 个顶点。
- 三角形单元（Tri）：三角形单元有 3 节点、4 节点、6 节点、7 节点、9 节点和 13 节点等形式，适用于曲面的网格划分。4 节点三角形单元的第 4 个节点位于三角形的中心；6 节点三角形单元的每一条边上有 3 个节点；7 节点三角形单元的每条边上有 3 个节点，同时中心位置也有一个节点；9 节点三角形单元的每条边上有 4 个节点；而 13 节点三角形单元的每条边上有 4 个节点，同时内部有 4 个节点。
- 四边形单元（Quad）：相对来说，四边形单元的精确度要高于三角形单元，但其适应能力较差，适合于较规则的曲面。四边形单元有 4 节点、5 节点、8 节点、9 节点、12 节点和 16 节点等形式，适用于曲面网格的划分。当四边形单元的节点多于 4 个时，其节点分布类似于三角形单元。

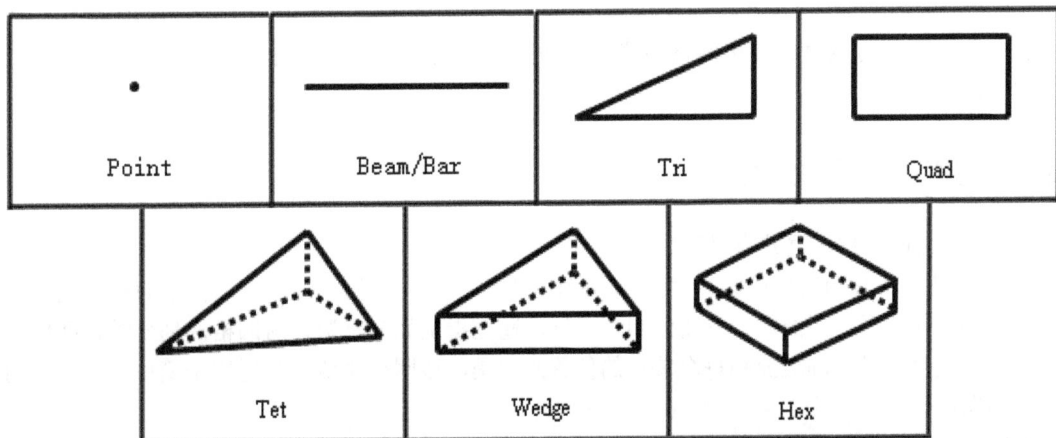

图 4-1　Patran 中的各种单元形状

- 四面体单元（Tet）：四面体单元适用于体网格的划分，有 4 节点、5 节点、10 节点、11 节点、14 节点、15 节点、16 节点和 40 节点等形式。5 节点的四面体单元的第 5 个节点位于四面体的中心；10 节点的四面体单元其每条边上有 3 个节点；11 节点的四面体单元除了每条边上有 3

个节点之外，其中心位置也有一个节点；14 节点的四面体单元每条边上有 3 个节点，同时每个面的中心位置也有一个节点；15 节点的四面体单元的节点分布与 14 节点的四面体单元类似，只是在单元的中心位置有一个节点；16 节点的四面体单元的每条边上有 4 个节点；40 节点的四面体单元的节点分布比较复杂，其每个面上节点的分布类似于 7 节点或 9 节点的三角形单元，单元的内部有 11 个节点。

- 五面体单元（Wedge）：五面体单元也就是楔形单元，有 6 节点、7 节点、15 节点、16 节点、20 节点、21 节点、24 节点和 52 节点等类型。7 节点的五面体单元的内部有一个节点；15 节点的五面体单元的每条边上有 3 个节点；16 节点的五面体单元除了每条边上有 3 个节点之外，内部还有一个节点；20 节点的五面体单元的节点分布是这样的，在两个三角形表面之间插入一个面，这个面上节点的分布类似于 Tri6，而两个三角形表面上节点的分布类似于 Tri7；21 节点的五面体单元的节点分布类似于 Wedge20，只是单元中心多了一个节点；52 节点的五面体单元的节点分布是这样的，在两个三角形表面之间插入两个三角形平面，总共 4 个三角形平面，每个三角形平面上的节点分布类似于 Tri13。

- 六面体单元（Hex）：六面体单元相对于四面体单元和五面体单元来说，适用性稍差，但其精度最高，适用于较规则体的网格划分。六面体单元有 8 节点、9 节点、20 节点、21 节点、26 节点、27 节点、32 节点和 64 节点等类型。9 节点的六面体单元是在单元的中心位置有一个节点；20 节点的六面体单元是每条边上有 3 个节点；21 节点的六面体单元比 20 节点的六面体单元在中心位置多了一个节点；26 节点的六面体单元是每条边上有 3 个节点，同时每个表面的中心位置还有一个节点；27 节点的六面体单元是在单元的中心位置比 26 节点的六面体单元多了一个节点；32 节点的六面体单元是在每条边上有 4 个节点；64 节点的六面体单元是在两个相对四边形表面之间插入两个平面，这样就可得到准平行的 4 个四边形，这 4 个四边形平面中节点的分布类似于 Quad16。

4.2　直接创建有限元网格

在 Patran 中，可以直接使用网格生成器生成网格，另外还可以通过自动方式生成网格或者手动方式生成网格。

4.2.1　网格生成器的分类

Patran 中的网格生成器共有以下 3 类。

- IsoMesh（映射网格生成器）：可用于曲线、曲面和体的网格划分，可以使用的单元类型有三角形、四边形、四面体、五面体和六面体，通过指定划分参数，对网格的划分进行严格的控制，甚至可以精确地控制每个节点的位置；但是，该网格生成器只适用于简单的、规则的几何图形。

- Paver（自由网格生成器）：可用于划分任意曲面，自动以三角形和四边形划分网格，此方法对网格划分的控制没有 IsoMesh 强，可用 Mesh seed 方法和 Global Edge Length 方法来控制网格的密度，它能识别曲面上的硬点、硬线；适合于复杂的曲面网格划分。

- Hibrid（混合）：能对任何体用四面体进行网格划分，可以通过 Mesh seed 方法或曲率半径来控制网格的密度。

在实际应用中，对于不同的工程精度要求，以及同一项目的不同设计阶段，所需的分析结果的精确度是不同的，所需要的网格疏密程度也不同，如在项目初期往往需要先了解一些大致的结果，此时对网格质量的要求就相对比较低。对应于不同的网格生成器，可以用不同的方法来控制网格的疏密，下面一一介绍。

（1）Mesh seed 方法：Mesh seed 是"Meshing"操作面板中的一项，即"Mesh Seed"选项，如图 4-2 所示。用这种方法，可以在曲线上等距或不等距地放一些节点的种子，或根据曲线的曲率半径来撒种（即指定一些点），将来划分网格时，将以这些点为基本节点。

Mesh seed 对 3 种网格生成器均有效，创建 Mesh seed 的方法共有 6 种，分别是 Uniform、One way bias、Two way bias、Curv Based、Tabular 以及 PCL Function，详细说明如表 4-1 所示。

（2）Global Edge Length：是曲面网格划分面板上的一个控制选项，如图 4-3 所示，其优先级最低，也就是说，当没有用其他方法进行网格的疏密控制时，则由 Global Edge Length 的值来确定网格的大小，以控制网格的疏密。

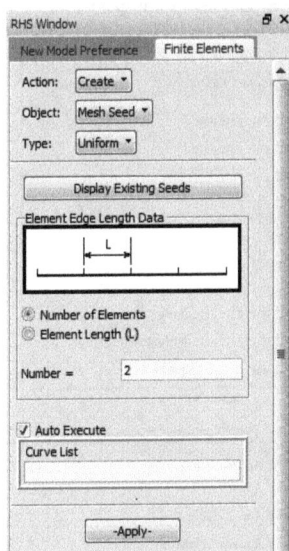

图 4-2　"Meshing"操作面板

表 4-1　Mesh Seed 的生成方法

图标	名称	简介
	均布（Uniform）	在指定的曲线、曲面或体的边上，根据给定的长度或单元总数来等距地生成 Mesh Seed。生成的 Mesh Seed 将以小黄圆表示，在之后的操作中，只有选定与其相关的操作时才会显示
	单边密集（One way bias）	在指定的曲线、曲面或体的边上，以长度等比递增或递减的方式，根据给定的单元总数和长度比，或根据曲线的实际长度和长度比，生成 Mesh Seed。这里的长度比指由生成的 Mesh Seed 将曲线分割成的曲线段之中相邻两线段之间的长度比
	双边密集（Two way bias）	该方法类似于 One Way Bias，只是从曲线的两头开始，生成的 Mesh Seed 将按长度对称分布
	基于曲线（Curv Based）	在指定的曲线、曲面或体的边上，由曲率控制生成 Mesh Seed。这里的 Mesh Seed 的分布可以是等距或不等距的（即将来生成的单元边长是相同或不相同的），由 Element Edge Length 指定。同时，通过指定弦高 h 或弦高 h 与弦长 l 的比值 h/l 来控制 Mesh Seed 的分布，即控制网格的密度。或者，也可以通过指定 Min Length 和 Max Length 来控制网格的密度
	表格驱动（Tabular）	在指定的曲线、曲面或体的边上，根据表格描述的种子的位置生成 Mesh Seed，若在"Coordinate Type"选项中选择 Arc Length，则根据曲线上的弧位置生成 Mesh Seed，在"Seed Location Data"文本框中输入位置坐标，该值的范围为 0～1；若在"Coordinate Type"选项中选择 Parametric，其与 Arc Length 类似，输入值是曲线的参数 u 的值；若在"Coordinate Type"选项中选择 Nodes or Points，则在指定的节点或点的位置生成 Mesh Seed
	函数驱动（PCL Function）	在指定的曲线、曲面或体的边上，根据 PCL 函数定义的位置生成 Mesh Seed

（3）Hard Geometry：硬几何即硬点和硬线，点镶嵌在曲面上，曲面镶嵌在点上，这样的点和曲线称为硬点和硬线。当需要在某个点的位置或者某条线上生成节点时，可指定该点或者该线为硬几何，这样就可以控制节点的生成，这也是一种控制网格密度的方法。

（4）Mesh Control：是一种控制曲面上单元尺寸的方法，位于"Meshing"操作面板的下拉列表中，即执行"Create > Mesh Control"。Mesh Control 的界面通过指定曲面上单元的边长来控制网格的疏密。

除以上方法外，还有 Curvature Check 方法和 Max/Min Edge Length 方法，它们一般配合上边的方法使用。Curvature Check 是根据曲率的大小来自动调整网格的疏密，即保证 h/l 小于设定的值，其中，h 是弦高，l 是弦长；Max/Min Edge Length 方法用于控制网格的大小，使其所有的边都在 Min Edge Length 和 Max Edge Length 之间。

4.2.2　几何协调性和有限元协调性

几何协调性是指不同的曲面或体之间具有共同的边或面。如果两个几何体是协调的，则在自动划分网格时，Patran 会使两个几何体在交界处的网格自动保持一致。如两个几何体之间不一致，则直接划分网格会引起几何体间单元网格的不一致，所以，应先将其消除掉。可以用几何的方法消除不一致，如在"Geometry"操作面板中进行设置（Create > Surface > Match，Create > Surface > Trimmed，Edit > Surface > Edge Match），也可以用网格控制工具来确保网格一致。

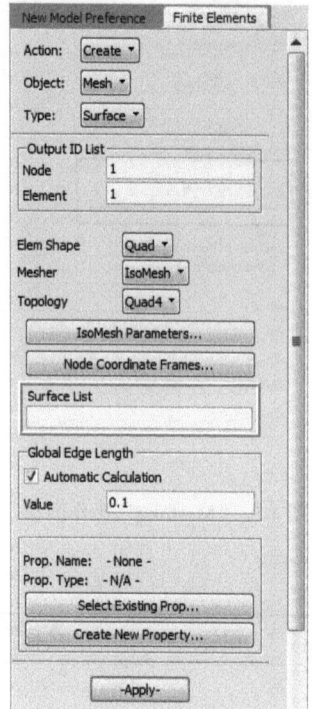

图 4-3　曲面网格划分面板

4.2.3　自动生成网格

在"Geometry"操作面板中进行设置后（Action > Create，Object > Mesh），可以通过"Type"下拉列表中的选项直接对线、面、体进行网格划分。

- Curve：直接对曲线进行网格划分，单元的拓扑类型可选用 Bar2、Bar3、Bar4。
- 2 Curve：对由两条曲线围成的区域进行网格划分，单元可选用不同节点数的三角形单元和四边形单元，网格生成器可用 IsoMesh。
- Surface：与 2 Curve 方法类似，区别是既可以选用 IsoMesh 网格生成器，也可以选用 Paver 网格生成器。
- Solid：直接对体进行网格划分，可选用的单元类型包括各种节点数的四面体单元、五面体单元和六面体单元。对于不同的单元类型，可选用不同的网格生成器，四面体单元、五面体单元和六面体单元 3 种单元形式都可以用 IsoMesh 网格生成器来划分，四面体单元也可以用 TetMesh 网格生成器来划分。

4.2.4　手动生成网格

有时由于模型的实际结构非常复杂，在局部需要做详细处理，或是要在特定的位置生成特定的节点或者单元，这时需要手动生成网格。

1. 手动生成节点、单元

在"Meshing"操作面板中设置后（Action > Create，Object > Node），直接输入点的坐标即可生成节点，同时，可以选择使生成的节点与几何相关。一般来说，生成的节点是为生成单元做准备的。在"Meshing"操作面板中设置"Action > Create、Object > Element"可以直接生成单元，生成Patran 所支持的各种形状和拓扑类型的单元，而节点的输入可以选择已有的节点，也可以指定节点的坐标。节点的输入模式（Pattern）有以下几种：Standard 通过输入节点的位置坐标来创建一个单元；PWL 则是通过输入多个节点，按顺序建立多个单元；Elem Edge 则是通过输入已有的单元的边来创建若干个单元。

2. 创建超单元

在"Meshing"操作面板中设置后（Action > Create，Object > Superelement），可以创建超单元（Superelement），如图 4-4 所示。当工程人员打算对现有结构件做局部修改和重分析时，超单元分析是一种十分有效的手段。超单元分析主要是通过把整体结构分化成很多小的子部件来进行分析，即将结构的特征矩阵（刚度、传导率、质量、比热、阻尼等）压缩成一组主自由度，类似于子结构方法，但超单元分析具有更强的功能且更易于使用。超单元只适用于 Nastran 求解器。

"Superelement List"文本框中显示的是已有的超单元的名称。建立新的超单元时，要先在"Superelement Name"文本框中输入其名称，接着在"Element Definition Group"文本框中定义相应的单元组，然后单击"Select Boundary Nodes"按钮选择建立超单元的边界节点，然后单击"Add"按钮，"OK"按钮，最后单击"Apply"按钮完成创建。

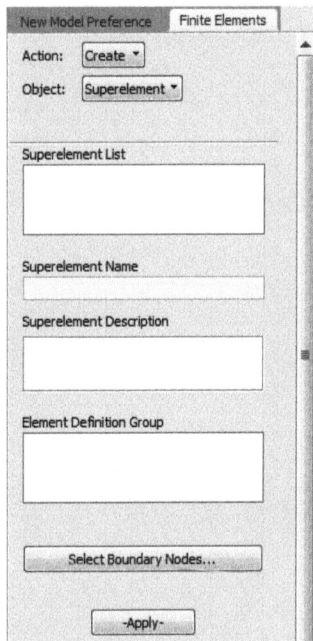

图 4-4　创建超单元的"Meshing"操作面板

4.2.5　创建多点约束

在"Meshing"操作面板中设置（Action>Create，Object > MPC），可以建立多点约束。多点约束（Multi-Point Constraint，MPC）是对节点的一种约束，即将某节点的依赖自由度定义为其他若干节点独立自由度的函数。例如，将节点 1 的 X 方向位移定义为节点 2、节点 3 和节点 4 的 X 方向位移的函数。多点约束常用于表征一些特定的物理现象，如刚性连接、铰接、滑动等，多点约束也可用于不相容单元间的载荷传递，是一项重要的有限元建模技术。但是，建立明确的、能够正确描述各种现象的多点约束方程是非常不容易的。

对于不同的分析求解器和分析类型，Patran 支持的多点约束类型是不同的。如在 Nastran 求解器中，对应了 12 种类型的多点约束。

4.3　转换创建的有限元网格

在 Patran 中，也可以通过对已有的网格进行操作生成新的网格，如平移（Translate）、旋转（Rotate）、镜像（Mirror）、Extrude（拉伸）等。

4.3.1 移动、旋转和镜像创建的节点或单元

在"Meshing"操作面板中将"Action"选项设为"Transform"（变换），可打开图 4-5 所示的"Transform"面板，在其中可以对节点和单元进行移动、旋转和镜像等操作，从而生成新的节点或单元。

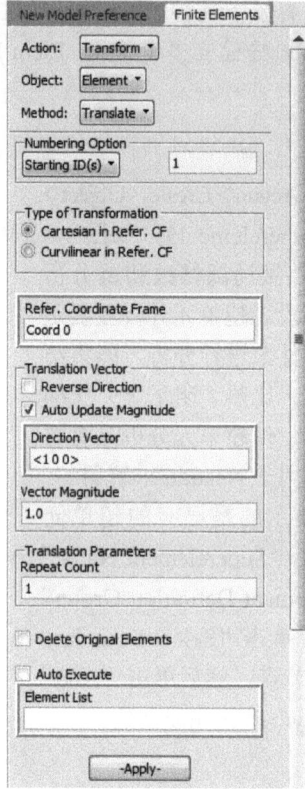

图 4-5 "Transform"面板

对节点和单元的操作基本类似，表 4-2 所示为"Transform"面板的功能说明。

表 4-2 "Transform"面板的功能说明

方法	说明
平移 （Translate）	将指定的节点或单元沿指定的方向移动给定的距离，从而创建新的节点或单元。在"Type of Transformation"选项中可以选择移动操作的参考坐标系是直角坐标还是柱坐标系或球坐标系，移动的方向和距离由"Direction Vector"文本框中指定的矢量来确定，而复制的次数由参数 Repeat Count 来确定。原来的节点和单元可以选择保留或者删除
旋转 （Rotate）	将指定的节点或单元绕指定的轴旋转给定的角度以创建新的节点或单元。旋转轴在"Axis"文本框中指定，在"Rotation Parameters"文本框中可分别指定旋转角度、起始角度和重复次数。原来的节点和单元可以选择保留或者删除
镜像 （Mirror）	将指定的节点或单元以指定的平面为对称面镜像生成新的节点或单元，这里的对称面由平面的法向矢量表示，在"Define Mirror Plane Normal"文本框中指定。同时可以设定对称面的偏移量和改变单元的法线方向。原来的节点和单元可以选择保留或者删除

4.3.2 拉伸、滑动创建的单元

Sweep 的作用对象是网格单元，通过对基网格进行拉伸、滑动，可让低阶网格生成高阶网格，如将 1D 网格生成 2D 网格，将 2D 网格生成 3D 网格。

在操作面板中设置（Action>Sweep，Object>Element），可以看到用 Sweep 创建单元的方法有 10 种，如表 4-3 所示。

表 4-3 用 Sweep 创建单元的方法

方法	说明
角度（Arc）	将基单元绕指定的轴旋转一定角度，生成高一阶的单元。在该操作面板相应的文本框中，指定所在的坐标系、参考的旋转轴、要旋转的角度和起始旋转角度。打开"Sweep FEM Parameters"面板，设置基单元与新生成的单元之间的关系，即由哪种单元经过 Sweep 后生成哪种单元。同时，可以打开"Mesh Control"面板，控制网格的疏密
拉伸（Extrude）	将基单元沿指定的矢量方向拉伸一段距离，生成高阶的新单元。在相应的文本框中输入参考坐标系、方向矢量、伸长或滑动距离、起始距离等，基单元可以选择保留或删除
滑动（Glide）	将基单元沿指定的路径曲线滑动，生成新的单元。在面板相应的文本框中输入路径曲线，同时打开"Glide Control"面板，对 Glide 操作进行进一步的控制
多路径滑动（Glide-Glide）	将基单元沿指定的路径滑动，生成新的单元。由于是两条路径曲线，所以在基单元绕路径曲线滑动的同时旋转。同时可以打开"Glide-Glide Control"面板进行相应的控制。应当注意的是，使用该方法时曲线路径的起点和终点应当与基单元相连接
连接（Loft）	将两组协调一致的 2D 单元连接起来，生成一组 3D 单元，应当注意的是，基单元应协调，否则不能完成相应的操作
法线（Normal）	将单元沿各自的法线方向滑动指定的距离，生成新的单元
径向圆柱坐标（Radial Cylindrical）	给定一个轴线和径向距离，将基单元沿该轴线的径向滑动，生成新单元
径向球坐标（Radial Spherical）	将基单元在球坐标系中以给定的距离沿径向滑动，生成新单元。这里的球坐标系只给出坐标原点，因为只用到一个球心
角度球坐标（Spherical Theta）	将基单元在定义的球坐标中以给定的角度沿经线方向旋转，生成新单元
矢量场（Vector Field）	预先定义矢量场，要求输入一个可以进行空间变化的矢量场，将基单元沿矢量场中各矢量的大小和方向拉伸或者滑动，生成新的单元

4.4 修改有限元网格

在 Patran 中，如果网格划分得不合适，可以对网格进行修改，修改包括修改单元、修改梁或杆、修改三角形、修改四边形等。

4.4.1 修改网格

在"Modify > Mesh > Type"面板中可以发现对网格的修改有 3 种类型，分别是曲面（Surface）、

体（Solid）和缝合（Sew）。

（1）修改曲面（Surface）：根据选定的硬节点，通过相应的迭代算法，提高曲面上网格的平滑度。在"Hard node list"选项中选择硬节点，所谓的硬节点就是一些在平滑的过程中位置保持不变的节点。一般曲面边界上的点将被视为硬节点。打开修改曲面的面板，如图 4-6 所示，第一个参数用来控制 Laplacian 和 Isoparametric 两种光滑算法的使用比例，滑块在最左边时，只使用 Laplacian 算法，滑块在最右边时，只使用 Isoparametric 算法；第二个参数用来设置迭代次数，默认值为 20；第三个参数用来设置光滑递增系数，该系数表示节点在每次迭代中所移动的距离，取值一般小于 0.1；第四个参数用来控制光滑结束的公差系数，即当前一次迭代中最大的移动距离小于该系数对应的值时，迭代结束。

（2）修改体（Solid）：该方法用于提高体网格的质量，修改体单元的面板如图 4-7 所示。这种方法只适用于四面体单元类型的网格划分。打开修改体单元的面板，相应的参数有优化单元区域的选择、几何与网格的相关性控制、硬节点的选择、输出信息的控制等。单击"Process Control"按钮打开对应的控制面板可以进行迭代次数的控制、单元质量的控制等；单击"Collapse Ratio"按钮和"Jacobian Minimum"按钮打开的面板用来设定迭代时与单元质量有关的参数，如单元的雅可比值、高斯点等。

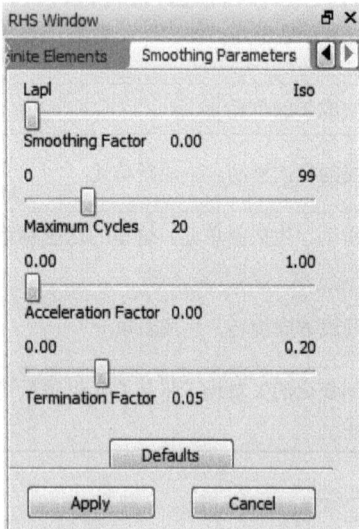

图 4-6　修改曲面的面板

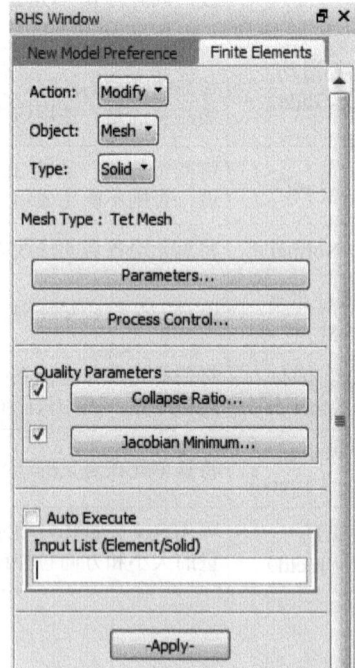

图 4-7　修改体单元的面板

（3）修改缝合（Sew）：通过自动合并节点或分割三角形消除内部的自由边，缝合选定的三角形单元中存在的裂纹。Target Element Edge Length 用来确定网格的边长，裂纹的最大尺寸一般取为该长度的十分之一。

4.4.2　修改单元

对单元的修改，包括修改单元号（ID）、修改单元类型（Type）、修改相关性（Connectivity）、修改单元方向以及对单元进行再分割等。

"Modify > Element > Edit"命令可以改变单元的 ID、单元类型和节点的相关性等属性。

选定"Element Attributes"选项中的"ID",在"Element List"选项中选定单元,在"New ID's"文本框中输入新的标号即可改变单元的 ID 号。

如果要改变单元的类型,则选定"Element Attributes"选项中的"Type"。改变单元的类型时,不会改变单元型种,只会改变单元的节点数,例如,可以将 Tet4 单元变为 Tet10 单元。

选择"Connectivity",可以改变与指定单元相关的节点。

"Modify > Element > Reverse"命令可以改变单元的方向,使其与原来的方向相反。

"Modify > Element > Separate"命令可以将选定的单元以给定的方式分割。分割的方式在"Option"下拉列表中选择,可以在单元的节点、单元的边、单元的面、单元的自由边、单元的自由面处分割,Keep Node Association 用来指定新生成的节点是否与几何模型相关。

4.4.3　修改梁／杆单元、三角形单元、四边形单元、四面体单元

对梁／杆单元、三角形单元、四边形单元、四面体单元的修改只有一种,就是分割(Split)。对杆单元而言就是将一个单元分成两个,对三角形单元、四边形单元和四面体单元而言有不同的分割形式,如图 4-8 ～图 4-10 所示。

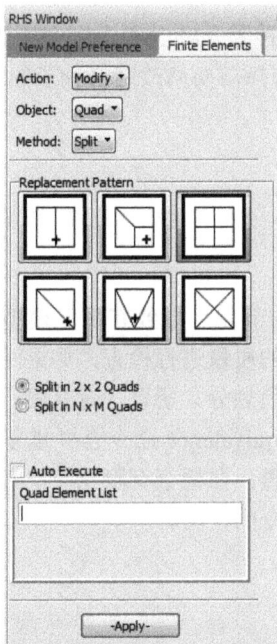

图 4-8　三角形单元的分割形式　　　图 4-9　四边形单元的分割形式　　　图 4-10　四面体单元的分割形式

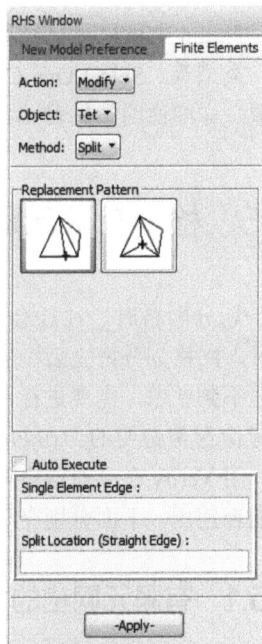

4.4.4　修改节点

在"Meshing"操作面板中设置(Action > Modify,Object > Node),修改节点的操作共有 4 种,分别是移动(Move)、偏移(Offset)、编辑(Edit)和投影(Project)。表 4-4 为修改节点的操作简介。

表 4-4　修改节点的操作简介

操作	说明
移动 （Move）	将选定的节点移动到指定的位置，可以在"Node list"文本框中选定若干个节点，同时在"New Node Location"文本框中输入若干个位置坐标，一次移动若干个节点
偏移 （Offset）	根据矢量的方向和大小移动节点，移动的参考坐标系可以是直角坐标系，也可以是柱坐标系或球坐标系，先选定参考坐标系，在"Direction Vector"文本框中输入方向矢量，选择"Reverse Vector Direction"选项中的实际移动方向为矢量的反方向
编辑 （Edit）	修改节点的 ID、坐标系、位置等属性，在"Nodal Attributes"文本框中可以选一个，也可以同时选几个
投影 （Project）	通过投影方式将节点移到曲线、曲面或平面上。投影的目标类型有 3 种，在"Project onto"下拉列表中可以看到，分别是曲线（Curve）、曲面（Surface）和平面（Plane）。投影的方向有 3 种定义方式，在"Direction"下拉列表中可以看到这 3 种方式分别是：Normal 方式，该方式以垂直于投影目标的方式将节点投影到目标上；Define Vector 方式，该方式通过定义矢量方向来投影移动节点；View Vector 方式，该方式以当前视野方向矢量来投影移动节点。对曲线而言，仅适用第一种方式

4.4.5　修改网格种子

　　Patran 中可以对已经创建的网格种子（Mesh Seed）进行修改，修改的参数包括网格种子的密度、类型等。Select One Curve 用来选择需要修改网格种子的曲线，Type 用来选择生成网格的方法类型，详细说明参见表 4-1。

4.5　检查有限元网格

　　划分网格时，往往会产生重复的节点，导致有限元模型不协调，不能进行正确的分析运算。同时，网格划分好之后，应该对网格的质量进行检查，如果网格质量达不到要求，需要进行调整甚至重新划分。所以，对有限元模型进行检查是必要的。在 Patran 中用 Equivalence 命令合并重复的节点，用 Verify 命令对网格单元进行检查，在检查有限元模型时两者可配合使用。下面分别介绍这两种命令的使用。

4.5.1　有限元网格的检查

　　在 Patran 中可以检查多组有限元网格，其对应的操作面板如图 4-11 所示。

　　在"Test"下拉列表中可以选择检查单元节点、边界的连接、单元的重复、单元法线方向、单元或节点的 ID 等，表 4-5 为检查有限元网格的说明。

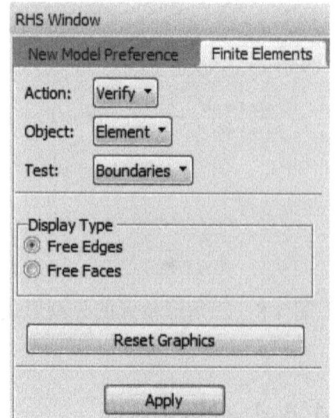

图 4-11　有限元网格检查的操作面板

表 4-5　检查有限元网格的说明

检查	简介
边界（Boundary）	显示单元的自由边或者自由面
重复（Duplicates）	检查是否有重复单元出现，同时通过"Test Control"选项可以选择仅显示重复单元或删除重复单元
法线（Normals）	显示相邻单元的法线方向，通过"Test Control"选项可以选择仅显示单元的法线方向或将选定的单元法线方向反向
相关性（Connectivity）	检查某单元是否出现副体积
距离（Geometry Fit）	检查单元和与其相关的几何之间是否具有合适的距离
雅可比比率（Jacobian Ratio）	报告单元雅可比行列式的值
ID（ID's）	用不同的颜色显示不同的 ID

4.5.2　检查三角形单元的质量

在"Verify > Tria"面板中可以检查三角形单元的质量，在"Test"下拉列表中，共有 3 个选项供选择，如下所示。

（1）All：检查并报告所有与三角形单元有关的项。

（2）Aspect：计算三角形单元的长宽比。

（3）Skew：检查三角形单元的锥度。

检查三角形单元的质量的报告如图 4-12 所示。

Test	Number Failed	Worst Case	At Element
Aspect	0	Max=2.9713824	299
Skew	0	Min=22.023508	299
Normal Offset	0	Max=0.	0
Tangent Offset	0	Max=0.	0
Jacobian Ratio	0	Max=1.	241
Jacobian Zero	0	Min=0.33915341	268

图 4-12　检查三角形单元的质量的报告

4.5.3　检查四边形单元的质量

在"Verify > Quad"面板中可以检查四边形单元的质量，在"Test"下拉列表中，共有 5 个选项供选择，如下所示。

（1）All：检查并报告所有与四边形单元有关的项。

（2）Aspect：计算四边形单元的长宽比。

（3）Warp：检查四边形单元的翘曲度。

（4）Skew：检查四边形单元的倾斜角。

（5）Taper：检查四边形单元的锥角。

4.5.4　检查四面体单元的质量

在"Verify > Tet"面板中可以检查四面体单元的质量，在"Test"下拉列表中，共有 5 个选项供选择，如下所示。

（1）All：检查并报告所有与四面体单元有关的项。

（2）Aspect：比较四面体的面积和与其对应的底面面积平方根的比。

（3）Edge Angel：计算四面体单元相邻面的最大偏差角。

（4）Face Skew：检查四面体单元每个面的倾斜角。

（5）Collapse：将四面体体积小于门槛值的单元显示出来。

4.5.5　检查五面体单元的质量

在"Verify > Wedge"面板中可以检查五面体单元的质量，在"Test"下拉列表中，共有 7 个选项供选择，如下所示。

（1）All：检查并报告所有与五面体单元有关的项。

（2）Aspect：计算五面体单元最长投影边与最短投影边的最大比值。

（3）Edge Angel：计算五面体单元相邻面的最大偏差角。

（4）Face Skew：检查五面体单元每个面的倾斜角。

（5）Face Warp：检查五面体单元中每个四边形面的翘曲度。

（6）Twist：计算两个相对的三角形表面的扭转角。

（7）Face Taper：检查五面体单元四边形面的锥度。

4.5.6　检查六面体单元的质量

在"Verify > Hex"面板中可以检查六面体单元的质量，在"Test"下拉列表中，共有 7 个选项供选择，如下所示。

（1）All：检查并报告所有与六面体单元有关的项。

（2）Aspect：计算六面体单元最长投影边与最短投影边的最大比值。

（3）Edge Angel：计算六面体单元中相对面最大与最小的距离比。

（4）Face Skew：检查六面体单元每个面的倾斜角。

（5）Face Warp：检查六面体单元中每个四边形面的翘曲度。

（6）Twist：计算两个相对的四边形表面的扭转角。

（7）Face Taper：检查六面体单元中四边形面的锥度。

4.5.7　检查节点

在"Verify > Node"面板中可以对有限元网格中的节点进行检查，在"Test"下拉列表中只有一个选项供选择，该选项是"Ids"，用于显示节点编号是否已经被优化处理。

4.5.8　检查中间节点

在"Verify > Midnode"面板中可以对中间节点进行检查。二阶单元中存在中间节点，该节点的位置也是衡量单元质量的一个重要参数。在"Test"下拉列表中有两个选项供选择，如下所示。

（1）Normal Offset：计算中间节点的垂直偏移量与单元边长的比值。

（2）Tangent Offset：计算中间节点到单元边中心的偏移量与单元边长的比值。

4.5.9 检查超级单元

在"Verify > Superelement"面板中可以显示超级单元的边界，同时选择是否显示节点。

4.6 基于有限元网格模型的其他操作

基于有限元分析模型得到的精度都与所用的有限元网格直接相关。软件中有些命令使我们划分网格变得更加容易。下面来介绍这些命令。

4.6.1 重新标号

在生成网格的同时，Patran 会给节点、单元分配相应的标号（ID）。这些标号都是从 1 开始的正整数，并且没有重复。例如，为了将特定对象的标号限定在一定范围内，需要人为地改变这些标号。

重新标号操作（Renumber）的对象有 4 种：Node、Element、MPC 和 Connector。其对应的操作面板如图4-13左图所示。对节点、单元、多点约束和连接器 ID 的修改方法基本相同，在面板中，可以看到对象的 ID 的统计信息，如对象的总数、最大标号、最小标号等。

在"Numbering Option"下拉列表中有两个选项，分别是"Starting ID"和"Offset ID"，前者表示以输入的数字为起始标号，重新对选定的对象编号，后者表示将输入数字与选定对象的标号之和作为对象的新标号，图4-13右图所示是对从 36 开始编号的原单元重新从 1 开始编号。

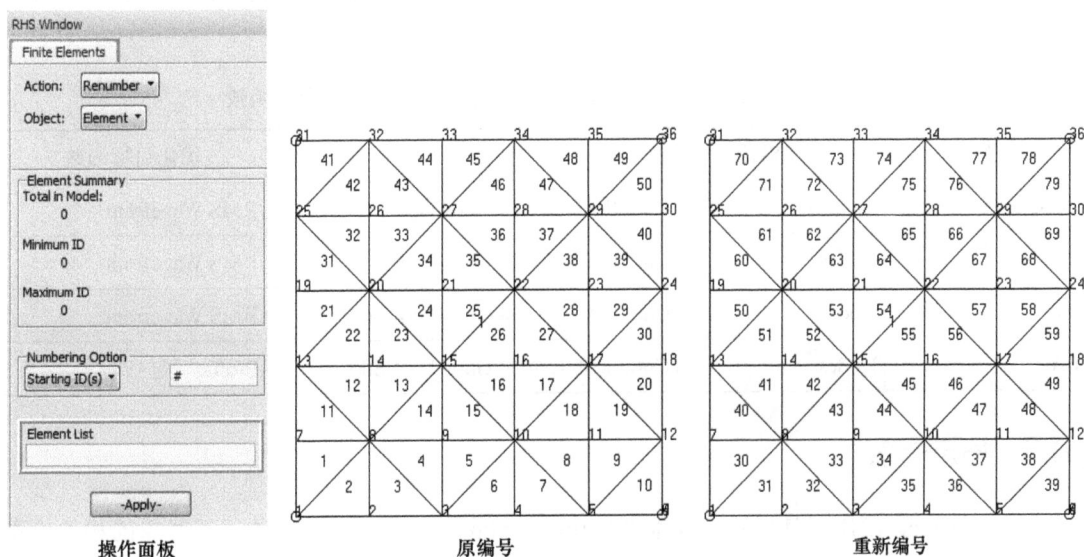

图 4-13 重新标号面板

4.6.2 联结

联结（Associate）操作用于将节点或者与单元对应的几何相联结，使其建立逻辑上的相关性，从而使载荷、边界条件的施加不必一个节点一个节点或者一个单元一个单元地处理，而是直接施加到几何上。例如，对于通过 IGES 文件输入的模型，其有限元模型与几何间是不相关的，可以使用该操作建立逻辑上的相关性。

联结的操作对象有两种：Node 和 Element。对 Node 而言，对应的方法有 Curve，即建立节点与曲线之间的相关性。曲线可以是独立曲线或者是曲面、体的边。对 Element 而言，对应的方法有 4 种，分别是 Point、Curve、Surface、Solid，分别对应 0D、1D、2D、3D 单元，即几何的维数和单元的维数是一一对应的。

4.6.3 解除联结

解除联结（Disassociate）是联结的反操作，可解除节点、单元与几何的逻辑相关性，其操作方法有两种，分别是 Geometry 和 IDs。前者用于解除与该几何相关的所有节点和单元的相关性，后者则用于解除指定节点或单元与其几何的相关性。

4.6.4 优化

优化是重新给有限元模型的节点和单元编号，使得有限元分析的总刚度矩阵的元素分布合理，从而使求解器可以利用刚度矩阵的对称、带状分布、稀疏等特性，提高计算速度，占用尽可能少的 CPU 时间、内存和磁盘空间。优化的对象（Object）有两个：节点和单元。优化使用的方法也有两种，分别是 Cuthill-McKee 和 Gbbs-Pool-Stk。这两种方法对节点和单元都适用。Patran 同时提供了 4 种最小优化目标函数，在 Minimization Criterion 中可以看到这 4 种函数分别是 RMS Wavefront、Bandwidth、Profile 和 Max Wavefront。对于不同的求解器，所适用的优化对象、优化方法和优化目标函数不同。表 4-6 所示为不同求解器适用的优化对象、优化方法和优化目标函数。

表 4-6　不同求解器适用的优化对象、优化方法和优化目标函数

求解器	优化对象	优化方法	优化目标函数
ABAQUAS	Elements	Cuthill-McKee 和 Gbbs-Pool-Stk	RMS Wavefront
MSC.Nastran	Nodes	Cuthill-McKee 和 Gbbs-Pool-Stk	RMS Wavefront
Marc	Nodes	Cuthill-McKee 和 Gbbs-Pool-Stk	RMS Wavefront
FEA	Nodes	Cuthill-McKee 和 Gbbs-Pool-Stk	Profile

4.6.5 显示信息

单击 Meshing 应用工具按钮，设置"Action > Show"，可显示节点单元等对象的相关信息，显示的对象共有 7 种，分别是 Node、Element、Mesh Seed、Mesh Control、MPC、Connector 和 Point。在"Show > Node"面板中显示的信息有两种，即"Info"下拉列表中的选项，分别是节

点的位置和节点到选定目标的距离。选择节点的位置选项可以显示指定节点的坐标值；选择节点到选定目标的距离选项可以显示节点到选定目标的距离值，选定目标共有 6 种，在"Option"下拉列表中可以看到，分别是 Node（节点到节点的距离）、Point（节点到点的距离）、Curve（节点到曲线的距离）、Surface（节点到曲面的距离）、Plane（节点到平面的距离）、Vector（节点到矢量的距离）等。

在"Show > Element"面板中显示的信息有两种，即"Info"下拉列表中的选项，分别是"Attributes"和"Coord.Sys"，分别显示单元的属性和坐标系。当选择"Attributes"时，选定目标单元，则会显示单元的 ID、单元类型、相关的几何、节点数、边界条件、材料等；当选择"Coord.Sys"时，可以选择以不同的颜色显示出单元所在的坐标系，这里的坐标系可以选择 Patran 中的坐标系，也可以选择求解器中的坐标系，同时可以选定显示原点的位置。

在"Show > Mesh Seed"面板中可显示网格种子的信息，主要包括种子的状态、类型、数量。

在"Show > Mesh Control"面板中可以显示与 Mesh Control 相关的信息。

在"Show > MPC"面板中可以显示多点约束的相关信息。

在"Show > Connector"面板中可以显示连接器的相关信息。

在"Show > Point"面板中，在"Info"下拉列表中可以看到 3 组可以显示的信息，分别是点的位置、点到目标对象的距离、与点相关的节点信息。

4.6.6　删除有限元元素

"Meshing"操作面板中的"Delete"选项可以删除用"Create"选项建立的所有常见的有限元类型的对象。在"Object"下拉列表中可以选择一次删除所有类型的对象，也可以选择删除某种类型的对象。可删除的对象包括：Mesh Seed，Mesh Control，Mesh，Node，Element，MPC，Connector，DOF list，Superelement。

4.7　创建有限元网格实例

本节有两个实例，分别对支架和连杆进行网格的划分。

4.7.1　支架网格划分实例

启动 Patran，在菜单栏中选择"File > Import"命令，在"Import"窗口中的"Source"下拉列表中设置文件类型为"Parasolid xmt"，选择 hex.x_t 文件，单击"Apply"按钮，如图 4-14 所示，系统弹出图 4-15 所示的信息输入窗口，单击"OK"按钮，导入文件。单击"等轴测"按钮 调整显示文件的视角，输入的模型如图 4-16 所示。

单击"Meshing"选项卡后，单击"Meshers"面板中的"Solid"（实体）按钮 （Action > Create，Object > Mesh，Type > Solid），在"Elem Shape"下拉列表中选择"Tet"，在"Mesher"下拉列表中选择"TetMesh"（网格生成器），在"Topology"下拉列表中选择"Tet10"，在"Input List"中选择"Solid 1"，取消勾选"Automatic Calculation"选项，在"Value"文本框中手动输入单元尺寸 0.1，单击"Apply"按钮，生成网格，如图 4-17 所示。

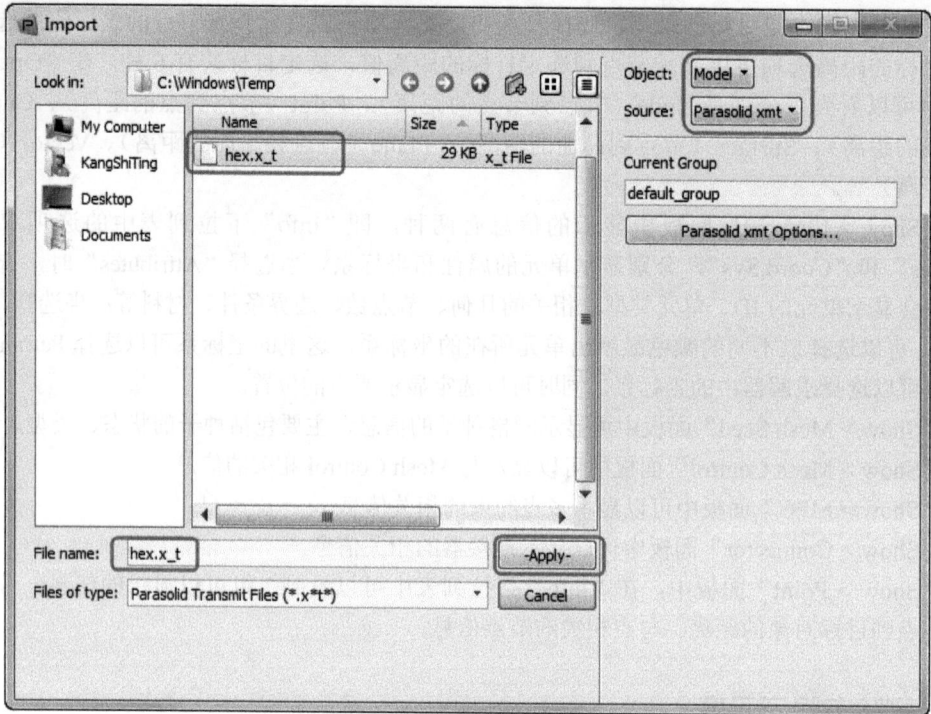

图 4-14 "Import"窗口

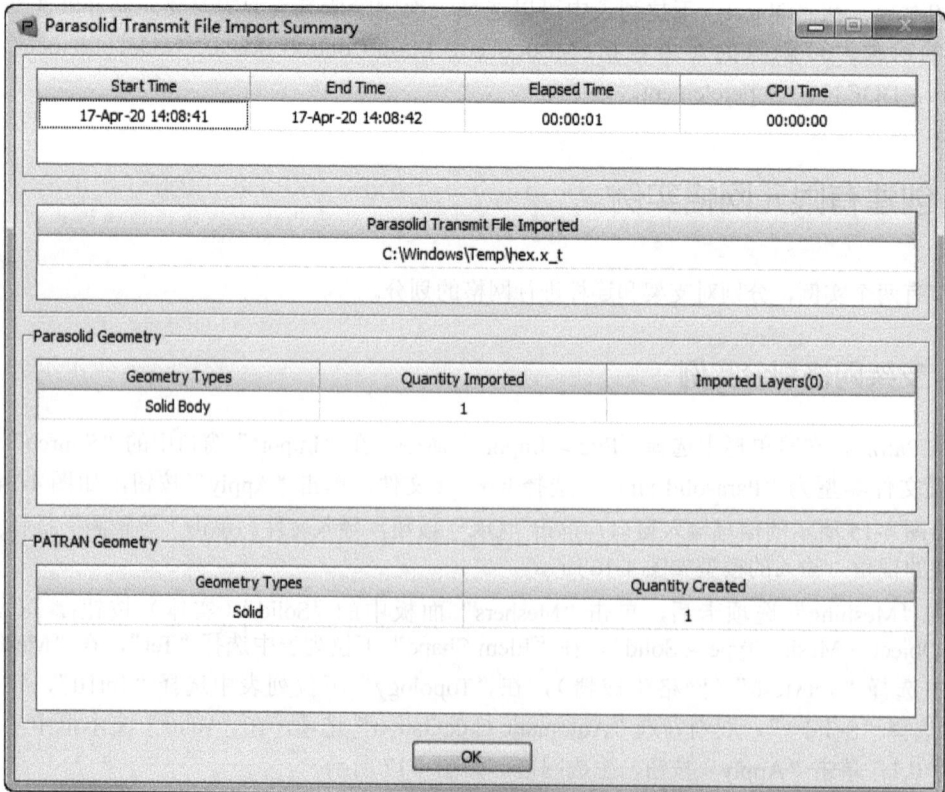

图 4-15 信息输入窗口

图 4-16　输入的模型　　　　　　　　　　　　　　　　　图 4-17　生成网格

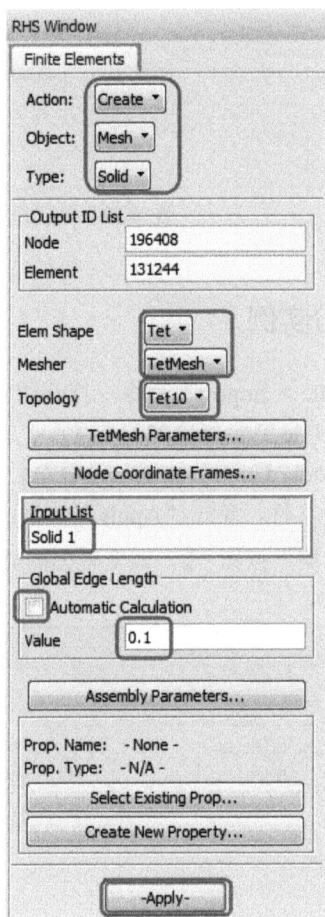

　　检查单元的质量，单击"FEM Actions"面板中的"Tet"（四面体）按钮⬚（Action > Verify，Object > Tet，Test > All），再单击"Apply"按钮，弹出单元质量报告，如图 4-18 所示。

图 4-18　单元质量报告 1

　　下面通过修改命令提高单元质量，单击"FEM Actions"面板中的"Solid Mesh"（具体网格）按钮⬚（Action > Modify，Object > Mesh，Type > Solid），单击"Collapse Ratio"按钮，将接受值（Acceptance Value）设为"0.2"，在"Input List"文本框中选择 Solid 1，单击"Apply"按钮，提高单元质量，重新打开"Verify > Tet > All"面板，单击"Apply"按钮，弹出单元质量报告，如图 4-19 所示，可以看到单元的最小 Collapse Ratio 接近 0.2。

图 4-19 单元质量报告 2

4.7.2 连杆网格划分实例

在菜单栏中选择"File > Import"命令，打开图 4-20 所示的 Import 窗口并进行设置（Object > Model，Source > STEP，File Type > AP203/214），单击"SETP Options"按钮，进入"Import Option"面板，单击"Model Units"按钮，设置单位（Units）为"1000.0"（Millimeters），在文件浏览窗口选择 Bracket.stp 文件，单击"Apply"按钮，系统弹出图 4-21 所示的信息输入窗口，单击"OK"按钮，单击"等轴测"按钮 ，改变视图的显示，生成的模型如图 4-22 所示。

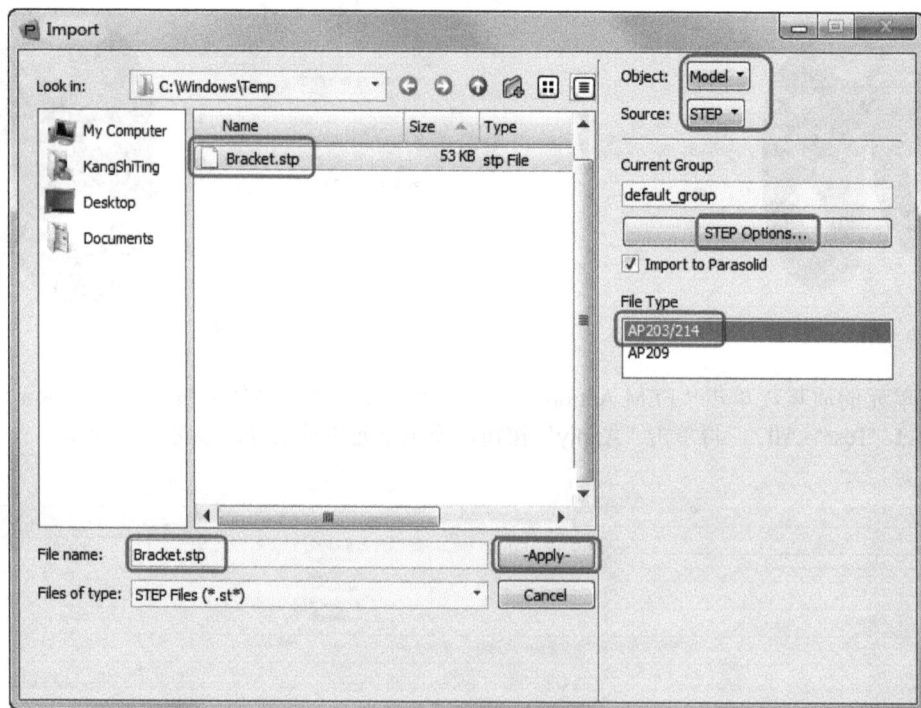

图 4-20 Import 窗口

在导入的几何体表面划分四边形 4 节点单元。单击"Meshing"选项卡按钮，进入有限元网格划分面板。单击 Meshers 面板中的"Surface"（面）按钮 ，并进行设置（Action > Create，Object > Mesh，Type > Surface，Elem Shape > Quad，Mesher > Paver，Topology > Quad4），在"Surface List"选项中选择几何体的上表面"Solid 1.12"，在"Global Edge Length"选项中取消勾选"Automatic Calculation"选项，输入单元尺寸值（Value）为"6"，单击"Apply"按钮，生成四边形网格，如图 4-23 所示。

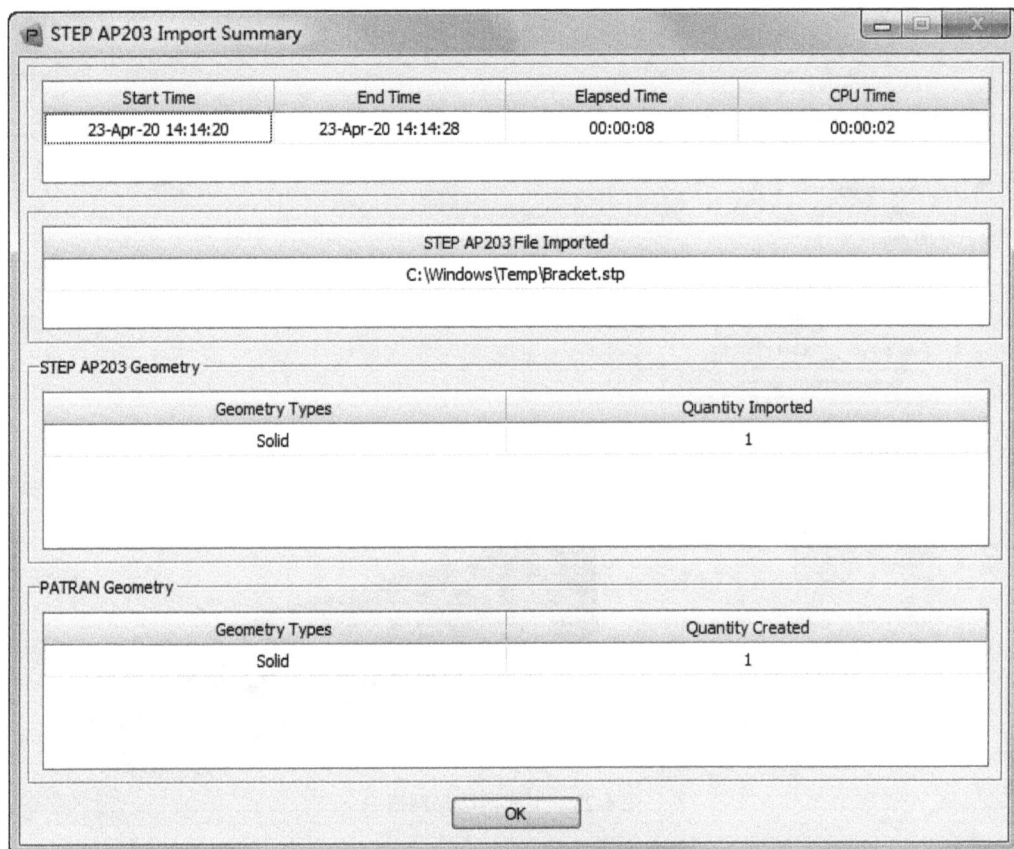

图 4-21　信息输入窗口

　　在操作面板中进行设置（Action > Sweep，Object > Element，Method > Extrude），单击"Mesh Control"按钮，设置"Method > Uniform"，勾选"Number of Elements"选项，在"Number"文本框中输入单元数"8"，单击"OK"按钮，退出。在"Direction Vector"文本框中输入"<0 0 -40>"。勾选"Delete Original Elements"选项，在图形上选择所有的二维单元，单击"Apply"按钮，生成六面体网格，参见图 4-24。单击"Meshers"选项中"Plot/Erase"（绘制 / 擦除）按钮 ，然后单击"Geometry"选项中的"Erase"（擦除）按钮，擦掉几何只显示有限元网格。

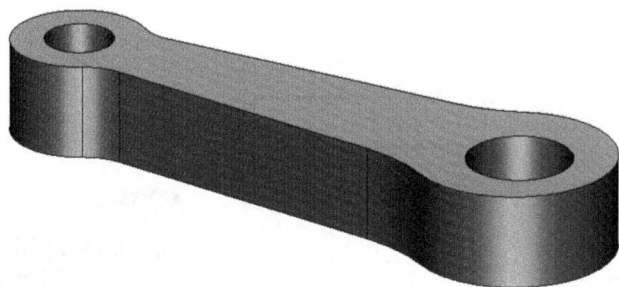

图 4-22　生成的模型

RHS Window

Finite Elements

Action: Create ▾
Object: Mesh ▾
Type: Surface ▾

Output ID List
Node   1
Element   1

Elem Shape   Quad ▾
Mesher   Paver ▾
Topology   Quad4 ▾

Paver/Hybrid Parameters...

Node Coordinate Frames...

Surface List
Solid 1.12

Global Edge Length
☐ Automatic Calculation
Value   6

Prop. Name: - None -
Prop. Type: - N/A -

Select Existing Prop...

Create New Property...

-Apply-

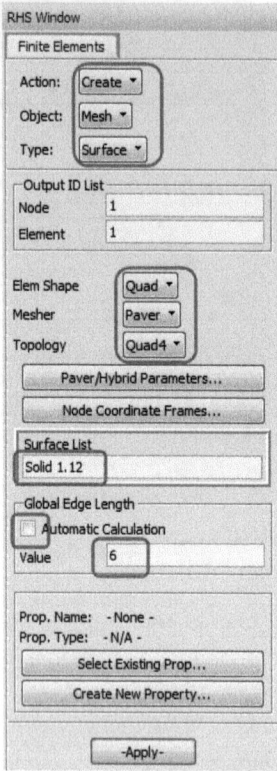

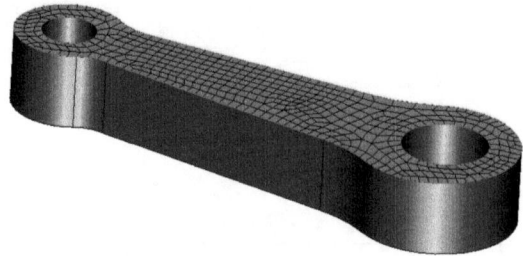

图 4-23   生成四边形网格

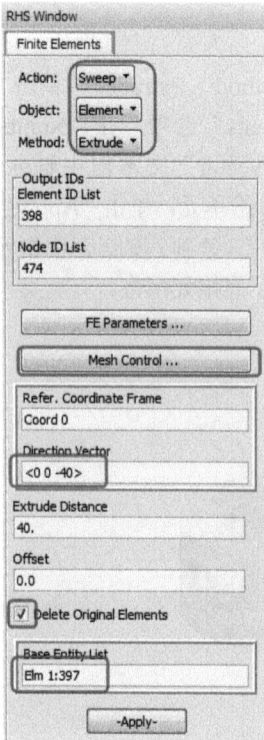

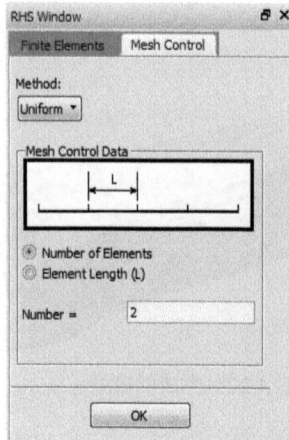

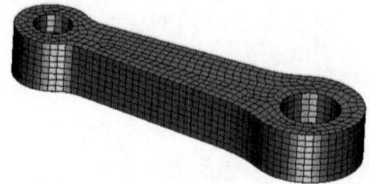

RHS Window

Finite Elements

Action: Sweep ▾
Object: Element ▾
Method: Extrude ▾

Output IDs
Element ID List
398

Node ID List
474

FE Parameters ...

Mesh Control ...

Refer. Coordinate Frame
Coord 0

Direction Vector
<0 0 -40>

Extrude Distance
40.

Offset
0.0

☑ Delete Original Elements

Base Entity List
Elm 1:397

-Apply-

RHS Window   ⊡ ✕

Finite Elements | Mesh Control

Method:
Uniform ▾

Mesh Control Data

⊙ Number of Elements
○ Element Length (L)

Number =   2

OK

图 4-24   生成三维体单元

4.8　实例——用拉格朗日法进行泰勒冲击试验的网格划分

本例使用拉格朗日法进行泰勒冲击试验，泰勒冲击试验是弹道学中的一项重要的实验室试验。它能够确定材料动态屈服应力的平均值。它通过加速圆柱杆（速度平行于对称轴），让圆柱杆击中刚性目标。因此，杆缩短，冲击面径向膨胀，形成蘑菇状，如图 4-25 所示。

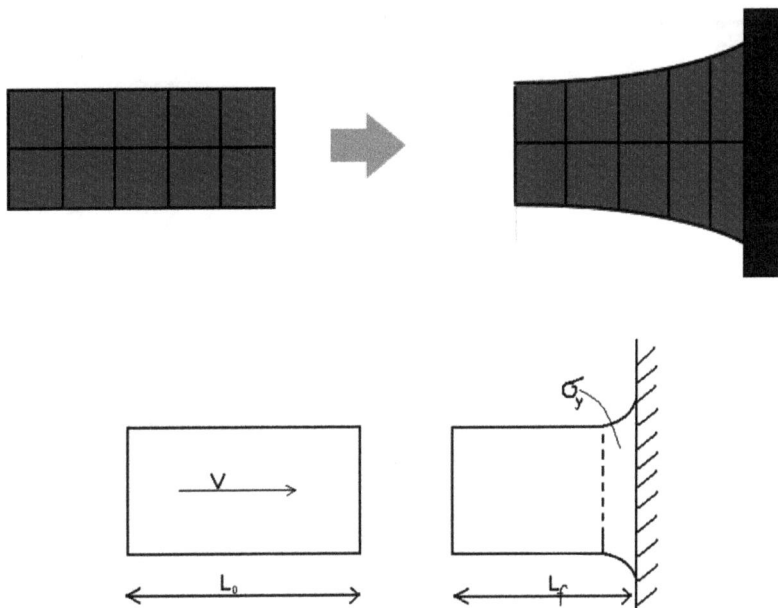

图 4-25　泰勒冲击试验

本例单位制为：mm/tonne/sec/K。

圆柱杆参数	Material =Armco Iron Lo = 25.4 mm Radius = 1.91 mm Density = 8.96 E-9 tonne/mm^3
墙参数	Material = Rigid Stationary：Vel = 0

4.8.1　创建数据库文件

在菜单栏中选择 "File > New" 命令，弹出图 4-26 所示的 "New Database" 窗口，在 "File name" 文本框中输入数据文件名 "taylortest_lagrange"，单击 "OK" 按钮。系统右侧显示 "New Model Preference" 操作面板，按图 4-27 所示设置参数，即选择 MSC.Dytran 求解器，单击 "OK" 按钮，完成设置。

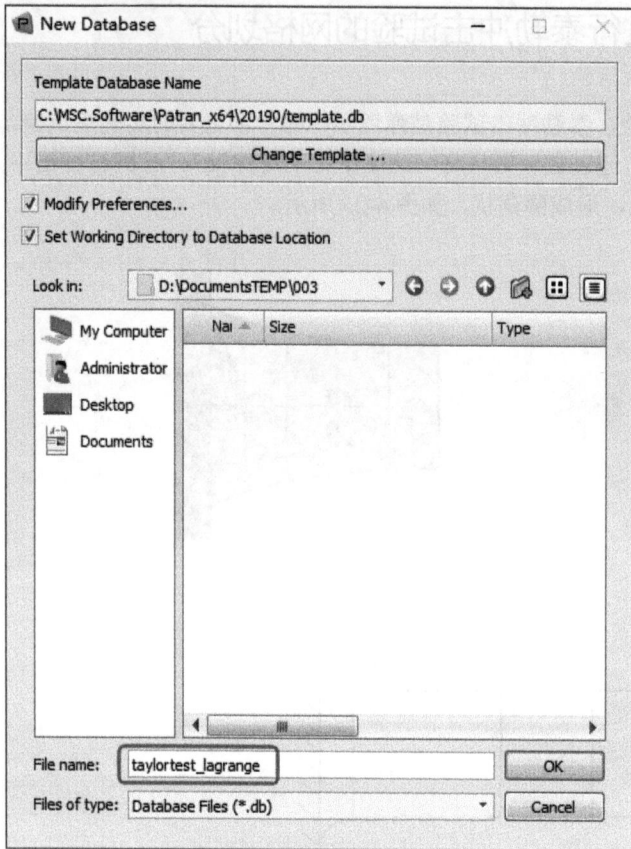

图 4-26 New Database 窗口

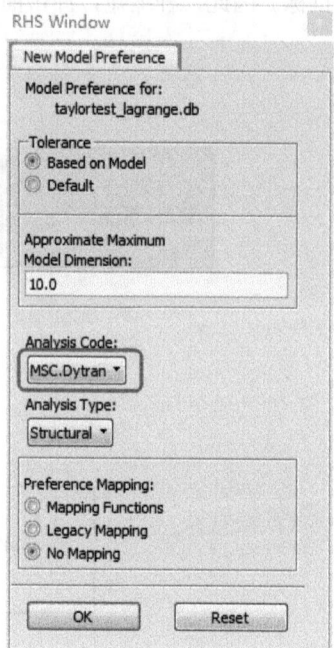

图 4-27 "New Model Preference"操作面板

4.8.2 创建几何模型

（1）单击"Geometry"选项卡，然后单击"Coordinates"面板中的"3Point"（通过 3 点创建坐标系）按钮 3Point，系统右侧显示"Geometry"操作面板，按图 4-28 所示，设置"Type"选项为"Cylindrical"，保持其他参数为默认，单击"Apply"按钮，创建坐标系"Coord 1"。

（2）在"Geometry"选项卡中，继续单击"Curves"面板中的"LineByXYZ"（通过 XYZ 创建线）按钮 LineByXYZ，设置"Vector Coordinates List"文本框为"<1.91 0 0>"，取消勾选"Auto Execute"选项，设置"Origin Coordinates List"文本框为"[0 0 0.5]"，保持其他参数为默认，单击"Apply"按钮，创建线段"Line 1"，如图 4-29 所示。

（3）在"Geometry"选项卡中，继续单击"Surfaces"面板中的"Revolve"（旋转）按钮 Revolve，设置"Refer. Coordinate Frame"文本框为"Coord 1"，取消勾选"Auto Execute"选项，设置"Curve List"文本框为"Curve 1"，保持其他参数为默认，单击"Apply"按钮，创建面"Surfaces 1"，如图 4-30 所示。

（4）在"Geometry"选项卡中，继续单击"Transform"面板中的"surface"（面）按钮，设置"Direction Vector"为"<0 0 25.4>"，取消勾选"Auto Execute"选项，设置"Surface List"选项为"Surface 1"，保持其他参数为默认，单击"Apply"按钮，创建面"Surfaces 2"，如图 4-31 所示。

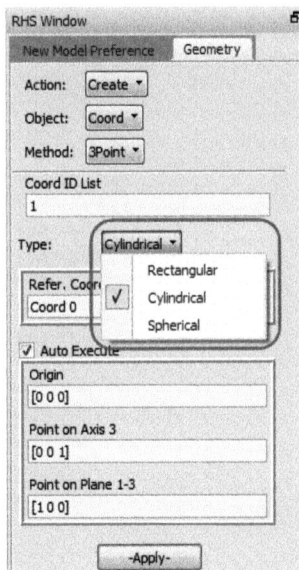

图 4-28　"Geometry"操作面板

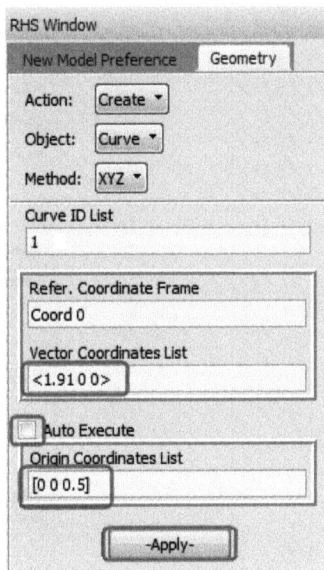

图 4-29　创建线段"Line 1"

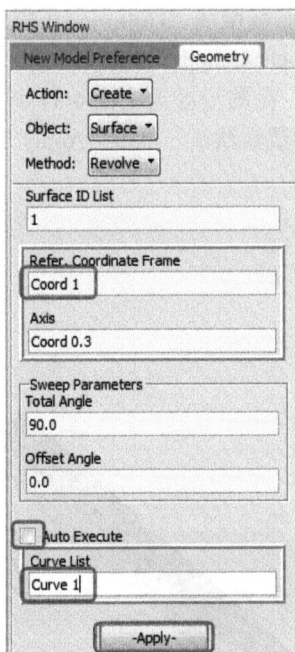

图 4-30　创建面"Surfaces 1"

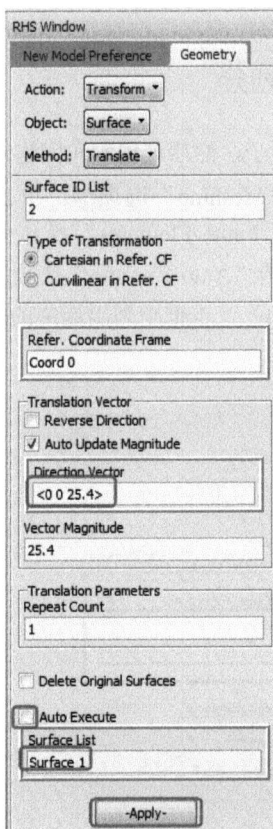

图 4-31　创建面"Surfaces 2"

（5）在"Geometry"选项卡中，继续单击"Solids"面板中的"Surface"按钮，取消勾选"Auto Execute"选项，设置"Starting Surface List"选项为"Surface 1"，设置"Ending Surface List"选项为"Surface 2"，保持其他参数为默认，单击"Apply"按钮，创建体"Solid 1"，如图 4-32 所示。

图 4-32　创建体"Solid 1"

4.8.3　网格划分

创建网格种子，然后使用六角网格对实体进行网格划分。

（1）单击"Meshing"选项卡，单击"Mesh Seeds"面板中的"Uniform"（等间距）按钮，系统右侧显示"Finite Elements"操作面板，选择"Element Length"单选项，设置"Length"为"0.8"，取消勾选"Auto Execute"选项，如图 4-33 所示。在图形区选中图 4-34 所示模型的边后，将在"Curve List"文本框中列出选中的线号，保持其他参数为默认，单击"Apply"按钮。

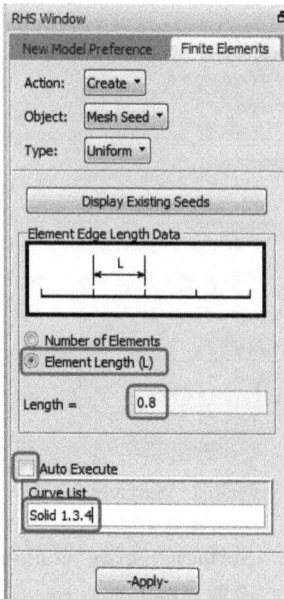

图 4-33　网格划分的设置

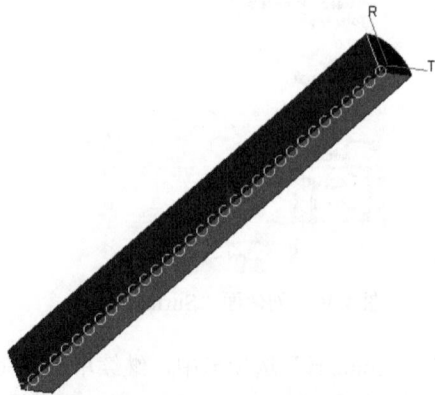

图 4-34　选中模型的边

（2）在"Meshing"选项卡中，单击"Meshers"面板中的"solid"（实体）按钮，在打开的操作面板中设置"Elem Shape"为"Hex"，设置"Solid List"为"Solid 1"，设置"Global Edge Length"为"0.4"，保持其他参数为默认，如图 4-35 所示，单击"Apply"按钮，对几何体进行网格划分，网格划分后的几何体如图 4-36 所示。

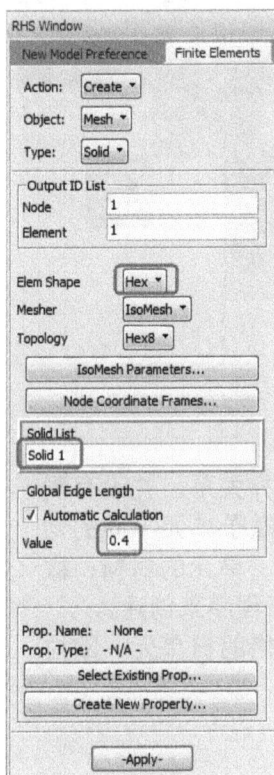

图 4-35 体网格划分

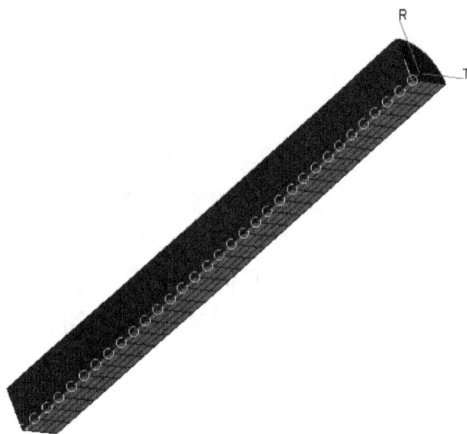

图 4-36 网格划分后的几何体

第 5 章
单元属性

网格划分，只确定了单元的空间拓扑关系，并没有确定单元的物理意义。创建单元属性就是赋予单元不同的物理特性，这些物理特性包括单元的类型、单元的材料、截面的几何特性等，要根据实际结构和分析程序来创建。

通过本章的学习，读者可以掌握拉格朗日单元、欧拉单元等单元属性的创建。

5.1 单元属性概述

可以通过"Properties"选项卡创建单元属性。"Properties"选项卡中按钮的功能就是根据实际结构结合分析程序创建物理特性，并将其应用于对应的有限元单元。每创建一个物理特性，都要定义一个名称，该名称是该物理特性的唯一标识，对每个物理特性的操作也都通过对其名称的按钮来实现。在"Properties"选项卡中，可以对物理特性进行创建、显示、修改和删除等操作，图 5-1 所示为创建单元属性的快捷工具栏，图 5-2 所示为定义单元属性的界面。

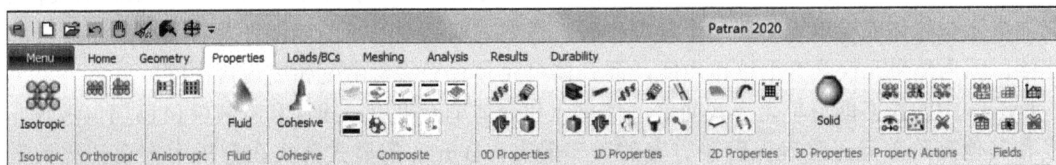

图 5-1　创建单元属性的快捷工具栏

Patran 中单元属性的定义，实际上就是确定单元的类型（例如 Shell、Bar、Beam、Rod、Solid 等）、单元的材料、截面的几何特性等。所以，单元的物理特性是与分析求解器直接相关的。不同的求解器支持不同的单元类型，定义单元属性的方法和过程也不同。

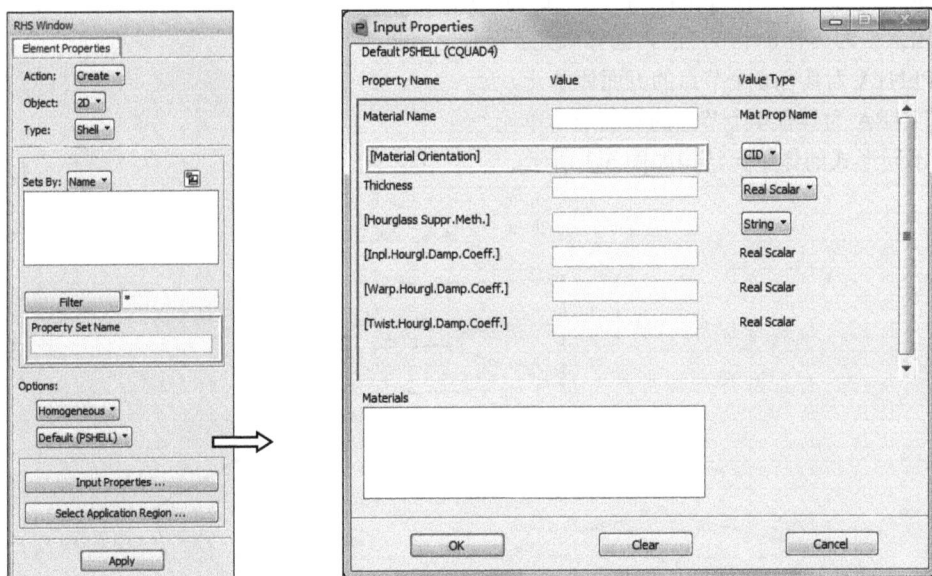

图 5-2　定义单元属性的界面

5.2 拉格朗日单元

Dytran 中有许多类型的拉格朗日单元：体单元（CHEXA、CPENTA、CTETRA）、壳体单元（CQUAD4 或 CTRIA3）、膜体单元（CTRIA3）、梁单元（CBAR、CROD、CBEAM）和弹簧单元（CSPR、CVISC、CELAS1、CDAMP1）。大多数单元具有大应变公式，可用于模拟非线性效应。

5.2.1 单元的定义

单元的拓扑结构是根据单元所连接的节点定义的，节点的前缀是"C"，例如 CHEXA 或 CQUAD4，这些连接性节点的顺序很重要，因为它定义了单元内的局部坐标系，从而定义了壳体单元和膜体单元的顶面和底面位置。

连接性节点引用了一个属性定义卡片，该属性定义卡片可以定义单元的其他几何属性，例如厚度单元类型（如"PSOLID"卡片"PSHELL"卡片）前面的"P"表示这些卡片还引用了材料属性，材料属性用于定义模型中所用材料的特性。

为了保证模型的良好性能，所有类型的单元都可以与别的类型的单元混合使用。但要注意，当把体单元与壳体或梁单元用在一个模型中时，需要采取必要的措施以保证两种类型的单元之间正确连接，因为体单元仅具有平移自由度，而壳体单元具有平移自由度和旋转自由度。

Dytran 中的拉格朗日单元形式简单，体单元和壳体单元采用三线性和双线性位移插值函数。抛物线和其他高阶单元无法确保解决方案的效率最高，Dytran 的显式公式在分析中需要计算大量步骤，可能超过十万次，因此必须尽可能地提高每一步的计算速度。使用中发现，与数量较少的复杂单元相比，数量较多的简单单元更容易求解。

5.2.2 体单元

Dytran 中有 3 种不同形式的体单元，如下所示。
- CHEXA 为具有 8 个节点的六面体单元。
- CPENTA 为具有 6 个节点的五面体单元。
- CTETRA 为具有 4 个节点的四面形体单元。

3 种不同形式的体单元结构如图 5-3 所示。

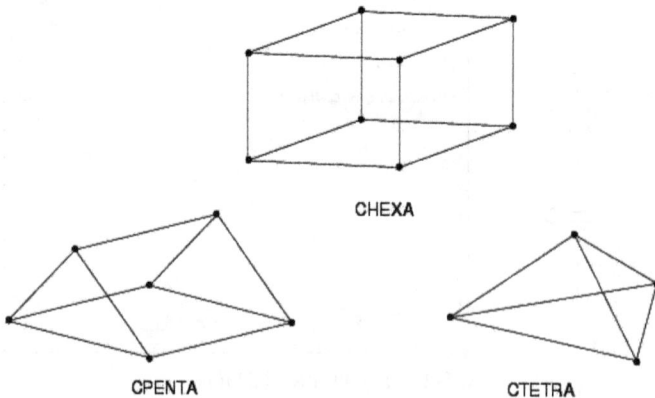

图 5-3 3 种不同形式的体单元结构

CPENTA 和 CTETRA 可看作 CHEXA 的退化形式，其中单元的节点重合。与 CHEXA 相比，这两种单元的性能非常差，不到万不得已尽量不要采用，并且要尽量远离关键区域。尤其是 CTETRA，其刚度总是过大，应尽量避免使用，实际上，只要采取一定的方法，即使是非常复杂的几何体也可以做到全部用 CHEXA 来划分网格。

在分析过程中，这些单元不可避免地会发生扭曲，但程序不会对单元形状执行任何检查，分析过程中不会因一个或两个严重扭曲的单元而中止，因此在分析之前和分析过程中，都要确保单元具有合理的形状。

5.2.3　壳体单元

Dytran 中提供了两种壳体单元：CQUAD4 是一种具有 4 个节点的四边形壳体单元；CTRIA3 是一种具有 3 个节点的三角形壳体单元，如图 5-4 所示。CQUAD4 使用 Belytschko-Tsay、Hughes-Liu 或 Key-Hoff 公式，而 CTRIA3 则使用共三角形公式。

在各种壳体分析中，Belytschko-Tsay 公式是最有效率的，应在大多数情况下使用。Key-Hoff 公式更费时，但在大应变（超过 5%）下性能更好。当结构的一部分承受非常大的应变时，应考虑在该区域使用 Key-Hoff 壳体单元，若在该区域使用 Belytschko-Tsay 壳体单元和 Hughes-Liu 壳体单元，所花费的计算量会大得多，而且只有在单元内部厚度不同的情况下才有优势。"PSHELLn" 或 "PCOMP" 卡片用于为单元分配属性。

Belytschko-Tsay 壳体单元和 Hughes-Liu 壳体单元的局部坐标系由单元节点联结卡上的节点顺序决定。该坐标系是直角坐标系。

下面说一下壳体单元的坐标系，如图 5-5 所示，Belytschko-Tsay 壳体单元和 Hughes-Liu 壳体单元的连接性作为 "CQUAD4" 或 "CTRIA3" 卡片的输入，定义单元坐标系为直角坐标系，其 Z 轴垂直于四边形两条对角线所决定的平面；X 轴是从节点 1 指向节点 2 的矢量；Y 轴由右手定则确定。每个单元都有一个自己的局部坐标系。单元的上下表面由 Z 轴的方向决定：正方向一侧为顶面，负方向一侧为底面。对于 Key-Hoff 壳体单元和 Belytschko-Tsay 壳体单元，局部坐标系的定义有所不同：X 轴的方向同节点 1 与节点 4 的中点和节点 2 与节点 3 的中点的连线的方向一致。每个单元都有自己的坐标系，壳体单元的顶面定义在 Z 轴正方向，底面定义在 Z 轴负方向。

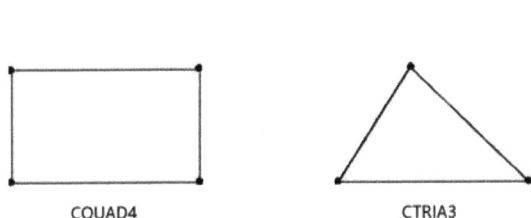

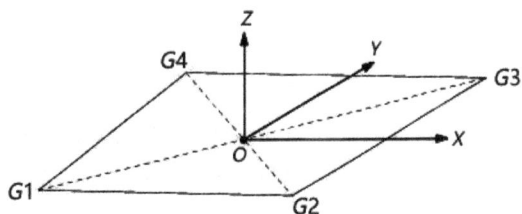

图 5-4　壳体单元　　　　　　　　　　图 5-5　壳体单元的坐标系

5.2.4　膜体单元

CTRIA3 不仅可以作为壳体单元，还可以指定为膜体单元。膜体单元允许单元承受面内载荷，但没有弯曲刚度。

膜体单元不是大应变单元，因此平面内的变形很小。

5.2.5　刚性结构

刚性结构基本上是不可变形的结构，可以具有用户定义的任意形状，也可以具有预定义的形状，例如刚性椭球体。

1. 刚性椭球体（RELLIPS）

使用"RELLIPS"卡片定义一个刚性椭球体，如图 5-6 所示。刚性椭球体的定义包括名称、质量、空间方向和形状等。刚性椭球体的方向由最长轴和最短轴的方向确定；形状由长轴、中轴和短轴的长度（a、b 和 c，其中 $a \geqslant b \geqslant c$）定义。另外，可以规定刚性椭球体的旋转和平移运动。刚性椭球体的惯性矩是在质量均匀分布在椭球体上的假设下计算的。

初始速度既可以在基本坐标系中指定，也可以在由长轴和短轴的向量定义的体自身的坐标系中指定。

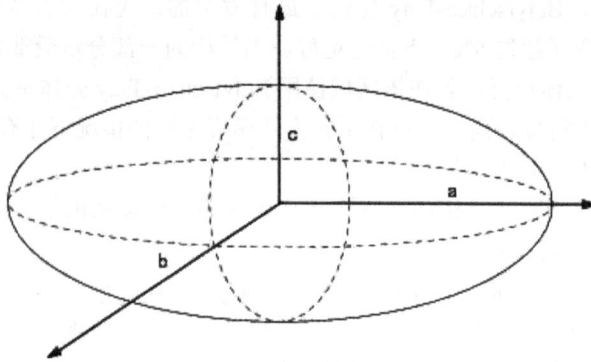

图 5-6　刚性椭球体

"RELLIPS"卡片允许在外部程序中定义体，只需要在卡片上输入体的名称即可。特定的节点或刚体可以使用"RCONREL"卡片连接刚性椭球体。可以使用"CONTREL"卡片定义刚性椭球体的接触。

2. 刚体（RIGID）

虽然刚性椭球体是固定形式的几何体，但刚体是用户定义的曲面，这些曲面被指定为刚性。刚体几乎可以具有由生成它的曲面确定的任何形状。

"RIGID"卡片可定义刚体的质量、重心和惯性张量，并引用描述刚体形状的曲面。其中"SURFACE"卡片为曲面定义。例如，按图 5-7 所示的数据定义一个刚性面。

3. 刚性单元（RBE2）

可以使用"RBE2"卡片将网格点上的特定自由度指定为具有相同的位移。在整个分析过程中，RBE2 附带的自由度移动相同的量。例如，对铰链联接和刚性平面进行建模，如图 5-8 所示。

对于刚性单元，可以通过平均其无约束运动来获得所有耦合的自由度的运动。刚性单元的约束作用在基本坐标系中。在 RBE2 平面中，平面中的所有网格点都将具有相同的位移，因此当需要旋转时，平面本身不会旋转，必须使用 RBE2 或其他卡片来实现。虽然，栅

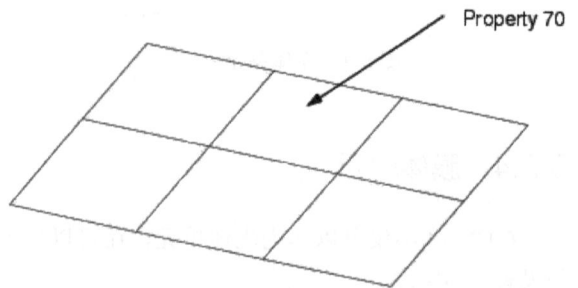

```
RIGID, 1, 100, 359, ,5, 2.5, 0.0, , +
+, , , , , , , +
+, 4495., , , 4495., , , 4495.
SURFACE, 100, , PROP, 100
SET1, 100, 70
PSHELL1, 70, , DUMMY
CQUAD4, 1, 70, 1, 2, 12, 11
```

图 5-7　定义一个刚性面

格点的位置是不相关的，但不要在上面显示的刚性平面中过度约束模型，平面中的所有栅格点必须具有相同的位。

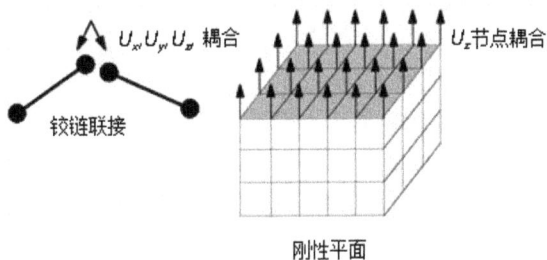

图 5-8　对铰链联接和刚性平面进行建模

使用刚性单元时，有许多限制。不能连接到 RBE2 的网格点的情况有以下几种。

- 受到强制运动。
- 与刚体相连。
- 连接到连接处。
- 刚性墙的从属点。

此外，如果 RBE2 中一个节点的自由度受到约束，则 RBE2 中其他节点的自由度也会受到约束。平移和旋转自由度可以互相耦合。

4. 矩阵（MATRIG）

使用"MATRIG"卡片替换材料定义，可以使网格的某些部分变为刚性。MATRIG 材料编号所指的所有单元都表现为刚体。

5.2.6　梁单元

梁单元是使用"CBAR"或"CBEAM"卡片定义的。两者具有相同的作用并定义相同的单元。"CBAR"卡片更易于使用，因此，本书推荐使用该卡。

1. 单元坐标系

梁单元连接两个栅格点，但必须定义梁的方向及其单元坐标系，可以通过以下两种方式进行定义，如图 5-9 所示。

- 在 XY 平面上使用第三个节点。
- 在 XY 平面上使用矢量。

单元 X 轴与 $G1$ 到 $G2$ 的方向对齐，其原点在 $G1$ 的向量要么明确定义，要么通过定义第三个节点来定义 $G3$。在这种情况下，向量是从 $G1$ 到 $G3$，这个向量定义了 XY 平面，单元 Y 轴垂直于单元 X 轴，单元 Z 轴垂直于单元 X 轴和 Y 轴。

单元坐标系在计算开始时定义，并根据分析过程中梁的变形而自动更新。

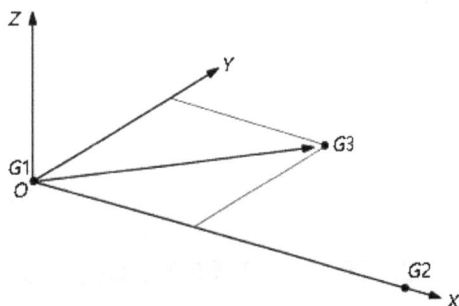

图 5-9　单元坐标系

2. 梁公式

有以下两种类型的梁公式。

- Belytschko-Schwer。
- Hughes-Liu。

单元材料可以通过引用"MAT1"卡片定义为弹性，也可以通过引用"DMATEP"卡片定义为弹塑性。如果为梁公式 Belytschko-Schwer 指定了弹塑性材料，则使用合成塑性模型，由此整个横截面立即屈服，因此不可能为梁公式 Belytschko-Schwer 选择与应变率相关的屈服模型。

梁公式 Hughes-Liu 是一个传统积分单元，可以用两种方式来定义：一种是定义一个横截面积分规则来模拟任意的横截面，另一种是采用梁单元中间跨度的一组积分点来模拟矩形和圆形横截面。由于必须在夹持单元的中心处而不是在单元外边根部产生全塑性力矩，所以悬臂梁模型将在一个稍高的力的作用下才能产生屈服。

5.2.7 杆单元

杆单元可使用"CROD"卡片定义杆的两个节点，如图 5-10 所示。杆单元只能承受轴向拉伸和压缩，不能承受任何扭转或弯曲；对于扭转或弯曲，应使用 CBAR 或 CBEAM 单元。

唯一需要的特性是使用"PROD"卡片指定的杆的横截面积。

图 5-10　杆单元

5.2.8 弹簧单元

Dytran 中有两种类型的弹簧单元，分别是 CSPR 弹簧单元和 CELAS 弹簧单元。

CSPR 弹簧单元仅连接平移自由度。CELAS 弹簧单元可以连接平移自由度和旋转自由度。对于旋转弹簧，应定义力矩与角度特性。在本小节的其余部分，将对力和位移进行描述。应该用力矩和角度来代替旋转弹簧。

弹簧特性是使用"PSPR"或"PELAS"卡片来定义的。有 3 种类型的弹簧单元可用：线性弹簧单元、非线性弹簧单元和用户定义的弹簧单元。

1. CSPR 弹簧单元

CSPR 弹簧单元始终连接两个节点，并定义两个点之间的力 - 挠度特性，如图 5-11 所示。在分析过程中，随着节点位置的变化，力的作用线也会发生变化。CSPR 弹簧单元类似于 CROD 单元，但力 - 挠度特性是直接定义的，而不是通过定义面积和材料特性来间接定义的。

图 5-11　CSPR 弹簧单元

2. CELAS1 弹簧单元和 CELAS2 弹簧单元

CELAS 弹簧单元连接一个或两个节点，如果仅指定了一个节点，弹簧将固定，如图 5-12 所示。此外，必须指定弹簧的方向，使弹簧中的力始终沿此方向作用。

CELAS1 弹簧单元和 CELAS2 弹簧单元是线性弹簧。CELAS1 弹簧单元的弹簧特性通过"PELAS"卡片定义。CELAS2 弹簧单元的弹簧特性直接在"CELAS2"卡片上定义。

3. 线弹性弹簧

在线弹性弹簧（PSPR 和 PELAS）中，力与弹簧的位移成正比，如图 5-13 所示。必须定义弹簧的刚度 K。

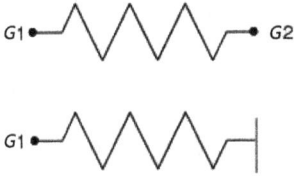

图 5-12 CELAS 弹簧单元

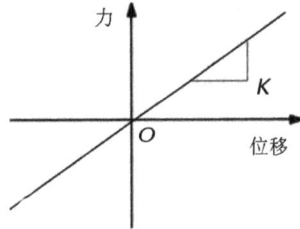

图 5-13 线弹性弹簧

4. 非线性弹性弹簧（PSPR1、PELAS1）

非线性"PSPR1"和"PELAS1"卡片可以参考加载曲线和卸载曲线，力与位移不成正比。

力 - 挠度特性可以是任何形状，并通过使用表指定力 - 挠度值表来定义。如果未定义卸载表，则加载和卸载发生在与曲线相对应的位置，因此，与加载曲线输入相对应的卸载须一致。仅定义正值时，两条曲线必须完全定义或仅具有正值［从（0,0）开始］，曲线自动镜像。建议在拉伸和压缩中定义整个曲线。与特定位移相关的力通过表范围内的线性插值或表范围外的端点值确定。

卸载时，卸载曲线会在偏转轴上移动很长的距离，直到开始卸载的点与加载曲线相交为止。典型的加载与卸载如图 5-14 所示，重新加载的示例如图 5-15 所示。

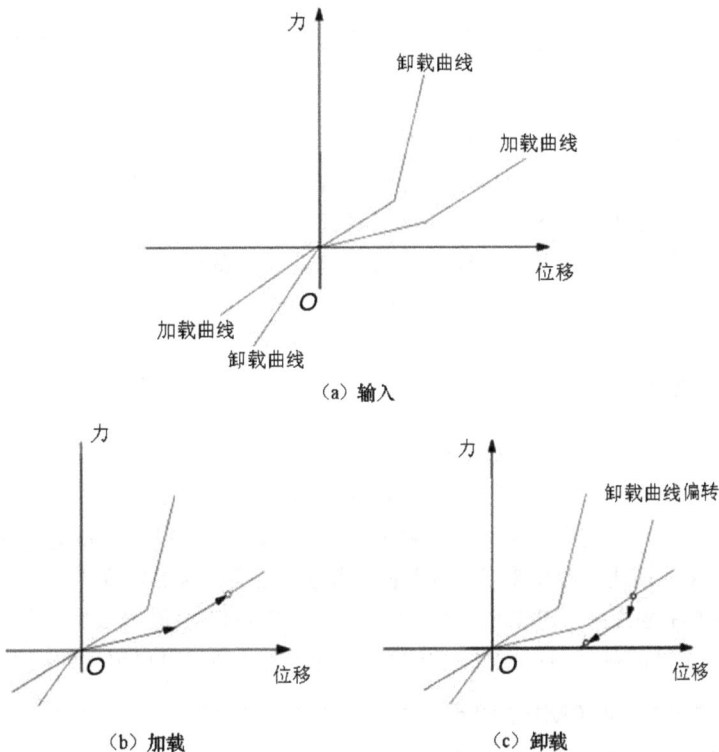

（a）输入

（b）加载

（c）卸载

图 5-14 典型的加载与卸载

（a）加载

（b）卸载曲线偏移

（c）重新加载

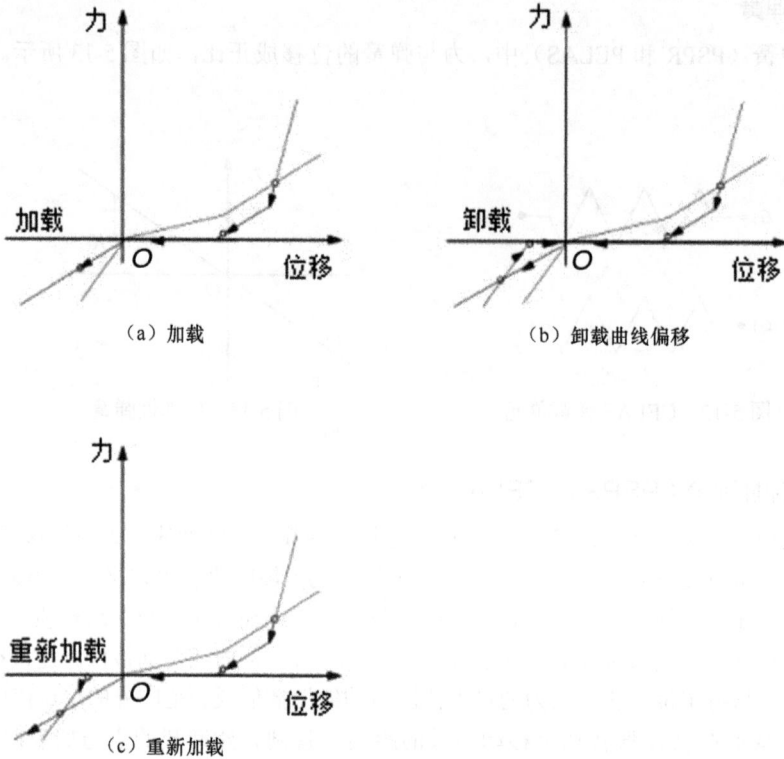

图 5-15　重新加载的示例

使用表卸载和重新加载，直到挠度再次超过交叉点。加载和卸载曲线之间的区域表示损失的能量，这是滞后部分。

5. 用户定义的弹簧（PSPREX 和 PELASEX）

"PSPREX"和"PELASEX"卡片可以定义由 Dytran 传递到子例程的属性数据。该子例程包含在外部文件中，对应外部文件由 USERCODE 语句引用。

当然，基于端点的位移、速度或加速度，用户定义的弹簧可以具有所需的任何特性。但是，它们的使用效率不如线性和非线性弹性弹簧。

5.2.9　阻尼器单元

Dytran 中有两种类型的阻尼器单元：CVISC 阻尼器单元和 CDAMP 阻尼器单元。

CVISC 阻尼器单元仅连接平移自由度，如图 5-16 所示，应定义 / 速度特性。而 CDAMP 阻尼器单元可以连接平移自由度和旋转自由度。对于旋转阻尼器，需要定义力矩 - 角速度特性。在本小节的其余部分，为简单起见，描述了力和速度。对于旋转阻尼器，应将这些参数替换为力矩和角速度。

CVISC 阻尼器属性是使用"PVISC"卡片定义的，CDAMP 阻尼器属性是使用"PDAMP"卡片定义的。共有 3 种类型的阻尼器：线性阻尼器、非线性阻尼器和用户定义的阻尼器。

1. CDAMP1 单元和 CDAMP2 单元

CDAMP 单元连接一个或两个节点，与 CELAS 弹簧单元类似。如果仅指定一个节点，则阻尼器将接地，并且必须指定阻尼器的方向。阻尼力将始终在该方向上产生作用，而不考虑分析过程中节点的运动方向，如图 5-17 所示。

图 5-16　阻尼器单元

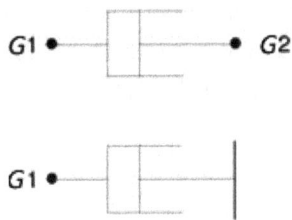

图 5-17　CDAMP1 单元和 CDAMP2 单元

CDAMP1 单元和 CDAMP2 单元是线性阻尼器。CDAMP1 单元的阻尼器特性是通过引用 "PDAMP" 卡片定义的。对于 CDAMP2 单元，其阻尼特性直接在 "CDAMP2" 卡片中定义。

2. 线性阻尼器（PVISC 和 PDAMP）

线性阻尼器力与端点的相对速度成正比，如图 5-18 所示，必须定义阻尼常数 C。

3. 非线性阻尼器（PVISC1）

非线性阻尼器的力 - 速度特性是非线性的，如图 5-19 所示。力 - 速度特性曲线可以是任意形状的。使用 "TABLED1" 卡片指定力 - 速度值表来定义，必须在拉伸和压缩中指定整个曲线。通过在表格范围内进行线性插值或使用表格范围外的端点值来确定与特定速度相关的力。

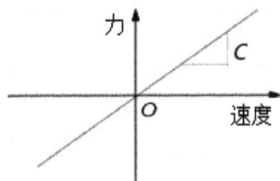

图 5-18　线性阻尼器

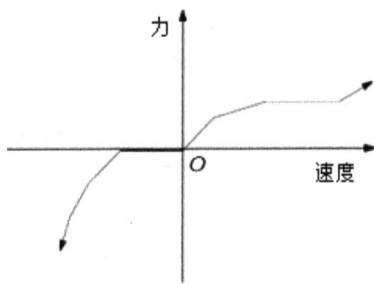

图 5-19　非线性阻尼器

5.2.10　集中质量

可以使用 "CONM2" 卡片将附加质量和惯性应用于节点上。

模型中的所有节点都具有质量，可以通过附着到节点的结构单元的特性来定义，或者使用 "CONM2" 卡片来定义。例如，如果在节点处连接弹簧，且没有附着到节点的其他单元，则可使用 "CONM2" 卡片定义该节点的质量。

5.3　欧拉单元

在欧拉求解器中，节点和体单元定义了网格。单元被指定为填充了某些材料或没有填充（VOID），并定义了初始条件。

随着计算的进行，材料相对于欧拉网格移动。根据材料流动的方向和速度，材料的质量、动量和能量从一个单元传输到另一个单元，然后 Dytran 计算每个欧拉单元的每个面上的冲量和所做

113

的功。

欧拉单元只能是实心的，但具有一般的连通性，因此其定义方式与拉格朗日单元完全相同。

欧拉单元有 3 种类型，如图 5-20 所示。一种是 CHEXA，有 8 个节点；一种是 CPENTA，有 6 个节点；另一种是 CTETRA，有 4 个节点。单元的连接性定义方式与拉格朗日单元完全相同，即使用"CHEXA""CPENTA"或"CTETRA"卡片，但欧拉单元的属性卡片是"PEULER"而不是"PSOLID"。

与拉格朗日单元不同，CPENTA 单元和 CTETRA 单元的性能与 CHEXA 单元的相当，因此，只要需要，都可以使用。

"PEULER"卡片引用"DMAT"卡片，该卡片用于定义在计算开始时填充单元的材料。如果未引用任何材料卡片（该字段包含零），则单元最初为空。

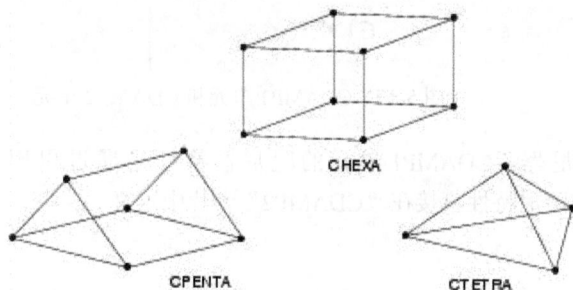

图 5-20　欧拉单元

5.4　材料模型中支持的单元

材料模型中的单元必须具有描述单元行为的属性。许多材料可以使用 Dytran 中的材料模型进行建模。表 5-1 所示为材料和相关的材料模型卡片。

表 5-1　材料和相关的材料模型卡片

各向同性弹性材料	
壳和膜单元	DMATEL
拉格朗日体单元	DMAT+EOSNA+SHREL
欧拉体单元	DMAT+EOSNA+SHREL
各向同性非线性弹性材料	
拉格朗日体单元	DMAT+EOSNA+SHRPOL
欧拉体单元	DMAT+EOSNA+SHRPOL
各向同性流体材料	
拉格朗日体单元	DMAT+EOSNA
欧拉体单元	DMAT+EOSNA
正交异性弹性材料	
壳和膜单元	MAT8
拉格朗日体单元	DMATOR
复合材料	
壳体单元	MAT8
有损伤的复合材料	
壳体单元	MAT8+MAT8A

续表

各向异性弹性材料（经典层合板理论）	
壳体单元	MAT8,MAT2
各向同性弹塑性材料	
梁单元	DMATEP+YLDVM,DYMAT24
壳体单元	DMATEP+YLDVM,DYMAT24
拉格朗日体单元	DMAT+EOSNA+SHREL+YLDVM,DYMAT24
欧拉体单元	DMAT+EOSNA+SHREL+YLDVM
具有破坏的各向同性弹塑性材料	
梁单元	DMATEP+YLDVM+FAILEX,DYMAT24
壳体单元	DMATEP+YLDVM+FAILEX,DYMAT24
拉格朗日体单元	DMAT+EOSNA+SHREL+YLDVM+FAILEX,DYMAT24
欧拉体单元	DMAT+EOSNA+SHREL+YLDVM+FAILEX
运动或各向同性塑性材料	
梁单元	DMATEP+YLDVM,DYMAT24
壳体单元	DMATEP+YLDVM,DYMAT24
拉格朗日体单元	DMAT+EOSNA+SHREL+YLDVM,DYMAT24
欧拉体单元	DMAT+EOSNA+SHREL+YLDVM
合成塑性材料	
梁单元	DMATEP
率幂律塑性材料	
壳体单元	DMATEP+YLDRPL
拉格朗日体单元	DMAT+EOSNA+SHREL+YLDRPL
欧拉体单元	DMATEPYLDRPL
约翰逊 - 库克塑性材料	
壳体单元	DMATEP+YLDJC
拉格朗日体单元	DMAT+EOSNA+SHREL+YLDJC
欧拉体单元	DMAT+EOSNA+SHREL+YLDJC
莫尔 - 库仑塑性材料	
欧拉体单元	DMAT+EOSNA+SHREL+YLDMC
Tanimura/Mimura 塑性材料	
壳体单元	DMATEP+YLDTM
拉格朗日体单元	DMAT+EOSNA+SHREL+YLDTM
欧拉体单元	DMAT+EOSNA+SHREL+YLDTM
用 FLD（薄板 -Krieg）建立各向异性塑性材料	
壳体单元	SHEETMAT

线性黏弹性材料	
拉格朗日体单元	DMAT+EOSNA+SHRLVE
土壤和混凝土（帽）材料	
拉格朗日体单元	DYMAT25
土壤和可压碎泡沫材料	
拉格朗日体单元	DYMAT14
土壤和破碎泡沫材料	
拉格朗日体单元	DYMAT14
可燃材料	
欧拉体	DMAT+EOSDEF
可压碎泡沫（聚丙烯）材料	
拉格朗日体单元	FOAM1
具有滞后和应变率相关性的可压碎泡沫材料	
拉格朗日体单元	FOAM2
正交异性可压碎材料	
拉格朗日体单元	DYMAT26
莫尼瑞夫林橡胶材料	
拉格朗日体单元	RUBBER1
炸药（JWL）材料	
欧拉体单元	DMAT+EOSJWL
引燃生长炸药材料	
拉格朗日体单元	DMAT+EOSIG
多项式状态方程	
拉格朗日体单元	DMAT+EOSNA
欧拉体单元	DMAT+EOSNA
黏性多项式状态方程	
欧拉体单元	DMAT+EOSNA
空化模型下的泰特状态方程	
拉格朗日体单元	DMAT+EOSTAIT
欧拉体单元	DMAT+EOSTAIT
具有空化和黏性的泰特状态方程	
欧拉体单元	DMAT+EOSTAIT
用户定义的状态方程	
欧拉体单元	DMAT+EOSEX

续表

理想气体材料	
拉格朗日体单元	DMAT+EOSGAM
欧拉体单元	DMAT+EOSGAM
刚性材料	
梁单元	MATRIG
壳体单元	MATRIG
拉格朗日体单元	MATRIG

此外，对于拉格朗日体单元和（四边形）壳体单元下的所有材料的定义，可以将相关材料模型卡片与基于最小时间步长的失效模型相结合。失效模型可以在"PARAM""FAILDT"卡片中定义。

选择材质模型时要遵循的主要规则是使其尽可能简单。简单的模型效率更高，因为它们需要的计算更少，而且通常更容易理解它们的行为。除此之外，还应该考虑对材料属性的了解有多准确。无论材料模型和单元的公式多么复杂，结果都必须与输入数据一样精确。在高应变率下的动态循环载荷下，材料的大应变特性代表了一个信息相对较少的领域。此领域需要困难且特殊的测试，并且可能有很大的误差。如果对材料属性没有足够的信心，请使用相对简单的材料模型，并考虑使用不同的模型和假设运行多个分析，以查看结果对输入数据的敏感性。

5.5　欧拉网格

当单元不需要正交时，非均匀欧拉网格可以很容易地用 Patran 生成。但在正交网格中，非均匀性会传播到网格的边界，所以我们还需要使用欧拉网格。

在传统的拉格朗日方法中，材料流动，网格也会随之变形，也就是说网格与材料是绑定的，拉格朗日网格始终被材料填满，所以网格边界与材料边界是一致的。欧拉方法则与之不同，欧拉方法是由欧拉坐标（也叫空间坐标）描述的。欧拉坐标只识别空间，所以也叫空间坐标，其每一个坐标代表一个空间点。同一个空间点，在不同的时刻可以为不同的物质。在有限元中，欧拉网格与材料完全脱离，欧拉网格允许网格不被材料完全充满（许多网格是部分充满或者说是有空隙的），因此，需要在每一步增量处对材料边界进行计算。

5.5.1　正交网格

正交网格是一种快速耦合算法，可以使用更快的通用耦合算法，称为快速耦合。由于全局坐标相同，无须对每个面的每个步骤进行变换，所以计算比较简单。

使用 PARAM 和 FASTCOUP 参数可以激活正交网格。

正交网格的划分如图 5-21 所示。此方法有一定的局限性。当快速耦合被激活时，不允许有 CPENTA

图 5-21　正交网格的划分

单元和 CTETRA 单元，欧拉域需要与全局坐标系正交和对齐。而且正交性是由软件自动检查，即使有一个小角度也是不允许的，建议使用"MESH"卡片。

5.5.2　自动网格的生成

使用"MESH"卡片可以自动创建正交欧拉网格，通常用于激活理想的快速耦合。图 5-22 所示为使用"MESH"卡片创建正交欧拉网格的效果。

```
    MESH, 1, BOX, , , , , , , +
+, 0., 0., 0., 4., 5., 6., , , , +
+, 20, 25, 30, ,1001, 2001, EULER, 99

0,0,0: Origin Coordinate
4,5,6: Box Size
20,25,30  : No of Elements
1001 : Node ID Start
2001 : Element ID Start
EULER,99 : PEULER1 Property Set
```

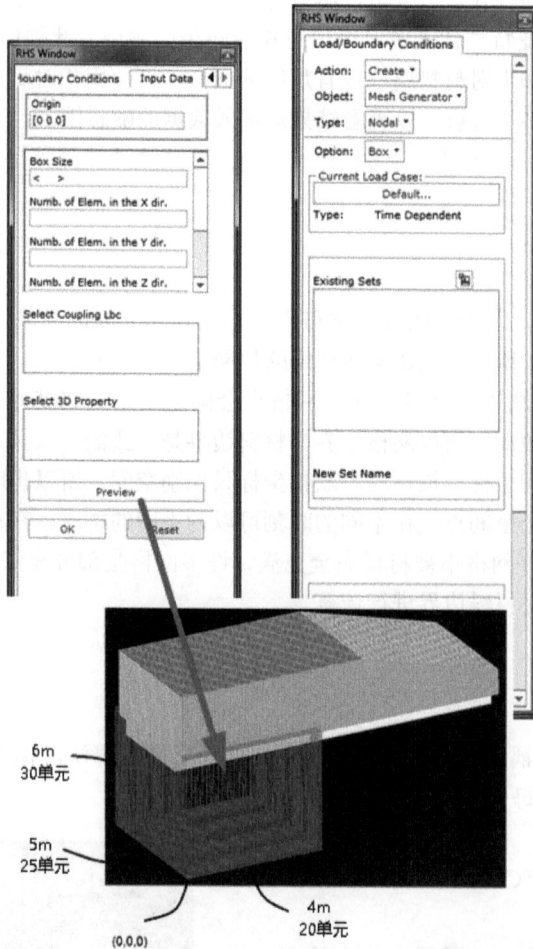

图 5-22　使用"MESH"卡片创建正交欧拉网格的效果

5.5.3 局部欧拉网格

当全局欧拉网格创建得不理想时，可以使用局部欧拉网格，如图 5-23 所示。

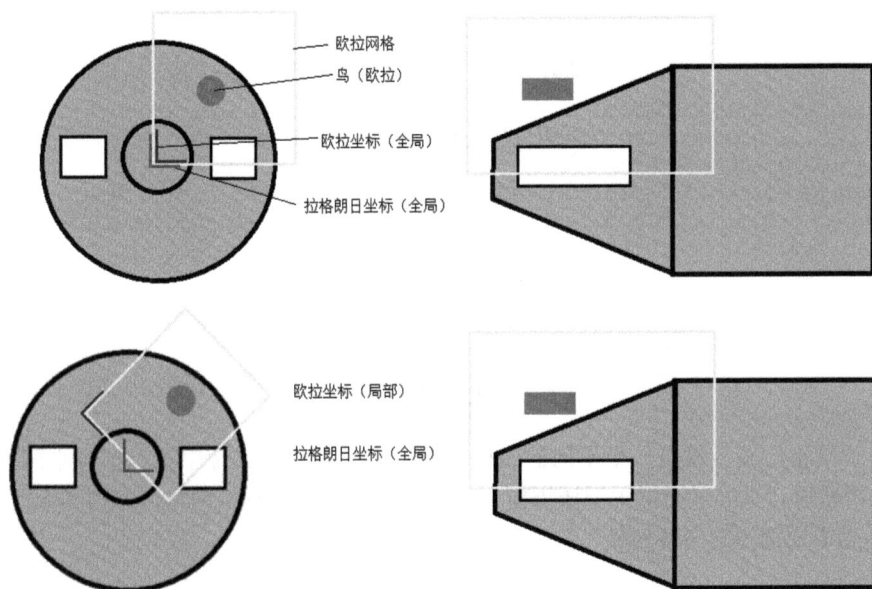

图 5-23　局部欧拉网格

5.5.4 欧拉子网格

欧拉子网格允许对网格的一部分使用更小的网格，"SUBMESH"卡片用于替换部分已划分好的网格为更细的网格。欧拉网格可以并行、串行优化或嵌套多个级别，如图 5-24 所示。耦合面可以穿透不同类型的网格边界。图 5-25 所示为用以下示例生成的欧拉子网格。

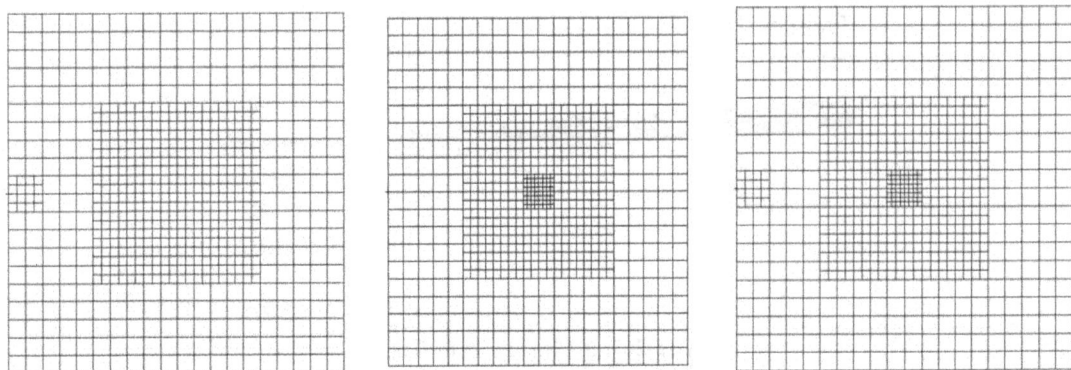

图 5-24　欧拉子网格

```
MESH, 1, BOX, , , , , , , , +
+, 0., 0., 0., 2., 2., 0.002, , , +
+, 20, 20, 1,101 ,,, EULER, 99
```

101 :Mesh Box Submesh

```
MESH, 101, BOX, , , , , , , +
+, 0.5, 0.5, 0., 1., 1., 0.002, , , +
+, 20, 20, 1,,,, EULER, 99
```

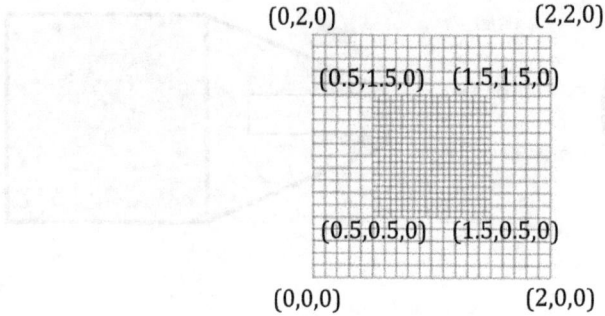

图 5-25　生成的欧拉子网格

网格和子网格，都会输出一个不同的归档文件。较大网格的文件中不包括较小网格的体积信息。可以将网格进行重叠从而把大型域绑定在一起，将耦合绑定到主网格，并与其余子网格连接，图 5-26 所示为下面例子的网格划分。

```
MESH,26,BOX,,,,,,,+
+      ,0.0,0.0001,0.0,0.024,0.12,0.024,,,+
+      ,12,60,12,266,,,EULER,6
$
MESH,266,BOX,,,,,,,+
+      ,0.0,0.1001,0.0,0.018,0.500,0.018,,,+
+      ,9,250,9,2666,,,EULER,6
$
MESH,2666,BOX,,,,,,,+
+      ,0.0,0.5801,0.0,0.2,0.2,0.2,,,+
+      ,20,20,20,,,,EULER,6
```

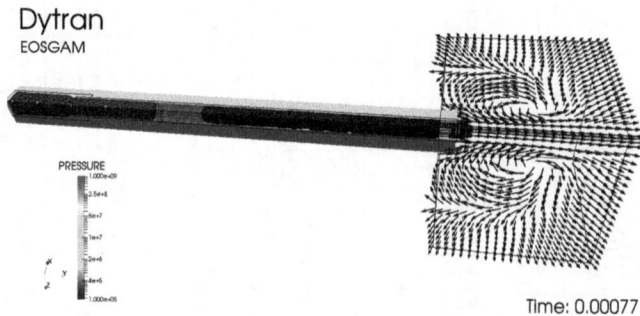

图 5-26　主网格与子网格耦合

5.5.5　不同疏密程度的网格

划分不同疏密程度的网格需要用以下参数来调整，如图 5-27 所示。

BIAS：从中心或参考点处进行疏密调整。

GROWF[X,Y,Z]：定义各坐标方向的偏差率。

IBID[X,Y,Z]：定义多个偏置平面，要获得有物理意义的结果，此值不应超过 1.3 或小于 0.7。

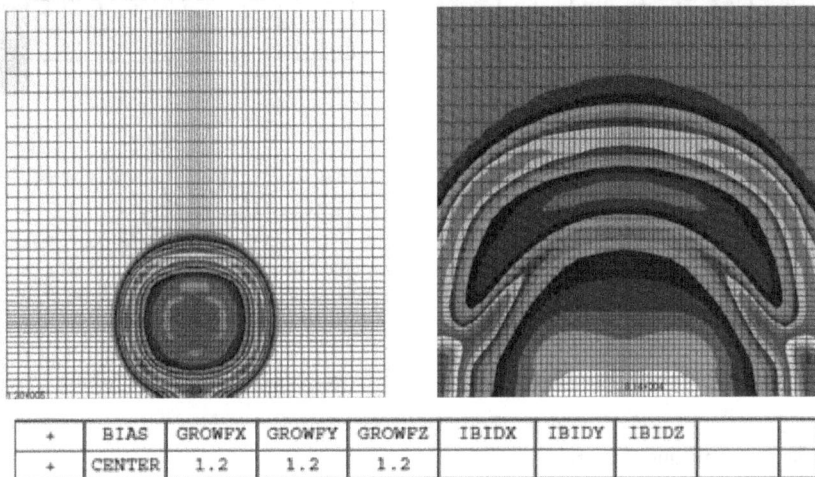

+	BIAS	GROWFX	GROWFY	GROWFZ	IBIDX	IBIDY	IBIDZ		
+	CENTER	1.2	1.2	1.2					

图 5-27　疏密网格

疏密网格平面实现步骤如下。

（1）定义起始位置。

（2）输入 4 个参数：

● GROWTH（偏差率）；

● N（单元数）；

● DXS（起始单元大小）；

● DXE（末端单元尺寸）。

需要 4 个参数中的两个，其他参数留空，如图 5-28 所示。

BIAS	ID							+CONT1
BIAS	100							+CONT1

+CONT1	X0	GROWTH0	N0	DXS0	DXE0			+CONT2
+CONT1	-4.5	0.2	15					+CONT2

+CONT2	X1	GROWTH1	N1	DXS1	DXE1			+CONT3
+CONT2	-1	1	20					+CONT3

+CONT3	X2	GROWTH2	N2	DXS2	DXE2			+CONT4
+CONT3	1			0.1	0.46			+CONT4

图 5-28　疏密网格参数

5.6　实例——更改网格物理特性及改变材料

本例使用欧拉单元执行泰勒冲击试验，并添加一些特征作为欧拉案例运行，如图 5-29 所示。

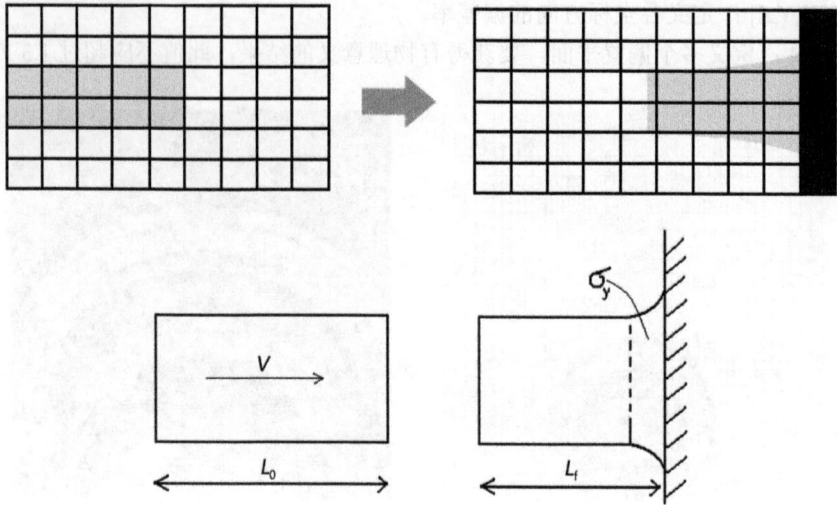

本例单位制为：mm/tonne/sec/K。

初始欧拉材料	Shape = Cylinder Lo = 25.4 mm Radius = 1.91 mm Material =Armco Iron Initial Velocity = 197 mm/s Density = 8.96 E-9 tonne/mm^3
欧拉网格边界	Default = Rigid Wall (all sides)
特征	欧拉网格静止 液体在里面流动

图 5-29　用欧拉方法进行泰勒冲击试验

5.6.1　保存副本数据库

为了不与前面的数据冲突，需要保存数据库的副本。

在"Home"选项卡中，单击"Default"面板中的"Open"（打开）按钮 ，打开上一章的 taylortest_lagrange.db 文件。在菜单栏中选择"File > Save a Copy"命令，弹出图 5-30 所示的"Save a Copy"窗口，在"File name"文本框中输入数据文件名"taylortest_euler.db"，单击"Save"按钮。关闭本文件，打开新保存的 taylortest_euler 文件。

注：两个例子分别为拉格朗日方法和欧拉方法，两个实例的文件要放到两个不同的文件夹中，后面内容还会继续使用。

图 5-30　"Save a Copy"窗口

5.6.2　更改网格物理特性

（1）更改拉格朗日网格物理特性。单击"Properties"选项卡，单击"Property Actions"面板中的"Delete Property"（删除属性）按钮 ✖，系统右侧显示"Element Properties"操作面板，在"Property Set by Name"中选择"prop_cylinder"，单击"Add"按钮，然后单击"Apply"按钮确认删除。

（2）创建新的欧拉实体。在"Properties"选项卡中，单击"3D Properties"面板中的"Eulerian Solid"按钮 ，系统右侧显示"Element Properties"操作面板，按图 5-31 所示设置"Action""Object""Type"参数后，在"Property Set Name"文本框内输入"euler"，在"Options"下拉列表中选择"Strength (PEULER)"，然后单击"Apply"按钮，创建名为"euler"的物理特性。

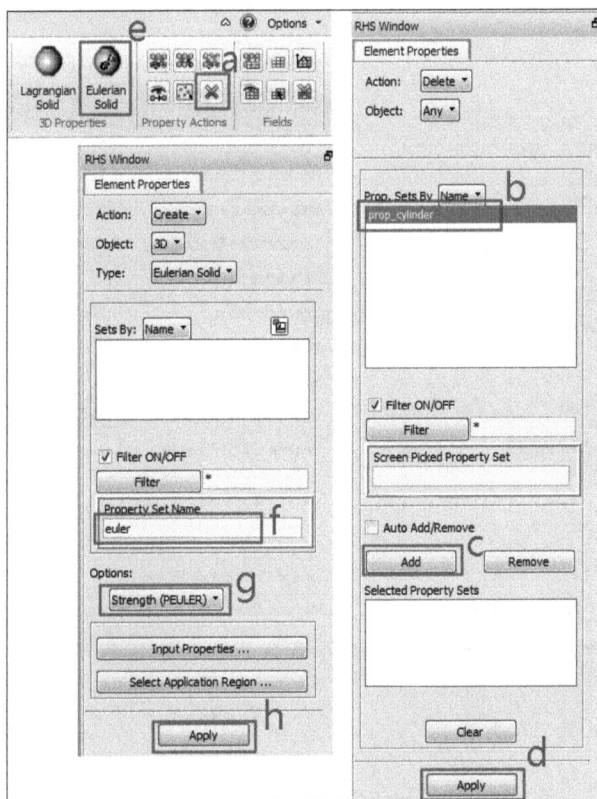

图 5-31　修改网格物理特性

5.6.3　改变材料

改变圆柱体材料。单击"Properties"选项卡，单击"Isotropic"面板中的"Isotropic"（等轴测）按钮 ，系统右侧显示"Materials"操作面板在"Action"下拉菜单中选择"Modify"，在"Existing Materials"栏内选择"cylinder_jc"，系统弹出"Input Options"对话框，在"Element Type"下拉列表中选择"Eulerian Solid (Strength)"，在"Failure Model"下拉列表中选择"None"，在"Spallation Model"下拉列表中选择"Spallation Pressure"，在"Spallation Pressure"文本框内输入"−1E20"，单击"OK"按钮，返回"Materials"操作面板，如图 5-32 所示。单击"Apply"按钮，完成

Isotropic 材料的修改。

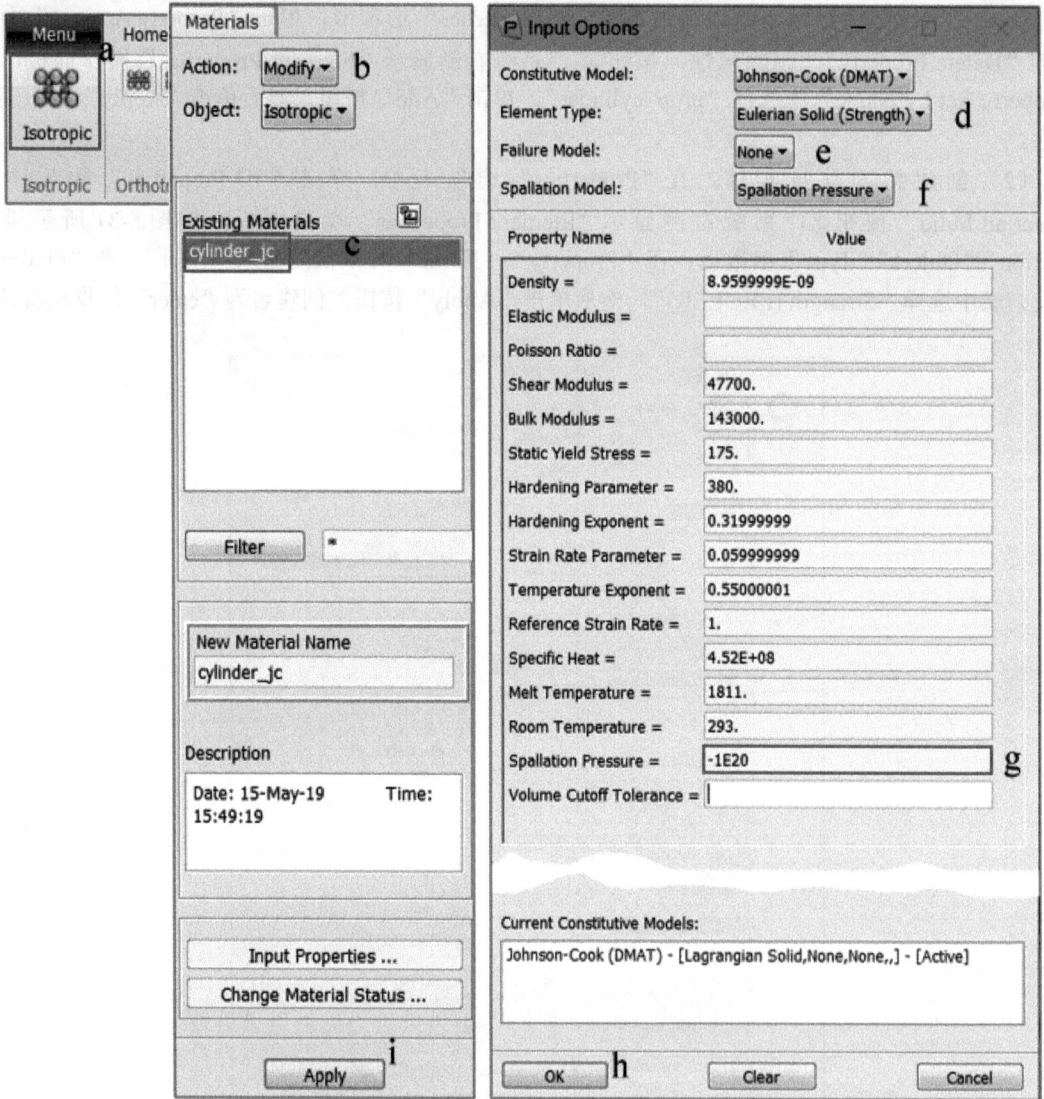

图 5-32 "Materials" 操作面板（修改圆柱体材料）

5.6.4 为欧拉形状创建坐标系

为了后续的分析，这里需要为欧拉形状创建坐标系。

（1）在拉格朗日模型的中心创建一个点。这将用于生成欧拉圆柱形状的坐标系。单击"Geometry"选项卡，单击"Points"面板中的"Select > Interpolate"按钮，系统右侧显示"Geometry"操作面板，取消勾选"Auto Execute"选项，选择两个端点 Point 4 和 Point 1，单击"Apply"按钮，如图 5-33 所示。

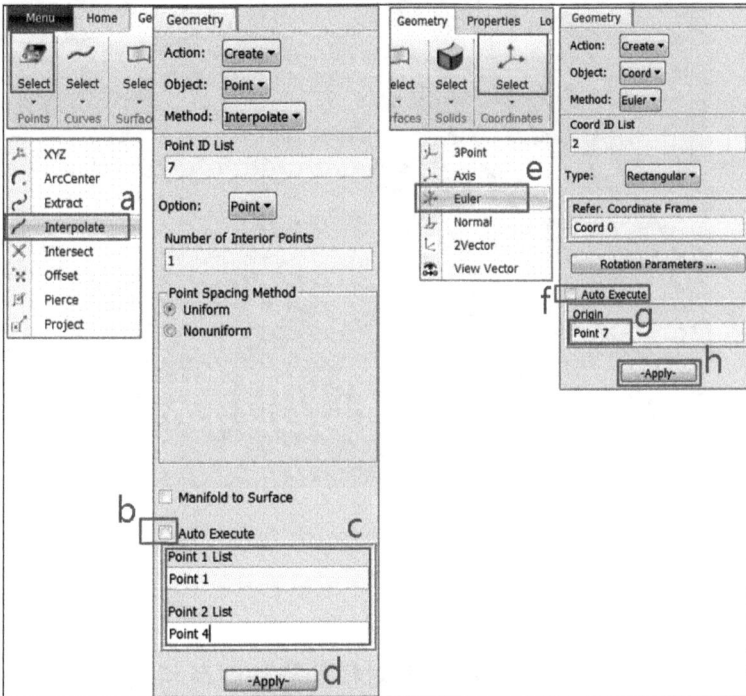

图 5-33　创建坐标系

（2）在"Geometry"选项卡中，单击"Coordinate"面板中的"Select > Euler"按钮，系统右侧显示"Geometry"操作面板，取消勾选"Auto Execute"复选框，选择新创建的中点 Point 7，单击"Apply"按钮，完成"Isotropic"坐标系的创建。结果如图 5-34 所示。

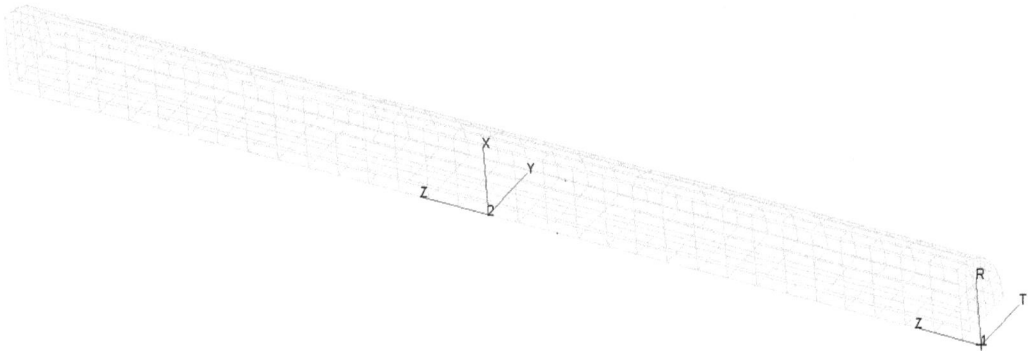

图 5-34　创建完成的坐标系

第 6 章
约束和加载

在划分完网格后要对模型施加载荷与边界条件，可以根据分析类型的不同创建不同的载荷与边界条件，同时可以根据需要把载荷与边界条件施加在有限元模型上，或者施加在几何模型上。

通过本章的学习，读者可以掌握结构分析载荷与边界条件、热分析载荷与边界条件，以及对载荷与边界条件的创建、显示、修改等操作。

6.1　约束和加载概述

载荷与边界条件是有限元分析中不可缺少的部分，网格划分完成之后，就可以施加载荷与边界条件了。可以通过应用约束来指定部分或全部网格的运动。Patran 中的载荷与边界条件可以直接施加到有限元模型上，如果几何模型与有限元模型相关，也可施加到几何模型上。创建载荷与边界条件的方法会根据分析求解器的不同而不同，变化的载荷与边界条件可以用场来定义，本节仍以 Dytran 求解器为例加以说明。

单击"Loads/BCs"选项卡，打开图 6-1 所示的定义载荷与边界条件的界面，就可以结合利用操作面板（见图 6-2）和快捷应用工具按钮（见图 6-3）迅速、准确地创建载荷与边界条件。

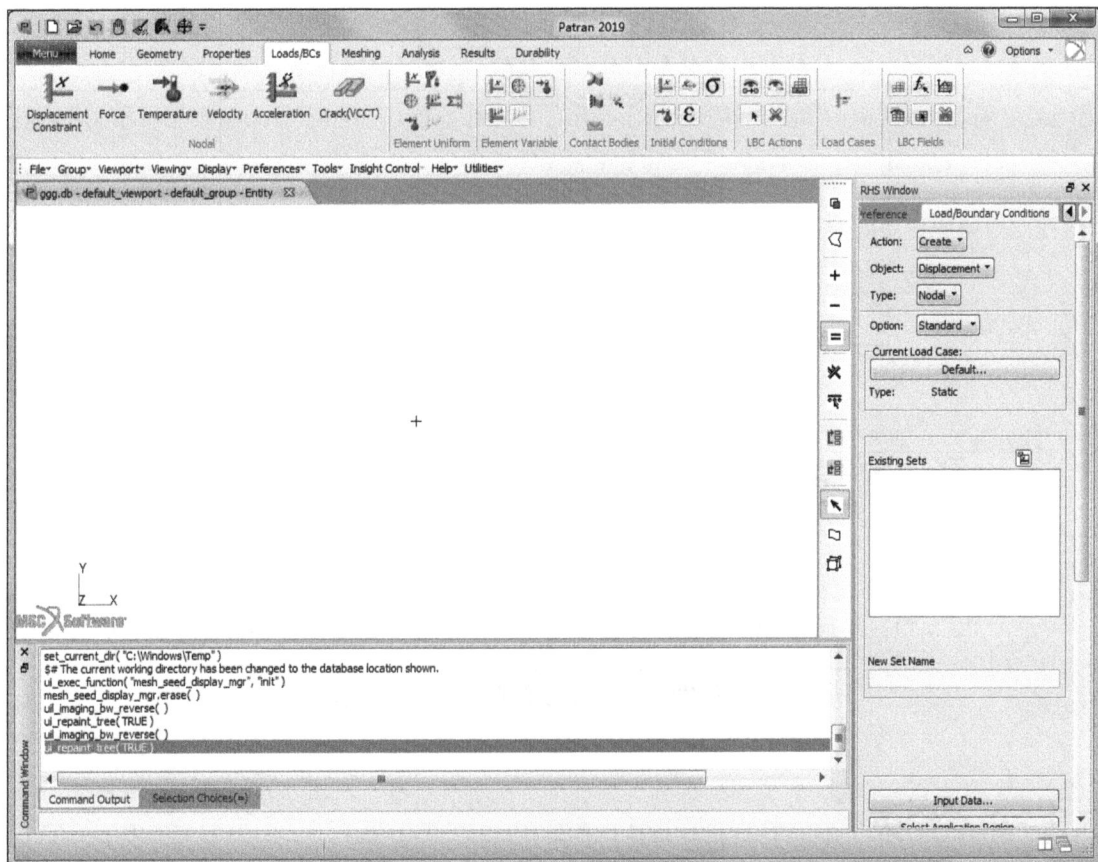

图 6-1　创建载荷与边界条件的界面

Patran 中的每个载荷与边界条件都被称为一个 Set，Set 就是载荷与边界条件的名称，该名称是唯一的。每个 Set 都是一个数据集，与分析类型和几何模型或有限元模型相关，其所包含的信息可以用符号在屏幕上显示。这些信息主要包括类型、大小、方向等，也可以通过云图的方式显示。

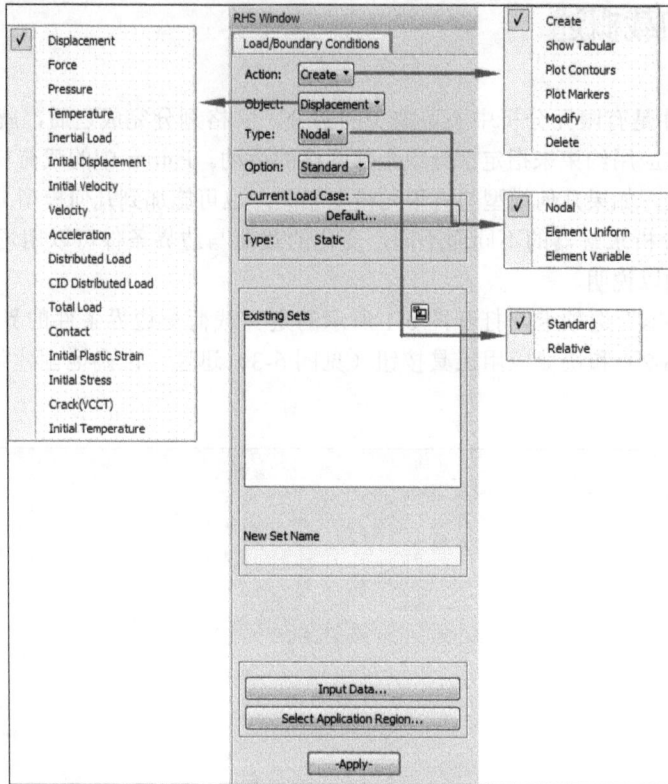

图 6-2　创建载荷与边界条件的操作面板

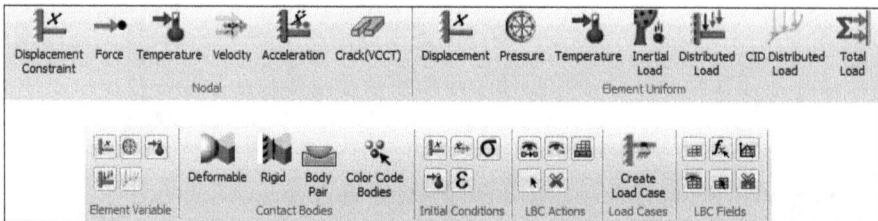

图 6-3　创建载荷与边界条件的快捷应用工具按钮

6.2　单点约束

单点约束用于规定平移或旋转自由度的运动。约束在整个分析过程中都是有效的，用于指定边界条件或对称平面。

单点约束由"SPC"卡片定义。"SPC"卡片定义一个网格点上的约束，而"SPC1"卡片定义要应用于一组网格点的约束。"SPC2"卡片明确定义旋转速度约束。"SPC3"卡片在本地坐标系中定义一个约束，该坐标系由"SPC2"卡片引用。可以在"批量数据"部分中定义多组"SPC"卡片，但只有使用 SPC=n 命令在"实例控制"部分中选择的卡片才会合并到分析中。

也可以使用"GRID"卡片定义单点约束。这些约束在整个分析中都存在，不需要在实例对照中选择。这仅对"SPC"卡片和"SPC1"卡片有效。

由于 Dytran 采用显式积分法，没有矩阵分解。因此，一些采用隐式积分法的奇异矩阵问题在这里是不存在的。拉格朗日网格的全部或部分可以完全不受约束，并且可以进行刚体运动。Dytran 正确计算网格的运动。类似地，冗余自由度（如壳单元的平面内旋转）不需要约束，因为它们不影响解。唯一需要的约束是表示模型边界条件的约束和任何对称平面所需的约束。

6.3 接触面

接触面提供了一种非常简单和灵活的方式来模拟有限元模型各部分之间的相互作用，并允许变形体或刚体之间的连续接触。通过这种方式可以增强点对点间隙上的收敛性，并且还允许模型各部分相对于彼此进行大距离滑动。

有以下 3 种类型的接触面。

- 一般接触和分离。
- 单面接触。
- 离散网格点。

它们是使用"CONTACT"卡片定义的，必须在该卡片上指定接触面的类型、摩擦系数以及存在接触面的体。

6.3.1 一般接触和分离

这是最常用的接触面，它模拟了两个表面的接触、分离和滑动，也可以为这两个表面定义摩擦系数。要定义接触，首先要定义发生接触的单元面。

1. 单元面

必须通过指定位于表面上的单元面来定义可能接触的两个表面。每一个单元的表面都称为单元面。使用"CSEG""CFACE"或"CFACE1"卡片指定单元面。它们可以连接到体或壳单元，并且可以是三角形或四边形。一个表面称为主表面，另一个表面称为从表面，如图 6-4 所示。必须为每个曲面定义一组单元面。

图 6-4　主表面和从表面

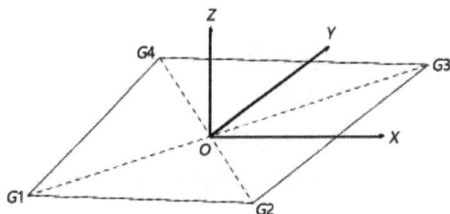

这两个表面必须是不同的，并且是分开的。一个面不能同时是从表面和主表面。可以通过多种方式定义单元面；可以使用"CSEG""CFACE"或"CFACE1"卡片直接定义单元面，也可以将单元面附着到由单元编号、属性或材质选择的壳或膜单元上；也可以使用"CQUAD4"或"CTRIA3"定义"CFACE1"卡片；可以使用 PLOAD4 定义"CFACE1"卡片。

单元面的连接性很重要，因为它决定了从哪一侧接触开始，"CSEG"卡片上网格点的顺序定义了一个坐标系，就像 CQUAD4 和 CTRIA3 单元的坐标系一样，如图 6-5 所示。

"CONTACT"卡片上的 SIDE 字段用于定义发生

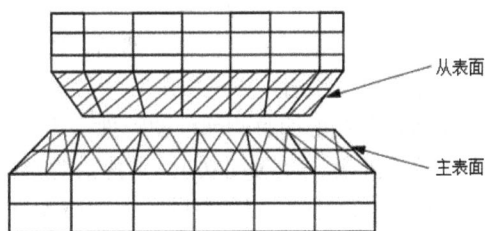

图 6-5　网格点顺序定义坐标系

接触的一侧。图 6-6 所示为顶部表面接触的示例，发生接触的两个面的法线方向相互指向对方。SIDE 字段应设置为 TOP。此外，利用 SIDE 字段可以指定从线段的两侧发生接触。然而，这种操作容易出现问题，因为系统检测不到接触表面的初始穿透。

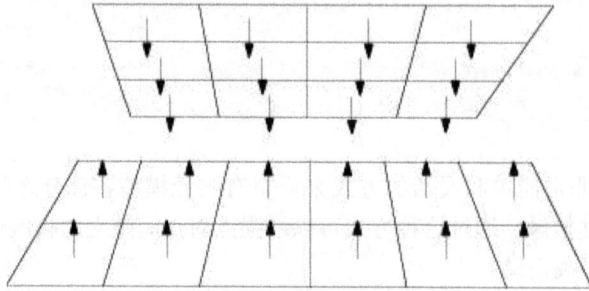

图 6-6　顶部表面接触

要求一组线段的法线都指向同一方向。如果不是这样，则"CONTACT"卡片上的"REVERSE"选项会自动反转，从而使曲面上的大多数线段不指向同一常规法线方向。

2. 穿透

默认两个表面没有初始穿透。它们必须重合或有间隙。如果接触面有初始穿透，当"CONTACT"卡片上的 INIPEN 字段设置为 on 时，Dytran 会发出用户警告消息。但是，计算会继续，施加的力用于分离表面。如果穿透力很大，则这些力也很大，可能会导致分析提前终止。

"CONTACT"卡片上的 PENTOL 字段用于为穿透检查设置公差。超出此公差的网格点不会初始化到接触面中，因此不参与接触。

3. 方法与工具

如果要有效地使用接触面，必须先了解其工作原理。在每个时间步，检查从表面上的每个网格点，并定位最近的主线段。然后，Dytran 检查网格点是否穿透了主线段。如果没有，则继续计算。如果已经穿透，则在垂直于主表面力的方向上施加力，以防止进一步穿透管段。力的大小取决于穿透量和接触面每侧元件的特性。力的大小由 Dytran 内部计算，以确保最小穿透，同时保持稳定的解决方案。"CONTACT"卡片上的 FACT 字段可用于改变力的大小。当两个部件被较大的力压在一起时，这可能很有用。然而，当 FACT 字段的值被设置得过高时，可能会不稳定。

摩擦力也作用于每个平行于接触面的表面。滑动过程中力的大小等于法向力的大小乘以摩擦系数。摩擦力的方向与表面的相对运动方向相反。

摩擦系数的计算公式如下：

$$\mu = \mu_k + \left(\mu_s - \mu_k \right) e^{-\beta v} \qquad\qquad 6\text{-}1$$

其中：

μ_s = 静摩擦系数；

μ_k = 动摩擦系数；

β = 指数衰减系数；

v = 从表面和主表面的相对滑动速度。

必须指定 μ_s、μ_k 和 β。

接触算法是不对称的。程序针对每个从属面节点检查其是否穿透主面，但却并不检查主面结点是否穿透从属面。这意味着从表面的网格密度应比主表面的网格密度更密。如果没有，穿透可能发生图 6-7 所示的情况。

图 6-7　穿透

由于与曲面上每个点最近的线段会不断更新，因此无论两个曲面相对滑动多远，或曲面的形状随网格变形而变化多少，接触曲面都能正常工作。

4. 效率

一般来说，接触面的使用非常简单，效率也非常高，但是，穿透检查需要时间，因此，每个接口上的从段和主段的数量应限制在可能发生接触的位置。

使用"TSTART"卡片和"TEND"卡片可以在特定时间打开和关闭接触面。这意味着在接触面激活之前不会检查接触面，从而在没有接触发生时节省了计算工作量。默认情况下，接触面在整个分析过程中处于活动状态。

6.3.2　单面接触

单面接触与前面所描述的一般接触相似，区别是不用定义从表面和主表面，而是定义一组从属面，从属面无法穿透自身。这对建模屈曲问题特别有用，其中，结构会随着屈曲的发展而折叠到自身上，接触点无法事先确定，如图 6-8 所示。

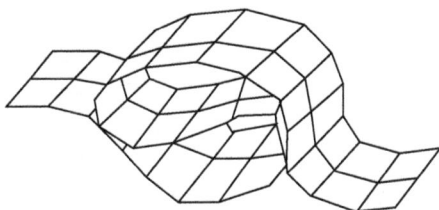

图 6-8　折叠到自身

此类型的接触面的定义方式与一般接触面相同，使用"CONTACT"卡片定义即可，除了要定义一组从属面且中间区域必须留空外，还要在接触面上提供非零值的摩擦系数。摩擦力的施加方式与一般接触面相同。

与一般的接触面不同的是，此类型的接触面中线段的连通性无关紧要。接触可以自动发生在曲面的任意一侧。

6.3.3　离散网格点

这种类型的接触面允许单个网格点接触一个表面。必须将"CONTACT"卡片上的 SID 字段设置为"GRID"。使用"SET1"卡片定义网格点集。主面的定义方法不变。

在整个分析过程中，从属点可以连接到任何类型的元件。当从属点与主表面接触时，可以防止从属点穿透主表面，使从属点可以无摩擦滑动或沿表面摩擦滑动。

1. 刚性墙

刚性墙是指定的从属点不能穿过刚性墙的平面，如图 6-9 所示，这为碰撞分析中定义刚性目标提供了方便。

可以使用"WALL"卡片指定任意数量的刚性墙。每个墙的方向由墙上一点的坐标和垂直于墙并指向模型的向量来定义。

在每个时间步进行检查,以确定从属点是否已穿透墙。这些从属点是使用"SET1"卡片定义的,并且可以有任意数量的从属点,因为要在每个时间步对每个从属点进行检查,应将这些点指定为与墙接触的从属点,以确保最有效的解决方案。

如果发现从点穿透了墙,则将其向反方向移动,以便使之具有与穿透前相等大小的动量。

从属点不能有任何其他约束,但是它们可以是其他接触和耦合曲面的一部分。

2. 连接

连接用于将网格的各个部分连接在一起,有以下 3 种类型的连接。

- 两个曲面相连。
- 网格点与曲面相连。
- 壳边与壳表面相连。

这些都是使用"RCONN"卡片定义的。

(1)两个曲面相连。

使用这种类型的连接,两个曲面在分析过程中将永久连接在一起,如图 6-10 所示。这提供了一种方便的网格细化方法。使用这种网格细化方法比使用 CPENTA 或 CTETRA 单元更好,因为后者太硬。连接的接触面不应靠近任何高度非线性的区域或临界区域。

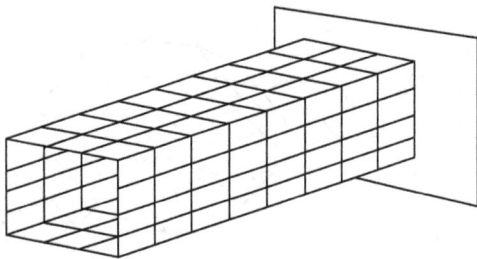

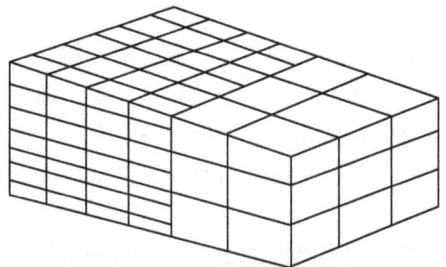

图 6-9　刚性墙　　　　　　　　　图 6-10　两个曲面相连

需要通过指定位于曲面上单元面来定义要绑定在一起的从表面和主表面。每个单元面或段可以附着到体或壳单元上,并且可以是四边形或三角形。

必须通过指定位于曲面上的单元面来定义包含主表面和从表面的两个曲面。每个单元面称为一个线段。可以使用"CSEG""CFACE"或"CFACE1"卡片定义这些段。

绑定曲面的工作方式是不对称的,因此从表面和主表面的选择非常重要。从属线段必须始终连接到较细的网格,而主线段则连接到较粗的网格。如果要在两个更改了网格密度的网络之间使用绑定曲面连接,以便在一个区域中一个网格最优,而在另一个区域中另一个网格最优,则可以使用多个绑定将它们连接在一起。

如果不遵循此规则,一些网格点将穿透另一个网格,沙漏将被激发,并且在连接区域出现虚假的结果。

(2)网格点与曲面相连。

可以使用这种类型的连接将单个网格点连接到曲面。在这种情况下,"RCONN"卡片的 SID 字段必须设置为"GRID",并且必须给出要绑定的所有网格点的列表。主表面必须定义为一组线段，定义方式与"两个曲面连接"相同。此外，选项字段必须设置为"正常"。

在分析过程中，每个网格点都将绑定到曲面上；它相对于表面的位置不会改变。仅平移自由度是并列的。例如，如果将壳单元附着到绑定的轴网点，则壳单元可以相对于曲面旋转。

（3）壳边与壳表面相连。

这种类型的连接用于将一组壳单元的边连接到另一组壳单元的表面，如图 6-11 所示。

"RCONN"卡片的 SID 字段必须设置为"GRID"，并且必须给出位于第一组壳单元边缘上的所有网格点的列表。主表面定义为一组线段，其方式与"两个曲面连接"中描述的连接相同，只是线段只能连接到壳单元。此外，选项字段必须设置为"SHELL"。

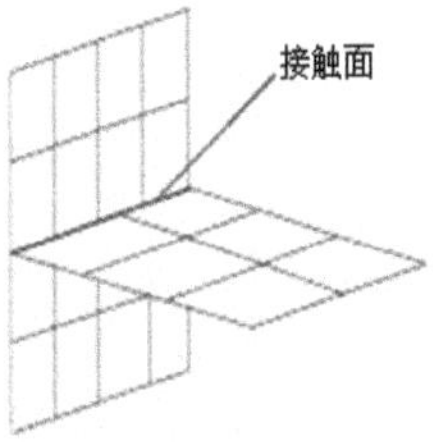

此外，网格点列表可以是任何类型的六自由度网格点（CBEAMs、CTRIAs 等）。

图 6-11　壳边与壳表面相连

与前面的连接类似，在分析过程中，从属点与曲面相连，即它们相对于曲面的位置不会改变。区别在于，在这种情况下，旋转自由度也会耦合，以便保持两组壳体之间的角度。

6.4　拉格朗日荷载

加载分析模型有不同的方式，可用的方式有：集中荷载和力矩、压力载荷、强制运动及初始条件。

6.4.1　集中荷载和力矩

集中荷载和力矩可通过使用"DAREA""FORCE""FORCE1""FORCE2""MOMENT""MOMENT1"或"MOMENT2"卡片以及"TLOAD"卡片应用于任何网格点，如图 6-12 所示。

"TLOAD1"卡片可以引用"TABLEXX"卡片，该卡片用于指定力如何随时间变化，如图 6-13 所示。

"TLOAD2"卡片用于定义一个随时间变化的函数，其系数在"TLOAD2"卡片上显式定义。

"TLOAD"卡片还引用一组荷载卡片，这些卡片可设置荷载类型、要加载的网格点、荷载方向以及力与时间关系曲线的比例系数。实际施加的荷载由下式给出：

$$P(t)=AF(t) \qquad\qquad 6\text{-}2$$

其中，A 是比例因子。

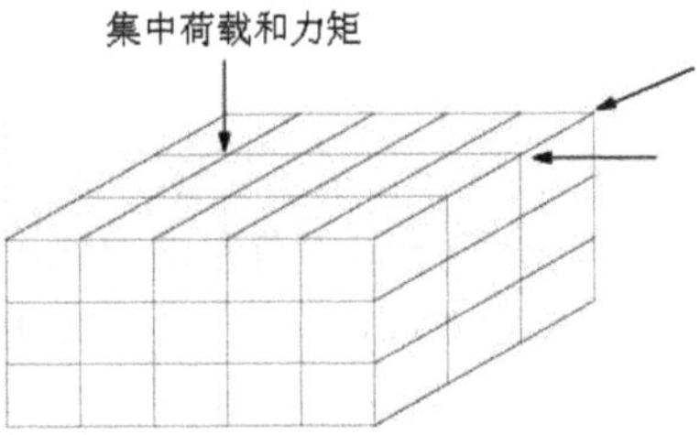

图 6-12　集中荷载和力矩

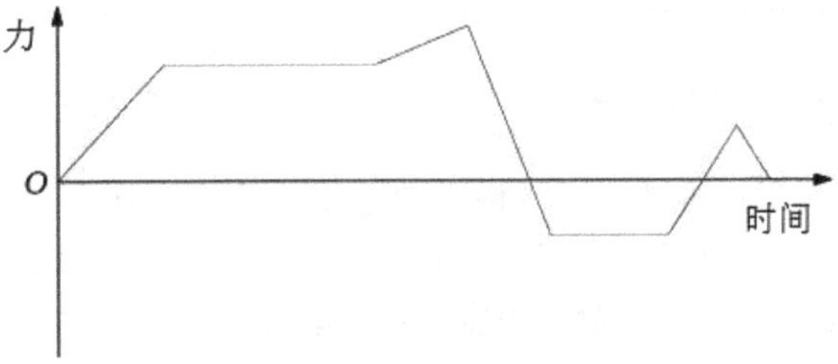

图 6-13　力随时间变化

6.4.2　压力载荷

压力载荷应用于体单元的面单元和壳单元，如图 6-14 所示。压力载荷使用 PLOAD 或 "PLOAD4" 卡片与 "TLOADn" 卡片的组合来定义。

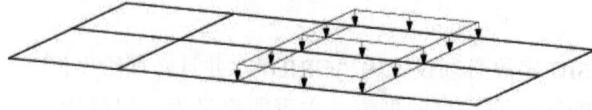

图 6-14　压力载荷

"TLOAD1" 卡片引用一个 "TABLEXX" 卡片，可以在 "TLOAD1" 卡片上指定压力如何随时间变化，如图 6-15 所示。

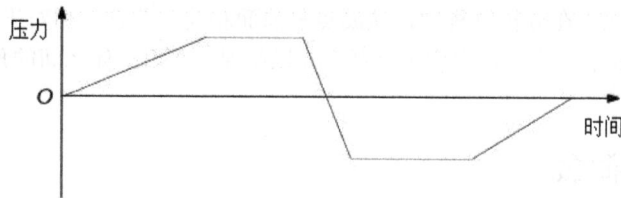

图 6-15　压力随时间的变化

"TLOAD2" 卡片用于定义压力随时间的变化规律。"TLOAD2" 卡片还引用一组 "PLOAD" 和 "PLOAD4" 卡片，每个卡片通过其网格点选择要加载的元件面，并定义要应用于压力与时间曲线的比例因子作用在元件上的实际压力，如下所示：

$$P_{el}(t)=Ap(t) \qquad\qquad 6\text{-}3$$

其中，A 是比例因子。

正压力的方向根据右手法则计算。对于 "PLOAD4" 卡片，压力使用 "PLOAD4" 卡片上的网格点序列；对于体单元，压力向内；对于壳单元，压力沿单元法向量的方向，如图 6-16 所示。

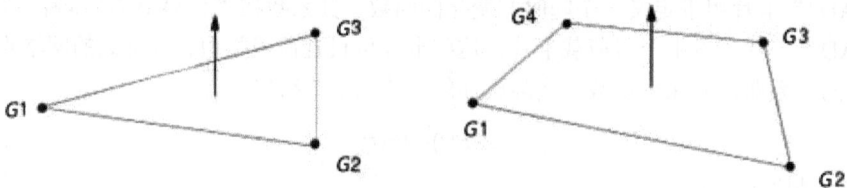

图 6-16　压力沿单元法向量的方向

6.4.3　强制运动

该工具通过定义网格点的速度以及施加强制运动的时间，以类似于集中荷载的方式，使用 "DAREA" "FORCE" "RFORCE" "GRAV" 或 "FORCEX" 卡片，结合 "TLOAD1" 或 "TLOAD2" 卡片，指定网格点处自由度的强制运动。

必须使用 "TLOAD1" 或 "TLOAD2" 卡片定义强制运动。"TLOAD1" 卡片引用了一个 "TABLEXX" 卡片，该卡片给出速度随时间的变化。"TLOAD2" 卡片隐式地定义了时间函数。它还引用一组定义被激励网格点和激励方向的"DAREA"卡片和力输入。"FORCE"和"DAREA"卡片具有相同的效果，但定义激励的方式不同。使用"DAREA"卡片，可以指定栅格点、应用激励的方向和比例因子。

网格点的速度由下式给出：

$$V_g(t)=SV(t) \qquad\qquad 6\text{-}4$$

使用力输入定义网格点，给出激励方向的向量 N 的分量以及比例因子 S，在这种情况下，向量的大小也作为比例因子，因此网格点的速度为：

$$V_g(t)=SNV(t) \qquad\qquad 6\text{-}5$$

如果要根据网格点的位移指定网格点的运动，则必须区分运动以生成可由 Dytran 使用的速度与时间特性。

"FORCEEX"卡片允许在外部子例程中定义网格点的强制运动。"FORCEEX"卡片上指定的载荷编号必须在指定强制运动的"TLOAD1"卡片中引用，例如，加载类型 2。包含强制运动规范的子程序 EXTVEL 必须包含在 USERCODE FMS 语句引用的文件中。"RFORCE"卡片定义了由于离心加速度场而产生的强制运动。此运动影响问题中存在的所有结构单元。重力定义了由于重力加速度场而产生的强制运动。这种运动影响所有的拉格朗日单元和欧拉单元。

具有强制运动的网格点不能执行以下操作：

- 附着在刚体上；
- 作为刚性墙的从属点；
- 与刚性椭球体接触或刚性连接。

要指定刚体的运动，必须定义刚体重心的强制运动。为此，将"TLOAD1"和"TLOAD2"卡片的类型字段设置为 12。"DAREA""FORCE"或"MONTE"卡片上的 G 字段引用刚体的属性号 MR<id> 或 FR<id>，其中，id 分别是"MATRIG"卡片或"RBE2-FULLRIG"卡片的属性号。

6.4.4 初始条件

可以使用"TIC""TICGP""TIC1"和"TIC2"卡片定义网格点的初始速度。系统允许在运行分析之前设置模型的初始状态。认识到初始速度和强制速度之间的差异是很重要的。在整个瞬态分析过程中，强制速度指定网格点的运动；初始速度指定分析开始时栅格点的速度。

当"TIC1"和"TIC2"卡片仅设置初始网格点的速度时，"TICGP"卡片可用于设置任何有效网格点变量的初始值。它还可通过在列表中包括"CID1"或"CID2"卡片来引用局部坐标系。

6.5 欧拉荷载和约束

欧拉网格中荷载和约束的实现与拉格朗日网格中的有所不同。欧拉约束应用于网格内的单元面，而不是网格点。Dytran 允许为欧拉单元中的材质设置初始条件，使用固定屏障约束材质，应用重力，向单元面应用压力边界，在材质进入或离开网格的位置应用流动边界，耦合网格，使材料与模型的拉格朗日部分相互作用。

如果欧拉网格的外部或自由面没有特定的边界条件，则默认情况下，它会形成一个屏障，材质无法通过该屏障流动。可以使用"FLOWDEF"卡片重新定义默认值。

6.5.1 流动边界

流动边界定义了流入或流出欧拉单元的物质的物理特性和流动的位置。"FLOW"卡片由"TLOAD1"卡片引用。"TLOAD1"卡片上的类型字段必须设置为4。

流动卡片引用由"CFACE""CFACE1"或"CSEG"卡片指定的一组分段，通过这些分段，材料流动后续字段可以指定X、Y或Z速度、压力以及流动材料的密度或比内能（如果仅定义了压力）。这就给出了一个压力边界，任何未指定的变量将取自材料流入或流出的单元中的值。

"FLOWEX"卡片通过一组面指定类似的流边界，但是，流体的物理细节由用户子例程确定。

"FLOWSQ"卡片允许根据正方形定义指定流动条件，让正方形覆盖的所有欧拉边界面获得边界条件。

"FLOWXSQ"卡片指定了一个类似的流体，流体的详细信息由用户子例程确定。

"FLOWT"和"FLOWTSQ"卡片指定了依赖于时间的流体，依赖于时间的流体由表项给出。

"FLOWTSQ"卡片使用正方形定义。

"FLOWDIR"卡片对指向特定方向的所有欧拉边界面施加流动条件。

"FLOWXDR"卡片对指向某个方向的所有欧拉边界施加流体条件，流体条件由用户子程序给出。

"FLOWC""FLOWCDR"和"FLOWCSQ"卡片启用循环流动边界，必须成对定义这些卡片，并让第一个流动边界的流出作为第二个流动边界的流入，反之亦然。

6.5.2 刚性墙

"WALLET"卡片可定义欧拉网格中的刚性墙，如图6-17所示，它与拉格朗日模型中的刚性墙类似，是欧拉网格中材料传输的障碍面。障碍面由"CFACE""CFACE1"或"CSEG"等卡片生成的一组曲面定义，其中没有材料可以流过。

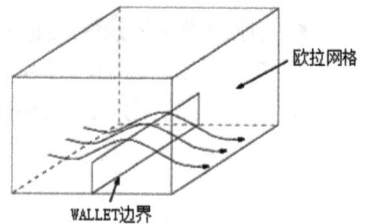

图 6-17 刚性墙

6.5.3 初始条件

欧拉单元的初始条件可以用"TICEL"和"TICEUL"卡片来定义。系统允许在运行分析之前设置模型的初始状态。另一方面，重要的是识别初始条件和强制条件之间的差异，强制条件在整个瞬态分析过程中指定材料的载荷和约束，仅在分析开始时指定材料状态，此后，材料状态由计算确定。

1."TICEL"卡片

"TICEL"卡片定义单元的瞬时初始条件，任何有效的单元变量都可以给定初始值。

2."TICEUL"卡片

"TICEUL"卡片定义了欧拉网格中几何区域的瞬态初始条件。"TICEUL"卡片的条目必须与"PEULER1"卡片的属性定义一起使用。

使用"TICEUL"卡片，可以在多面曲面、圆柱体或球体以及单元集的内部或外部生成初始条件。

每个几何区域（多面曲面、圆柱体、球体、长方体或一组单元）都有一个级别编号。系统允许通过区域重叠来创建任意形状的区域。位于两个或多个几何区域中的单元被指定给具有最高级别编号的区域。

把几何区域想象成从不透明纸上切下的形状，在网格上定位具有最低级别编号的区域，然后，将下一个较高的区域放置在第一个区域的顶部，并继续操作，直到所有区域都就位。放置最后一个区域时，会有一个地图，指示问题中的每个单元被分配到哪个区域。

图 6-18 所示为使用 3 个不同的几何区域来创建任意形状的效果。实线表示网格的边界。区域 1（LEVEL=1）是大的虚线矩形。区域 2（LEVEL =2）是长而窄的矩形。区域 3（LEVEL =3）是一个圆形区域。图中的数字表示网格不同部分中的单元如何分配给这 3 个区域。

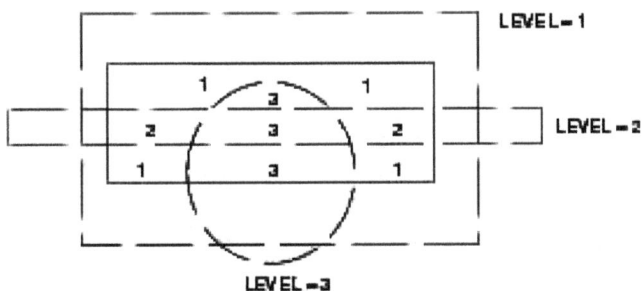

图 6-18　使用 3 个不同的几何区域来创建任意形状的效果

如果两个或多个具有相同级别的编号但初始值或材质不同的区域重叠，则这些区域的定义不明确。这将导致错误。

用初始值生成的多面曲面必须闭合并形成正体积，并在"MATINI"卡片上定义。在"TICEL"卡片中引用"MATINI"卡片，并与"TICVAL"卡片一起定义初始化曲面的初始条件。

例如，图 6-19 所示为组合前的形状，两个多面曲面、一个圆柱体、一个球体以及一个单元块（所有欧拉单元）的组合作为定义欧拉矩形网格的初始条件。

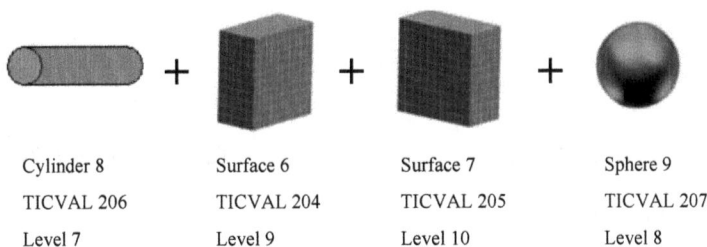

Cylinder 8	Surface 6	Surface 7	Sphere 9
TICVAL 206	TICVAL 204	TICVAL 205	TICVAL 207
Level 7	Level 9	Level 10	Level 8

图 6-19　组合前的形状 1

使用的不同形状、初始值集和级别最终组合后生成新的体。欧拉网格中的所有单元都被定义为一个具有 void 和最低级别 level6 的单元形状（参见下面的输入文件）。这意味着单元中不属于任何形状的部分将被初始化为 void。

初始化后欧拉网格内的材质图如图 6-20 所示。

输入的 DAT 文件如下所示。

```
TICEUL,101,,,,,,,,,+
+,SURF,6,12,204,9.,,,,+
+,SURF,7,12,205,10.,,,,+
+,CYLINDER,8,12,206,7.,,,,+
```

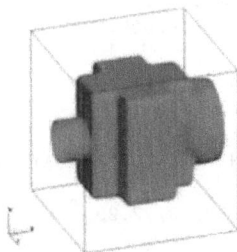

图 6-20　初始化后欧拉网格内的材质图 1

```
+,SPHERE,9,12,207,8.,,,,+
+,ELEM,444,,,6.
SET1,444,50000,THRU,53375
$

TICVAL,204,,DENSITY,1000.,XVEL,50.
TICVAL,205,,DENSITY,1000.,XVEL,50.
TICVAL,206,,DENSITY,1000.,XVEL,50.
TICVAL,207,,DENSITY,1000.,XVEL,50.
$
SURFACE 6 PROP 116
SET1,116,6
PSHELL1,6,,DUMMY
MATINI 6 6 Inside On On
$
SURFACE 7 PROP 117
SET1,117,7
PSHELL1,7,,DUMMY
MATINI 7 7 Inside On On
$
CYLINDER,8,,1.0,.5,.5,2.0,.5,.5,+
+,.075
SPHERE,9,,1.75,.5,.5,.15
```

例如，图 6-21 所示为组合前的形状，多面曲面与"OUTSIDE"选项一起使用。在"MATINI"卡片中使用"OUTSIDE"选项时，落在初始化曲面之外的欧拉单元部分将被初始化。

初始化后欧拉网格内的材质图如图 6-22 所示。

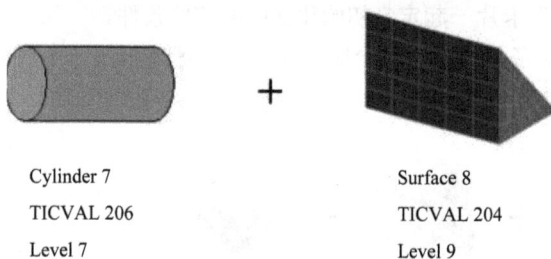

Cylinder 7

TICVAL 206

Level 7

Surface 8

TICVAL 204

Level 9

图 6-21　组合前的形状 2

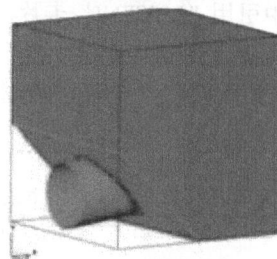

图 6-22　初始化后欧拉网格内的材质图 2

输入的 DAT 文件如下所示。

```
TICEUL,102,,,,,,,,+
+,SURF,8,12,204,9.,,,,+
+,CYLINDER,7,12,206,7.,,,,+
+,ELEM,445,,,5.
SET1,445,60000,THRU,63375
$
SURFACE 8 PROP 118
SET1,118,8
PSHELL1,8,,DUMMY
MATINI 8 8 Outside On On
$
$SPHERE,10,,2.25,.35,.35,.2
$
CYLINDER,7,,1.0,.20,.50,3.0,.40,.50,+
+,.1
```

6.5.4　燃烧

引用状态定义的欧拉单元可能会燃烧。可以燃烧的欧拉网格区域由变量 DEFMAT 指定。只有 DEFMAT=1 的区域才能燃烧。作为欧拉单元初始化的一部分，可以使用"TICVAL"卡片设置变量 DEFMAT。用变量 EOSDEF 定义的燃烧是由压力驱动的，因此点火可以通过规定足够大的初始比内能来进行，从而让压力升高。燃烧分数由欧拉元素变量 DEFBURN 给出。

6.5.5　爆轰

参考 JWL 状态方程的欧拉单元在分析过程中会被引爆。必须使用定义球形爆轰波的"DETSPH"卡片来定义爆轰点的位置、爆轰时间和爆轰波的速度。然后，Dytran 计算每个爆炸单元的引爆时间。没有 JWL 状态方程的单元不受影响。

6.5.6　欧拉黏性与表面摩擦

黏度可用于 HYDRO、MMHYDRO 和 Roe 求解器中。为了激活黏度，需要在"EOSNA""EOSTAIT""EOSEX"或"EOSGAM"选项上设置黏度卡片。此卡片指定了将剪切应力与速度梯度相关联的动态黏度。除了物理黏度外，HYDRO、MMHYDRO 求解器还引入了一定量的人工黏度。这个量取决于实际问题，总黏度可能会明显大于物理黏度。Roe 求解器使用标准设置，没有人工黏性，只有在跨音速稀薄波的情况下，才引入有限的人工黏性。

在黏性激活的情况下，用 Navier-Stokes 方程代替欧拉方程。不考虑黏性耗散引起的传热和产热。此外，在边界处强制执行无滑移条件。

对于一阶求解器，当人工黏性大于物理黏性时，人工黏性进入雷诺数。在这种情况下，人工黏性可以增大边界层的尺寸。如果人工黏性大于物理黏性，且边界层在流动中起主导作用，则一阶求解器不适用，必须使用 Roe 求解器。如果物理黏度大于人工黏度，则对黏度的使用没有限制。

在壁面上，强制执行防滑条件。当黏度被激活时，不能使用墙来模拟对称平面。若要模拟对称平面，请定义一个流动边界条件，将法向速度设置为零，且不指定任何切向速度。

在流动边界和多孔亚表面，当切向欧拉单元的速度与切向速度不匹配时，规定的切向速度也会产生黏性剪切应力。

6.6　实例——用拉格朗日法进行泰勒冲击试验的约束和加载

打开 4.8 节操作后的文件，使用拉格朗日法进行泰勒冲击试验接下来的操作。

6.6.1　创建网格物理特性

本实例需要创建欧拉网格物理特性。单击"Properties"选项卡，单击"3D Properties"面板中的"Eulerian Solid"（欧拉固体）按钮，系统右侧显示"Element Properties"操作面板，并进行设置（Action > Create，Object > 3D，Type > Eulerion Solid）后，在"Property Set Name"文本框中输入"peuler"，在"Options"下拉列表中选择"MM/Hydro(PEULER1)"，然后单击"Apply"按钮，如图 6-23 所示，创建名为"peuler"的物理特性。

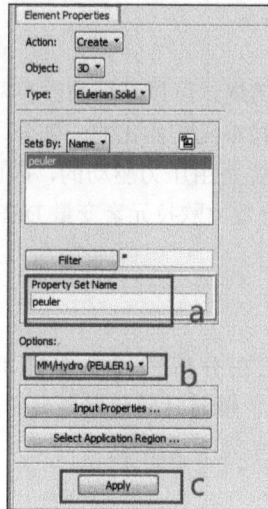

图 6-23 "Element Properties" 操作面板

6.6.2 创建耦合面

单击 "Loads/BCs" 选项卡，系统右侧显示 "Load/Boundary Conditions" 操作面板，并进行设置（Action >
Create，Object > Coupling，Type > Element Uniform，Option > General），在 "New Set Name" 文本框
中输入 "couple"，单击 "Select Application Region" 按钮，显示 "Select Application Region" 操作面板，
设置 "Element Type" 为 "2D"，选择 "Geometry" 单选项，在图形区中单击，选择结构 "Surface 1"，
将在 "Select Entities" 文本框中显示 "Surface 1"，单击 "Add" 按钮，然后单击 "OK" 按钮，返回 "Load/
Boundary Conditions" 操作面板，单击 "Apply" 按钮，如图 6-24 所示，创建名为 "couple" 的耦合面。

注：这个耦合面没有实际意义，后面会在卡片中删除，只是用来定义 "MESH" 卡片。

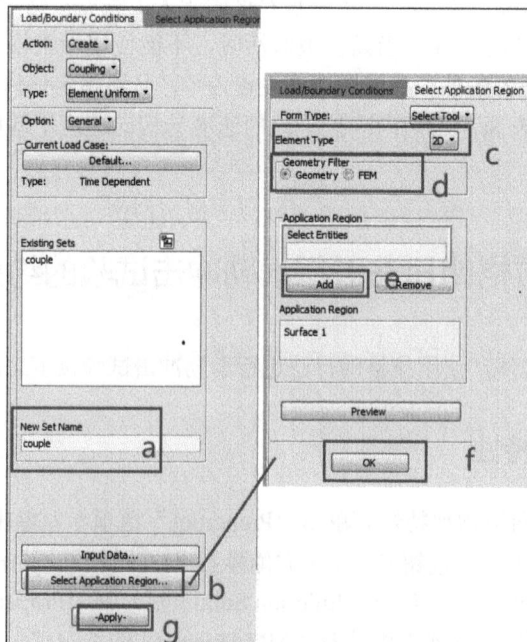

图 6-24 创建耦合面 "couple"

6.6.3　欧拉网格的初始化

欧拉网格的初始化分为 3 步：定义初始形状、定义初始状态、定义初始区域。

（1）定义初始形状。单击"Loads/BCs"选项卡，系统右侧显示"Load/Boundary Conditions"操作面板，按图 6-25 左侧所示设置"Action""Object""Type""Option"等参数后，在"New Set Name"文本框中输入"shape_air"，单击"Input Data"按钮，显示"Input Data(Shape)"操作面板，将"Shape"设置为"Sphere"，在"Radius of Sphere"文本框中输入半径"10000"，单击"OK"按钮，返回"Load/Boundary Conditions"操作面板，单击"Apply"按钮，完成初始形状"shape_air"的定义。

接着在"New Set Name"文本框中输入"shape_tnt"，单击"Input Data"按钮，显示"Input Data(Shape)"操作面板，将"Shape"设置为"Cylinder"，在"Radius of Cylinder"文本框中输入半径值"20"，在"Length of Cylinder"文本框中输入长度值"20"，单击"OK"按钮，返回"Load/Boundary Conditions"操作面板，单击"Apply"按钮，完成初始形状"shape_tnt"的定义。

接着在"New Set Name"文本框中输入"shape_water"，单击"Input Data"按钮，显示"Input Data(Shape)"操作面板，将"Shape"设置为"Cylinder"，在"Radius of Cylinder"文本框中输入半径值"10000"，在"Length of Cylinder"文本框中输入长度值"2000"，单击"OK"按钮，返回"Load/Boundary Conditions"操作面板，然后单击"Apply"按钮，完成初始形状"shape_water"的定义。

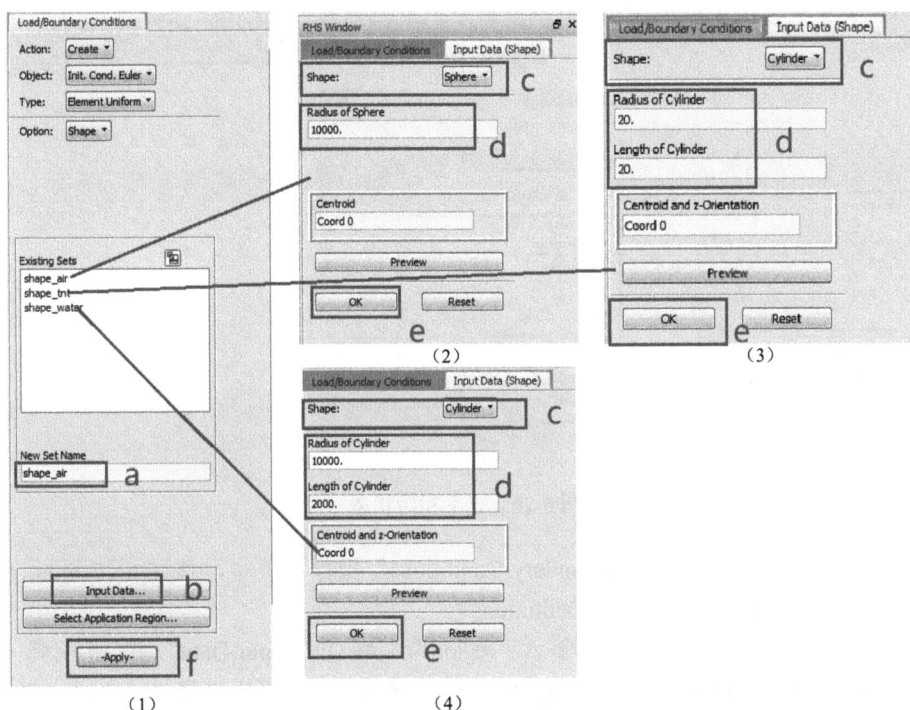

图 6-25　定义初始形状

（2）定义初始状态。在"Load/Boundary Conditions"操作面板中，并进行设置（Action > Create，Object > Init.Cond.Euler，Type > Element Uniform），在"Option"下拉列表中选择"Initial Values"。

在"New Set Name"文本框内输入"int_air"，单击"Input Data"按钮，显示"Input Data(Initial Values)"操作面板，在材料列表中选择"air"，在"Density"文本框中输入"0.00129"，

在"Specific Internal Energy"文本框中输入"0.00214",单击"OK"按钮,返回"Load/Boundary Conditions"操作面板,然后单击"Apply"按钮,完成初始状态"int_air"的定义。

接着在"New Set Name"文本框内输入"int_tnt",单击"Input Data"按钮,显示"Input Data(Initial Values)"操作面板,在材料列表中选择"zhayao",在"Density"文本框中输入"1.88",在"Specific Internal Energy"文本框中输入"0.07",单击"OK"按钮,返回"Load/Boundary Conditions"操作面板,然后单击"Apply"按钮,完成初始状态"int_tnt"的定义。

接着在"New Set Name"文本框内输入"int_water",单击"Input Data"按钮,显示"Input Data(Initial Values)"操作面板,在材料列表中选中"water",在"Density"文本框中输入"1",单击"OK"按钮,返回"Load/Boundary Conditions"操作面板,然后单击"Apply"按钮,完成初始状态"int_water"的定义,如图6-26所示。

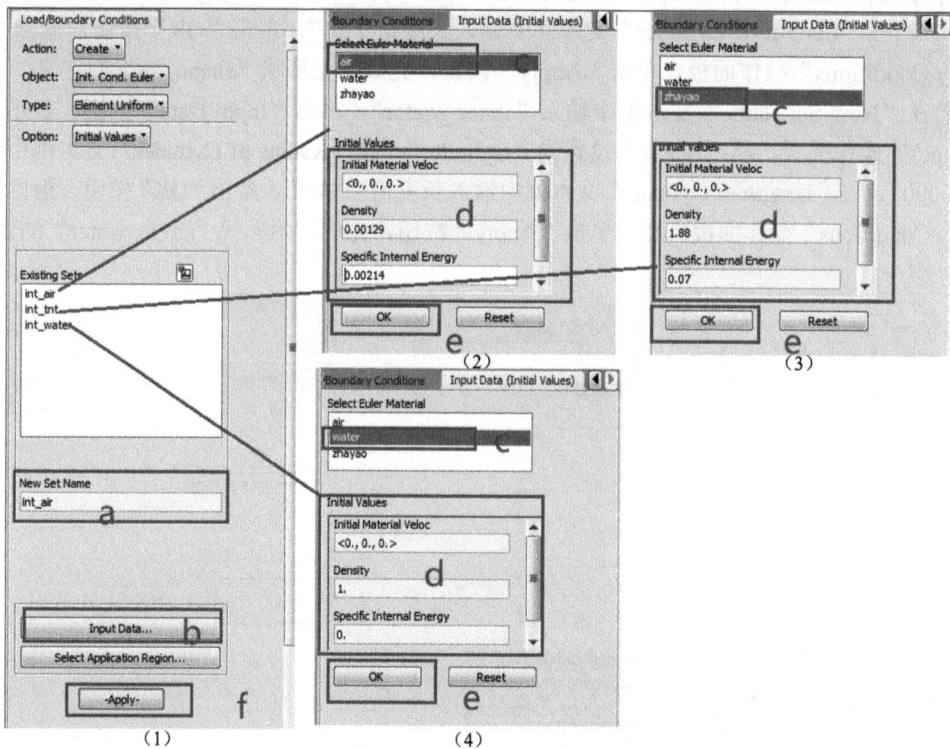

图 6-26　定义初始状态

（3）定义初始区域。在"Load/Boundary Conditions"操作面板中,按图6-27所示设置参数,在"Option"下拉列表中选择"Region Definition"。

在"New Set Name"文本框内输入"region",单击"Input Data"按钮,弹出"Input Data(Region Definition)"窗口,在"Existing PEULER 1 Sets"列表框中选择"peuler",在"Existing Shapes Sets"列表框中选择"shape_air",在"Existing Initial Values Sets"列表框中选择"int_air",在"Level Indicator"文本框中输入"1",单击"Add Row"按钮,将会在"Table Data"表中添加一行数据,重复图6-27所示的d、e、f、g步骤,将"shape_water"和"int_water、shape_tnt"和"int_tnt"的相关数据都添加到"Table Data"表中,结果如图6-27（图3）所示,然后单击"OK"按钮,关闭"Input Data(Region Definition)"窗口,然后单击"Apply"按钮,创建名为"region"的初始区域。

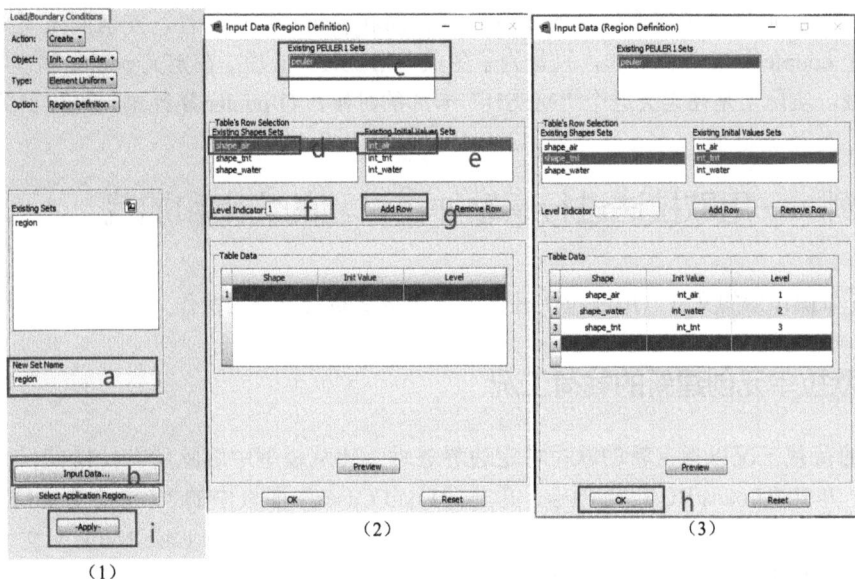

图 6-27 定义初始区域

6.6.4 欧拉网格的定义

在"Load/Boundary Conditions"操作面板中，按图 6-28 左侧所示设置"Action""Object""Type"及"Option"等下拉列表后，在"New Set Name"文本框中输入"mesh"，单击"Input Data"按钮，显示"Input Data"操作面板，按图 6-28 右侧所示设置参数后，可以通过单击"Preview"按钮进行预览（不是生成网格），然后单击"OK"按钮，返回"Load/Boundary Conditions"操作面板，单击"Apply"按钮，完成欧拉网格"mesh"的定义。

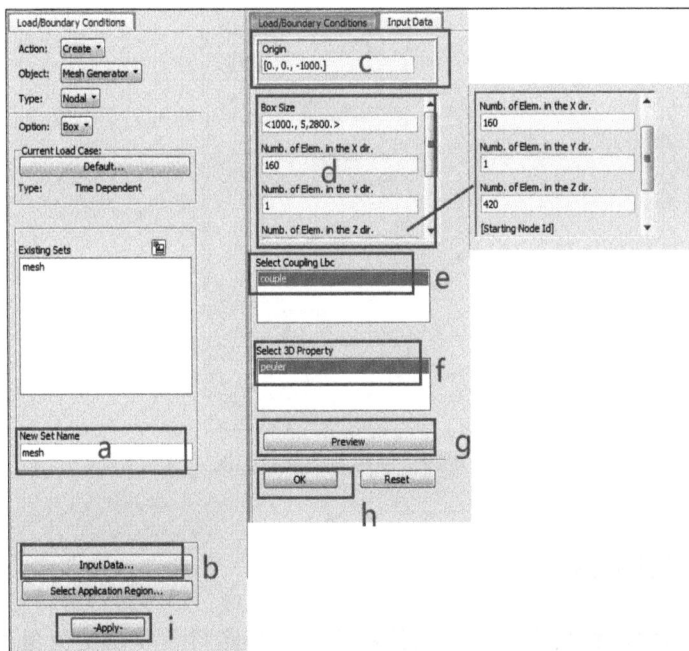

图 6-28 欧拉网格的定义

注：在这里我们用到了前面定义的 couple 耦合面和 peuler 物理特性，在前面定义 couple 耦合面时说到这个 couple 是没有意义的，只是为了生成 "MESH" 卡片；在定义 peuler 物理特性时没有选择施加区域，实际上是在定义这个 "MESH" 卡片的时候，对 peuler 属性单元进行了关联。

6.7 实例——用欧拉法进行泰勒冲击试验的约束和加载

打开 5.6 节操作后的文件，用欧拉法进行泰勒冲击试验接下来的操作。

6.7.1 为欧拉单元创建新的载荷工况

创建新的荷载工况以指定新的欧拉特定边界条件。比从模型中删除所有拉格朗日荷载和边界条件更简单。单击 "Loads/BCs" 选项卡，单击 "Load Cases" 面板中的 "Create Load Case 创建载荷工况" 按钮，系统右侧显示 "Load Cases" 操作面板，在 "Load Case Name" 文本框内输入 "euler"，勾选 "Make Current" 选项，单击 "Apply" 按钮，如图 6-29 所示。

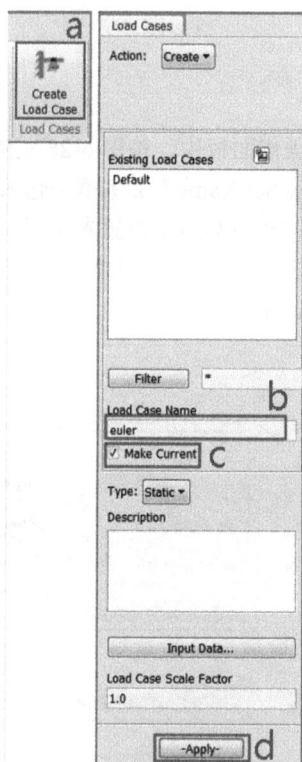

图 6-29　创建新的载荷工况

6.7.2 创建欧拉初始形状

（1）创建欧拉初始形状是为了定义欧拉网格内由特定材质和初始值覆盖的初始体积。在 "Loads/BCs" 选项卡中，单击 "Initial Conditions" 面板中的 "Euler"（欧拉）按钮，系统右侧显示"Load/Boundary Conditions"操作面板，在"Option"下拉列表中选择"Shape"，在"New Set Name"文本框中输入"cylinder"，单击"Input Data"按钮，显示"Input Data(Shape)"操作面板，在"Shape"下拉列表中选择"Cylinder"，设置"Radius of Cylinder"为"1.91"，设置"Lergth of Cylinder"为"25.4"，设置"Centroid and z-Orientation"为"Coord 2"，单击"Preview"按钮进行预览，创建的初始形状如图 6-31 所示，然后单击"OK"按钮完成输入。返回"Load/Boundary Conditions"操作面板，单击"Apply"按钮，如图 6-30 所示，完成初始形状的创建。

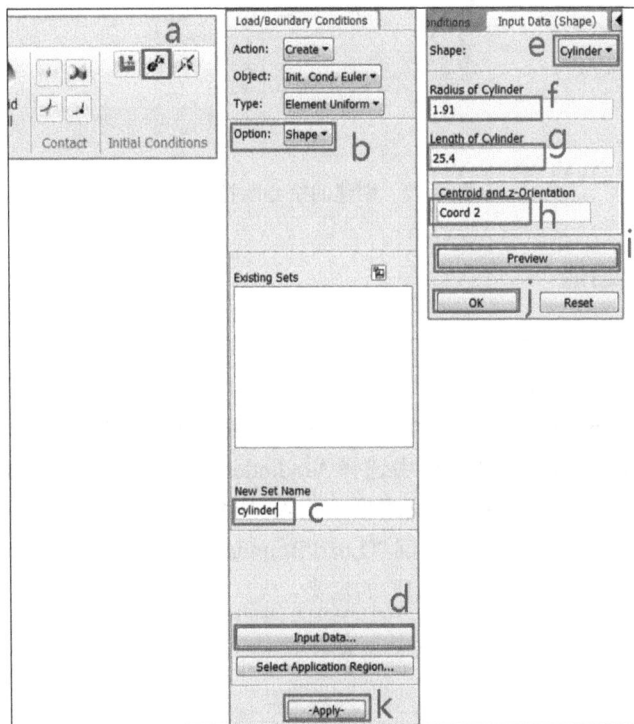

图 6-30　创建欧拉初始形状

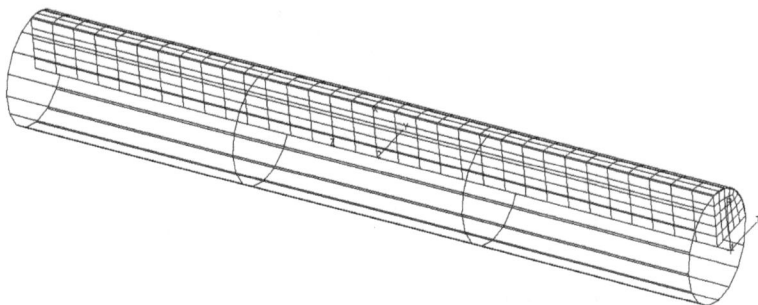

图 6-31　创建的初始形状

（2）创建空心欧拉形状。在"Load/Boundary Conditions"操作面板中，在"New Set Name"文本框中输入"void"，单击"Input Data"按钮，显示"Input Data"操作面板，在"Shape"下拉列表中选择"Sphere"，设置"Radius of Cylinder"为 100，单击"Preview"按钮进行预览，创建的空心欧拉形状如图 6-32 所示，然后单击"OK"按钮完成输入。返回"Load/Boundary Conditions"操

作面板，单击"Apply"按钮，完成空心欧拉形状的创建。

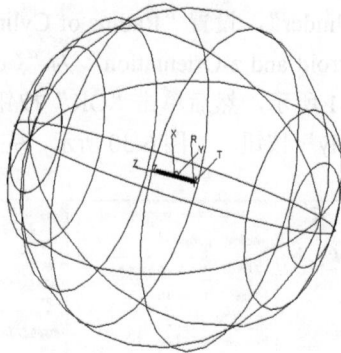

图 6-32　创建的空心欧拉形状

6.7.3　创建欧拉初始值

即使不需要初始移动（空隙不需要初始值），也需要定义所有欧拉材质的初始值。在"Load/Boundary Conditions"操作面板中，在"Option"下拉列表中选择"Initial Values"，在"New Set Name"文本框中输入"init_vel"，单击"Input Data"按钮，显示"Input Data(Initial Values)"操作面板，在"Select Euler Material"列表框中选择"cylinder_jc"，在"Initial Material Velco"文本框中输入"<0 0 -197E3>"，在"Density"文本框中输入"8.96E-9"，在"Specific Internal Energy"文本框中输入"0"，单击"OK"按钮，返回"Load/Boundary Conditions"操作面板，单击"Apply"按钮，如图 6-33 所示，初始状态"init_vel"的定义。

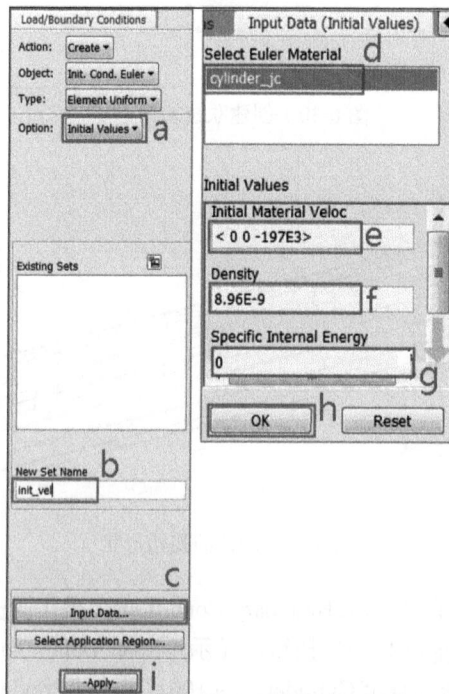

图 6-33　定义初始状态

6.7.4 欧拉区域的定义

将不同的欧拉形状指定给相应的区域定义级别。在"Load/Boundary Conditions"操作面板中，在"Option"下拉列表中选择"Region Definition"，在"New Set Name"文本框内输入"regdef"，单击"Input Data"按钮，弹出"Input Data(Region Definition)"窗口，在"Existing PEULER1 Sets"列表框中选择"euler"，在"Existing Shapes Sets"列表框中选择"void"，在"Level Indicator"文本框中输入"1"，单击"Add Row"按钮，在弹出的消息对话框中单击"OK"按钮，将会在"Table Data"表中添加一行数据，在"Existing Shapes Sets"列表框中选择"cylinder"，在"Level Indicator"文本框中输入"2"，单击"Add Row"按钮，将会在"Table Data"表中添加另一行数据，然后单击"OK"按钮，关闭"Input Data(Region Definition)"窗口，然后单击"Apply"按钮，如图 6-34 所示，创建名为"region"的初始区域。

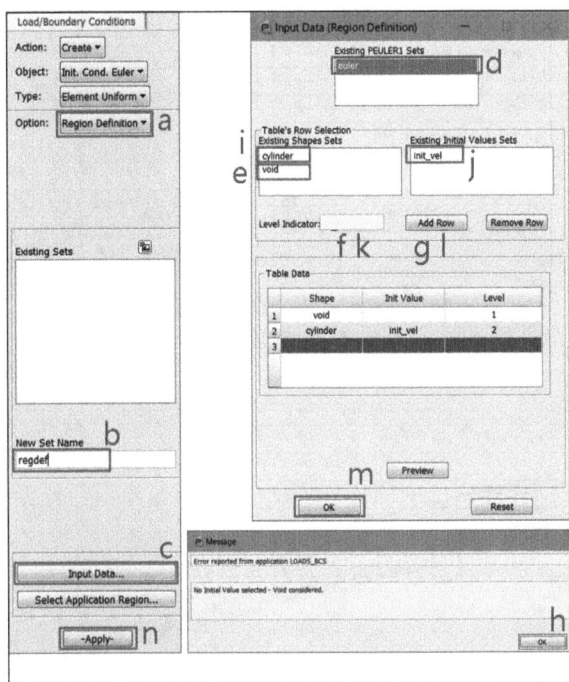

图 6-34　创建名为"region"的初始区域

6.7.5 创建虚拟耦合

本例要创建一个虚拟耦合。在"Loads/BCs"选项卡中，单击"Element Uniform"面板中的"Coupling"（联结）按钮，系统右侧显示"Load/Boundary Conditions"操作面板，按图 6-35 所示，在"Option"下拉列表中选择"General"，在"New Set Name"文本框中输入"dummy"，单击"Select Application Region"按钮，显示"Select Application Region"操作面板，在"Element Type"下拉列表中选择"3D"，设置"Geometry Filter"为"Geometry"，在图形区选中所有需要的面后，将在"Select Entities"文本框中列出所有的面号，单击"Preview"按钮进行预览，创建的虚拟耦合如图 6-36 所示，单击"Add"按钮添加。然后单击"OK"按钮完成输入。返回"Load/Boundary Conditions"操作面板，单击"Apply"按钮，完成虚拟耦合的创建。

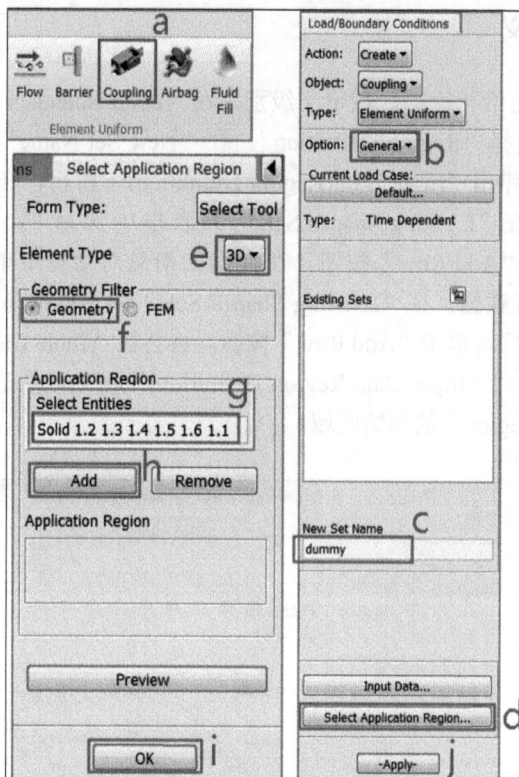

图 6-35　创建虚拟耦合

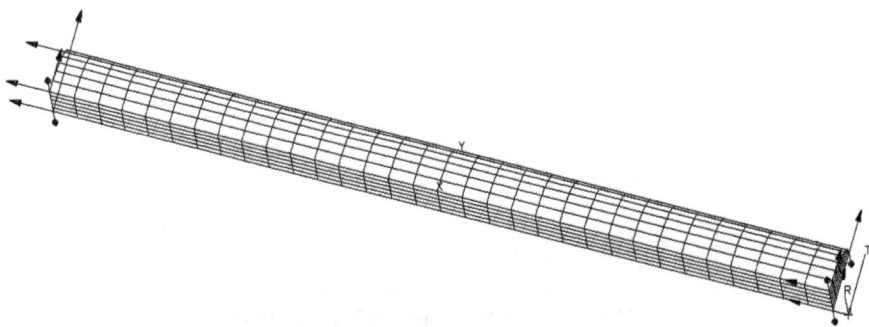

图 6-36　创建的虚拟耦合

6.7.6　创建欧拉网格

欧拉网格是通过使用长方体方法创建的，要让网格足够大以能够容纳变形后的全体材料。欧拉网格的作用类似于一个容器，除非专门定义，材料不能流出网格。在 "Loads/BCs" 选项卡中，单击 "Nodal" 面板中的 "Mesh Generator"（网格生成器）按钮，系统右侧显示 "Load/Boundary Conditions" 操作面板，在 "New Set Name" 文本框中输入 "mesh"，单击 "Input Data" 按钮，显示 "Input Data" 操作面板，按图 6-37 所示设置参数后，可以通过单击 "Preview" 按钮进行预览（不是生成网格），然后单击 "OK" 按钮，返回 "Load/Boundary Conditions" 操作面板，单击 "Apply" 按钮，完成创建。

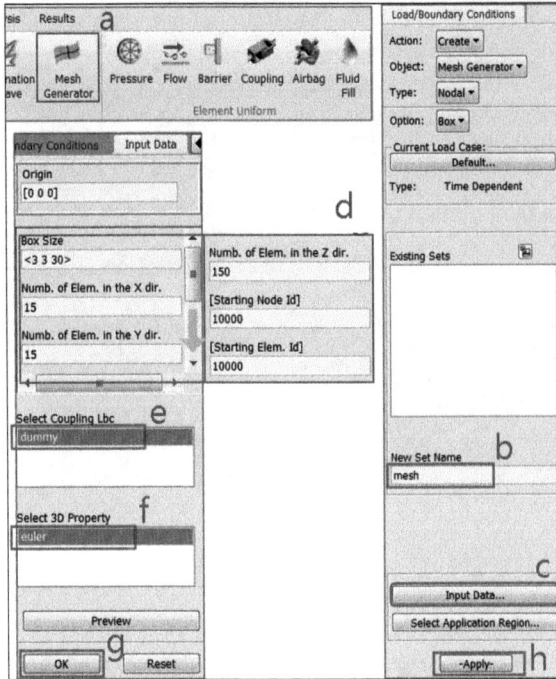

图 6-37　创建欧拉网格

第 **7** 章
流固耦合

　　采用耦合算法进行流固耦合的目的是使欧拉网格和拉格朗日网格中的材料相互作用。最初，这两组单元是完全独立的。位于欧拉网格内的拉格朗日单元不会影响欧拉材料的流动，也不会将力从欧拉材料中传递回拉格朗日结构。耦合算法可以计算两组单元之间的相互作用，因此，可以用于分析复杂的流固耦合问题。

7.1　一般耦合

耦合模型的欧拉截面和拉格朗日截面的第一个任务是在拉格朗日结构上创建曲面。此曲面用于在欧拉和拉格朗日两个求解器域之间传递力。曲面作为欧拉网格中物质流动的边界。同时，欧拉单元中的应力使力作用在耦合面上，使拉格朗日单元变形。

可以通过"SURFACE"卡片在拉格朗日结构上定义多面曲面。这个曲面由一组 CFACE、CFACE1、CSEG 以及单元编号、属性编号、材质编号或这些编号的任意组合来标识。因此，这种定义曲面的方法非常灵活，并且可以根据建模需求进行调整。

使用"COUPLE"卡片激活耦合算法。它指定曲面用于欧拉 - 拉格朗日耦合。通过在卡片上设置 COVER 字段，可以定义耦合面是覆盖内部域还是覆盖外部域。欧拉域不能包含拉格朗日结构外部或内部覆盖的材料。对于欧拉材料位于拉格朗日结构内的问题（例如，充气气囊），必须覆盖耦合面外的欧拉单元，应将 COVER 设置为 OUTSIDE；对于欧拉材料位于拉格朗日结构外的问题（例如，弹丸穿透软材料），必须覆盖耦合面内的欧拉单元，应将 COVER 设置为 INSIDE。

耦合面必须具有正体积，以满足 Dytran 的内部要求。这意味着曲面所有线段的法线都必须指向外侧。默认情况下，Dytran 检查法向量的方向，并在必要时自动反转它们。但是，如果希望关闭检查以节省一些计算时间，可以使用"COUPLE"卡片上的 REVERSE 字段来定义。

使用耦合项激活的耦合算法是最通用的交互算法。它可以处理任何欧拉网格，还可以通过设置参数 FASTCOUP 切换到更快的算法，该算法利用了欧拉网格的几何知识，因此，要求欧拉网格必须与基本坐标系的轴对齐。

7.2　封闭容积

耦合面必须形成一个封闭的体积。这一要求对耦合的工作方式至关重要。这意味着模型表面不能有孔且必须封闭。

为了建立一个封闭的体积，在某些问题中可能需要人为地延长耦合面。图 7-1 所示为用壳单元

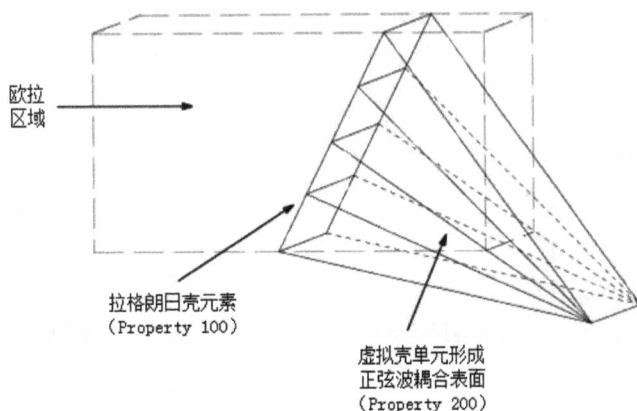

图 7-1　用壳单元建模的板与欧拉网格相互作用的示例

建模的板与欧拉网格相互作用示例。为了形成一个封闭的耦合面，此例在板的后面增加了虚拟壳单元。这些虚拟壳单元的形状无关紧要。但是，最好尽可能少地使用，以提高解决方案的效率。由耦合面形成的闭合体积必须至少与一个欧拉单元相交，否则欧拉网格无法识别耦合面。

由耦合面形成的闭合体积必须至少与一个欧拉单元相交，否则欧拉网格无法识别耦合面。

但是，这样做时必须小心。为虚拟单元创建的附加网格点不会移动，因为它们未连接到任何结构单元。当壳单元移动到超出这些固定网格点的位置时，耦合面会向内翻转并具有负体积，导致 Dytran 终止。

7.3 孔隙率

孔隙率允许材料从欧拉区域流过耦合面，反之，允许材料从耦合面流过欧拉区域。使用"PORFLOW""PORFCPL"或"PORFLCPL"卡片处理此方法。"PORFLOW"卡片用于模拟欧拉区域与环境之间的相互作用，"PORFCPL"或"PORFLCPL"卡片用于模拟从一个欧拉区域到另一个欧拉区域的流动。

耦合面或其他部分可通过引用"COUPLE"卡片中的"COUPOR"卡片来产生多孔。下面通过一个例子进行进一步的说明。该实例为使用多孔材料和两个孔对气囊进行建模，如图 7-2 所示。

所需输入的内容如下。

```
PSHELL1, 1, , MEMB, , , , , ,+
+, 1. E-3
PSHELL1, 100, , DUMMY
SURFACE, 11, , PROP, 11
SET1, 11, 1, 100
SUBSURF, 22, 11, PROP, 100
SET1, 1, 1
SET1, 100, 100
COUPLE, 1, 11, OUTSIDE, , , 55
COUPOR, 1, 55, , PORFLOW, 42, CONSTANT, 0.009
COUPOR, 2, 55, 22, PORFLOW, 42, CONSTANT, 1. 0
PORFLOW, 42, , MATERIAL, 33, PRESSURE, 1. E-5, METHOD, PRESSURE
```

第二个例子为两个腔室被一个带孔的膜分开，如图 7-3 所示。此例必须定义两组欧拉单元，其中，每组欧拉单元属于每个耦合面。本例定义了一组欧拉单元与耦合面之间的相互作用。该孔是通过引用"PORFCPL"卡片或"PORFLCPL"卡片的耦合器来建模的。

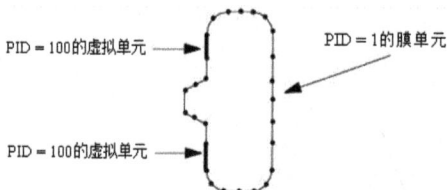

图 7-2　使用多孔材料和两个孔对气囊进行建模

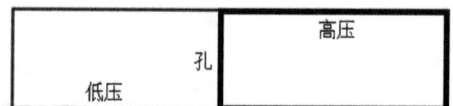

图 7-3　两个腔室被一个带孔的膜分开

所需输内容如下。

```
chamber 1 (low pressure)
SURFACE,1,.....
SUBSURF,10,1,....
```

```
COUPLE,60,1,,,,70,,,+
+,,,,,,,,,+
+,,21
COUPOR,80,70,10,PORFCPL,50, ,<coeffv>
PORFCPL,50,,,,1020
MESH,21,BOX,,,,,,,+
+,0.,0.,0.,1. ,1. ,1. ,,,+
+,10,10,10,,,,EULER,500
PEULER1,500,,HYDRO,19
TICEUL,19 (initialization to low pressure)
chamber 2 (high pressure)
SURFACE,2,.....
COUPLE,1020,2,,,,,,,+
+,,,,,,,,,+
+,,22
MESH,22,BOX,,,,,,,+
+,0.8,0.8,0.8,2.,2.,2.,,,+
+,10,10,10,,,,EULER,600
PEULER1,600,,HYDRO,20
TICEUL,20 (initialization to high pressure)
```

注意，仅当气体从高压腔自动流入低压腔时，才需要为低压腔定义孔隙率特性。

7.3.1 速度法

此算法通过以下方式激活。

```
PORFLOW, 42, , MATERIAL, 33, PRESSURE, 1. E-5, METHOD, VELOCITY
```

质量通过多孔区域的传输是基于气体在欧拉单元中相对于耦合面的运动实现，如图 7-4 所示。

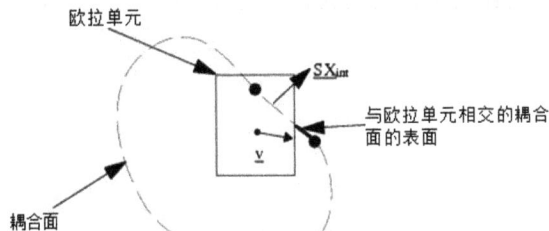

图 7-4 速度法

通过与欧拉单元相交的耦合面传输的欧拉材料的体积为：

$$V_{trans} = -d_t \cdot \alpha \cdot \left(\vec{v} \cdot \vec{A} \right)$$

7-1

其中：

V_{trans} 为一个时间步长内的运输量（$V_{trans} > 0$ 表示流出，$V_{trans} < 0$ 表示流入）；

d_t 为时间步长；

α 为孔隙率系数；

$\vec{v}$ 为欧拉网格中气体的速度矢量；

$\vec{A}$ 为与欧拉单元 $\|A\|$ 相交的耦合面的面积等于位于欧拉单元内的面的面积。

通过多孔区域的输送量等于气体密度乘以输送体积。

7.3.2　压力法

此算法通过以下方式激活。

PORFLOW, 42, , MATERIAL, 33, PRESSURE, 1. E5, METHOD, PRESSURE.

由于欧拉单元中内部和外部压力之间存在压差，因此材料通过多孔区域传输。外部压力是"PORFLOW"卡片上指定的压力。

通过与欧拉单元相交的耦合面传输的欧拉材料的体积等于：

$$V_{\text{trans}} = \mathrm{d}_t \cdot \alpha \cdot (\vec{A} \cdot \vec{A}) \cdot \sqrt{\frac{2p\rho\gamma}{\gamma-1}\left[\left(\frac{p_{\text{exh}}}{p}\right)^{\frac{2}{\gamma}} - \left(\frac{p_{\text{exh}}}{p}\right)^{\frac{\gamma+1}{\gamma}}\right]} \qquad 7\text{-}2$$

其中：

V_{trans} 为一个时间步长内的运输量（$V_{\text{trans}} > 0$ 表示流出，$V_{\text{trans}} < 0$ 表示流入）；

d_t 为时间步长；

α 为孔隙率系数；

$\vec{v}$ 为欧拉网格中气体的速度矢量；

$\vec{A}$ 为与欧拉单元 $\|A\|$ 相交的耦合面的面积等于位于欧拉单元内的面的面积；

p 为欧拉单元中气体的压力；

ρ 为欧拉单元中气体的密度；

γ 为绝热指数 $= C_p / Cv$；

p_{exh} 为工作面压力。

工作面压力近似为气体一维等熵膨胀至临界压力或环境压力，根据下式得出：

$$p = \begin{cases} p_{\text{env}} > p_{\text{c}} \\ p_{\text{env}} < p_{\text{c}} \end{cases} \qquad 7\text{-}3$$

其中，p_{c} 为临界压力，根据下式得出：

$$p_{\text{c}} = p\left(\frac{2}{\gamma+1}\right)^{\frac{r}{r-1}} \qquad 7\text{-}4$$

如果外部压力大于内部气体压力，则会发生通过耦合面流入的情况。该孔隙率模型只能用于理想气体，即用伽马定律（EOSGAM）状态方程建模的材料。

7.3.3　效率

耦合算法需要大量的计算来确定耦合面如何与欧拉网格相交。因此，耦合面应尽可能小，以使求解有效。

可以应用子循环技术来提高效率，当使用子循环时，耦合面的几何图形不会在每个时间步都更新，只有在必要时才会基于曲面的运动自动控制子循环，几何图形更新的频率在计算过程中可能会有所不同，它取决于耦合面的运动。COSUBCYC 参数和 COSUBMAX 参数用于控制子循环过程，COSUBCYC 参数用于打开子循环。

7.4　多耦合面

结合快速耦合算法，可为 HYDRO、MMHYDRO 和 MMSTREN 等欧拉求解器提供多耦合面。多耦合面不适用于 STRENGTH 欧拉求解器。这个快速耦合算法可在"PARAM""FASTCOUP"卡片中使用。每个耦合面都与一个欧拉域相关联。欧拉域是与基本坐标轴对齐的网格。可以使用"COUPLE"卡片上的 MESHID 或 SET1ID 字段定义这样的域。

通过由两个耦合面共享的表面，材料可以从一个耦合面流向另一个，这样的表面被称为孔。孔可以是耦合面的多孔亚表面，也可以是具有交互失效的耦合面的一部分。

有两种方法可以在欧拉域之间启用流，如下所示。

- 精确的方法。不进行近似计算。所有欧拉单元都需要通过"MESH"卡片创建。为此，将在孔处创建辅助欧拉网格。
- 近似方法。两个欧拉域之间通过一个线段连接，是通过将整个线段的欧拉单元属性平均后确定的。

默认情况下，使用精确的方法，也可以通过参数 PARAM、FLOW-METHOD、FACET 来应用第二种方法。

如果所有欧拉域都由 MESH、BOX 或 MESH、ADAPT 定义，则使用多耦合面没有限制。在这种情况下，模拟可能包含将一个欧拉域连接到另一个欧拉域的多孔以及具有交互失效的耦合面。如果 SET1ID 字段定义了至少一个欧拉域，那么必须添加参数 PARAM、FLOW-METHOD、FACET。在这种情况下，仅支持以下类型的模拟。

- 与 Roe 求解器发生交互问题的耦合面（使用"COUP1INT"卡片）。
- 通过多孔与标准单材料求解器连接的耦合面（使用"PORFCPL""PORFLCPL"卡片）。
- 两个欧拉区域之间的流动通过一个完全多孔的耦合面。这是使用"COUP1INT"卡片并从循环 0 开始使用出现问题前例程，或在问题模式中指定非常低的问题值来实现的。

使用"多材质求解器"，仅当所有欧拉域都由 MESH、BOX 或 MESH、ADAPT 定义时，才支持多个欧拉域。

7.4.1　使用 Patran 的 Dytran 首选项

首选项支持使用多耦合面进行模拟，每个曲面使用不同的欧拉网格卡片。对于交互问题，首选项还支持使用多耦合面进行模拟，每个曲面使用一组欧拉单元。交互问题由"COUP1INT"卡片激活。

使用 Patran 创建具有多个耦合欧拉域的多耦合面的步骤如下。

（1）为耦合面创建几何图形，并对这些几何图形进行网格划分。使用"Loads/BCs > Coupling"或"Loads/BCs > Airbag"操作面板来定义每个耦合面。气囊选项允许定义孔隙率特性。

（2）在 Geometry 操作面板中设置（Action > Greate，Obiect > Solid），为每个欧拉网格生成任意体。此体仅用于将欧拉网格与三维特性集相关联。

（3）创建材质。

（4）使用 Properties/Create/3D/EulerianSolid 为步骤（2）中的每个虚拟体创建三维欧拉特性。在定义特性集时，选择在步骤（3）中创建的材质。

（5）使用载荷 Loads/BCs/Create/MeshGenerator 创建欧拉网格。

使用步骤（1）中的耦合或气囊和步骤（4）中的三维欧拉特性。

为了在两个封闭表面之间定义多孔，表面不应定义为耦合面，而应定义为气囊。第一个安全气囊使用第一个曲面中的所有单元一次性定义。要定义第二个安全气囊，将从第二个曲面处创建两个子曲面，第一个是孔，第二个次表面由第二个表面上不属于孔的所有单元组成。第二个安全气囊是这两个子表面的组合。

（1）使用加载 Loads/BCs/Create/Airbag/Surface，使用第一个曲面中的所有单元创建第一个安全气囊。定义一个带有气囊或次表面的多孔，并选择多孔模式 PORFLCPL 或 PORFCPL。

（2）创建由第二个曲面的所有单元组成的次曲面，这些单元不是步骤（2）中创建的次曲面的一部分。

（3）通过在步骤（2）和（3）中选择两个子曲面来创建第二个安全气囊。

7.4.2　耦合面失效

当拉格朗日结构中使用的材料模型支持失效时，耦合面总是与拉格朗日结构相关联。例如通过定义材料的失效模型，当结构中的底层材料发生问题时，耦合面中的面可能会发生问题，可以通过指定"PARAM""FASTCOUP""FAIL"卡片来定义耦合面的问题模式。

当一个拉格朗日单元失效且该单元由两个耦合面共享时，材料从一个欧拉域通过孔流到另一个欧拉域。当未定义欧拉域之间的相互作用但耦合面失效时，这些欧拉域之间的相互作用通过耦合项定义，状态变量的默认环境值用于计算通过表面孔的流入或流出。变量的环境值可在"COUP1INT"卡片上定义。

FASTCOUP 中描述了使用"COUP1FL"卡片和"COUP1INT"卡片的限制。

7.4.3　多孔耦合面

多孔是由两个耦合面共享的表面，通过选择孔隙率模型 PORFLCPL 或 PORFCPL 将两个耦合面彼此连接，从一个耦合面的欧拉域到另一个耦合面的欧拉域实现流动，PORFLCPL 模型使用速度方法，此方法用于一般情形。而 PORFCPL 使用压力方法，仅用于小孔，用于压力和速度方法的概述，多孔可以是部分或完全多孔的，也可以是整个耦合面的次表面，主要应用于多室气囊内的流动。

要通过多孔激活两个耦合面之间的流动，必须采取以下步骤。

（1）将欧拉域与两个耦合面中的每一个面相关联。

（2）对模拟孔的耦合面单元进行次表面处理。次表面中的单元应由两个耦合面共享。

（3）为其中一个耦合面定义一个"COUPLE"卡片，该"COUPLE"卡片引用"PORFLCPL"或"PORFCPL"卡片，它还引用了次表层。

（4）创建一个"PORFLCPL"或"PORFCPL"卡片，此"PORFLCPL"卡片必须引用另一个耦合面。

7.4.4　域之间的流动

有两种方法可用于计算跨耦合面从一个欧拉域到另一个欧拉域的流动。

第一种方法，耦合面中表示开放区域的面被细分为更小的面，每个面正好连接到第一个欧拉域中的一个欧拉单元和第二个欧拉域中的一个欧拉单元。物质流动发生在这些更小的、细分的面上，称为 POLPACKs。此方法是默认方法，由"PARAM"卡片的 POLPACK、FLOW-METHOD 定义。

第二种方法，耦合面中表示开放区域的镶嵌面不会细分。物质流动发生在原始面上。如果这些面相对于欧拉单元太大，则该方法将变得不准确。一个面上的物质流可能涉及孔两侧的几个欧拉单元，并将发生平均。此方法由"PARAM""FLOW-METHOD"和"FACET"卡片激活。

第一种方法更精确，但有以下限制。

- 不支持黏度。
- 所有欧拉域都必须由网格卡片创建。不支持由一组欧拉单元组成的欧拉域。

这些限制要求 FLOW-METHOD=FACET 的情况是，在 Patran 中生成欧拉单元时，不使用网格卡片，并且使用以下一个或多个选项。

- 在一些欧拉面上定义了流动边界。
- 边界在某些欧拉面上被定义。
- 定义了黏度。

对于默认方法 FLOW-METHOD=POLPACK，欧拉网格应至少有一个单元在孔处重叠。当使用"MESH""ADAPT"卡片动态创建网格时，将自动处理。当通过孔连接的两个欧拉网格的网格尺寸具有可比性时，可通过为两个欧拉网格选择相同的网格尺寸和相同的参考点来降低成本。

7.4.5　初始化

要初始化多耦合面的欧拉单元，可以使用几个"PEULER"和"TICEUL"卡片，如下所示。

```
PEULER1,6,,HYDRO,19
TICEUL,19,,,,,,,,+
+,SPHERE,1,3,5,1. 0
SPHERE,1,,0.0,0.0,0.0,500.0
TICVAL,5,,SIE,400000.,DENSITY,0.2
MESH,22,BOX,,,,,,+
+,-0.01001,-0.01001,-0.01001,0.14002,0.12002,0.12002,25,OUTSIDE,+
+,14,12,12,,,,EULER,6
$
PEULER1,7,,HYDRO,20
TICEUL,20,,,,,,,,+
+,SPHERE,2,3,6,2.0
SPHERE,2,,0.0,0.0,0.0,500.0
TICVAL,6,,SIE,400000.,DENSITY,1. 9
MESH,23,BOX,,,,,,+
+,0.11499,-0.00501,-0.00501,0.1302,0.11002,0.11002,50,OUTSIDE,+
+,26,22,22,,,,EULER,7
```

"MESH"卡片引用一个唯一的特性编号，该编号也被"PEULER1"卡片使用。因此，"PEULER1"卡片提供了"MESH"卡片和"TICEUL"卡片之间的连接。这样，每个欧拉域引用一个唯一的"TICEUL"卡片。在"TICEUL"卡片上出现的级别指示器仅适用于连接到此"TICEUL"卡片的欧拉网格。

要将所有网格初始化为一个初始状态，只有将一个属性集与一个"PEULER1"和"TICEUL"卡片结合使用才行，在这种情况下也可以使用"PEULER"卡片，但"TICEUL"仅被"PARAM""FLOW-METHOD"和"FACET"卡片支持。

7.4.6　输出

如果已设置"PARAM""FLOW-METHOD"和"FACET"卡片，则可以照常指定欧拉存档。如果未设置这些卡片，将限制欧拉存档的输出。限制条件包括以下几种。

- 欧拉存档输出请求上的"ELEMENTS"卡片必须是 ALLEULHYDRO、ALLMULTIEULHYDRO

或 ALLMULTIEULSTREN。不支持指定单元编号。

- 对于每个网格，将创建一个单独的欧拉存档文件。因此，一个欧拉存档输出请求将提供多个存档文件。每个存档文件可能包含多个周期。欧拉存档文件有一个标记，用于指定它们所属的网格，从而方便区分欧拉存档文件。此标记的格式为 *FV_(Mesh-ID)，FV 是 "Finite Volume" 的缩写。
- 当其中一个欧拉网格的类型为 ADAPT 时，所有欧拉存档将只包含一个循环。

对于两个网格，欧拉存档输出请求如下所示。

```
TYPE (ALLEULER) = ARCHIVE
ELEMENTS (ALLEULER) = 2
SET 2 = ALLEULHYDRO
ELOUT (ALLEULER) = PRESSURE,XVEL,YVEL,ZVEL
TIMES(ALLEULER) = 0.0 THRU 0.1 BY 0.01
SAVE (ALLEULER) = 99
```

假设定义了一个 ID=22 的网格和一个 ID=23 的网格，那么这个输出请求将生成存档文件 ALLEULER_FV22_0 和 ALLEULER_FV23_0。

7.4.7 停用

若要使用多耦合面功能，可以在特定时间使用 "COUPLE" 卡片上的 TDEAC 字段停用耦合面和关联的欧拉域。停用后将停止计算耦合算法及其关联的欧拉域。欧拉域分析的拉格朗日结构不会继续激活耦合面。停用仅被 Roe 求解器支持。

7.5 欧拉方程的流体和气体求解器

对于气体和流体流动，可以使用最先进的欧拉求解器。流体和气体的欧拉求解器是基于有限体积单元的面求解黎曼问题，其数学过程相当于将问题分解为离散波传播问题。通过在面上引入局部黎曼解的物理性质，得到了一个质量更好、物理上更合理的解。流体和气体求解器也称为近似黎曼求解器。

求解器在内部流场中的空间精度可以是一阶或二阶的。二阶空间精度是通过应用 MUSCL 格式并结合非线性限制器函数来获得的。MUSCL 方法保证了在流场的强不连续性附近不会发生虚假振荡。该方案是全变差递减（Total Variation Diminishing，TVD），意味着它不会在解域中产生新的极小值或极大值。原始 Roe 求解器可以使用输入文件中的 "PARAM" "LIMITER" "ROE" 卡片来激活。

为了进一步提高解的精度，对流体和气体求解器进行了改进，得到了一个完整的二阶格式。所有边界条件——流动边界条件和壁面边界条件，在空间上都是完全二阶精度的。在 "PEULER" 或 "PEULER1" 卡片中输入关键字 2ndOrder 或 1stOrder，可以使用新的和改进的求解器（一阶或二阶）。

流体和气体求解器中的时间积分是由一个多级时间积分器执行的，也称为 Runge-Kutta 格式。在时间积分中应用多个阶段，可以获得更高的时间精度。选择一阶或二阶解决方案时，将自动选择所需的阶数。一阶空间精确解采用一阶时间积分方案；二阶空间精确解采用三阶段时间积分方案。

当需要耦合面时，必须使用 "COUPLE1" 卡片。如果设置 "PARAM" "FASTCOUP" "FAIL" 卡片使用快速耦合算法，则可以请求具有问题的多耦合面，还可以定义多个耦合面之间的相互作用。例如在希望对 "腔室" 建模的情况下，在结构问题后，这些腔室将显示流体或气体可能流过它们之间的"连接"。一个典型的例子是飞机货舱发生爆炸，爆炸后地板可能破裂，高压气体可能会排入客舱。

流体求解器允许将黏度引入溶液中。可以用泰特的状态方程来模拟带有附加黏度项的流体。

目前的实施有一些局限性。欧拉单元必须用材料完全填充，因此不允许使用空心单元或部分空心单元。对于有时可能出现空隙的流体流动，建议使用泰特状态方程。该状态方程完全由改进的二阶欧拉求解器支持，并允许定义临界密度。当流体密度低于临界值时，流体会空化（即压力保持与临界密度相关的值），密度可以进一步下降，但压力保持不变。用这种方式，可以避免创建空孔，并且仍然允许流体空化。只满足简单体积状态方程的流体的可用数据时，仍然可以使用泰特模型。

7.6 模拟容器充液

容器，例如塑料瓶，经常承受轴向载荷。当瓶子被压碎或堆放时会产生轴向载荷。此情况可能涉及空瓶、满瓶或装了部分流体的瓶子。被流体填充的容器可以使用完整的多材质描述来建模。然而，使用全多材料欧拉流体动力学求解器来求解流体的准静态行为是一个相当麻烦的方法。另一种建模方法是使用"FFCONTR"选项，使用此选项可以消除对完整流体动力学解决方案的需要。

"FFCONTR"选项使用均匀压力算法来计算由于容器压缩而导致的压力增加。压力分布均匀，但由于容器变形时体积会发生变化，压力可能会随时间变化。

7.6.1 上方气体

需要定义一个曲面来指示容器的边界。被表面包围的体积等于容器的体积。

曲面的法线必须向外，以便计算正确的体积。当法线指向内部时，它们会自动反转，以便生成的体积为正。曲面必须闭合，以确保计算正确的体积。

必须定义容器或瓶子中的流体量。流体上方的气体体积为容器可填充体积和容器中流体体积之间的差值。显然，流体的体积不能超过被表面包围的体积。假定流体是不可压缩的，那么，任何体积变化都可直接转换为流体上方气体的体积变化。

假设流体上方的气体在等热条件下表现为理想气体：

$$PV=C \qquad\qquad 7\text{-}5$$

其中：P 是压力，V 是体积，C 是常数。

要定义常数 C，必须指定"FFCONTR"卡片上流体上方气体的初始压力。初始压力仅用于计算压力变化，不会对可能应用的其他边界条件产生影响。如果存在过压（例如碳酸软饮料）或欠压（例如热灌装容器），则必须使用"PLOAD"卡片分别对此进行建模。"PLOAD"卡片上的压力值和"FFCONTR"卡片上产生的压力值叠加在一起进行计算。

7.6.2 热灌装

在冷却过程中，用热流体填充瓶子会导致大变形。要模拟这些变形，可以使用"流体填充功能容器"选项。由于 Dytran 只有有限的冷却功能，因此流体的温度必须由用户指定。此外，流体的体积将取决于温度。温度与时间表和水密度与温度表是充液容器的输入选项。

如果设置了这些，则气体不再是等热气体，且满足：

$$PV/T = C \qquad 7\text{-}6$$

其中，V 是气体的体积，T 是气体的绝对温度，这个体积是总体积和流体体积之间的差值。流体的体积由下式给出：

$$V = \frac{M_{\text{water}}}{\rho} \qquad 7\text{-}7$$

其中，流体密度 ρ 取决于表项中指定的温度，M_{water} 代表水的质量。

7.7　任意拉格朗日 - 欧拉耦合

任意拉格朗日 - 欧拉耦合（简称为 ALE）是在任意构形的基础上来研究任意点在空间坐标系中的运动规律：一种描述为同一任意点在空间坐标系中的位置矢量随时间的变化情况，而另一种描述为同一物质点 X 在任意坐标系中的位置矢量随时间的变化情况。

如一般耦合所述，ALE 还可以使由欧拉网格和拉格朗日网格建模的材料相互作用。两个网格必须通过 ALE 界面相互耦合。界面上的拉格朗日网格点和欧拉网格点在物理空间上重合，但在逻辑空间上不重合。在分析过程中，界面作为流动欧拉材料的边界，欧拉材料对界面的拉格朗日部分施加压力，该部分会将力分布到拉格朗日网格点。

界面随着拉格朗日结构的变形而移动，欧拉网格边界也会移动。为了保留原欧拉网格，使其能够跟踪结构运动，可以定义欧拉网格点为 ALE 网格点。在这种情况下，ALE 算法可让欧拉网格传播 ALE 界面的运动。

在 ALE 的计算中，欧拉材料流过网格，网格也可以同时移动，材料相对于移动网格有一个速度。

ALE 界面都不能与具有强度的欧拉单材质单元结合使用，也不能与 Roe 求解器结合使用。

由于 ALE 在分析过程中都不需要几何计算，因此它可能比一般耦合更快。结构在接口处的变形应该是平滑的，但不一定很小。鸟击分析是典型的 ALE 的应用，变形通常很大，但在时间上是平滑的。

7.8　自动耦合

模拟流固耦合作用有两种方法：第一种称为一般耦合，可以应用于非正交欧拉网格，但费用昂贵；第二种方法称为快速耦合，也就是自动耦合，要求欧拉网格正交，速度相当快。这使得快速耦合方法成为最常用的方法。为了使流体结构快速耦合，必须执行以下操作。

- 使用 "CHEXA" "MESH" 或 "BOX" 卡片定义正交欧拉域。
- 定义包含与流体交互的所有结构段的曲面，即耦合面。
- 定义使用此曲面的 "COUPLE" 卡片。
- 添加参数 FASTCOUP。

此外，耦合面必须闭合，不能有孔，也不能有 T 型接头；如果有 T 型接头，则 Dytran 会因错误而终止。

如果存在孔，则必须使用虚拟段对孔进行网格化。图 7-5 所示为爆炸波击中掩体，掩体的侧面是开放的，必须与虚拟部分啮合。需定义两个耦合面，一个耦合面用于模拟燃料仓内的流体，另一个用于模拟燃料仓外的流体。此外，必须定义两个欧拉域。在实际模型中，孔的处理可能更加复杂。

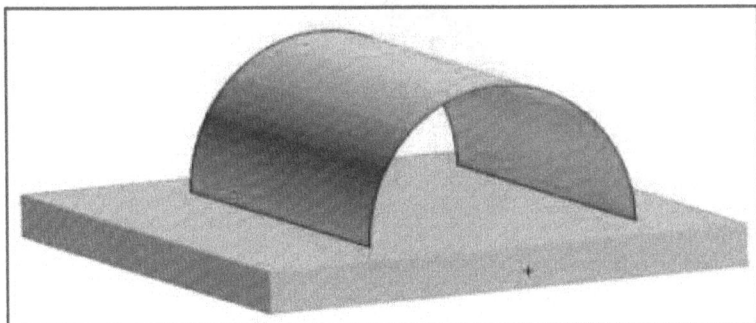

图 7-5　爆炸波击中掩体

类似地，如图 7-6 和图 7-7 所示的情况，可以通过定义多个耦合面来处理 T 型接头。这里的耦合面 1 由图中间的粗竖线和细竖线组成。两个耦合面都使用多孔虚拟表面，并允许在两个欧拉域之间流动。对于带有挡板的真实晃动模型，这种方法需要付出很大的努力，是不可行的。

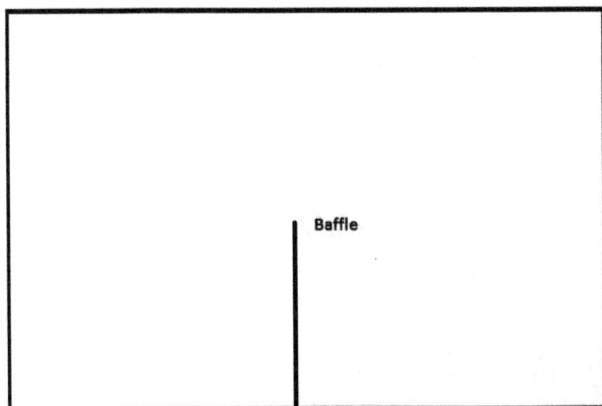

图 7-6　带挡板的模型

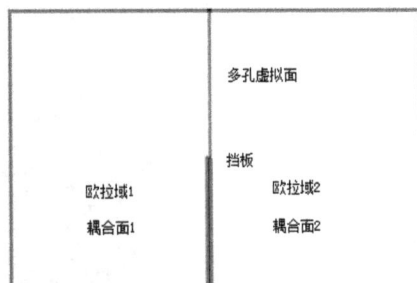

图 7-7　定义多个耦合面来处理 T 型接头

考虑到孔和 T 型接头，传统的闭合耦合面要求不再适用。通用方法是重新定义耦合面。耦合面定义了结构覆盖的欧拉域的一部分。因此，需要闭合以确保流体容器的完整性，即耦合面将不再作为流体容器，而只作为流体流动的屏障。这种新方法称为自动耦合方法，并通过"PARAM""AUTOCOUP"卡片激活。

7.8.1　以耦合面为屏障

封闭表面的要求意味着流体只能在耦合面的内部或外部。例如图 7-8 所示的圆柱体和欧拉网格的横截面。外部的圆代表圆柱形部分，内部的线表示欧拉单元。这里假设这对耦合使用 COVER=OUTSIDE。因此，外部区域被耦合面覆盖，并且只有内部区域可以容纳流体。

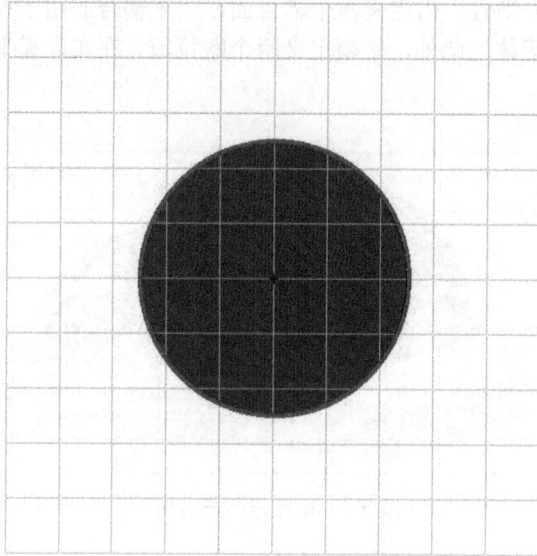

图 7-8　圆柱体和欧拉网格的横截面

欧拉单元有 3 种类型。

- 在外部的单元，不能包含流体。
- 完全在内部的单元，可以完全充满流体。
- 部分位于内部的单元，只有连接面内的单元部分才能充满流体，而另一部分不能。

当连接面关闭时，可以直接确定单元的哪些部分可以包含流体。当使用耦合面作为屏障时，两侧可容纳流体，如图 7-9 所示的缸两侧含流体。

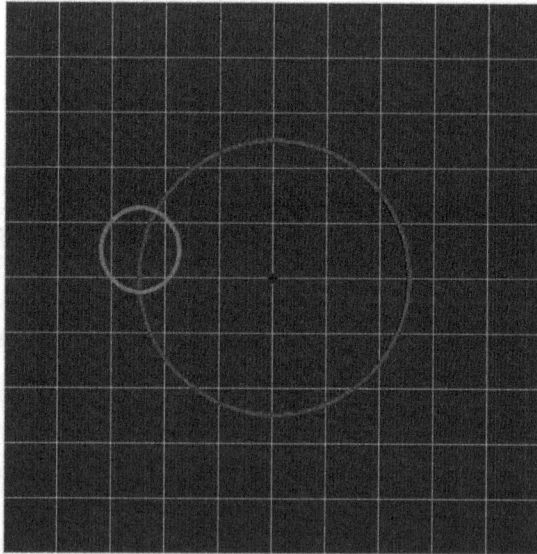

图 7-9　缸两侧含流体

所有的欧拉单元都可以包含流体。与结构相交的欧拉单元可以在两侧包含流体。每一面都有不同的质量、压力和密度。需要将欧拉单元拆分为多个部分，这些单元部分称为子单元。图 7-10

所示为图 7-9 中小圆圈的单元放大图，它被分成两部分，称为子单元 1 和子单元 2。

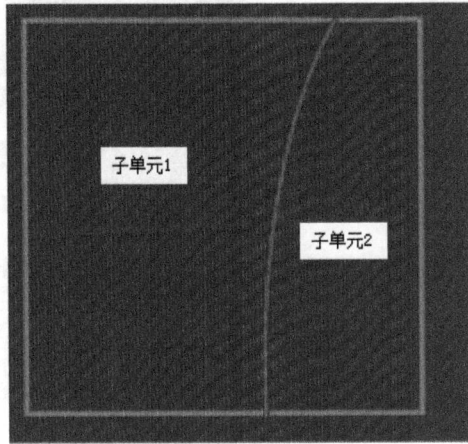

图 7-10　单元放大图

子单元由其边界定义。这些边界如图 7-11 所示，为定向线段，包括欧拉单元面的一部分和单元内结构段的一部分。

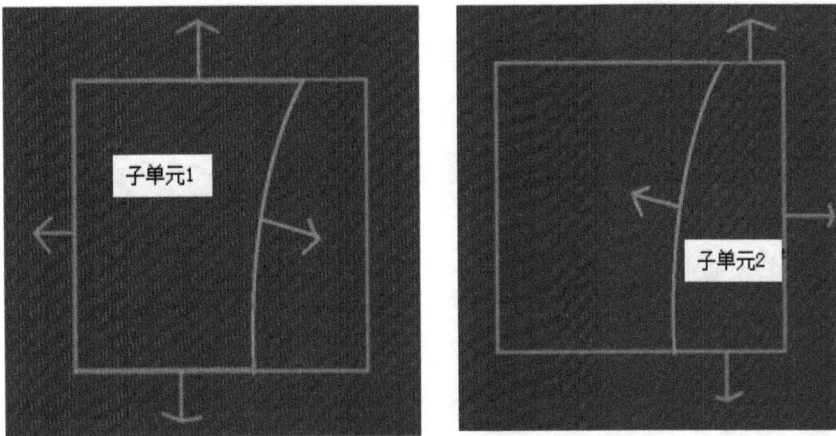

图 7-11　子单元的边界

子单元由其边界的线条形成一个闭合的环，没有孔。通常，子单元是通过给出一个定向段列表来定义的。这个列表将被称为子单元的次表面。若要正确定义子单元，子单元的次表面在父欧拉单元内不应有孔。

由于定向段列表定义了子单元，因此可以使用它们将子单元连接起来。图 7-12 所示为连接子单元。定向段是子单元 1 和子单元 3 的子表面。子单元 1 和子单元 3 共享一个定向段。子单元 1 连接到子单元 3。因此，流体可以在子单元 1 和子单元 3 之间流动。此外，子单元 1 未连接到子单元 4，因为它们不共享公共定向段。

图 7-13 所示为一个带有孔的耦合面。

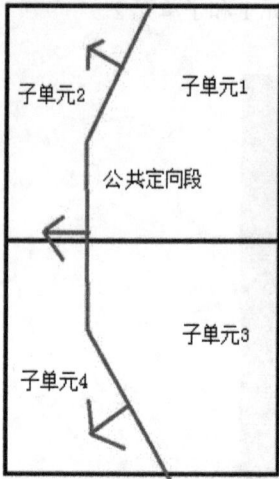

图 7-12　连接子单元

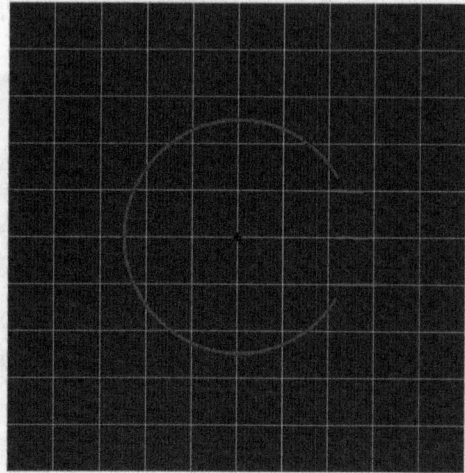

图 7-13　带有孔的耦合面

此处，结构端部位于两个欧拉单元内，因此必须为全孔创建快速耦合方法虚拟段，如图 7-14 所示，虚拟段使耦合面闭合。如果孔中有水流通过，并且使用快速耦合方法，则虚拟段显示为橙色，必须使用两个欧拉域，一个用于内部，一个用于外部，图 7-15 和图 7-16 所示为内部区域和外部区域的欧拉域，流体可以在耦合面内部，也可以在耦合面外部。

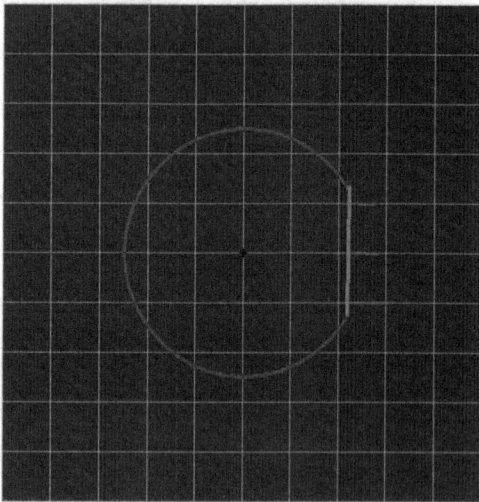

图 7-14　为全孔创建快速耦合方法虚拟段

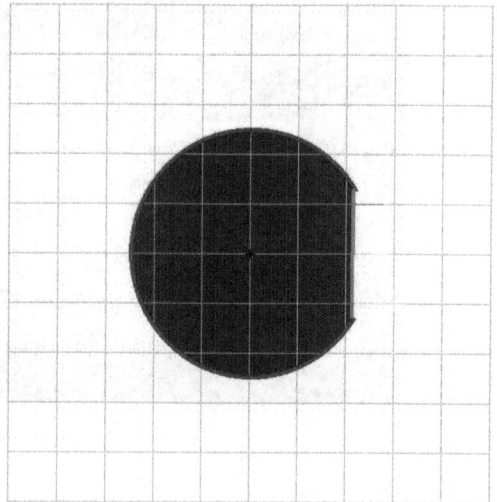

图 7-15　内部区域的欧拉域

将耦合面视为屏障时，只有包含孔的单元需要在这些单元中进行特殊处理。在单元内有一个屏障。该屏障将欧拉单元拆分为两个子单元。在图 7-13 中，只有两个欧拉单元有孔。两个子单元的次表面如图 7-17 所示。

因此，为了正确定义子单元，需添加虚拟段来填充欧拉单元内的孔，如图 7-18 和图 7-19 所示。注意，孔只需在欧拉单元内闭合。这是与快速耦合方法的主要区别，其中必须使用虚拟段填充完整的孔。

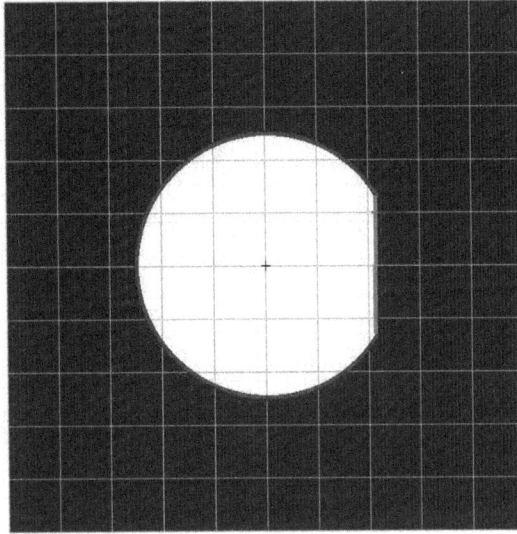

图 7-16　外部区域的欧拉域

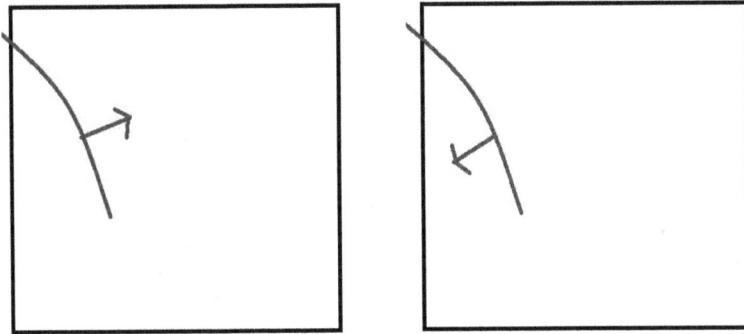

图 7-17　子单元 1 的次表面和子单元 2 的次表面

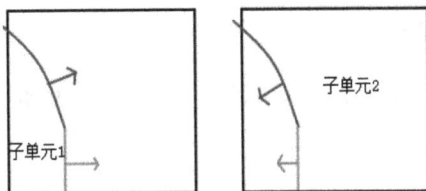

图 7-18　填充子单元子表面的孔

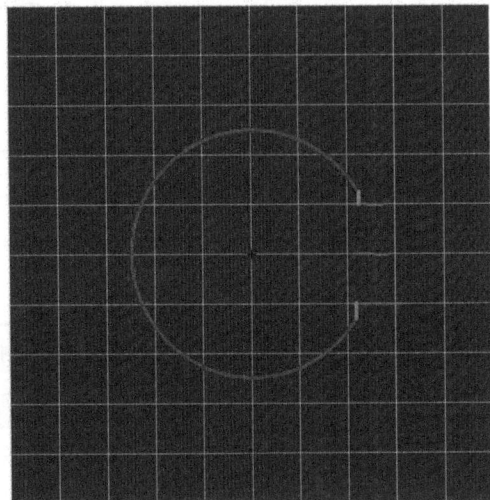

图 7-19　添加虚拟段

7.8.2　T 型接头

图 7-20 所示的带挡板的模型，将欧拉单元拆分为子单元，允许使用 T 型接头。自动耦合方法给出了图 7-21 所示的子单元。

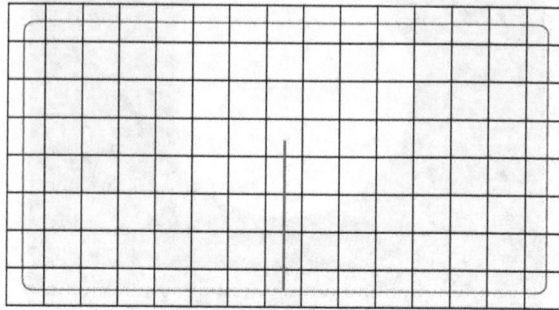

图 7-20　带挡板的模型

每个子单元的子表面如图 7-22 所示。

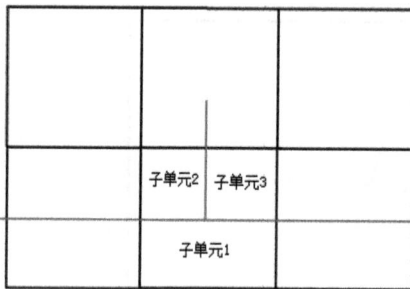

图 7-21　带挡板模型的子单元

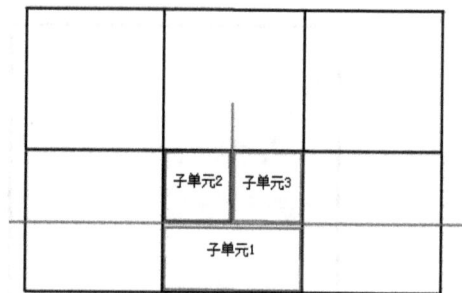

图 7-22　每个子单元的子表面

子单元 1、子单元 2 和子单元 3 必须连接到其他单元和子单元，如图 7-23 所示。

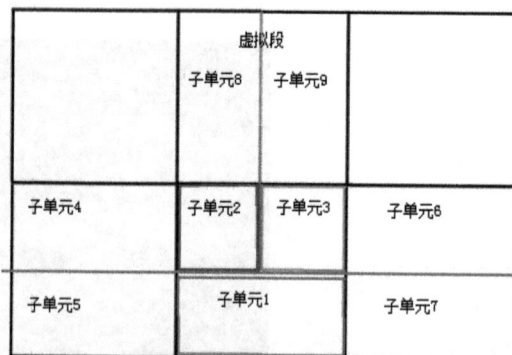

图 7-23　连接子单元

中上部的欧拉单元有一个孔，并创建了一个虚拟段。此外，该单元被拆分为子单元 8 和子单元 9，并进行了连接，表 7-1 为子单元之间的连接。

表 7-1　子单元之间的连接

子单元	子单元 1	子单元 2	子单元 3	子单元 4	子单元 5	子单元 6	子单元 7	子单元 8	子单元 9
子单元 1		连接	连接		连接		连接		
子单元 2	连接		连接	连接				连接	
子单元 3	连接	连接				连接			连接

如果子单元连接在一起，那么它们之间可能会有流体流动。

在挡板处，通常需要创建图 7-24 和图 7-25 所示的虚拟段。

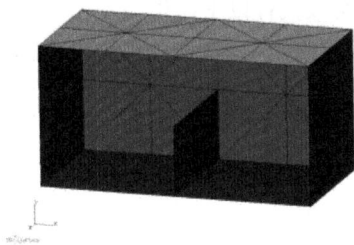

图 7-24　挡板

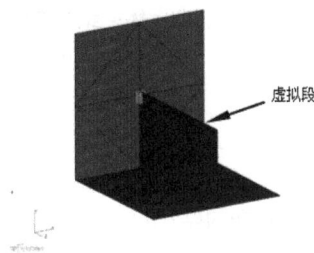

图 7-25　在挡板处添加虚拟段

7.8.3　自动耦合输出

与结构相交的欧拉单元被拆分为欧拉上的子单元。默认情况下，这些欧拉单元所受的压力为零，如图 7-26 所示。

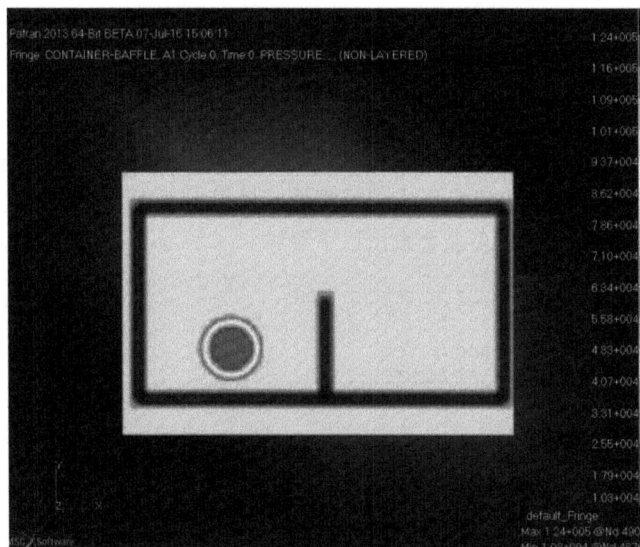

图 7-26　与耦合面相交的欧拉单元所受压力为零

可以通过 "PARAM" 卡片的 "OUTPUT" "AUTOCOUP" 选项看到实际子单元值。

7.8.4　欧拉初始化

"COUPLE" 卡片的 COVER 字段定义了欧拉域的哪些部分可以包含流体。耦合的场覆盖定义了欧拉域的哪些部分可以包含流体。晃动罐体时，外表面通常是封闭的。在这种情况下，油箱曲面将欧拉域划分为内部和外部两个区域。例如上面所示的模型，这个模型有孔，但外表面是封闭的。在这种情况下，COVER=OUTSIDE 可以与 PARAM、AUTOCOUP 一起使用，并且只有外部结构中的欧拉单元将包含流体。如果耦合面没有将欧拉域划分为内部和外部，则必须使用COVER=NONE。然后，耦合面的两侧都可能有流体。

7.8.5　带自动耦合运行

要模拟具有自动耦合的流体 - 结构的相互作用，必须执行以下操作。

（1）添加"PARAM""AUTOCOUP"卡片。注意"PARAM"卡片不能与"FASTCOUP"卡片组合。

（2）仅使用一个欧拉域，欧拉域可以由"MESH"卡片或"CHEXA"卡片定义。

（3）仅使用一个耦合面。所有参与流固耦合作用的结构都可以放在一个耦合面上。通过自动耦合，耦合面可以由断开的结构组成。

快速耦合建模需要多个耦合面和欧拉域，但自动耦合不再需要多个欧拉域或多个耦合面。

无须使用孔率模型 PORFCPL 或 PORFLCPL，它们使耦合面之间的材料能流动，仅适用于多耦合面方法，不适用于自动耦合，且自动考虑了自耦合流过孔的流量。

在自动耦合方法中，需为每个子单元创建虚拟线段和子单元，还需要对这些子单元进行耦合面的计算，并且这些子单元必须连接在一起。

这使得它成为一种复杂的方法，并且如果模型较为复杂，则软件会给出错误提示。可能会出现以下错误提示。

```
%E-P4310103-V4_SUBELMS_DEFINE_SUBSURFS,,,
Joint type not implemented yet.
%E-P4310301-V4_SUBELMS_INSECT_SUBSURFS_TJ,,,
inconsistent coupling surface computation for element 27179.
```

对于这些错误，现在的版本中还没有解决方法。期待下一个 Dytran 版本会有解决方法。

在快速耦合时，耦合面可以在欧拉面上自动耦合，如果出现误差，则不支持这种情况。

此外，欧拉面上线段的自由边可能会发出以下警告。

```
%W-P4309901-V4_SUBELEM_CONNECT_EXTENDED_GPS,,,
Program error: please contact MSC.
Dummy surface cannot be triangulated.
%W-P4308103-V4_CREATE_DUMMY_SEGMENTS,,,
Dummy surface cannot be triangulated. This is program error.
Please contact MSC.Software.
```

稍微改变欧拉网格的几何特性，可以避免欧拉面上的自由边或线段问题。

例如，如果使用：

```
MESH,1,BOX,,,,,,,+
+,-1. 5,-1. 5,-1. 5,3.0,3.0,3.0,,,+
+,20,20,20,,,,EULER,1
```

给出虚拟曲面警告，然后按以下方式稍微更改网格，则能解决问题。

```
MESH,1,BOX,,,,,,,+
+,-1. 501,-1. 501,-1. 501,3.002,3.002,3.002,,,+
+,21,21,21,,,,EULER,1
```

第 8 章
运行分析

　　建立了完整的有限元模型后，就可以进行分析控制。分析控制就是为建立的模型指定控制信息，生成求解器的输入文件，提交 Dytran 求解器进行运行分析，生成结果文件并将其导入，以备结果后处理。

　　通过本章的学习，读者可以掌握 Patran 建模后提交 Dytran 分析的流程、分析结果的读取以及优化分析的设置等。

8.1　运行分析概述

几何模型、有限元网格、材料属性、边界条件、单元属性等建立完毕之后，就建立了完整的有限元模型，可以递交运行进行分析了。本章讨论的问题是对建立的有限元模型指定控制信息，生成对应求解器的输入文件，提交求解器运行分析，生成分析结果文件，并将其导入，以作显示分析结果之用。

对于不同的分析求解器和分析类型，"Analysis"选项卡中对应的操作面板有所不同，本节以 Dytran 的结构分析为例进行说明。

8.1.1　工具栏

"Analysis"选项卡中的快捷应用工具栏如图 8-1 所示。

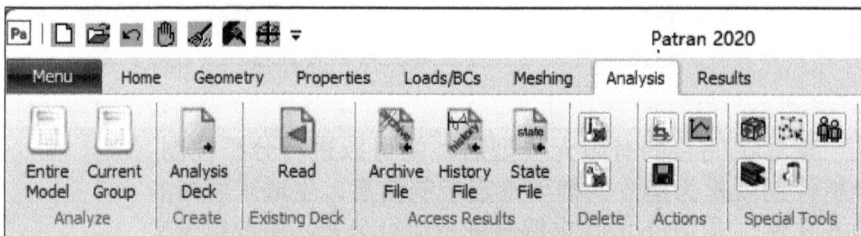

图 8-1　"Analysis"选项卡中的快捷应用工具栏

"Analysis"选项卡中的快捷应用工具包括分析求解（Analyze）、创建（Create）、当前分析平台（Existing Deck）、获取分析结果（Access Results）、删除分析工作（Delete）、运行实例（Actions）和特殊工具（Special Tools）。提供的这些工具，便于将 Patran 与 Dytran 结合使用。这些工具允许用户创建一组节点或单元，并作为"SET1"卡片写入 Dytran 输入文件。

8.1.2　分析顺序

使用 Dytran 进行分析所涉及的步骤与使用任何其他有限元分析代码进行静态分析所涉及的步骤基本相同，主要区别在于静态分析通常在一次操作中运行，而 Dytran 分析通常在以下多个阶段中运行。

（1）建模。

（2）数据编译。

（3）数据检查。

（4）分析。

（5）结果转换。

（6）结果后处理。

8.2　在 Dytran 中使用建模程序

可以使用 Patran 或其他建模软件包，以与生成任何其他有限元模型完全相同的方式生成 Dytran

模型。本节将讨论建模时需要注意的事项。模型创建完成后，应该使用建模软件提供的转换器来编写"Nastran"输入文件。由于 Dytran 的大部分输入与 Nastran 相同，因此只需对 Dytran 稍做修改即可使用 Nastran 风格的输入。

几乎所有的建模软件都可以编写 Nastran 输入文件；如果使用的建模软件没有做到这一点，那么必须编写自己的转换器，将数据转换为 Dytran 可以理解的形式。

Dytran 分析的绝大多数数据通常可以通过建模软件创建，表 8-1 所示为可以通过建模软件创建的数据。

表 8-1　可以通过建模软件创建的数据

数据说明	关键字
网格点	GRID
一维单元	CBAR、CBEAM、CROD
体单元	CHEXA、CPENTA、CTETRA
壳和膜单元	CQUAD4、CTRIA3
属性	PSOLID、PSHELL
单点约束	SPC、SPC1
集中荷载	FORCE、MOMENT
压力荷载	PLOAD、PLOAD4

由于大多数建模软件包通常设置为准备线弹性分析的数据，因此无法创建完整的"Dytran"输入文件，需要编辑该文件以添加建模程序无法创建的特征，如刚性墙或非线性材料特性。此类添加通常很少。

8.2.1　网格点

Dytran 可接受任何网格点编号系统，因此无须重新对模型编号，采用网格点的编号表示其位置即可。由于 Dytran 没有带宽要求，因此不需要对模型进行任何带宽优化。

8.2.2　单元

Dytran 仅具有线性单元、体单元、壳单元和膜单元，因此不要创建任何具有中间节点的单元。必须为单元提供正确的特性和材料编号，因为 Dytran 通过选择单元编号确定单元的位置。由于 Dytran 没有波前要求，因此不需要进行波前优化。在壳单元上定义栅格点的顺序很重要，因为它决定了顶面和底面。一个区域中的所有壳单元都应该具有相同的顶面和底面，以便在绘制结果时看到的是真实结构的同一侧。一些建模程序可以绘制单元坐标系，可使用此方法检查单元 Z 轴是否都指向同一方向。

Dytran 中的拉格朗日单元在分析过程中可能会发生较大的变形。因此，分析应从尽可能小的变形开始。许多高度自动化的网格生成的单元用于高度非线性分析时，可以将其视为扭曲的单元。使用自动网格生成器时，可能需要修改生成的某些单元的形状。

一些自动网格生成器只生成三角形和四面体，应避免使用这种生成器，因为四面体的性能非常差。三角形壳在弯曲时能得出正确的解，但比四边形单元的计算更加困难，会使分析更费时。

8.2.3 材料和属性

根据建模方式的不同，可能需要将可用属性（通常是 PSHELL/PSOLID）转换为适当的 Dytran 属性类型（例如 PEULER、PEULER1）。Patran 允许用户以交互方式定义任何 Dytran 属性类型，如果可以在建模阶段赋予属性，则应该在建模过程的这个阶段定义 Dytran 属性。

8.2.4 约束条件

单点约束可以应用于模型中的任何拉格朗日网格点，但强制位移必须为零。非零位移在 Dytran 中是无效的。除非在 ALE 计算中需要，否则不应约束欧拉网格点。有多种不同类型的约束（SPC1、SPC2、SPC3）可以使用，能够定义关于静止坐标系和移动坐标系的约束。

8.2.5 载荷

可以在 Modeler 中应用拉格朗日集中荷载和压力，并将它们转换为"FORCE""MOMENT"和"PLOAD4"卡片。大多数建模软件只应用静态负载，而不应用动态负载。因此，必须添加一个"TLOADn"卡片，给出负载随时间的变化。在建模软件中应用载荷时，指定的载荷或压力的幅值实际上是"载荷-时间"曲线的比例因子。

8.3　数据处理

使用建模软件创建模型后，必须将数据转换为 Dytran 可以理解的形式，即编译数据。运行分析之前还需要检查数据。

8.3.1　编译数据

我们将 Patran 和 Dytran 作为组合一起使用。编译过程专为 Dytran 设计，它几乎可处理 Dytran 提供的所有功能。

结果输入文件的确切形式和完整性取决于所使用的建模器。如果建模时将 Nastran Executive 和 Case Control 添加到输入文件的顶部，则需要删除它们，因为它们与 Dytran 的命令不同。如果不删除它们，Dytran 将忽略它们，因为它们仅对 Nastran 有效。类似地，Dytran 忽略在 Bulk Data 部分中写入的任何"PARAM"卡片，以便与 Nastran DMAP 一起使用。

如果不使用 Patran，则必须先向文件中添加一些附加信息，如果使用的是以下任一项，则添加"文件管理"部分。

- 输出文件类型。
- 用户子程序（如需要）。
- 重启控制（如需要）。

接下来，添加一个 Case Control 部分，需提供以下信息。

- 分析的终止时间或时间步长。
- 要使用的约束和荷载。
- 输出结果的类型和频率。

- 其他事项控制选项。

最后，添加在建模阶段无法创建的任何其他特性。这取决于问题本身，但通常包括以下几部分。

- 材料性能（DMATxx）。
- 欧拉特性（PEULER、PEULER1）。
- 接触面（CONTACT）。
- 耦合面（COUPLE）。
- ALE 表面（ALE）。
- 刚体（RIGID、RELLIPS、MATRIG、RBE2-FULLRIG）。
- 刚性墙（WALL）。
- 动态荷载（TLOAD1、TLOAD2）。
- 欧拉边界条件（FLOW、WALLET）。
- 初始条件（TIC、TICGP、TICEL）。
- 横截面（SECTION）。

完成这些修改后，就有了一个可以运行的 Dytran 输入文件。

8.3.2　检查数据

在运行主分析之前，一定要进行数据检查。数据检查执行以下任务。

- 读取并检查输入文件。
- 整理数据并显示任何错误或警告信息。
- 执行两个时间步。

执行数据检查时不需要做任何操作，因为它是所有分析的默认选项。仔细检查输出以确保模型正确。

检查输入数据的重要性再怎么强调都不为过。Dytran 分析的非线性、动态特性需要大量的计算机资源。Dytran 还可以分析可能被其他代码拒绝的模型。输入错误既费资源又耗时。长远来看，花一点时间检查数据非常值得。

8.4　执行 Dytran

无论使用哪种系统计算机，Dytran 的输入都是相同的。但是，实际运行程序的方式取决于机器。在某些情况下，Dytran 的执行可以根据特定的机器配置进行定制。

使用 Windows 计算机时，可以使用 Dytran Explorer 提交分析。Dytran Explorer 提供了一种简单的方法来控制数据，允许通过单击来制作动画等。

8.4.1　运行 DMP 作业

对于 DMP 作业的运行，首先需要选择 MPI 版本，如图 8-2 所示。

（a）选择"Tools"命令。

（b）打开"Options"对话框。

（c）单击"MPI"选项卡。

（d）选择要使用的 MPI 类型。

（e）完成后单击"OK"按钮。

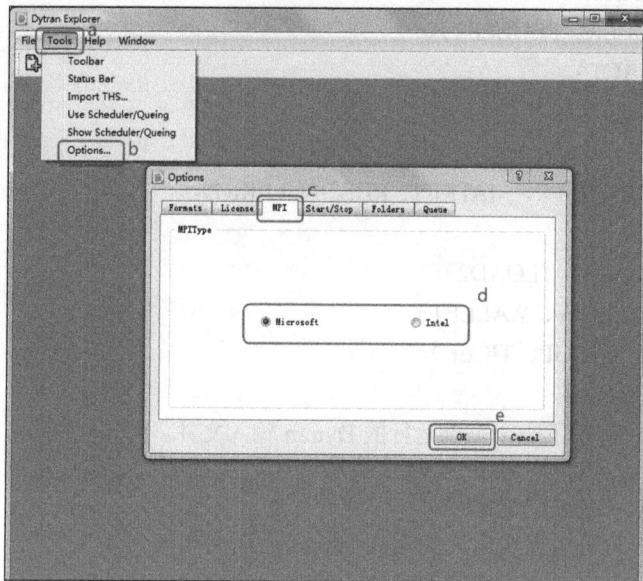

图 8-2　选择 MPI 版本

要启动 DMP，需先单击工具栏中的"New Job"（新任务）按钮，打开"Dytran Job"窗口，按图 8-3 所示设置参数。

（a）选择输入文件。

（b）勾选"DMP"选项。

（c）设置要使用的处理器数量。

（d）单击"Run Job"（运行任务）按钮，开始计算。

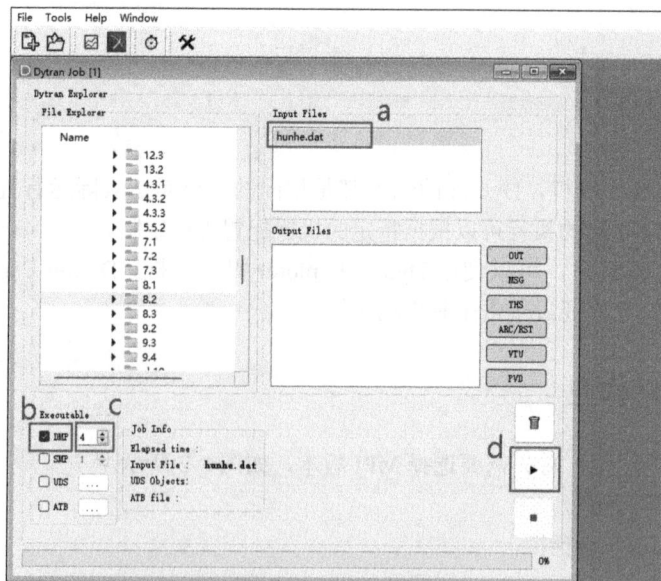

图 8-3　启动 DMP

步骤（b）和步骤（c）中也可以单独选择 SMP 选择器，这取决于输入面板中使用的"Dytran"选项，可以同时应用 DMP 和 SMP。

8.4.2　使用队列或调度程序

Dytran Explorer 提供了在队列中运行多个作业的选项，或在选定的时间启动作业。可以使用"Tools > Options"命令启用队列或调度程序，如图 8-4 所示。

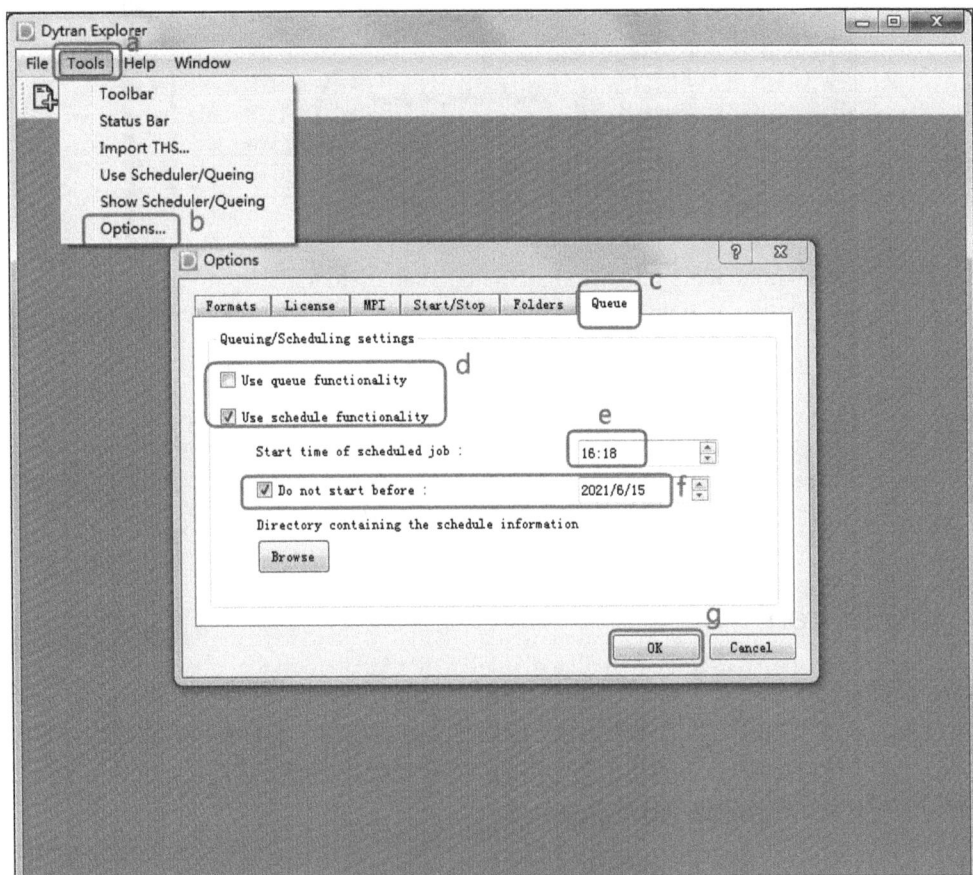

图 8-4　队列或调度程序

（a）单击"Tools"打开工具菜单。

（b）选择"Options"命令，打开"Options"对话框。

（c）单击"Queue"选项卡。

（d）勾选"Use queue functionality"或"Use schedule functionality"选项。

（e）如果勾选后者，则需设置开始时间。

（f）也可以选择设置开始日期。

（g）完成后单击"OK"按钮。

现在，可以用与常规作业相同的方式设置新作业，只是在单击"开始"按钮后，不会直接提交作业，而是根据在"Tools > Options > Queue"中选择的功能将其添加到队列或安排中。

一般会弹出图 8-5 所示的对话框，警告用户作业未立即启动。

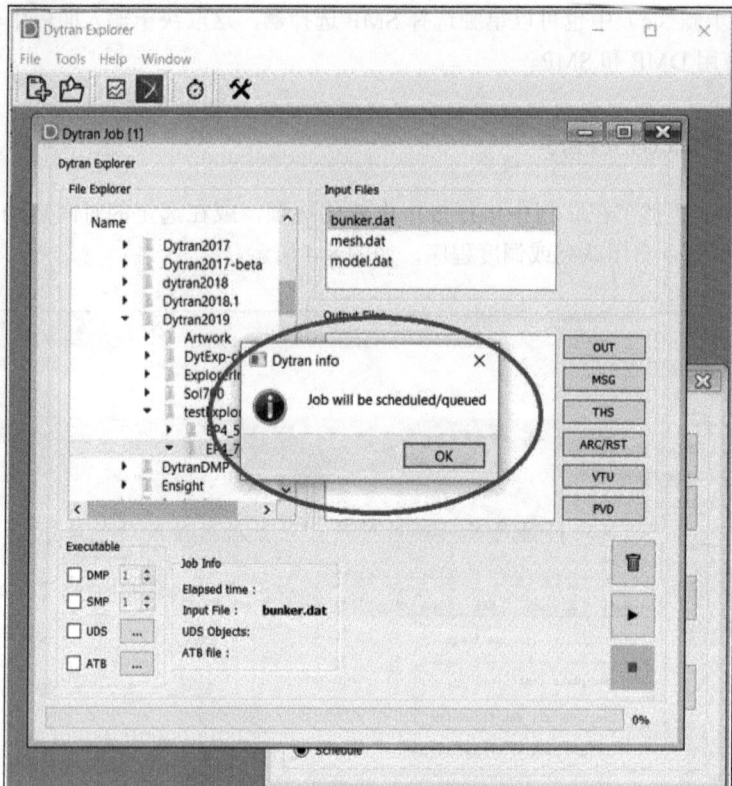

图 8-5　警告用户作业未立即启动

8.4.3　运行 Dytran

Dytran 还可以使用名为"Dytran"的命令行过程运行。命令行过程处理提供的参数，并创建第二个命令过程，该过程将提交到批处理队列，或以交互方式执行。要查看所有可能的命令行选项，输入 Dytran（不带任何参数），并列出所有可用的命令行选项，并解释它们的含义。

下面是一些有关如何使用命令行过程的示例。

```
% dytran jid=mydata exe=my_exe.exe
% dytran jid=mydata bat=no ( interactive run )
% dytran jid=mydata bat=no print=printout
% dytran jid=mydata
```

8.4.4　停止 Dytran

可以使用 Dytran Explorer 中的停止按钮终止 Dytran 的运行。

8.5　由 Dytran 创建的文件

Dytran 在分析过程中创建了许多文件。对于大部分计算机系统，这些文件的名称通常是相同的，少部分系统可能存在一些差异，详情请参阅 Dytran 安装和操作指南。

在本书的主要章节中，引用特定 Dytran 文件时使用的是通用名称。Dytran 文件引用名和实际通用文件名如表 8-2 所示。

表 8-2　Dytran 文件引用名和实际通用文件名

文件	后缀名	通用名称
输入文件	DAT	file_name.dat
信息文件	MSG	FILE_SUMMARY.MSG
输出文件	OUT	file_name.OUT
存档文件	ARC	output_file_#.ARC
时间历程文件	THS	output_file_#.THS
重新启动文件	RST	output_file_#.RST
警告和错误文件	ERR	ERROR_SUMMARY.MSG
数据忽略文件	IGN	NASTRAN_IGNORE.MSG
中性输入文件	NIF	file_name.NIF
工作状态文件	INFO	JOB.INFO

（1）输入文件。输入文件包含所有输入数据，没有输入数据是无法运行 Dytran 的。输入文件是一个文本文件，每行最多有 80 个字符。

（2）信息文件。每次将数据写入存档或重新启动文件时，这些日志信息都会被记录在信息文件中。

（3）输出文件。输出文件是一个文本文件，可以将文件打印出来查看，或使用文本查看器查看。它包含由 Dytran 生成的消息以及每个时间步的计算摘要。使用 Dytran Explorer 时，双击输出文件将使用默认文本查看器打开文件。可以在菜单栏中选择"Options"命令更改默认文本查看器。

（4）存档文件。Dytran 可以在分析期间创建任意数量的包含结果的存档文件，存档文件是二进制文件。它们包含分析模型的几何结构、连接性的完整描述以及所要求的结果。Patran 可以读取存档文件进行后处理。此外，Dytran Explorer 还可以读取存档文件，并可以快速构建在 Web 浏览器中运行的动画。

（5）时间历程文件。Dytran 还可以创建任意数量的时间历程文件，其中包含计算期间特定网格点和单元的结果，它们也是二进制文件。时间历程文件仅包含结果。使用 Dytran Explorer，可以快速绘制时间历程文件中包含的结果。它还可以合并结果，以及将结果导入和导出为其他格式。

（6）重新启动文件。重新启动文件是包含重新启动分析所需信息的二进制文件，可以创建任意数量的文件；但是，由于每次写入重新启动数据时都会存储分析的完整表示形式，因此重新启动文件可能会变得非常大，如果写入的重新启动数据过多，则可能会耗尽磁盘空间。

（7）警告和错误文件。Dytran 生成一个错误文件，其中包含在读取期间和后续数据处理期间发出的所有警告和错误的摘要。

（8）数据忽略文件。例如，在许多情况下，Dytran 会发出消息，指示 Nastran 条目和相应的 Dytran 解释之间的差异。如果这些不是致命的，则会写入该文件

（9）中性输入文件。这是一个内部文件，用于存储初始排序后的输入数据，通常是可以删除的。

（10）工作状态文件。这是一个内部文件，Dytran Explorer 将使用它来更新进度条。

8.6 输出结果

分析、计算完成后需要将结果输出，此时需要定义输出的规范及结果的类型。

8.6.1 输出规范

Dytran 在对输出结果进行后处理时非常灵活，用户可以创建任意数量的输出文件以进行后处理，并且可以选择确切的体，例如网格点和单元，以及每个文件中存储的结果。数据可以在分析过程中的任何时间或时间步写入。

需要为完整的输出规范指定以下内容：

- 文件类型；
- 保存频率；
- 数据写入频率；
- 存储了哪些体（例如网格点、单元）；
- 输出什么结果。

1. 文件类型

使用 TYPE FMS 语句选择的文件类型有 7 种。

（1）Archive：通常用于在分析过程中的特定时间存储所有或部分模型的过程和结果，可用于绘制变形形状、等高线图或箭头图。

```
TYPE (logical_file) = ARCHIVE
```

（2）TimeHis：通常只用于存储分析过程中几个关键体的结果，不包含存储过程的功能，因此只能用于创建结果的时间历程图。

```
TYPE (logical_file) = TIMEHIS
```

（3）Restart：不是结果文件，用于重新启动 Dytran，类似于存档文件。

```
TYPE (logical_file) = RESTART
```

（4）StepSum：将一行时间步长摘要写入到输出文件中，有助于检查分析的特性。

```
TYPE (logical_file) = STEPSUM
```

（5）MatSum：在选定的时间步长上输出一种材料的状态。

```
TYPE (logical_file) = MATSUM
```

（6）MRSUM：关于选定时间步的 MATRIG 和 RBE2-FULLRIG 程序集的信息。

```
TYPE (logical_file) = MRSUM
```

（7）EBDSum：关于选定时间步上欧拉边界的信息。

```
TYPE (logical_file) = EBDSUM
```

特定命令引用的文件由逻辑文件名标识。在大多数计算机上，此逻辑文件名构成实际文件名的一部分。

2. 保存频率

每次存储数据时，数据通常都存储在同一个文件中，但是，当数据按照 SAVE FMS 语句的规定存储多次后，就会打开一个新文件，关闭并保存旧文件。例如，SAVE(logical_file)=20 表示在关闭文件和打开新文件之前，文件中存储了 20 组结果。

在大多数类型的计算机上，时间步数标识数据写入首次写入文件时的文件。保存并关闭文件后，即使分析仍在运行，也可以对存储的结果进行后处理。如果文件未关闭，有可能出现已经可以访问数据了，但是最后一条记录不完整的现象，因为最后一条记录可能仍然驻留在输出缓冲区中，从文件中读取数据时会出现错误。

3. 数据写入频率

在分析过程中，可以按间隔输出结果。可以按分析时间（使用"TIMES"卡片）或时间步长编号（使用"STEPS"卡片）指定间隔。可以指定需要输出的时间或时间步长的列表，如下所示。

```
STEPS (logical_file) = 100, 200, 300
```

范围可以指定为 <start>, THRU, <end>, BY, <increment>。例如，计算的结束可以通过单词 END 来标识，如下所示。

```
TIMES (logical_file) = 0, THRU, END, BY, 1.0e-3
```

4. 网格点、单元存储或结果输出

要存储变量的项是通过"SET"卡片指定的，"SET"卡片命令项如表 8-3 所示。

表 8-3 "SET"卡片命令项

关键字	说明
GRIDS	要存储的网格点
ELEMENTS	要存储的单元
RIGIDS	要存储的刚体
RELS	要存储的刚性椭球体
MATS	要存储的材料
GBAGS	要存储的气囊
CONTS	要存储的接触面
CSECS	要存储的横截面
CPLSURFS	要存储的耦合面
CPLSUBS	要存储的耦合子曲面
SURFACES	要存储的表面
SUBSURFS	要存储的子曲面
WALLS	要存储的刚性墙
PLANES	要存储的刚性平面
EBDS	要存储的欧拉边界条件

指定体所需的结果的命令如表 8-4 所示。

表 8-4　指定体所需的结果的命令

关键字	说明
GPOUT	网格点结果
ELOUT	单元结果
RBOUT	刚体结果
RELOUT	刚性椭球体结果
MATOUT	实质性结果
GBAGOUT	气囊结果
CONTOUT	接触面结果
CSOUT	横截面结果
CPLSOUT	耦合面结果
CPLSBOUT	耦合地下结果
SURFOUT	表面结果
SUBSOUT	地下结果
WALLOUT	刚性墙结果
PLNOUT	刚性平面结果
EBDOUT	欧拉边界数据结果

例如，以下命令存储单元 200 到 210 的 xx-stress。

```
ELEMENTS (FILE7) = 20
SET 20 = 200, THRU, 210
ELOUT (FILE7) = TXX
```

以下命令存储栅格点 101、209 和 1005 的 X 轴方向的速度和 Y 轴方向的力。

```
GRIDS(ARC1) = 40
SET 40 = 101, 209, 1005
GPOUT(ARC1) = XVEL, YFORCE
```

可用于输出的结果在 8.6.2 小节中列出。刚体、刚性椭球体、气囊、材料、接触面、横截面和表面量规的结果只能存储在时间历程文件中。耦合曲面的结果只能存储在存档文件中。

8.6.2　结果类型

存储数据和可用于输出的数据随单元类型的变化而变化，如果是网格点，则随网格点所附着单元的类型而变化。Dytran 中提供一维单元、拉格朗日体单元、四边形壳单元、三角形壳单元、三角形膜单元、虚拟四边形和三角形单元、欧拉体单元（流体动力）、欧拉体单元（具有剪切强度）、欧拉体单元（多材料流体力学）、欧拉体单元（具有剪切强度的多材料）、刚体等基本单元类型。

特定的存档文件或时间历程文件可以包含一个或多个这些单元类型的网格点或单元的信息。

1．GPOUT——网格点结果

此处以一维单元基本类型为例来说明。表 8-5 所示为"GPOVT"卡片的一维单元。

表 8-5 "GPOUT"卡片的一维单元

关键字	说明
XPOS	X 坐标
YPOS	Y 坐标
ZPOS	Z 坐标
XVEL	Z 平移速度
YVEL	Y 平移速度
ZVEL	Z 平移速度
XFORCE	X 力 = 外部 + 内部
YFORCE	Y 力 = 外部 + 内部
ZFORCE	Z 力 = 外部 + 内部
XDIS	X 平移位移
YDIS	Y 平移位移
ZDIS	Z 平移位移
PMASS	网格点质量
PMOMI	网格点惯性
XAVEL	X 角速度
YAVEL	Y 角速度
ZAVEL	Z 角速度
XMOMENT	X 力矩 = 外部 + 内部
YMOMENT	Y 力矩 = 外部 + 内部
ZMOMENT	Z 力矩 = 外部 + 内部
EXRVEL	初始强制 x 角速度（Nastran 初始化）
EYRVEL	初始强制 y 角速度（Nastran 初始化）
EZRVEL	初始强制 z 角速度（Nastran 初始化）
EXVEL	初始强制 x 速度（Nastran 初始化）
EYVEL	初始强制 y 速度（Nastran 初始化）
EZVEL	初始强制 z 速度（Nastran 初始化）
XFCON	约束 x 力（仅限 SPC3 和 FORCE3）
YFCON	约束 y 力（仅限 SPC3 和 FORCE3）
ZFCON	约束 z 力（仅限 SPC3 和 FORCE3）
XMCON	约束 x 力矩（仅限 SPC3 和力 3）
YMCON	约束 y 力矩（仅限 SPC3 和力 3）
ZMCON	约束 z 力矩（仅限 SPC3 和力 3）
DLTPNT	节点时间步长
XACC	X 平移加速度

关键字	说明
YACC	Y 平移加速度
ZACC	Z 平移加速度
RPOS	合成坐标
RVEL	合成速度
RACC	合成加速度
RFORCE	合力 = 外部 + 内部
RDIS	合成平移位移
RAVEL	合成角速度
RMOMENT	合成力矩 = 外部 + 内部
RFCON	合力
RMCON	合成约束力矩

注释如下。

（1）约束力和力矩（XFCON、YFCON、ZFCON、XMCON、YMCON 和 ZMCON）仅在约束为 SPC3 或 FORCE3 时输出，在其他情况下，结果为零。

（2）以 R（结果）开头的所有变量的计算如下：

$$R_{xx} = \sqrt{X_{xx}^2 + Y_{xx}^2 + Z_{xx}^2}$$

（3）如果需要对加速度进行过滤，则应对单个部件（XACC、YACC、ZACC）进行过滤，而不是对结果（RACC）进行过滤，这是因为结果值始终为正值，而组件可以是正的或负的。

2. ELOUT——单元结果

此处同样以一维单元基本类型为例来说明。表 8-6 所示为"ELOUT"卡片的一维单元。

表 8-6 "ELOUT"卡片的一维单元

关键字	说明
MASS	单元质量
YHAT1X	末端 1 处局部单元坐标系 y 轴的 x 分量
YHAT1Y	末端 1 处局部单元坐标系 y 轴的 y 分量
YHAT1Z	末端 1 处局部单元坐标系 y 轴的 z 分量
ZHAT1X	末端 1 处局部单元坐标系 z 轴的 x 分量
ZHAT1Y	末端 1 处局部单元坐标系 z 轴的 y 分量
ZHAT1Z	末端 1 处局部单元坐标系 z 轴的 z 分量
YHAT2X	末端 2 处局部单元坐标系 y 轴的 x 分量
YHAT2Y	末端 2 处局部单元坐标系 y 轴的 y 分量
YHAT2Z	末端 2 处局部单元坐标系 y 轴的 z 分量
ZHAT2X	末端 2 处局部单元坐标系 z 轴的 x 分量
ZHAT2Y	末端 2 处局部单元坐标系 z 轴的 y 分量

关键字	说明
ZHAT2Z	末端 2 处局部单元坐标系 z 轴的 z 分量
XFORCE	局部单元坐标系中的 x 合力
YFORCE	局部单元坐标系中的 y 合力
ZFORCE	局部单元坐标系中的 z 合力
XMOMENT	局部单元坐标系下的 x 矩合力
YMOMENT	局部单元坐标系下的 y 矩合力
ZMOMENT	局部单元坐标系中的 z 矩合力
FIBL1	区域属性 - 变量 1
FIBL2	区域属性 - 变量 2
FIBL3	区域属性 - 变量 3
FIBL4	区域属性 - 变量 4
EDIS	单元畸变能
FAIL	故障时间
ELDLTH	单元的稳定时间步长（根据 CFL 标准）
ELTIME	更新单元的时间（子循环）
ALPSTBL	单元稳定 α（亚循环）
ELGROUP	单元的子循环群
EXUSER1	用户变量 1
EXUSER2	用户变量 2
STRAIN	元件应变（仅限皮带元件）
RFORCE	合力
RMOMENT	合成力矩

注释如下。

（1）对于共转 CELASx 或 CDAMP1，方向向量存储在 ZHAT2X、ZHAT2Y 和 ZHAT2Z 中。

（2）以 R（结果）开头的所有变量的计算如下：

$$R_{xx} = \sqrt{X_{xx}^2 + Y_{xx}^2 + Z_{xx}^2}$$

8.7　重新启动

当分析正确进行并且希望运行进入下一阶段时，将使用重新启动，此时必须确保重新启动文件在初次运行时可用。以下 FMS 语句和案例控制命令将重新启动数据写入 0 处的文件（逻辑名称 RST1）。

```
TYPE(RST1) = RESTART
CEND
TIMES(RST1) = 0.5E-3, 1.0E-3
```

无须定义哪些网格点、单元或数据需存储在重新启动文件中。在上面的示例中，所有重新启动信息都存储在一个文件中。FMS 语句中的 SAVE 可用于创建多个文件。STEPS 案例控制命令也可用于在时间步长的基础上写入重新启动数据。以下输入让系统每隔 100 个时间步就将重新启动数据写入一个文件（逻辑名为 RST2），并且每次写入数据时都会创建一个新文件。

```
TYPE(RST2) = RESTART
SAVE(RST2) = 1
CEND
STEPS (RST2) = 0, THRU, END, BY, 100
```

8.7.1　重新启动以前的分析

要重新启动以前的分析，需要一个输入文件，该文件只包含作业的 FMS、Executive 和 Case Control 部分，并包含 FMS 语句中的 RESTART，且必须只包括那些要更改的"Case Control"选项，批量数据部分必须为空。

使用 FMS 语句中的 RSTFILE 指定先前分析的重新启动文件，并使用 RSTBEGIN 语句指定要继续分析的步骤。要继续分析新的终止时间，输入文件如下。

```
RESTART
RSTFILE = filename
RSTBEGIN = step number
CEND
ENDTIME = new finish time
BEGIN BULK
ENDDATA
```

示例如下。

```
RESTART
RSTFILE = RUN1_RST1_322.RST
RSTBEGIN = 636
CEND
ENDTIME = 2.0E-3
BEGIN BULK
ENDDATA
```

当重新启动 RSTDROP 时，可以从计算中删除某些类型的单元。该参数允许从计算中删除所有欧拉单元、拉格朗日单元和耦合面。例如，删除所有该类型的单元，不可能只删除几个拉格朗日单元或欧拉单元，否则，在重新启动时，除了 ENDTIME、ENDSTEP、STEPMIN、RSTDROP 等参数和参数选项外，不能更改任何数据。

8.7.2　预应力分析

基于 Nastran 解决方案的预应力分析可执行如下命令。

```
PRESTRESS
BULKOUT = file-name-1
SOLUOUT = file-name-2
NASDISP = file-name-3
CEND
BEGIN BULK
NASINIT, ..., ..., ...,
....
ENDDATA
```

8.8 控制分析

执行瞬态动态分析非常简单,因为大多数控制是自动的。对于大多数分析,只需要做很少的工作就可执行分析,并由 Dytran 不断调整时间步长,以确保用最少的计算机资源获得稳定的解决方案。但是,有许多方法可以替代自动控制并手动选择控制分析的参数,即使用 Case Control 命令或 PARAM 条目完成分析。

8.8.1 修改时间步长

在进行计算时,影响解决方案的一项最关键的因素是时间步长。默认情况下,时间步长由 Dytran 计算,因此它小于应力波穿过最小单元所用的时间。这确保了稳定的解决方案。每次迭代都会重新计算时间步长。自动时间步长适用于绝大多数分析,有需要时才会去更改它。

可以使用参数 STEPFCT 缩放时间步长。方法为:用内部计算的时间步长乘以指定的比例因子,以获得实际使用的时间步长。比例因子不能大于 1,否则溶液将变得不稳定。

必须使用参数 INISTEP 指定初始时间步长。指定的时间步长用于第一次迭代;此后,使用内部计算的时间步长。

参数 MAXSTEP 用于指定分析的最大时间步长。时间步长不能超过此值。

参数 MINSTEP 用于指定分析的最小时间步长。当计算的时间步长低于此值时,分析将终止。

8.8.2 欧拉单元的混合

当使用耦合表面时,该表面可能会穿过欧拉单元,只有很小一部分单元未被覆盖。为了防止这些单元控制时间步长,需将欧拉单元与相邻单元混合。参数 FBLEND 用于指定混合单元的未覆盖分数,否则单元将控制时间步长。

8.8.3 耦合子循环

为了提高耦合算法的效率,可采用子循环技术进行设置。耦合曲面的几何图形仅在需要时更新,这取决于曲面的运动。

参数 COSUBMAX 用于指定强制更新耦合曲面几何体之前的最大时间步数。参数 COSUBCYC 用于控制子循环间隔的增长率。当这些参数中的任何一个被指定时,子循环就会被激活。

8.8.4 单元子循环

单元子循环算法将单元划分为相等时间步长的组,然后用组时间步长更新每组单元。特别是当一些小的单元决定了时间步长时,可以节省大量的运算。可以使用参数 ELSUBCYC 激活单元子循环算法。

8.8.5 限制

可以设置影响分析的各种限制。参数 RHOCUT 定义了欧拉单元的最小密度。当一个单元的密度小于最小密度时，该单元被认为是空的。每个欧拉求解器都有自己的密度截止值。

这些限制可以单独定义，尽管在大多数情况下，自动设置是足够的。参数 VELCUT 用于设置速度截止。参数 VELMAX 用于在欧拉网格中指定最大速度。参数 SNDLIM 用于指定声速的最小值。

8.9　后处理

可以使用 Patran、Dytran Explorer 或通常用于标准有限元分析的后处理器对结果进行后处理。

8.9.1　绘制结果的时间变化

可以使用时间历程文件查看特定参数在分析过程中的变化。时间变化图可用于确定分析过程中需要更多时间的关键时间详细的后处理。

8.9.2　绘制实际位移

在绘制变形形状时，可将位移的放大系数设置为 1.0，以便绘制实际位移。由于 Dytran 是一个大位移代码，如果缩放变形，会得到一些非常奇怪的图。特别是接触表面可能被穿透，部分网格可能重叠。

8.9.3　绘制有效塑性应变

Dytran 输出有效塑性应变，这是一种衡量发生了多少永久变形的标量，该标量用于显示构件中的变形量和已屈服的区域。

8.9.4　绘制速度场

可使用矢量图或箭头图查看结构中的速度场。箭头图可以快速指示结构的移动方式。箭头图对了解欧拉网格中的流动特性至关重要。

8.9.5　动画分析

使用 Dytran Explorer，可以快速将存档文件数据转换为动画。归档数据被转换成所谓的 VRML 文件。只需双击输出窗口中的 all.wrl 文件或 all.wrz 文件，即可在 Web 浏览器中运行动画。注意，需要先安装 VRML 查看器插件。

一些后处理程序也有将分析结果转换为动画的功能，用于向客户或同事、管理层等展示分析结果。

8.10　实例——用拉格朗日法进行泰勒冲击试验的运行和分析

打开 6.6 节操作后的文件，使用拉格朗日法进行泰勒冲击试验接下来的操作。

8.10.1　设置分析求解参数

在显式非线性分析中，分析设置相对于静力学、动力学分析要更复杂，主要是要定义一些求解的参数、输出结果信息等。

（1）定义初始时间步长和分析时间。单击"Analysis"选项卡，系统右侧显示"Analysis"操作面板，设置"Action""Object""Method"参数为"Analyze""Input Deck""Translate"。单击"Execution Controls"按钮，弹出"Execution Controls"窗口，单击"Execution Control Parameters"按钮，弹出"Execution Control Parameters"窗口，在"End Time"文本框中输入"6E-5"，在"Time-Step Size at Start"文本框中输入"5E-9"，单击"OK"按钮，返回"Execution Controls"窗口，如图 8-6 所示。

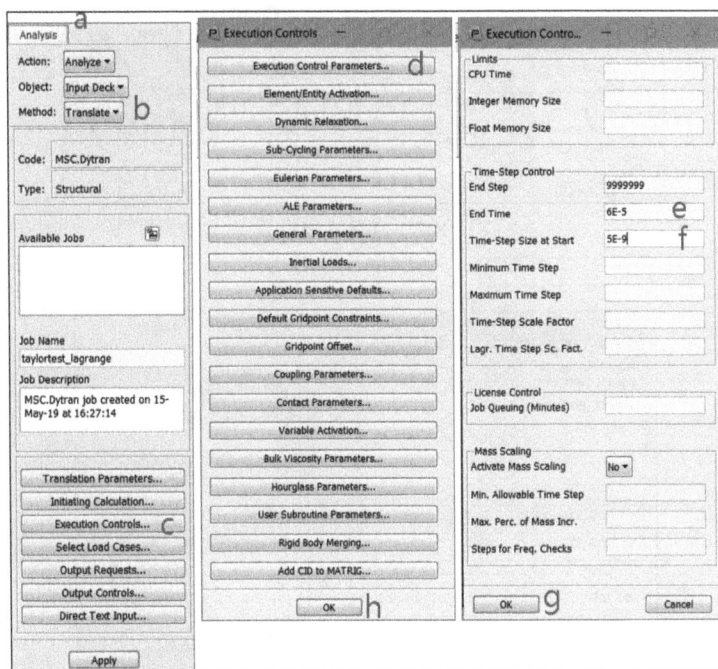

图 8-6　定义初始时间步长和分析时间

（2）定义输出设置。在"Analysis"操作面板中，单击"Output Requests"按钮，弹出"Output Requests"窗口，在"Result Name"文本框中输入"cylinder_elem"，按图 8-7 所示的 c、d、e 步骤设置相关参数后，单击"Add"按钮，显示"Select Output"操作面板，在"Select Groups for Output"列表框中选择"default_group"，在"Entity Type"下拉列表中选择"Lagrangian"，在"Results Types"列表中选择要输出的结果，按住＜Ctrl＞键不放，选择"TYY""TZZ""TXY""TYZ""TZX""EFFSTS""PRESSURE"和"EFFPLS"等选项，单击"Apply"按钮，如图 8-7 所示，返回"Output Requests"窗口。

（3）定义另外一个输出请求。在"Output Requests"窗口中的"Result Name"文本框中输入"cylinder_grid"，按图 8-8 所示的 b、c、d 步骤设置相关参数后，单击"Add"按钮，显示"Select Output"操作面板，在"Select Groups for Output"列表框中选择"default_group"，在"Results Types"列表框中选择要输出的结果，按住＜Ctrl＞键不放，选择"XVEL""YVEL""ZVEL""RVEL""XACC""YACC""ZACC"和"RACC"等选项，单击"Apply"按钮，返回"Output Requests"窗口，单击"OK"按钮，如图 8-8 所示，返回"Analysis"操作面板，单击"Apply"按钮，完成输出设置的定义。

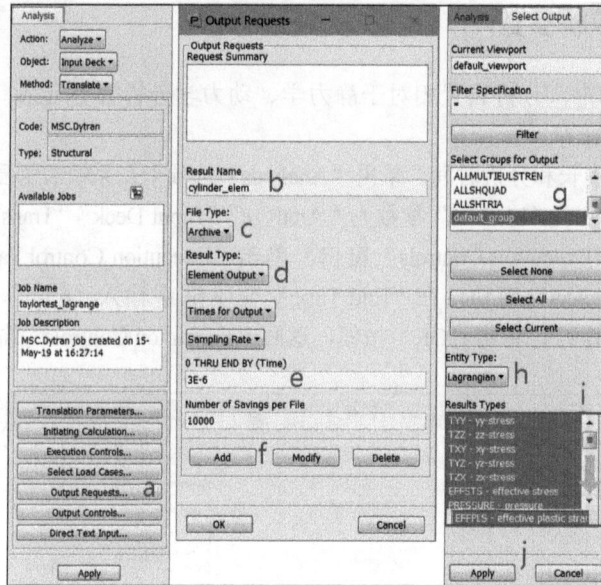

图 8-7 定义输出设置

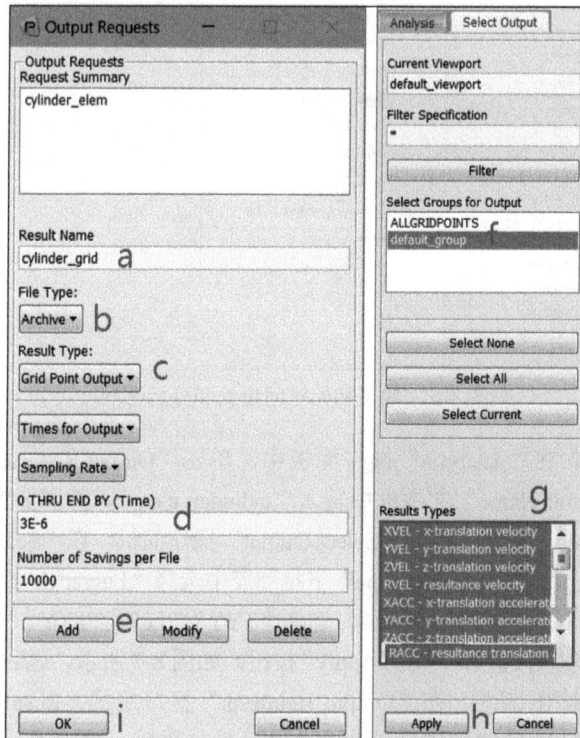

图 8-8 定义另外一个输出请求

8.10.2 定义组

为了定义圆柱体起点和终点的时间历程，需创建一个包含两个网格点的组。

（1）在菜单栏中选择"Group > Create"命令，系统右侧显示"Group"操作面板，如图 8-9 所示，在"New Group Name"文本框内输入"BeginEndGridPoint"，在图形区中选择图 8-10 所示的圆柱体起点和终点处的节点 1 和节点 1089，单击"Apply"按钮，然后单击"Cancel"按钮关闭操作面板。

（2）定义输出设置。在"Analysis"操作面板中，单击"Output Requests"按钮，弹出"Output Requests"窗口，在"Result Name"文本框中输入"GridTHS"，在"File Type"下拉列表中选择"Time History"，在"Result Type"下拉列表中选择"Grid Point Output"，在"0 THRU END BY (Time)"文本框中输入"6E-7"，单击"Add"按钮，显示"Select Output"操作面板，在"Select Groups for Output"列表框中选择"BeginEndGridPoint"，在"Results Types"列表框中选择要输出的结果，按住 <Ctrl> 键不放，单击选择"XPOS""YPOS""ZPOS""RPOS""XVEL""YVEL""ZVEL""RVEL""XACC""YACC""ZACC"和"RACC"等选项，单击"Apply"按钮，如图 8-11 所示，返回"Output Requests"窗口。

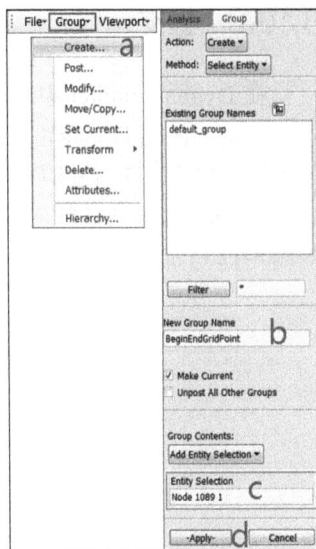

图 8-9　定义组

图 8-10　选择节点 1 和节点 1089

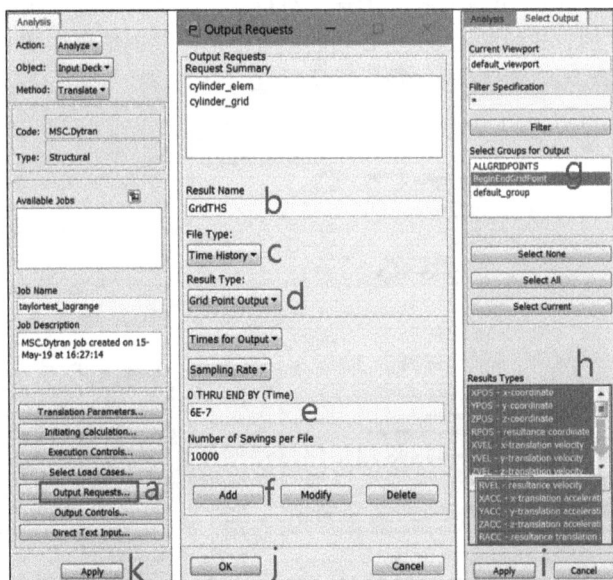

图 8-11　定义输出设置

8.10.3　提交运行

在 Dytran Explorer 中运行分析。

启动 Dytran 后，单击 "New Job"（新任务）按钮 🗐，新建一个任务，在 "File Explorer" 导航区中找到相应工作目录的文件夹后，在 "Input Files" 列表框中选择 taylortest_lagrange.dat 文件，然后单击 "Run Job"（运行任务）按钮 ▶，开始计算，在计算过程中，底部有显示计算状态的进度条，如图 8-12 所示。

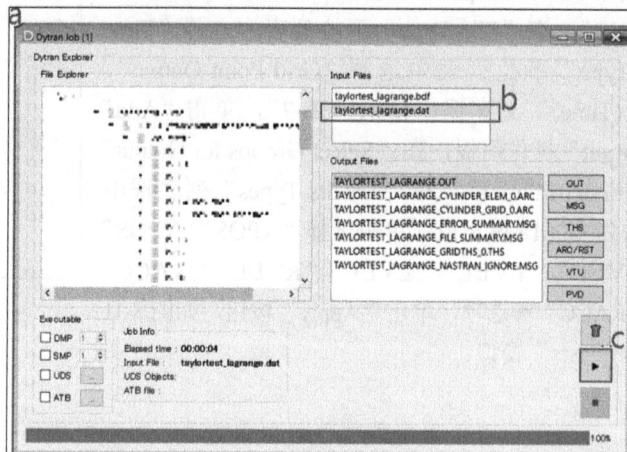

图 8-12　提交运行

8.10.4　时间历程

检查梁的缩短是否符合预期。

（1）在 "Output Files" 列表框中右击 "TAYLORTEST_LAGRANGE_GRIDTHS_0.THS"，在弹出的快捷菜单中选择 "Visual Time History" 命令，如图 8-13 所示，系统弹出 "Visual Time History Viewer" 对话框，在 "Y-axes" 下拉列表中选择 "ZPOS-1"，绘制 1 点 Z 轴的位置图形，绘制结果如图 8-14 所示。用同样的方式绘制 1089 点 Z 轴的位置图形，绘制结果如图 8-15 所示。

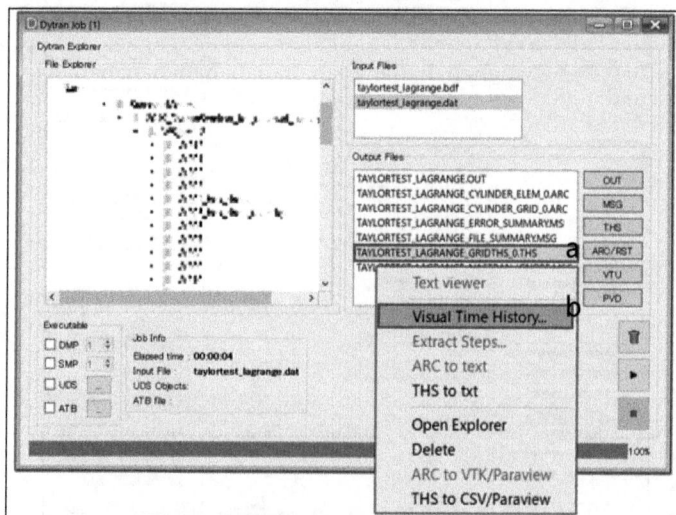

图 8-13　选择 "Visual Time History" 命令

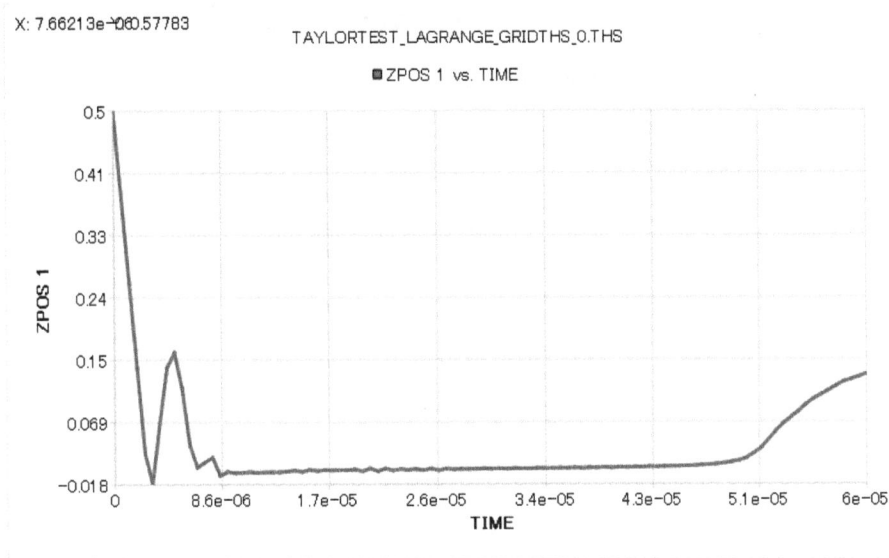

图 8-14 1 点的绘制结果

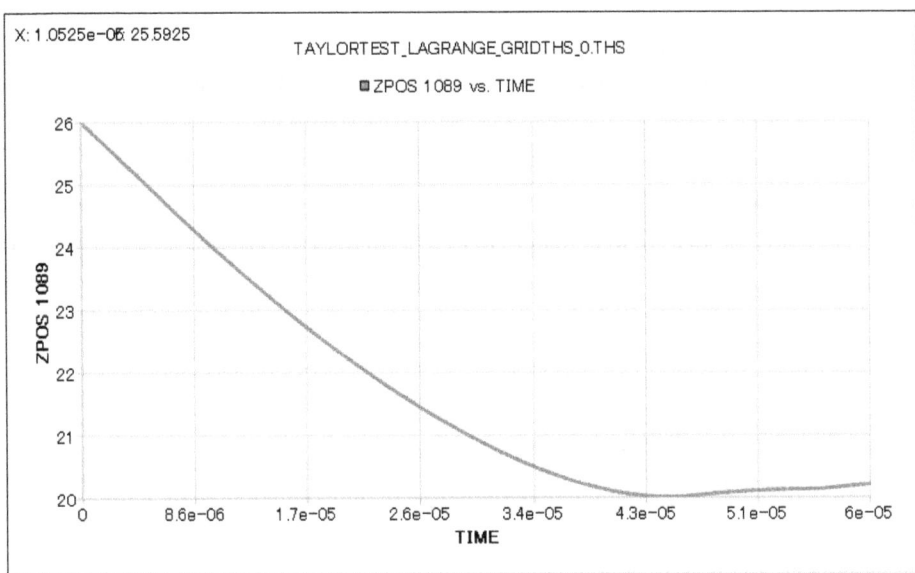

图 8-15 1089 点的绘制结果

（2）梁的缩短由梁端部网格点的 Z 坐标的减少来表示。为了在 Microsoft Excel 中执行某些操作，我们可以将数据导出到 Excel 文件中。

在 "Visual Time History Viewer" 对话框上部单击 "Export Your THS Data"（导出 THS 数据）按钮，系统弹出 "Export Visual THS Data" 对话框，勾选 "CYCLE" "TIME" "ZPOS 1" 和 "ZPOS 1089" 选项，输出 Excel 文件，输入一个文件名并保存它。

在分析过程中，可在 Excel 文件中进一步操作数据，以确定梁的总长度。

减去尖端和末端节点位置之间的距离（ZPOS 1089 和 ZPOS 1），然后，将该值除以初始长度 25.4 mm，如图 8-16 所示。

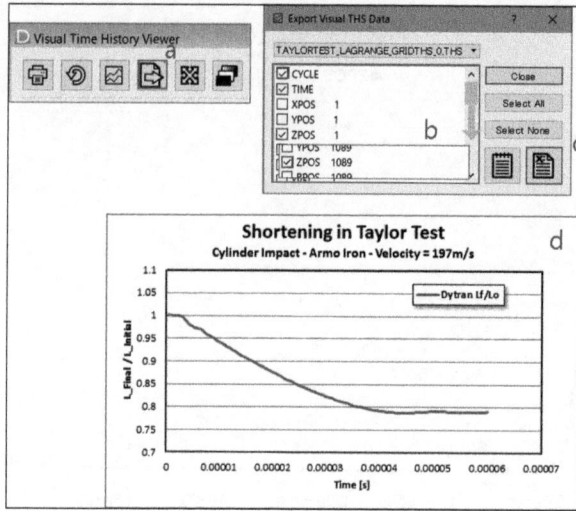

图 8-16　输出 Excel 文件

8.10.5　后处理

后处理的目的是以图和表的形式描述计算结果。数据运算完成后，就可以进行后处理操作。

（1）后处理中，可以新建一个 DB 文件，名称为 results。选择 MSC.Dytran 为求解器，单击 "OK" 按钮。

（2）单击 "Analysis" 选项卡，单击 "Access Results" 面板中的 "Archive File"（存档文件）按钮，系统右侧显示 "Analysis" 操作面板，单击 "Select Archive File" 按钮，在打开的浏览器界面中选择需要导入的 ARC 文件，分别是 TAYLORTEST_LAGRANGE_CYLINDER_ELEM_0.ARC 和 TAYLORTEST_LAGRANGE_CYLINDER_GRID_0.ARC 文件，然后依次单击 "Add" 按钮，"Apply" 按钮，返回到 "Analysis" 操作面板，单击 "Apply" 按钮，完成结果的导入，如图 8-17 所示。

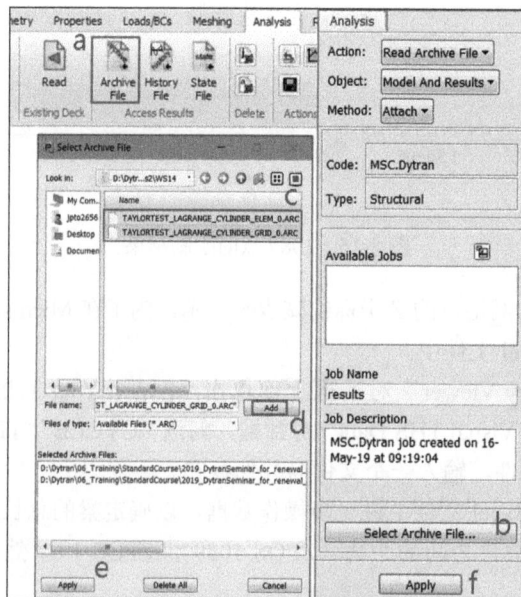

图 8-17　导入计算结果

（3）可以清理结果以获得更好的动画演示，如下所示。

在菜单栏中选择"Display > Light Sources"命令，系统右侧显示"Light Sources"操作面板，在"Post/Unpost Light Sources"列表框中选择前 3 个选项。单击"Apply"按钮，然后单击"Cancel"按钮关闭操作面板，如图 8-18 所示。

（4）保存的应力、塑性应变以及变形结果可通过以下快速绘图功能访问。

单击"Results"选项卡，然后，单击"Quick Plot"面板中的"Fringe/Deformation"（边缘 / 变形）按钮，系统右侧显示"Results"操作面板，在"Select Result Cases"列表框中选择所有显示的时刻，在"Select Fringe Result"列表框中选择"EFFSTS"，在"Select Deformation Result"列表框中选择"Displacement"，勾选"Animate"选项。

单击"Deform Attributes"按钮，在"Render Style"下拉列表中选择"Shaded"，取消勾选"Show Undeformed"选项。

单击"Fringe Attributes"按钮，设置"Fringe Edge"为黑色，然后单击"Apply"按钮，图 8-19 所示即显示结果云图。

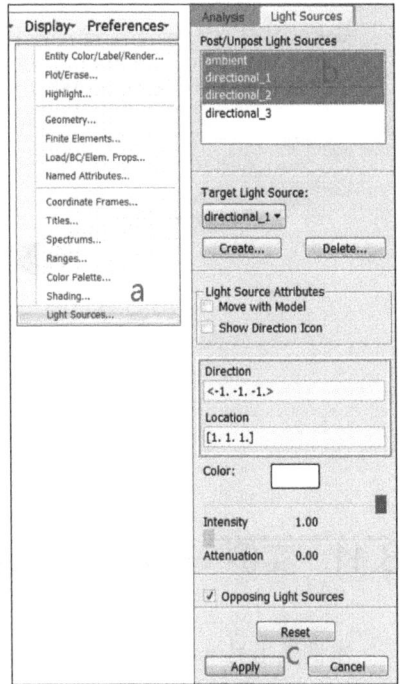

图 8-18　清理结果

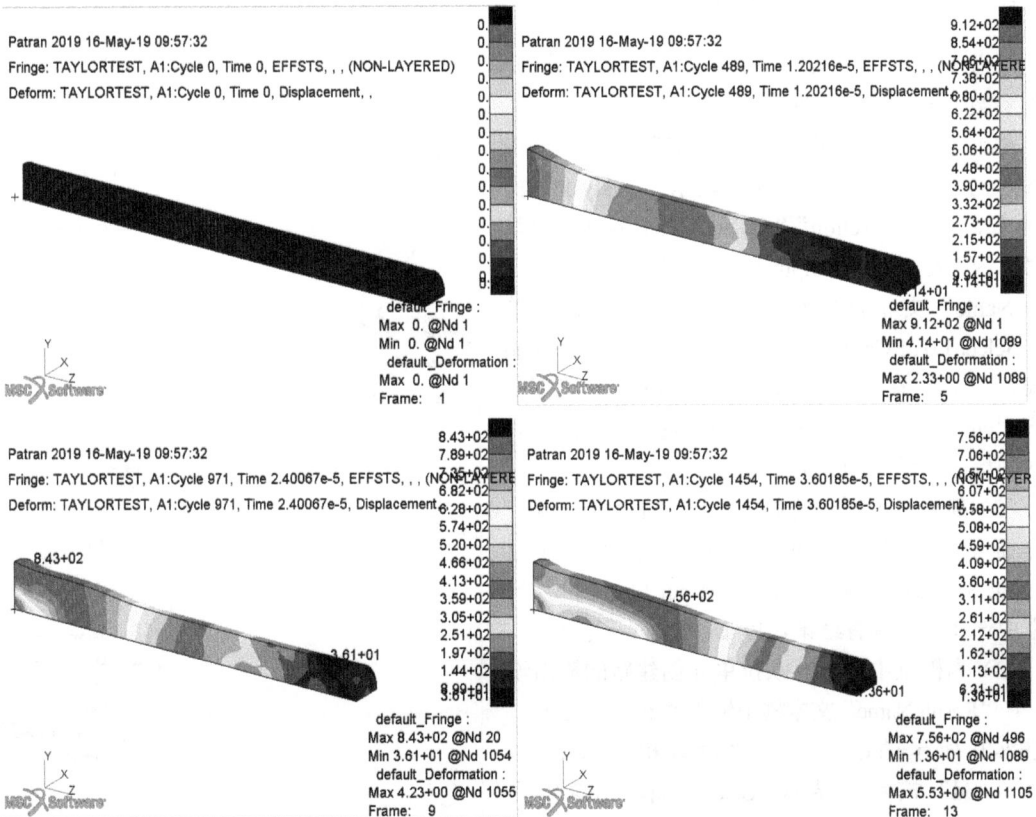

图8-19　结果云图

193

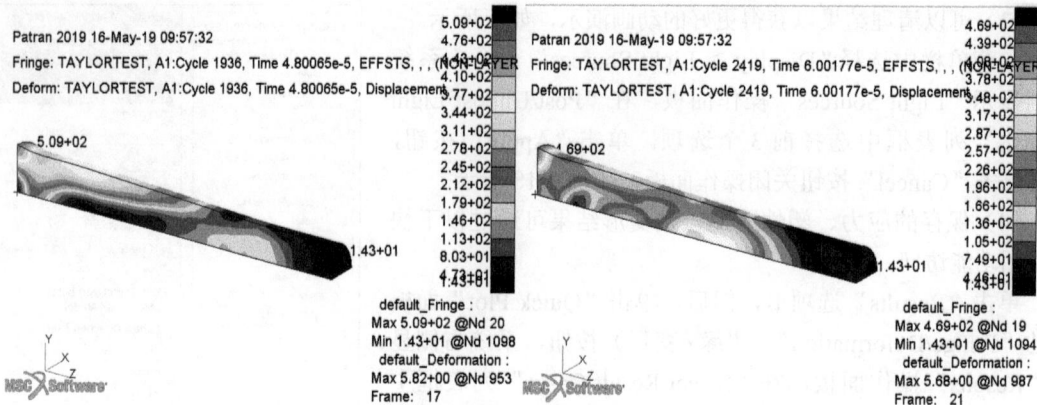

图 8-19　结果云图（续）

8.11　实例——用欧拉法进行泰勒冲击试验的运行和分析

本例采用另一种经典分析方法——欧拉法进行泰勒冲击试验的运行和分析，打开 6.6 节操作后的文件，按下面步骤进行分析。

8.11.1　设置分析求解参数

在显式非线性分析中，分析设置相对于静力学、动力学分析要更复杂，主要是要定义一些求解的参数、输出结果信息等。

（1）设置欧拉分析需要更改荷载工况。单击"Analysis"选项卡，系统右侧显示"Analysis"操作面板，设置"Action""Object""Method"参数分别为"Analyze""Input Deck""Translate"。在"Job Name"文本框中输入"taylortest_euler"，单击"Select Load Cases"按钮，弹出"Select Load Cases"窗口，在"Available Load Cases"列表框中选择"euler"，单击"OK"按钮，返回"Analysis"操作面板，如图 8-20 所示。

（2）删除以前所有的输出设置。在"Analysis"操作面板中单击"Output Requests"按钮，弹出"Output Requests"窗口，在"Output Requests"列表框中选择 3 个现有结果，单击"Delete"按钮。

（3）为模型中的所有欧拉单元创建新的输出设置。在"Result Name"文本框中输入"eulerelements"，按图 8-21 所示的 d、e、f 步骤设置相关参数后，单击"Add"按钮，显示"Select Output"操作面板，在"Select Groups for Output"列表框中选择

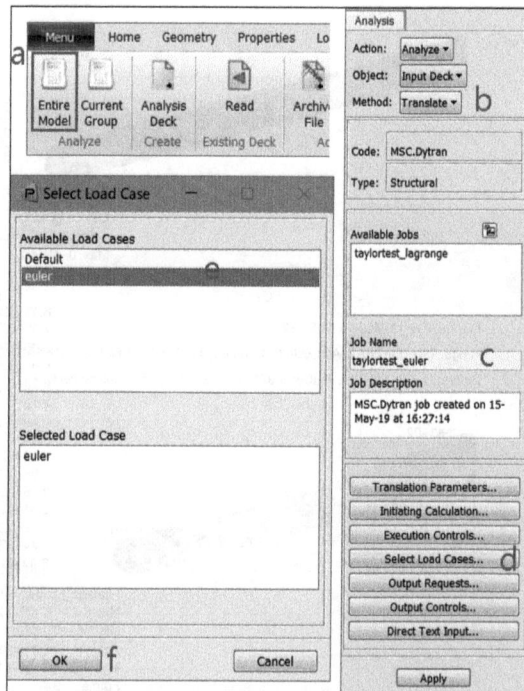

图 8-20　更改荷载工况

ALLEULSTRENGTH，在"Entity Type"下拉列表中选择"Eulerian Solids"，在"Results Types"列表框中选择要输出的结果，按住 <Ctrl> 键不放，单击选择"XVEL""YVEL""ZVEL""DENSITY""PRESSURE"和"FMAT"等选项，单击"Apply"按钮，返回"Output Requests"窗口，单击"OK"按钮，返回"Analysis"操作面板，单击"Apply"按钮完成设置，如图 8-21 所示。

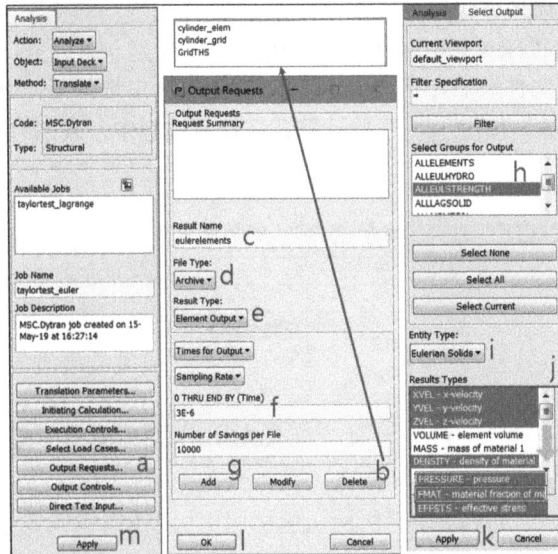

图 8-21　定义输出设置

8.11.2　修改模型数据文件

虚拟耦合实体被添加到数据组，需要手动删除它们。在工作目录中找到生成的 taylortest_euler.dat 文件并打开，进行如下修改。

在"INCLUDE taylortest_euler.bdf"前面添加符号"$"将此行注释掉。找到"General Coupling: dummy"部分，并删除，如图 8-22 所示。

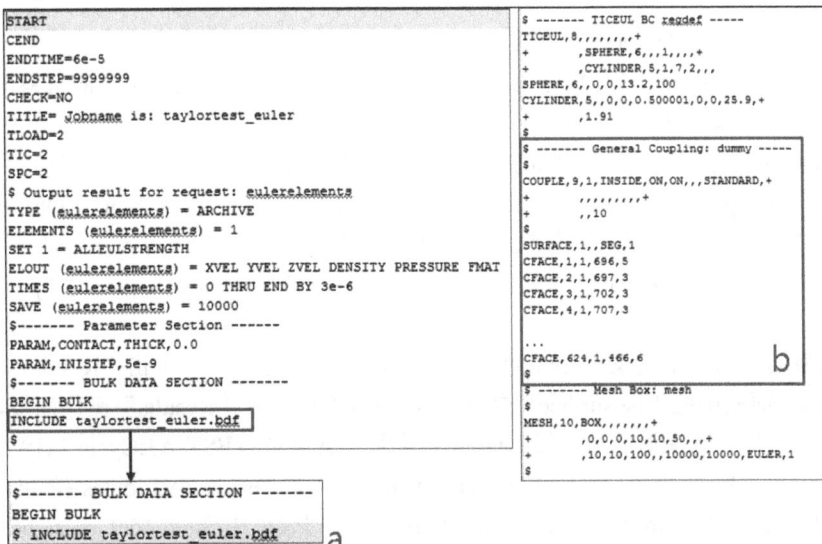

图 8-22　修改模型数据文件

打开 6.7 节操作后的文件，用欧拉单元进行泰勒冲击试验接下来的操作。

8.11.3 提交运行

在 Dytran Explorer 中提交运行。

启动 Dytran 后，单击"New Job"（新任务）按钮 ，新建一个任务，在"File Explorer"导航区中找到相应工作目录的文件夹后，在"Input Files"列表框中选择 taylortest_euler.dat 文件，然后单击"Run Job"（运行任务）按钮 ，开始计算，在计算过程中，底部有显示计算状态的进度条，如图 8-23 所示。

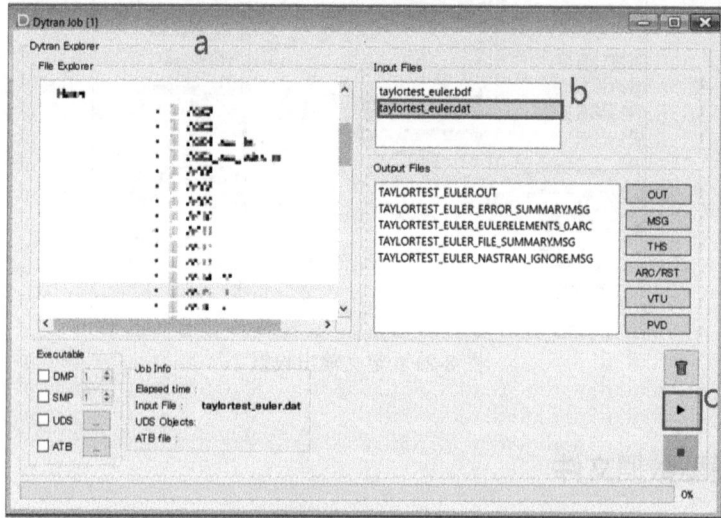

图 8-23　提交运行

8.11.4 后处理

数据运算完成后，就可以进行后处理操作。

（1）欧拉输出变量 FMAT（材料分数）可用于在 Patran 中查看欧拉网格内的材料形状。重新打开之前创建的 results.db 文件。

单击"Analysis"选项卡，单击"Access Results"面板中的"Archive File"（存档文件）按钮 ，系统右侧显示"Analysis"操作面板，按图 8-24 所示的 c 步骤设置"Action""Object""Method"参数后，单击"Select Archive File"按钮，在打开的浏览器界面中选择需要导入的 ARC 文件，然后依次单击"Add"按钮、"Apply"按钮，返回到"Analysis"操作面板，单击"Apply"按钮，完成结果的导入。

（2）仅拉格朗日情况下的变形结果可与仅欧拉情况的一起绘制。单击"Results"选项卡，单击"Result Plots"面板中的"Isosurface"按钮 ，系统右侧显示"Results"操作面板，在"Select Fringe Result"列表框中选择最后一个仅 Lagrange 结果"TAYLORTEST, A1:Cycle 2419"，在"Select Deformation Result"列表框中选择"Displacement"。单击 Display Attributes 按钮，在"Target Entity"下拉列表中选择"Groups"，在"Select Groups"列表框中选择"def_eulst_hex_elements"。然后依次单击"Apply"按钮、"OK"按钮，返回到"Analysis"操作面板，单击"Apply"按钮，

完成绘制结果的设置，如图 8-25 所示，变形结果如图 8-26 所示。

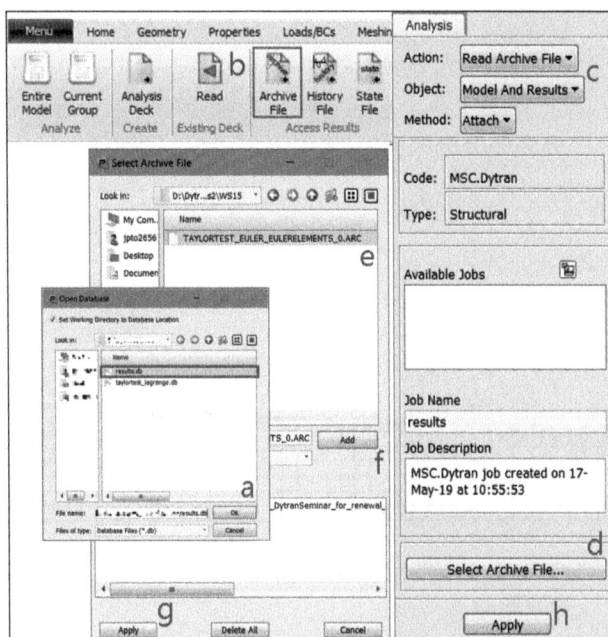

图 8-24　导入计算结果

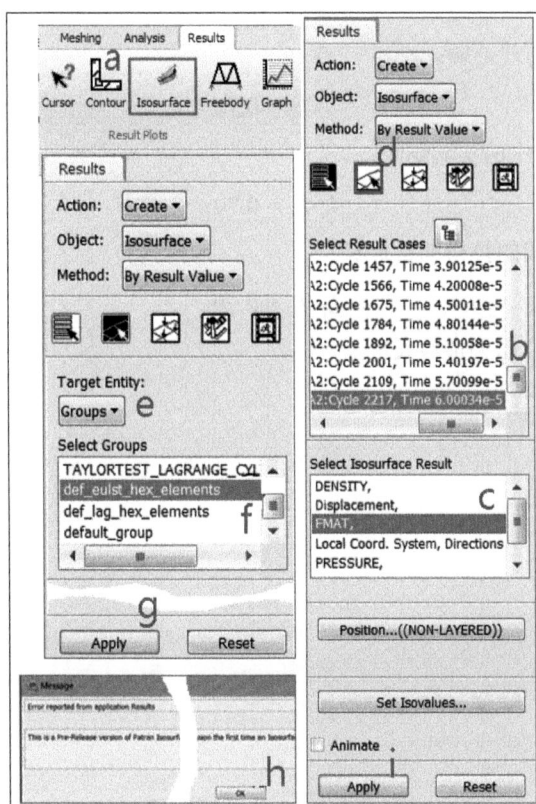

图 8-25　绘制结果的设置

图 8-26　变形结果

8.11.5　结果对比

结果对比如下所示。

（1）Taylor 推导得到的理论解：

$$L_f/L_o = 0.78$$

（2）Johson-Cook 论文中的实验结果：

$$L_f/L_o = 0.79$$

（3）在前面内容中完成的拉格朗日计算：

$$L_f/L_o = 0.79$$

其中，L_o 为初始长度，L_f 为最终长度。

第 **9** 章
水下爆炸分析实例

　　水下爆炸时，爆炸产生的高压会使气泡膨胀，推动周围的水向四周运动。由于水的惯性，即使气泡内部的压强小于四周水的压强，气泡仍然继续膨胀，直到水向四周运动的速度降为零。这时，气泡内部压强比环境压强（周围水压）要小得多，气泡受周围水压压迫而收缩，内部压强不断增大。气泡内部的压强等于周围水压时，气泡由于水的惯性影响，继续收缩。当水流速度降为零后，重复气泡再次膨胀、再次收缩的过程。气泡的位置、形状和压力变化示意图如图 9-1 所示。

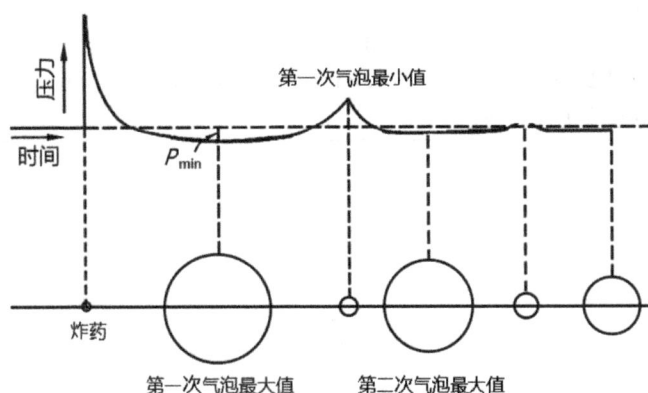

图 9-1　气泡的位置、形状和压力变化示意图

9.1　问题分析

该模型采用 cm-g-μs 单位制，采用轴对称模型进行分析。

使用到的主要卡片如下。

将三维模型简化为二维模型	轴对称控制卡片 对应文本信息为 PARAM, AXIALSYM, AXIAL, Z, ZX, 2.5
流体最大速度控制卡片	对应文本信息为 PARAM,VELMAX,1
欧拉初始形状定义	采用"SHAPE"卡片的 SPHERE/CYLINDER/BOX 方式
欧拉材料初始化定义	采用"TICVAL"卡片
流体边界定义	"FLOWDIR"卡片，"FLOW"卡片为一系列卡片，不同的边界条件，可以采用不同的"FLOW"卡片去定义
静水压强边界定义	采用"HYDSTAT"卡片，定义静水压强边界
起爆点定义	采用"DETSPH"卡片，设置起爆位置和起爆时间、爆速等参数
传感器检测点定义及输出	采用"PMARKER"卡片定义传感器检测单元，可以定义为固定和移动两种 采用 CMARKN1 单元定义传感器单元 采用如下输出定义设置，其定义传感器单元的输出 对应文本信息为 TYPE(EULM)= TIMEHIS CMARKS(EULM)= 999 SET 999 = 1,2,5,6,7 CMARKOUT(EULM)= PRESSURE DENSITY1 TIMES(EULM)= 0.0, THRU, 2000, BY, 10, 2000, THRU, END, BY, 100 SAVE(EULM)= 100000

9.2　创建几何模型

9.2.1　创建数据库文件

在菜单栏中选择"File > New"命令，弹出图 9-2 所示的"New Database"窗口，在"File name"文本框中输入数据文件名"under_water.db"，单击"OK"按钮。系统右侧显示"New Model Preference"操作面板，在"Analysis Code"下拉列表中选择"MSC.Dytran"，即设置 MSC.Dytran 为求解器，按图 9-3 所示设置其他参数，单击"OK"按钮，完成设置。

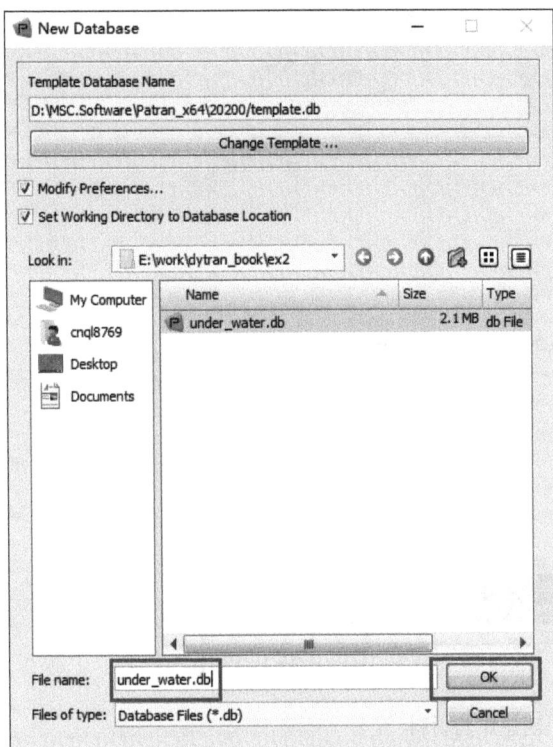

图 9-2　创建数据库文件

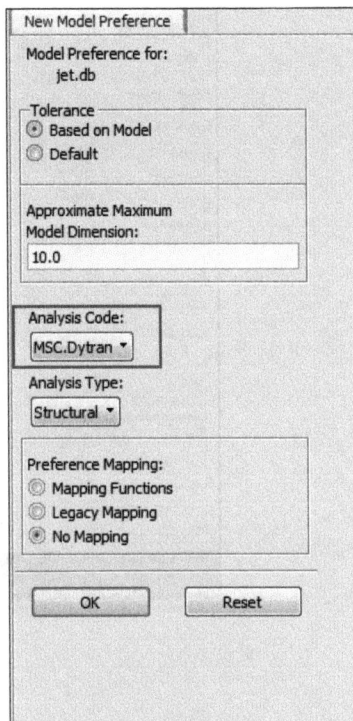

图 9-3　设置分析类型

9.2.2　创建几何模型

单击"Geometry"选项卡，系统右侧显示"Geometry"操作面板，按图 9-4 所示设置"Action""Object""Method"参数后，保持其他参数为默认，单击"Apply"按钮，创建面"Surface 1"。

注：这里创建的几何模型没有实际的意义，在 Patran 中创建欧拉域时，需要一个耦合面，所以先随意创建一个，用于定义耦合面和欧拉域，最后生成卡片后，在卡片中删除即可，因此几何模型的形状和大小无实际意义。

9.2.3　创建材料参数

本实例需要创建炸药、水、空气等材料并定义它们的参数。

（1）创建炸药材料。单击"Properties"选项卡，单击"Isotropic"面板中的"Isotropic"等轴测按钮，系统右侧显示"Materials"操作面板，按图 9-5 右图所示设置"Action""Object""Method"参数后，在"Material Name"文本框中输入"zhayao"，单击"Input Properties"按钮，弹出"Input Options"窗口，按图 9-5 左图所示设置参数后，单击"OK"按钮，返回"Materials"操作面板。单击"Apply"按钮，创建名为"zhayao"的炸药材料。

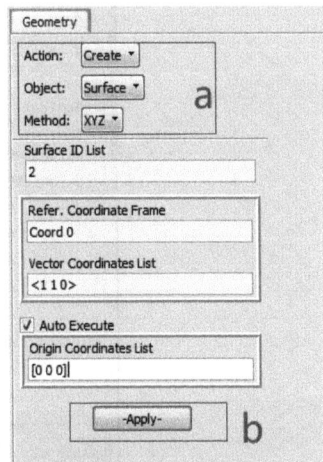

图 9-4　创建几何模型

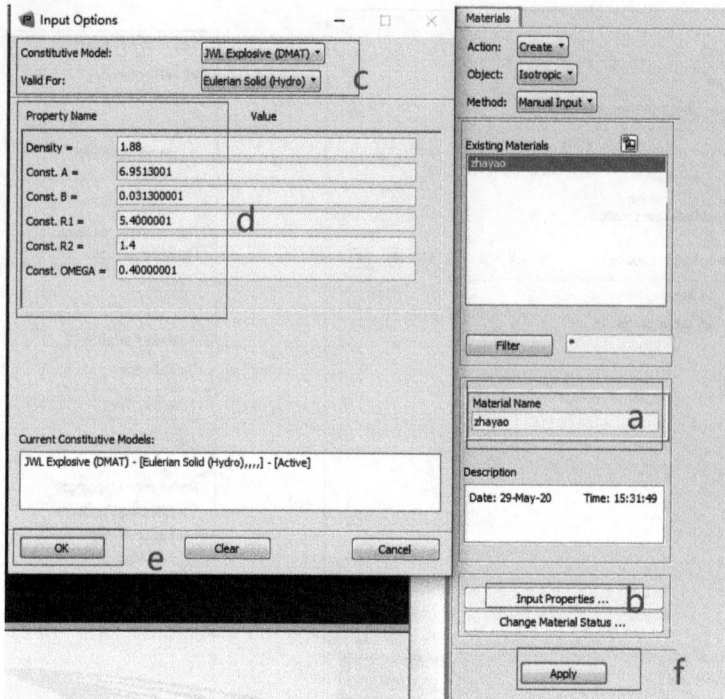

图 9-5　创建炸药材料

（2）创建水材料。在"Material"操作面板中，按图 9-6 右图所示设置"Action""Object"
"Method"参数后，在"Material Name"文本框中输入"water"，单击"Input Properties"按钮，弹
出"Input Options"窗口，按图 9-6 左图所示设置参数，单击"OK"按钮，完成参数设置。单击
"Apply"按钮，创建名为"water"的水材料。

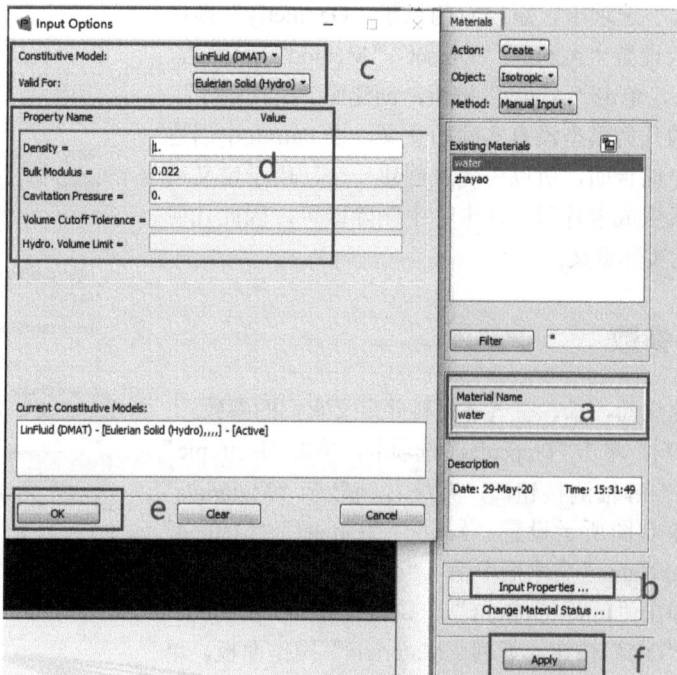

图 9-6　创建水材料

（3）创建空气材料。在"Material"操作面板中，按图 9-7 右图所示设置"Action""Object""Method"参数后，在"Material Name"文本框中输入"air"，单击"Input Properties"按钮，弹出"Input Options"窗口，按图 9-7 左图所示设置参数，单击"OK"按钮，完成参数设置。单击"Apply"按钮，创建名为"air"的空气材料。

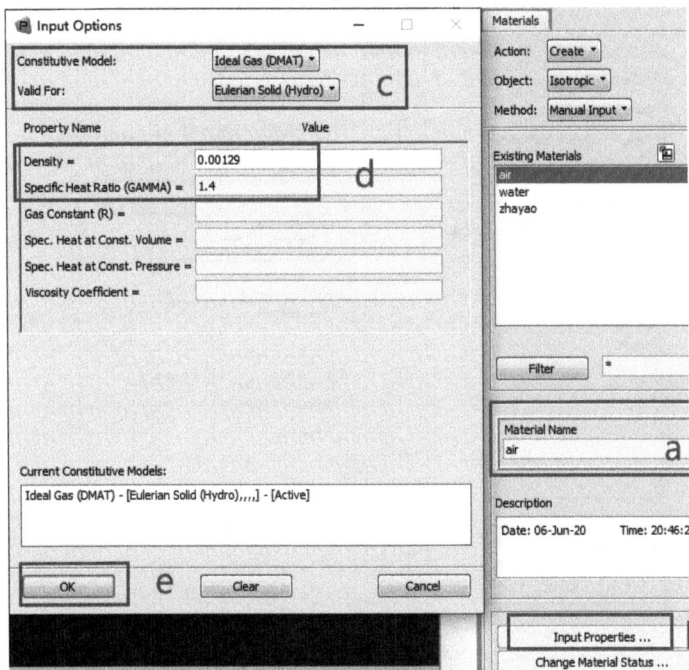

图 9-7　创建空气材料

9.3　约束和加载

9.3.1　创建网格物理特性

本实例需要创建欧拉网格的物理特性。单击"Properties"选项卡，单击"3D Properties"面板中的"Eulerian Solid"（欧拉固体）按钮 🔲，系统右侧显示"Element Properties"操作面板，按图 9-8 所示设置"Action""Object""Type"参数后，在"Property Set Name"文本框内输入"peuler"，在"Options"下拉列表中选择"MM/Hydro(PEULER1)"，然后单击"Apply"按钮，创建名为"peuler"的物理特性。

9.3.2　创建耦合面

单击"Loads/BCs"选项卡，系统右侧显示"Load/Boundary Conditions"操作面板，按图 9-9 左侧所示设置"Action""Object"

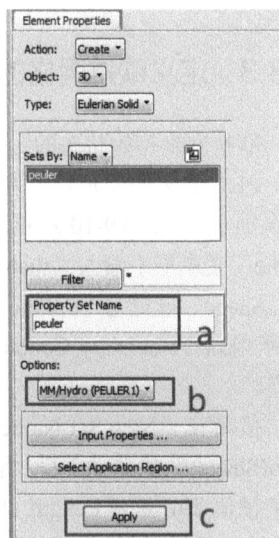

图 9-8　创建欧拉网格的物理特性

"Type""Option"参数后，在"New Set Name"文本框中输入"couple"，单击"Select Application Region"按钮，显示"Select Application Region"操作面板，设置"Element Type"为 2D，选择"Geometry"单选项，从图形区中单击选择结构"Surface 1"，将会在"Application Region"文本框中显示"Surface 1"，单击"Add"按钮，然后单击"OK"按钮，返回"Load/Boundary Conditions"操作面板，单击"Apply"按钮，创建名为"couple"的耦合面。

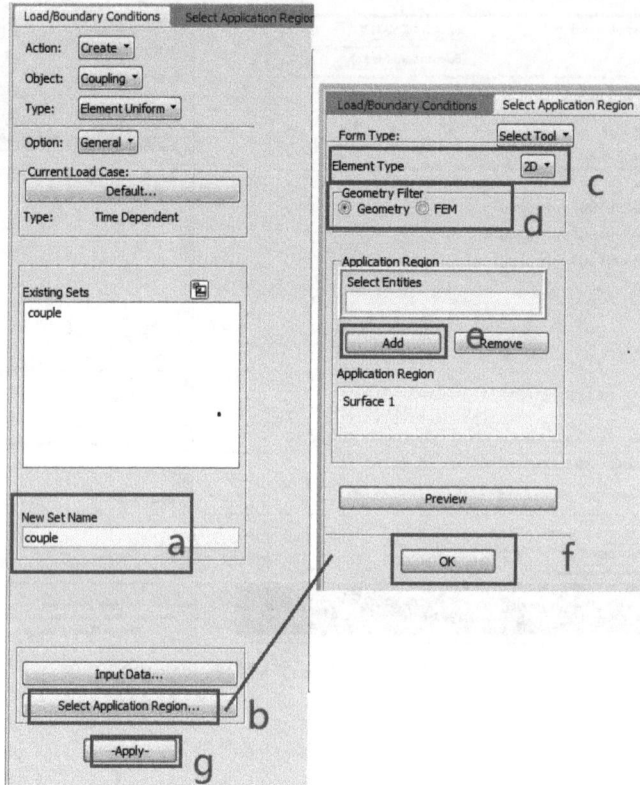

图 9-9　创建耦合面

9.3.3　定义欧拉网格的初始状态

欧拉网格初始状态的定义分为 3 步：定义初始形状、定义初始状态、定义初始区域。

（1）定义初始形状。单击"Loads/BCs"选项卡，系统右侧显示"Load/Boundary Conditions"操作面板，按图 9-10 左侧所示设置"Action""Object""Type""Option"参数后，在"New Set Name"文本框中输入"shape_air"，单击"Input Data"按钮，显示"Input Data(Shape)"操作面板，将"Shape"设置为"Sphere"，在"Radius of Sphere"文本框中输入半径 10000，单击"OK"按钮，返回"Load/Boundary Conditions"操作面板，单击"Apply"按钮，完成初始形状"shape_air"的定义。

接着在"New Set Name"文本框中输入"shape_tnt"，单击"Input Data"按钮，显示"Input Data(Shape)"操作面板，将"Shape"设置为"Cylinder"，在"Radius of Cylinder"文本框中输入半径值 20，在"Length of Cylinder"文本框中输入长度值 20，单击"OK"按钮，返回"Load/Boundary Conditions"操作面板，单击"Apply"按钮，完成初始形状"shape_tnt"的定义。

接着在"New Set Name"文本框中输入"shape_water",单击"Input Data"按钮,显示"Input Data(Shape)"操作面板,将"Shape"设置为"Cylinder",在"Radius of Cylinder"文本框中输入半径值 10000,在"Length of Cylinder"文本框中输入长度值 2000,单击"OK"按钮,返回"Load/Boundary Conditions"操作面板,然后单击"Apply"按钮,完成初始形状"shape_water"的定义。

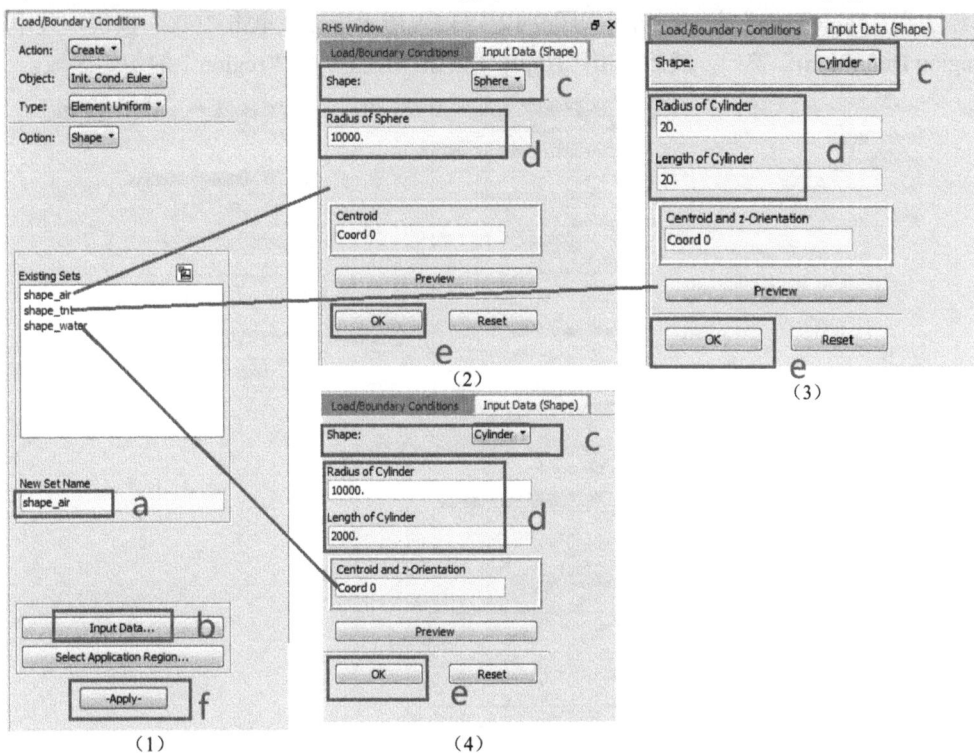

图 9-10　定义初始形状

(2)定义初始状态。在"Load/Boundary Conditions"操作面板中,按图 9-11 所示设置参数,在"Option"下拉列表中选择"Initial Values"。

在"New Set Name"文本框中输入"int_air",单击"Input Data"按钮,显示"Input Data(Initial Values)"操作面板,在材料列表中选择"air",在"Density"文本框中输入"0.00129",在"Specific Internal Energy"文本框中输入"0.00214",单击"OK"按钮,返回"Load/Boundary Conditions"操作面板,然后单击"Apply"按钮,完成初始状态"int_air"的定义。

接着在"New Set Name"文本框内输入"int_tnt",单击"Input Data"按钮,显示"Input Data(Initial Values)"操作面板,在材料列表中选择"zhayao",在"Density"文本框中输入"1.88",在"Specific Internal Energy"文本框中输入"0.07",单击"OK"按钮,返回"Load/Boundary Conditions"操作面板,然后单击"Apply"按钮,完成初始状态"int_tnt"的定义。

接着在"New Set Name"文本框内输入"int_water",单击"Input Data"按钮,显示"Input Data(Initial Values)"操作面板,在材料列表中选择"water",在"Density"文本框中输入"1",单击"OK"按钮,返回"Load/Boundary Conditions"操作面板,然后单击"Apply"按钮,完成初始状态"int_water"的定义。

(3)定义初始区域。在"Load/Boundary Conditions"操作面板中,按图 9-12 左侧所示设置参数,在"Option"下拉列表中选择"Region Definition"。

在"New Set Name"文本框内输入"region",单击"Input Data"按钮,弹出 Input Data(Region

Definition) 窗口，在 "Existing PEULER 1 Sets" 列表框中选择 "peuler"，在 "Existing Shapes Sets" 列表框中选择 "shape_air"，在 "Existing Initial Values Sets" 列表框中选择 "int_air"，在 "Level Indicator" 文本框中输入 "1"，单击 "Add Row" 按钮，将会在 "Table Data" 表中添加一行数据，重复图 9-12 所示的 d、e、f、g 操作步骤，将 shape_water 和 int_water、shape_tnt 和 int_tnt 的相关数据都添加到 "Table Data" 表中，结果如图 9-12（图 3）所示，然后单击 "OK" 按钮，关闭 "Input Data(Region Definition)" 窗口，然后单击 "Apply" 按钮，创建名为 "region" 的初始区域。

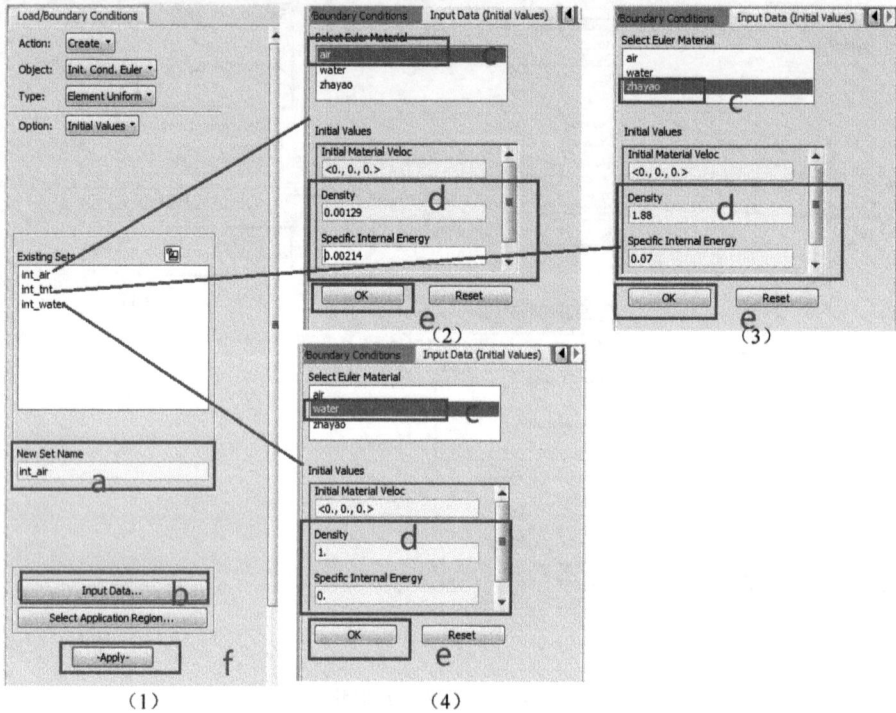

图 9-11　定义初始状态

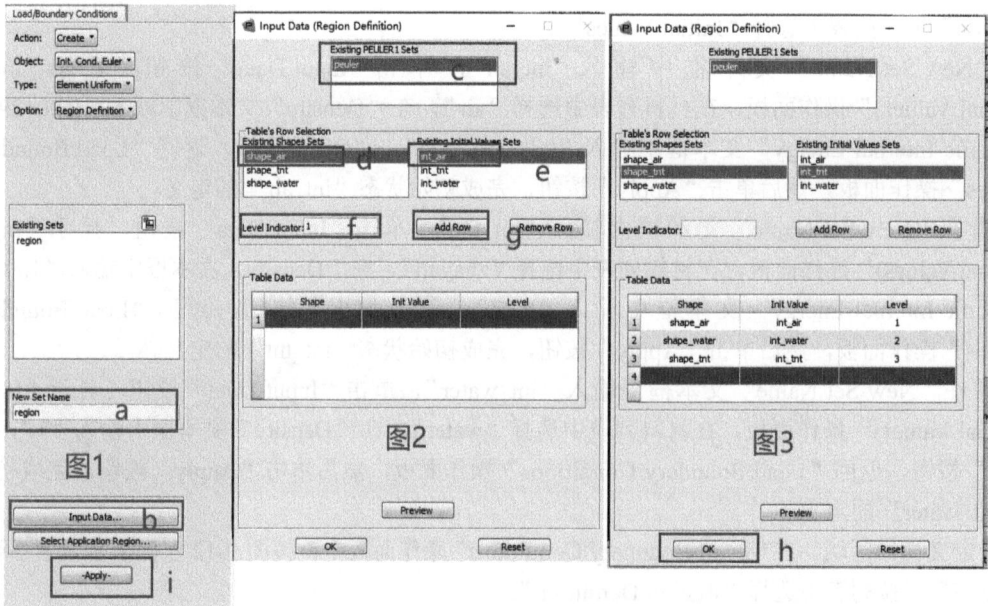

图 9-12　定义初始区域

9.3.4　定义欧拉网格

在"Load/Boundary Conditions"操作面板中，按图 9-13 左侧所示设置"Action""Object""Type""Option"参数后，在"New Set Name"文本框中输入"mesh"，单击"Input Data"按钮，显示"Input Data"操作面板，按图 9-13 右侧所示的 c、d、e、f 步骤设置参数后，可以单击"Preview"按钮进行预览（不是生成网格），然后单击"OK"按钮，返回"Load/Boundary Conditions"操作面板，单击"Apply"按钮，完成欧拉网格 mesh 的定义。

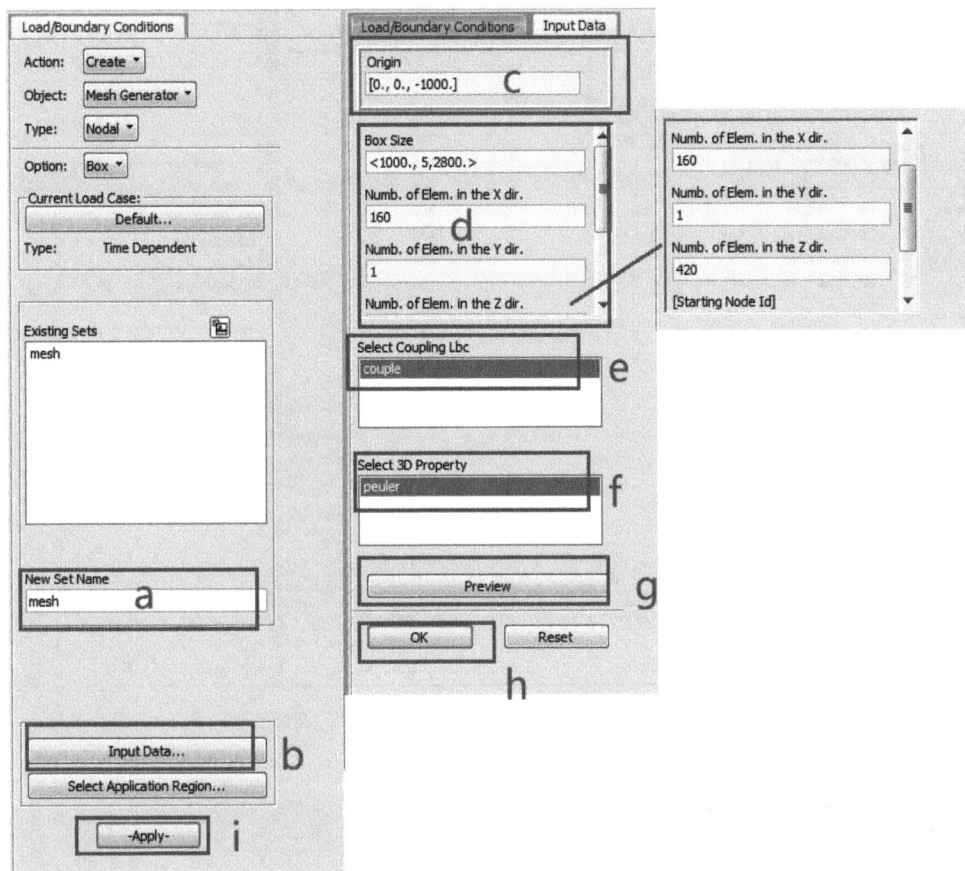

图 9-13　定义欧拉网格

9.4　分析设置

9.4.1　检查工况

一般来说在完成边界条件的定义后，需要对工况进行检查，看是否存在漏掉的边界条件，单击"Loads/BCs"选项卡，单击"Load Cases"面板中的"Create Load Case"（创建荷载工况）按钮，系统右侧显示"Load Cases"操作面板，按图 9-14 所示设置"Action"参数，在"Existing

Load Cases"列表框中选择"Default"。弹出"Input Data"窗口，如图 9-14 左侧所示，如果工况正确无误，单击"Cancel"按钮，关闭"Input Data"窗口。

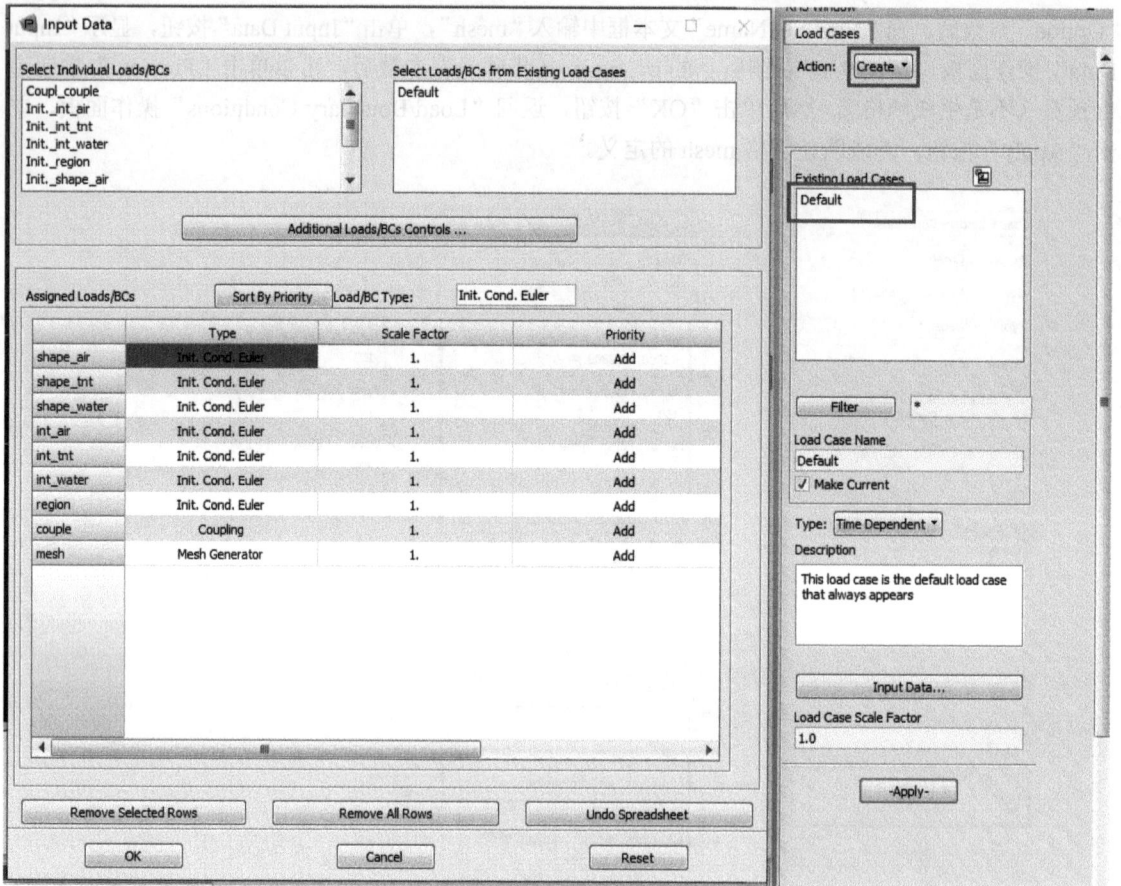

图 9-14　检查工况

9.4.2　设置分析求解参数

在显式非线性分析中，分析设置相对于静力学、动力学分析要更复杂，主要是需要定义一些求解参数、输出结果信息等。

（1）定义初始时间步长和分析时间。单击"Analysis"选项卡，系统右侧显示"Analysis"操作面板，如图 9-15 所示，设置"Action""Object""Method"参数分别为"Analyze""Input Deck""Translate"。单击"Execution Controls"按钮，弹出"Execution Controls"窗口，单击"Execution Control Parameters"按钮，弹出"Execution Control Parameters"窗口，在"End Time"文本框中输入"1000000"，在"Time-Step Size at Start"文本框中输入"0.1"，单击"OK"按钮，返回"Execution Controls"窗口。

（2）定义重力加速度。在"Execution Controls"窗口中，单击"Inertial Loads"按钮，弹出"Inertial Loads"窗口，在"Gravity Scale Factor"文本框中输入"1e-10"，在"Global z-Direction"文本框中输入"-9.8"，单击"OK"按钮，如图 9-16 所示。

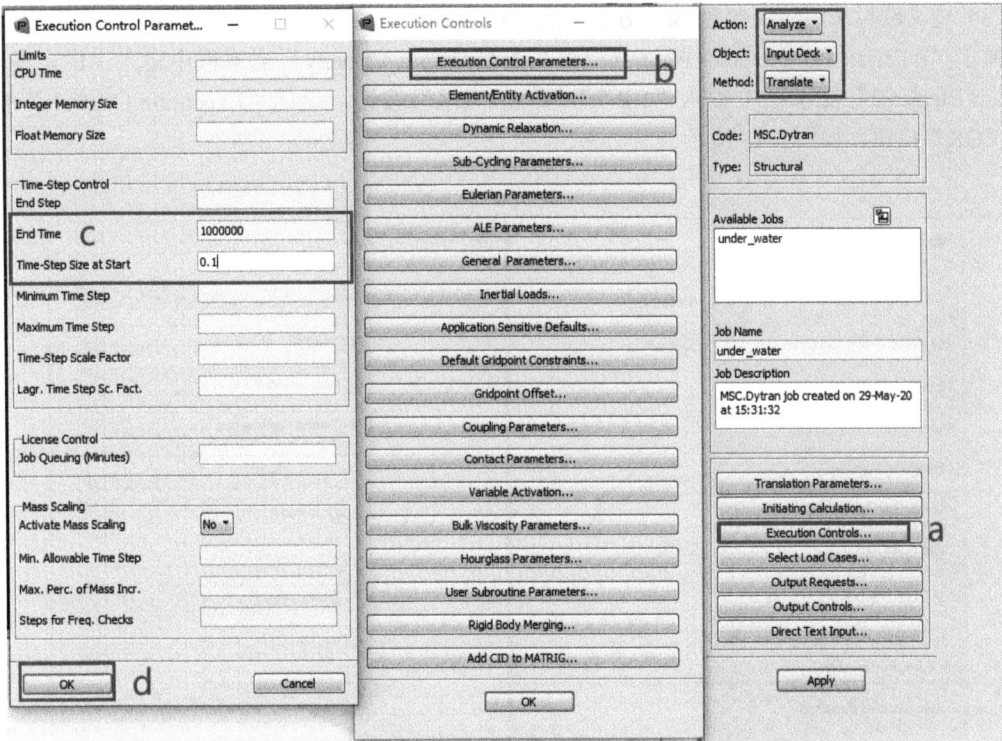

图 9-15　定义初始时间步长和分析时间

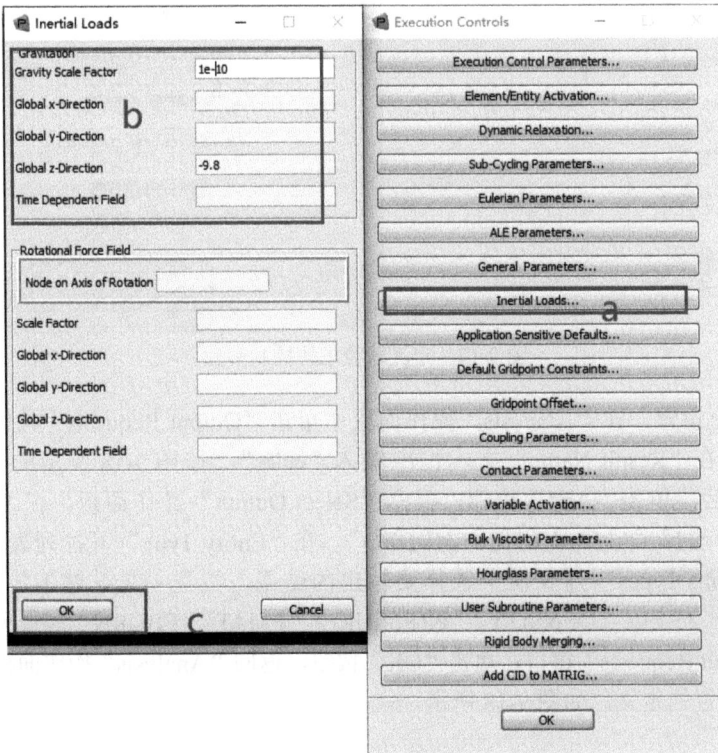

图 9-16　定义重力加速度

（3）定义欧拉求解控制参数。在"Execution Controls"窗口中，单击"Eulerian Parameters"按钮，弹出"Eulerian Parameters"窗口中，在"Maximimum Velocity"文本框中输入"1"，在"All Eulerian Elements"文本框中输入"1.E-7"，单击"OK"按钮，返回"Execution Controls"窗口，单击"OK"按钮，如图 9-17 所示。

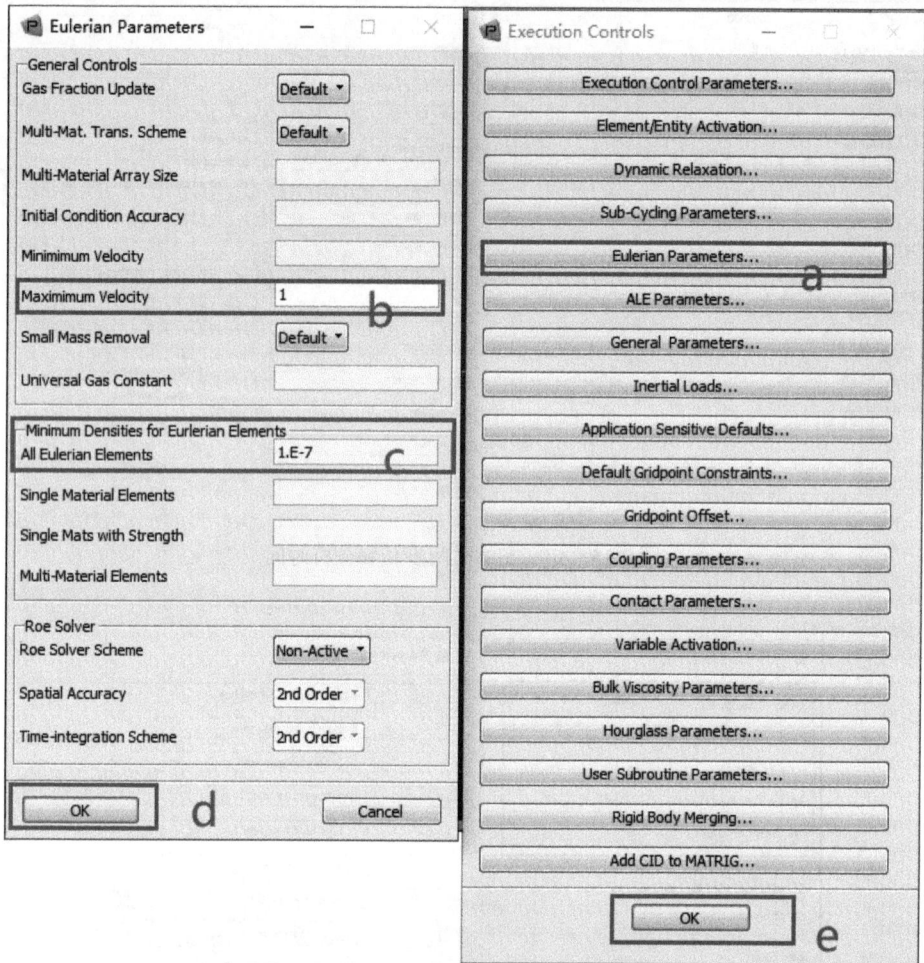

图 9-17　定义欧拉求解控制参数

（4）定义输出设置。在"Analysis"操作面板中单击"Output Requests"按钮，弹出"Output Requests"窗口，在"Result Name"文本框中输入"euler"，按图 9-18 所示的 c、d、e、f、g 步骤设置相关参数后，单击"Add"按钮，显示"Select Output"操作面板，在"Select Groups for Output"列表框中选择"ALLMULTIEULHYDRO"，在"Entity Type"下拉列表中选择"Eulerian Solids"，在"Results Types"列表框中选择要输出的结果，按住 <Ctrl> 键不放，通过单击选择"XVEL""YVEL""ZVEL""DENSITY""PRESSURE""FMAT""FBURN"等选项，单击"Apply"按钮，返回"Output Requests"窗口，单击"OK"按钮，返回"Analysis"操作面板，单击"Apply"按钮，完成输出设置的定义，如图 9-18 所示。

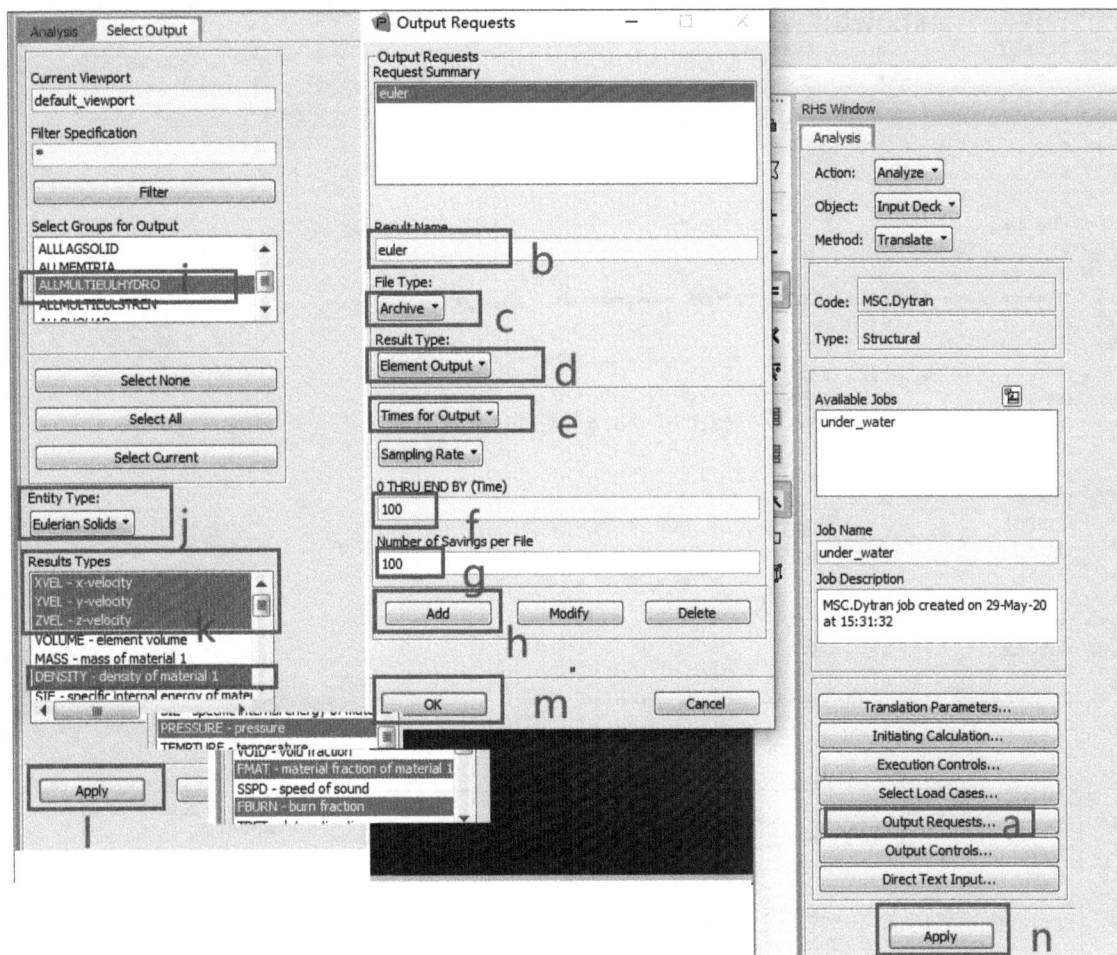

图 9-18　定义输出设置

9.4.3　修改模型数据文件

分析设置参数设置完成后，还需要修改模型数据文件。首先删除不要的信息，然后添加需要的信息。

（1）删除不需要的信息。

打开工作目录中生成的 under_water.dat 文件，找到 INCLUDE under_water.bdf 文本信息，将其删除。在文件中找到"COUPLE"卡片信息，将其删除，如图 9-19 所示。因为这个案例仅是水下爆炸，不涉及流固耦合，前面提到了定义 COUPLE 只是用于生成"MESH"卡片。

（2）添加信息。

①添加轴对称控制信息。

在文件中找到"$------- Parameter Section ------"文本信息，在下面添加一行"PARAM, AXIALSYM, AXIAL, Z, ZX, 2.5"文本信息，如图 9-20 所示，用于定义轴对称，轴为 Z 轴，平面为 ZX 平面。

```
21  $------- BULK DATA SECTION -------
22  BEGIN BULK
23  INCLUDE under_water.bdf
24  $ ------- GRAVITATION -----
25  TLOAD1        1       444              0
26  GRAV        444             1e-10                        -9.8
27  $
28  $ ========= PROPERTY SETS ==========
29  $
30  $            * peuler *
31  $
32  PEULER1       1             MMHYDRO        7
33  $
34  $
35  $ ========= MATERIAL DEFINITIONS ==========
36  $
37  $
38  $ ------- Material zhayao id =1
39  DMAT          1    1.88        1
40  EOSJWL        1  6.9513    .0313       5.4      1.4       .4
41  $
42  $ ------- Material water id =2
43  DMAT          2       1        2                              2
44  EOSPOL        2    .022
45  PMINC         2       0
46  $
47  $ ------- Material air id =3
48  DMAT          3  .00129        3
49  EOSGAM        3     1.4
50  $
51  $ ======== Load Cases ========================
52  $
53  $
54  $ ------- General Coupling: couple -----
55  $
56  COUPLE        1       1  INSIDE       ON        ON              STANDARD+
57  +                                                                      +
58  +                     2
59  $
60  SURFACE       1             ELEM        2
61  $
62  $ ------- Mesh Box: mesh
```

图 9-19 删除不需要的信息

```
$------- Parameter Section ------
PARAM,CONTACT,THICK,0.0
PARAM,INISTEP,0.1
PARAM,RHOCUT,1.E-7
PARAM,VELMAX,1
PARAM, AXIALSYM, AXIAL, Z, ZX, 2.5
```

图 9-20 添加轴对称控制信息

②修改欧拉区域初始形状信息。

前面在定义欧拉区域初始形状时，其值是随意设置的，需要进行修改。其中，"CYLINDER"卡片在 Patran 前处理中也可以进行准确定义，但是需要定义多个坐标系，在界面中圆柱的轴向为 Z 向，起点为坐标系的原点，高度为原点上下各一半。比如在 CYLINDER 4 的设置中，定义的高度是 20，即从 -10 到 10，使用起来不是很方便，一般可采用后期修改的方式，如图 9-21 所示。

```
$ ------- TICEUL BC region -----
TICEUL        10                                                                +
+          SPHERE         8         3         9         1                        +
+          CYLINDER       3         2         5         2                        +
+          CYLINDER       4         1         6         3
SPHERE         8                    0         0         0     10000
CYLINDER       3                    0         0     -1000         0         0   1000+
+          10000
CYLINDER       4                    0         0       -10         0         0     10+
+             20
```

(a) 修改前

```
$ ------- TICEUL BC region -----
TICEUL        10                                                                +
+          SPHERE         8         3         9         1                        +
+          CYLINDER       3         2         5         2                        +
+          CYLINDER       4         1         6         3
SPHERE         8                    0         0         0     10000
CYLINDER       3                    0         0     -1000         0         0   1000+
+          10000
CYLINDER       4                    0         0         0         0         0     20+
+             10
```

(b) 修改后

图 9-21　修改欧拉区域初始形状信息

③添加欧拉边界。

在文件最后的 ENDDATA 文本信息前添加如下信息。

首先添加下列文本信息，用于定义欧拉区域的 X 正向、Z 正向、Z 负向为开放边界。

```
tload1,1,102,,4
FLOWDIR,102,mmhydro,,POSX,,,,,+
+,FLOW,BOTH,hydstat,101

tload1,1,103,,4
FLOWDIR,103,MMhydro,,NEGZ,,,,,+
+,FLOW,BOTH,hydstat,101

tload1,1,104,,4
FLOWDIR,104,MMhydro,,POSZ,,,,,+
+,FLOW,out,hydstat,101
```

接着添加静水压强边界，用于定义初始水压分布，即指定在坐标位置（0,0,1000）处初始水压为 1e-6，其余的水压分布由重力进行计算，重新分布。

```
hydstat,101,2,,,0,0,1000,1e-6
```

继续添加下列文本信息，用于定义炸药起爆，其中包含起爆点、爆速、起爆时间（默认为 0 时刻）。

```
detsph,101,1,0,0,0,1.88
```

④添加监控单元输出。

接着添加监控单元，用"PMARKER"卡片定义监控单元属性，用"CMARKN1"卡片定义监控单元，如图 9-22 所示。

```
 94
 95  hydstat,101,2,,,0,0,1000,1e-6
 96  detsph,101,1,0,0,0,0.45
 97
 98  PMARKER,900001,FIXED
 99  GRID,1,,200,0,0
100  GRID,2,,300,0,0
101  GRID,3,,0,200,0
102  GRID,4,,0,300,0
103  GRID,5,,0,0,200
104  GRID,6,,0,0,300
105  GRID,7,,0,0,0
106  CMARKN1,1,900001,1
107  CMARKN1,2,900001,2
108  CMARKN1,3,900001,3
109  CMARKN1,4,900001,4
110  CMARKN1,5,900001,5
111  CMARKN1,6,900001,6
112  CMARKN1,7,900001,7
113
```

图 9-22　定义监控单元

⑤定义监控单元的输出。

在 SAVE (euler) = 100 文本信息后采用如下输出定义监控单元的输出。

```
TYPE(EULM) = TIMEHIS
CMARKS(EULM) = 999
SET 999 = 1,2,5,6,7
CMARKOUT(EULM) = PRESSURE DENSITY1
TIMES(EULM) = 0.0, END, BY, 100
SAVE(EULM) = 100000
```

⑥修改欧拉的输出。

在 fmat 和 density 后面添加材料号，如将图 9-23 中的 fmat 改为 fmat1、fmat2，将 density 改为 density1 和 density2，修改输出材料 1、材料 2 的单元百分比和密度。

也可以对输出间隔进行修改，通过修改输出间隔让爆炸前期计算结果多输出，后期少输出，降低输出结果的大小。

```
 9  SPC=1
10  $ Output result for request: euler
11  TYPE (euler) = ARCHIVE
12  ELEMENTS (euler) = 1
13  SET 1 = ALLMULTIEULHYDRO
14  ELOUT (euler) = XVEL YVEL ZVEL DENSITY PRESSURE FBURN fmat1 fmat2 AFTERBURN,
15          DENSITY1 DENSITY2
16  TIMES (euler) =0.0, THRU, 2000, BY, 100, 2000, THRU, END, BY, 1000
17  SAVE (euler) = 100
18
```

图 9-23　修改欧拉的输出

⑦其他的一些修改。

这些修改不是必需的，如对欧拉网格进行局部加密，可以在原来生成的"MESH"卡片中进行如下的扩展，如图 9-24 所示。

```
MESH             2     BOX                                            +
+                0     0     -1000     1000      5     2800           +
+              160     1      420                        EULER      1+
+,,,,,,,,,+
+,,,,,100,,300

BIAS,100,,,,,,,,+
+,0,1.2      ,80,,,,,,+
+,500 ,1.2,80

BIAS,300,,,,,,,,+
+,-1000, 0.8 ,80,,,,,,+
+,-500,  0.8,80,,,,,,+
+,0,   1.2,80,,,,,,+
+,500,  1.2,180
```

图 9-24　对欧拉网格进行局部加密

9.5　提交计算及后处理

9.5.1　提交计算

将修改后的 DAT 文件提交到 Dytran 中进行计算。

启动 Dytran 后，单击"New Job"（新任务）按钮 ，新建一个任务，在"File Explorer"导航区中找到相应工作目录的文件夹后，在"Input Files"列表框中选择 under_water.dat 文件，可以选择采用 DMP 并行计算，然后单击"Run Job"（运行任务）按钮 ，如图 9-25 所示，开始计算，在计算过程中，底部有显示计算状态的进度条。

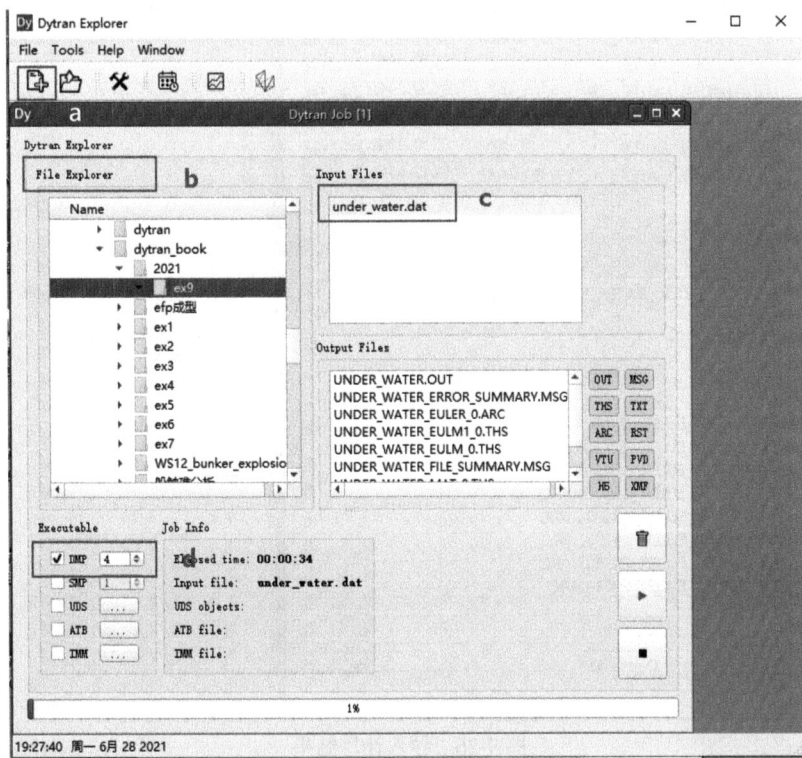

图 9-25　提交计算

9.5.2 后处理

数据运算完成后，就可以进行后处理操作。

（1）后处理中，可以新建一个 DB 文件，名称为 result。单击"Analysis"选项卡，系统右侧显示"Analysis"操作面板，按图 9-26 所示设置"Action""Object""Method"参数后，单击"Select Archive File"按钮，在打开的浏览器界面中选择需要导入的 ARC 文件，然后依次单击"Add"按钮、"Apply"按钮，返回到"Analysis"操作面板，单击"Apply"按钮，完成结果的导入。

（2）计算结果云图显示。单击"Results"选项卡，系统右侧显示"Results"操作面板，设置"Action""Object"参数分别为"Create""Quick Plot"后，在"Select Result Cases"列表框中选择显示的时刻，在"Select Fringe Result"列表框中选择显示的变量，然后单击"Apply"按钮，即显示结果云图。选取多个时刻，单击"Apply"按钮，即可显示动画。图 9-27 ～图 9-37 为显示的部分结果云图。

对应彩色结果云图请参见本书配套资源。

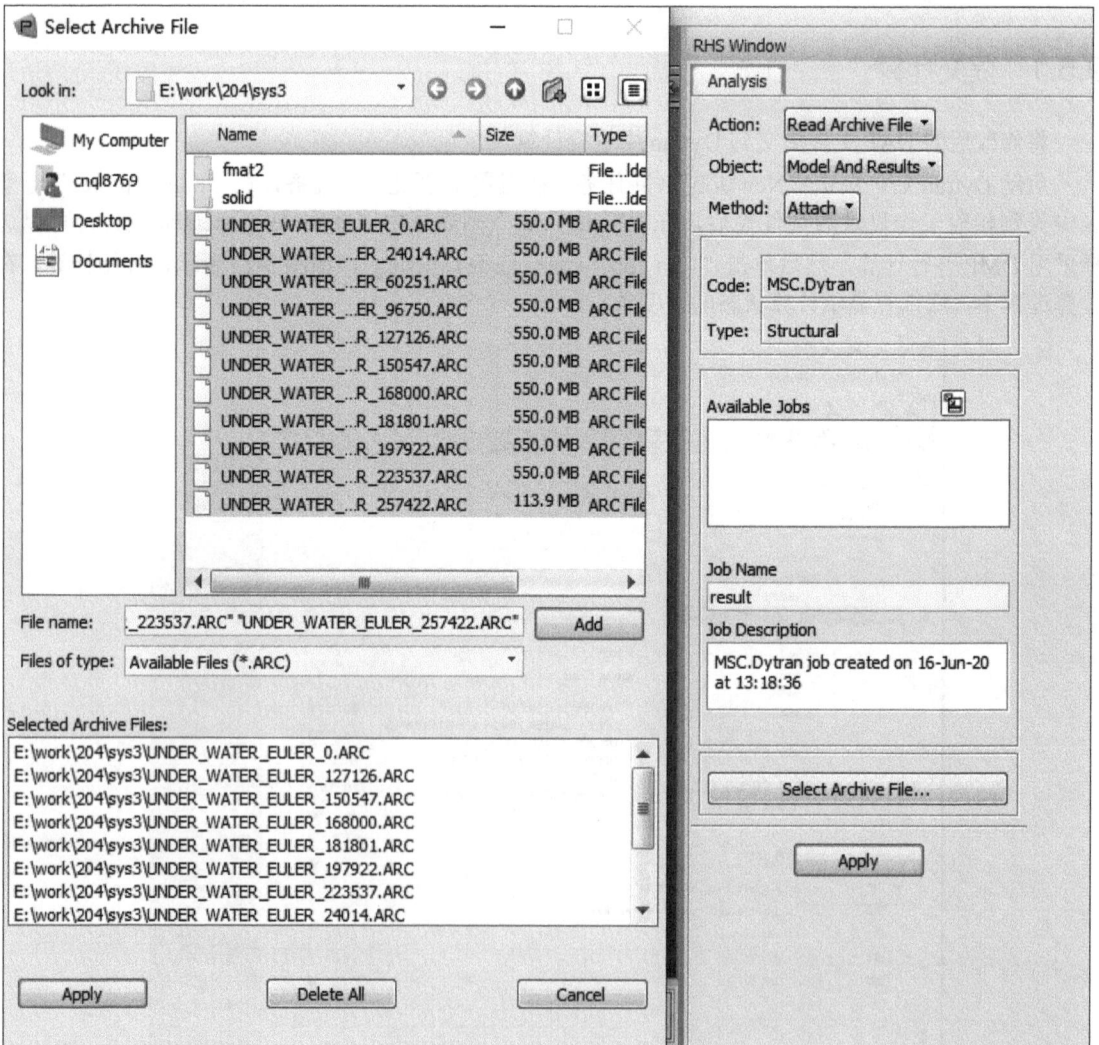

图 9-26　导入计算结果

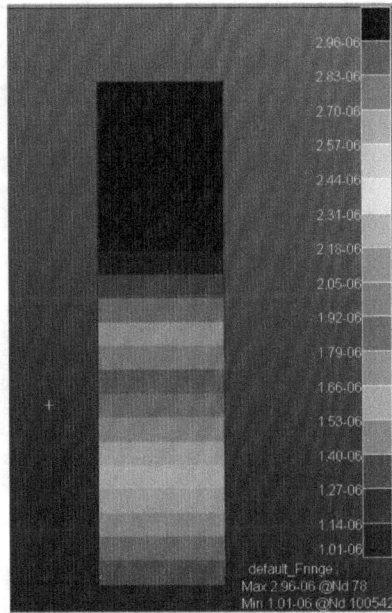

图 9-27　初始水压分布

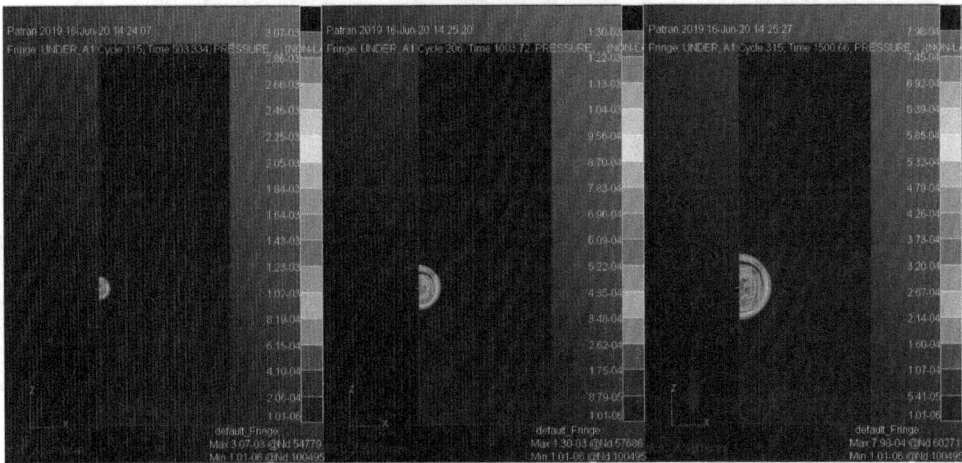

图 9-28　不同时刻的压强分布 1

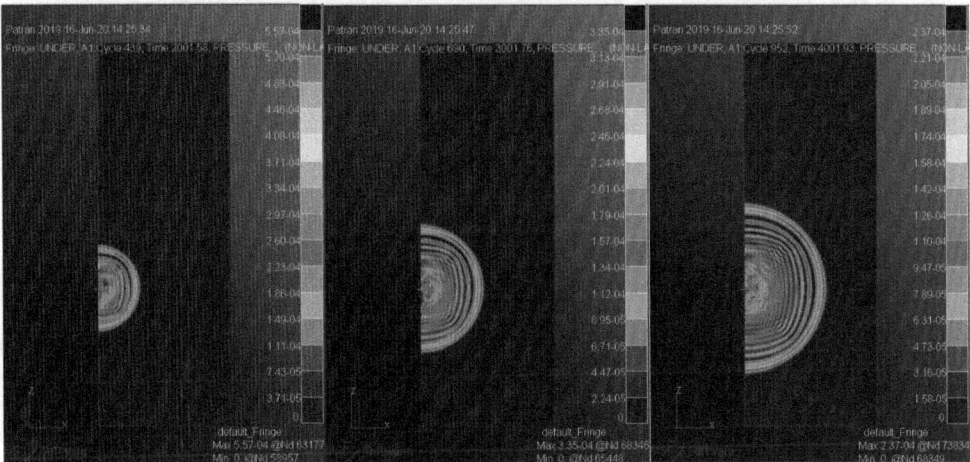

图 9-29　不同时刻的压强分布 2

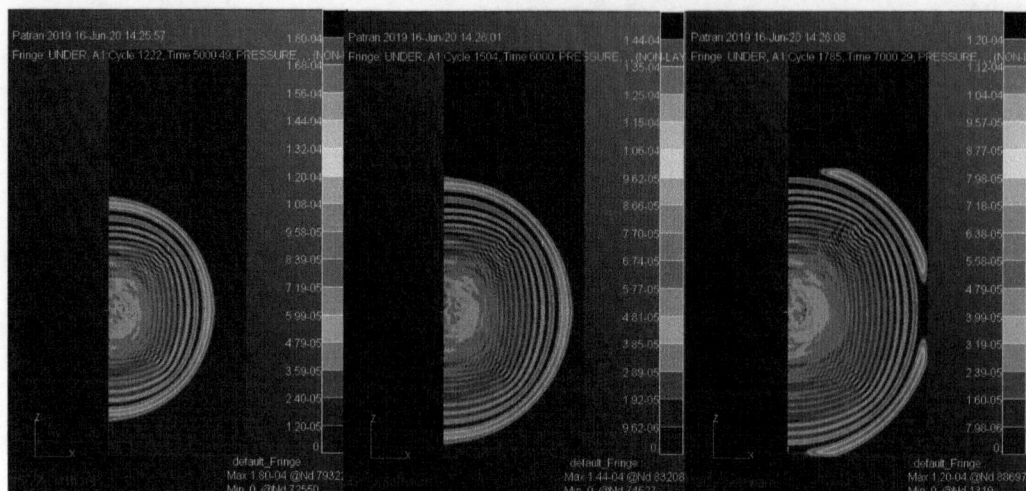

图 9-30　不同时刻的压强分布 3

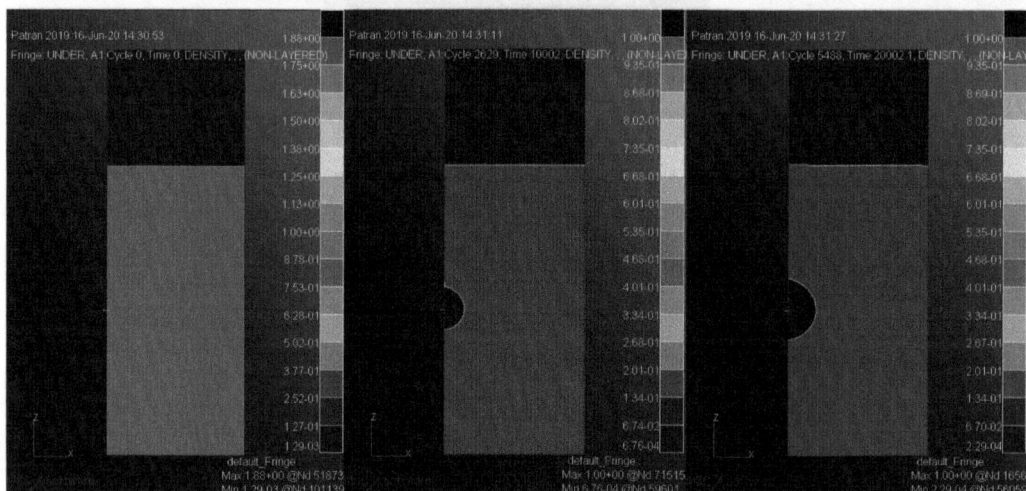

图 9-31　不同时刻水的状态 1

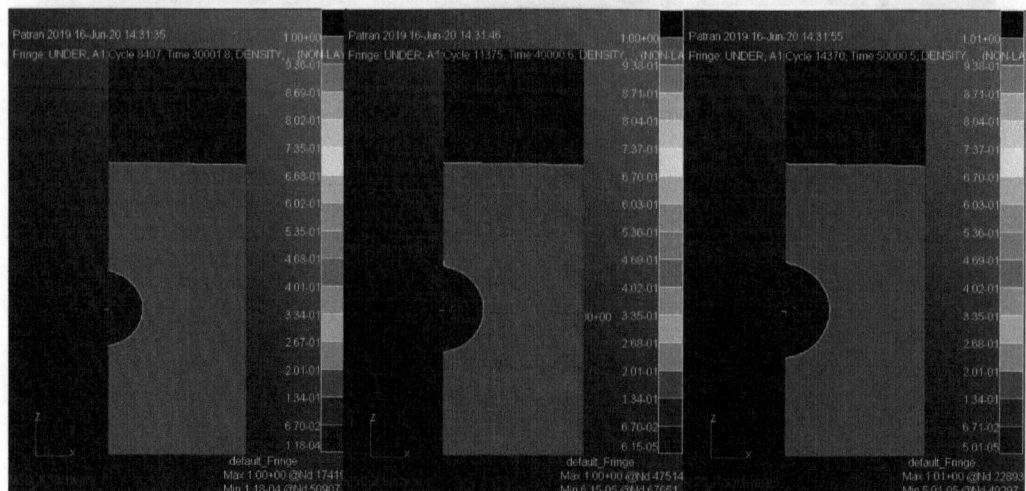

图 9-32　不同时刻水的状态 2

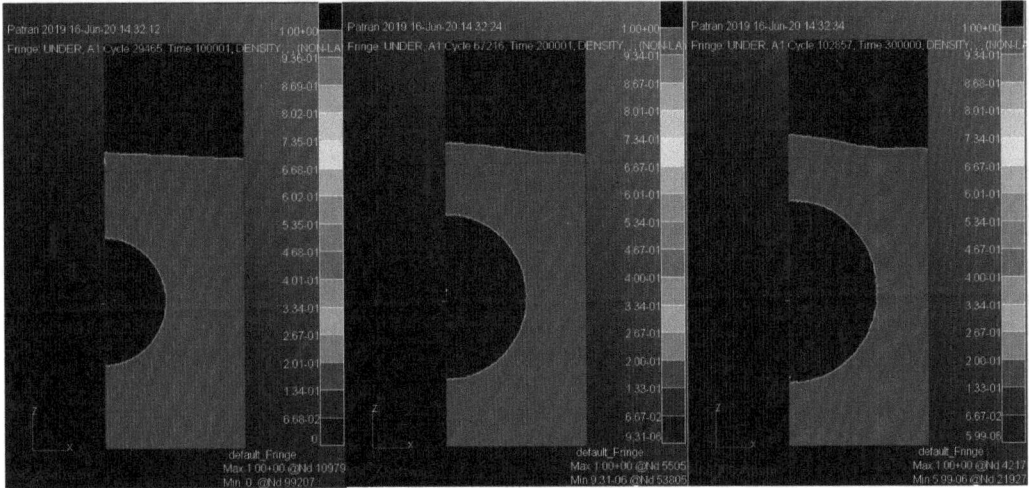

图 9-33　不同时刻水的状态 3

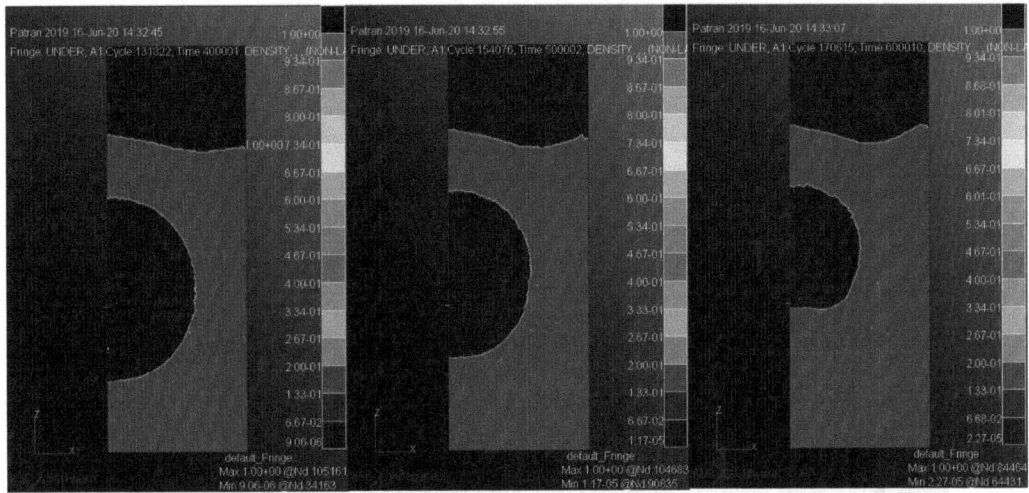

图 9-34　不同时刻水的状态 4

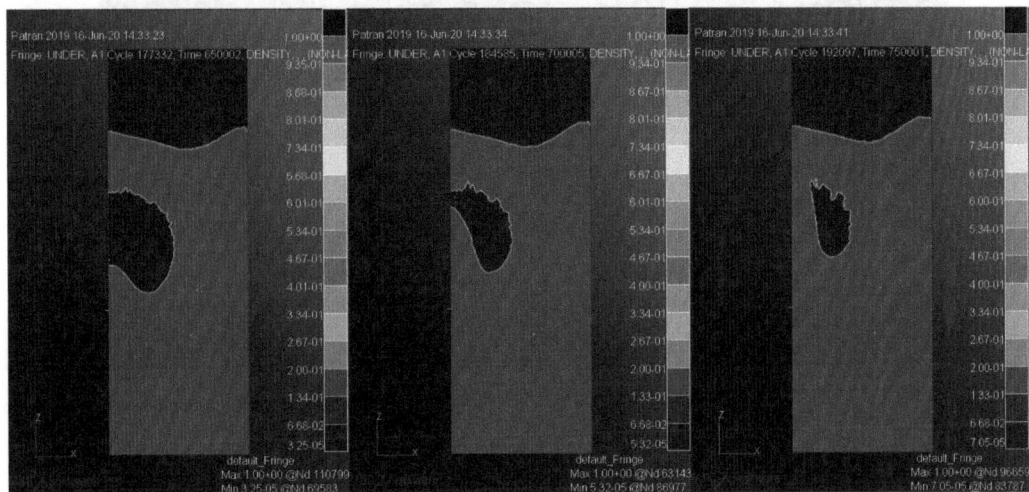

图 9-35　不同时刻水的状态 5

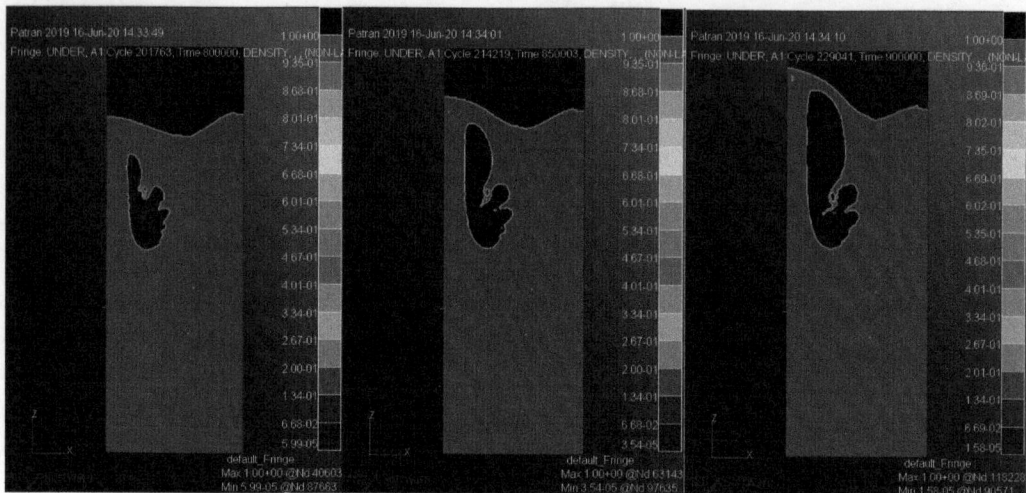

图 9-36　不同时刻水的状态 6

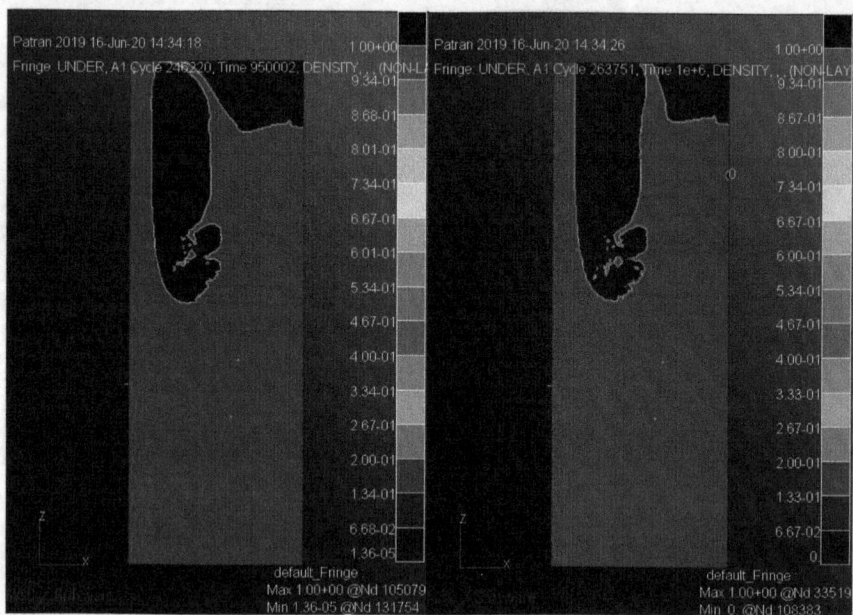

图 9-37　不同时刻水的状态 7

第 **10** 章
地雷 EFP 成型射流穿甲分析实例

　　本例模拟地雷 EFP 成型射流穿甲的过程，采用 Dytran 欧拉求解器进行计算。聚能药型罩装置为一个圆柱形药筒，内装药柱，药柱前端放置一块圆锥形铜片，距离药柱前端 0.5 米处放置一块铝板，厚度 30 毫米。炸药爆炸采用 JWL 状态方程模拟。

10.1　问题分析

使用到的主要卡片介绍如下。

轴对称控制卡片，用于将三维模型简化为二维模型	对应文本信息为 PARAM、AXIALSYM、RECT、Z、ZX、0.001、YES
具有剪切强度的欧拉材料的定义	采用"DMAT+EOSXXX+SHRXXX+YLDXX+PMINC"卡片组合定义复杂材料
欧拉初始形状的定义	采用"SHAPE"卡片的 SPHERE/CYLINDER/BOX 方式
欧拉材料的初始化定义	采用"TICVAL"卡片
流体边界的定义	"FLOWDIR"卡片，"FLOW"卡片为一系列卡片，不同的边界条件可以采用不同的"FLOW"卡片定义

10.2　创建几何模型

10.2.1　创建数据库文件

在菜单栏中选择"File > New"命令，弹出图 10-1 所示的"New Database"窗口，在"File name"文本框中输入数据文件名"jet"，单击"OK"按钮。系统右侧显示"New Model Preference"操作面板，按图 10-2 所示设置参数，即设置 MSC.Dytran 为求解器，单击"OK"按钮，完成设置。

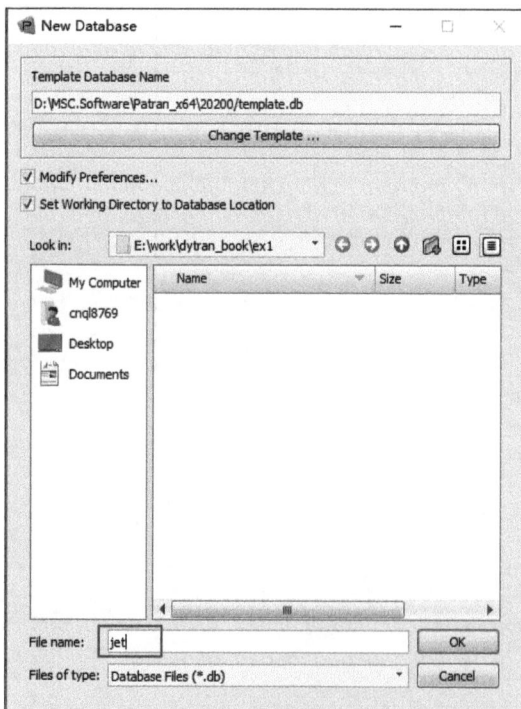

图 10-1　创建数据库文件

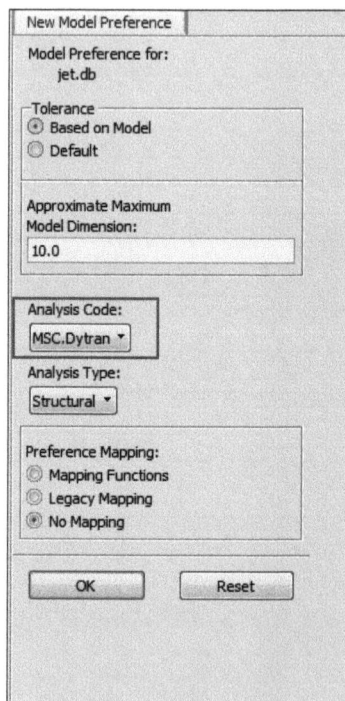

图 10-2　设置分析类型

10.2.2　导入药型罩模型

在菜单栏中选择"File > Import"命令，弹出"Import"窗口，如图 10-3 所示，将"Source"参数设置为 Neutral，选择 efp_charge.out 文件后，单击"Apply"按钮，在弹出的对话框中单击"Yes"按钮。

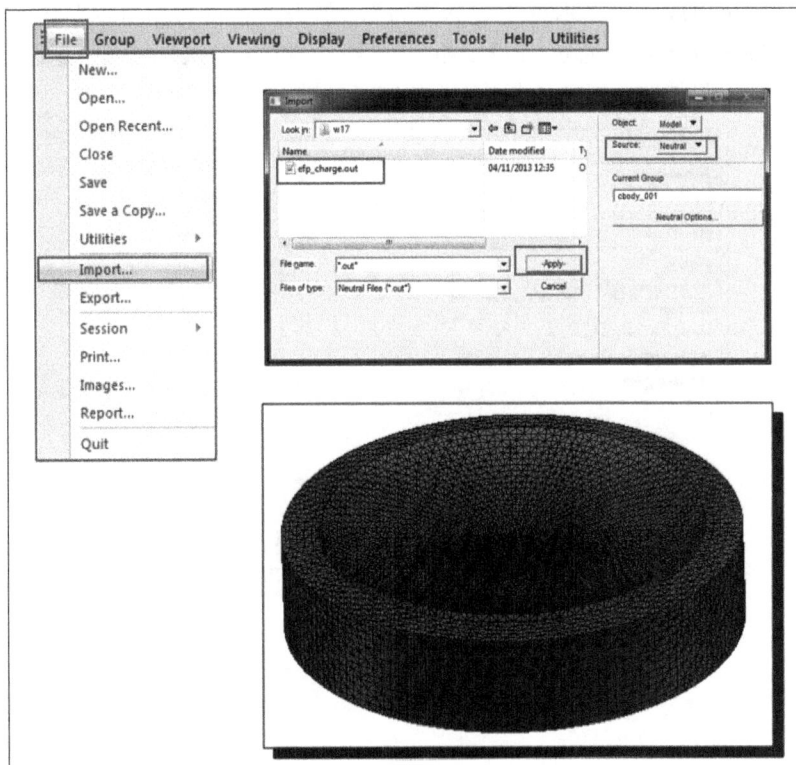

图 10-3　导入药型罩模型

导入完成后，在菜单栏中选择"File > Session > Play"命令，弹出"Play Session File"窗口，然后选择 groups.ses 文件，如图 10-4 所示，单击"Apply"按钮。

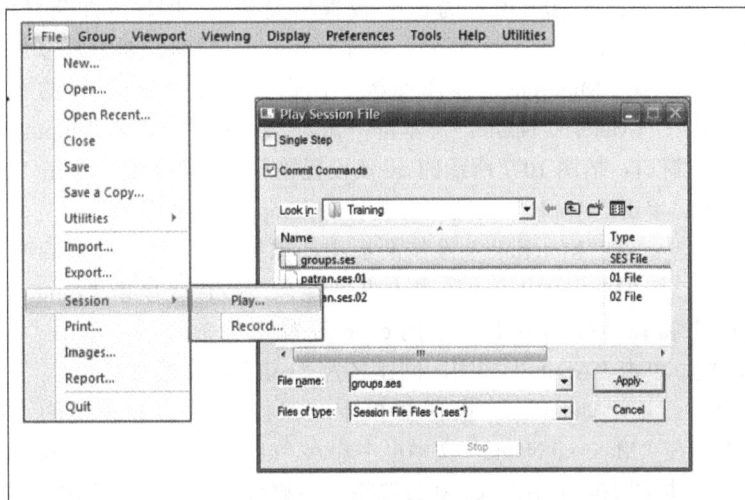

图 10-4　文件回放

10.2.3 创建材料参数

本实例需要创建空气、炸药、铜、土壤和铝等材料并定义它们的参数。

（1）创建空气材料。单击"Properties"选项卡，单击"Isotropic"面板中的"Isotropic"（等轴测）按钮，系统右侧显示"Materials"操作面板，按图 10-5 所示设置"Action""Object""Method"参数后，在"Material Name"文本框中输入"air"，单击"Input Properties"按钮，弹出"Input Options"窗口，按图 10-5 所示的 c、d 设置相关参数后，单击"OK"按钮，返回"Materials"操作面板。单击"Apply"按钮，创建名为"air"的空气材料。

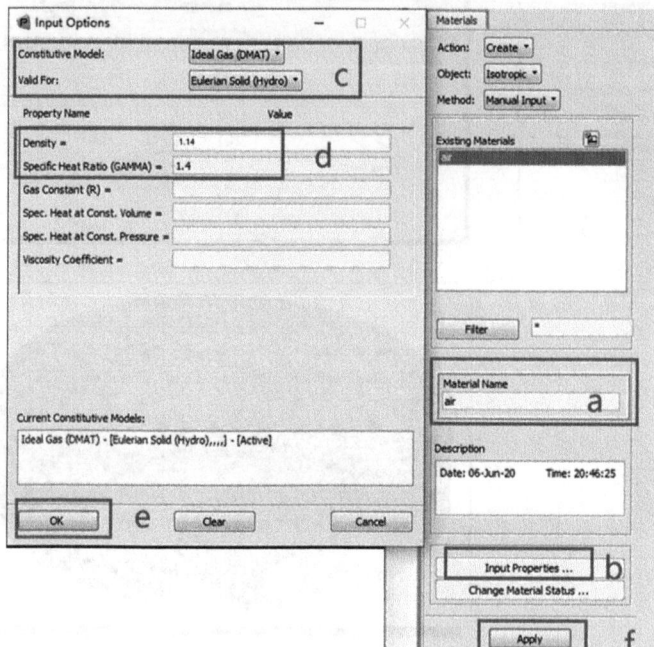

图 10-5　创建空气材料

（2）创建炸药材料。在"Materials"操作面板中，保持步骤（1）设置的"Action""Object""Method"参数不变，在"Material Name"文本框中输入"tnt"，单击"Input Properties"按钮，弹出"Input Options"窗口，按图 10-6 所示的 c、d 设置相关参数，即输入炸药材料的线材料参数，单击"OK"按钮，返回"Materials"操作面板。单击"Apply"按钮，创建名为"tnt"的炸药材料。

（3）创建铜材料。在"Materials"操作面板中，保持步骤（1）设置的"Action""Object""Method"参数不变，在"Material Name"文本框中输入"copper"，单击"Input Properties"按钮，弹出"Input Options"窗口，按图 10-7 所示的 c、d 设置输入相关参数后，单击"OK"按钮，返回"Materials"操作面板。单击"Apply"按钮，创建名为"copper"的铜材料。

（4）创建土壤材料。在"Materials"操作面板中，保持步骤（1）设置的"Action""Object""Method"参数不变，在"Material Name"文本框中输入"soil"，单击"Input Properties"按钮，弹出"Input Options"窗口，按图 10-8 所示的 c、d 设置相关参数后，单击"OK"按钮，返回"Materials"操作面板。单击"Apply"按钮，创建名为"soil"的土壤材料。

（5）创建铝材料。在"Materials"操作面板中，保持步骤（1）设置的"Action""Object""Method"参数不变，在"Material Name"文本框中输入"al"，单击"Input Properties"按钮，弹出"Input Options"窗口，按图 10-9 所示的 c、d 设置相关参数后，单击"OK"按钮，返回"Materials"操作面板。单击"Apply"按钮，创建名为"al"的铝材料。

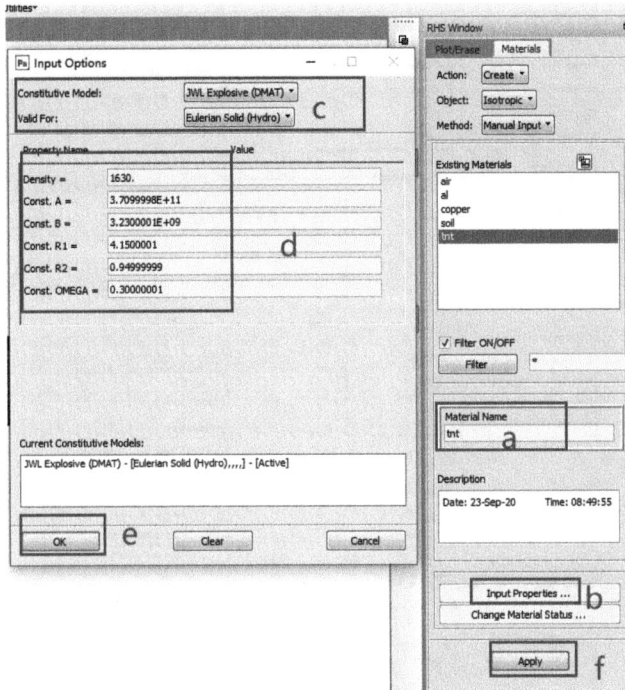

图 10-6　创建炸药材料

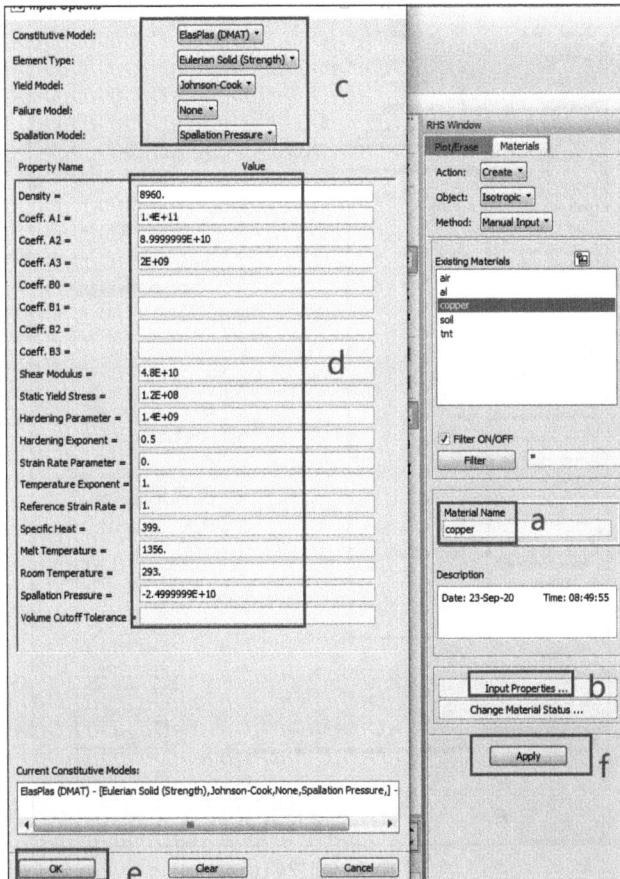

图 10-7　创建铜材料

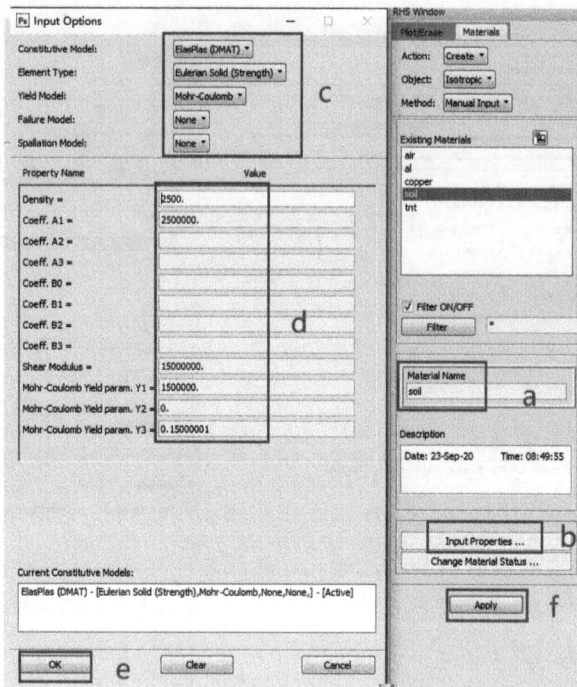

图 10-8　创建土壤材料

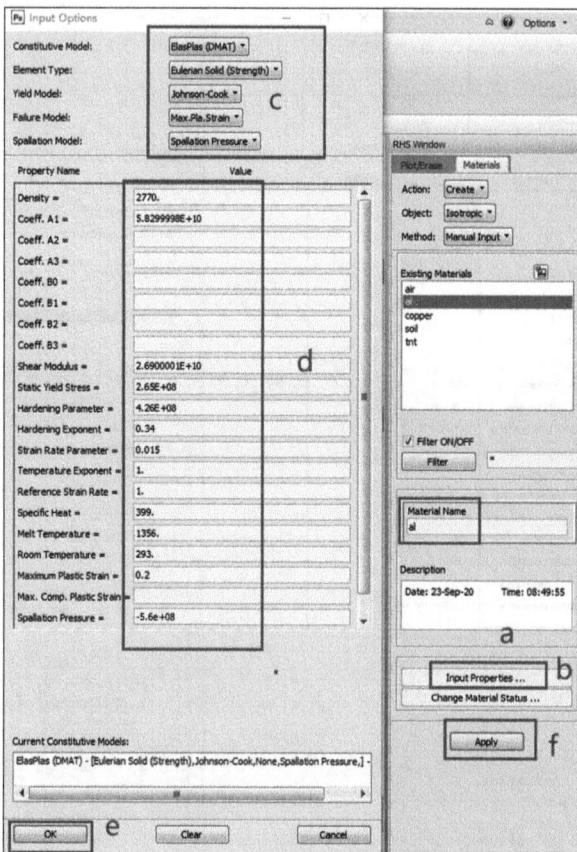

图 10-9　创建铝材料

10.3 约束和加载

10.3.1 修改网格物理特性

下面将修改导入的有限元网格的物理属性，单击"Properties"选项卡，单击"Property Actions"面板中的"Modify Properties"按钮▦，系统右侧显示"Element Properties"操作面板，设置"Action""Object""Type"参数分别为"Modify""2D""Shell"后，选择下面列表框中的 P_SET.0，然后将"Type"改为"Dummy Shell"，单击"Select Application Region"按钮，显示"Select Application Region"操作面板，在图形区框选所有单元，或在"Application Region"区域的"Select Members"文本框中输入"Element 1:13464 20000:36523"，单击"Add"按钮，单击"OK"按钮，返回"Element Properties"操作面板，然后单击"Apply"按钮，完成 P_SET.0 物理特性的修改，如图 10-10 所示。

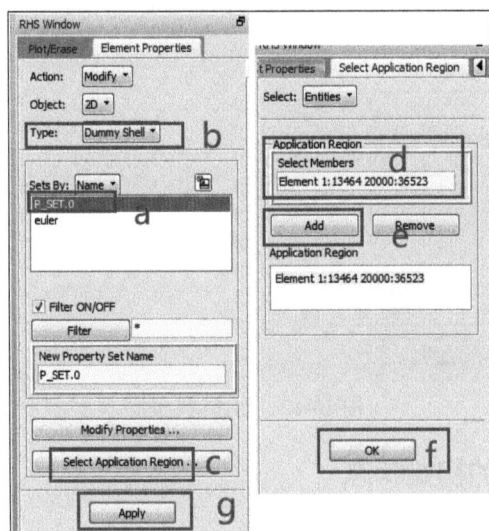

图 10-10 修改导入的有限元网格的物理属性

10.3.2 创建网格物理特性

本实例需要创建欧拉网格物理特性。单击"Properties"选项卡，系统右侧显示"Element Properties"操作面板，按图 10-11 所示设置"Action""Object""Type"参数后，在"Property Set Name"文本框中输入"euler"，在"Options"下拉列表中选择"MM/Strength(PEULER1)"，然后单击"Apply"按钮，创建名为"euler"的物理特性。

10.3.3 创建耦合面

单击"Loads/BCs"选项卡，系统右侧显示"Load/Boundary Conditions"操作面板，按图 10-12 左侧所示设置"Action""Object"

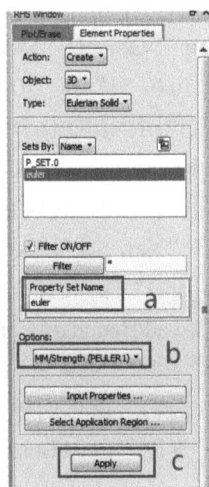

图 10-11 创建欧拉网格物理特性

"Type""Option" 参数后，在"New Set Name"文本框中输入"couple"，然后单击"Select Application Region"按钮。系统显示"Select Application Region"操作面板，按图 10-12 右侧所示设置参数，设置"Element Type"为"2D"，选中"FEM"单选项，在图形中选择任意一个单元，然后单击"Add"按钮，继续单击"OK"按钮，返回"Load/Boundary Conditions"操作面板，接着单击"Apply"按钮，创建名为"couple"的耦合面。

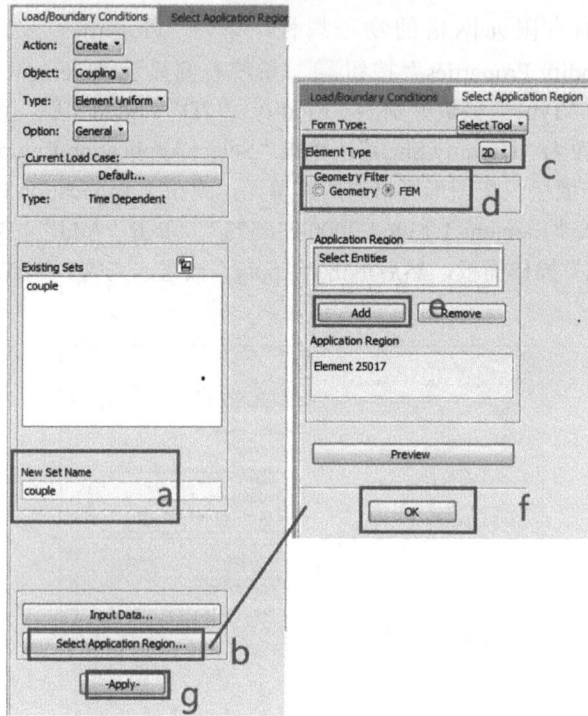

图 10-12　创建耦合面

10.3.4　定义欧拉网格的初始状态

在定义欧拉网格的初始状态之前，先定义两个欧拉局部坐标系，用于定位欧拉初始化时参考点的位置。单击"Geometry"选项卡，系统右侧显示"Geometry"操作面板，按图 10-13 所示设置"Action""Object""Method"参数分别为"Create""Coord""Euler"，在"Origin"文本框中依次输入"[0 0 -5]"和"[0 0 0.5]"，并单击"Apply"按钮，建立两个欧拉局部坐标系。

欧拉网格初始化分为 3 步：定义初始形状、定义初始状态和定义初始区域。

（1）定义初始形状。单击"Loads/BCs"选项卡，系统右侧显示"Load/Boundary Conditions"操作面板，按图 10-14 所示设置"Action""Object""Type""Option"参数。

在"New Set Name"文本框中输入"shape_air"，单击"Input Data"按钮，显示"Input Data(Shape)"操作面板，将"Shape"设置为"Sphere"，按图 10-14 所示设置参数，单击"OK"按钮，返回"Load/Boundary Conditions"操作面板，单击"Apply"按钮，完成初始形状"shape_air"的定义。

接着在"New Set Name"文本框中输入"shape_al"，单击"Input Data"按钮，显示"Input Data(Shape)"操作面板，将"Shape"设置为"Cylinder"，按图 10-14 所示设置参数，单击"OK"按钮，返回"Load/Boundary Conditions"操作面板，单击"Apply"按钮，完成初始形状"shape_al"的定义。

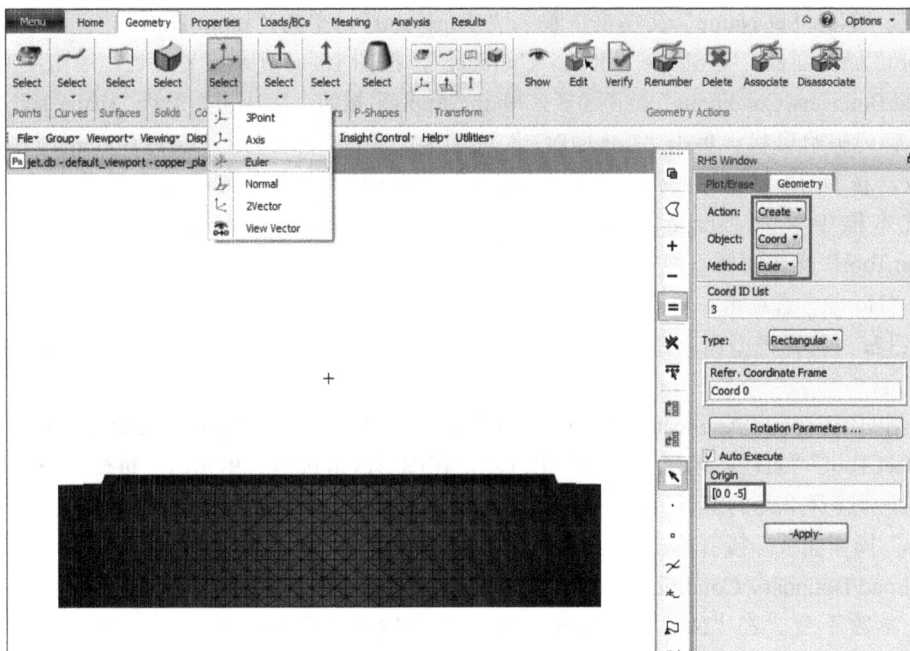

图 10-13　建立两个欧拉局部坐标系

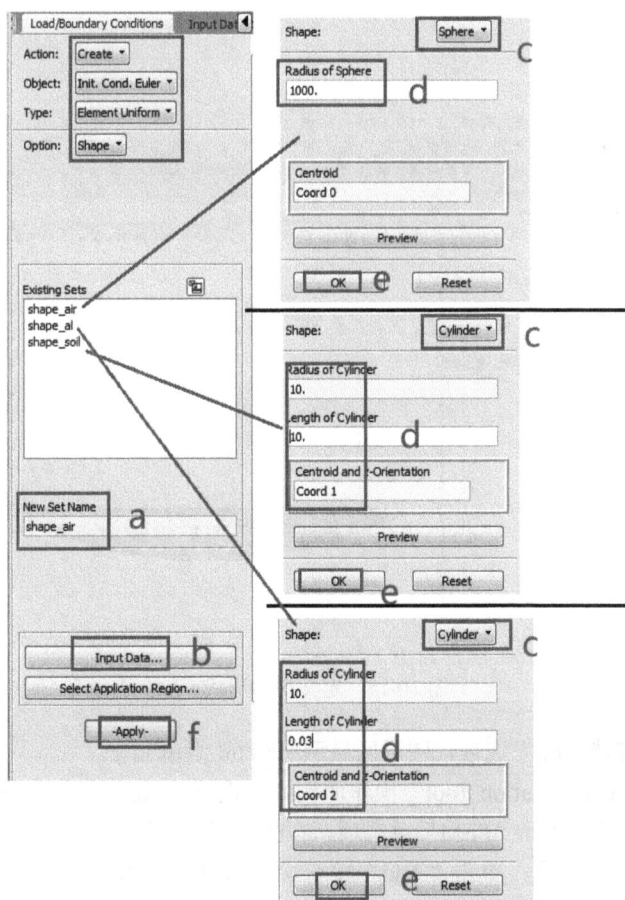

图 10-14　定义初始形状

接着在"New Set Name"文本框中输入"shape_soil"，单击"Input Data"按钮，显示"Input Data(Shape)"操作面板，将 Shape 设置为"Cylinder"，按图 10-14 所示设置参数，单击"OK"按钮，返回"Load/Boundary Conditions"操作面板，单击"Apply"按钮，完成初始形状"shape_soil"的定义。

（2）定义初始形状。单击"Loads/BCs"选项卡，系统右侧显示"Load/Boundary Conditions"操作面板，按图 10-15（a）所示设置"Action""Object""Type""Option"参数。在"New Set Name"文本框中输入"shape_copper"，单击"Select Application Region"按钮，显示"Explicit Application Tool"操作面板，用于作用区域的定义。

单击"Home"选项卡，单击"Model Tree"面板中的"Show/Hide Model Tree"（展开 / 隐藏模型树）按钮 ，打开模型树，在模型树窗口中勾选"copper_plate"选项，图形区显示所有 copper_plate 组单元。

在右侧的"Explicit Application Tool"操作面板中，设置"Form Type""Element Type"参数分别为"Select Tool""2D"，选择"FEM"单选项，在图形区框选所有单元后，将在"Select Entities"列表框中显示选择单元的编号，然后单击"Add"按钮，单击"OK"按钮，返回"Load/Boundary Conditions"操作面板，接着单击"Apply"按钮，具体操作步骤如图 10-15 所示。

在"Load/Boundary Conditions"操作面板中，保持上一步设置的"Action""Object""Type""Option"参数不变。在"New Set Name"文本框中输入"shape_tnt"，单击"Select Application Region"按钮，显示"Explicit Application Tool"操作面板。

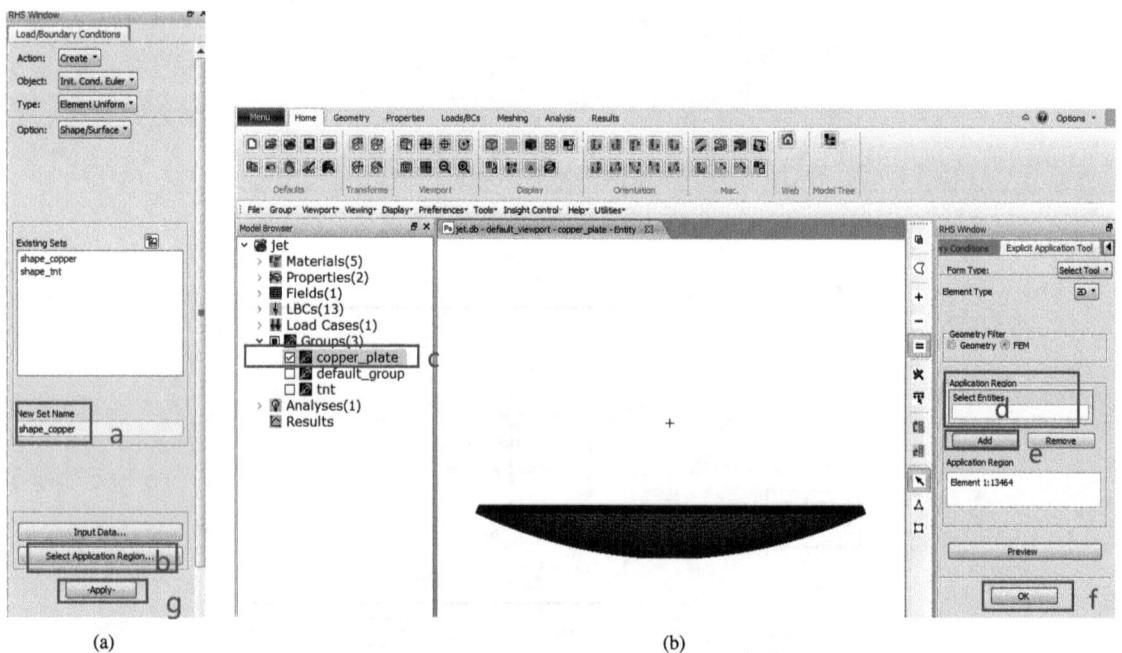

图 10-15　定义初始形状 1

在模型树窗口中勾选"tnt"选项，图形区显示所有 tnt 组单元。

在右侧的"Explicit Application Tool"操作面板中，设置"Form Type""Element Type"参数分别为"Select Tool""2D"，选择"FEM"单选项，在图形区框选所有单元后，将在"Select Entities"列表框中显示选择单元的编号，单击"Add"按钮，然后单击"OK"按钮，返回"Load/Boundary Conditions"操作面板，接着单击"Apply"按钮。具体操作步骤如图 10-16 所示。

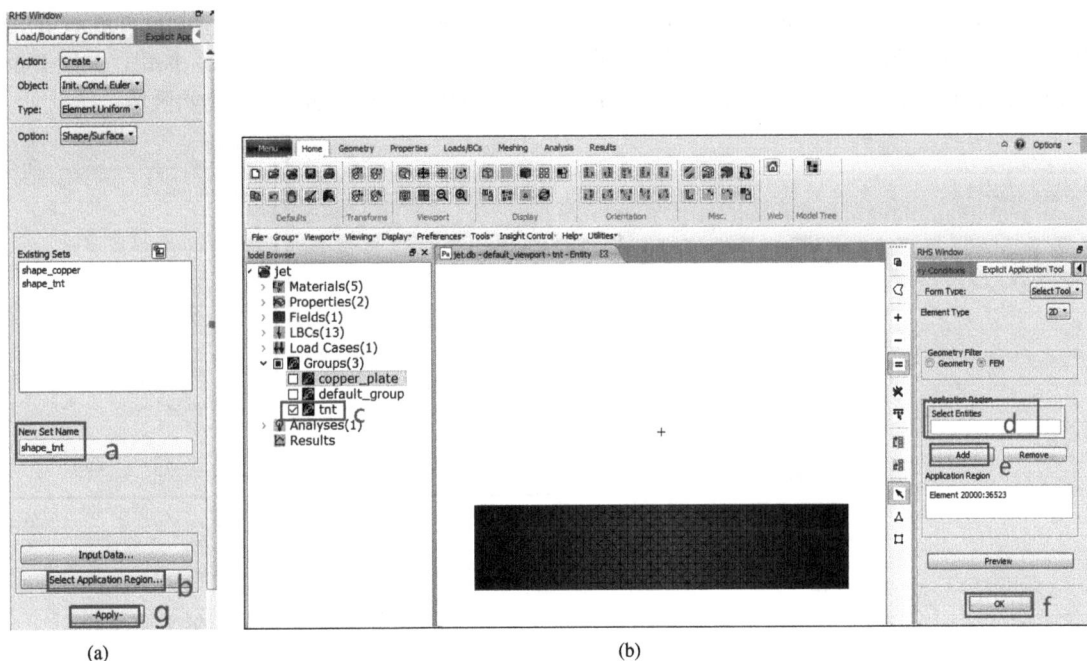

图 10-16 定义初始形状 2

（3）定义初始状态。在"Load/Boundary Conditions"操作面板中，按图 10-17 所示设置"Action""Object""Type""Option"参数。

在"New Set Name"文本框中输入"int_air"，单击"Input Data"按钮，在材料列表中选中"air"，按图 10-17 所示设置参数后，单击"OK"按钮，返回"Load/Boundary Conditions"操作面板，单击"Apply"按钮，完成初始状态"int_air"的定义。

接着在"New Set Name"文本框中输入"int_al"，单击"Input Data"按钮，在材料列表中选中"al"，按图 10-18 左上图所示设置参数后，单击"OK"按钮，返回"Load/Boundary Conditions"操作面板，单击"Apply"按钮，完成初始状态"int_al"的定义。

接着在"New Set Name"文本框中输入"int_copper"，单击"Input Data"按钮，在材料列表中选中"copper"，按图 10-18 左下图所示设置参数后，单击"OK"按钮，返回"Load/Boundary Conditions"操作面板，单击"Apply"按钮，完成初始状态"int_copper"的定义。

接着在"New Set Name"文本框中输入"int_soil"，单击"Input Data"按钮，在材料列表中选中"soil"，按图 10-18 右上图所示设置参数后，单击"OK"按钮，返回"Load/Boundary Conditions"操作面板，单击"Apply"按钮，完成初始状态"int_soil"的定义。

接着在"New Set Name"文本框中输入"int_tnt"，单击"Input Data"按钮，在材料列表中选中"tnt"，按图 10-18 右下图所示设置参数后，单击"OK"按钮，返回"Load/Boundary Conditions"操作面板，单击"Apply"按钮，完成初始状态"int_tnt"的定义。

（4）定义 Region Definition（初始区域）。在"Load/Boundary Conditions"操作面板中，按图 10-19 图 1 所示设置"Action""Object""Type""Option"参数，在"New Set Name"文本框内输入"region"，单击"Input Data"按钮，弹出"Input Data(Region Definition)"窗口，在"Existing PEULER 1 Sets"列表框中选中"peuler"，在"Existing Shapes Sets"列表框中选中"shape_air"，在"Existing Initial Values Sets"列表框中选中"int_air"，在"Level Indicator"文本框中输入 1，单击"Add Row"按钮，将会在"Table Data"表中添加一行数据，重复图 10-19 图 2 所示的 d、e、f、g 操作步

骤，将 shape_al、int_al、shape_soil、int_soil、shape_tnt、int_tnt、shape_copper 和 int_copper 的相关数据都添加到"Table Data"表中，结果如图 10-19 图 3 所示，然后单击"OK"按钮，关闭 Input Data(Region Definition) 窗口，然后单击"Apply"按钮，创建名为"region"的初始区域。

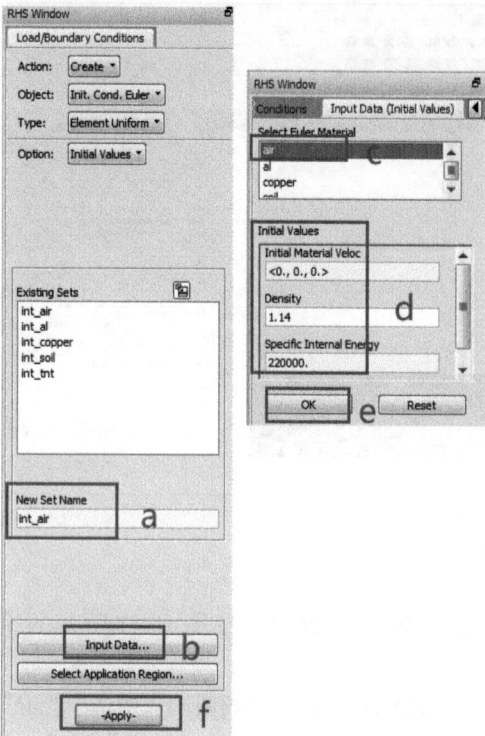

图 10-17　定义初始状态 1

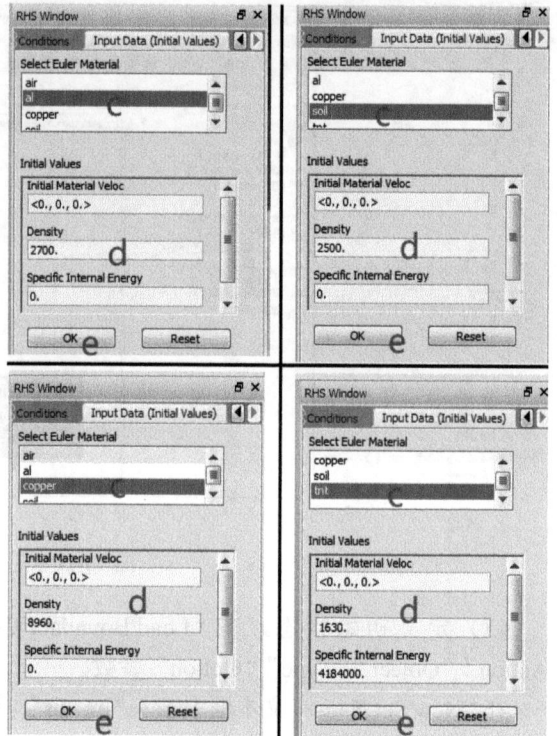

图 10-18　定义初始状态 2

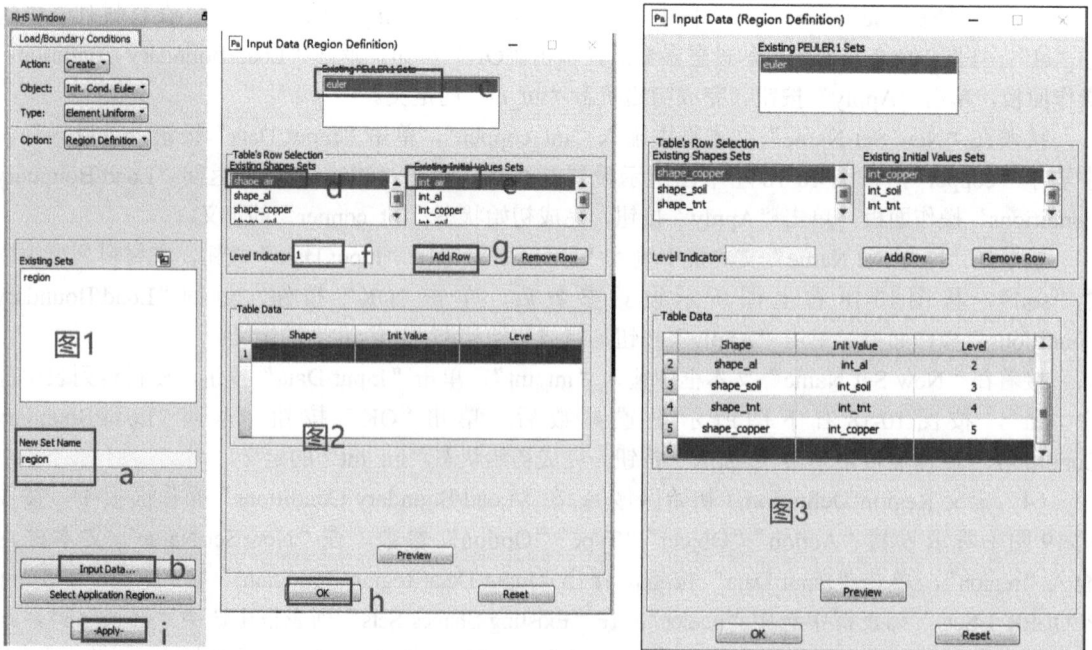

图 10-19　定义初始区域

10.3.5　定义欧拉网格

单击"Loads/BCs"选项卡，系统右侧显示"Load/Boundary Conditions"操作面板，按图 10-20
左图所示设置"Action""Object""Type""Option"参数，在"New Set Name"文本框中输入"mesh"，
单击"Input Data"按钮，显示"Input Data"操作面板，按图 10-20 右图所示的 c、d、e、f 步骤设
置参数后，可以单击"Preview"按钮进行预览（不是生成网格），然后单击"OK"按钮，返回"Load/
Boundary Conditions"操作面板，单击"Apply"按钮。具体操作步骤如图 10-20 所示。

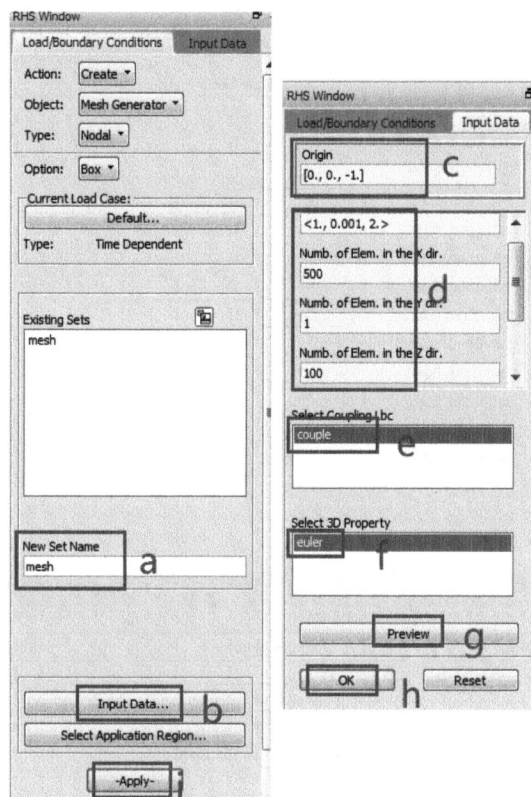

图 10-20　定义欧拉网格

10.4　分析设置

10.4.1　检查工况

一般情况下，在完成边界条件的定义后，需要对工况进行检查，查看是否存在漏掉的边界条
件，单击"Loads/BCs"选项卡，单击"Load Cases"面板中的"Create Load Case"（创建荷载工况）
按钮，系统右侧显示"Load Cases"操作面板，设置"Action"参数为"Create"，在"Existing
Load Cases"列表框中选择"Default"。弹出"Input Data"窗口，如图 10-21 所示，如果工况正确
无误，单击"Cancel"按钮，关闭"Input Data"窗口。

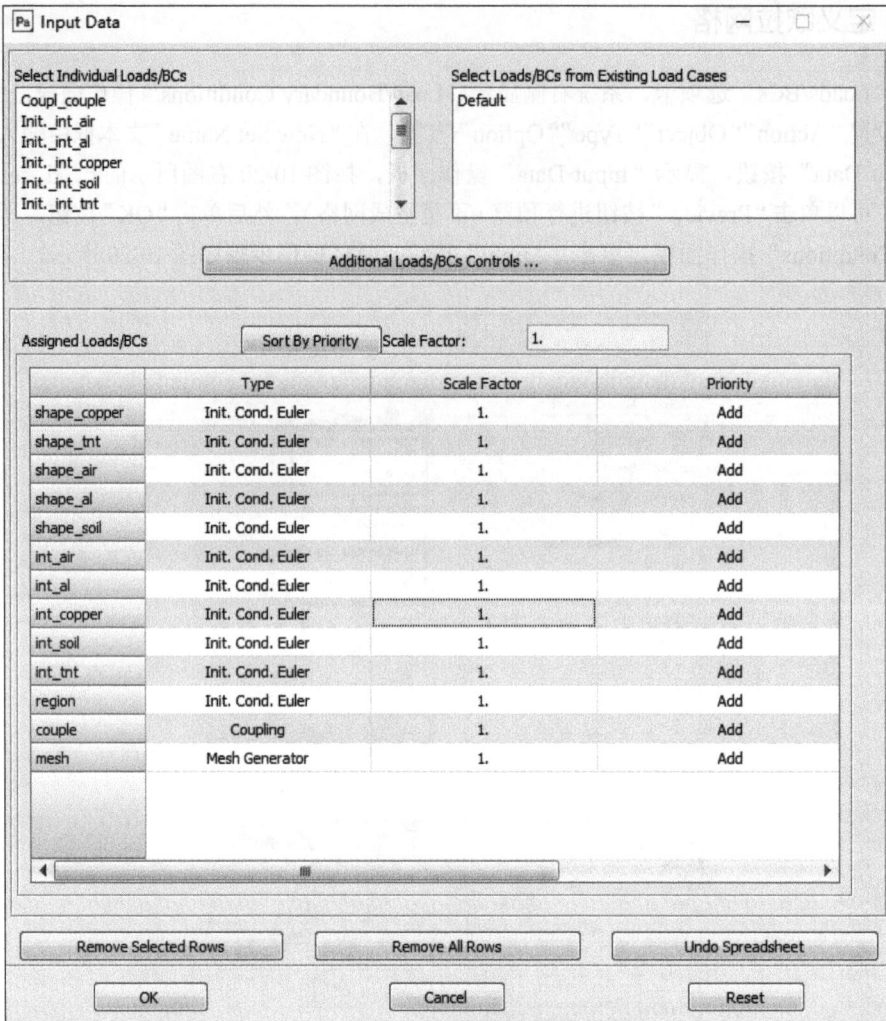

图 10-21 检查工况

10.4.2 设置分析求解参数

在显式非线性分析中，分析设置相对于静力学、动力学分析要更复杂，主要是要定义一些求解的参数、输出结果信息等。

（1）定义初始时间步长和分析时间。单击"Analysis"选项卡，系统右侧显示"Analysis"操作面板，设置"Action""Object""Method"参数分别为"Analyze""Input Deck""Translate"。单击"Execution Controls"按钮，弹出"Execution Controls"窗口，单击"Execution Control Parameters"按钮，弹出"Execution Control Parameters"窗口，在"End Time"文本框中输入"0.002"，在"Time-Step Size at Start"文本框中输入"1e-11"，在"Minimum Time Step"文本框中输入"1e-13"，单击"OK"按钮，返回"Execution Controls"窗口，如图 10-22 所示。

（2）定义重力加速度。在"Execution Controls"窗口中，单击"Inertial Loads"按钮，弹出"Inertial Loads"窗口，在"Gravity Scale Factor"文本框中输入"9.81"，在"Global z-Direction"文本框中输入"−1"，单击"OK"按钮，如图 10-23 所示。

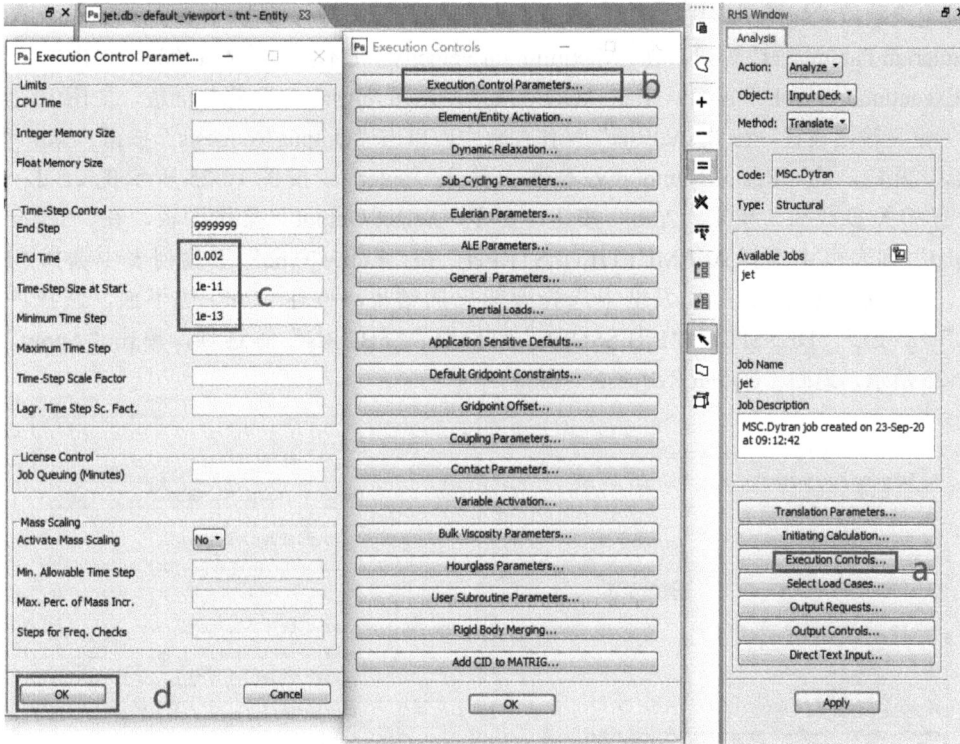

图 10-22　定义初始时间步长和分析时间

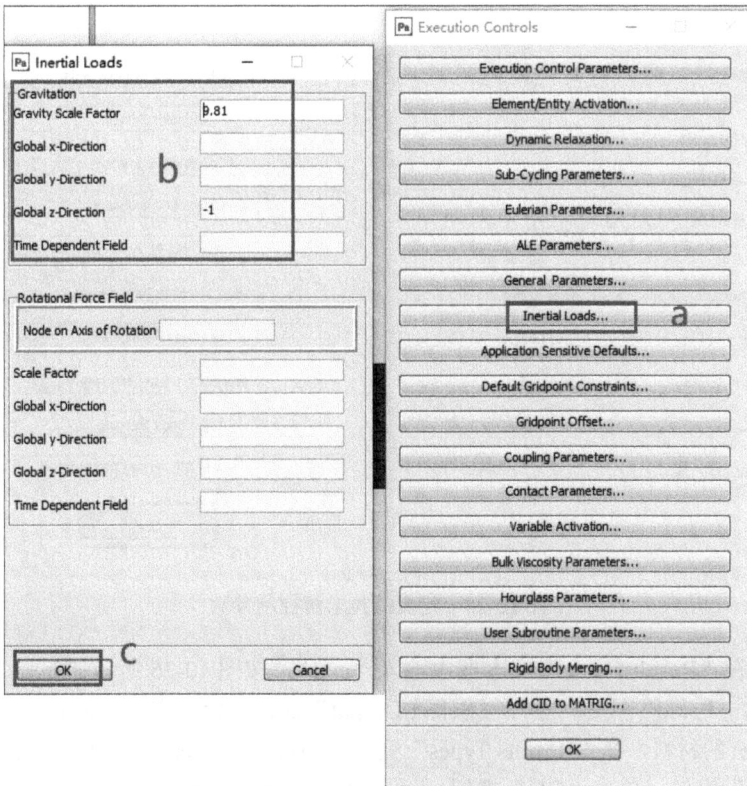

图 10-23　定义重力加速度

（3）定义欧拉求解控制参数。在"Execution Controls"窗口中，单击"Eulerian Parameters"按钮，弹出"Eulerian Parameters"窗口，在"Maximimum Velocity"文本框中输入 10000，单击"OK"按钮，返回"Execution Controls"窗口，单击"OK"按钮，返回"Analysis"操作面板，如图 10-24 所示。

（4）定义输出设置。在"Analysis"操作面板中，单击"Output Requests"按钮，弹出"Output Requests"窗口，在"Result Name"文本框中输入"euler"，按图 10-25 所示的 c、d、e、f、g 步骤设置相关参数后，单击"Add"按钮，显示"Select Output"操作面板，在"Select Groups for Output"列表框中选择 ALLMULTIEULSTREN，在"Entity Type"下拉列表中选择"Eulerian Solids"，在"Results Types"列表框中选择要输出的结果，按住 <Ctrl> 键不放，选择"XVEL""YVEL""ZVEL""DENSITY""PRESSURE""FMAT""FBURN"等选项，单击"Apply"按钮，如图 10-25 所示，返回"Output Requests"窗口。

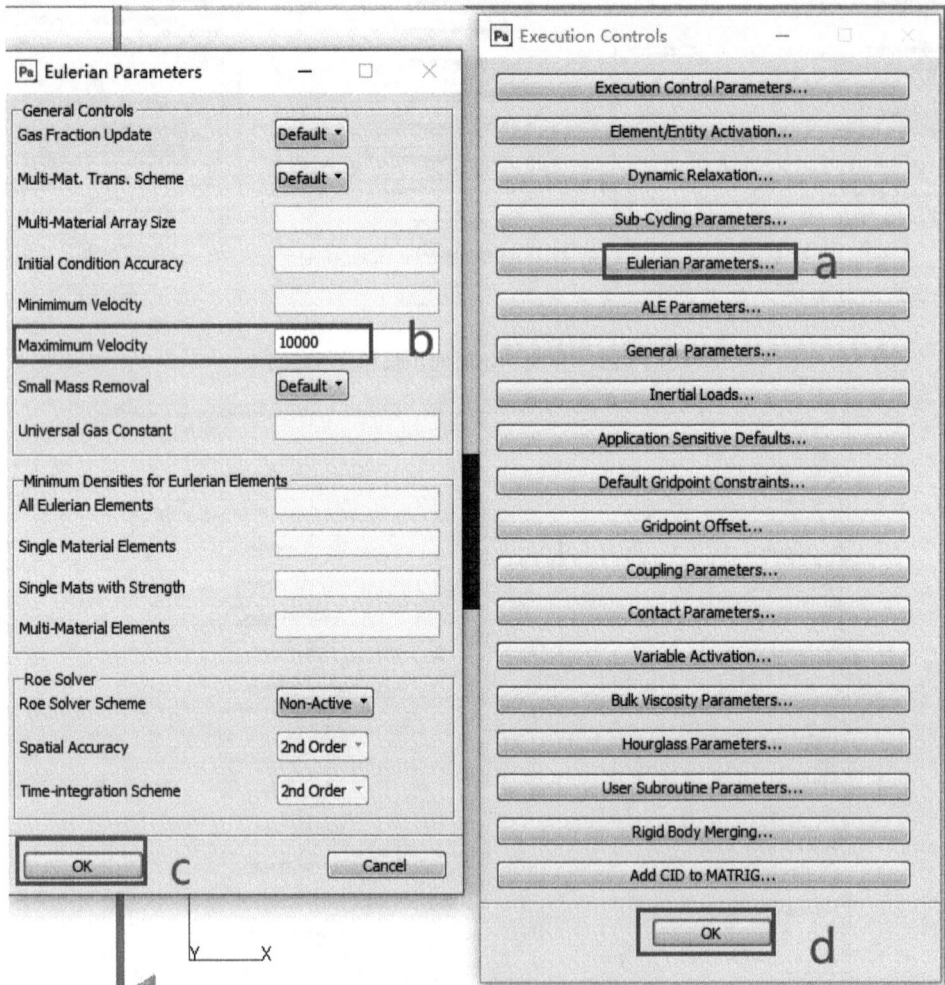

图 10-24　定义欧拉求解控制参数

继续定义，在"Result Name"文本框中输入"mat"，按图 10-26 所示的 b、c、d、e 步骤设置相关参数后，单击"Add"按钮，显示"Select Output"操作面板，在"Select Materials for Output"列表框中选择所有的材料，在"Results Types"列表框中选择所有选项，单击"Apply"按钮，返回"Output Requests"窗口，单击"OK"按钮，返回"Analysis"操作面板，单击"Apply"按钮，如图 10-26 所示，完成输出设置的定义。

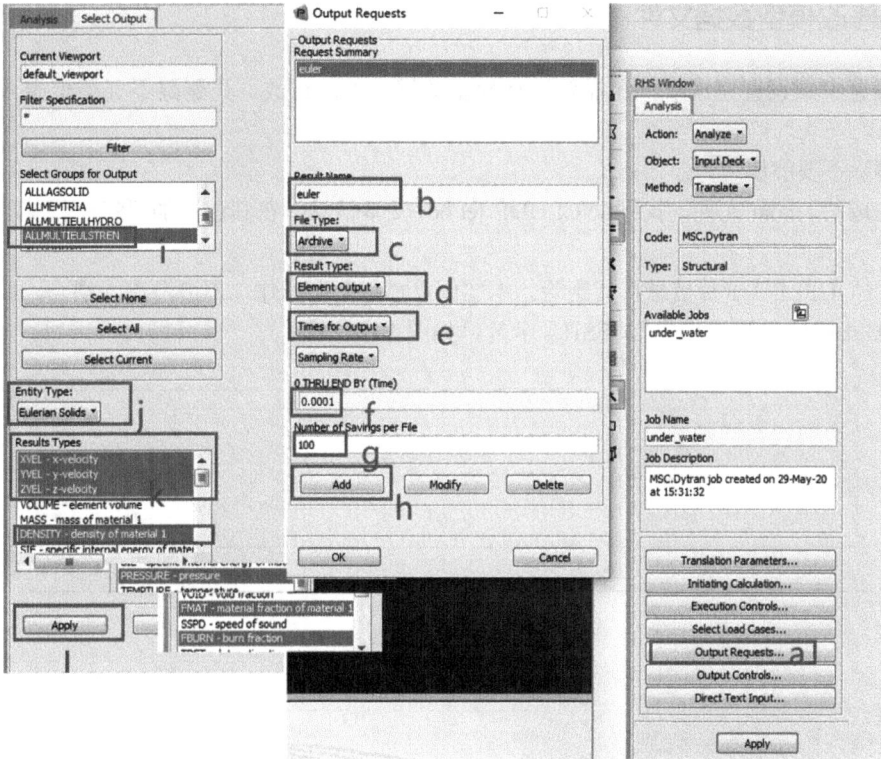

图 10-25　定义输出设置

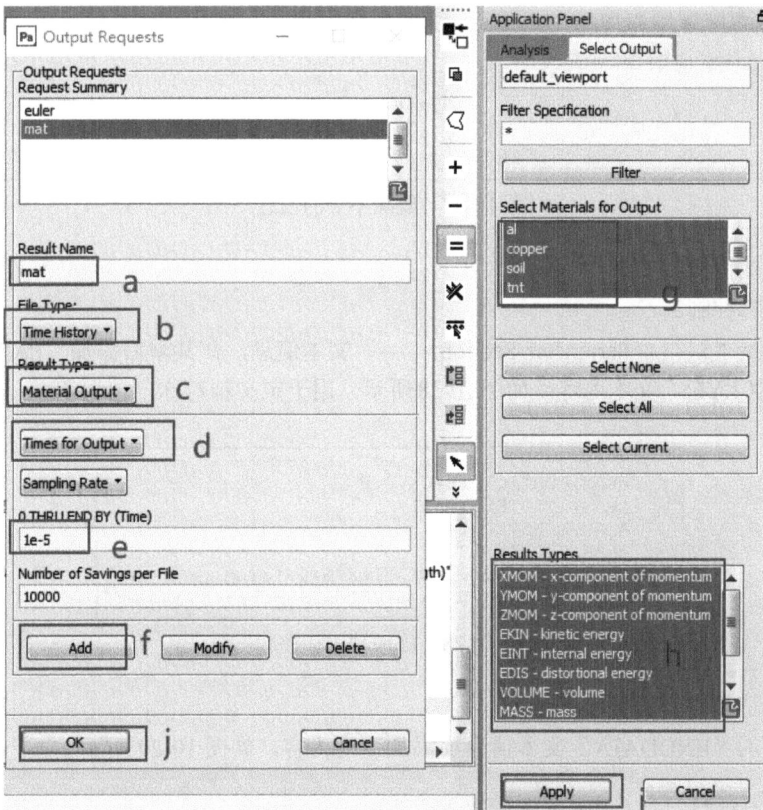

图 10-26　定义输出设置

10.4.3　修改模型数据文件

分析设置参数设置完成后，还需要进行模型数据文件的修改。先删除不要的信息，然后添加需要的信息。

（1）删除不要的信息。

打开生成的 jet.dat 文件，找到 INCLUDE jet.bdf 文本信息，在其前面加"$"，将其更改为注释文本信息。

找到"COUPLE"卡片信息将其删除。本实例仅模拟一个爆炸，不涉及流固耦合，前面提到了定义的 COUPLE 只是用于生成"MESH"卡片，如图 10-27 所示。

```
24 $------- BULK DATA SECTION -------
25 BEGIN BULK
26 $INCLUDE jet.bdf
27 $ ------- GRAVITATION -----
28 TLOAD1          1       444                     0
29 GRAV          444              9.81                          -1
30 $
```

```
79 $ ========= Load Cases ========================
80 $
81 $
82 $ ------- General Coupling: couple -----
83 $
84 COUPLE          1       1  INSIDE        ON        ON                 STANDARD+
85 +                                                                          +
86 +                       2
87 $
88 SURFACE         1              ELEM         3
89 SET1            3    25017
90 $
91 $ ------- Mesh Box: mesh -----
92 $
93 MESH            2     BOX                                                    +
94 +              0       0      -1         1    .001       2                  +
95 +            500       1     100                              EULER         2
```

图 10-27　删除不要的信息

（2）添加一些信息。

①添加轴对称控制。

在文件中找到"$------- Parameter Section ------"文本信息，在其最后添加"PARAM,AXIALSYM,RECT,Z,ZX,0.001,YES"文本内容，如图10-28所示，用于定义轴对称，轴为 Z 轴，平面为 ZX 平面。

```
18 $------- Parameter Section ------
19 PARAM,CONTACT,THICK,0.0
20 PARAM,INISTEP,1e-11
21 PARAM,MINSTEP,1e-13
22 PARAM,VELMAX,10000
23 PARAM,AXIALSYM,RECT,Z,ZX,0.001,YES
24 $------- BULK DATA SECTION -------
```

图 10-28　添加轴对称控制

②添加欧拉边界。

在文件最后的"ENDDATA"文本信息前添加下列内容，如图10-29所示。

```
tload1,1,101,,4
```

```
FLOWDIR,101,MMSTREN,2,POSX,,,,,+
+,FLOW,OUT
tload1,1,102,,4
FLOWDIR,102,MMSTREN,2,POSZ,,,,,+
+,FLOW,OUT
```

```
144  SURFACE           3           ELEM         5
145  SET1              5      1     THRU      13464
146  $
147  tload1,1,101,,4
148  FLOWDIR,101,MMSTREN,2,POSX,,,,,+
149  +,FLOW,OUT
150  tload1,1,102,,4
151  FLOWDIR,102,MMSTREN,2,POSZ,,,,,+
152  +,FLOW,OUT
153
154
155
156
157  $
158  ENDDATA
```

图 10-29　添加欧拉边界

③修改欧拉输出信息。

在 FMAT 和 DENSITY 后面添加材料号，如将图中的 FMAT 改为 FMAT1、FMAT2、FMAT3、FMAT4、FMAT5，将 DENSITY 改为 DENSITY1、DENSITY2、DENSITY3、DENSITY4、DENSITY5，如图 10-30 所示，并修改输出材料 1、材料 2、材料 3、材料 4、材料 5 的单元百分比和密度。

```
 9  SET-1
10  $ Output result for request: euler
11  TYPE (euler) = ARCHIVE
12  ELEMENTS (euler) = 1
13  SET 1 = ALLMULTIEULSTREN
14  ELOUT (euler) = XVEL YVEL ZVEL DENSITY SIE PRESSURE FMAT EFFSTS EFFPLS ,
15        FMATPLT FMAT1 FMAT2 FMAT3 FMAT4 FMAT5,
16        DENSITY1 DENSITY2 DENSITY3 DENSITY4 DENSITY5
17  TIMES (euler) = 0 THRU END BY 0.0001
18  SAVE (euler) = 10000
19  $ Output result for request: mat
```

图 10-30　修改欧拉输出信息

10.5　提交计算及后处理

10.5.1　提交计算

将修改后的 DAT 文件提交 Dytran 进行计算。

启动 Dytran 后，单击"New Job"（新任务）按钮 ，新建一个任务。在 File Explorer 导航区中找到相应工作目录的文件夹后，在"Input Files"列表框中选择 jet.dat 文件，可以选择采用 DMP 并行计算，然后单击"Run Job"（运行任务）按钮 ，开始计算。在计算过程中，底部有显示计算状态的进度条，如图 10-31 所示。

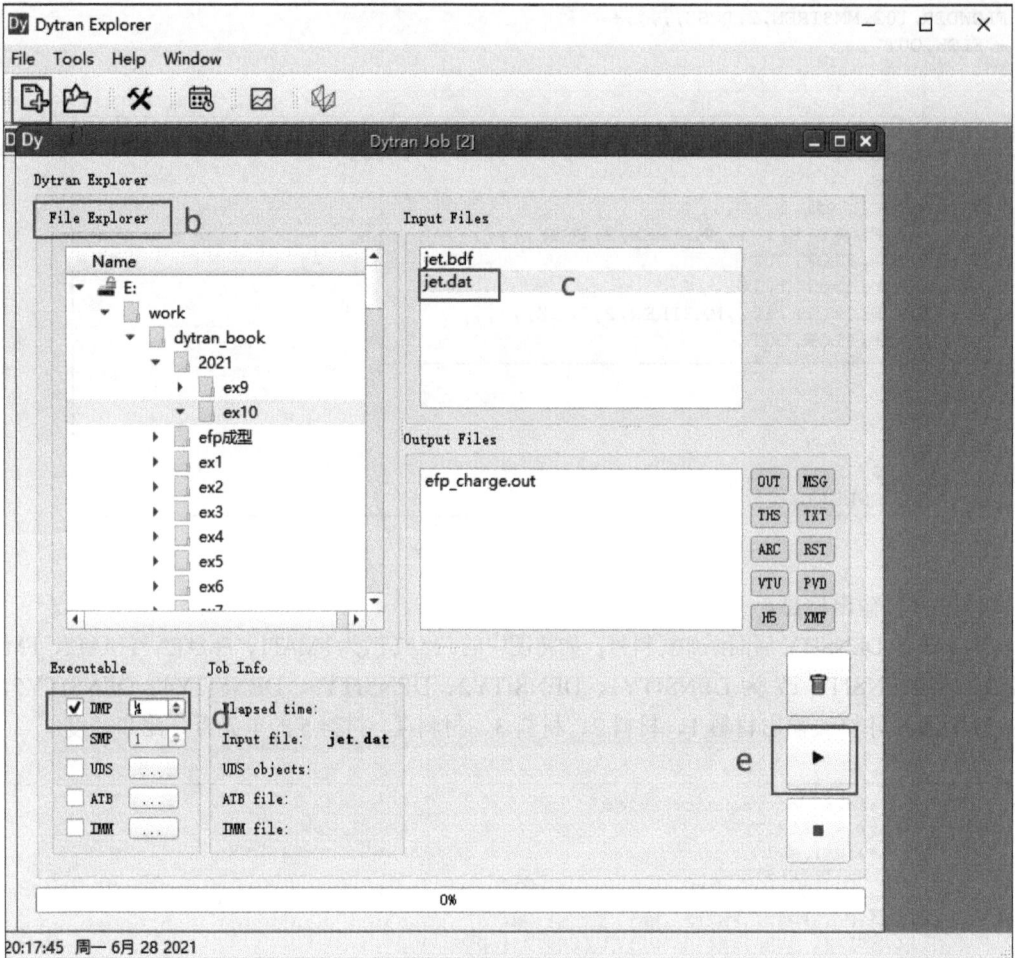

图 10-31　提交计算

10.5.2　后处理

后处理的目的是以图和表的形式描述计算结果。数据运算完成后，就可以进行后处理操作。

（1）本例采用 ParaView 作为后处理软件。ParaView 为一款免费的第三方后处理软件，在进行处理前，需要将结果的 ARC 文件转换为 ParaView 的格式。Dytran 提供了这一转换工具，在 Dytran 界面中的"Output Files"列表框中选择需要转换的 ARC 结果文件后，单击鼠标右键，在弹出的快捷菜单中选择"ARC to VTK/Paraview"命令，可以将 ARC 文件转换为 VTU 格式的文件。转换后的计算结果文件如图 10-32 所示。

（2）导入计算结果文件。启动 ParaView，在菜单栏中选择"File > Open"命令，弹出"Open File"对话框，选择需要导入的 JET_EULER_0.pvd 文件，单击"OK"按钮，导入计算结果文件，如图 10-33 所示。

名称	日期	类型	大小	标记
JET.NIF	2020/9/23 13:51	NIF 文件	3,373 KB	
JET.OUT	2020/9/23 13:51	Marc Output File	206 KB	
JET_ERROR_SUMMARY....	2020/9/23 13:51	Outlook 项目	17 KB	
JET_EULER_0.ARC	2020/9/28 9:53	ARC 文件	1,277,506...	
JET_EULER_0.idx	2020/9/28 10:54	SQL Server Repli...	2 KB	
JET_EULER_0.pvd	2020/9/28 13:12	PVD 文件	2 KB	
JET_EULER_0.vtu	2020/9/28 13:11	VTU 文件	89,242 KB	
JET_EULER_469.vtu	2020/9/28 13:11	VTU 文件	89,242 KB	
JET_EULER_906.vtu	2020/9/28 13:11	VTU 文件	89,242 KB	
JET_EULER_1343.vtu	2020/9/28 13:11	VTU 文件	89,242 KB	
JET_EULER_1781.vtu	2020/9/28 13:11	VTU 文件	89,242 KB	
JET_EULER_2221.vtu	2020/9/28 13:11	VTU 文件	89,242 KB	
JET_EULER_2662.vtu	2020/9/28 13:11	VTU 文件	89,242 KB	
JET_EULER_3105.vtu	2020/9/28 13:11	VTU 文件	89,242 KB	
JET_EULER_3548.vtu	2020/9/28 13:11	VTU 文件	89,242 KB	
JET_EULER_3992.vtu	2020/9/28 13:11	VTU 文件	89,242 KB	
JET_EULER_4441.vtu	2020/9/28 13:11	VTU 文件	89,242 KB	
JET_EULER_4904.vtu	2020/9/28 13:11	VTU 文件	89,242 KB	
JET_EULER_5382.vtu	2020/9/28 13:11	VTU 文件	89,242 KB	
JET_EULER_5903.vtu	2020/9/28 13:11	VTU 文件	89,242 KB	
JET_EULER_6453.vtu	2020/9/28 13:12	VTU 文件	89,242 KB	
JET_EULER_7010.vtu	2020/9/28 13:12	VTU 文件	89,242 KB	
JET_EULER_7585.vtu	2020/9/28 13:12	VTU 文件	89,242 KB	
JET_EULER_8188.vtu	2020/9/28 13:12	VTU 文件	89,242 KB	
JET_EULER_8769.vtu	2020/9/28 13:12	VTU 文件	89,242 KB	
JET_EULER_9402.vtu	2020/9/28 13:12	VTU 文件	89,242 KB	

图 10-32　转换后的计算结果文件

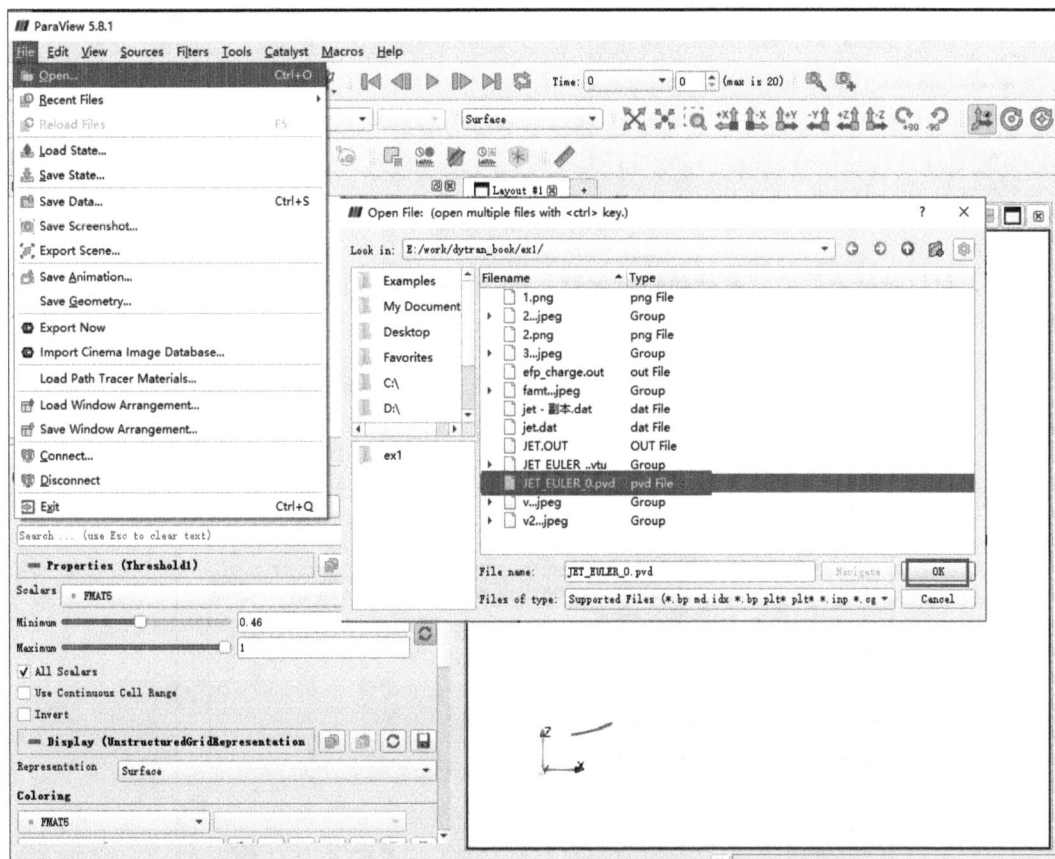

图 10-33　导入计算结果文件

（3）转换结果文件。Dytran 中的计算结果文件为中心点结果数据，需要将其转换为节点数据。

在右侧的"Pipeline Browser"（转换浏览器）区中，使用鼠标右键单击结果文件 JET_EULER_0.pvd，在弹出的快捷菜单中选择"Add Filter > Alphabetical > Cell Data to Point Data"命令。转换完数据后，就可以根据需求生成相关的云图。可以选择菜单栏中的"File > Save Animation"命令保存云图，可以保存为图片和动画，也可以选择不同的格式进行保存，在"Files of type"下拉列表中进行选择即可，如图 10-34 所示。

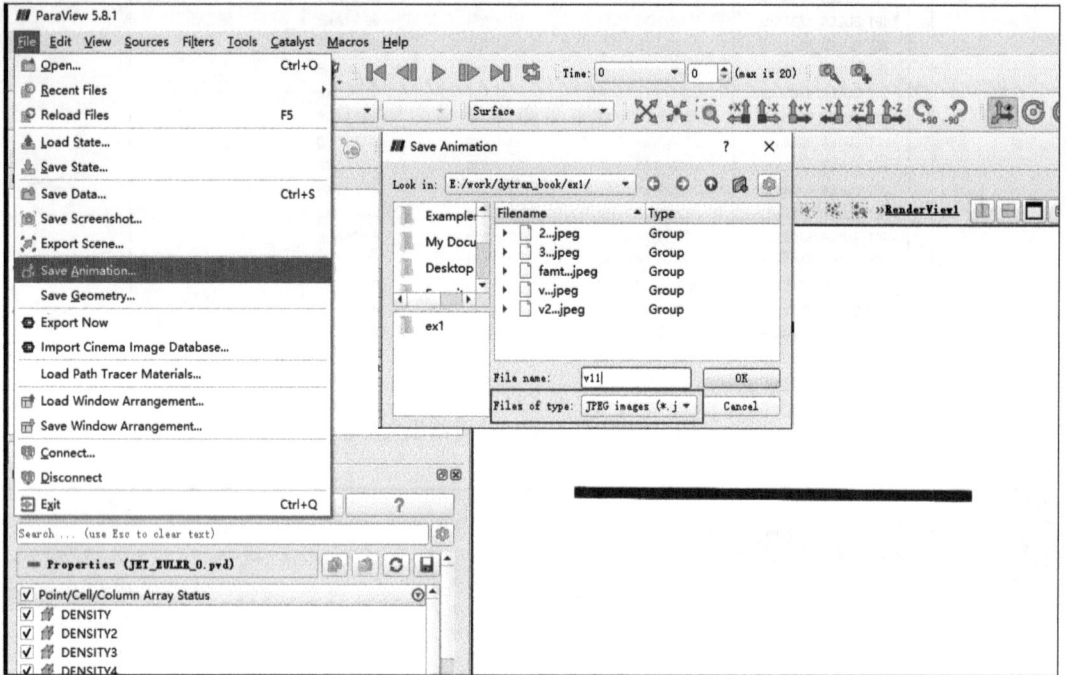

图 10-34　保存云图

另外，可以选择不同的背景颜色进行保存，在"Override Color Palette"下拉列表中即可进行背景颜色的选择，如图 10-35 所示。

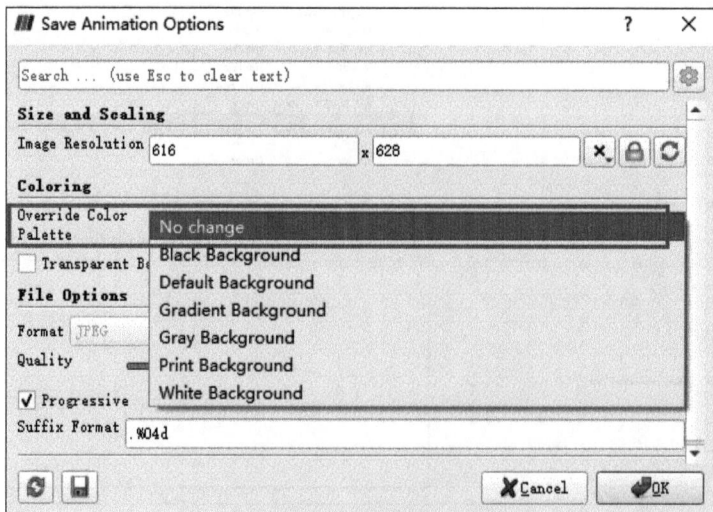

图 10-35　选择背景颜色

（4）显示计算结果云图。

不同时刻的压强分布云图如图 10-36 所示。

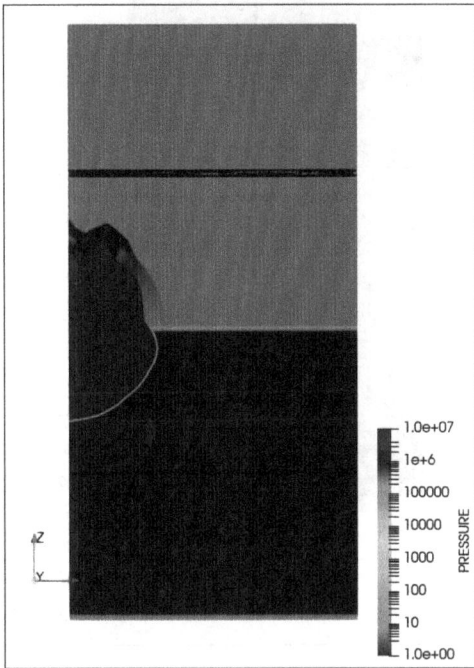

(a) 0.0002s

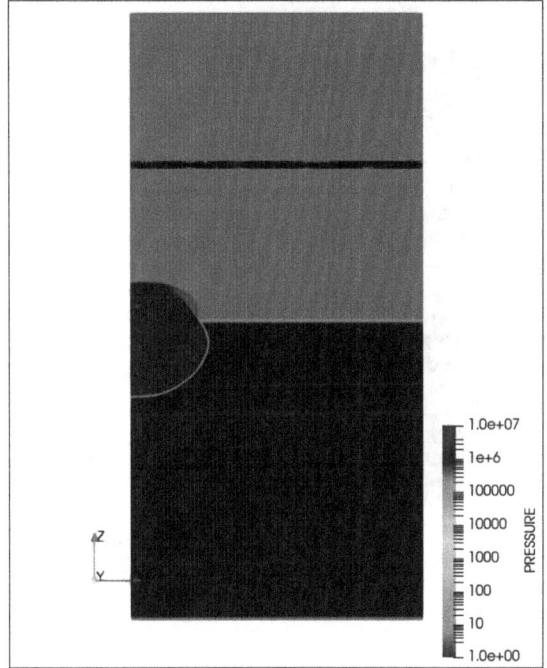

(b) 0.0004s

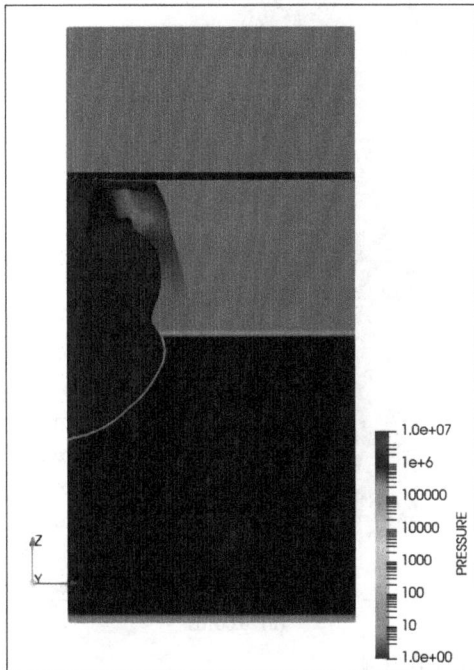

(c) 0.0006s

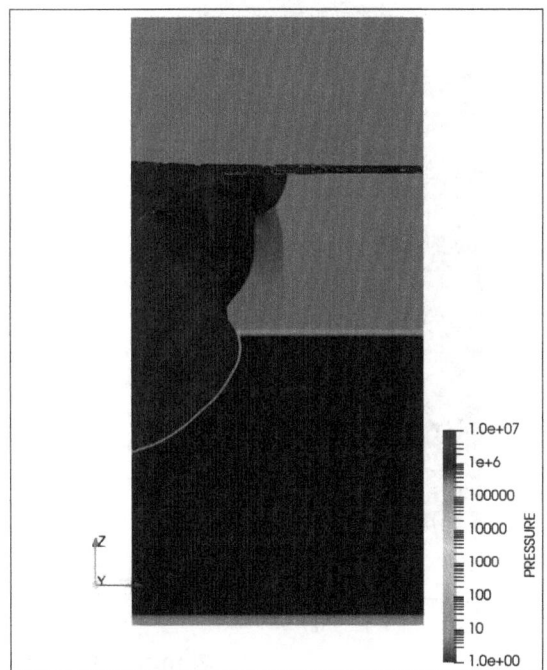

(d) 0.0008s

图 10-36　不同时刻的压强分布云图

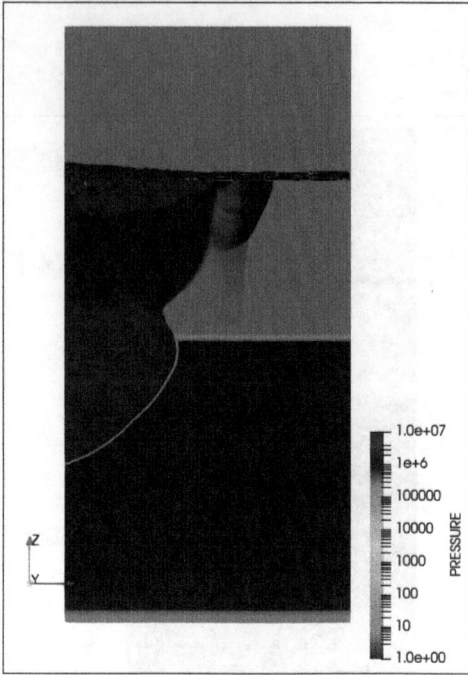

(e) 0.001s

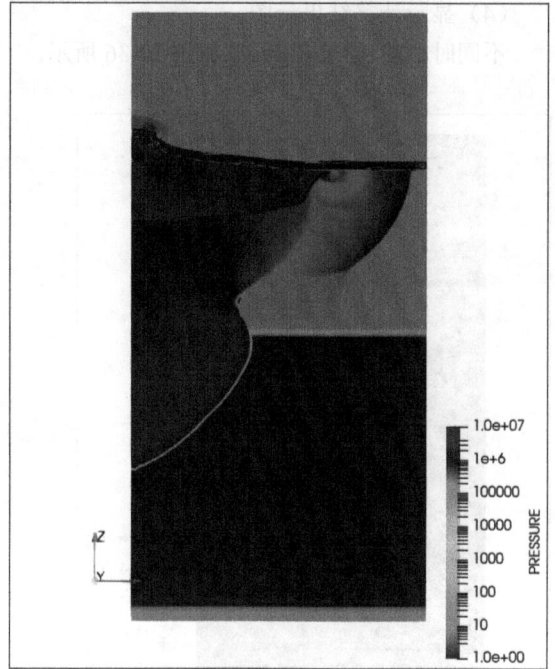

(f) 0.0012s

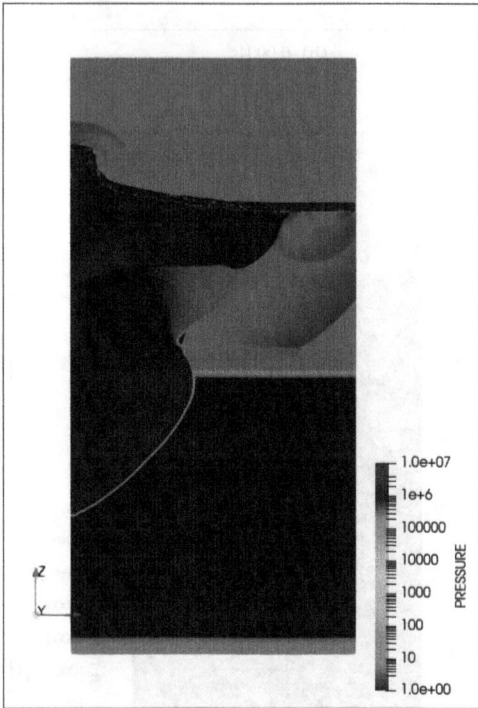

(g) 0.0014s

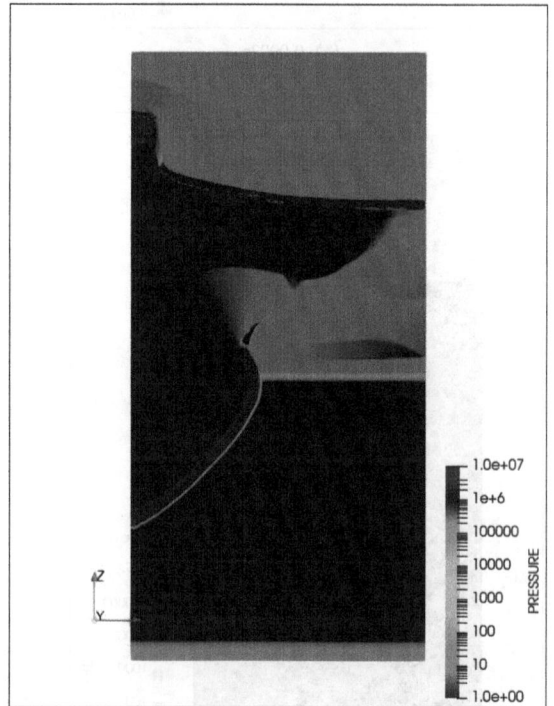

(h) 0.0016s

图 10-36　不同时刻的压强分布云图（续）

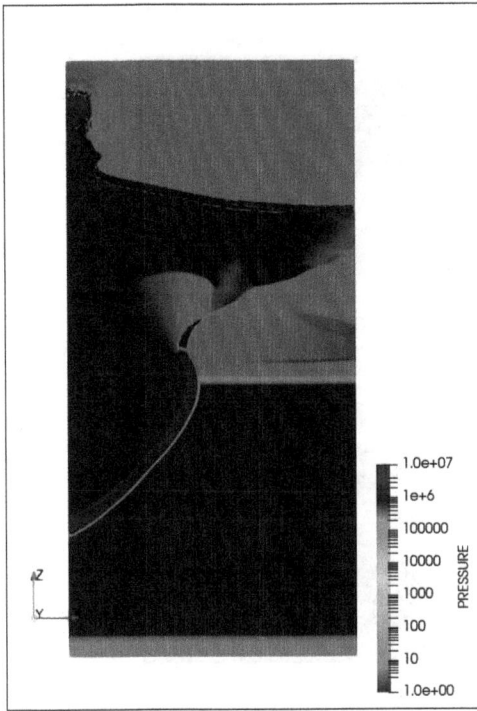 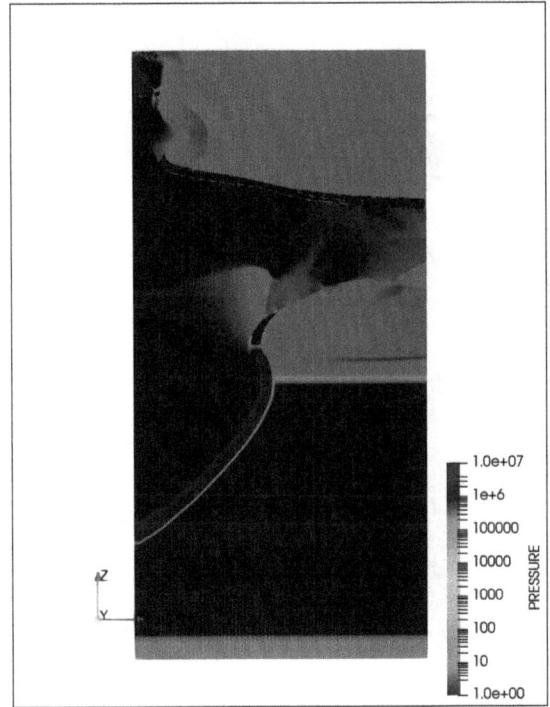

(i)　0.0018s　　　　　　　　　　　　　　　　　(j)　0.002s

图 10-36　不同时刻的压强分布云图（续）

不同时刻的流速分布云图如图 10-37 所示。

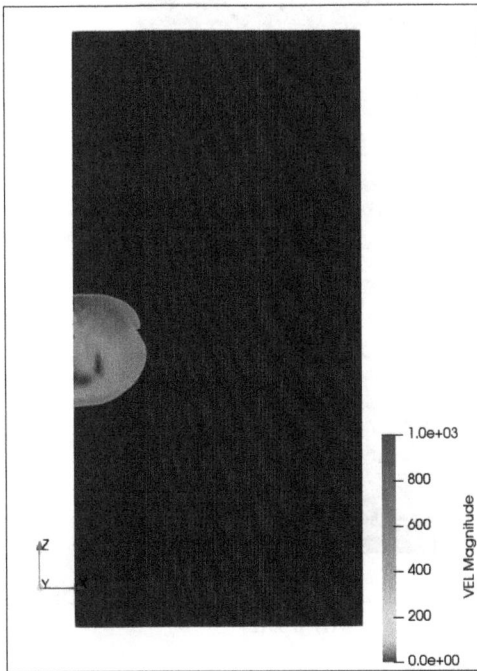 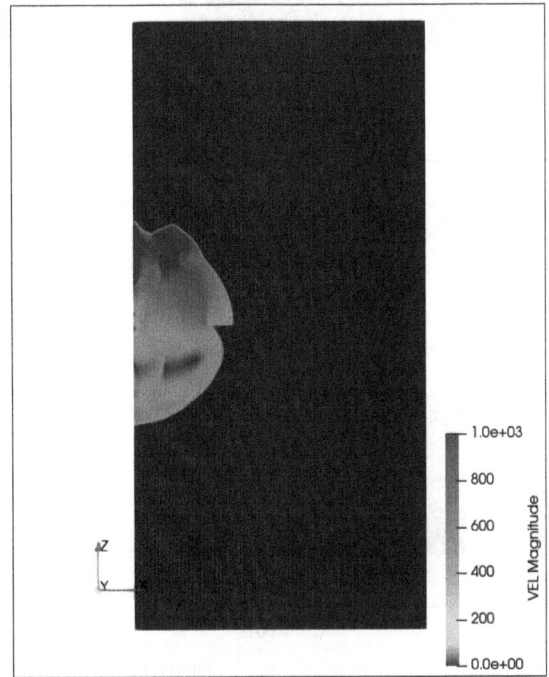

(a)　0.0002s　　　　　　　　　　　　　　　　　(b)　0.0004s

图 10-37　不同时刻的流速分布云图

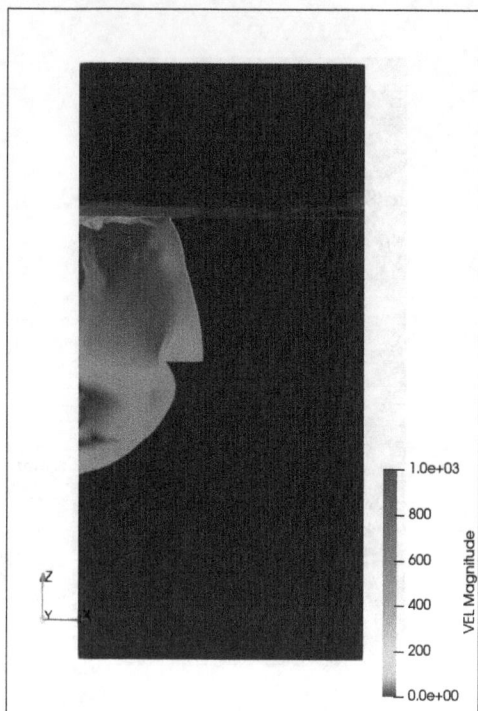

(c) 0.0006s

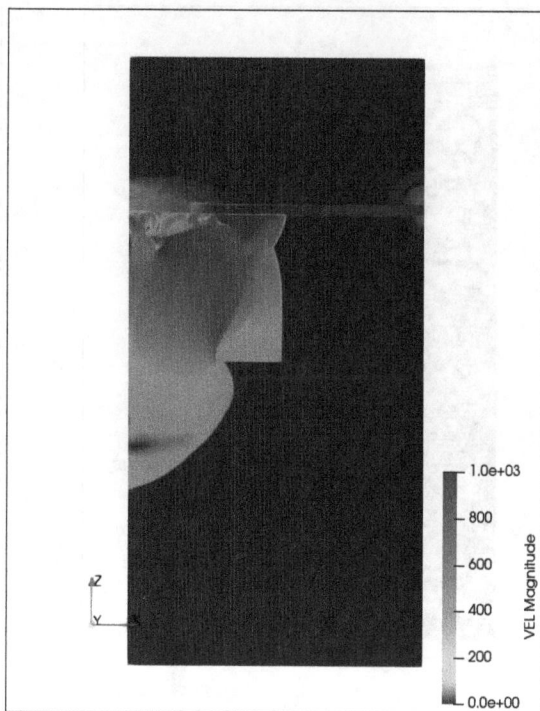

(d) 0.0008s

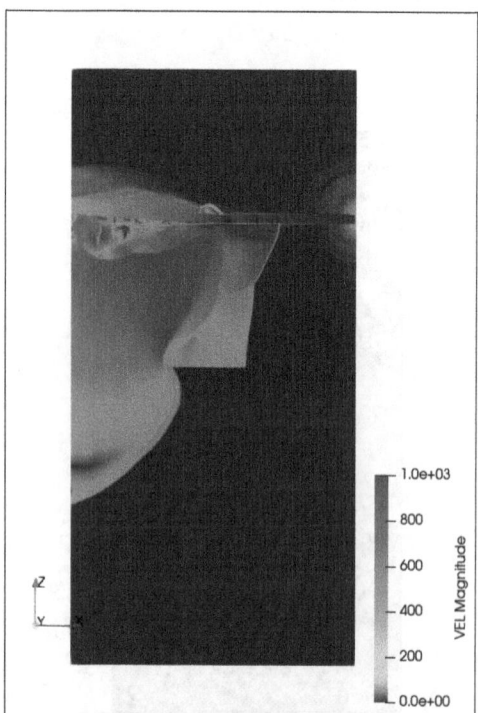

(e) 0.001s

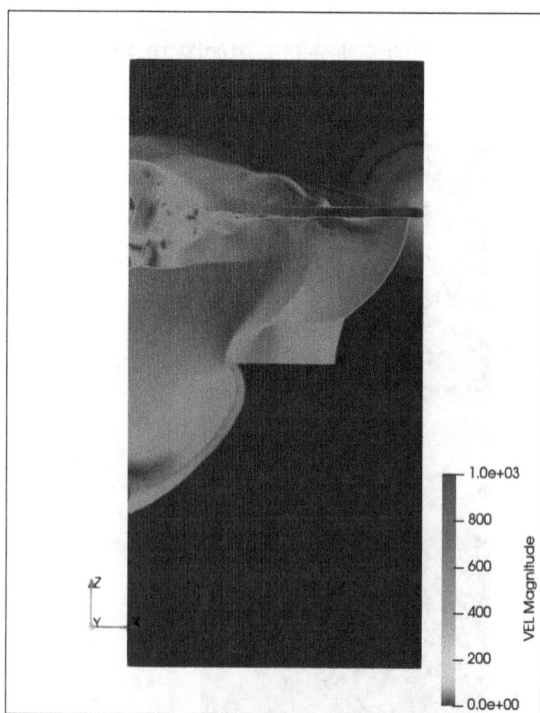

(f) 0.0012s

图 10-37　不同时刻的流速分布云图（续）

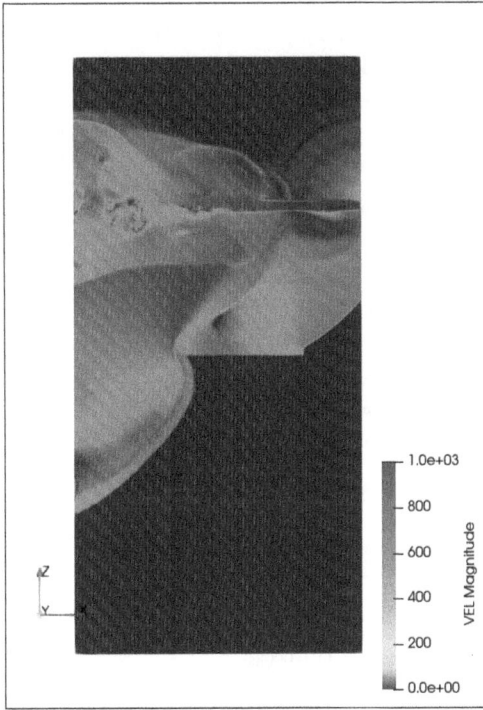

(g)　0.0014s

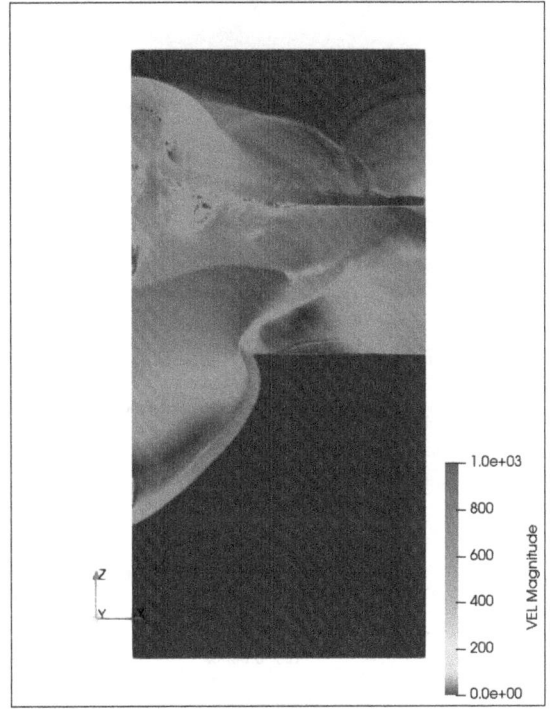

(h)　0.0016s

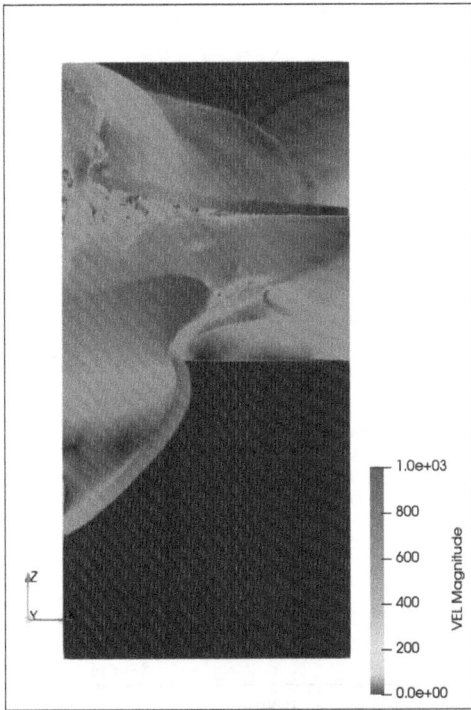

(i)　0.0018s

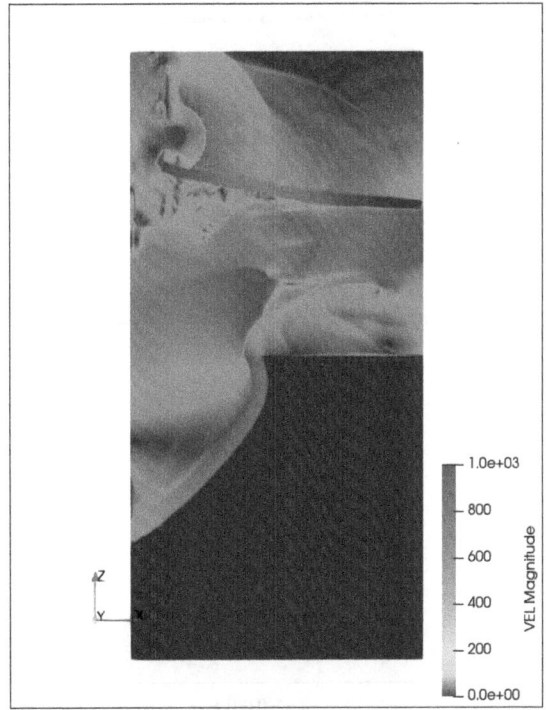

(j)　0.002s

图 10-37　不同时刻的流速分布云图（续）

不同时刻的铝板和铜片的形状云图如图 10-38 所示。

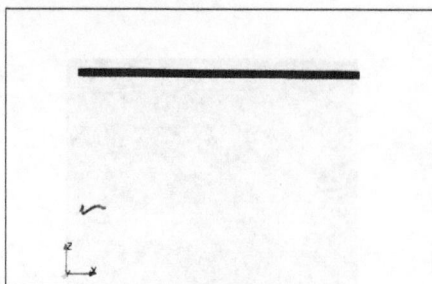

(a) 0.0002s

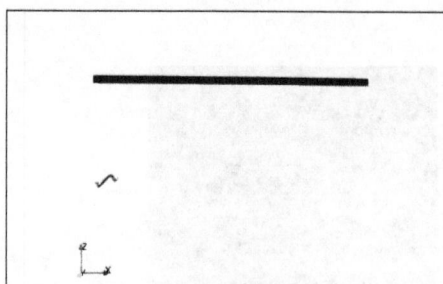

(b) 0.0004s

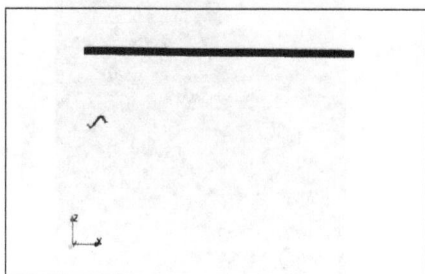

(c) 0.0006s

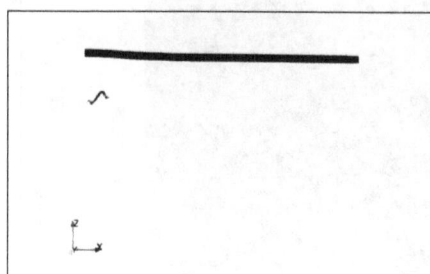

(d) 0.0008s

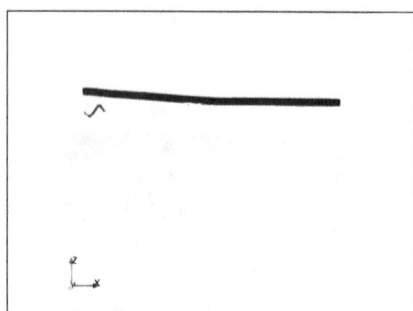

(e) 0.001s

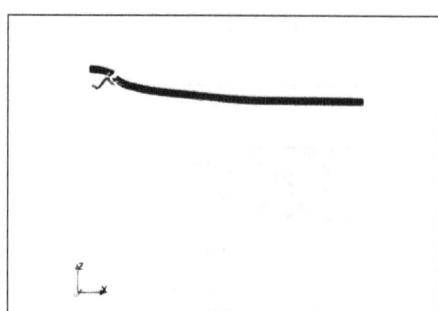

(f) 0.0012s

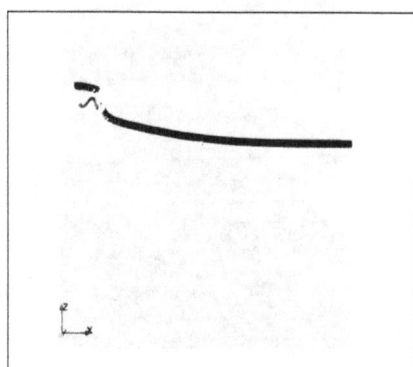

(g) 0.0014s

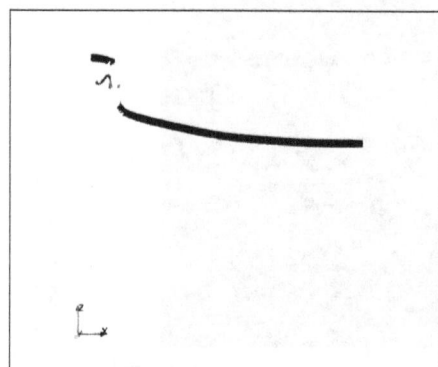

(h) 0.0016s

图 10-38　不同时刻的铝板和铜片的形状云图

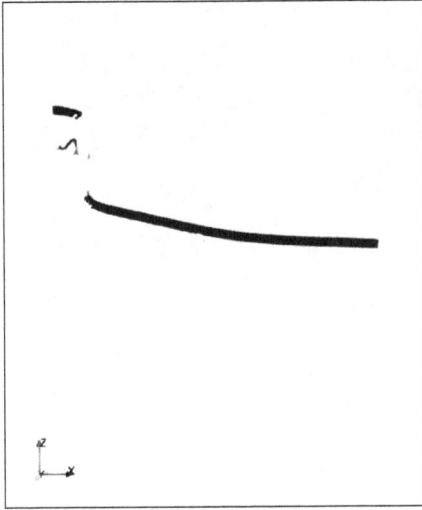 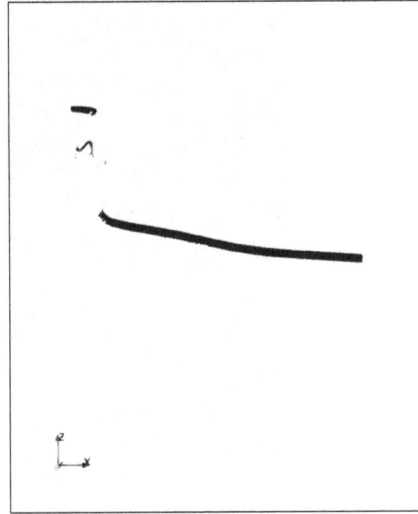

(i)　0.0018s

(j)　0.002s

图 10-38　不同时刻的铝板和铜片的形状云图（续）

第 11 章
飞机加油软管分析实例

　　加油机在空中加油时，管道内有油流动，外部有高速空气，本实例模拟在该状态下管路的受力及运动状态。

11.1　问题分析

本例使用到的主要卡片介绍如下所示。

采用快速耦合算法	采用"PARAM""FASTCOUP"卡片定义
欧拉初始形状的定义	采用"SHAPE"卡片的 SPHERE / CYLINDER/BOX 方式
欧拉材料的初始化定义	采用"TICVAL"卡片
流体边界的定义	"FLOWDIR"卡片,"FLOW"卡片为一系列卡片,不同的边界条件可以采用不同的"FLOW"卡片去定义

该模型采用 m-kg-s 单位制。

11.2　创建几何模型

下面简要讲述飞机加油软管建模的过程。

11.2.1　创建数据库文件

在菜单栏中选择"File > New"命令,弹出图 11-1 所示的"New Database"窗口,在"File name"文本框中输入数据文件名"guandao",单击"OK"按钮。系统右侧显示"New Model Preference"操作面板,按图 11-2 所示设置参数,即设置 MSC.Dytran 为求解器,单击"OK"按钮,完成设置。

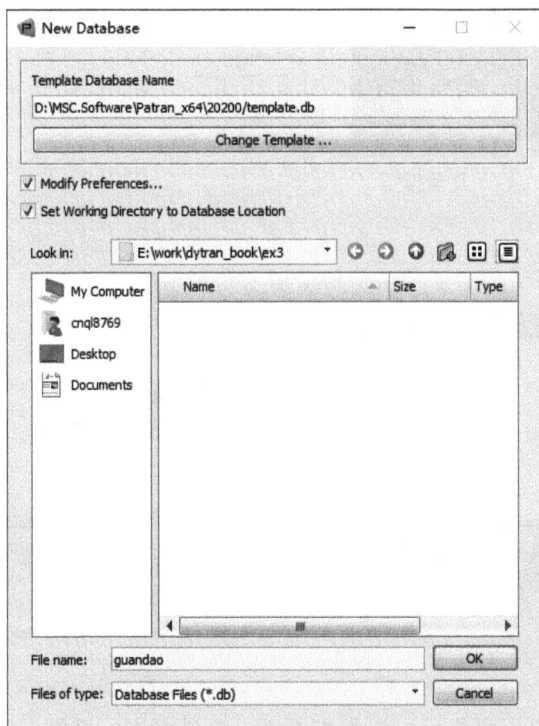

图 11-1　创建数据库文件

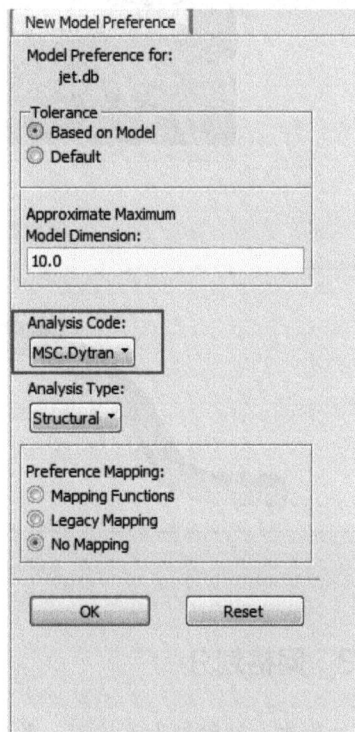

图 11-2　设置分析类型

11.2.2 导入几何模型

本实例模型采用导入的方式创建几何模型。

在菜单栏中选择"File > Import"命令，弹出"Import"窗口，将 Source 参数设置为 Parasolid xmt，选择 guandao.xmt_txt 文件后，单击"Parasolid xmt Options"按钮，显示"Import Options"操作面板，单击"Model Units"按钮，显示"Model Units"操作面板，在"Model Unit Override"下拉列表中选择 1.0(Meters)，单击"OK"按钮，如图 11-3 所示，在弹出的对话框中单击"Yes"按钮，返回"Import Options"操作面板，单击"OK"按钮，然后在"Import"窗口中，单击"Apply"按钮，弹出"Parasolid Transmit File Import Summary"对话框，单击"OK"按钮将其关闭，导入的模型如图 11-4 所示。

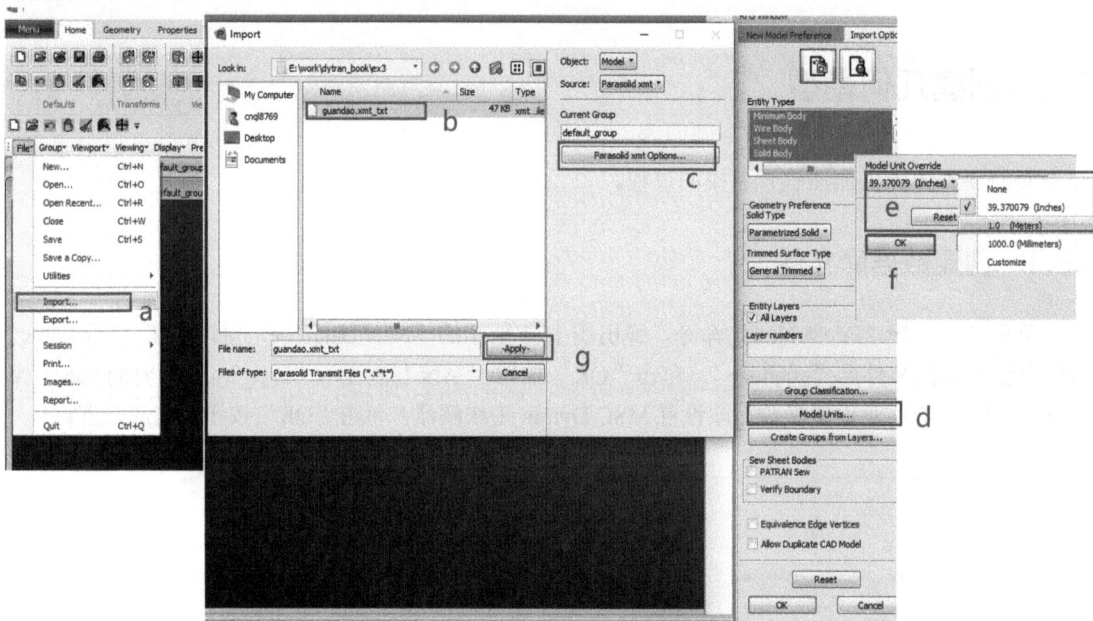

图 11-3　导入几何模型

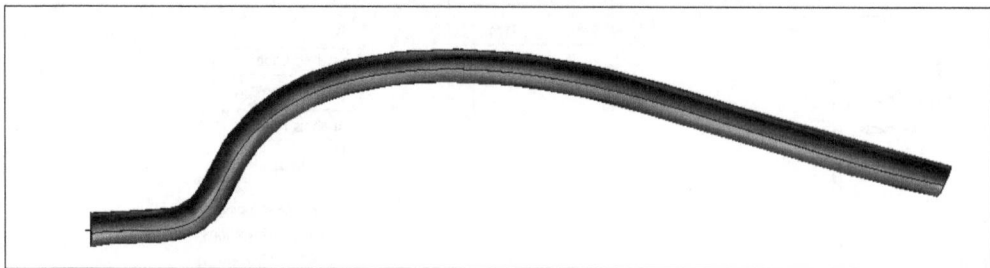

图 11-4　导入的模型

11.2.3 网格划分

在本例中，软管视为不抗弯，并将其简化为膜单元。单击"Meshing"选项卡，系统右侧显示

"Finite Elements"操作面板，按图 11-5 左图的步骤 a 所示设置"Action""Object""Type""Elem Shape""Mesher""Topology"参数后，在图形区框选模型中所有的面后，将在"Surface List"文本框中列出选中的面号，在"Global Edge Length"的"Value"文本框中输入"0.05"，单击"Apply"按钮。按图 11-5 右图所示设置参数后，单击"Apply"按钮，合并重节点，划分后的网格模型如图 11-6 所示。

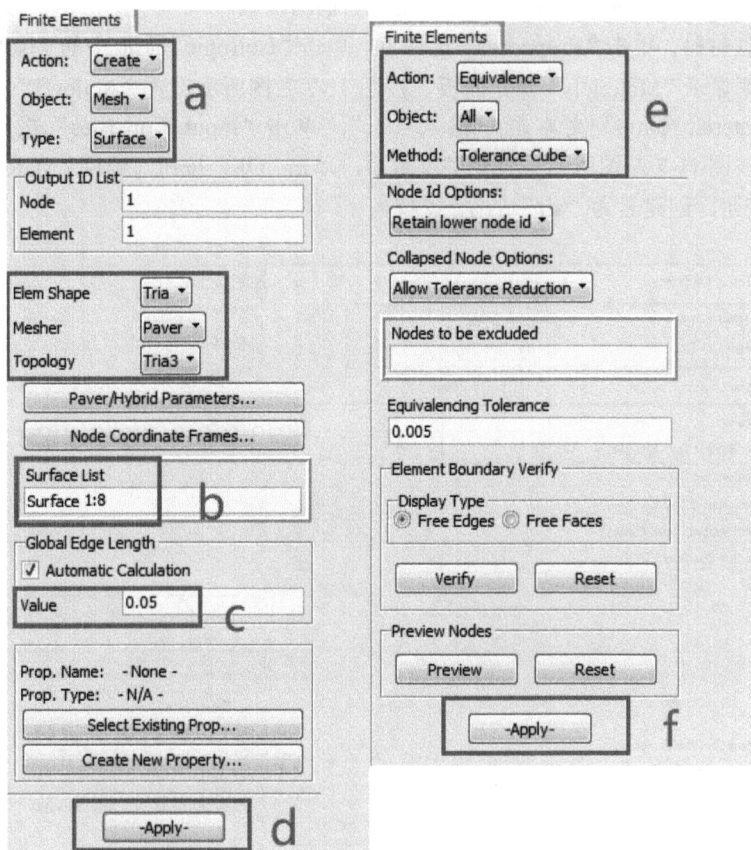

图 11-5 网格划分

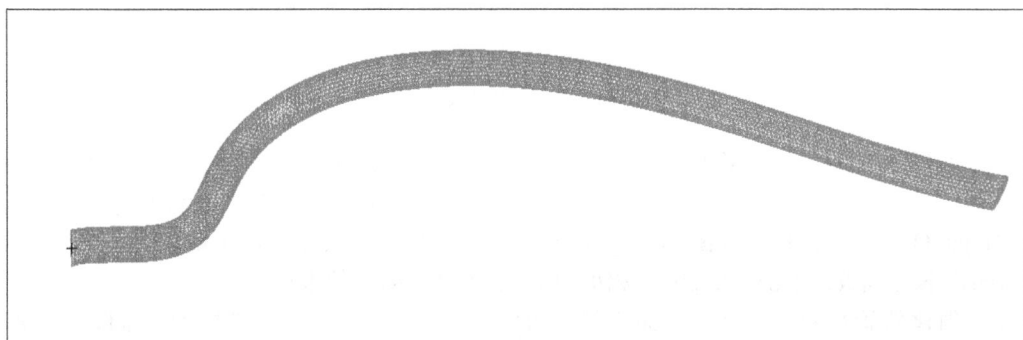

图 11-6 划分后的网格模型

11.3 约束和加载

11.3.1 创建材料参数

本实例需要创建空气、水、软管等材料并定义它们的参数。

（1）创建空气材料。单击"Properties"选项卡，单击"Isotropic"面板中的"Isotropic"（等轴测）按钮 🔳，系统右侧显示"Materials"操作面板，按图 11-7 右图所示设置"Action""Object""Method"参数后，在"Material Name"文本框中输入"air"，单击"Input Properties"按钮，弹出"Input Options"窗口，按图 11-7 左图所示设置相关参数后，单击"OK"按钮，返回"Materials"操作面板。单击"Apply"按钮，创建名为"air"的空气材料。

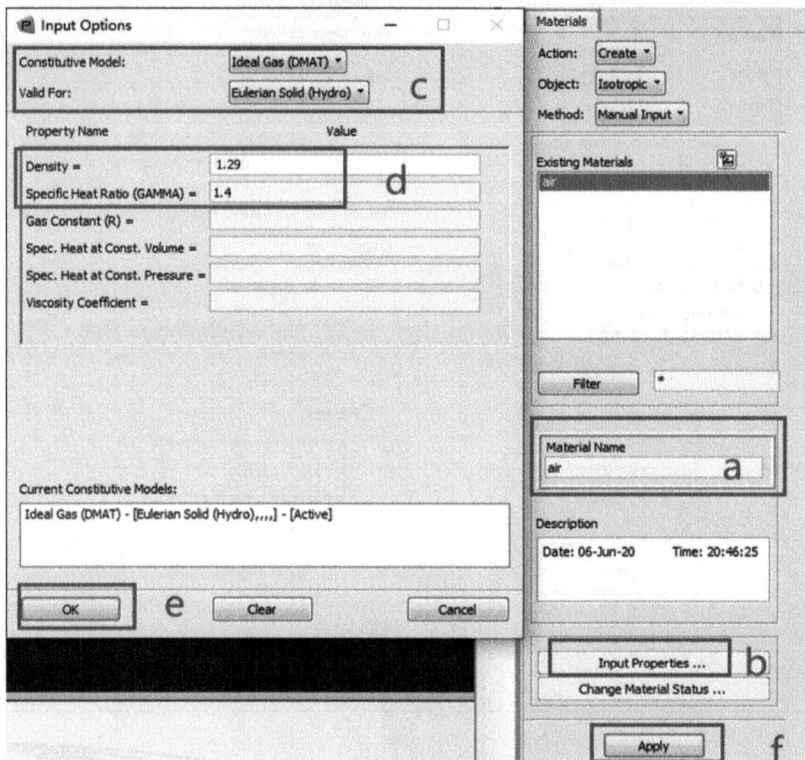

图 11-7　创建空气材料

（2）创建水材料。在"Materials"操作面板中，保持步骤（1）设置的"Action""Object""Method"参数不变，在"Material Name"文本框中输入"water"，单击"Input Properties"按钮，弹出"Input Options"窗口，按图 11-8 所示的 c、d 步骤设置相关参数，单击"OK"按钮，返回"Materials"操作面板。单击"Apply"按钮，创建名为"water"的水材料。

（3）创建软管材料。在"Materials"操作面板中，保持步骤（1）设置的"Action""Object""Method"参数不变，在"Material Name"文本框中输入"mem"，单击"Input Properties"按钮，弹出"Input Options"窗口，按图 11-9 所示的 c、d 步骤设置和输入相关参数后，单击"OK"按钮，返回"Materials"操作面板，单击"Apply"按钮，创建名为"mem"的软管材料。

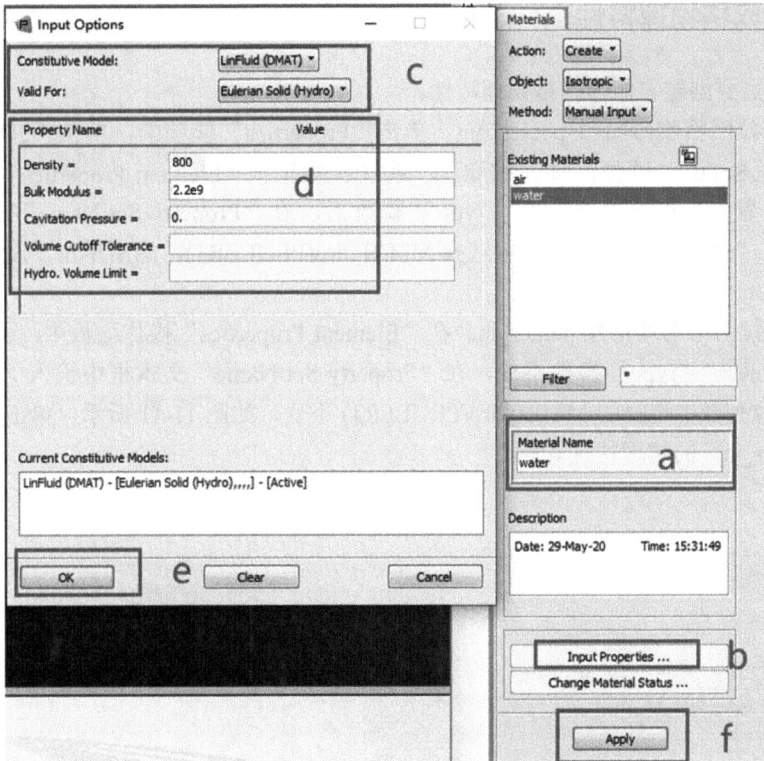

图 11-8　创建水材料

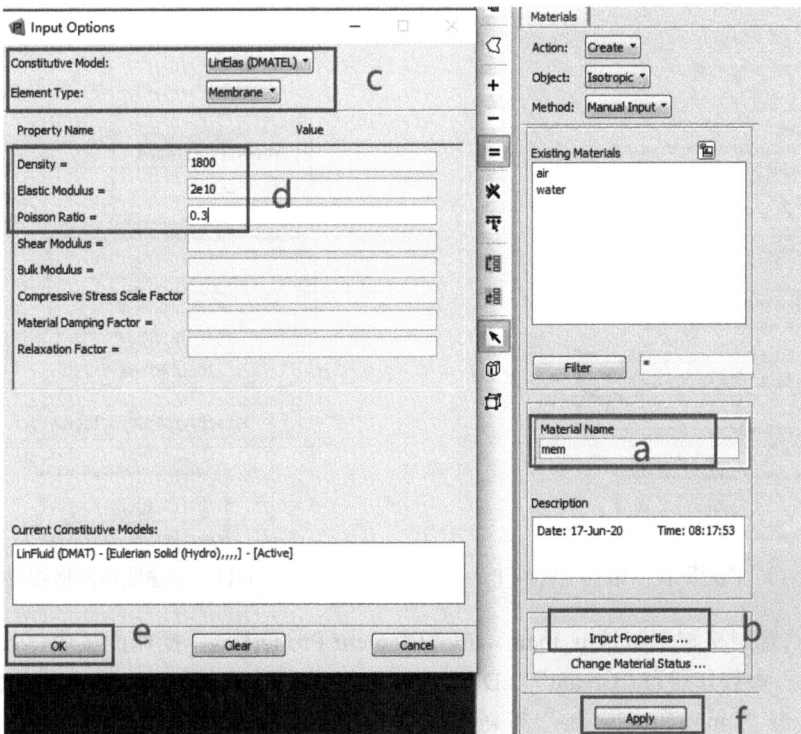

图 11-9　创建软管材料

11.3.2 创建网格物理特性

每种材料都需要创建它们的网格物理特性。

（1）创建欧拉网格物理特性 peuler_out。单击"Properties"选项卡，单击"3D Properties"面板中的"Eulerian Solid"（欧拉固体）按钮🔵，系统右侧显示"Element Properties"操作面板，按图 11-10 所示设置"Action""Object""Type"参数后，在"Property Set Name"文本框中输入"peuler_out"，在"Options"下拉列表中选择 MM/Hydro(PEULER1)，然后单击"Apply"按钮，创建名为"peuler_out"的物理特性。

（2）创建欧拉网格物理特性 peuler_in。在"Element Properties"操作面板中，保持上一步设置的"Action""Object""Type"参数不变，在"Property Set Name"文本框中输入"peuler_in"，保持"Options"下拉列表中选择的 MM/Hydro(PEULER1) 不变，如图 11-11 所示，单击"Apply"按钮，创建名为"peuler_in"的物理特性。

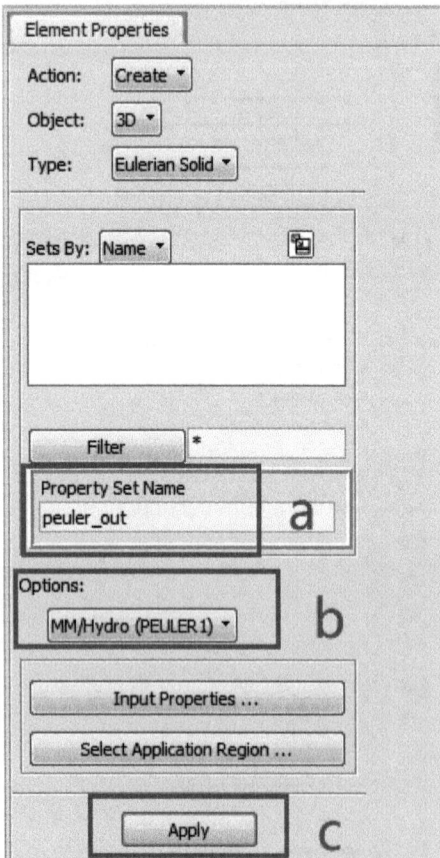

图 11-10　创建欧拉网格物理特性 1　　　　　图 11-11　创建欧拉网格物理特性 2

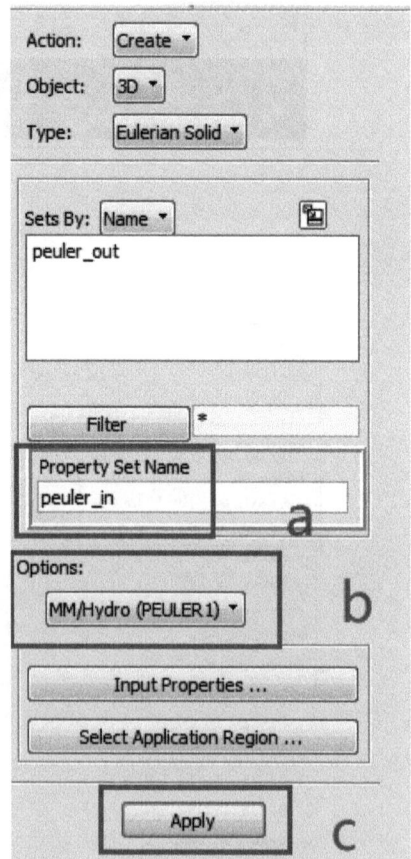

（3）创建软管网格物理特性 p_mem。在"Element Properties"操作面板中，设置"Action""Object""Type"参数分别为"Create""2D""Membrance"，在"Property Set Name"文本框中输入"p_mem"，单击"Input Properties"按钮，在弹出的窗口的"Material"列表框中选择 mem，则会在"Material Name"文本框中显示 m:mem，在"Thickness"文本框中输入"0.005"，单

击"OK"按钮，返回"Element Properties"操作面板，单击"Select Application Region"按钮，显示"Select Application Region"操作面板，在图形区中框选所有的单元，单击"Add"按钮，单击"OK"按钮，返回"Element Properties"操作面板，然后单击"Apply"按钮，创建名为"p_mem"的物理特性。具体操作步骤如图 11-12 所示。

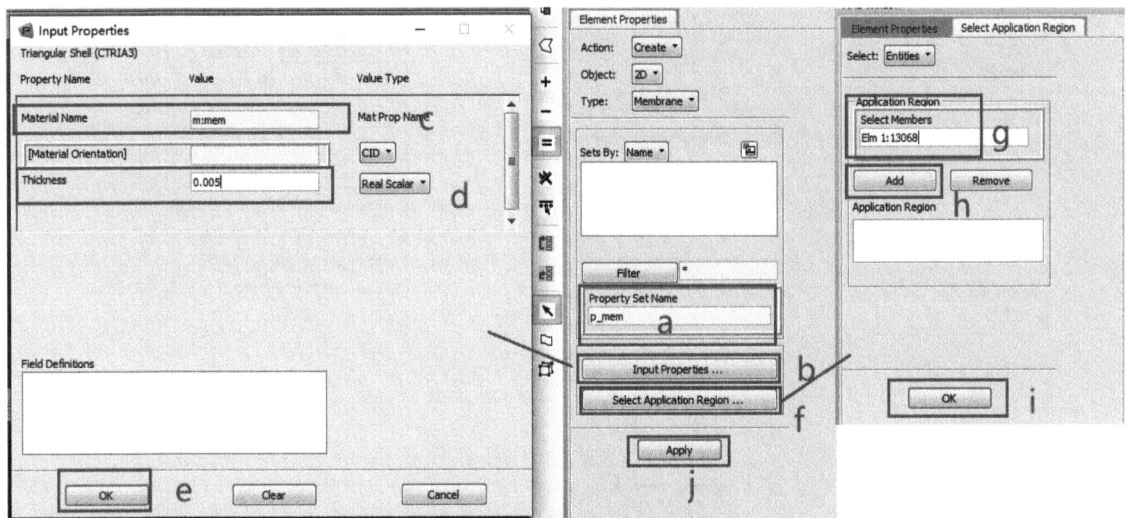

图 11-12　创建软管网格物理特性

11.3.3　创建耦合面

创建完网格物理特性后需创建耦合面。

（1）单击"Loads/BCs"选项卡，系统右侧显示"Load/Boundary Conditions"操作面板，按图 11-13 左图所示设置"Action""Object""Type""Option"参数后，在"New Set Name"文本框中输入"couple_in"，单击"Input Data"按钮，显示"Input Data"操作面板，按图 11-13 中图所示设置参数后，单击"OK"按钮。返回"Load/Boundary Conditions"操作面板，然后单击"Select Application Region"按钮。系统显示"Select Application Region"操作面板，按图 11-13 右图所示设置参数，设置"Element Type"选项为 2D，选择"FEM"单选项，在图形中框选所有单元，然后单击"Add"按钮，继续单击"OK"按钮，返回"Load/Boundary Conditions"操作面板，接着单击"Apply"按钮，创建名为"couple_in"的耦合面。

（2）在"Load/Boundary Conditions"操作面板中，保持上一步设置的"Action""Object""Type""Option"参数不变，在"New Set Name"文本框中输入"couple_out"，单击"Input Data"按钮，显示"Input Data"操作面板，按图 11-14 中图所示设置参数后，单击"OK"按钮。返回"Load/Boundary Conditions"操作面板，然后单击"Select Application Region"按钮。系统显示"Select Application Region"操作面板，按图 11-14 右图所示设置参数，设置"Element Type"选项为 2D，选择"FEM"单选项，在图形中框选所有单元，然后单击"Add"按钮，继续单击"OK"按钮，返回"Load/Boundary Conditions"操作面板，接着单击"Apply"按钮，创建名为"couple_out"的耦合面。

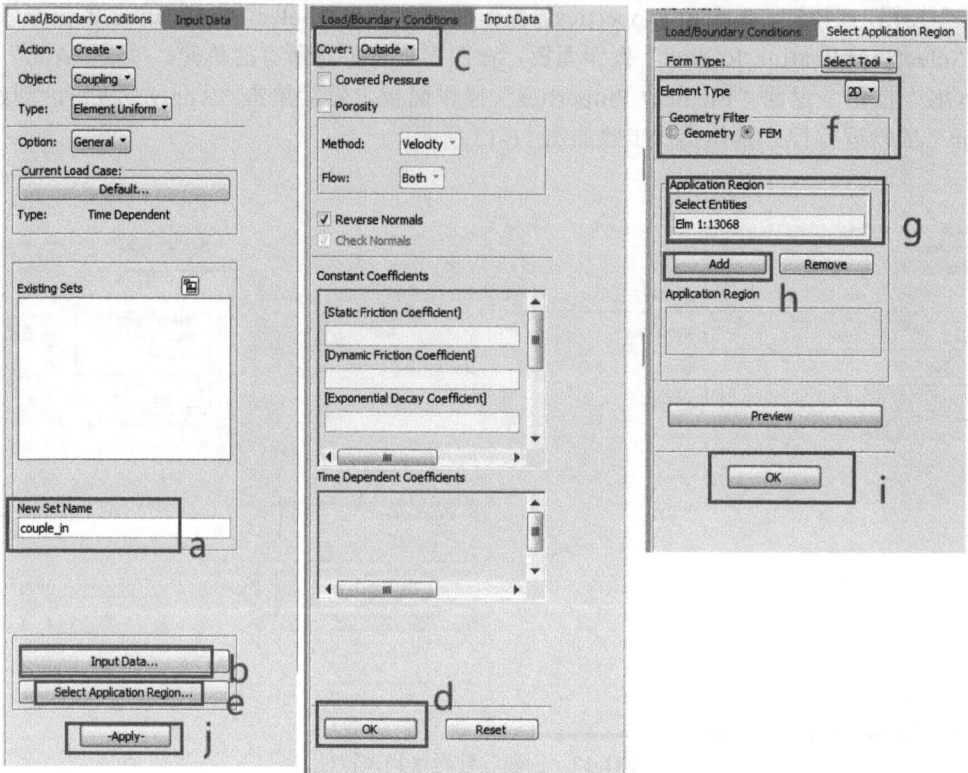

图 11-13　创建耦合面"couple_in"

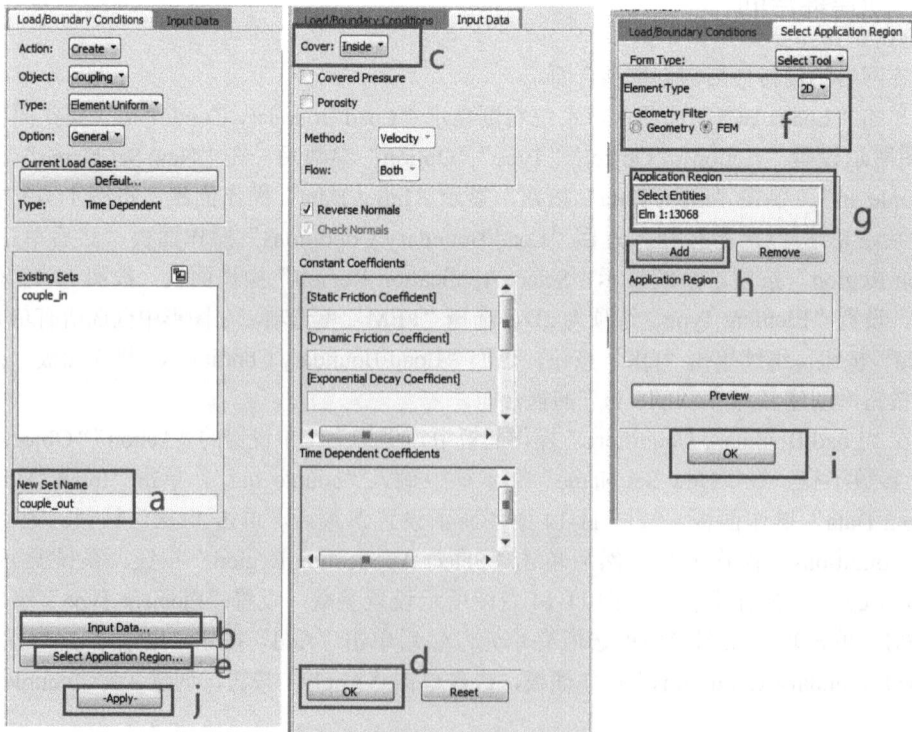

图 11-14　创建耦合面"couple_out"

11.3.4　定义欧拉网格的初始状态

在本实例中，欧拉网格初始状态的定义分为 3 步：定义初始形状、定义初始状态、定义初始区域。

（1）定义初始形状。单击"Loads/BCs"选项卡，系统右侧显示"Load/Boundary Conditions"操作面板，设置"Action""Object""Type""Option"参数分别为"Create""Init.Cond.Euler""Element Uniform""Shape"。

在"New Set Name"文本框中输入"shape_air_out"，单击"Input Data"按钮，显示"Input Data(Shape)"操作面板，将 Shape 设置为 Sphere，按图 11-15 左图所示的 d 步骤设置参数，单击"OK"按钮，返回"Load/Boundary Conditions"操作面板，单击"Apply"按钮，完成管道外部网格的初始化定义。

接着在"New Set Name"文本框中输入"shape_water_in"，单击"Input Data"按钮，显示"Input Data(Shape)"操作面板，将"Shape"选项设置为"Sphere"，按图 11-15 所示右图的 d 步骤设置参数，单击"OK"按钮，返回"Load/Boundary Conditions"操作面板，单击"Apply"按钮，完成管道内部网格的初始化定义。

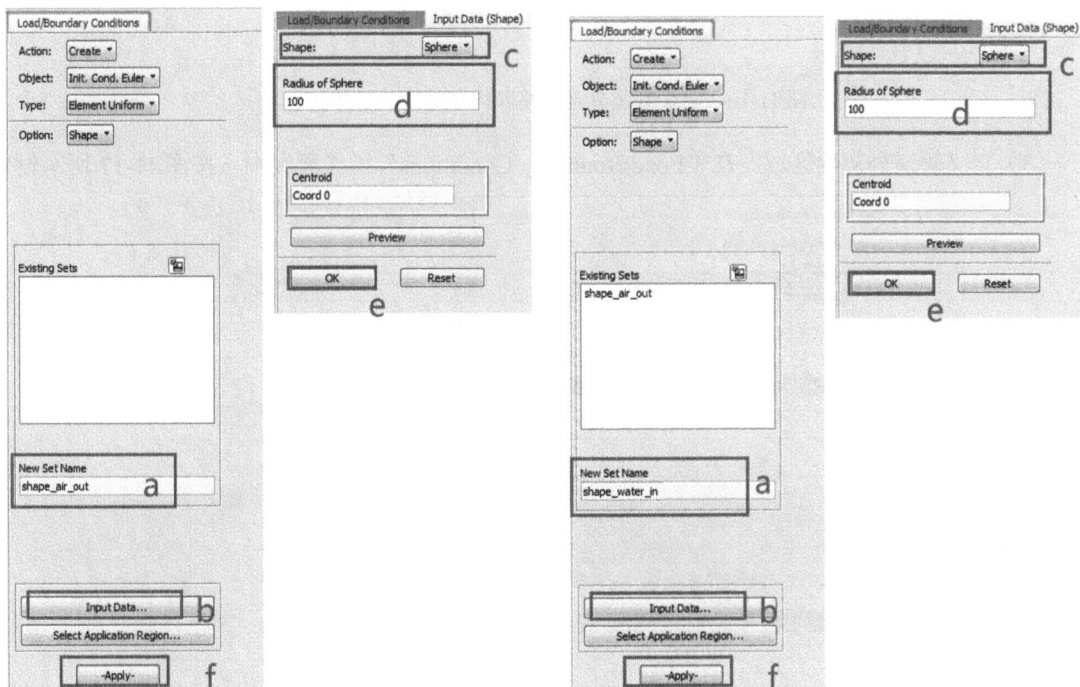

图 11-15　管道外部网格和内部网格的初始形状

（2）定义初始状态。在"Load/Boundary Conditions"操作面板中，设置"Action""Object""Type""Option"参数分别为"Create""Init.Cond.Euler""Element Uniform""Initial Values"。

在"New Set Name"文本框中输入"int_air"，单击"Input Data"按钮，在材料列表中选择 air，按图 11-16 左图所示的 d 步骤设置参数后，单击"OK"按钮，返回"Load/Boundary Conditions"操作面板，单击"Apply"按钮，完成初始状态"int_air"的定义。

接着在"New Set Name"文本框中输入"int_water"，单击"Input Data"按钮，在材料列表中选择 water，按图 11-16 右图所示的 d 步骤设置参数后，单击"OK"按钮，返回"Load/Boundary Conditions"操作面板，单击"Apply"按钮，完成初始状态"int_water"的定义。

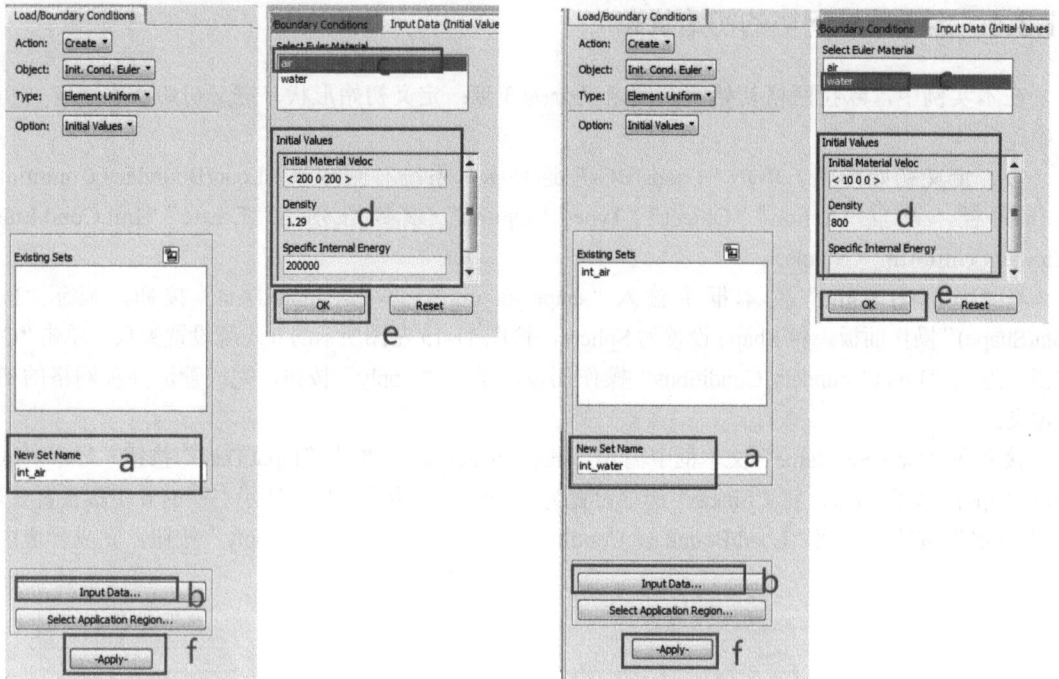

图 11-16　定义管道外部网格和内部网格的初始状态

（3）定义管道外初始区域。在"Load/Boundary Conditions"操作面板中，按图 11-17 所示设置

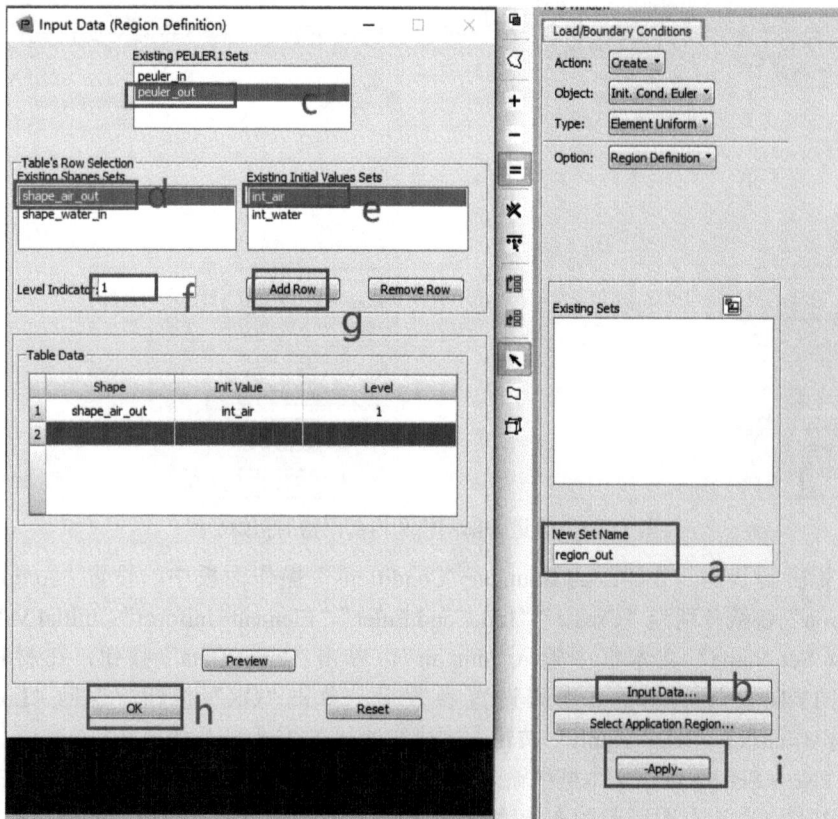

图 11-17　定义管道外初始区域

"Action""Object""Type""Option"参数，在"New Set Name"文本框中输入"region_out"，单击"Input Data"按钮，弹出"Input Data(Region Definition)"窗口，在"Existing PEULER 1 Sets"列表框中选择 peuler_out，在"Existing Shapes Sets"列表框中选择"shape_air_out"，在"Existing Initial Values Sets"列表框中选择 int_air，在"Level Indicator"文本框中输入"1"，单击"Add Row"按钮，将会在"Table Data"表中添加一行数据，然后单击"OK"按钮，关闭 Input Data(Region Definition)窗口，然后单击"Apply"按钮，创建名为"region_out"的管道外初始区域。

（4）定义管道内初始区域。在"Load/Boundary Conditions"操作面板中，按图 11-18 所示设置"Action""Object""Type""Option"参数，在"New Set Name"文本框中输入"region_in"，单击"Input Data"按钮，弹出"Input Data(Region Definition)"窗口，在"Existing PEULER 1 Sets"列表框中选择"peuler_in"，在"Existing Shapes Sets"列表框中选择 shape_water_in，在"Existing Initial Values Sets"列表框中选择 int_water，在"Level Indicator"文本框中输入"1"，单击"Add Row"按钮，将会在"Table Data"表中添加一行数据，然后单击"OK"按钮，关闭"Input Data (Region Definition)"窗口，然后单击"Apply"按钮，创建名为"region_in"的管道内初始区域。

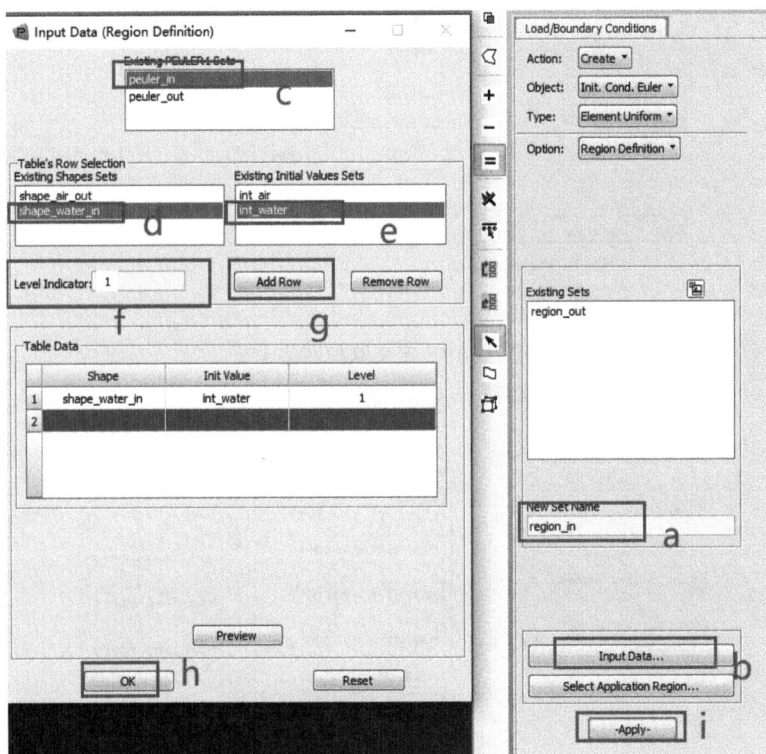

图 11-18　定义管道内初始区域

11.3.5　定义欧拉网格

单击"Loads/BCs"选项卡，系统右侧显示"Load/Boundary Conditions"操作面板，按图 11-19左图所示设置"Action""Object""Type""Option"参数，在"New Set Name"文本框中输入"mesh_out"，单击"Input Data"按钮，显示"Input Data"操作面板，按图 11-19 右图所示设置参数后，可以单击"Preview"按钮进行预览（不是生成网格），然后单击"OK"按钮，返回"Load/ Boundary Conditions"操作面板，单击"Apply"按钮。具体操作步骤如图 11-19 所示。

在"New Set Name"文本框中输入"mesh_in",单击"Input Data"按钮,显示"Input Data"操作面板,按图 11-20 右图所示设置参数后,可以单击"Preview"按钮进行预览(不是生成网格),然后单击"OK"按钮,返回"Load/Boundary Conditions"操作面板,单击"Apply"按钮。具体操作步骤如图 11-20 所示。

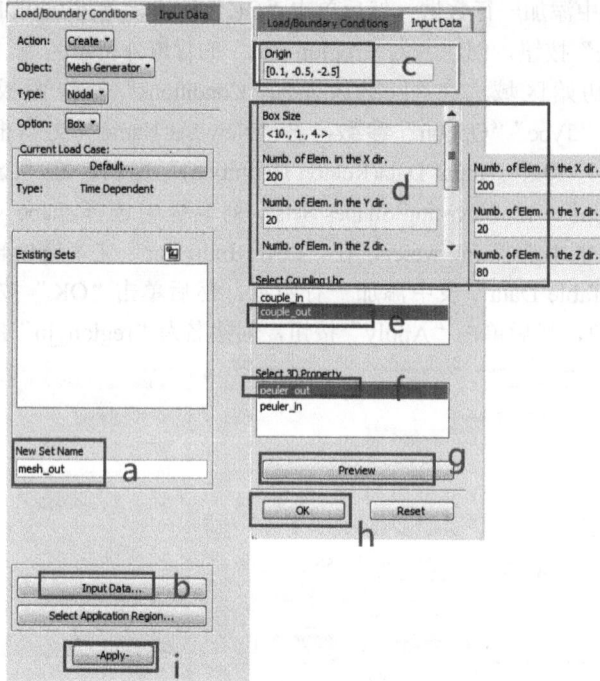

图 11-19　定义欧拉网格 1

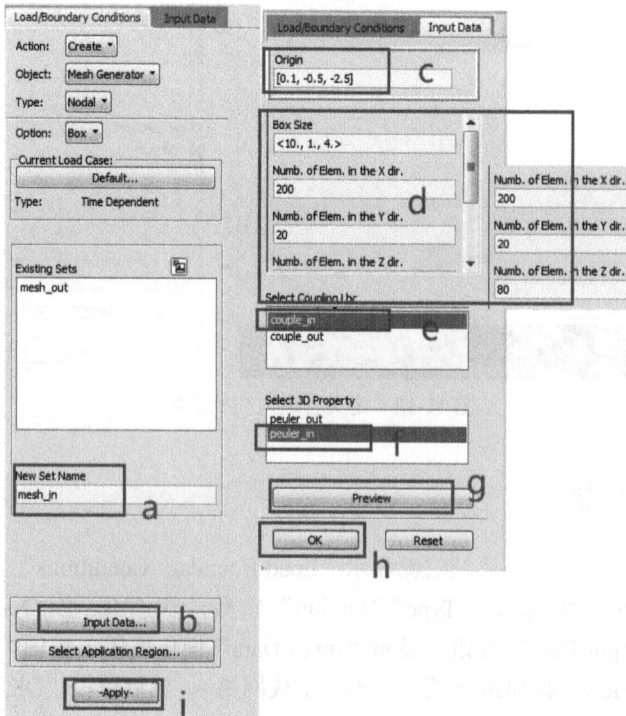

图 11-20　定义欧拉网格 2

11.3.6 定义固定约束

单击"Loads/BCs"选项卡，系统右侧显示"Load/Boundary Conditions"操作面板，设置"Action""Object""Type"参数分别为"Create""Displacement""Nodal"。

在"New Set Name"文本框中输入"dis_y"，单击"Input Data"按钮，显示"Input Data"窗口，在"Translations<T1 T2 T3>"文本框中输入"<,0, >"，单击"OK"按钮，完成输入。单击"Select Application Region"按钮，显示"Select Application Region"操作面板，在"Application Region"列表框中选择 Y 向为零位置的两条边，然后单击"OK"按钮，返回"Load/Boundary Conditions"操作面板，单击"Apply"按钮，完成固定约束 dis_y 的定义。具体操作步骤如图 11-21 所示，结果如图 11-22 所示。

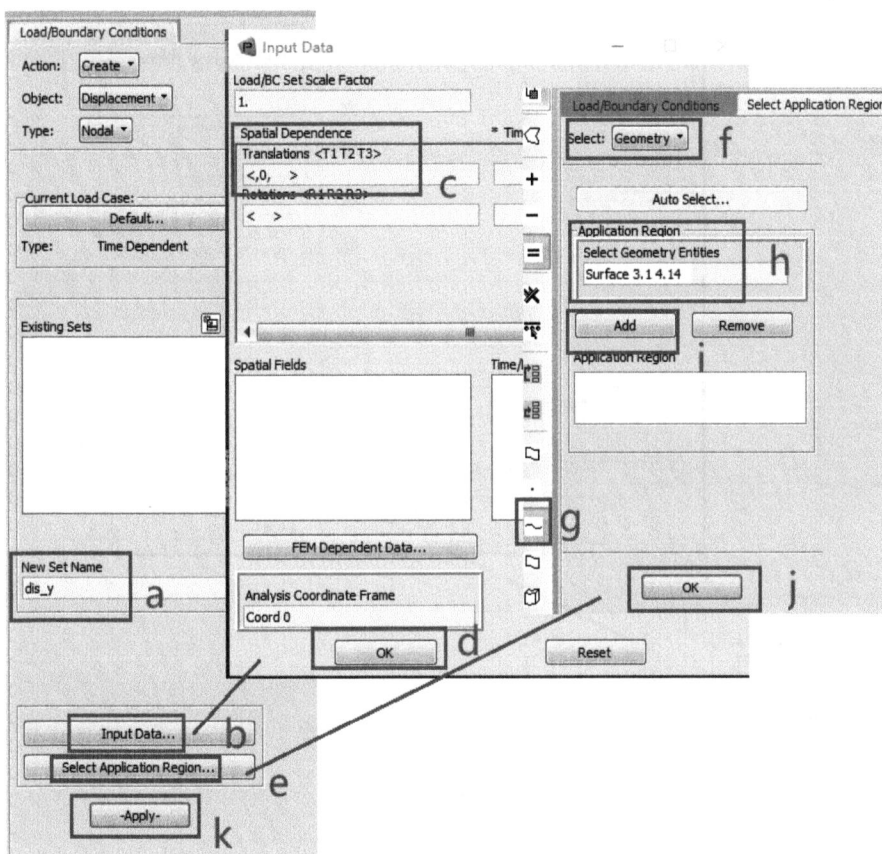

图 11-21 定义固定约束 1

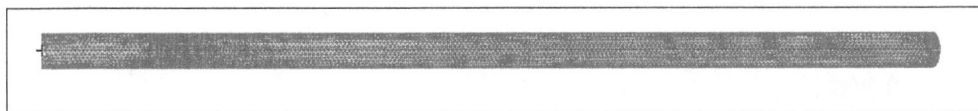

图 11-22 定义固定约束后的结果 1

在"New Set Name"文本框中输入"fix"，单击"Input Data"按钮，显示"Input Data"窗口，在"Translations<T1 T2 T3>"文本框中输入"<0,0,0>"，单击"OK"按钮，完成输入。单击

"Select Application Region" 按钮，显示 "Select Application Region" 操作面板，在 "Application Region" 列表框中选择两端的部分节点，稍微多选一些，要选到流体区域内，然后单击 "Add" 按钮、"OK" 按钮，返回 "Load/Boundary Conditions" 操作面板，单击 "Apply" 按钮，完成固定约束 fix 的定义。具体操作步骤如图 11-23 所示，结果如图 11-24 所示。

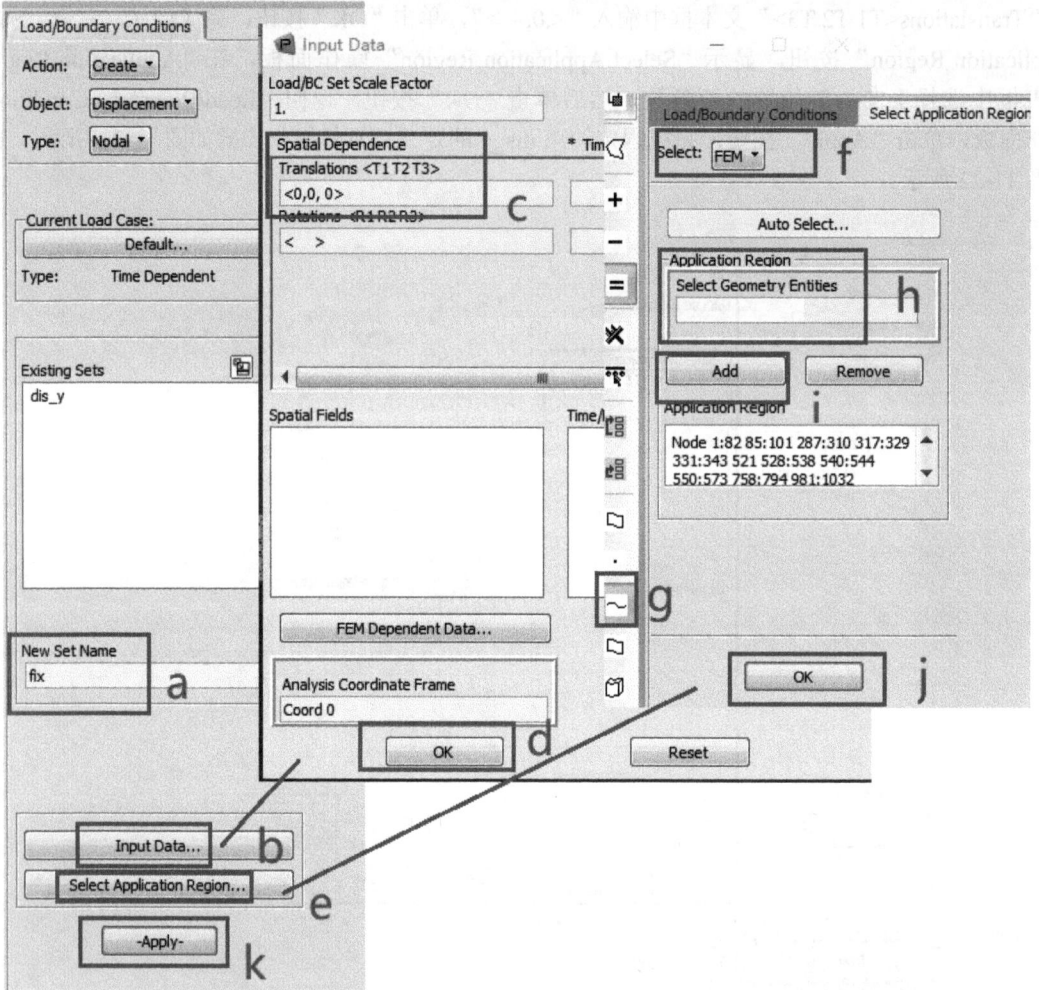

图 11-23　定义固定约束 2

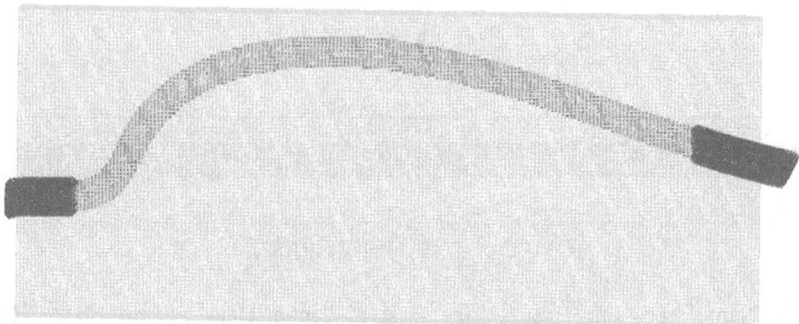

图 11-24　定义固定约束后的结果 2

11.4　分析设置

11.4.1　检查工况

　　一般情况下，在完成边界条件的定义后，需要对工况进行检查，查看是否存在漏掉的边界条件，单击"Loads/BCs"选项卡，单击"Load Cases"面板中的"Create Load Case"（创建荷载工况）按钮 ⏃，系统右侧显示"Load Cases"操作面板，设置 Action 为 Create，在"Existing Load Cases"列表框中选择 Default。弹出"Input Data"窗口，如图 11-25 所示，如果工况正确无误，单击"Cancel"按钮，关闭 Input Data。

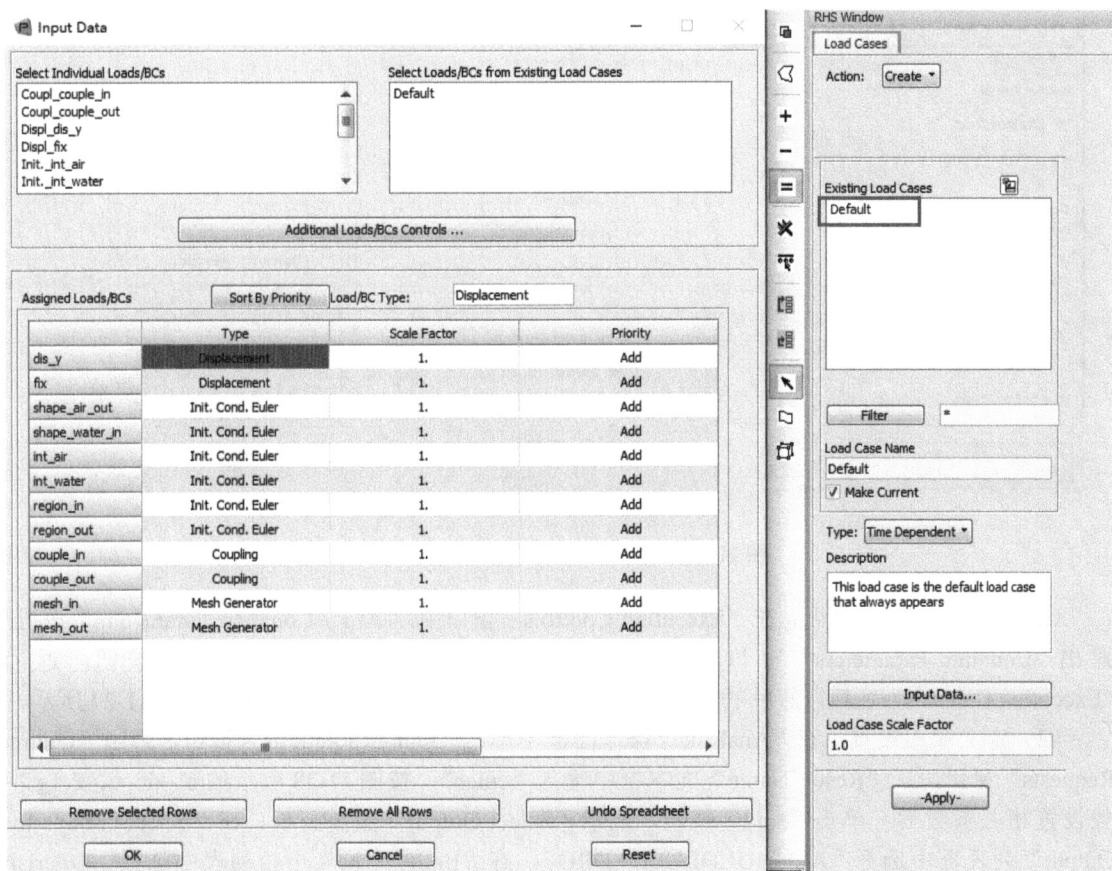

图 11-25　检查工况

11.4.2　设置分析求解参数

　　在显式非线性分析中，分析设置相对于静力学、动力学分析要更复杂，主要是要定义一些求解的参数、输出结果信息等。

　　（1）定义初始时间步长和分析时间。单击"Analysis"，系统右侧显示"Analysis"操作面板，如图 11-26 所示，设置"Action""Object""Method"参数分别为"Analyze""Input Deck"

"Translate"。单击"Execution Controls"按钮，弹出"Execution Controls"窗口，单击"Execution Control Parameters"按钮，弹出"Execution Control Parameters"窗口，在"End Time"文本框中输入"0.1"，在"Time-Step Size at Start"文本框中输入"1e-7"，单击"OK"按钮，返回"Execution Controls"窗口。

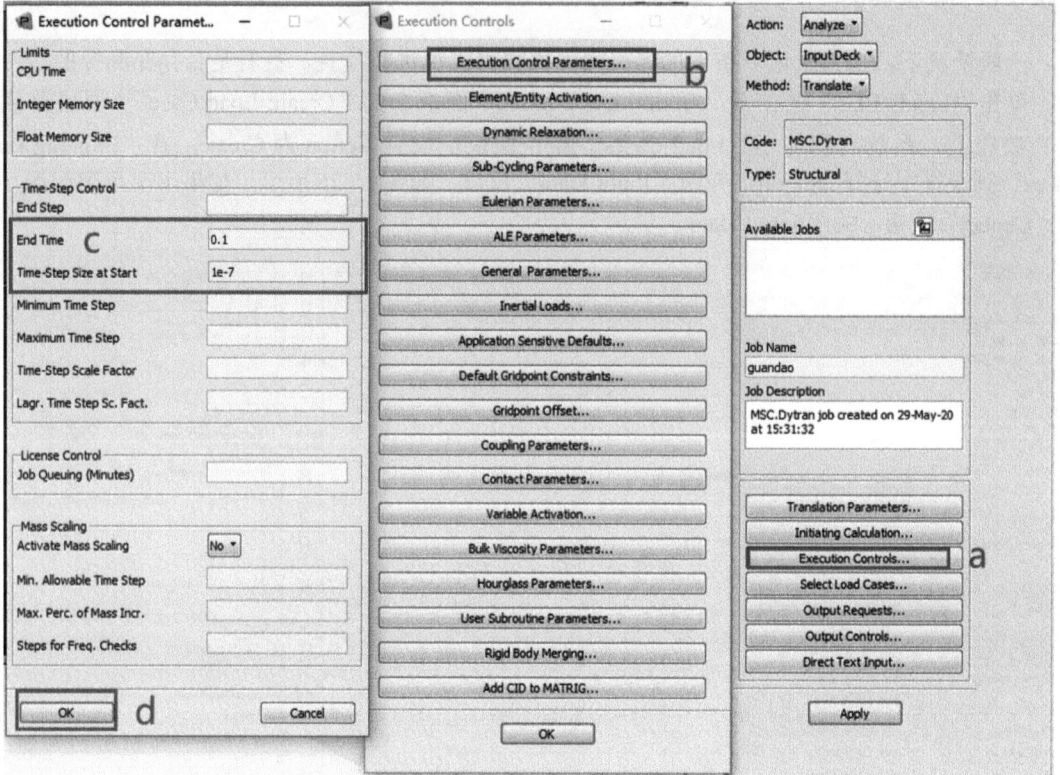

图 11-26　定义初始时间步长和分析时间

（2）激活快速耦合分析。在"Execution Controls"窗口中，单击"Coupling Parameters"按钮，弹出"Coupling Parameters"窗口，将 Fast Coupling 设置为 Active，单击"OK"按钮，返回"Execution Controls"窗口，然后单击"OK"按钮，返回"Analysis"操作面板，如图 11-27 所示。

（3）定义输出设置。在"Analysis"操作面板中单击"Output Requests"按钮，弹出"Output Requests"窗口，在"Result Name"文本框中输入"euler"，按图 11-28 所示的 c、d、e、f、g 步骤设置相关参数后，单击"Add"按钮，显示"Select Output"操作面板，在"Select Groups for Output"列表框中选择"ALLMULTIEULHYDRO"，在"Entity Type"下拉列表中选择"Eulerian Solids"，在"Results Types"列表框中选择要输出的结果，按住 <Ctrl> 键不放，选择"XVEL""YVEL""ZVEL""DENSITY""PRESSURE""FMAT"等选项，单击"Apply"按钮，返回"Output Requests"窗口。

定义另外一个输出请求。在"Output Requests"窗口中的"Result Name"文本框中输入"mem"，按图 11-29 左图所示设置相关参数后，单击"Add"按钮，显示"Select Output"操作面板，在"Select Groups for Output"列表框中选择"ALLMEMTRIA"，在 Entity Type 下拉列表中选择"Membranes"，在"Results Types"列表框中选择要输出的结果，按住 <Ctrl> 键不放，选择"TXX""TYY""TXY""EFFPLS""EFFSTS"等选项，单击"Apply"按钮，返回"Output Requests"窗口，单击"OK"按钮，返回"Analysis"操作面板，单击"Apply"按钮，完成输出设置的定义。

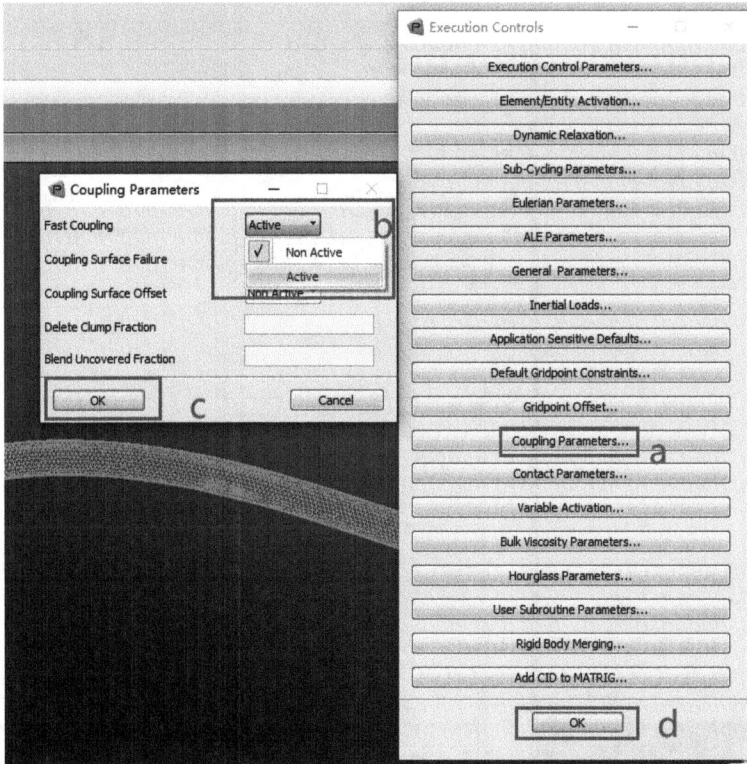

图 11-27　激活快速耦合分析

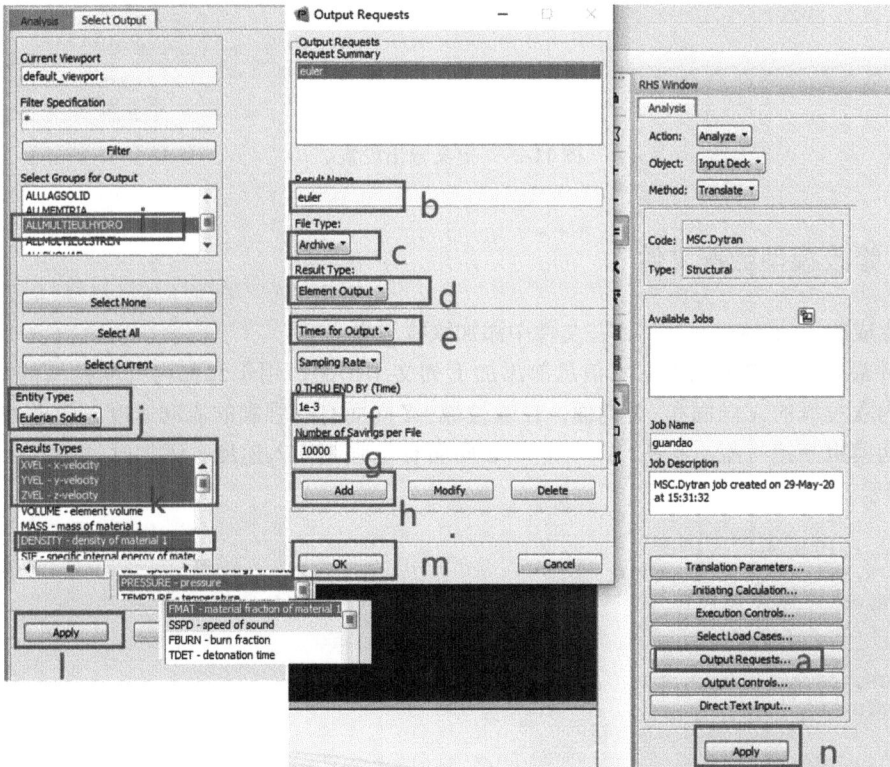

图 11-28　定义输出设置 1

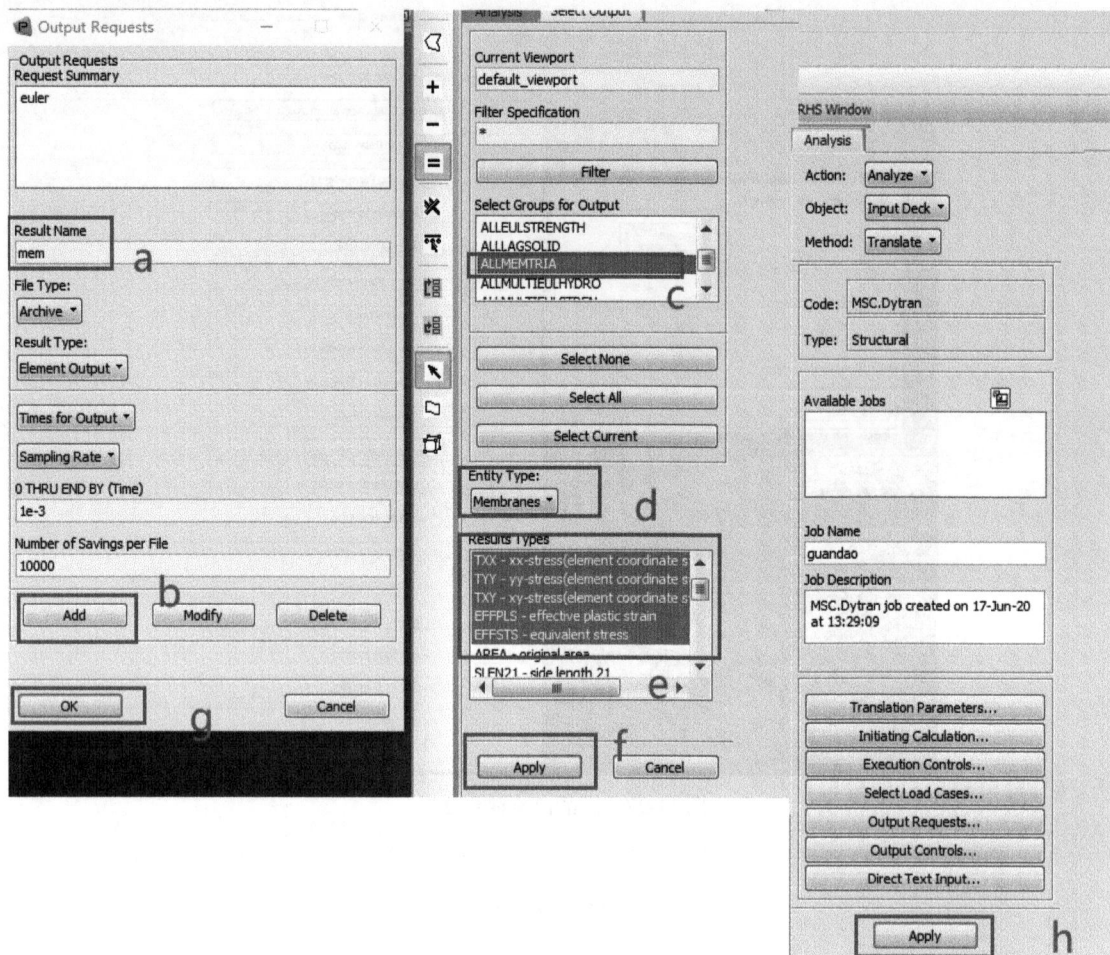

图 11-29　定义输出设置 2

11.4.3　修改模型数据文件

打开生成的 guandao.dat 文件，在文件中添加欧拉边界。

在文件最后的 ENDDATA 文本信息前添加下列文本信息，用于添加内外欧拉域的流动边界，管道内的为欧拉域的 X 向面和 $-X$ 向面，在欧拉域 $-X$ 向面有个强制的流动速度。管道外为一个开放边界，为模拟高速气流，其在 $-X$ 向面和 $-Z$ 向面有个强制流入速度。添加欧拉边界后的界面如图 11-30 所示。

```
tload1,1,102,,4
FLOWDIR,102,mmhydro,10,POSX,,,,,+
+,FLOW,out

tload1,1,103,,4
FLOWDIR,103,mmhydro,9,NEGY,,,,,+
+,FLOW,BOTH

tload1,1,104,,4
FLOWDIR,104,mmhydro,9,POSY,,,,,+
```

```
+,FLOW,BOTH
tload1,1,105,,4
FLOWDIR,105,mmhydro,9,POSZ,,,,,+
+,FLOW,BOTH
tload1,1,106,,4
FLOWDIR,106,mmhydro,9,NEGZ,,,,,+
+,FLOW,in,XVEL,200,ZVEL,200

tload1,1,107,,4
FLOWDIR,107,mmhydro,9,POSx,,,,,+
+,FLOW,BOTH

tload1,1,108,,4
FLOWDIR,108,mmhydro,9,NEGx,,,,,+
+,FLOW,in,XVEL,200,ZVEL,200
```

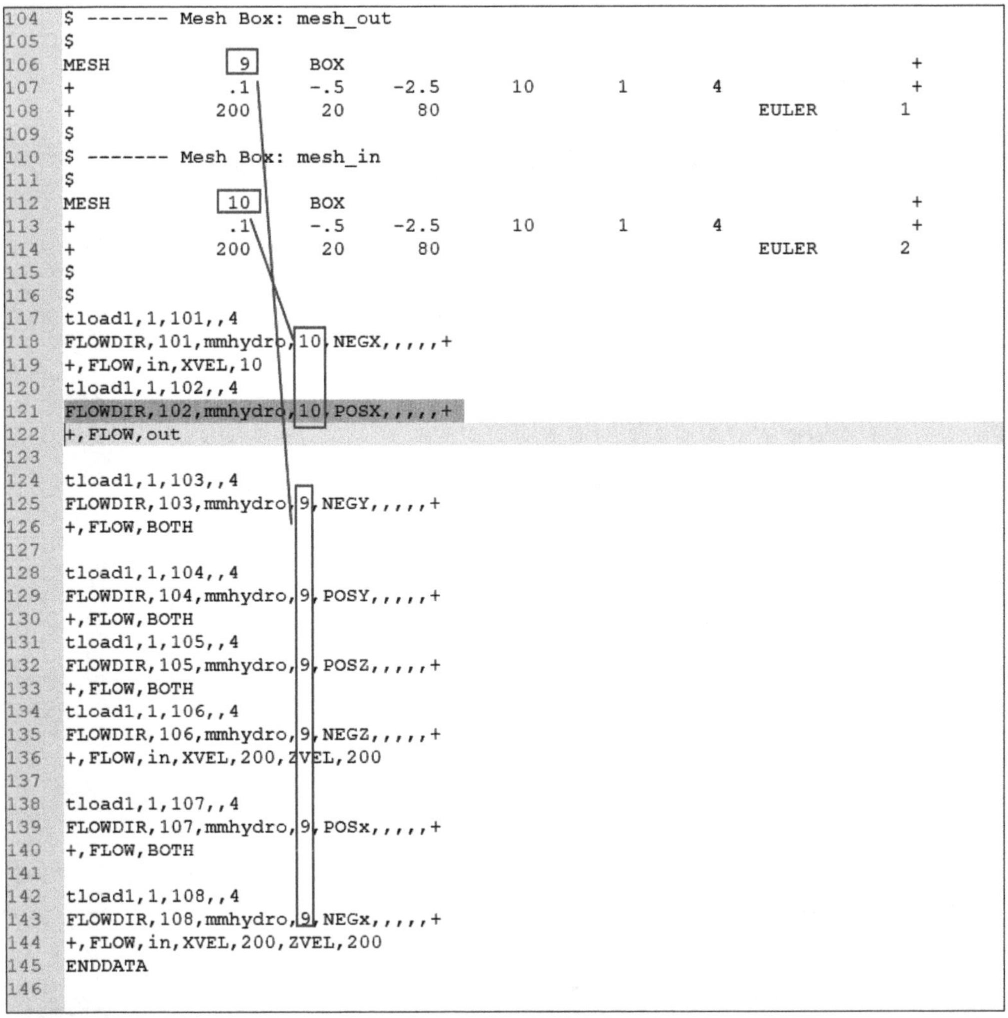

```
104  $ ------- Mesh Box: mesh_out
105  $
106  MESH          9        BOX                                        +
107  +           .1       -.5     -2.5      10       1       4         +
108  +          200        20       80                      EULER      1
109  $
110  $ ------- Mesh Box: mesh_in
111  $
112  MESH         10        BOX                                        +
113  +           .1       -.5     -2.5      10       1       4         +
114  +          200        20       80                      EULER      2
115  $
116  $
117  tload1,1,101,,4
118  FLOWDIR,101,mmhydro,10,NEGX,,,,,+
119  +,FLOW,in,XVEL,10
120  tload1,1,102,,4
121  FLOWDIR,102,mmhydro,10,POSX,,,,,+
122  +,FLOW,out
123
124  tload1,1,103,,4
125  FLOWDIR,103,mmhydro,9,NEGY,,,,,+
126  +,FLOW,BOTH
127
128  tload1,1,104,,4
129  FLOWDIR,104,mmhydro,9,POSY,,,,,+
130  +,FLOW,BOTH
131  tload1,1,105,,4
132  FLOWDIR,105,mmhydro,9,POSZ,,,,,+
133  +,FLOW,BOTH
134  tload1,1,106,,4
135  FLOWDIR,106,mmhydro,9,NEGZ,,,,,+
136  +,FLOW,in,XVEL,200,ZVEL,200
137
138  tload1,1,107,,4
139  FLOWDIR,107,mmhydro,9,POSx,,,,,+
140  +,FLOW,BOTH
141
142  tload1,1,108,,4
143  FLOWDIR,108,mmhydro,9,NEGx,,,,,+
144  +,FLOW,in,XVEL,200,ZVEL,200
145  ENDDATA
146
```

图 11-30　添加欧拉边界后的界面

11.5 提交计算及后处理

11.5.1 提交计算

将修改后的 DAT 文件提交 Dytran 进行计算。

启动 Dytran 后，单击"New Job"（新任务）按钮 ，新建一个任务，在 File Explorer 导航区中找到相应工作目录的文件夹后，在"Input Files"列表框中选择 guandao.dat 文件，可以选择采用 DMP 并行计算，然后单击"Run Job"（运行任务）按钮 开始计算，在计算过程中，底部有显示计算状态的进度条，如图 11-31 所示。

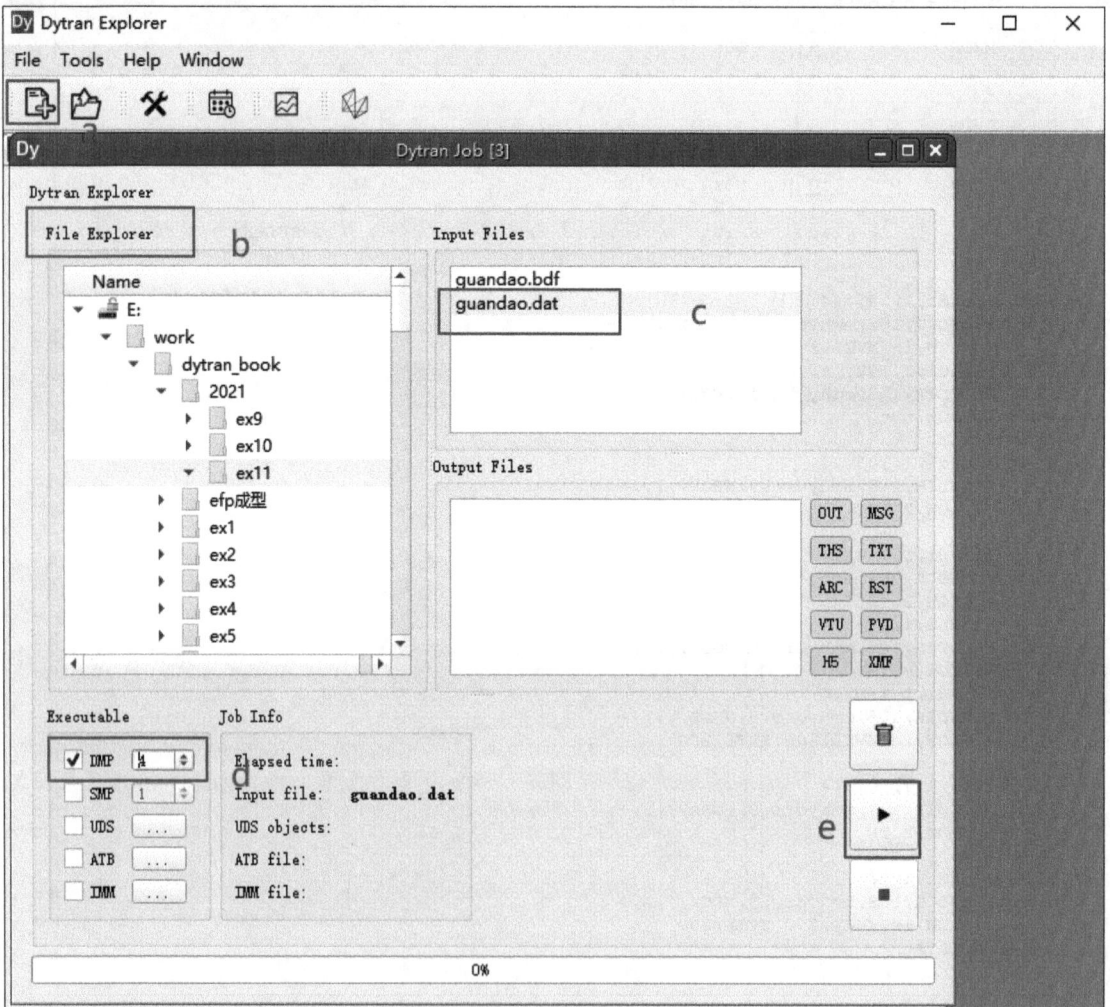

图 11-31 提交计算

11.5.2　后处理

后处理中，可以新建一个 DB 文件，名称为"result"。单击"Analysis"选项卡，系统右侧显示"Analysis"操作面板，按图 11-32 右图所示设置"Action""Object""Method"参数后，单击"Select Archive File"按钮，在打开的窗口中选择需要导入的 ARC 文件，然后依次单击"Add"按钮、"Apply"按钮，返回"Analysis"操作面板，单击"Apply"按钮，完成计算结果的导入。

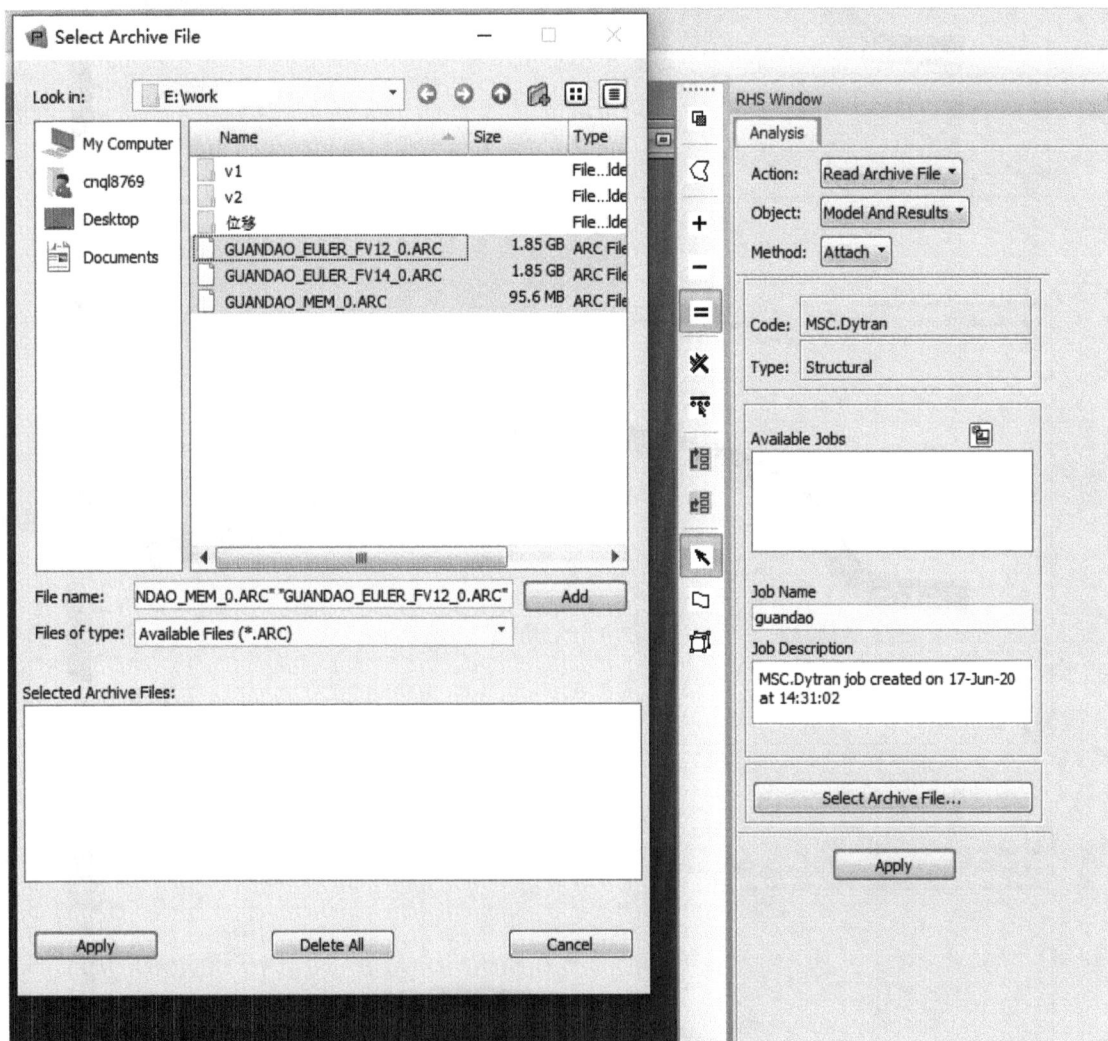

图 11-32　导入计算结果

显示计算结果云图。单击"Results"选项卡，系统右侧显示"Results"操作面板，设置"Action""Object"参数分别为"Create""Quick Plot"后，在"Select Result Cases"列表框中选取显示的时刻，在"Select Fringe Result"列表框中选取显示的变量，然后单击"Apply"按钮，即可显示计算结果云图。选取多个时刻，单击"Apply"按钮，即可显示动画。图 11-33 ～图 11-35 为显示的部分结果云图。

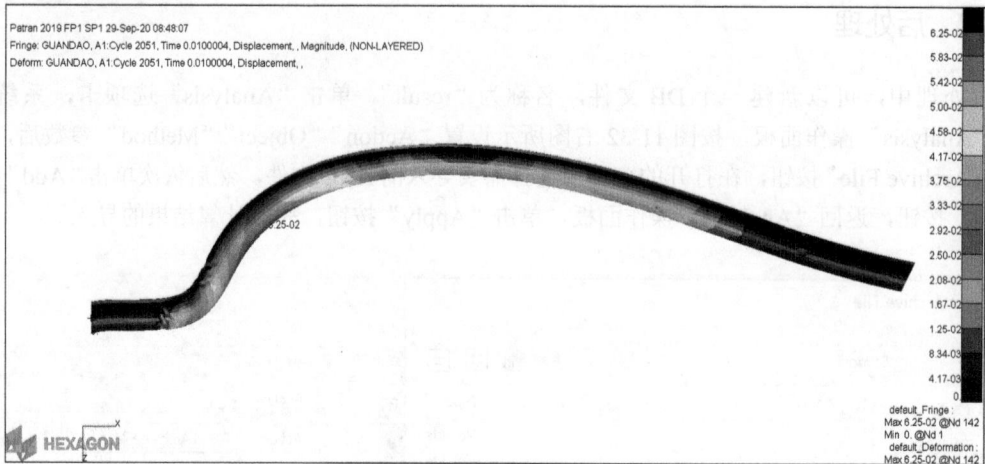

(a) 0.01s

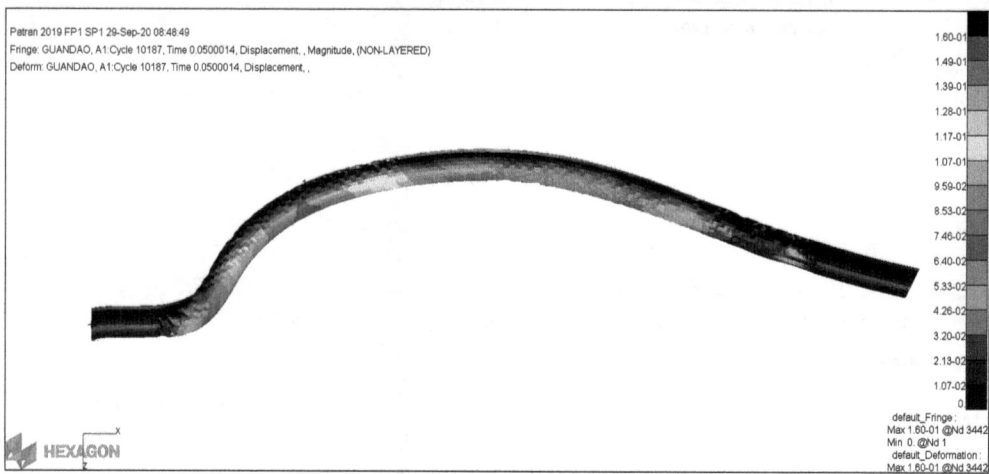

(b) 0.05s

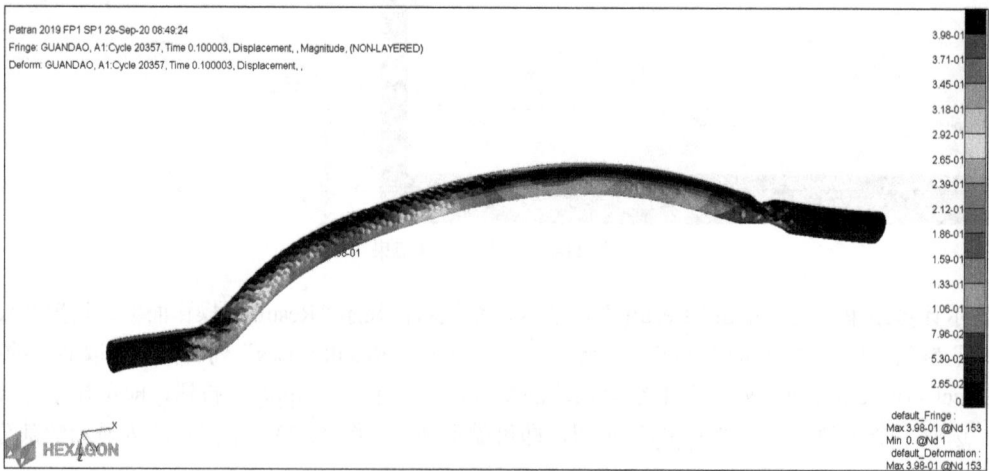

(c) 0.1s

图 11-33　软管位移云图

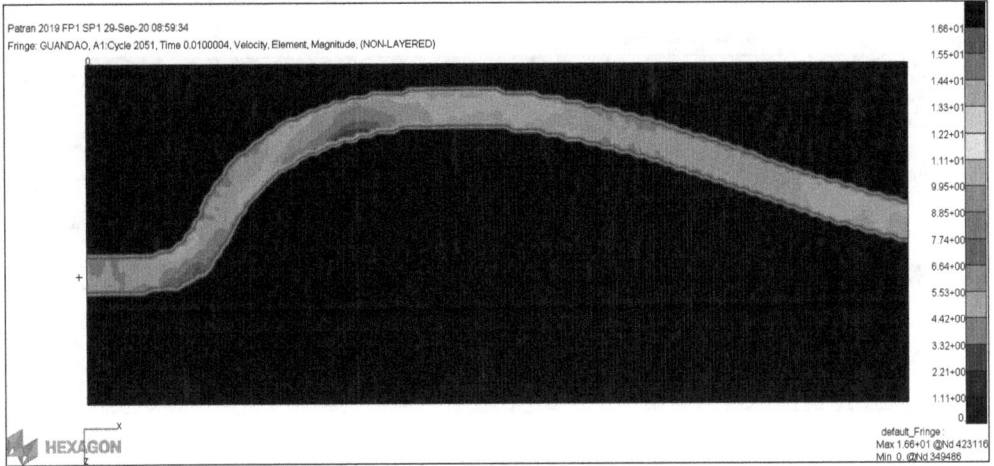

(a) 0.01s

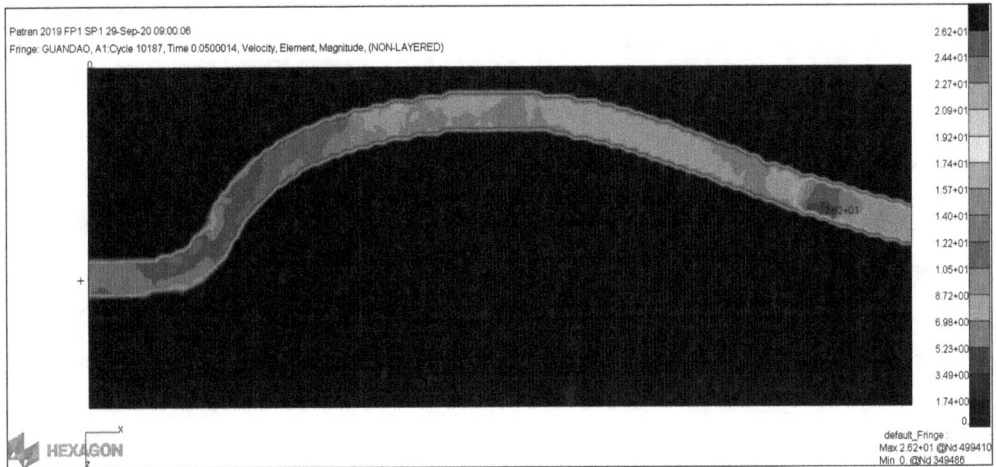

(b) 0.05s

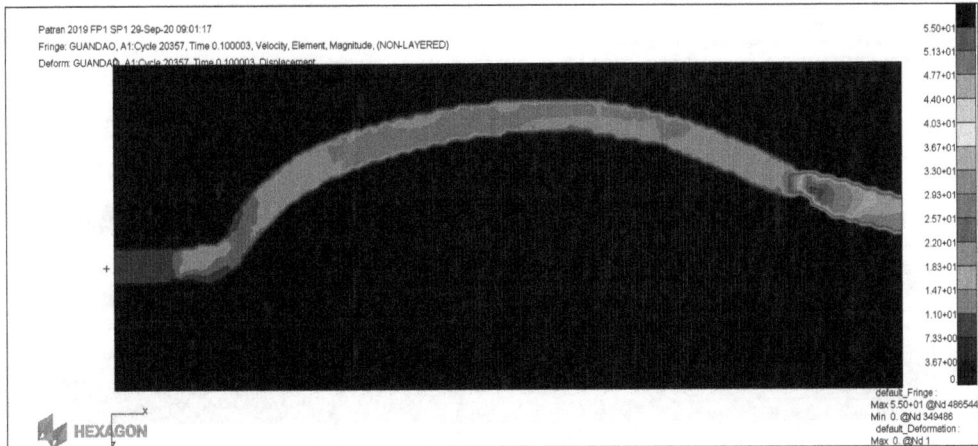

(c) 0.1s

图 11-34　管道内流体流速云图

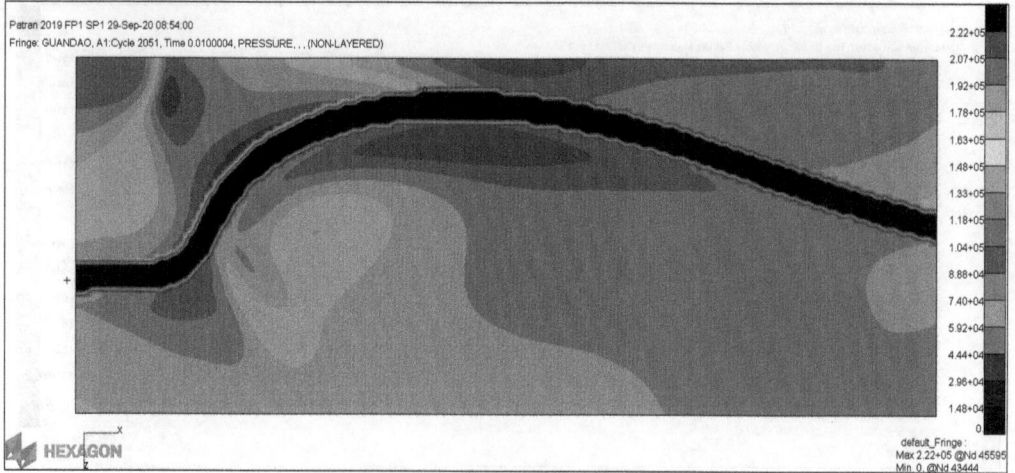

(a) 0.01s

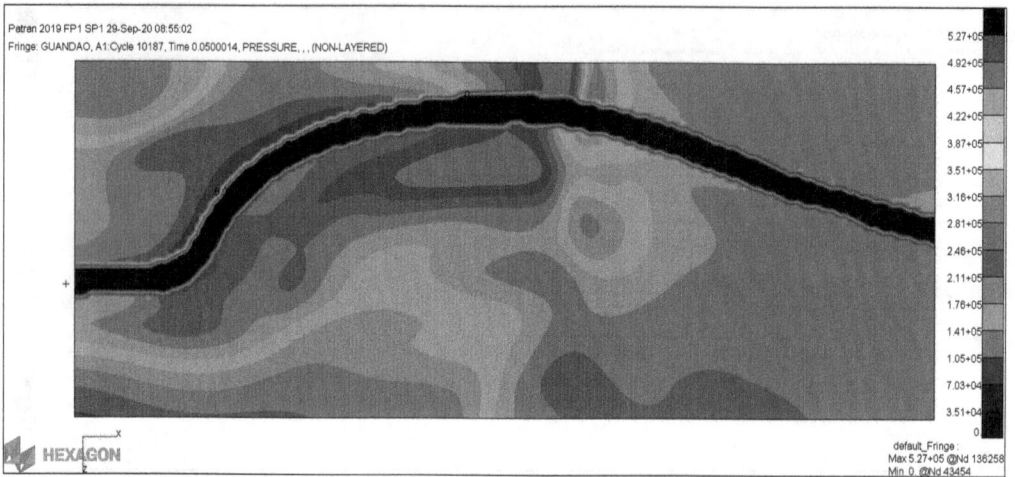

(b) 0.05s

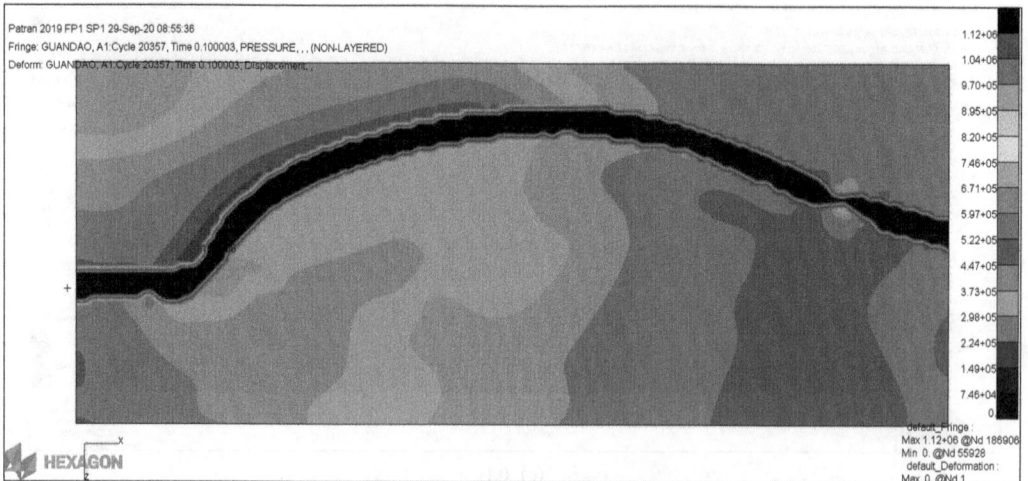

(c) 0.1s

图 11-35　外部气压分布云图

第 **12** 章
结构抗暴分析
实例一

在爆炸冲击的作用下，结构会被破坏，空间气流的分布会发生变化，本实例用于模拟在这种状态下的结构破坏及空间气流的分布情况。

12.1 问题分析

本例使用到的主要卡片介绍如下所示。

采用的算法	采用快速耦合面算法，并允许耦合面失效 "PARAM""FASTCOUP""FAIL"
定义当耦合面的某个面段失效时的环境变量	采用"COUP1FL"卡片
定义耦合面或子面的渗漏性	采用"COUPOR"卡片
定义两个耦合表面之间的交互	采用"PORFLCPL"卡片。气体流过孔的速度是基于速度法的
欧拉初始形状的定义	采用"SHAPE"卡片的 SPHERE/CYLINDER/BOX 方式
欧拉材料的初始化定义	采用"TICVAL"卡片
流体边界的定义	"FLOW"卡片为一系列卡片，不同的边界条件，可以采用不同的"FLOW"卡片去定义

本例采用 inch/(lbf-s^2/inch)/sec/R 单位制。

12.2 创建几何模型

12.2.1 创建数据库文件

在菜单栏中选择"File > New"命令，弹出图 12-1 所示的"New Database"窗口，在"File name"文本框中输入数据文件名"bunker.db"，然后单击"OK"按钮。系统右侧显示"New Model Preference"操作面板，按图 12-2 所示设置参数，即设置 MSC.Dytran 为求解器，单击"OK"按钮，完成设置。

12.2.2 导入有限元模型

单击"Analysis"选项卡，单击"Existing Deck"面板中的"Read"（读取）按钮，系统右侧显示"Analysis"操作面板，单击"Select Input File"按钮，弹出"Select File"窗口，找到并选择 geo.dat 文件，单击"OK"按钮，返回"Analysis"操作面板，单击"Apply"按钮，完成模型的导入，具体操作步骤如图 12-3 所示。

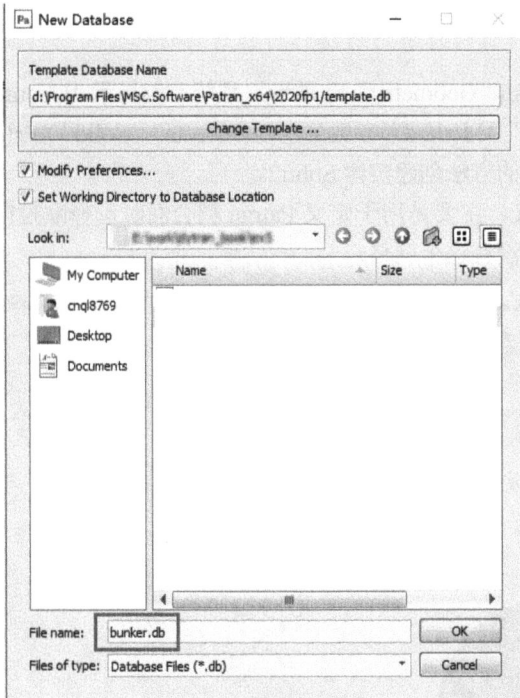

图 12-1 创建数据库文件

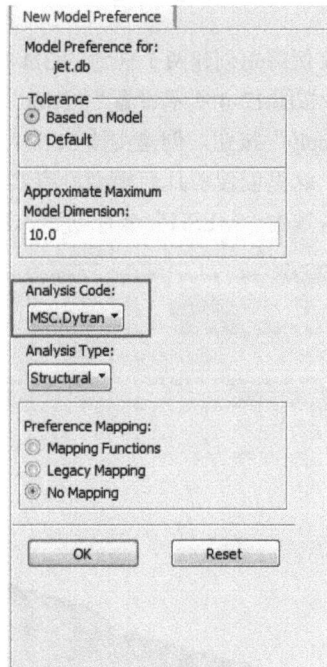

图 12-2 设置分析类型

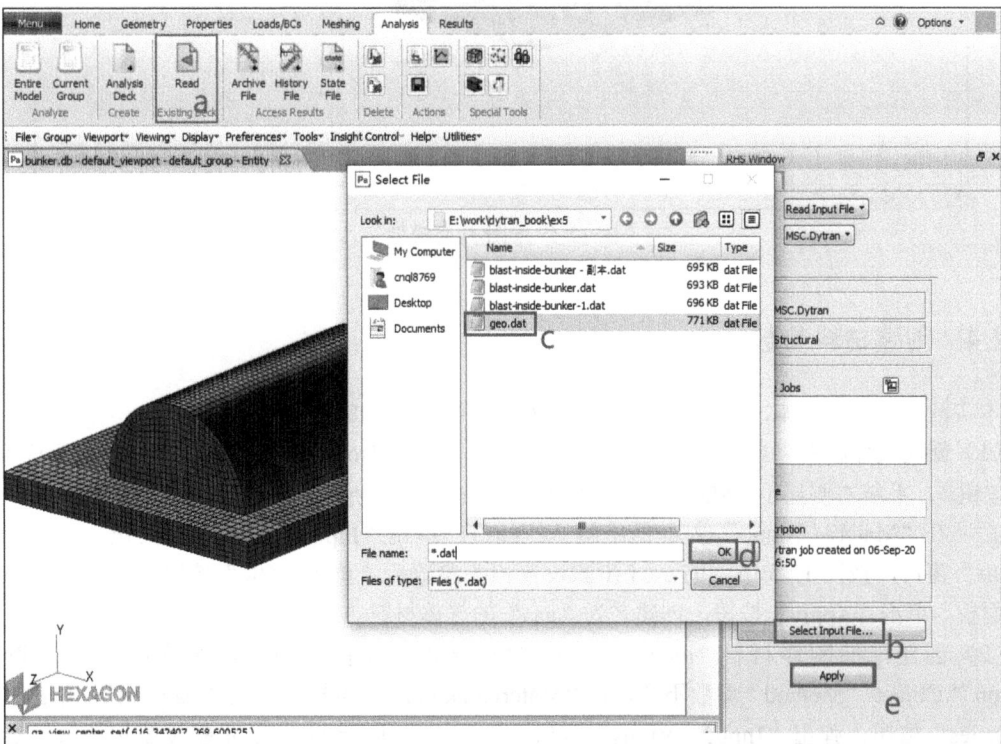

图 12-3 导入有限元模型

12.2.3 创建几何模型

本实例需先创建两个任意的 3D 结构。单击"Geometry"选项卡，系统右侧显示"Geometry"操作面板，按图 12-4 所示设置"Action""Object""Method"参数分别为"Create""Solid""Primitive"，单击"Apply"按钮，创建实体 Solid1。用同样的方法创建实体 Solid2。

注：这里创建的几何模型没有实际的意义，主要是用于定义 Patran 耦合面时选择欧拉区域，因为欧拉区域由"MESH"卡片创建，Patran 中没有这个网格。

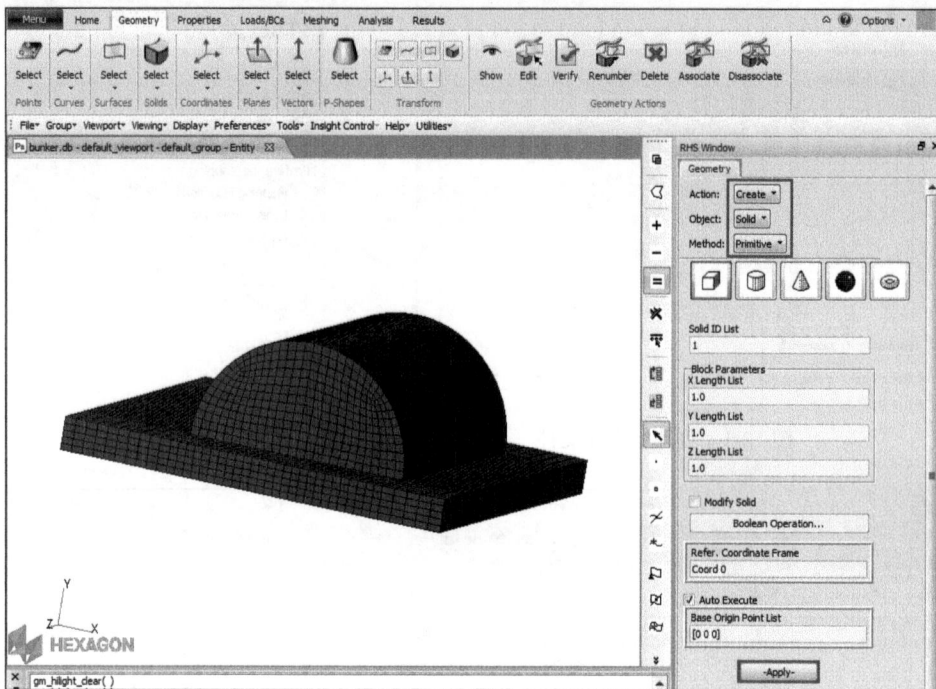

图 12-4　创建几何模型

12.2.4 创建材料参数

本实例需要创建气体、地面刚体、墙体等材料并定义它们的参数。

（1）创建气体材料。单击"Properties"选项卡，单击"Isotropic"面板中的"Isotropic"（等轴测）按钮，系统右侧显示"Materials"操作面板，按图 12-5 所示设置"Action""Object""Method"参数后，在"Material Name"文本框中输入"gas"，单击"Input Properties"按钮，弹出"Input Options"窗口，按图 12-5 所示的 e、f 步骤设置相关参数后，单击"OK"按钮，返回"Materials"操作面板。单击"Apply"按钮，创建名为"gas"的气体材料。

（2）创建地面刚体材料"matrigid"。在"Materials"操作面板中，保持步骤（1）设置的"Action""Object""Method"参数不变，在"Material Name"文本框中输入"matrigid"，单击"Input Properties"按钮，弹出"Input Options"窗口，按图 12-6 所示的 c、d 步骤设置相关参数后，单击"OK"按钮，返回"Materials"操作面板。单击"Apply"按钮，创建名为"matrigid"的地面刚体材料。

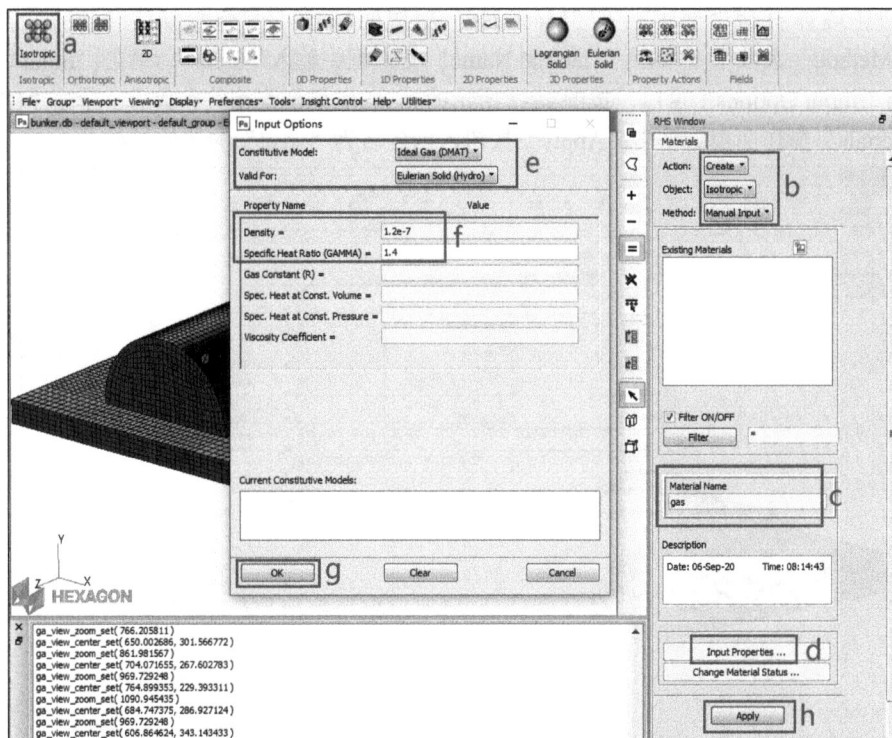

图 12-5　创建气体材料

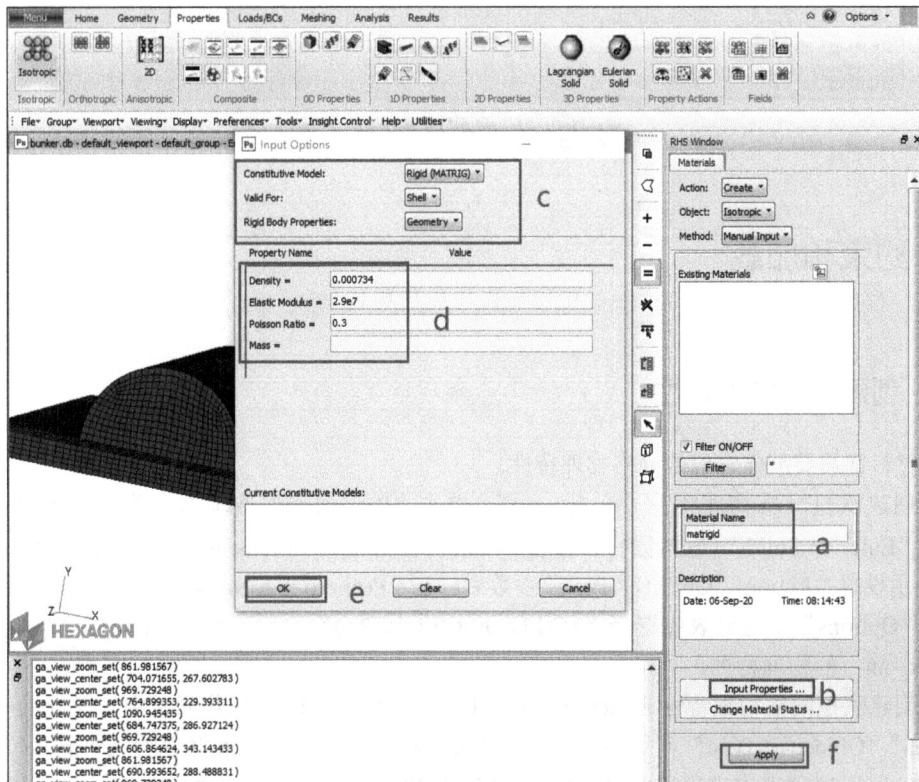

图 12-6　创建地面刚体材料

（3）创建墙体材料"steel"。在"Materials"操作面板中，保持步骤（1）设置的"Action"
"Object""Method"参数不变，在"Material Name"文本框中输入"steel"，单击"Input Properties"
按钮，弹出"Input Options"窗口，按图 12-7 所示的 c、d 步骤设置相关参数后，单击"OK"按钮，
返回"Materials"操作面板。单击"Apply"按钮，创建名为"steel"的墙体材料。

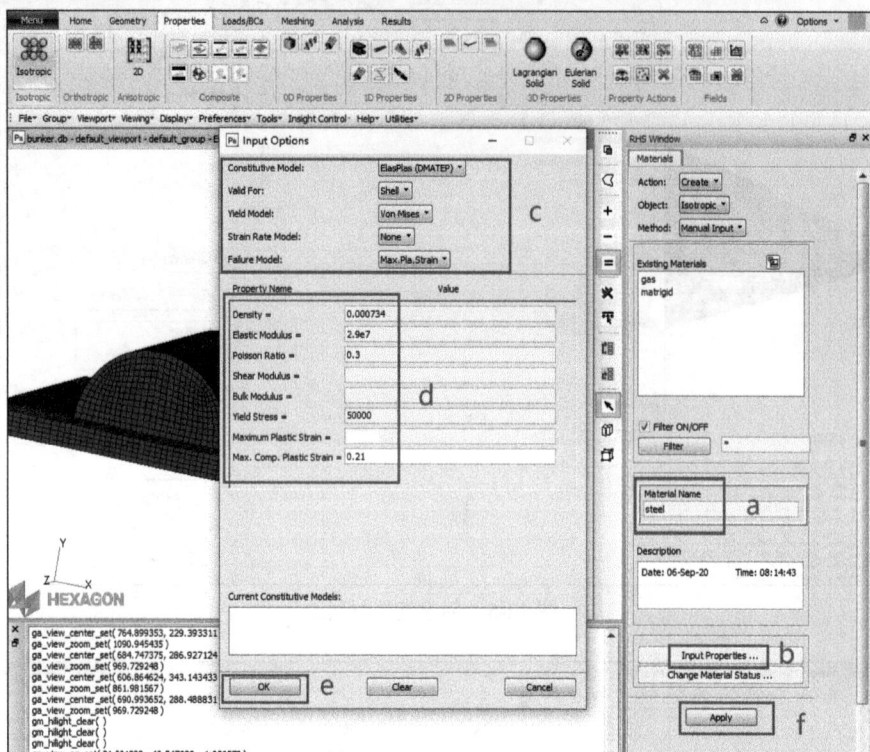

图 12-7　创建墙体材料

12.3　约束和加载

12.3.1　创建网格物理特性

每种材料都需要创建它们的网格物理特性。

（1）创建欧拉网格物理特性"peuler_out"。单击"Properties"选项卡，单击"3D Properties"
面板中的"Eulerian Solid"（欧拉固件）按钮🔧，系统右侧显示"Element Properties"操作面板，按
图 12-8 所示设置"Action""Object""Type"参数后，在"Property Set Name"文本框中输入"peuler_
out"，在"Options"下拉列表中选择"MM/Hydro(PEULER1)"，然后单击"Apply"按钮，创建名
为"peuler_out"的物理特性。

（2）创建欧拉网格物理特性 peuler_in。在"Element Properties"操作面板中，保持上一步设置
的"Action""Object""Type"参数不变，在"Property Set Name"文本框中输入"peuler_in"，保
持"Options"下拉列表中选择的"MM/Hydro(PEULER1)"不变，单击"Apply"按钮，创建名为
"peuler_in"的物理特性，如图 12-9 所示。

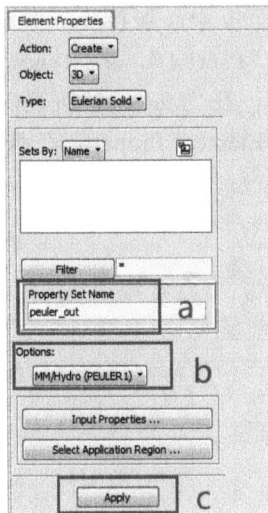

图 12-8 创建欧拉网格物理特性"peuler_out"　图 12-9 创建欧拉网格物理特性"peuler_in"

12.3.2 修改网格物理特性

（1）修改地面属性。单击"Properties"选项卡，单击"Property Actions"面板中的"Modify Properties"（修改属性）按钮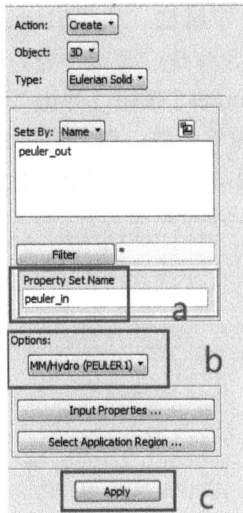，系统右侧显示"Element Properties"操作面板，按图 12-10 所示设置"Action""Object""Type""Sets By"参数后，选择下面列表框中的"Pset3.3"，将"Type"修改为"Shell"，单击"Input Properties"按钮，弹出"Input Properties"窗口，如图 12-10 所示，在"Material"列表框中选择"matrigid"，然后在"Thickness"文本框中输入"0.1"，单击"OK"按钮，返回"Element Properties"操作面板，然后单击"Apply"按钮，完成地面"Pset3.3"物理特性的修改。

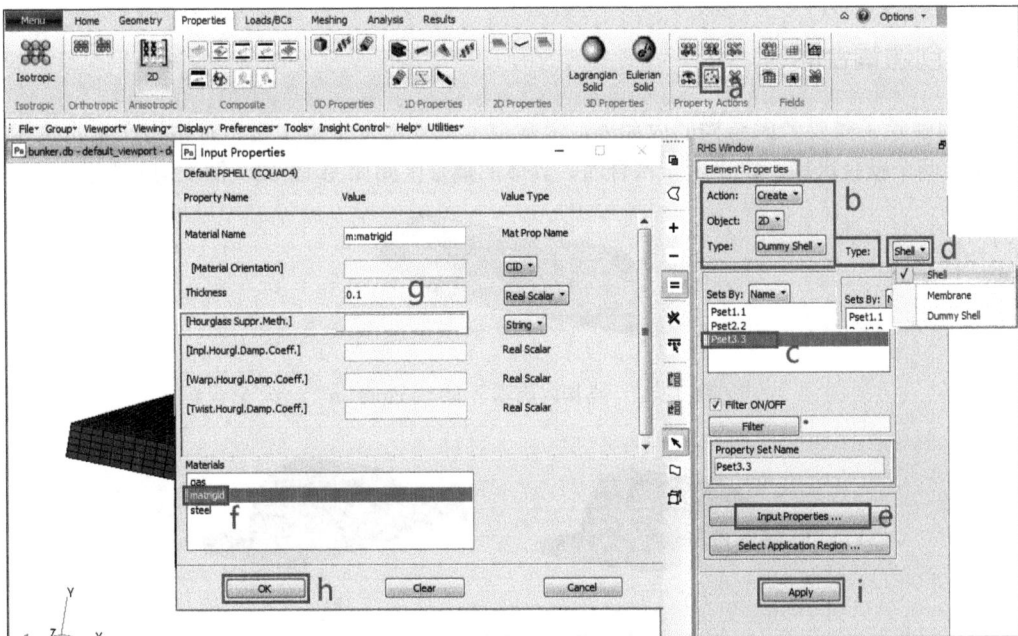

图 12-10 修改地面网格物理特性

（2）修改墙体属性。在"Element Properties"操作面板中，保持上一步设置的"Action""Object""Type""Sets By"参数不变，选择下面列表框中的"Pset1.1"，将"Type"修改为"Shell"，单击"Input Properties"按钮，弹出"Input Properties"窗口，在"Material"列表框中选择"steel"，按图 12-11 所示设置参数，然后单击"OK"按钮，返回"Element Properties"操作面板，然后单击"Apply"按钮，完成墙体"Pset1.1"物理特性的修改。

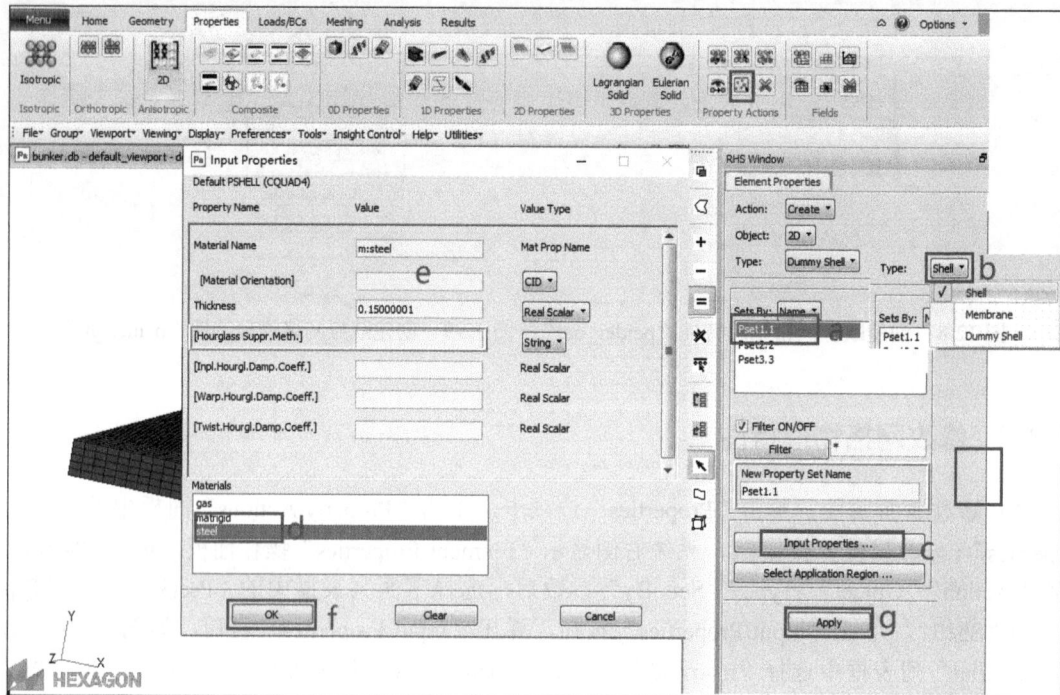

图 12-11　修改墙体网格物理特性

12.3.3　创建耦合面

本实例中除了需要考虑结构的内和外，还需要考虑外部发生爆炸后，对结构产生的破坏，因此需要定义两个欧拉区域，定义两个耦合面，具体的耦合区间如图 12-12、图 12-13 所示。

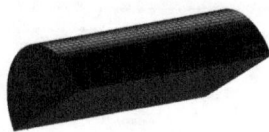

图 12-12　结构内部耦合面"couple_in"

(a)　　　　　　　　　　　　(b)

图 12-13　结构外部耦合面"couple_out"

（1）创建耦合面"couple_in"。单击"Loads/BCs"选项卡，单击"Element Uniform"面板中的"Coupling"（联结）按钮 ，系统右侧显示"Load/Boundary Conditions"操作面板，按图 12-14（a）左图所示设置"Action""Object""Type""Option"参数，在"New Set Name"文本框中输入"couple_in"，单击"Input Data"按钮，显示"Input Data"操作面板，在"Cover"下拉列表中选择"Outside"，在"Environmental Density"文本框中输入"1.2e-7"，在"Environmental Specific Internal Energy"文本框中输入"3e8"，在"Flow Boundary Velocity<Vx Vy Vz>"文本框中输入"<0 0 0>"，如图 12-14（a）所示，单击"OK"按钮，返回"Load/Boundary Conditions"操作面板，单击"Select Application Region"按钮，弹出"Select Application Regions"操作面板，按图 12-14（b）左侧所示设置"Form Type""Target""Element Type"参数，选择"FEM"单选项，在"Select Entities"文本框中输入"Elm 1:3280"，单击"Add"按钮，将"Target"参数更改为"Euler Elements"，将"Element Type"参数更改为"3D"，选择"Geometry"单选项，在"Select Entities"文本框中输入"solid 1"，单击"Add"按钮，单击"OK"按钮，返回"Load/Boundary Conditions"操作面板，单击"Apply"按钮，创建耦合面"couple_in"。

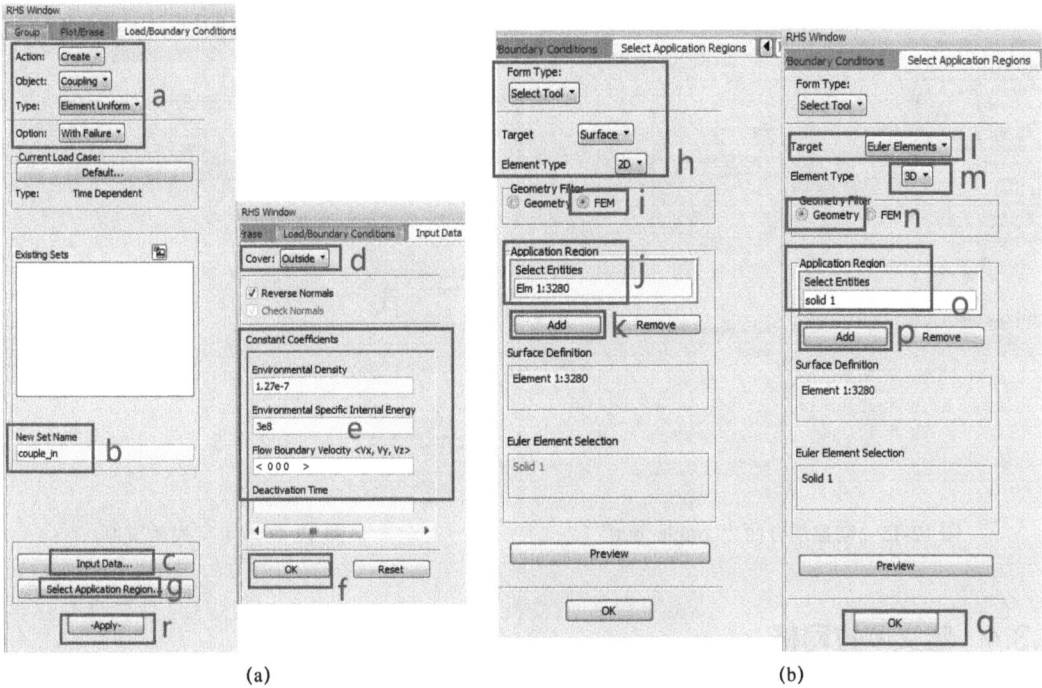

(a)　　　　　　　　　　　　　　　　　　(b)

图 12-14　创建耦合面"couple_in"

（2）创建耦合面"couple_out"。在"Load/Boundary Conditions"操作面板中，保持步骤（1）设置的"Action""Object""Type""Option"参数不变，在"New Set Name"文本框中输入"couple_out"，单击"Input Data"按钮，显示"Input Data"操作面板，在"Cover"下拉列表中选择"Inside"，在"Environmental Density"文本框中输入"1.2e-7"，在"Environmental Specific Internal Energy"文本框中输入"3e8"，在"Flow Boundary Velocity<Vx Vy Vz>"文本框中输入"<0 0 0>"，单击"OK"按钮，单击"Select Application Region"按钮，显示"Select Application Regions"操作面板，按图 12-15 左图所示设置"Element Type"参数为"2D"，选择"FEM"单选项，在"Select Entities"文本框中输入"Elm 1:2240 3413:4012 4095:4340 4505:4709 4894:7904"（可以通过隐藏单元 Elm

2241:3280 后全选），然后单击"Add"按钮，将"Target"参数设置为"Euler Elements"，将"Element Type"参数设置为"3D"，选择"Geometry"单选项，在"Select Entities"文本框中输入"Solid 2"，单击"Add"按钮，如图 12-15 右图所示，单击"OK"按钮，返回"Load/Boundary Conditions"操作面板，单击"Apply"按钮，创建耦合面"couple_out"。

（3）定义失效交互。在"Load/Boundary Conditions"操作面板中，保持步骤（1）设置的"Action""Object""Type"参数不变，将"Option"更改为"Interaction"，在"New Set Name"文本框中输入"interact"，单击"Select Application Region"按钮，显示"Select Application Regions"操作面板，按图 12-16 所示设置 couple_in、couple_out，单击"OK"按钮，返回"Load/Boundary Conditions"操作面板，然后单击"Apply"按钮。

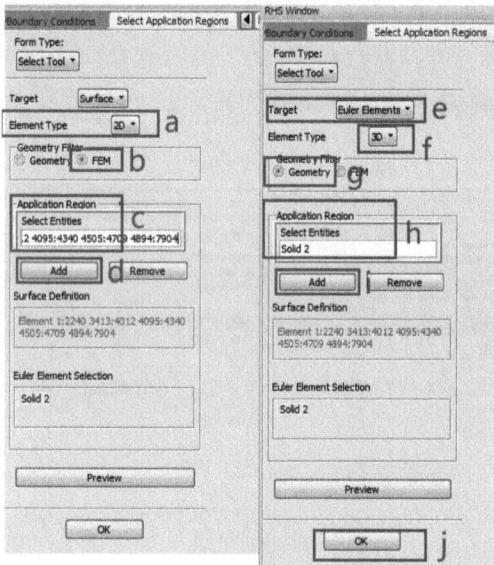

图 12-15　创建耦合面"couple_out"　　　　图 12-16　定义失效交互

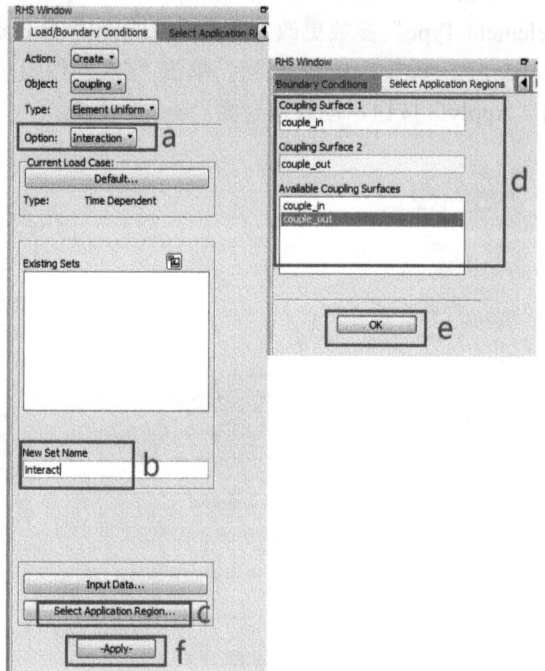

12.3.4　定义欧拉网格

单击"Loads/BCs"选项卡，系统右侧显示"Load/Boundary Conditions"操作面板，设置"Action""Object""Type""Option"参数分别为"Create""Mesh Generator""Nodal、Box"。在"New Set Name"文本框中输入"mesh_in"，单击"Input Data"按钮，显示"Input Data"操作面板，在"Origin"文本框中输入"[−430, 0, −1287]"，在"Box Size"文本框中输入"<837, 480, 1296>"，在"Numb. of Elem in the X/Y/Z dir"文本框中分别输入 48、32、60，在"Select Coupling Lbc"列表框中选择"couple_in"，在"Select 3D Property"列表框中选择"peuler_in"。可以单击"Preview"按钮进行预览（不是生成网格），然后单击"OK"按钮，返回"Load/Boundary Conditions"操作面板，单击"Apply"按钮，定义欧拉网格"mesh_in"。具体操作步骤如图 12-17 所示。

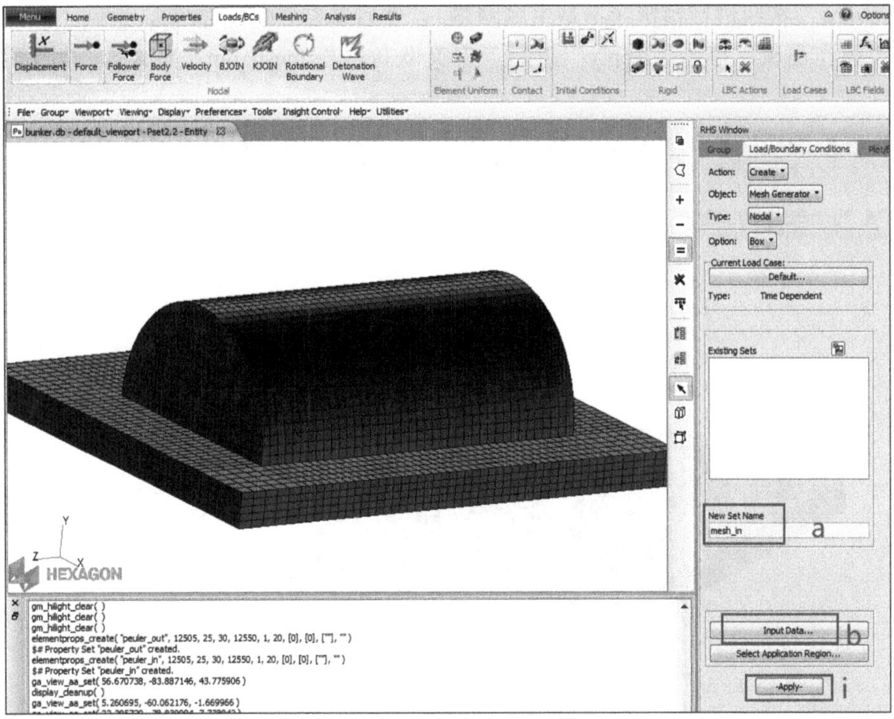

(a)

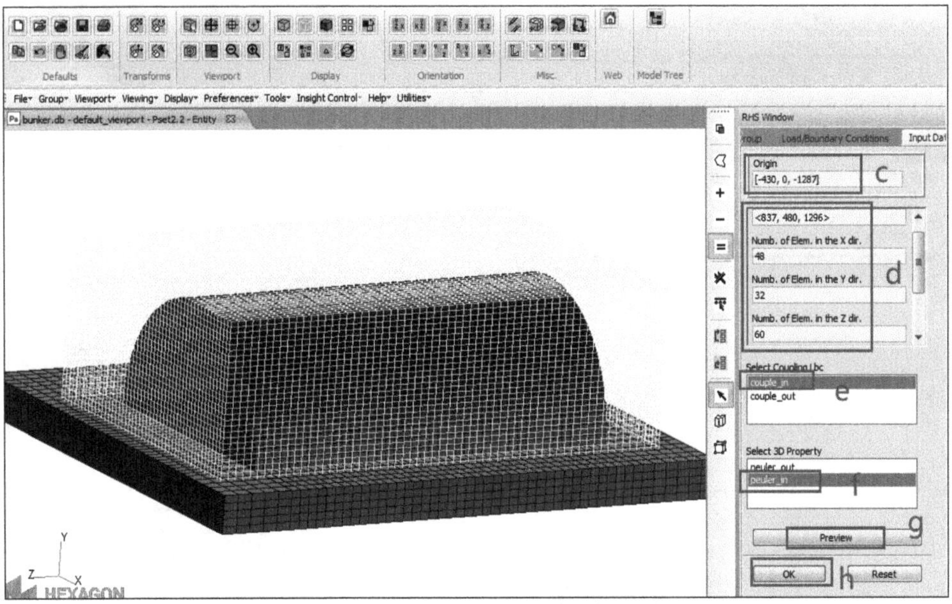

(b)

图 12-17 定义欧拉网格"mesh_in"

在"New Set Name"文本框中输入"mesh_out",单击"Input Data"按钮,显示"Input Data"操作面板,在"Origin"文本框中输入"[-1250,-70,-1800]",在"Box Size"文本框中输入"<1900,800,2300>",在"Numb. of Elem in the X/Y/Z dir"文本框中分别输入 73、31、88,在"Select Coupling Lbc"列表框中选择"couple_out",在"Select 3D Property"列表框中选择 peuler_out。可

以单击"Preview"按钮进行预览（不是生成网格），然后单击"OK"按钮，返回"Load/Boundary Conditions"操作面板，单击"Apply"按钮，定义欧拉网格 mesh_out。具体操作步骤如图 12-18 所示。

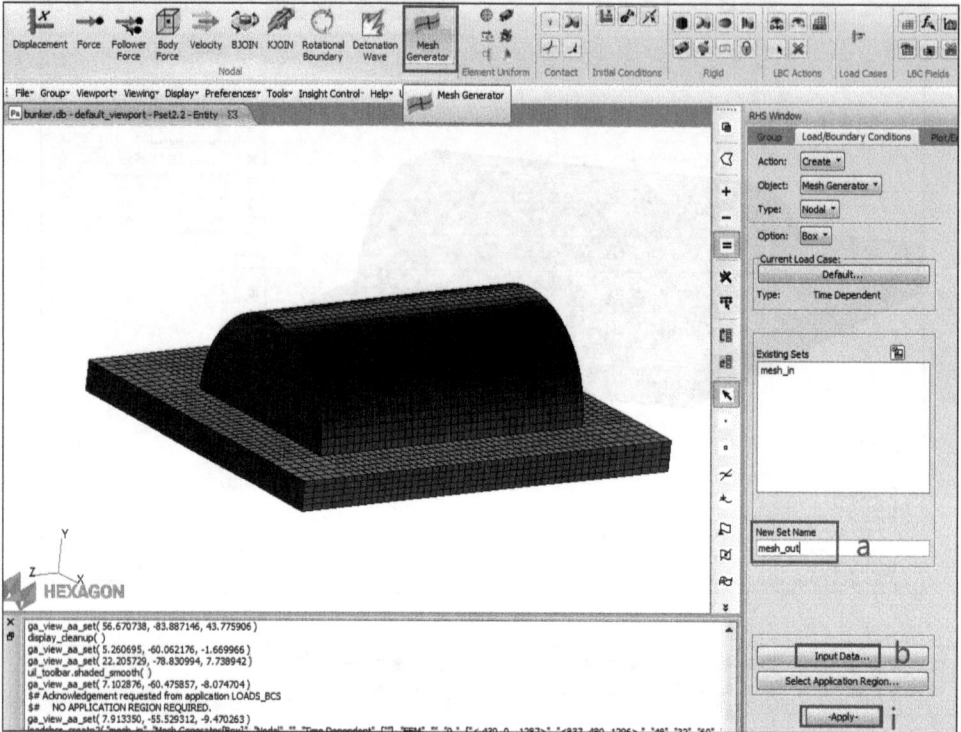

(a)

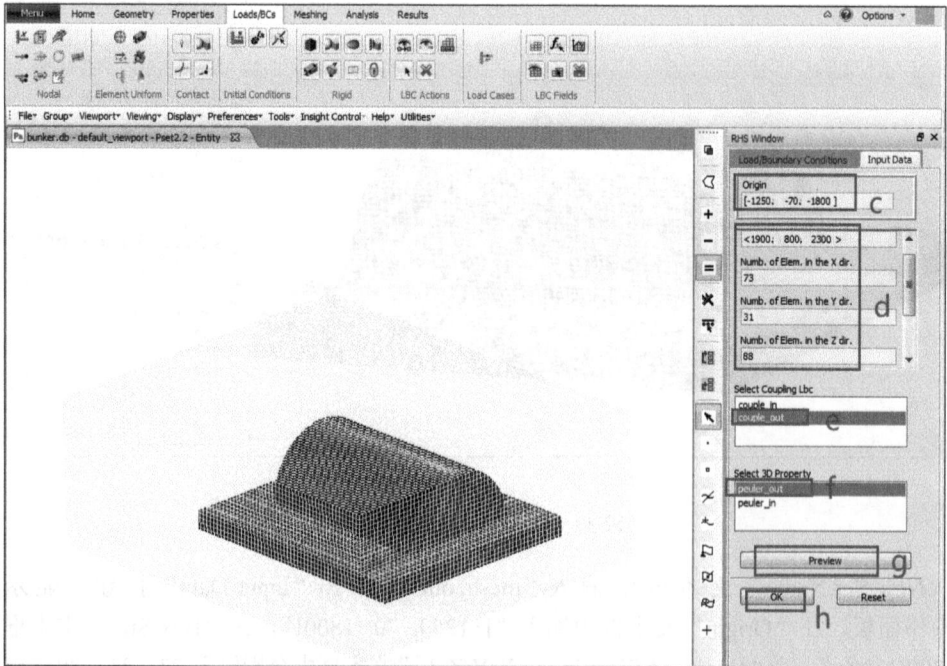

(b)

图 12-18　定义欧拉网格"mesh_out"

12.3.5　定义欧拉网格的初始状态

欧拉网格初始状态的定义分为 3 步：定义初始形状、定义初始状态、定义初始区域。

（1）定义初始形状。单击工具栏中的"Loads/BCs"选项卡，系统右侧显示"Load/Boundary Conditions"操作面板，设置"Action""Object""Type""Option"参数分别为"Create""Init.Cond.Euler""Element Uniform""Shape"。

定义建筑外部网格初始形状，在"New Set Name"文本框中输入"shape_air_out"，单击"Input Data"按钮，显示"Input Data(Shape)"操作面板，将"Shape"参数设置为"Sphere"，在"Radius of Sphere"文本框中输入"10000"，单击"OK"按钮，返回"Load/Boundary Conditions"操作面板，单击"Apply"按钮，完成初始形状"shape_air_out"的定义。具体操作步骤如图 12-19 所示。

定义建筑外部网格初始形状，在"New Set Name"文本框中输入"shape_air_in"，单击"Input Data"按钮，显示"Input Data(Shape)"操作面板，将"Shape"参数设

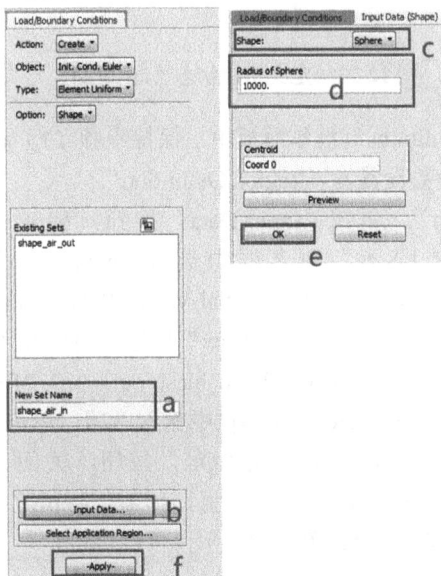

图 12-19　定义初始形状"shape_air_out"

置为"Sphere"，在"Radius of Sphere"文本框中输入"10000"，单击"OK"按钮，返回"Load/Boundary Conditions"操作面板，单击"Apply"按钮，完成初始形状"shape_air_in"的定义。具体操作步骤如图 12-20 所示。

定义建筑内部网格初始形状，在"New Set Name"文本框中输入"shape_blast_out"，单击"Input Data"按钮，显示"Input Data(Shape)"操作面板，将"Shape"参数设置为"Sphere"，在"Radius of Sphere"文本框中输入"85"，单击"OK"按钮，返回"Load/Boundary Conditions"操作面板，单击"Apply"按钮，完成初始形状"shape_blast_out"的定义。具体操作步骤如图 12-21 所示。

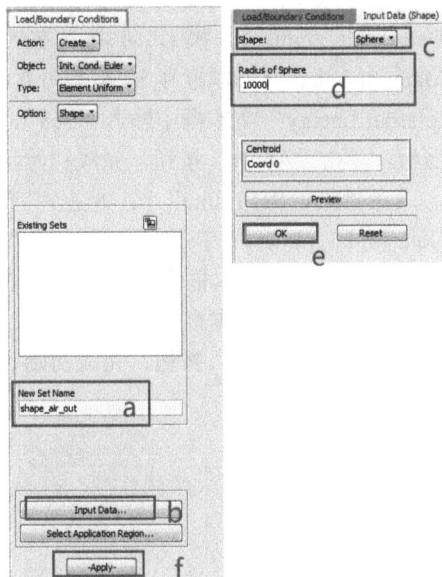

图 12-20　定义初始形状"shape_air_in"

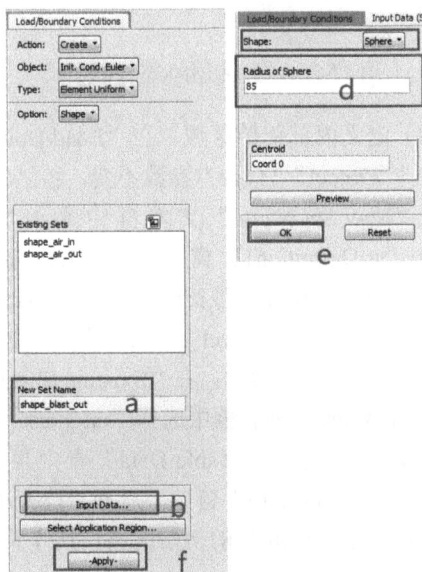

图 12-21　定义初始形状"shape_blast_out"

（2）定义初始状态。在"Load/Boundary Conditions"操作面板中，保持步骤（1）设置的"Action""Object""Type"参数不变，将"Option"参数设置为"Initial Values"。

在"New Set Name"文本框中输入"int_air"，单击"Input Data"按钮，显示"Input Data(Initial Values)"操作面板，在"Select Euler Material"列表框中选择"gas"，在"Initial Material Velco"文本框中输入"<0 0 0>"，在"Density"文本框中输入"1.2e-7"，在"Specific Internal Energy"文本框中输入"3e8"，单击"OK"按钮，返回"Load/Boundary Conditions"操作面板，单击"Apply"按钮，完成初始状态"int_air"的定义。具体操作步骤如图12-22所示。

在"New Set Name"文本框中输入"int_blast"，单击"Input Data"按钮，显示"Input Data(Initial Values)"操作面板，在"Select Euler Material"列表框中选择"gas"，在"Initial Material Velco"文本框中输入"<0 0 0>"，在"Density"文本框中输入"3.84e-6"，在"Specific Internal Energy"文本框中输入"3e9"，单击"OK"按钮，返回"Load/Boundary Conditions"操作面板，单击"Apply"按钮，完成初始状态"int_blast"的定义。具体操作步骤如图12-23所示。

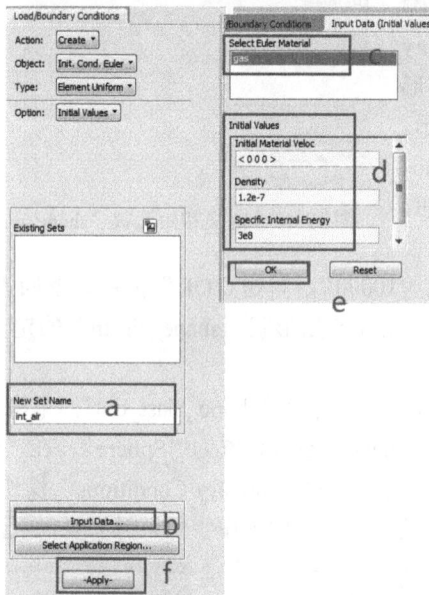

图 12-22　定义初始状态"int_air"　　　　图 12-23　定义初始状态"int_blast"

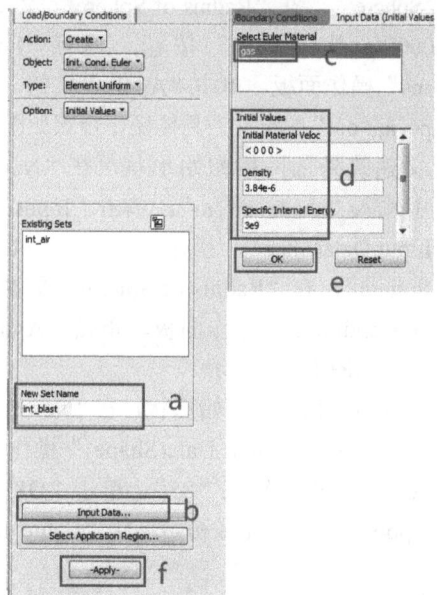

（3）定义内部初始区域。在"Load/Boundary Conditions"操作面板中，保持步骤（1）设置的"Action""Object""Type"参数不变，将"Option"参数设置为"Region Definition"。

在"New Set Name"文本框中输入"region_out"，单击"Input Data"按钮，弹出"Input Data(Region Definition)"窗口，在"Existing PEULER 1 Sets"列表框中选择"peuler_out"，在"Existing Shapes Sets"列表框中选择"shape_air_out"，在"Existing Initial Values Sets"列表框中选择"int_air"，在"Level Indicator"文本框中输入"1"，单击"Add Row"按钮，将会在"Table Data"表中添加一行数据；在"Existing Shapes Sets"列表框中选择"shape_blast_out"，在"Existing Initial Values Sets"列表框中选择"int_blast"，在"Level Indicator"文本框中输入"2"，单击"Add Row"按钮，将会在"Table Data"表中再添加一行数据，然后单击"OK"按钮，关闭"Input Data(Region Definition)"窗口，返回"Load/Boundary Conditions"操作面板，单击"Apply"按钮，创建名为"region_out"的初始区域。具体操作步骤如图12-24、图12-25所示。

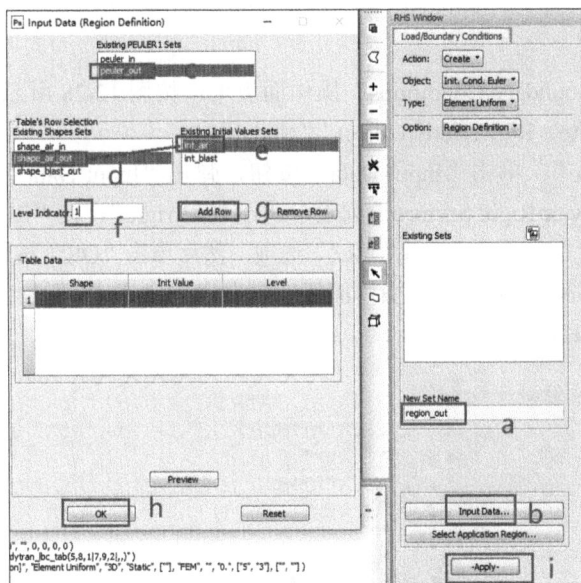

图 12-24 定义初始区域 "region_out 1"

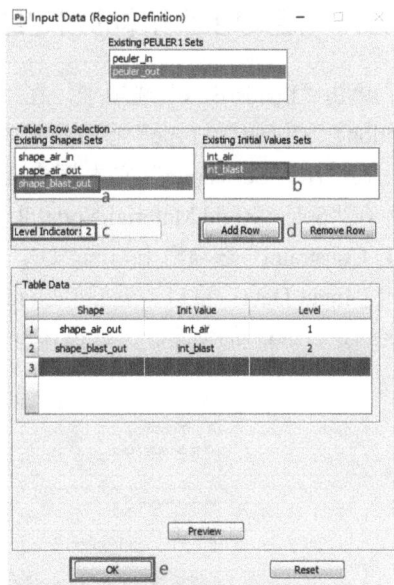

图 12-25 定义初始区域 "region_out 2"

（4）定义外部初始区域。在"Load/Boundary Conditions"操作面板中，保持步骤（1）设置的"Action""Object""Type""Option"参数不变。

在"New Set Name"文本框中输入"region_in"，单击"Input Data"按钮，弹出"Input Data(Region Definition)"窗口，在"Existing PEULER 1 Sets"列表框中选择"peuler_in"，在"Existing Shapes Sets"列表框中选择"shape_air_in"，在"Existing Initial Values Sets"列表框中选择"int_air"，在"Level Indicator"文本框中输入"1"，单击"Add Row"按钮，将会在"Table Data"表中添加一行数据，然后单击"OK"按钮，关闭"Input Data(Region Definition)"窗口，返回"Load/Boundary Conditions"操作面板，单击"Apply"按钮，创建名为"region_in"的初始区域。具体操作步骤如图 12-26 所示，结果如图 12-27 所示。

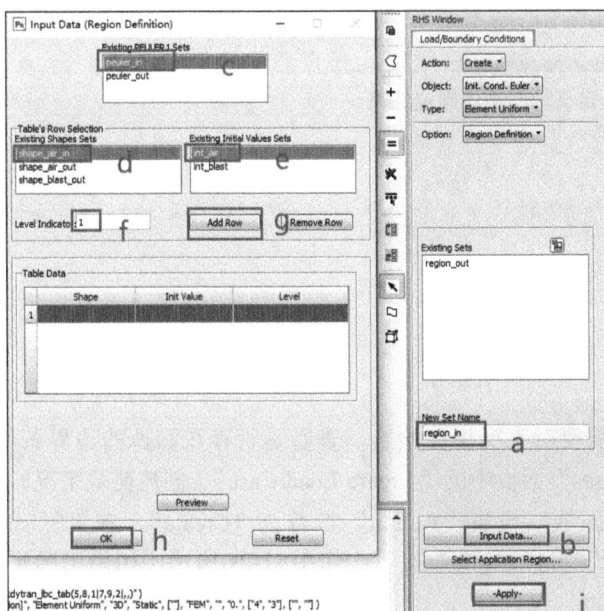

图 12-26 定义初始区域 "region_in"

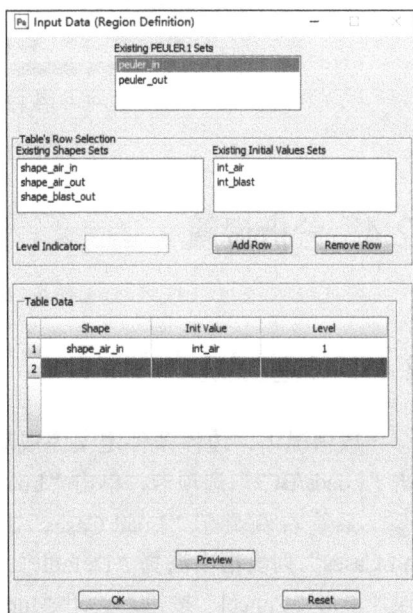

图 12-27 定义初始区域 "region_in" 的结果

12.3.6　定义地面刚体的固定约束

单击"Loads/BCs"选项卡，在"Load/Boundary Conditions"操作面板中，按图 12-28 所示将"Action""Object""Type"参数设置为"Create、Rigid Body Object""Nodal"。

在"New Set Name"文本框中输入"rbo"，单击"Input Data"按钮，弹出"Input Data"窗口，在"Select Rigid Material,Nodal Rigid Body or Rigid Surface"列表中选择"matrigid"，在"Rigid Body Constraint"选项组中勾选"UX""UY""UZ""RX""RY""RZ"选项，然后单击"OK"按钮，关闭"Input Data"窗口，返回"Load/Boundary Conditions"操作面板。单击"Apply"按钮，完成固定约束"rbo"的创建。具体操作步骤如图 12-28 所示。

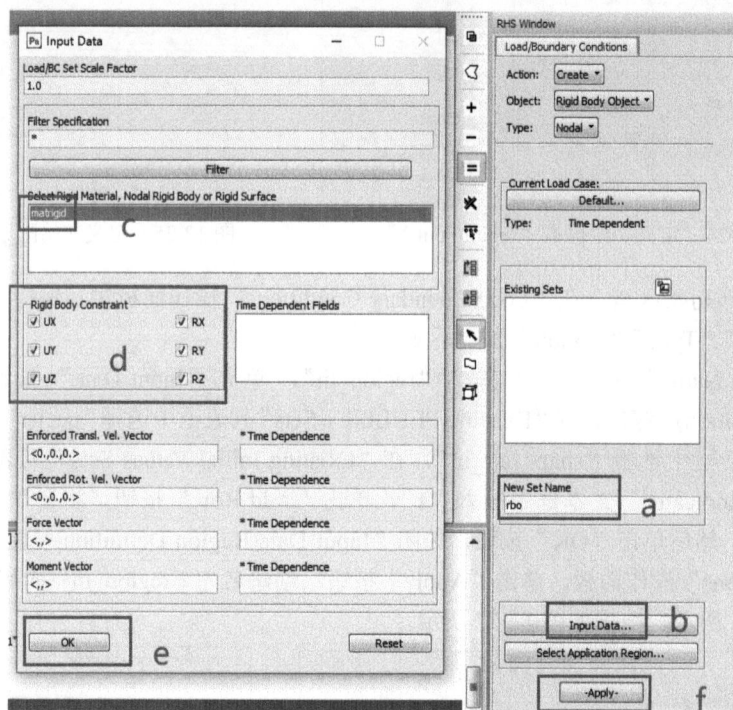

图 12-28　定义地面刚体固定约束

12.4　分析设置

12.4.1　检查工况

一般情况下，边界条件定义完成后，需要对工况进行检查，查看是否存在漏掉的边界条件，单击"Loads/BCs"选项卡，单击"Load Cases"面板中的"Create Load Case"（创建荷载工况）按钮，系统右侧显示"Load Cases"操作面板，设置"Action"参数为"Create"，在"Existing Load Cases"列表框中选择"Default"。弹出"Input Data"窗口，如图 12-29 所示，如果工况正确无误，单击"Cancel"按钮，关闭"Input Data"窗口。

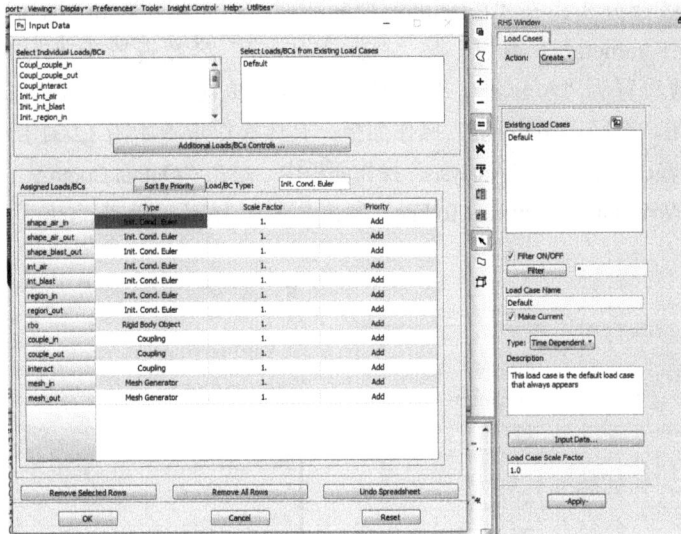

图 12-29 "Input Data" 窗口

12.4.2 设置分析求解参数

在显式非线性分析中，分析设置相对于静力学、动力学分析要更复杂，主要是要定义一些求解的参数、输出结果信息等。

（1）定义初始时间步长和分析时间。单击 "Analysis" 选项卡，系统右侧显示 "Analysis" 操作面板，如图 12-30 所示，设置 "Action" "Object" "Method" 参数分别为 "Analyze" "Input Deck" "Translate"。单击 "Execution Controls" 按钮，弹出 "Execution Controls" 窗口，单击 "Execution Control Parameters" 按钮，弹出 "Execution Control Parameters" 窗口，在 "End Time" 文本框中输入 "0.01"，在 "Time-Step Size at Start" 文本框中输入 "1e-7"，单击 "OK" 按钮，返回 "Execution Controls" 窗口。

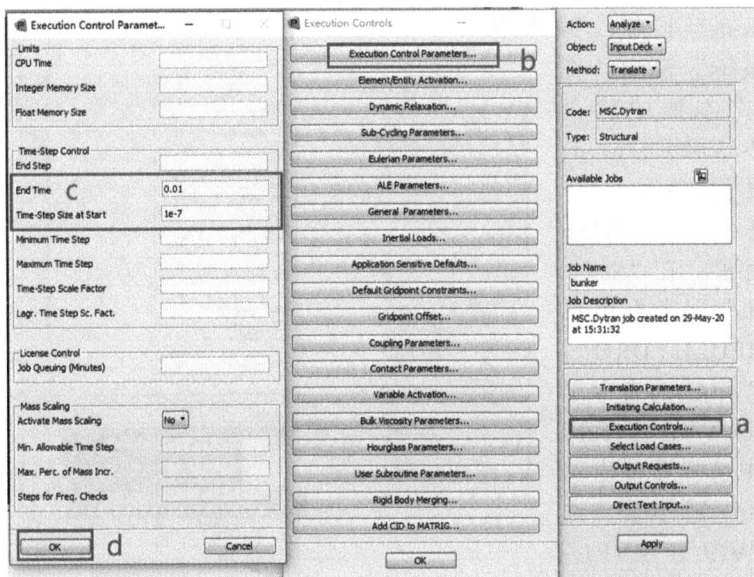

图 12-30 定义初始时间步长和分析时间（与数据库中不一致）

（2）激活快速耦合分析。在"Execution Controls"窗口中，单击"Coupling Parameters"按钮，弹出"Coupling Parameters"窗口，将"Fast Coulping"参数设置为"Active"，将"Coupling Surface Failure"参数设置为"Active"，然后单击"OK"按钮，返回"Execution Controls"窗口，然后单击"OK"按钮，返回"Analysis"操作面板。具体操作步骤如图 12-31 所示。

（3）失效单元的输出控制。在"Analysis"操作面板中，单击"Output Controls"按钮，弹出"Output Controls"窗口，将"Write Failed Elements To File"参数设置为"No"，单击"OK"按钮。具体操作步骤如图 12-32 所示。

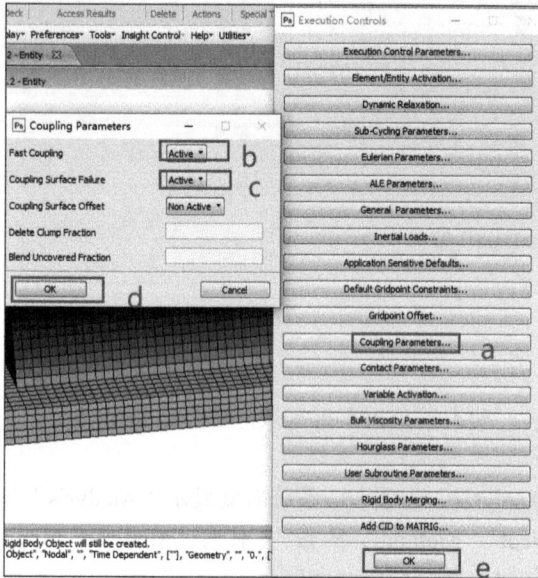

图 12-31　激活快速耦合分析

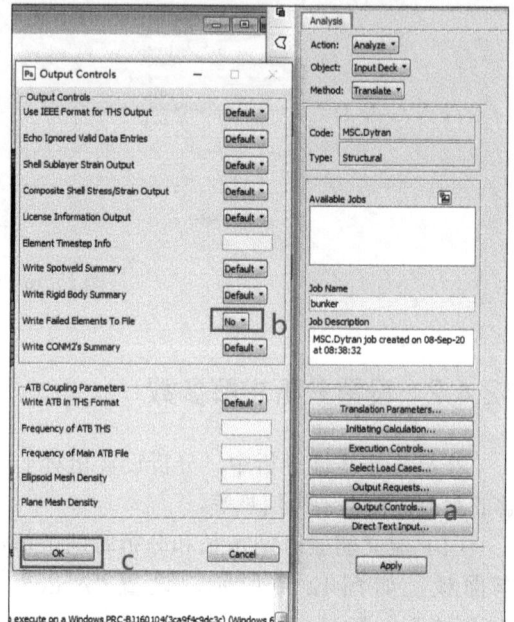

图 12-32　失效单元的输出控制

（4）定义输出设置。在"Analysis"操作面板中，单击"Output Requests"按钮，弹出"Output Requests"窗口，在"Result Name"文本框中输入"euler"，按图 12-33 所示的 c、d、e、f、g 步骤设置相关参数后，单击"Add"按钮，显示"Select Output"操作面板，在"Select Groups for Output"列表框中选择"ALLMULTIEULHYDRO"，在"Entity Type"下拉列表中选择"Eulerian Solids"，在"Results Types"列表框中选择要输出的结果，按住 <Ctrl> 键不放，选择"XVEL""YVEL""ZVEL""DENSITY""SIE""PRESSURE"

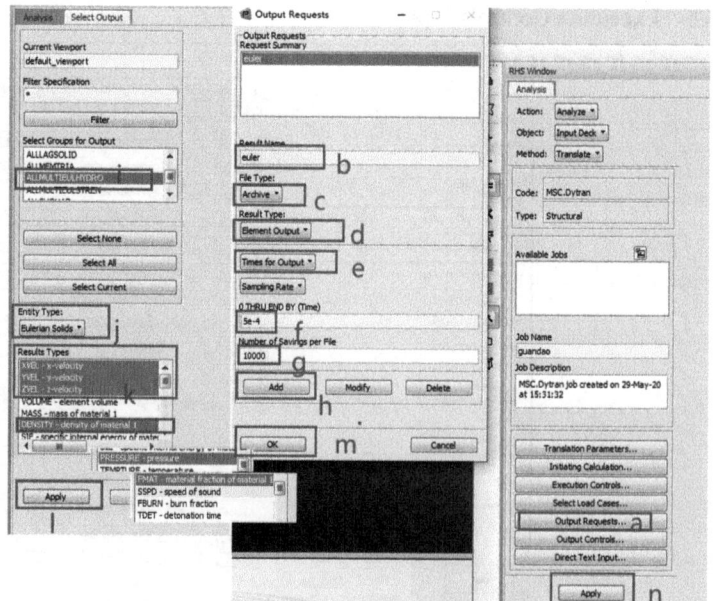

图 12-33　定义输出设置 1

等选项，如图 12-33 所示，单击"Apply"按钮，返回"Output Requests"窗口。

定义另外一个输出请求，在"Output Requests"窗口中的"Result Name"文本框中输入"shell"，按图 12-34 设置相关参数后，单击"Add"按钮，显示"Select Output"操作面板，在"Select Groups for Output"列表框中选择"ALLSHQUAD"和"ALLDUMTRIA"，在"Entity Type"下拉列表中选择"Sublayer Variables"，显示"Sublayer Variables"操作面板，勾选"Outer Layers"选项，在"Select Output"操作面板的"Results Types"列表框中选择要输出的结果，按住 <Ctrl> 键不放，选择"EFFPL""EFFST"等选项，如图 12-34 所示，单击"Apply"按钮，返回"Output Requests"窗口，单击"OK"按钮，返回"Analysis"操作面板。

（5）生成求解文件。完成以上设置后，在"Analysis"操作面板中，单击"Apply"按钮，生成求解文件，如图 12-35 所示。

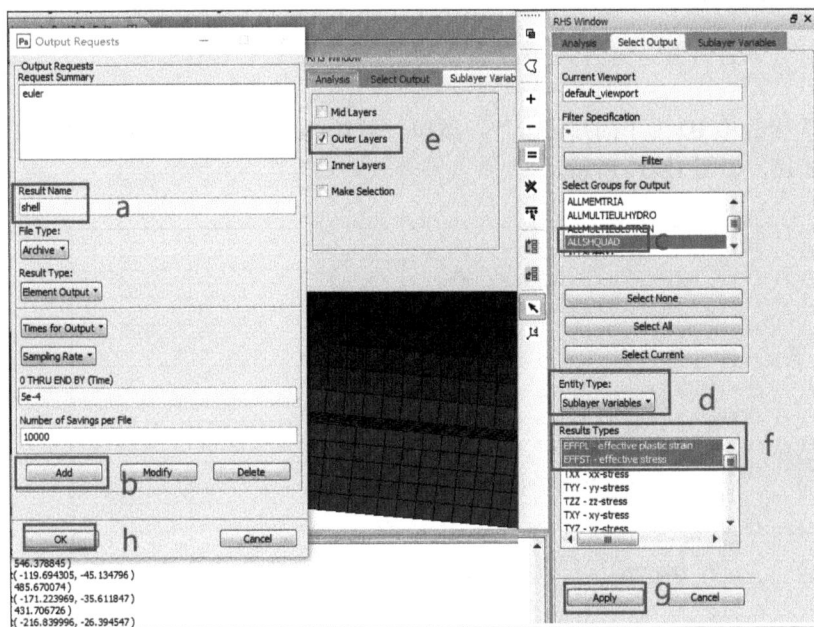

图 12-34　定义输出设置 2　　　　　　　　图 12-35　生成求解文件

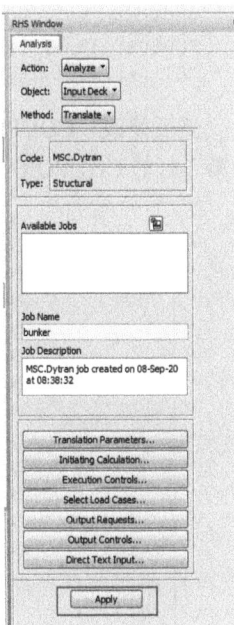

12.4.3　修改模型数据文件

在工作目录中找到生成的 bunker.dat 文件并打开，进行如下修改。

（1）添加欧拉边界。

在文件最后的"ENDDATA"文本信息前添加如下文本，将欧拉域定义为一个开放空间，边界为"BOTH"，如图 12-36 所示。

```
FLOWDEF,202,,MMHYDRO,,,,,,+
+,FLOW,BOTH
```

```
147  $ ------ Mesh Box: mesh_out
148  $
149  MESH          14       BOX                                                    +
150  +          -647        0     -1293      1057       447      1293              +
151  +            66       46        74                          EULER        4
152  $
153  $
154
155  FLOWDEF,202,,MMHYDRO,,,,,,+
156  +,FLOW,BOTH
157
158  ENDDATA
159
```

图 12-36　添加欧拉边界

（2）定义 DUMMY 单元，类型为大孔。

在"COUPLE"卡片最后添加下列文本。

```
COUPOR,1,16,32,PORFLCPL,81,,1.0
PORFLCPL,81,,,BOTH,2
SUBSURF,32,1,ELEM,45
SET1,45,1601,THRU,2240
```

然后修改"COUPLE"卡片中 ID 为 1 的那张卡片，添加一个 ID 为 16，此 16 对应上面添加文本第一行的 COUPOR 中的 16，如图 12-37 所示。

```
82   $ ------ Couple1: interact
83   $
84   COUPLE         1        1 OUTSIDE       ON        ON        16              +
85   +                                                                          +
86   +                       4                 1
87   $
88   COUP1FL      11.27e-07          0         0         0         0
89   $
90   SURFACE        1                ELEM      3
91   SET1           3      407     THRU       812      3249     THRU      3280     2843+
92   +           THRU     3248     2437      THRU      2842     2031     THRU      2436+
93   +           1625     THRU     2030      1219     THRU      1624      813     THRU+
94   +           1218        1     THRU       406
95   $
96   $ ------ Couple1: interact
97   $
98   COUPLE         2        2 INSIDE        ON        ON                        +
99   +                                                                          +
100  +                      14                 2
101  $
102  COUP1FL      21.27e-07      3e+08         0         0         0
103  $
104  SURFACE        2                ELEM      4
105  SET1           4     7661     THRU      7904      7255     THRU      7660     6849+
106  +           THRU     7254     6443      THRU      6848     6037     THRU      6442+
107  +           5631     THRU     6036      5225     THRU      5630     4635     THRU+
108  +           4709     4894     THRU      5224      3983     THRU      4012     4095+
109  +           THRU     4340     4505      THRU      4634     3577     THRU      3982+
110  +           1999     THRU     2240      3413     THRU      3576     1593     THRU+
111  +           1998     1187     THRU      1592       781     THRU      1186      375+
112  +           THRU      780        1      THRU       374
113  $
114
115  COUPOR,1,16,32,PORFLCPL,81,,1.0
116  PORFLCPL,81,,,BOTH,2
117  SUBSURF,32,1,ELEM,45
118  SET1,45,1601,THRU,2240
```

图 12-37　定义 DUMMY 单元

（3）修改炸药的位置。

将原先的炸药中心（0,0,0）修改为（-536.4,265,-453.6），具体如图 12-38 所示，可以使用"$"符号对原来的文本行进行注释，再进行添加。

```
$ ------- TICEUL BC region_out -----
TICEUL      11                                                          +
+           SPHERE      5       1       8       1                       +
+           SPHERE      7       1       9       2
SPHERE      5                   0       0       0     10000
$SPHERE            7                    0       0       0        85
SPHERE,7,-536.4,265,-453.6,85
```

图 12-38　修改炸药的位置

12.5　提交计算及后处理

12.5.1　提交计算

将修改后的 DAT 文件提交 Dytran 进行计算。

启动 Dytran 后，单击"New Job"（新任务）按钮 ，新建一个任务，在"File Explorer"导航区中找到相应工作目录的文件夹后，在"Input Files"列表框中选择 bunker.dat 文件，可以选择采用 DMP 并行计算，然后单击"Run Job"（运行任务）按钮 开始计算，在计算过程中，底部有显示计算状态的进度条，如图 12-39 所示。

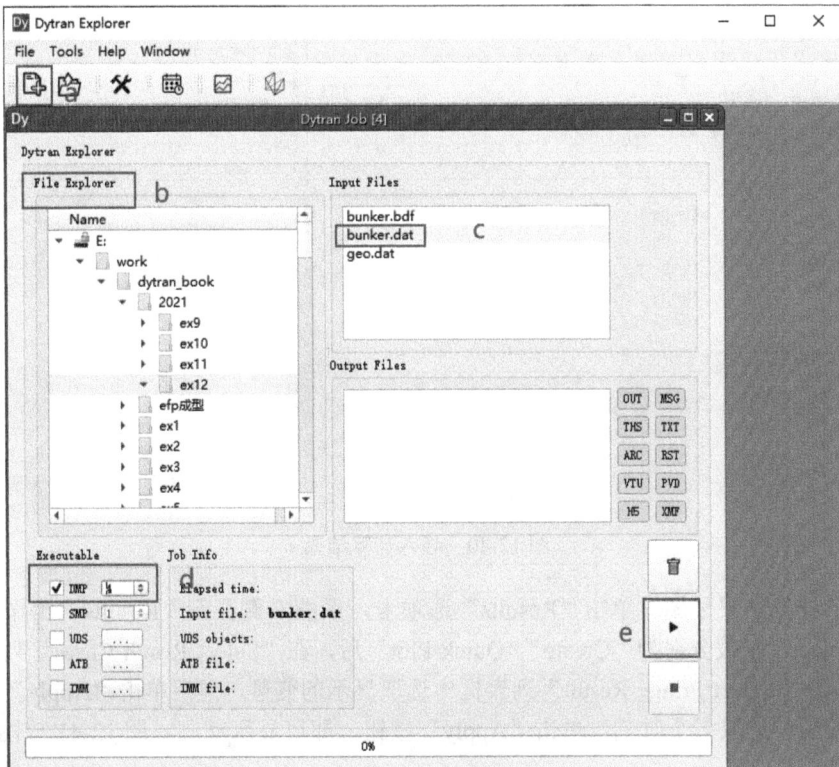

图 12-39　提交计算

12.5.2　后处理

后处理的目的是以图和表的形式描述计算结果。数据运算完成后，就可以进行后处理操作。

（1）后处理中，可以新建一个 DB 文件，名称为 bunker_result。单击"Analysis"选项卡，系统右侧显示"Analysis"操作面板，按图 12-40 所示设置"Action""Object""Method"选项后，单击"Select Archive File"按钮，在打开的窗口中选择需要导入的 ARC 文件，然后依次单击"Add"按钮，"Apply"按钮，返回到"Analysis"操作面板，单击"Apply"按钮，完成结果的导入。

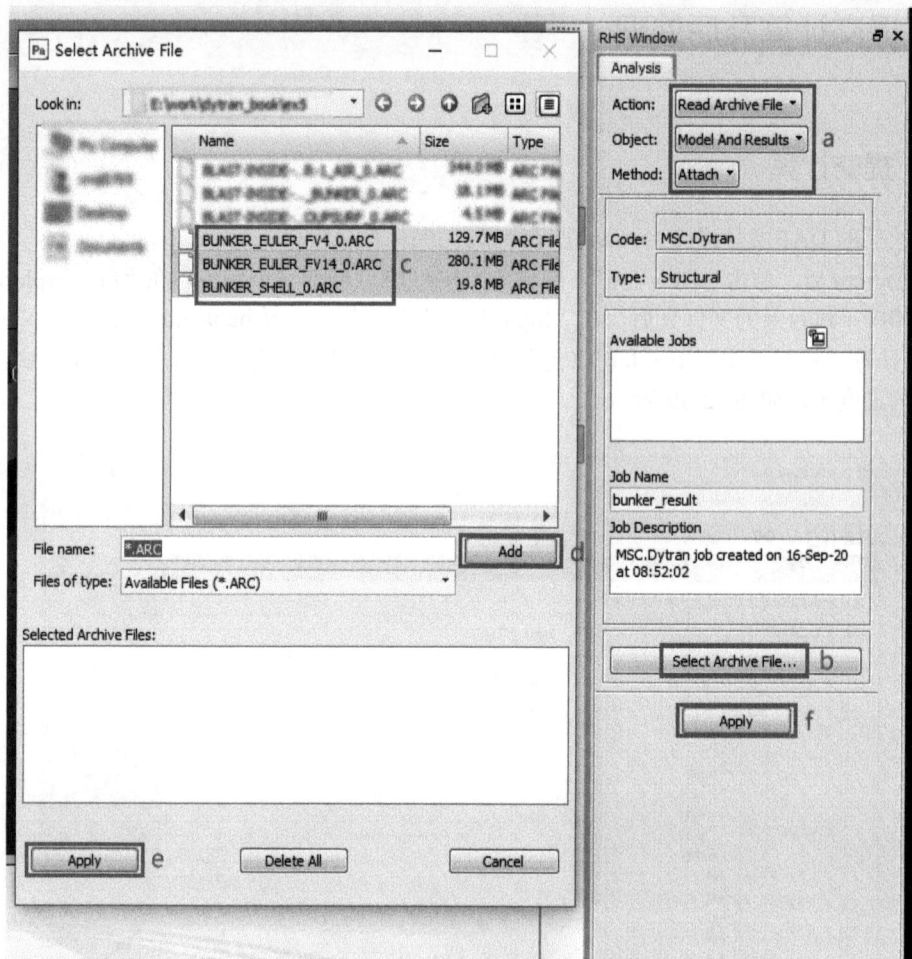

图 12-40　导入计算结果

（2）显示计算结果云图。单击"Results"选项卡，系统右侧显示"Results"操作面板，设置"Action""Object"参数分别为"Create""Quick Plot"后，在"Select Result Cases"列表框中选取显示的时刻，在"Select Fringe Result"列表框中选取显示的变量，然后单击"Apply"按钮，即显示计算结果云图。选取多个时刻，单击"Apply"按钮，即可显示动画。图 12-41 ～图 12-43 为显示的部分计算结果云图。

(a) 0.002s 结构位移

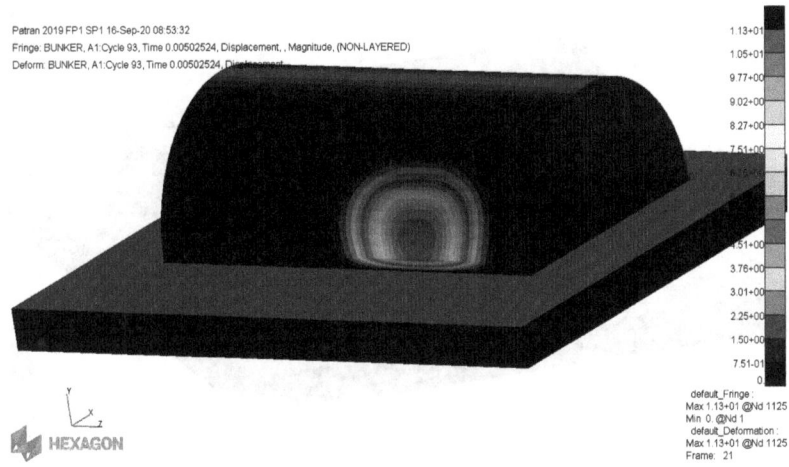

(b) 0.005s 结构位移

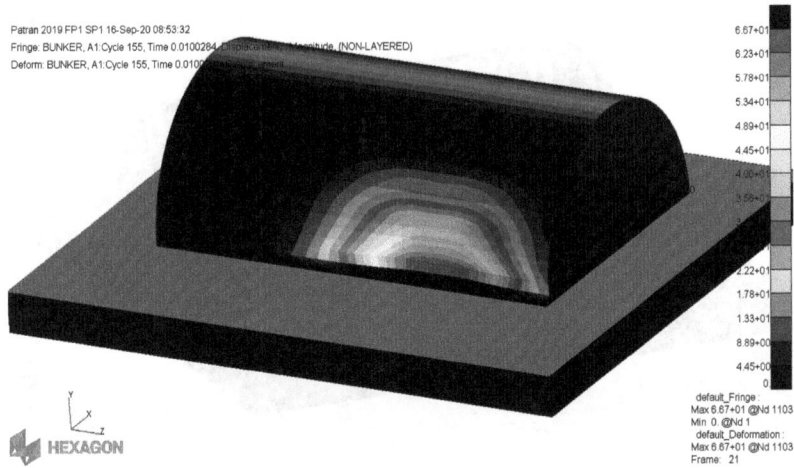

(c) 0.01s 结构位移

图 12-41　结构位移云图

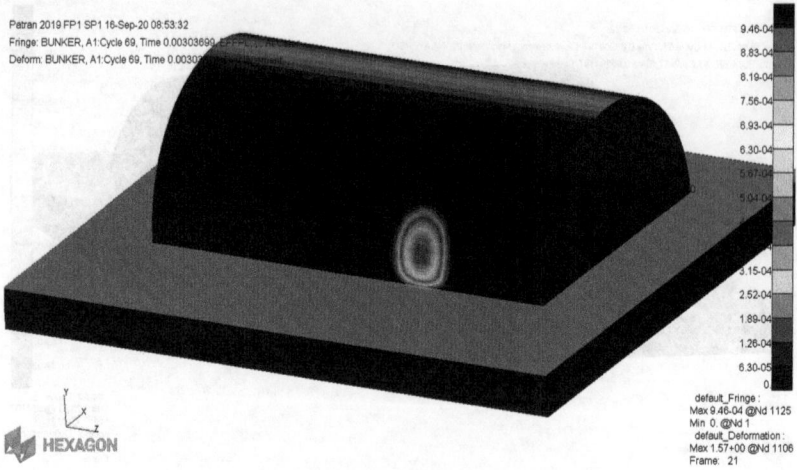

(a) 0.003s 结构应变

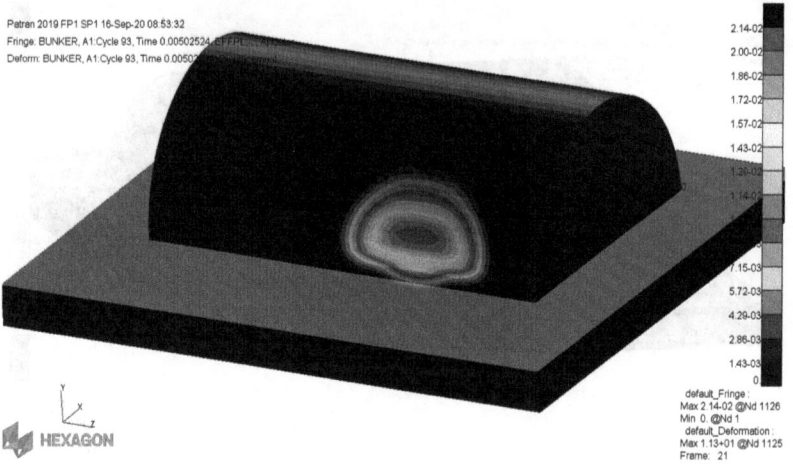

(b) 0.005s 结构应变

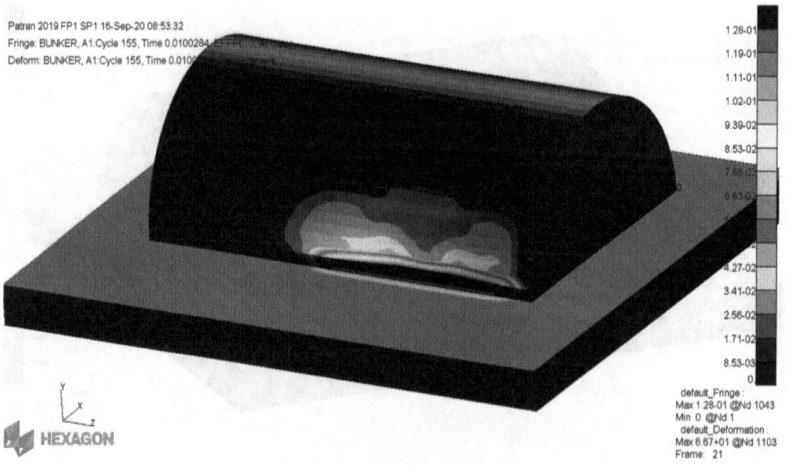

(c) 0.01s 结构应变

图 12-42　结构应变云图

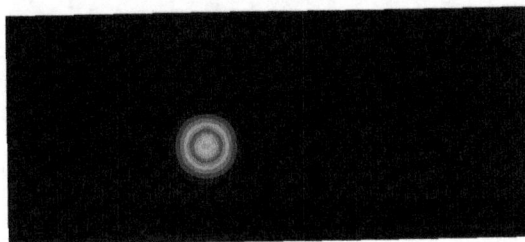
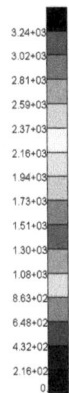

(a) 0.001s 压强分布

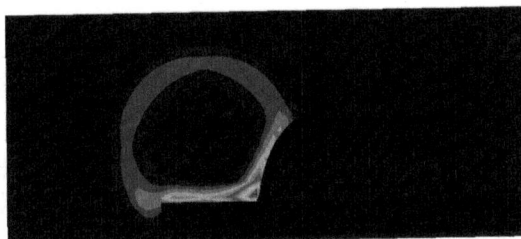

(b) 0.005s 压强分布

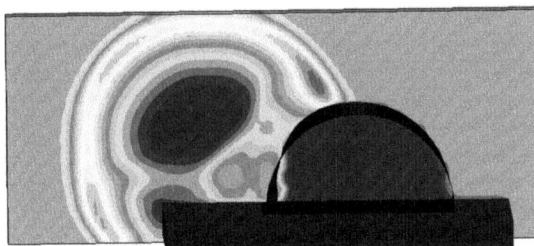
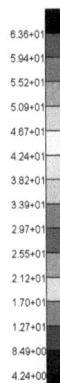

(c) 0.01s 压强分布

图 12-43　压强分布云图

第 13 章
结构抗暴分析
实例二

在爆炸冲击的作用下，结构会被破坏，空间气流的分布会发生变化，本实例模拟在该状态下的结构破坏及空间气流的分布情况。

该模型采用 inch/(lbf–s^2/inch)/sec/R 单位制。

本实例与结构抗暴分析实例一的模型一致，但采用了不同的方法进行分析，结构抗暴分析实例一采用多欧拉域的方式进行分析；本实例采用自动耦合面（Automated Coupling Surface，ACS）算法。ACS 定义耦合面的方法与定义传统耦合面的方法相比，减少了耦合面封闭，对前处理来说更加简单，不需要使用多欧拉域模拟这种内外交互的问题。

13.1　问题分析

本案例使用到的主要卡片介绍如下所示。

采用的算法	采用自动耦合面算法，并允许失效，当失效后，耦合表面删除失败的段 对应文本信息为 PARAM,AUTOCOUP,ON,REMOVE
欧拉初始形状的定义	采用"SHAPE"卡片的 SPHERE / CYLINDER/BOX 方式
欧拉材料的初始化定义	采用"TICVAL"卡片
流体边界的定义	"FLOW"卡片为一系列卡片，不同的边界条件可以采用不同的"FLOW"卡片去 定义

13.2　创建几何模型

13.2.1　创建数据库文件

在菜单栏中选择"File > New"命令，弹出图 13-1 所示的"New Database"窗口，在"File name"文本框中输入数据文件名"bunker_1"，单击"OK"按钮。系统右侧显示"New Model Preference"操作面板，按图 13-2 所示设置参数，即设置 MSC.Dytran 为求解器，单击"OK"按钮，完成设置。

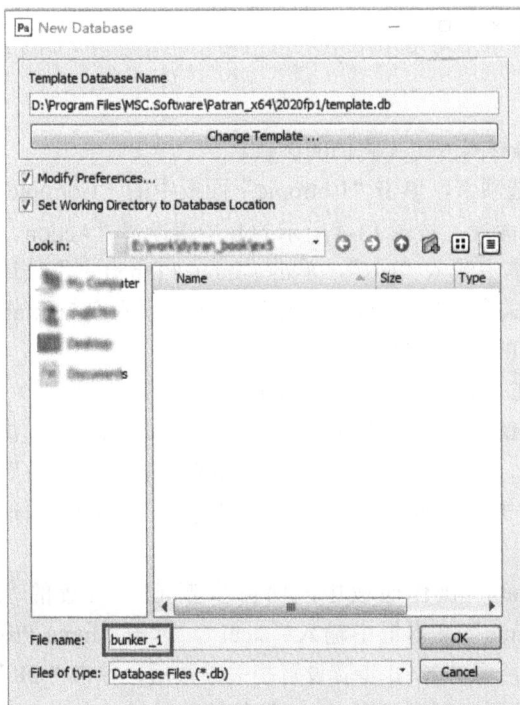

图 13-1　创建数据库文件

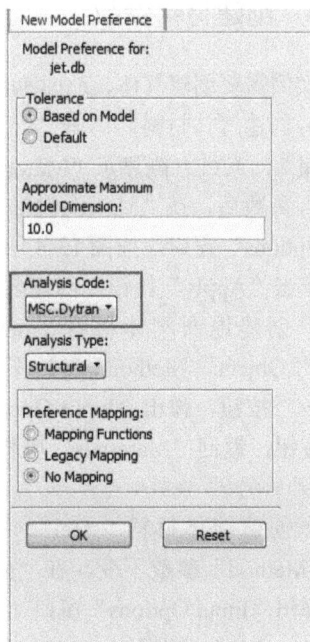

图 13-2　设置分析类型

13.2.2　导入有限元模型

单击"Analysis"选项卡，单击"Existing Deck"面板中的"Read 读取"按钮 🔲，系统右侧显示"Analysis"操作面板，单击"Select Input File"按钮，弹出"Select File"窗口，找到并选择 geo2.dat 文件，单击"OK"按钮，返回"Analysis"操作面板，单击"Apply"按钮，完成模型的导入，具体操作步骤如图 13-3 所示。

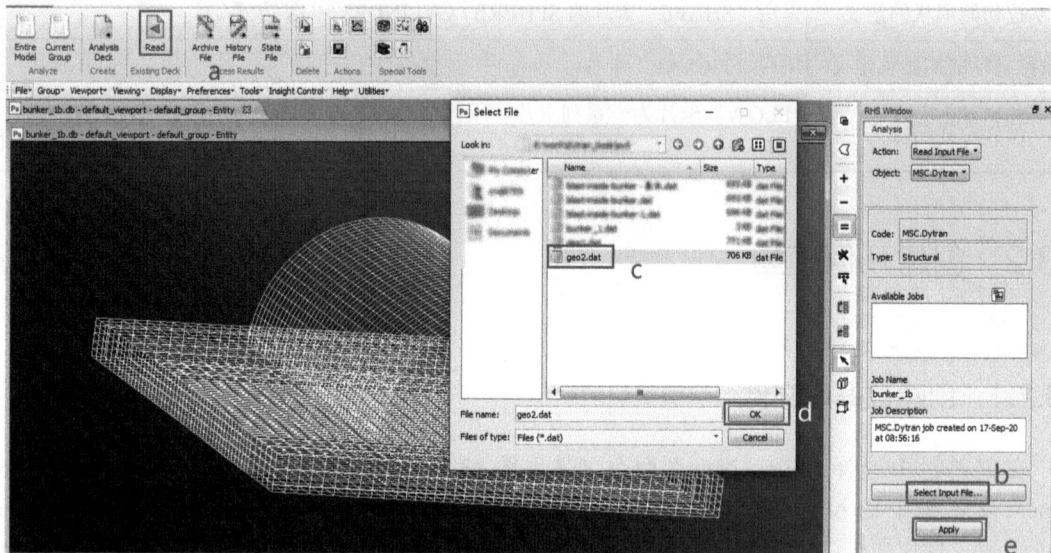

图 13-3　导入有限元模型

13.2.3　创建材料参数

本实例需要创建气体、地面刚体、墙体等材料并定义它们的参数。

（1）创建气体材料。单击"Properties"选项卡，单击"Isotropic"面板中的"Isotropic"（等轴测）按钮 🔲，系统右侧显示"Materials"操作面板，按图 13-4 所示的 b 步骤设置"Action、Object、Method"参数后，在"Material Name"文本框中输入"gas"，单击"Input Properties"按钮，弹出"Input Options"窗口，按图 13-4 所示设置相关参数后，单击"OK"按钮，返回"Materials"操作面板。单击"Apply"按钮，创建名为"gas"的气体材料。

（2）创建地面刚体材料"matrigid"。在"Materials"操作面板中，保持步骤（1）设置的"Action""Object""Method"参数不变，在"Material Name"文本框中输入"matrigid"，单击"Input Properties"按钮，弹出"Input Options"窗口，按图 13-5 所示的 c、d 步骤设置相关参数后，单击"OK"按钮，返回"Materials"操作面板。单击"Apply"按钮，创建名为"matrigid"的地面刚体材料。

（3）创建墙体材料"steel"。在"Materials"操作面板中，保持步骤（1）设置的"Action、Object、Method"参数不变，在"Material Name"文本框中输入"steel"，单击"Input Properties"按钮，弹出"Input Options"窗口，按图 13-6 所示的 c、d 步骤设置相关参数后，单击"OK"按钮，返回"Materials"操作面板，单击"Apply"按钮，创建名为"steel"的墙体材料。

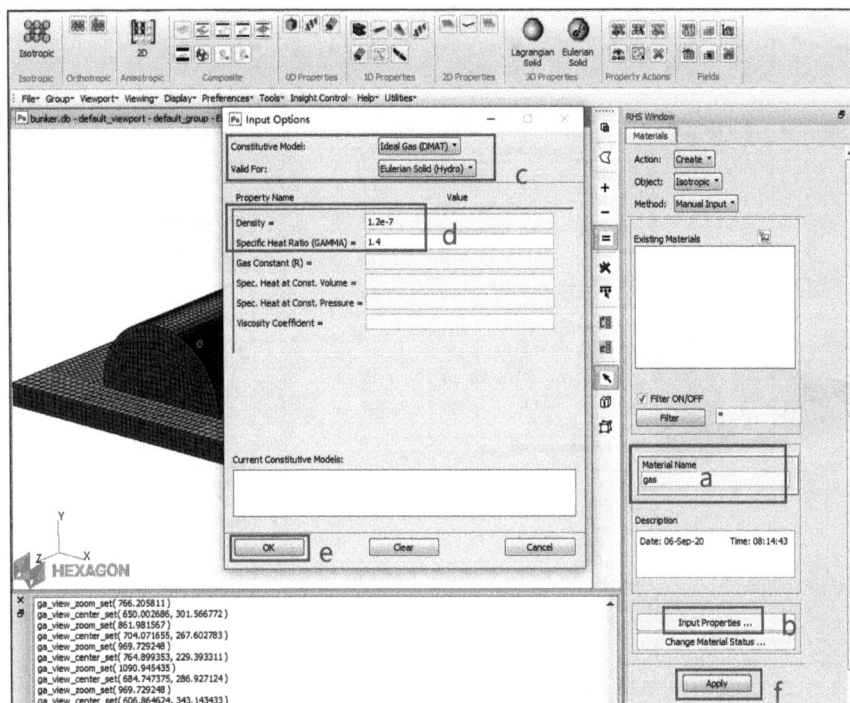

图 13-4　创建气体材料"gas"

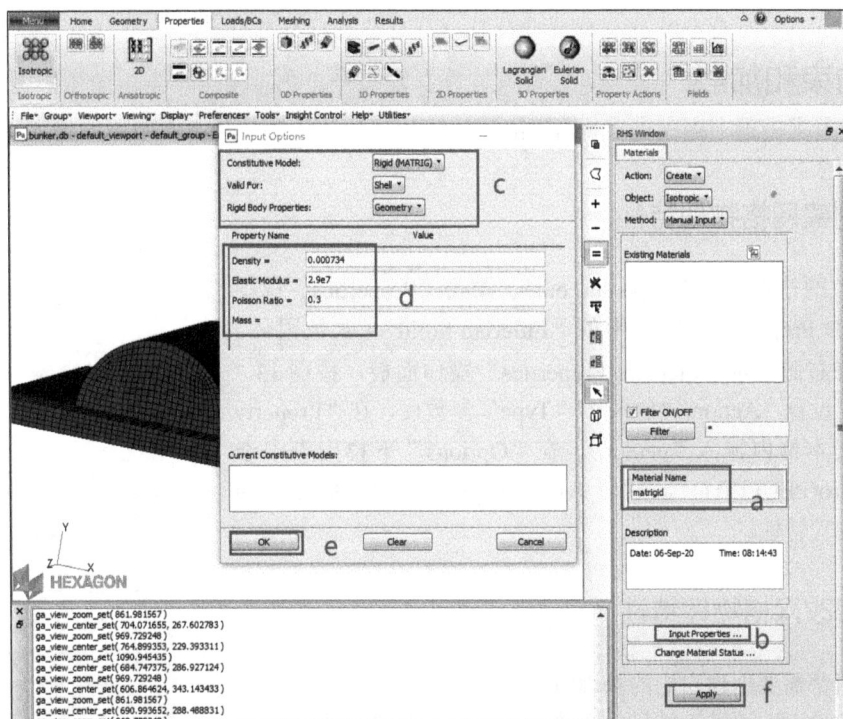

图 13-5　创建地面刚体材料"matrigid"

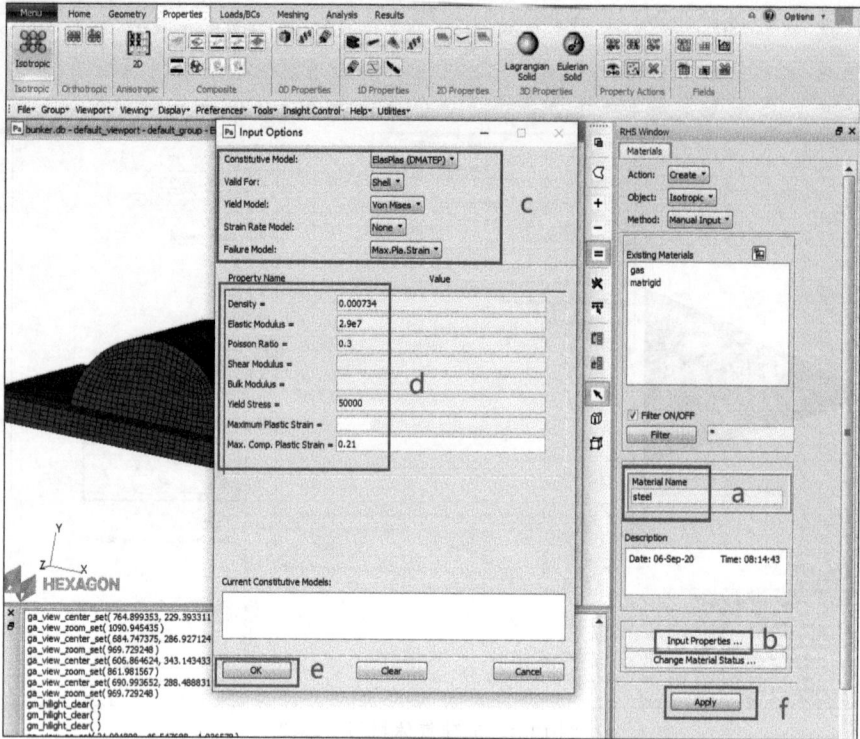

图 13-6　创建墙体材料"steel"

13.3　约束和加载

13.3.1　创建网格物理特性

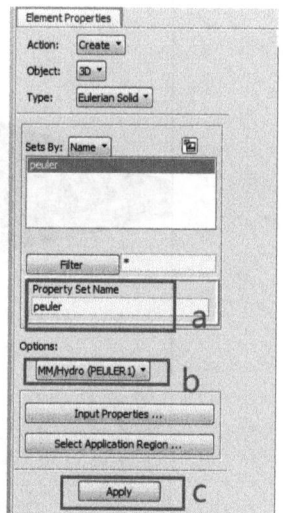

图 13-7　创建欧拉网格物理特性

创建欧拉网格物理特性"peuler_out"。单击"Properties"选项卡，单击"3D Properties"面板中的"Eulerian Solid"（欧拉固体）按钮，系统右侧显示"Element Properties"操作面板，按图 13-7 所示的 a 步骤设置"Action""Object""Type"参数后，在"Property Set Name"文本框内输入"peuler"，在"Options"下拉列表中选择"MM/Hydro(PEULER1)"，然后单击"Apply"按钮，创建名为"peuler"的物理特性。

13.3.2　修改网格物理特性

每种材料都需要创建它们的物理特性。

（1）修改地面网格特理特性。单击"Properties"选项卡，单击"Property Actions"面板中的"Modify Properties"（修改属性）按钮，系统右侧显示"Element Properties"操作面板，按图 13-8 所示 b 的步骤设置"Action""Object"

"Type""Sets By"参数后，选择下面列表框中的"Pset2.3"，将"Type"参数修改为"Shell"，单击"Input Properties"按钮，弹出"Input Properties"窗口，在"Material"列表框中选择"matrigid"，然后在"Thickness"文本框中输入"0.1"，单击"OK"按钮，返回"Element Properties"操作面板，然后单击"Apply"按钮，完成地面"Pset2.3"物理特性的修改。

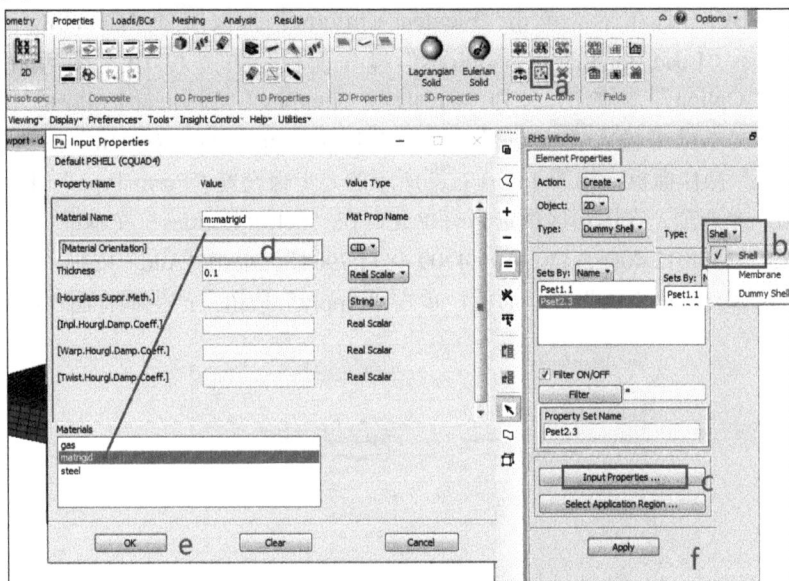

图 13-8　修改地面网格物理特性

（2）修改墙体网格物理特性。在"Element Properties"操作面板中，保持上一步设置的"Action""Object""Type""Sets By"参数不变，选择下面列表框中的"Pset1.1"，将"Type"参数修改为"Shell"，单击"Input Properties"按钮，弹出"Input Properties"窗口，在"Material"列表框中选择"steel"，按图 13-9 所示的 e 步骤设置参数，然后单击"OK"按钮，返回"Element Properties"操作面板，然后单击"Apply"按钮，完成墙体"Pset1.1"物理特性的修改。

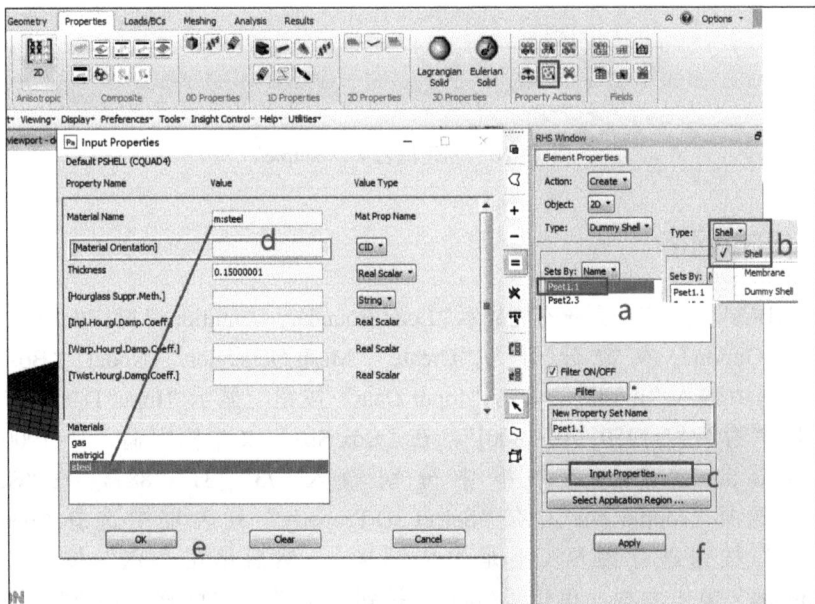

图 13-9　修改墙体网格物理特性

13.3.3 创建耦合面

本实例采用自动耦合面方法，由于 Patran 中"Load/Boundary Conditions"操作面板创建耦合的设置中还没有创建自动耦合面的选项，因此本实例还是需要使用"General"选项，具体操作如下。

单击"Loads/BCs"选项卡，单击"Element Uniform"面板中的"Coupling"（联结）按钮 ，系统右侧显示"Load/Boundary Conditions"操作面板，按图 13-10 左图所示设置"Action""Object""Type""Option"参数分别为"Create""Coupling""Element Uniform""General"，在"New Set Name"文本框中输入"couple"，单击"Select Application Region"按钮，弹出"Select Application Region"操作面板，按图 13-10 右图所示的 c 步骤设置"Form Type""Element Type"参数，选择"FEM"单选项，在图形区框选所有单元，在"Select Entities"文本框中将显示"Element 1:1600 2241:3280 3413:4012 4095:4340 4505:4709 4894:7904"，单击"Add"按钮，单击"OK"按钮，返回"Load/Boundary Conditions"操作面板，单击"Apply"按钮，产生耦合面"couple"。

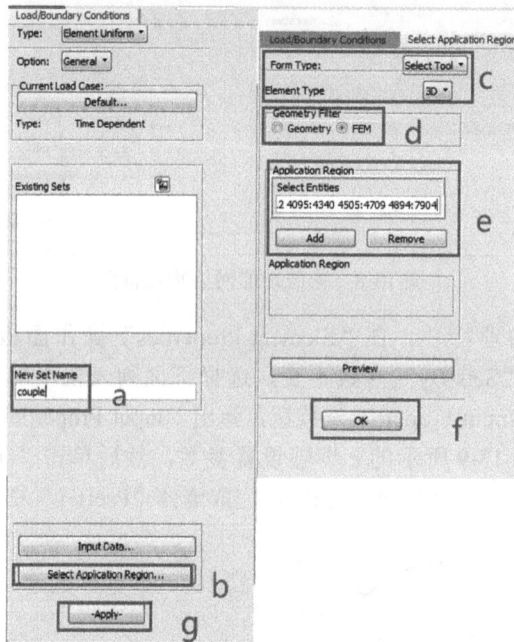

图 13-10　创建耦合面"couple"

13.3.4 定义欧拉网格

单击"Loads/BCs"选项卡，系统右侧显示"Load/Boundary Conditions"操作面板，设置"Action""Object""Type""Option"参数分别为"Create""Mesh Generator""Nodal""Box"。在"New Set Name"文本框中输入"mesh"，单击"Input Data"按钮，显示"Input Data"操作面板，在"Origin"文本框中输入"[-1250,-70,-1800]"，在"Box Size"文本框中输入"<1900,800,2300>"，在 Numb. of Elem in the X/Y/Z dir 文本框中分别输入"73""31""88"，在"Select Coupling Lbc"列表框中选择"couple_out"，在"Select 3D Property"列表框中选择"peuler_out"。可以单击"Preview"按钮进行预览（不是生成网格），然后单击"OK"按钮，返回"Load/Boundary Conditions"操作面板，单击"Apply"按钮，定义欧拉网格"mesh"。具体操作步骤如图 13-11 所示。

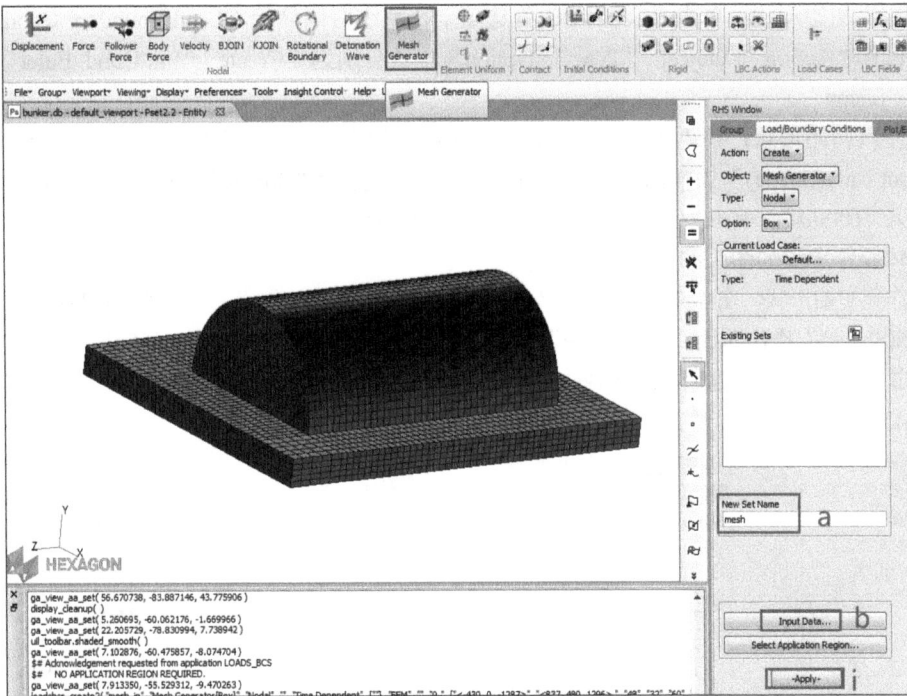

(a)

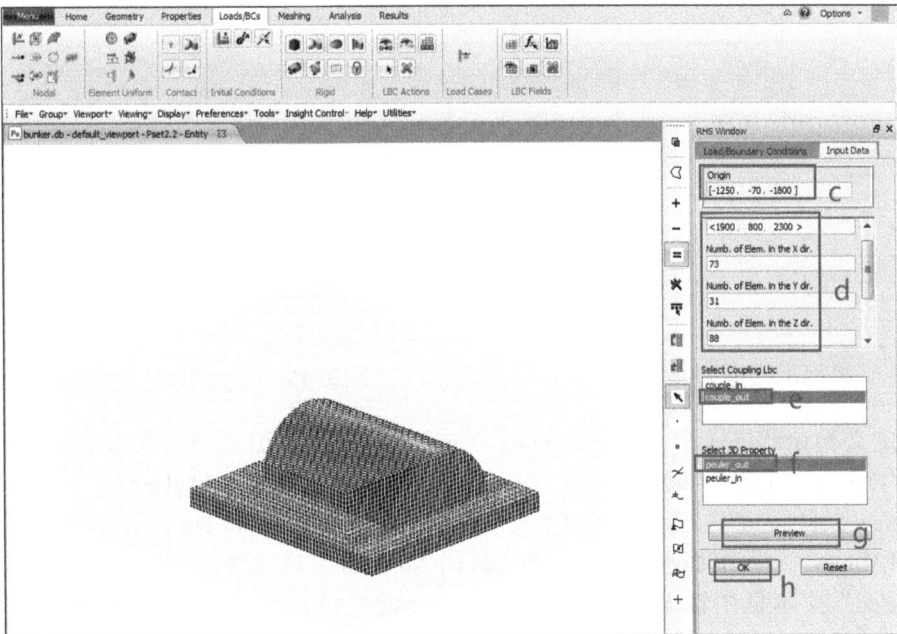

(b)

图 13-11　定义欧拉网格

13.3.5　定义欧拉网格的初始状态

欧拉网格初始状态的定义分为 3 步：定义初始形状、定义初始状态、定义初始区域。

（1）定义初始形状。单击"Loads/BCs"选项卡，系统右侧显示"Load/Boundary Conditions"操作面板，设置"Action""Object""Type""Option"参数分别为"Create""Init.Cond. Euler""Element Uniform""Shape"。

定义空气初始形状，在"New Set Name"文本框中输入"shape_air"，单击"Input Data"按钮，显示"Input Data(Shape)"操作面板，将"Shape"参数设置为"Sphere"，在"Radius of Sphere"文本框中输入"10000"，单击"OK"按钮，返回"Load/Boundary Conditions"操作面板，单击"Apply"按钮。具体操作步骤如图 13-12 所示。

定义炸药初始形状，在"New Set Name"文本框中输入"shape_blast"，单击"Input Data"按钮，显示"Input Data(Shape)"操作面板，将"Shape"参数设置为"Sphere"，在"Radius of Sphere"文本框中输入"85"，单击"OK"按钮，返回"Load/Boundary Conditions"操作面板，单击"Apply"按钮。具体操作步骤如图 13-13 所示。

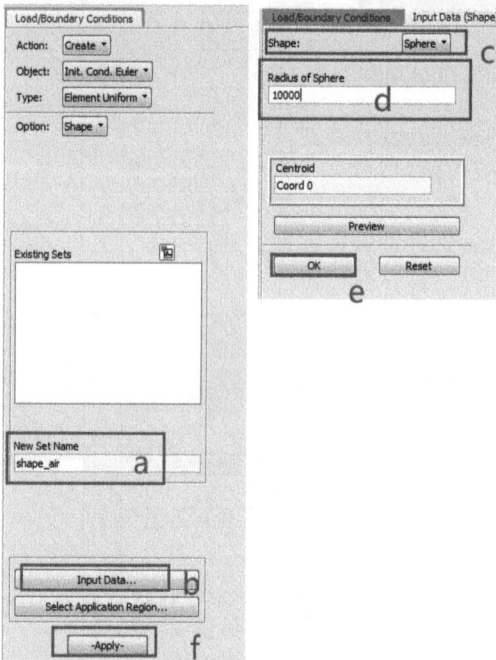

图 13-12　定义空气初始形状　　　图 13-13　定义炸药初始形状

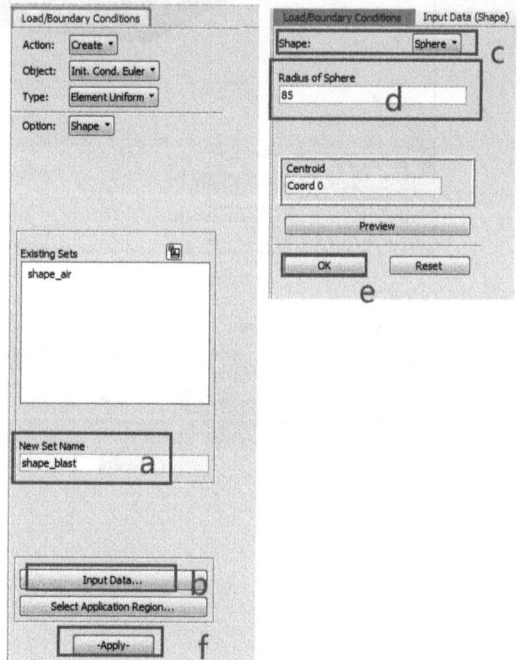

（2）定义初始状态。在"Load/Boundary Conditions"操作面板中，保持步骤（1）设置的"Action""Object""Type"参数不变，将"Option"参数设置为"Initial Values"。

在"New Set Name"文本框中输入"int_air"，单击"Input Data"按钮，显示"Input Data(Initial Values)"操作面板，在"Select Euler Material"列表框中选择"gas"，在"Initial Material Velco"文本框中输入"<0 0 0>"，在"Density"文本框中输入"1.2e-7"，在"Specific Internal Energy"文本框中输入"3e8"，单击"OK"按钮，返回"Load/Boundary Conditions"操作面板，单击"Apply"按钮。具体操作步骤如图 13-14 所示。

在"New Set Name"文本框中输入"int_blast"，单击"Input Data"按钮，显示"Input Data(Initial Values)"操作面板，在"Select Euler Material"列表框中选择"gas"，在"Initial Material Velco"文本框中输入"<0 0 0>"，在"Density"文本框中输入"3.84e-6"，在"Specific Internal Energy"文本框中输入"3e9"，单击"OK"按钮，返回"Load/Boundary Conditions"操作面板，单击"Apply"按钮。具体操作步骤如图 13-15 所示。

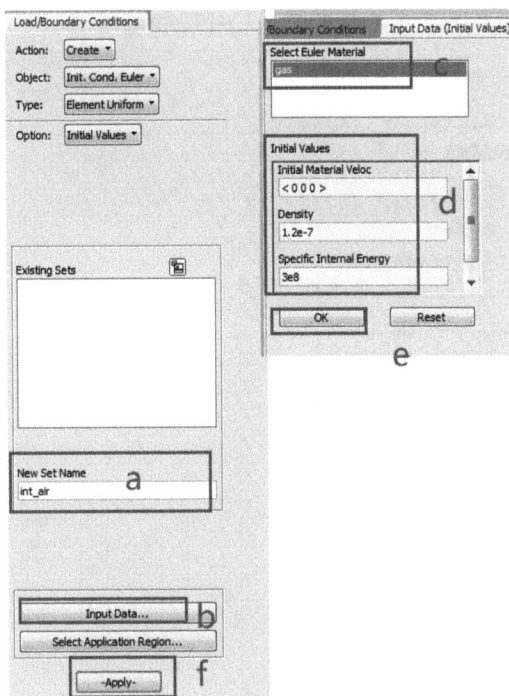

图 13-14　定义初始状态"int_air"

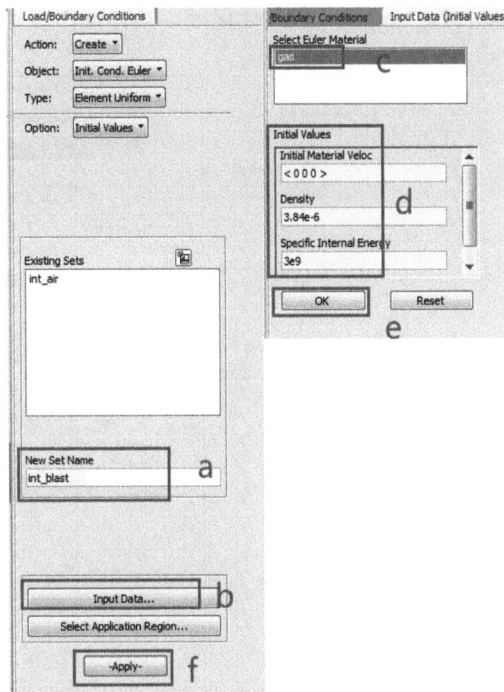

图 13-15　定义初始状态"int_blast"

（3）定义初始区域。在"Load/Boundary Conditions"操作面板中，保持步骤（1）设置的"Action""Object""Type"参数不变，将"Option"参数设置为"Region Definition"。

在"New Set Name"文本框中输入"region"，单击"Input Data"按钮，弹出"Input Data(Region Definition)"窗口，在"Existing PEULER 1 Sets"列表框中选择"peuler"，在"Existing Shapes Sets"列表框中选择"shape_air"，在"Existing Initial Values Sets"列表框中选择"int_air"，在"Level Indicator"文本框中输入"1"，单击"Add Row"按钮，将会在"Table Data"表中添加一行数据；在"Existing Shapes Sets"列表框中选择"shape_blast_out"，在"Existing Initial Values Sets"列表框中选择"int_blast"，在"Level Indicator"文本框中输入"2"，单击"Add Row"按钮，将会在"Table Data"表中再添加一行数据，然后单击"OK"按钮，关闭"Input Data(Region Definition)"窗口，返回"Load/Boundary Conditions"操作面板，单击"Apply"按钮，

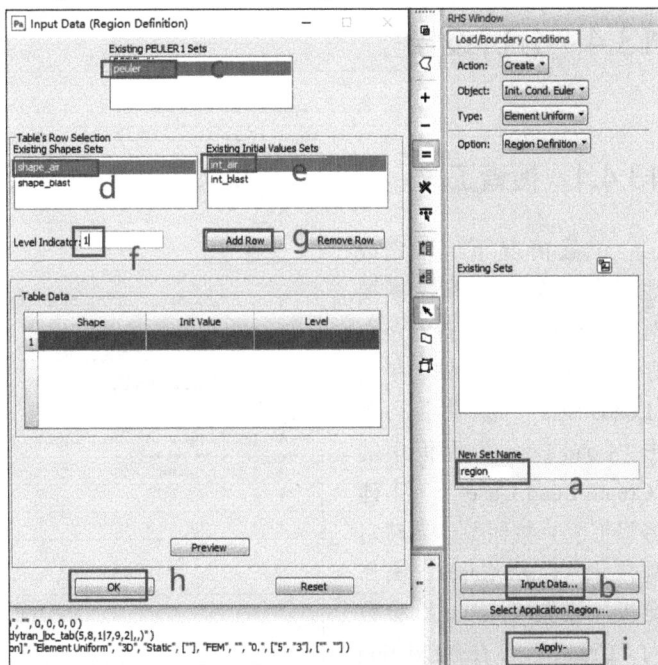

图 13-16　定义初始区域"region"

创建名为"region"的初始区域。具体操作步骤如图 13-16 所示，结果如图 13-17 所示。

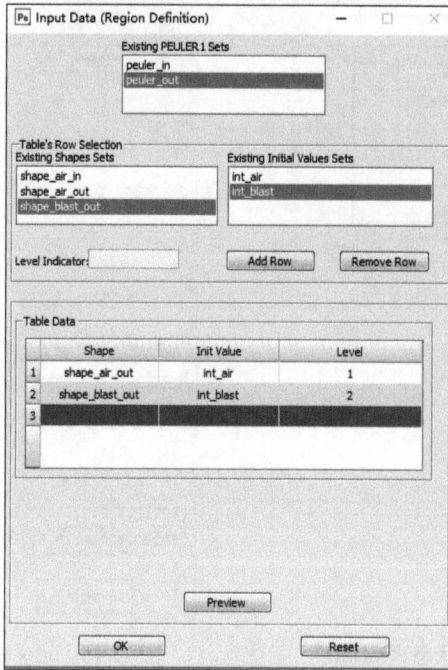

图 13-17　定义初始区域"region"的结果

13.4　分析设置

13.4.1　检查工况

一般情况下，在完成边界条件的定义后，需要对工况进行检查，查看是否存在漏掉的边界条件，单击"Loads/BCs"选项卡，单击"Load Cases"面板中的"Create Load Case"（创建荷载工况）按钮 ，系统右侧显示"Load Cases"操作面板，设置"Action"参数为"Create"，在"Existing Load Cases"列表框中选择"Default"，弹出"Input Data"窗口，如图 13-18 所

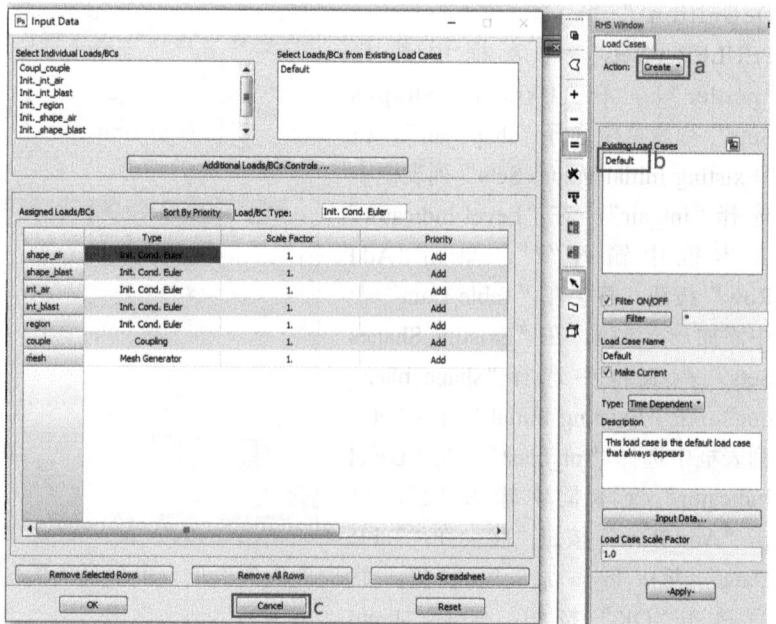

图 13-18　检查工况

示，如果工况正确无误，单击"Cancel"按钮，关闭"Input Data"窗口。

13.4.2　设置分析求解参数

在显式非线性分析中，分析设置相对于静力学、动力学分析要更复杂，主要是要定义一些求解的参数、输出结果信息等。

（1）定义初始时间步长和分析时间。单击"Analysis"选项卡，系统右侧显示"Analysis"操作面板，设置"Action""Object""Method"参数分别为"Analyze""Input Deck""Translate"。单击"Execution Controls"按钮，弹出"Execution Controls"窗口，单击"Execution Control Parameters"按钮，弹出"Execution Control Parameters"窗口，在"End Time"文本框中输入"0.01"，在"Time-Step Size at Start"文本框中输入"1e-7"，单击"OK"按钮，如图 13-19 所示，返回"Execution Controls"窗口。

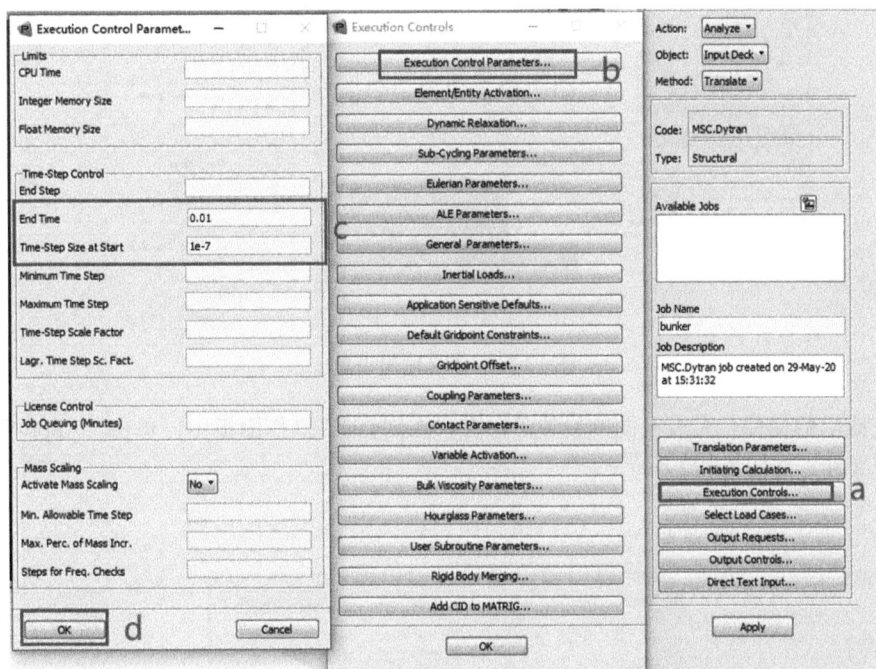

图 13-19　定义初始时间步长和分析时间

（2）定义输出设置。在"Analysis"操作面板中，单击"Output Requests"按钮，弹出"Output Requests"窗口，在"Result Name"文本框中输入"euler"，按图 13-20 所示的 c、d、e、f、g 步骤设置相关参数后，单击"Add"按钮，显示"Select Output"操作面板，在"Select Groups for Output"列表框中选择"ALLMULTIEULHYDRO"，在"Entity Type"下拉列表中选择"Eulerian Solids"，在"Results Types"列表框中选择要输出的结果，按住 <Ctrl> 键不放，选择"XVEL""YVEL""ZVEL""DENSITY""PRESSURE""FMAT"等选项，如图 13-20 所示，单击"Apply"按钮，返回"Output Requests"窗口。

定义另外一个输出请求，在"Output Requests"窗口中的"Result Name"文本框中输入"shell"，按图 13-21 左图所示设置相关参数后，单击"Add"按钮，显示"Select Output"操作面板，在"Select Groups for Output"列表框中选择"ALLSHQUAD"，在"Entity Type"下拉列表中选择"Sublayer Variables"，显示"Sublayer Variables"操作面板，勾选"Outer Layers"选项，返回 Select Output

操作面板，在"Results Types"列表框中选择要输出的结果，按住 \<Ctrl\> 键不放，选择"EFFPL""EFFST"等选项，如图 13-21 所示，单击"Apply"按钮，返回"Output Requests"窗口，单击"OK"按钮，返回"Analysis"操作面板。

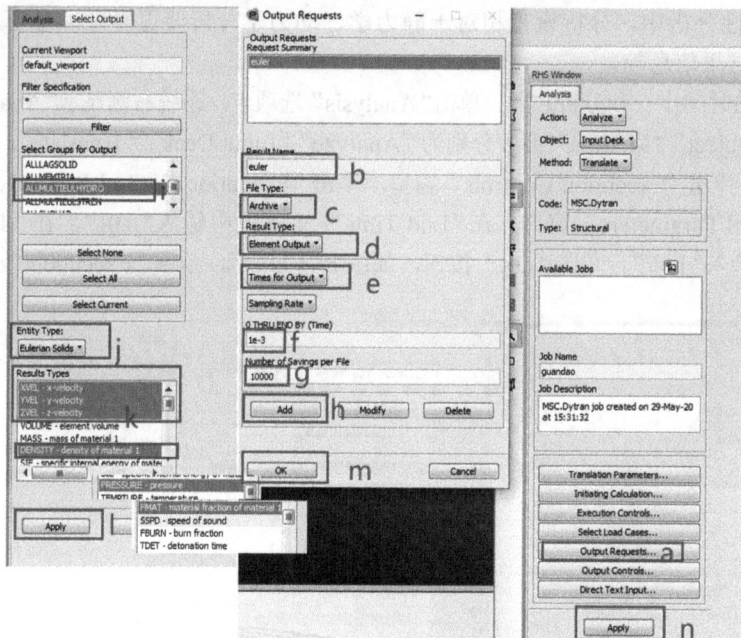

图 13-20　定义输出设置 1

（3）生成求解文件。完成上面的设置后，在"Analysis"操作面板中，单击"Apply"按钮，将会生成求解文件，如图 13-22 所示。

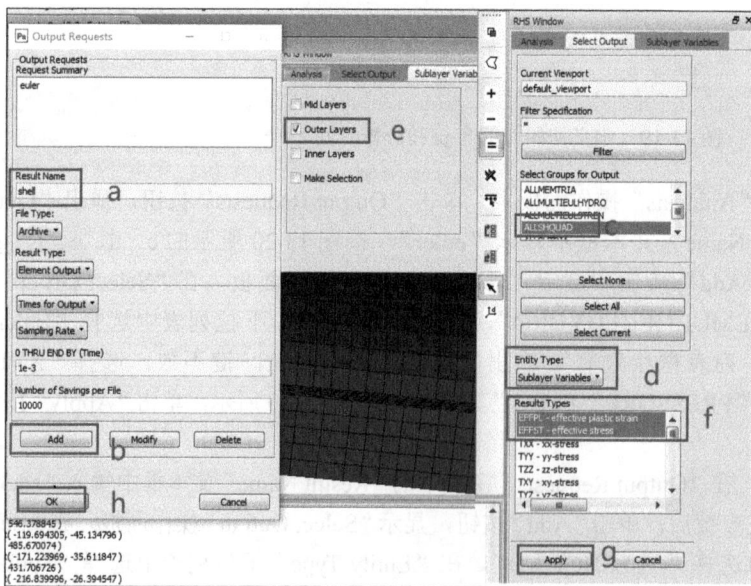

图 13-21　定义输出设置 2

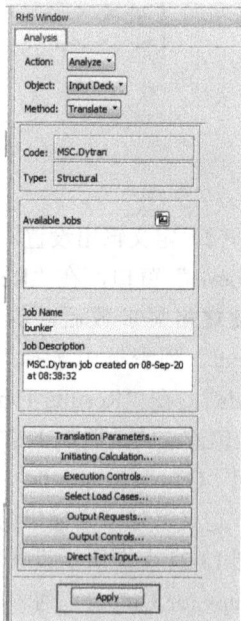

图 13-22　生成求解文件

13.4.3　修改模型数据文件

在工作目录中找到生成的 bunker_1.dat 文件并打开，进行如下修改。

（1）添加欧拉边界。

在文件最后的"ENDDATA"文本前添加如下文本内容，将欧拉域定义为一个开放空间，边界为"BOTH"，如图 13-23 所示。

```
FLOWDEF,202,,MMHYDRO,,,,,,+
+,FLOW,BOTH
```

```
111   $
112   $
113   FLOWDEF,202,,MMHYDRO,,,,,,+
114   +,FLOW,BOTH
115
116   ENDDATA
```

图 13-23　添加欧拉边界

（2）修改炸药的位置。

将原先的炸药中心（0,0,0）修改为（-536.4,265,-453.6），可以使用"$"符号对原来的文本行进行注释，再进行添加，具体如图 13-24 所示。

```
98    $ ------- TICEUL BC region -----
99    TICEUL        7                                              +
100   +         SPHERE    3     1     5     1                       +
101   +         SPHERE    4     1     6     2
102   SPHERE        3           0     0     0   10000
103   $SPHERE        4           0     0     0       85
104   SPHERE,4,,-536.4,265,-453.6,85
```

图 13-24　修改炸药的位置

（3）修改耦合计算方法。

查找到"COUPLE"卡片，如图 13-25 所示，将其中的"INSIDE"替换为"NONE"。

```
69    $ ------- General Coupling: couple -----
70    $
71    $COUPLE        1     1   INSIDE    ON    ON      STANDARD+
72    COUPLE        1     1   NONE      ON    ON      STANDARD+
73    +                                                         +
74    +               2
75    $
```

图 13-25　修改耦合计算方法

（4）添加耦合计算控制方法，激活 ACS（自动耦合面）算法。

在文件中找到"$------- Parameter Section ------"文本信息，在其最后添加"param,autocoup,on,,,,,,REMOVE"文本内容，如图 13-26 所示。

```
24    $------- Parameter Section ------
25    PARAM,CONTACT,THICK,0.0
26    PARAM,INISTEP,1e-7
27    PARAM DUMSEGS, ON
28    param,autocoup,on,,,,,,REMOVE
```

图 13-26　添加耦合计算控制方法

13.5 提交计算及后处理

13.5.1 提交计算

将修改后的 DAT 文件提交 Dytran 进行计算。

启动 Dytran 后，单击"New Job"（新任务）按钮 ，新建一个任务，在"File Explorer"导航区中找到相应工作目录的文件夹后，在"Input Files"列表框中选择 bunker_1.dat 文件，可以选择采用 DMP 并行计算，然后单击"Run Job"（运行任务）按钮 ，开始计算，在计算过程中，底部有显示计算状态的进度条，如图 13-27 所示。

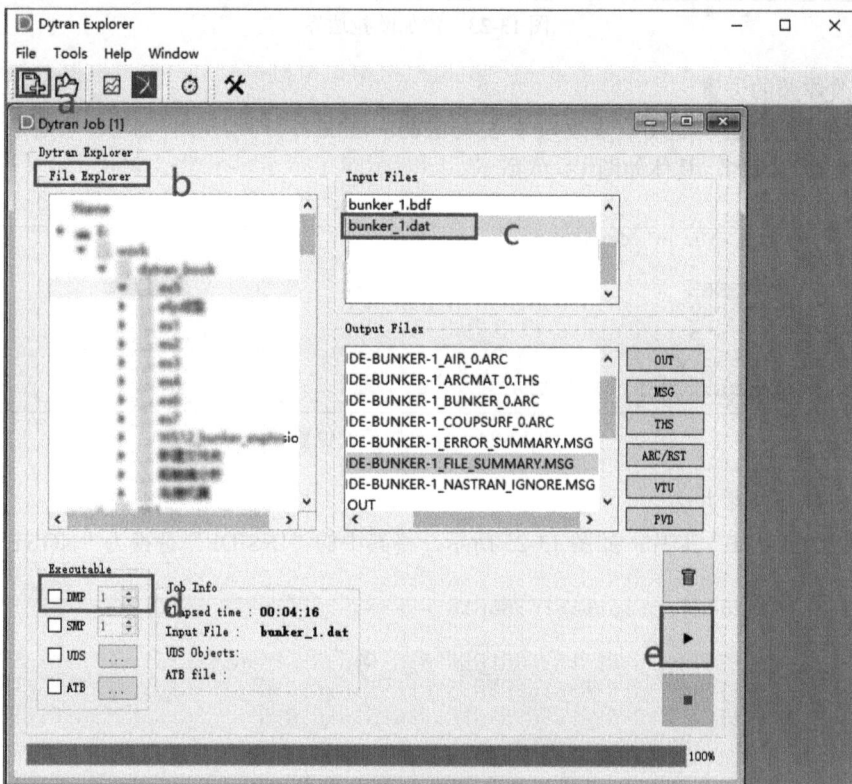

图 13-27　提交计算

13.5.2 后处理

（1）后处理中，可以新建一个 DB 文件，名称为 bunker_1_result。单击"Analysis"选项卡，系统右侧显示"Analysis"操作面板，按图 13-28 所示设置"Action""Object""Method"参数后，单击"Select Archive File"按钮，在打开的窗口中选择需要导入的 ARC 文件，然后依次单击"Add"按钮、"Apply"按钮，返回"Analysis"操作面板，单击"Apply"按钮，完成结果的导入。

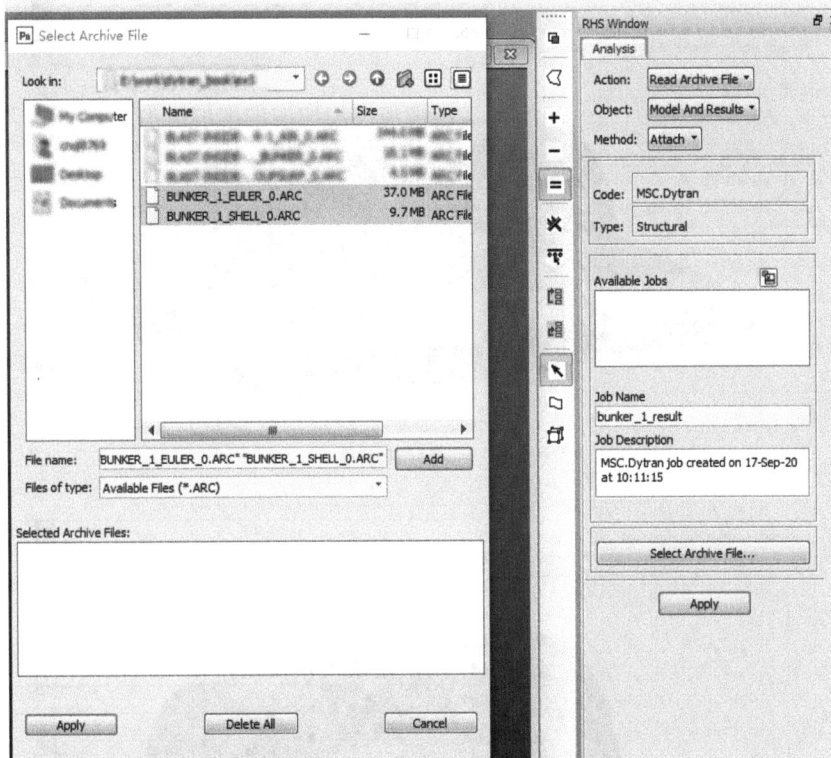

图 13-28　导入计算结果

（2）显示计算结果云图。单击"Results"选项卡，系统右侧显示"Results"操作面板，设置"Action""Object"参数分别为"Create""Quick Plot"后，在"Select Result Cases"列表框中选取显示的时刻，在"Select Fringe Result"列表框中选取显示的变量，然后单击"Apply"按钮，即显示计算结果云图。选取多个时刻，单击"Apply"按钮即可显示动画。图 13-29 ～图 13-31 所示为显示的部分计算结果云图。

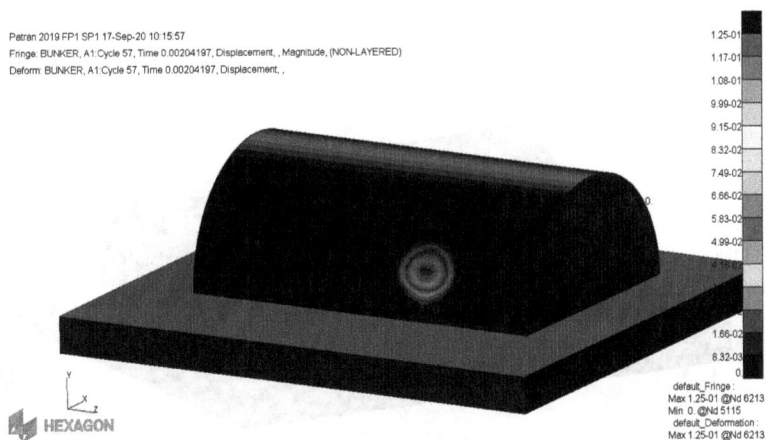

(a) 0.002s 结构位移

图 13-29　结构位移云图

Patran 2019 FP1 SP1 17-Sep-20 10:16:22
Fringe: BUNKER, A1:Cycle 93, Time 0.00502488, Displacement, , Magnitude, (NON-LAYERED)
Deform: BUNKER, A1:Cycle 93, Time 0.00502488, Displacement, ,

(b) 0.005s 结构位移

Patran 2019 FP1 SP1 17-Sep-20 10:16:48
Fringe: BUNKER, A1:Cycle 168, Time 0.00996691, Displacement, , Magnitude, (NON-LAYERED)
Deform: BUNKER, A1:Cycle 168, Time 0.00996691, Displacement, ,

(c) 0.01s 结构位移

图 13-29　结构位移云图（续）

Patran 2019 FP1 SP1 17-Sep-20 10:17:11
Fringe: BUNKER, A1:Cycle 69, Time 0.00303699, EFFPL, , , At Inner
Deform: BUNKER, A1:Cycle 69, Time 0.00303699, Displacement, ,

(a) 0.003s 结构应变

图 13-30　结构应变云图

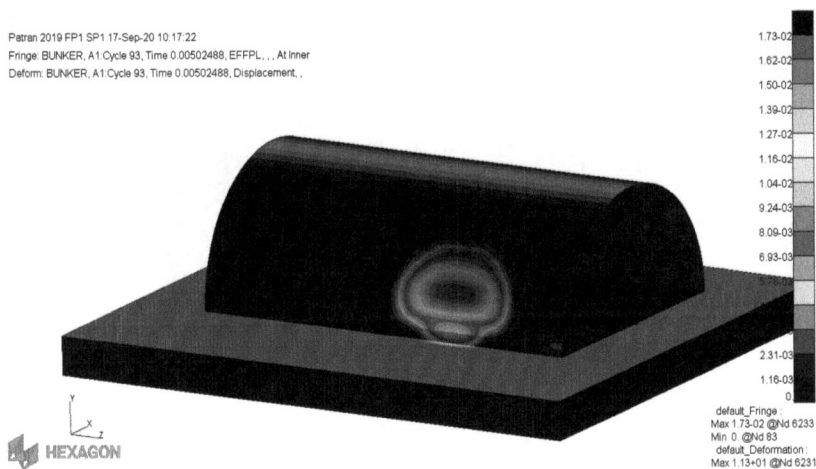

Patran 2019 FP1 SP1 17-Sep-20 10:17:22
Fringe: BUNKER, A1:Cycle 93, Time 0.00502488, EFFPL, , , At Inner
Deform: BUNKER, A1:Cycle 93, Time 0.00502488, Displacement, ,

(b) 0.005s 结构应变

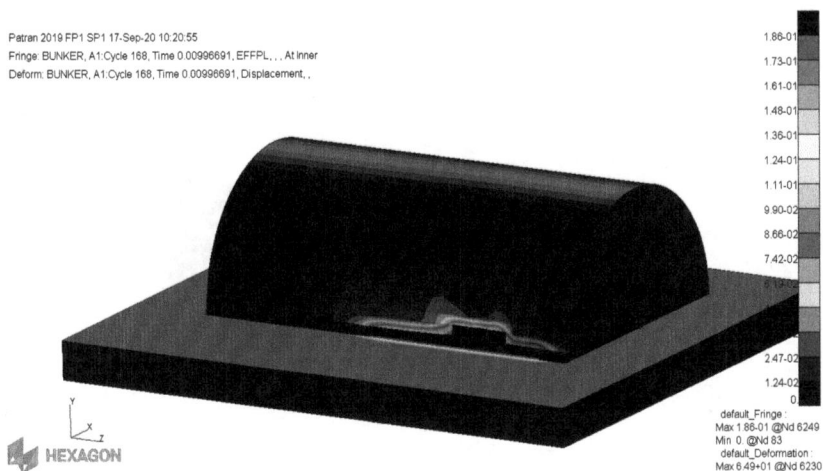

Patran 2019 FP1 SP1 17-Sep-20 10:20:55
Fringe: BUNKER, A1:Cycle 168, Time 0.00996691, EFFPL, , , At Inner
Deform: BUNKER, A1:Cycle 168, Time 0.00996691, Displacement, ,

(c) 0.01s 结构应变

图 13-30　结构应变云图（续）

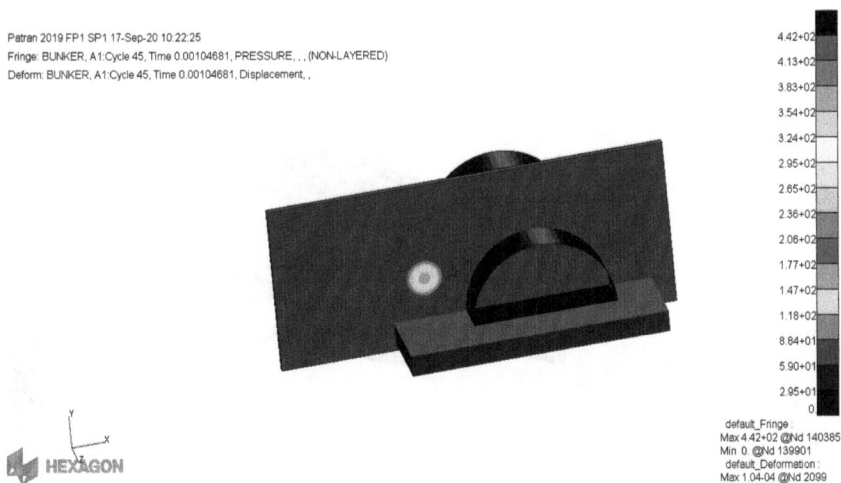

Patran 2019 FP1 SP1 17-Sep-20 10:22:25
Fringe: BUNKER, A1:Cycle 45, Time 0.00104681, PRESSURE, , , (NON-LAYERED)
Deform: BUNKER, A1:Cycle 45, Time 0.00104681, Displacement, ,

(a) 0.001s 压强分布

图 13-31　压强分布云图

Patran 2019 FP1 SP1 17-Sep-20 10:22:37
Fringe: BUNKER, A1:Cycle 69, Time 0.00303699, PRESSURE, , , (NON-LAYERED)
Deform: BUNKER, A1:Cycle 69, Time 0.00303699, Displacement, ,

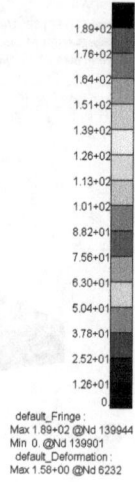

default_Fringe :
Max 1.89+02 @Nd 139944
Min 0. @Nd 139901
default_Deformation :
Max 1.58+00 @Nd 6232

(b) 0.003s 压强分布

Patran 2019 FP1 SP1 17-Sep-20 10:22:48
Fringe: BUNKER, A1:Cycle 93, Time 0.00502488, PRESSURE, , , (NON-LAYERED)
Deform: BUNKER, A1:Cycle 93, Time 0.00502488, Displacement, ,

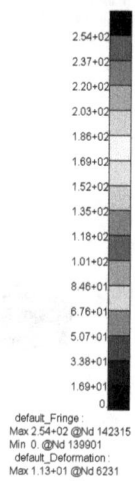

default_Fringe :
Max 2.54+02 @Nd 142315
Min 0. @Nd 139901
default_Deformation :
Max 1.13+01 @Nd 6231

(c) 0.005s 压强分布

Patran 2019 FP1 SP1 17-Sep-20 10:22:58
Fringe: BUNKER, A1:Cycle 118, Time 0.00707014, PRESSURE, , , (NON-LAYERED)
Deform: BUNKER, A1:Cycle 118, Time 0.00707014, Displacement, ,

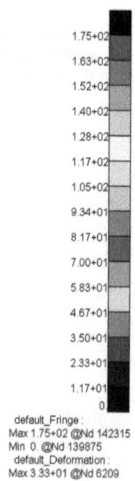

default_Fringe :
Max 1.75+02 @Nd 142315
Min 0. @Nd 139875
default_Deformation :
Max 3.33+01 @Nd 6209

(d) 0.007s 压强分布

图 13-31　压强分布云图（续）

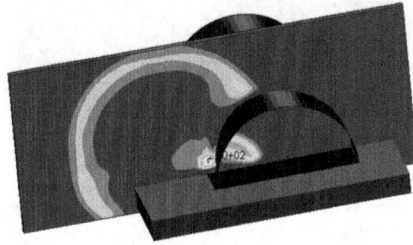
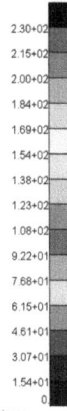

Patran 2019 FP1 SP1 17-Sep-20 10:23:16
Fringe: BUNKER, A1:Cycle 168, Time 0.00996691, PRESSURE, , , (NON-LAYERED)
Deform: BUNKER, A1:Cycle 168, Time 0.00996691, Displacement, ,

2.30+02
2.15+02
2.00+02
1.84+02
1.69+02
1.54+02
1.38+02
1.23+02
1.08+02
9.22+01
7.68+01
6.15+01
4.61+01
3.07+01
1.54+01
0.

default_Fringe :
Max 2.30+02 @Nd 142391
Min 0. @Nd 139876
default_Deformation :
Max 6.49+01 @Nd 6230

(e) 0.01s 压强分布

图 13-31　压强分布云图（续）

第 14 章
火药密闭实验分析
及参数拟合实例

在 Dytran 2018 及以后版本的软件中增加了一个专门用于模拟火药和推进剂爆燃的数学模型：Deflagration 状态方程（软件中该模型卡片名称为"EOSDEF"）。该爆燃模型用来描述火药或固体推进剂瞬态燃烧的作用过程，用来定义含能材料爆燃状态方程的性质，以及模拟火药或固体推进剂燃烧产生热气体的压力、反应速率和相关的能量特征。

本章将结合实例介绍火药和推进剂爆燃模型的仿真分析基本方法。

14.1　基本理论

爆燃状态方程基于经典内弹道学，仿真过程只考虑定容压力上升过程。在该模型中，做功时火药气态产物的压力由诺贝尔 - 阿贝尔状态方程定义：

$$P = \frac{\gamma - 1}{v - b} E \tag{14-1}$$

$$T = \frac{(\gamma - 1) E}{R} \tag{14-2}$$

式中，P 为压力；γ 为比热比；v 为比容（$v=1/\rho$，ρ 为装药密度）；E 为单位质量比内能；b 为余容，表示与单位质量气体分子体积有关的修正量；R 为与气体组分有关的气体常数；T 为爆温（K）。

当火药表面开始燃烧时，在燃烧初始表面法线方向上向内移动。燃烧过程可以近似认为是按药粒表面平行层或同心层逐层燃烧的。由于燃烧机理涉及多种化学反应，因此难以根据火药的化学和物理性质预测燃烧速率。一般采用经验性方法，该方法被称为圣罗伯特定律（Saint-Robert law）和维埃勒定律（Vieille law）。该定律基于以下假设：①火药的物理化学性质统一，几何形状相同；②所有药粒表面同时着火；③所有药粒的燃烧环境和条件相同，各方向的燃速相同。在这些假设基础上，火药的线性燃速用下面的简单表达式表示：

$$u = wP^{\beta} \tag{14-3}$$

式中，u 为火药燃烧的线性燃速；w 和 β 分别为燃速系数和燃速指数，是由实验确定的常量，与药剂性质和温度有关。β 的范围为 0.2~0.8。燃速系数通常由密闭爆发器、电子显微镜或其组合的燃速 - 压力测试得到。

设 m_p 为装药初始质量，m_b 为一段时间内生成的燃气质量（火药燃去量），V_p 为装药初始体积，V 为一段时间内装药已燃去体积，n 为装药单体数目，ρ_p 为装药密度。则装药已燃去质量与装药初始质量之比为：

$$\psi = \frac{m_b}{m_p} = \frac{n\rho_p V}{n\rho_p V_p} = \frac{V}{V_p} \tag{14-4}$$

式中，ψ 也简称为火药燃去百分比。将 ψ 对时间微分可得：

$$\frac{\mathrm{d}\psi}{\mathrm{d}t} = \frac{1}{V_p} \frac{\mathrm{d}V}{\mathrm{d}t} \tag{14-5}$$

为了导出 $\mathrm{d}V/\mathrm{d}t$，设某时刻单体药粒的表面积为 S_b，在 $\mathrm{d}t$ 时间内燃去的厚度为 $\mathrm{d}e$，则有：

$$\mathrm{d}V = S_b \mathrm{d}e \tag{14-6}$$

式中，e 为燃去厚度。对变量 e 关于时间 t 求微分，则得到火药的线性燃速：

$$u = \frac{\mathrm{d}e}{\mathrm{d}t} \tag{14-7}$$

联立式 14-6 与式 14-7 则得到：

$$\frac{\mathrm{d}V}{\mathrm{d}t} = S_b \frac{\mathrm{d}e}{\mathrm{d}t} = S_b u \tag{14-8}$$

火药在燃烧时快速产生气体的能力由药剂活度 ξ 表示：

$$\xi = wS_A = w\frac{S_p}{V_p} \qquad\qquad 14\text{-}9$$

式中，S_A 是药剂初始表面积（S_p）与 V_p 的比。在燃烧过程中，随着碎裂程度的增加，火药燃速更快，活度更大。S_A 可以基于颗粒几何形状计算初始表面积与体积比，每种几何形状都提供特定的 S_A 值。

定义相对燃烧表面 $\sigma = S_b/S_p$，其物理意义是燃烧期间当前表面积与初始表面积之比，它提供火药颗粒几何形状以影响燃烧部分的燃烧速率。联立可得：

$$\frac{\mathrm{d}\psi}{\mathrm{d}t} = \xi\sigma P^\beta \qquad\qquad 14\text{-}10$$

因为在分析过程中当前的颗粒表面积是未知的，为了简化输入，使用两个参数 X 和 s 输入下面的公式来近似替代典型的颗粒燃烧表面：

$$\sigma = (1-\psi)^X + s\psi \qquad\qquad 14\text{-}11$$

式中，X、s 均为与形状相关的参数。

14.2 问题分析

Dytran 中的"EOSDEF"卡片如表 14-1 所示。

由于每批次火药的参数是不一致的，因此为了准确定义火药的材料参数，需要对火药材料参数进行拟合。

表 14-1 Dytran 中的"EOSDEF"卡片

序列	1	2	3	4	5	6	7	8	9
参数含义	EOSDEF	MID	GAMMA	B	R	C_V	C_P	E	RHOS
参数	EOSDEF	3	1.123	0.001	304	—	—	1E+6	1600
序列	10	11	12	13	14	15	16		
参数含义	+EOSDEF1	RHOF	W	BETA	SAVR	X	Y		
参数	+EOSDEF1	0.1	4E-8	0.85	6000	0.6	0.0		

在进行材料参数拟合之前，需要进行密闭爆发器火药燃烧试验以测试火药燃烧压强时间历程曲线，具体试验过程本书不描述，现将测试曲线进行数据处理，测得的火药燃烧压强时间曲线如图 14-1 所示。

在这个试验的情况下进行仿真分析，计算出压强曲线，通过调整参数来拟合仿真分析曲线与试验曲线，具体过程如下。

容器模型为圆柱体：半径为 0.025m，高度为 0.16m。

火药尺寸：半径为 0.025m，高度为 0.02m。

该模型采用 m-kg-s 单位制。

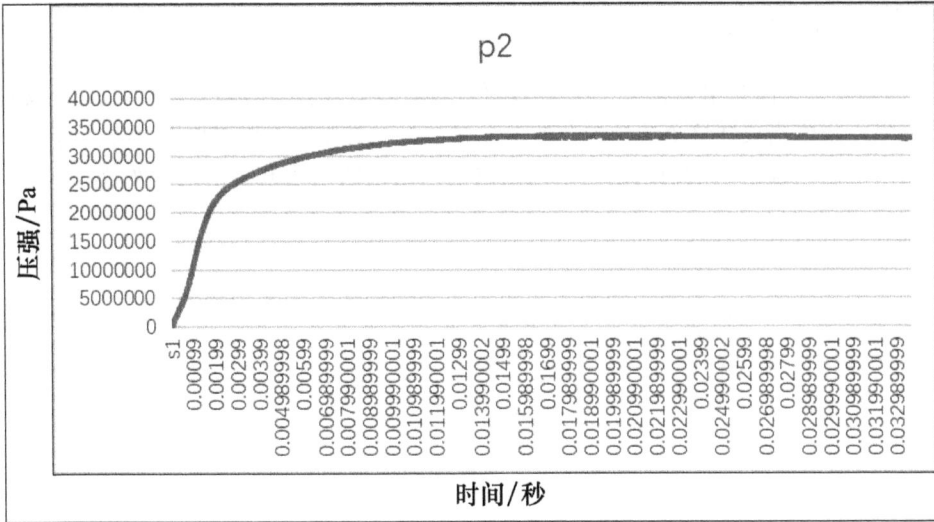

图 14-1　火药燃烧压强时间曲线

14.3　分析设置

14.3.1　创建数据库文件

这一实例的模型比较简单，因此模型的建立过程不再介绍，主要介绍如何进行火药密闭容器试验。火药密闭容器如图 14-2 所示，可以通过在 Patran 中导入 ex_6.bdf 文件进行查看。

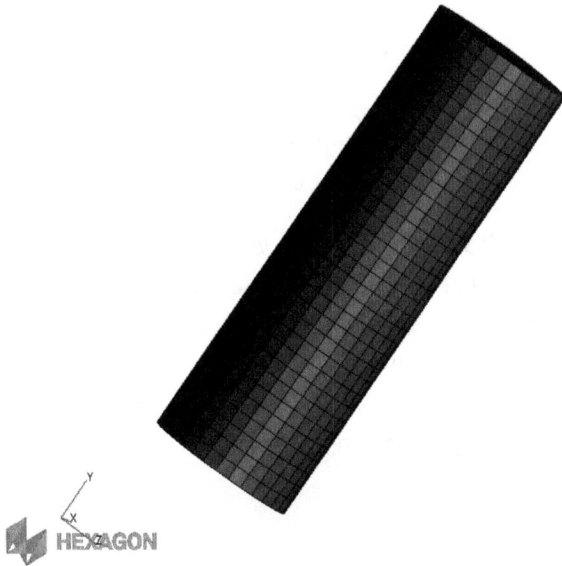

图 14-2　火药密闭容器

14.3.2 查看 BDF 文件

下面介绍 BDF 文件的相关信息，容器有限体积模型对应的文件是 ex_6.bdf 文件，文件包含节点和单元信息。我们需要在这个文件中获取单元属性号，具体文件格式如图 14-3 所示。一般来说由于容器比较简单，划分六面体单元时，可通过查找 CHEXA 获取相关单元属性号。

```
GRID*           3858                    .0023864        .160000*
*           -.005843
GRID*           3859                    .0002262        .160000*
*           -.010548
GRID*           3860                    .0056340        .160000*
*           -.011584
GRID*           3861                    .0063950        .160000*
*            .0082429
$
$ --- Define 3200 elements
$
$ -------- property set_p1 ---------
CHEXA           1        1         1      33      34       2     118     121+
+             120      119
CHEXA           2        1         2      34      35       3     119     120+
+             123      122
CHEXA           3        1         3      35      36       4     122     123+
+             125      124
CHEXA           4        1         4      36      37       5     124     125+
+             127      126
```

图 14-3　具体文件格式

14.3.3 编辑 DAT 文件

在工作目录中找到生成的 DAT 文件并打开，进行如下修改。

（1）定义分析时间。一般来说，通过试验曲线来定义分析时间；通过修改数据文件中的 ENDTIME 进行时间定义，如图 14-4 所示。

```
1   START
2   CEND
3   ENDTIME=0.04
4   ENDSTEP=9999999
```

图 14-4　定义分析时间

（2）定义输出。本实例需定义以下 3 个输出，如图 14-5 所示。

输出 1 的输出类型为 ARCHIVE，输出为计算结果云图，一般输出速度、压强、能量等。

输出 2 的输出类型为 TIMEHIS，输出为时间历程曲线，输出火药的质量、能量等。

文件中有"SET 44=999"，这个 999 为材料号。

输出 3 的输出类型为 TIMEHIS，输出为时间历程曲线，检查点的速度、压强等。

文件中有"SET 999=500001 500002 500003 500004"，这 4 个号为传感器单元号，由下面的"CMARKN1"来定义。

```
 9  $ Output result for request: EUL
10  TYPE (Euler) = ARCHIVE
11  ELEMENTS (Euler) = 2
12  SET 2 = ALLMULTIEULHYDRO
13  ELOUT (Euler) = XVEL YVEL ZVEL DENSITY PRESSURE TEMPTURE SIE FMAT FBURN,
14   VOID TDET ENERGY FMATPLT FMATPLT101 FMATPLT999 MASS ,
15   MASS999 DENSITY999 SIE101 SIE999  TEMPTURE999,
16   ENERGY999 FMAT101 FMAT999 HMAT R TDET FVUNC,
17   DEFMAT DEFBURN
18  times (Euler) = 0 THRU END BY 4e-4
19  SAVE (Euler) = 1000
20  $
21  TYPE (propellant_TH) = TIMEHIS
22  MATS (propellant_TH) = 44
23  SET 44 = 999
24  MATOUT (propellant_TH) = MASS ETOT EKIN EINT
25  TIMES (propellant_TH) = 0 THRU END BY 1e-4
26  SAVE (propellant_TH) = 10000
27
28  TYPE(EULM)= TIMEHIS
29  CMARKS(EULM)= 999
30  SET 999 = 500001 500002 500003 500004
31  CMARKOUT(EULM)= XVEL PRESSURE FMAT DEFMAT DEFBURN
32  TIMES(EULM)= 0.0 THRU END BY 4E-5
33  SAVE(EULM)= 100000
34
```

① ② ③

图 14-5　定义输出

（3）定义控制参数。

这里需要定义"FMULTI"控制参数，这个参数为欧拉单元中存在多种材料的比例。由于分析中涉及空气和火药两种物质，在长时间混合后，这种一个单元中存在两种及以上物质的单元在总单元数中的占比会越来越高。为保险起见，将其设置为 1，即 100% 的单元中存在两种及以上物质，如图 14-6 所示。

```
37  $------- Parameter Section ------
38  PARAM,CONTACT,THICK,0.0
39  PARAM,INISTEP,1E-10
40  PARAM,FMULTI,1
```

图 14-6　定义控制参数

（4）模型数据段。

①其中 INCLUDE ex_6.bdf 文件中的"ex_6.bdf"为容器模型。不同容器模型可以使用不同的 BDF 文件，如图 14-7❶ 所示。

②"PEULER1"的属性号为前面 BDF 文件中 CHEXA 单元中的属性号，如图 14-7❷ 所示。

③"4"为下面的"TICEUL"的卡片号，如图 14-7❸ 所示。

```
41  $------- BULK DATA SECTION -------
42  BEGIN BULK
43  INCLUDE ex_6.bdf          ❶
44  $
45  $ ========== PROPERTY SETS ==========
46  $
47  $            * peuler1 *
48  $                    ❷
49  PEULER1        1        MMHYDRO      4   ❸
```

图 14-7　文件中的模型数据段 1

④定义传感器单元属性，传感器单元采用 PMARKER 定义，其属性有 FIXED 和 MOVING 两种，本实例采用 FIXED 属性，如图 14-8❹ 所示。FIXED 属性与 MOVING 属性的区别如下。

FIXED：传感器单元固定在空间某一位置，一般用于测试某一固定位置的压强、流速等信息。

MOVING：传感器单元随材料运动，一般用于测试某一标记位置的材料信息，如射流分析时，锥状体尖端随时间变化的速度、压强等信息。

⑤定义传感器单元节点，也就是传感器所处的位置坐标，节点号要与 BDF 文件中的节点号区分开，不要重复，如图 14-8❺ 所示。

⑥定义传感器单元。传感器单元的定义与普通单元的定义一样，包含单元号、属性号的节点号，如图 14-8❻ 所示。

```
52  PMARKER,900001,FIXED                    ④
53  $----------|--X--|--Y--|--Z--|
54  GRID,800001,,0.01,0.01,0                ⑤
55  GRID,800002,,0.01,0.05,0
56  GRID,800003,,0.01,0.15,0
57  GRID,800004,,0.024,0.15,0
58
59  $---------------------------------
60  CMARKN1,500001,900001,800001           ⑥
61  CMARKN1,500002,900001,800002
62  CMARKN1,500003,900001,800003
63  CMARKN1,500004,900001,800004
```

图 14-8　文件中的模型数据段 2

⑦定义空气材料，本实例定义空气时没有使用 EOSGAM 状态方程，由于进行密闭容器试验时容器内压强比较大，需要考虑气体分子对压强的影响，因此采用诺贝尔 - 阿贝尔状态方程，如图 14-9❼ 所示。

```
69  $ -------- Material gas id =1
70  DMAT,101,1.29,101                       ⑦
71  EOSNA,101,1.2363,0.000001,314.46
72
73
74  DMAT,999,1.25,999                       ⑧
75  EOSDEF,999,1.2363,0.00001,314.46,,,2.8e6,1012,+
76  +,0.1,5e-6,0.8,500,2,0
```

图 14-9　文件中的模型数据段 3

⑧定义火药材料。火药采用 EOSDEF 状态方程，参数的意义可以看表 14-1 的介绍，如图 14-9❽ 所示。

⑨定义材料初始化。

"TICVAL,3……"用于定义空气的初始化，需要考虑密度的单位质量比内能。

"TICVAL,4……"用于定义火药的初始化，火药的初始化需要定义 defmat 参数，defmat 参数为 1 的时候，火药为可燃，如图 14-10❾ 所示。

```
83  TICVAL,3,,DENSITY,1.29,SIE,2.08E5       ⑨
84  TICVAL,4,,DENSITY,1.29,defmat,1.0
```

图 14-10　文件中的模型数据段 4

⑩定义欧拉单元初始化。

用"TICEUL"卡片定义欧拉单元的初始化，包含材料初始状态、材料、区域，以及级别。

其中，火药的形状由"CYLINDER"卡片定义，定义了一个圆柱体，轴向为 Y 向，高度为 0.02m，半径为 0.025m 的圆柱。如果火药是其他简单形状也可以采用其他方式定义，具体可以参考"TICEUL"卡片中的定义方式，如图 14-11 所示。

```
87  $ ------- TICEUL BC re1 -----
88  TICEUL      4                                                        +
89  +         SPHERE         1     101       3      1                     +
90  +       CYLINDER         2     999       4      2
91                          区域   材料    初始状态  级别                   10
92
93  SPHERE         1               0        0      0       1
94  CYLINDER       2               0        0      0       0      0.02    0+
95  +            .025
96
97  $
98  $
```

图 14-11　文件中的模型数据段 5

14.4　提交计算及后处理

14.4.1　提交计算

将修改后的 DAT 文件提交 Dytran 进行计算。

启动 Dytran 后，单击"New Job"（新任务）按钮 ，新建一个任务，在"File Explorer"导航区中找到相应工作目录的文件夹后，在"Input Files"列表框中选择 ex_14.dat 文件，然后单击"Run Job"（运行任务）按钮 ，开始计算，在计算过程中，底部有显示计算状态的进度条，如图 14-12 所示。

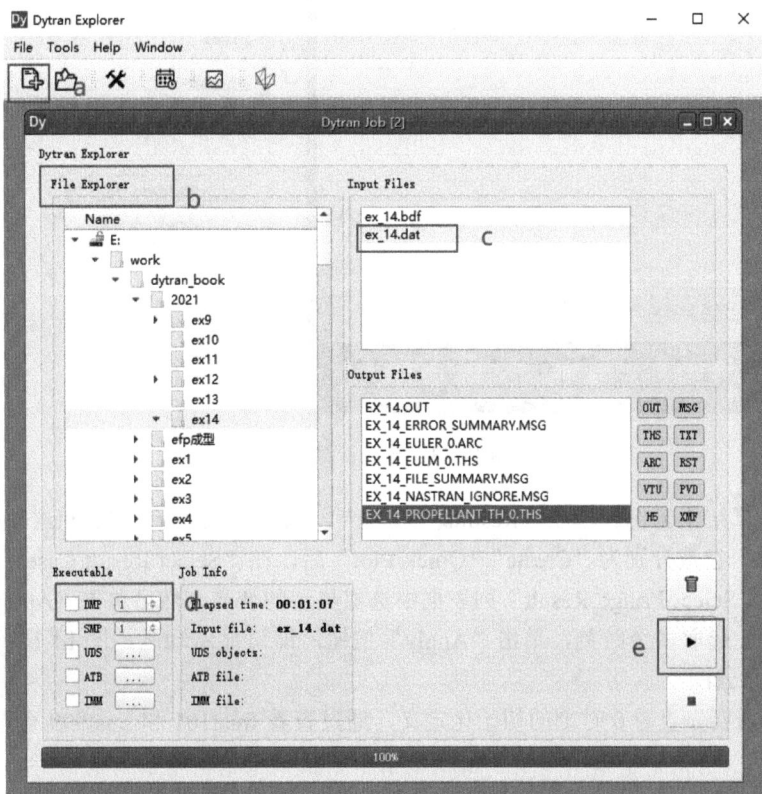

图 14-12　提交计算

这里需要注意，由于模型中欧拉网格不是由"MESH"卡片生成，因此不能够使用 DMP 并行计算。

14.4.2 后处理

后处理的目的是以图和表的形式描述计算结果。数据运算完成后，就可以进行后处理操作。

（1）后处理中，可以新建一个 DB 文件，名称为 result。单击"Analysis"选项卡，系统右侧显示"Analysis"操作面板，按图 14-13 所示的 a 步骤设置"Action""Object""Method"参数后，单击"Select Archive File"按钮，在打开的窗口中选择需要导入的 ARC 文件，然后依次单击"Add"按钮、"Apply"按钮，返回"Analysis"操作面板，单击"Apply"按钮，完成结果的导入。

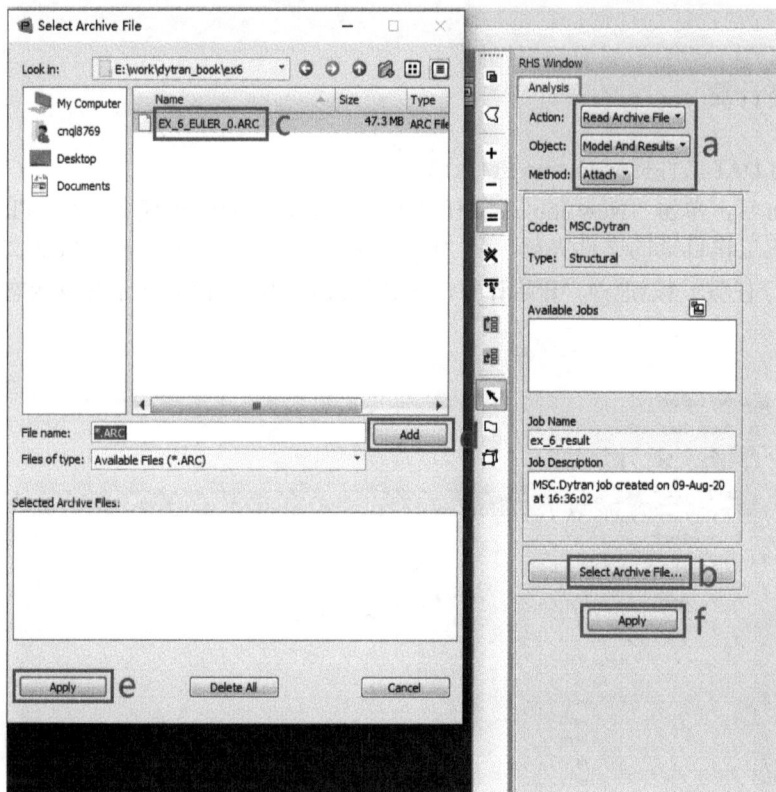

图 14-13　导入计算结果

（2）显示计算结果云图。单击"Results"选项卡，系统右侧显示"Results"操作面板，设置"Action""Object"参数分别为"Create""Quick Plot"后，在"Select Result Cases"列表框中选取显示的时刻，在"Select Fringe Result"列表框中选取显示的变量，然后单击"Apply"按钮，即显示计算结果云图。选取多个时刻，单击"Apply"按钮，即可显示动画。图 14-14～图 14-17 为显示的部分计算结果云图。

一般来说，需要先看 0 时刻的初始化定义，通过查看 fmat101 和 fmat999 查看初始材料的分布是否正确。

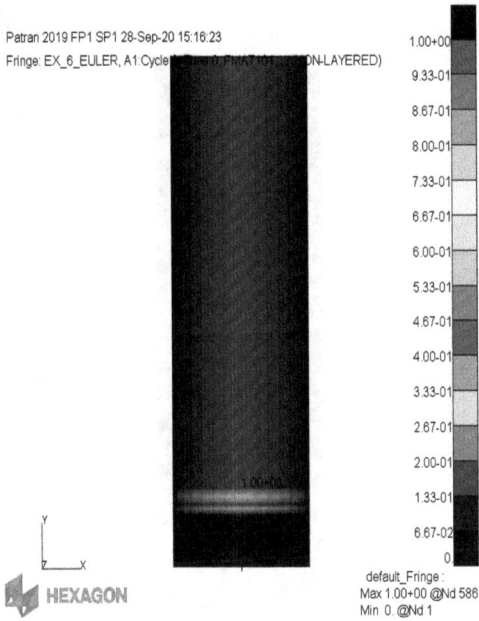

图 14-14　0 时刻的空气分布

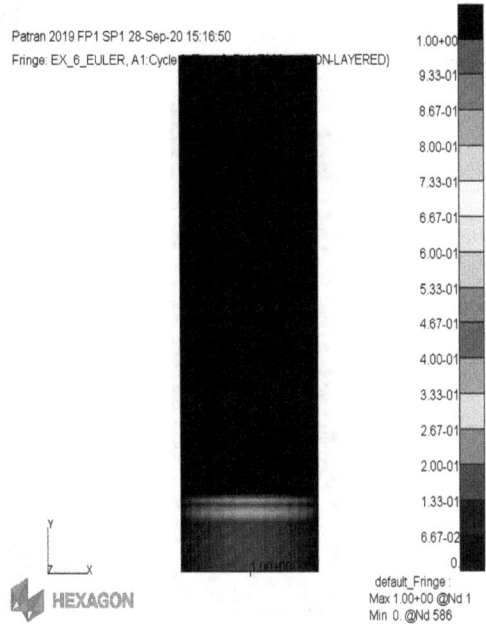

图 14-15　0 时刻的火药分布

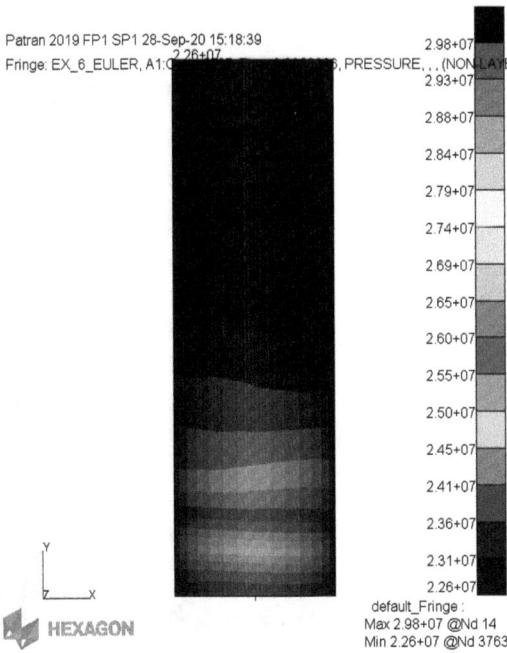

(a)　0.002s

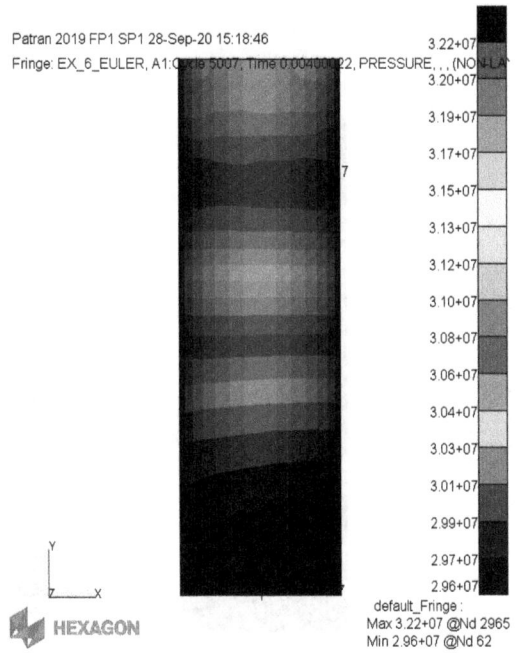

(b)　0.004s

图 14-16　不同时刻的压强分布

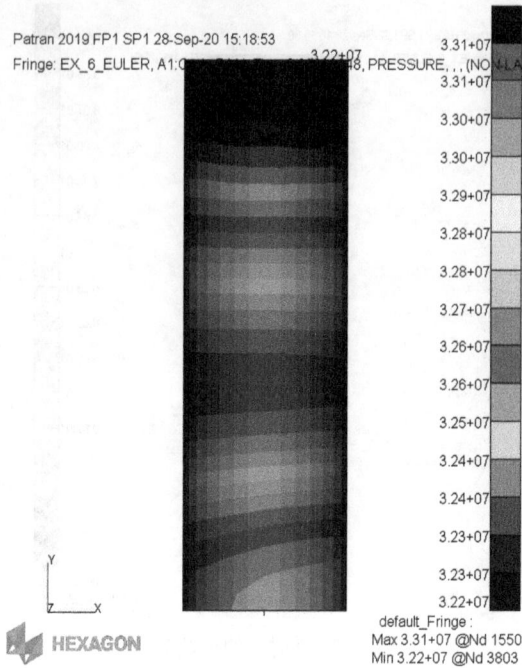

(c) 0.006s

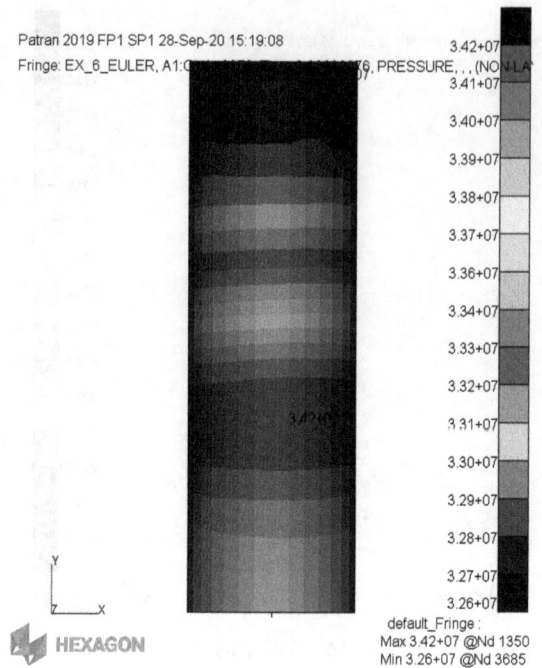

(d) 0.008s

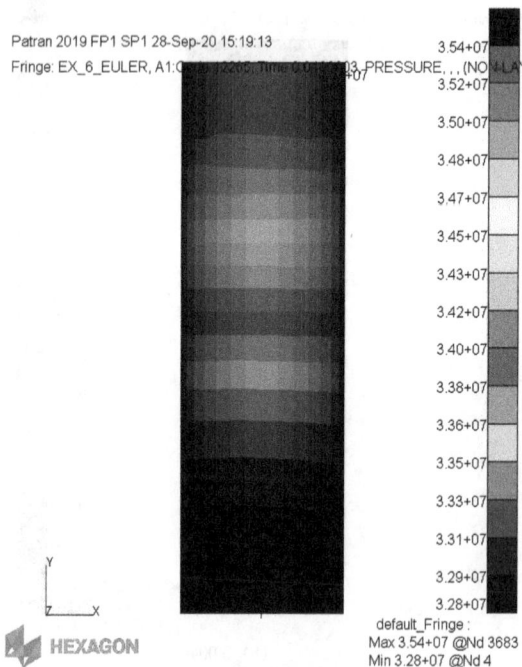

(e) 0.010s

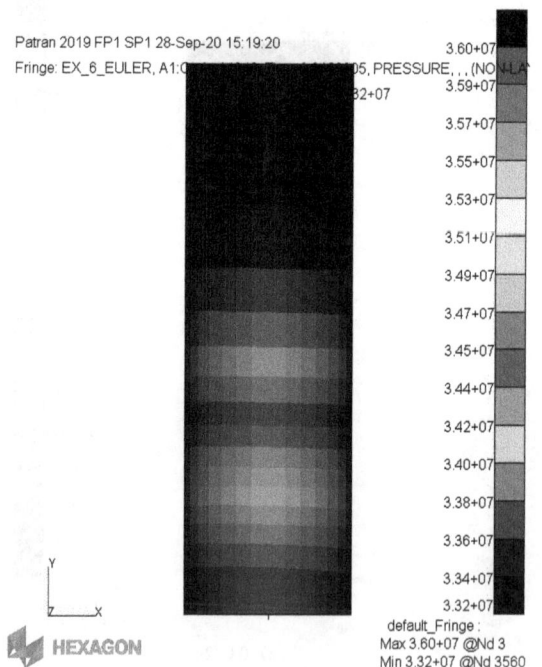

(f) 0.012s

图 14-16 不同时刻的压强分布（续）

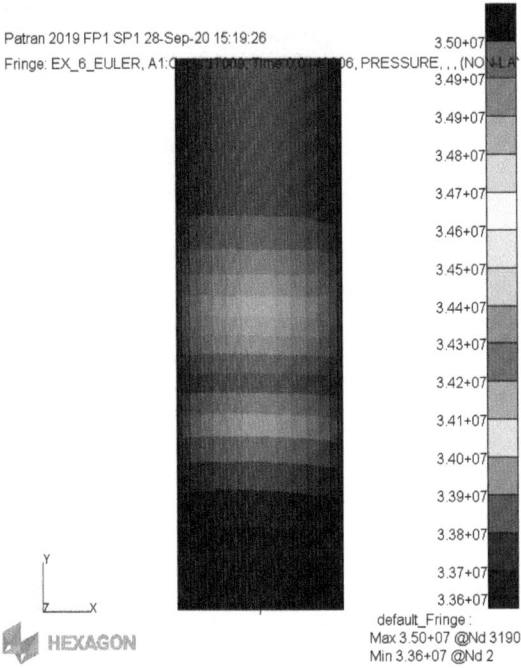

(g) 0.014s

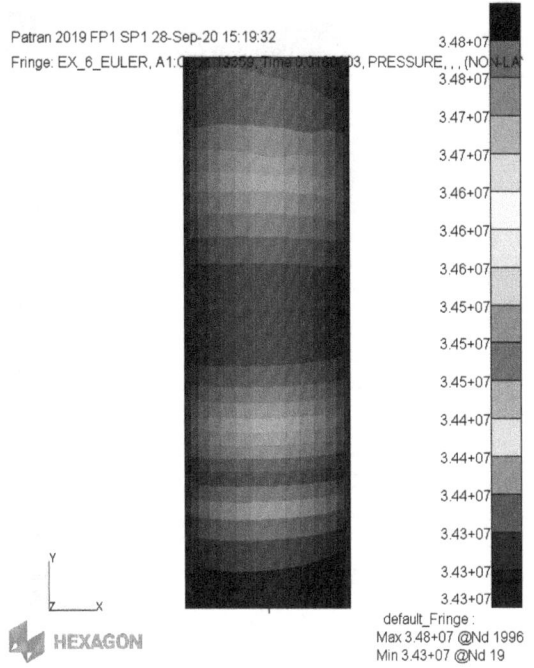

(h) 0.016s

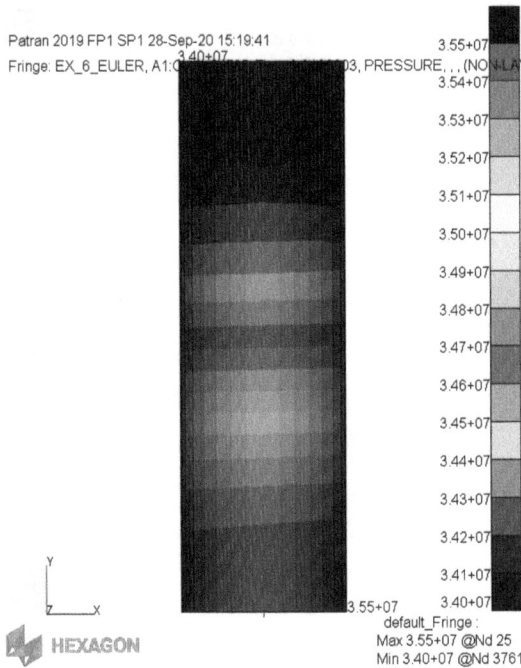

(i) 0.018s

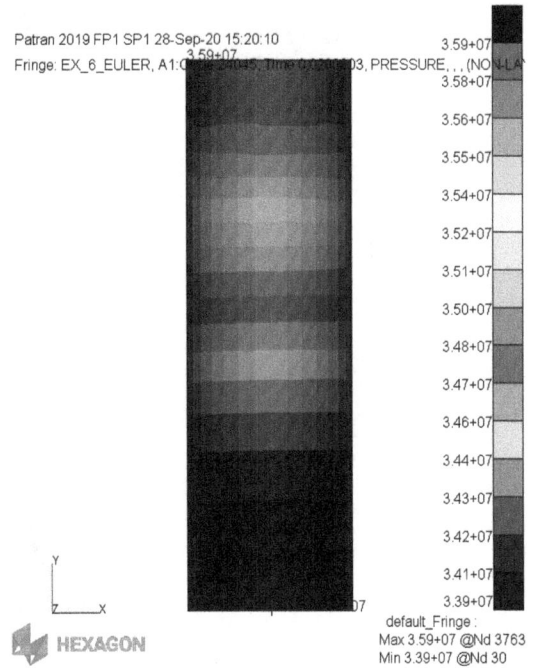

(j) 0.020s

图 14-16　不同时刻的压强分布（续）

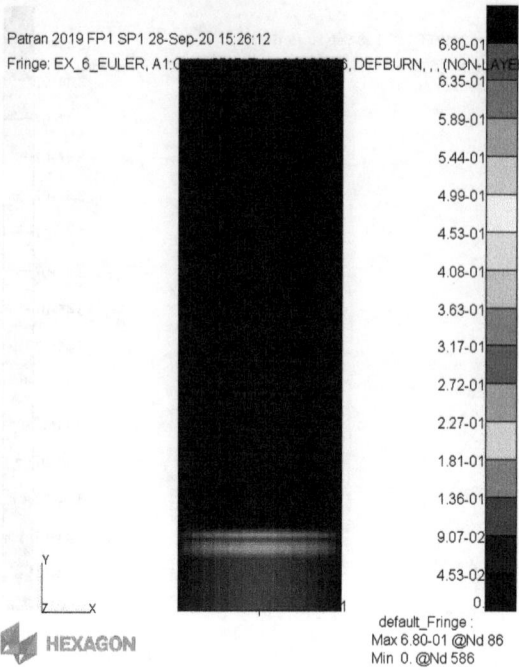

(a) 0.002s

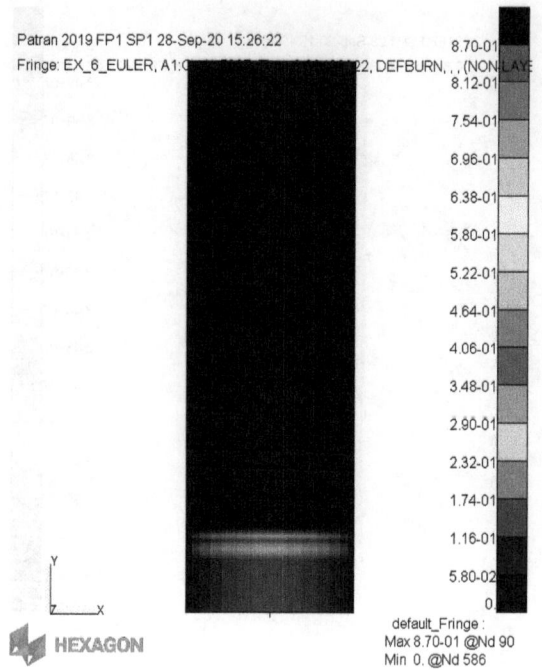

(b) 0.004s

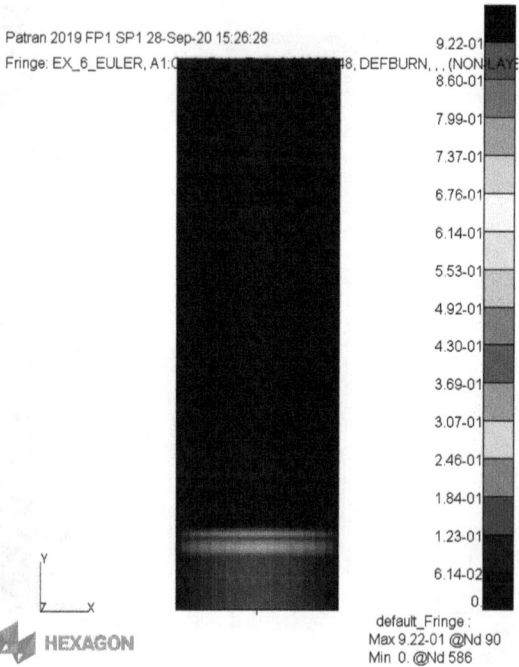

(c) 0.006s

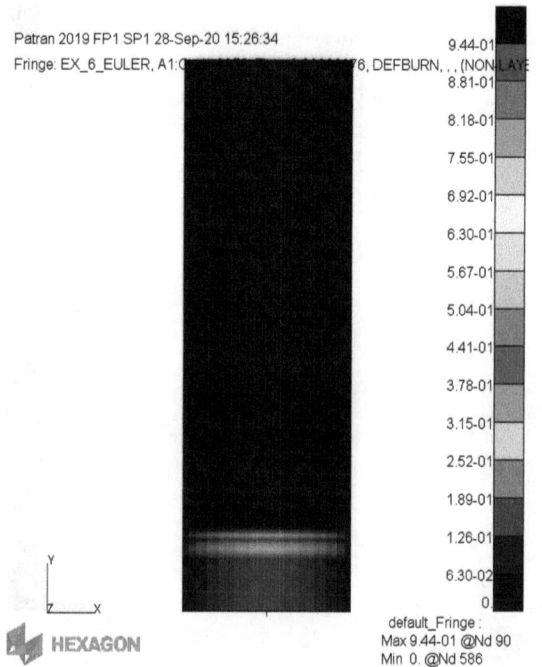

(d) 0.008s

图 14-17　不同时刻火药燃烧百分比

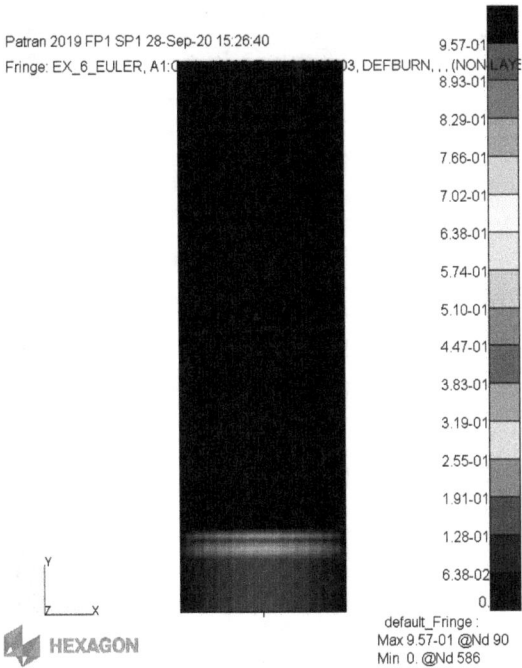

(e)　0.010s

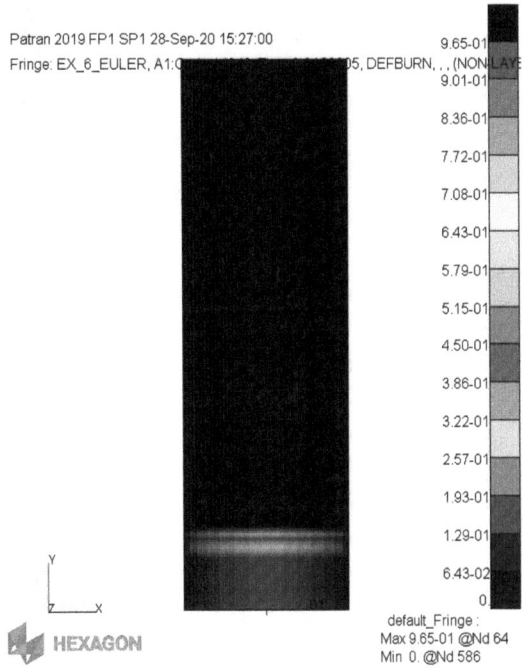

(f)　0.012s

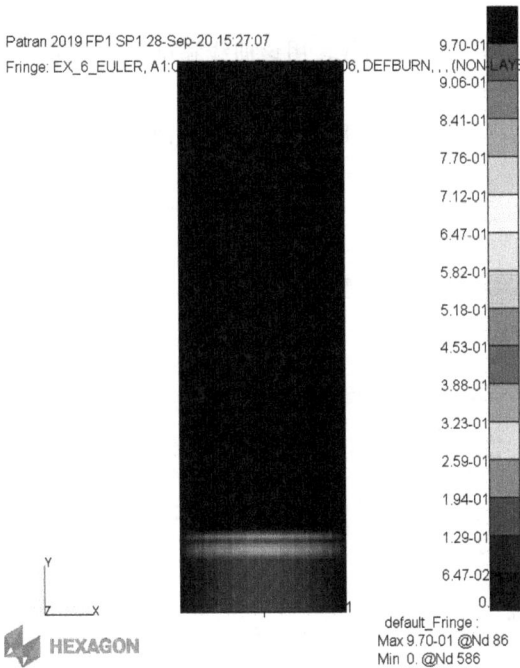

(g)　0.014s

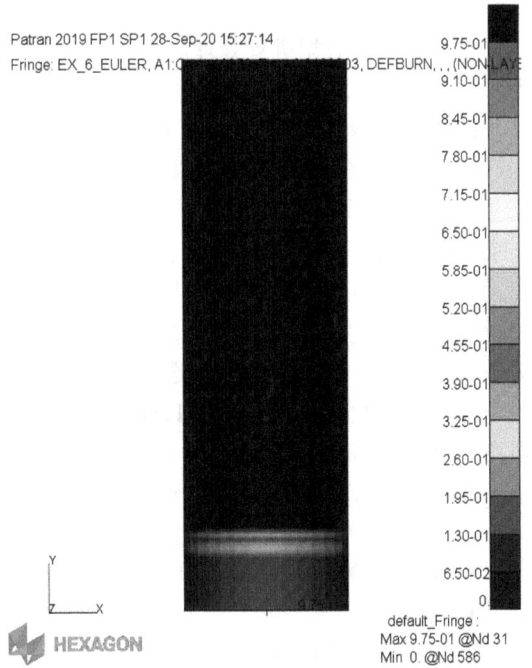

(h)　0.016s

图 14-17　不同时刻火药燃烧百分比（续）

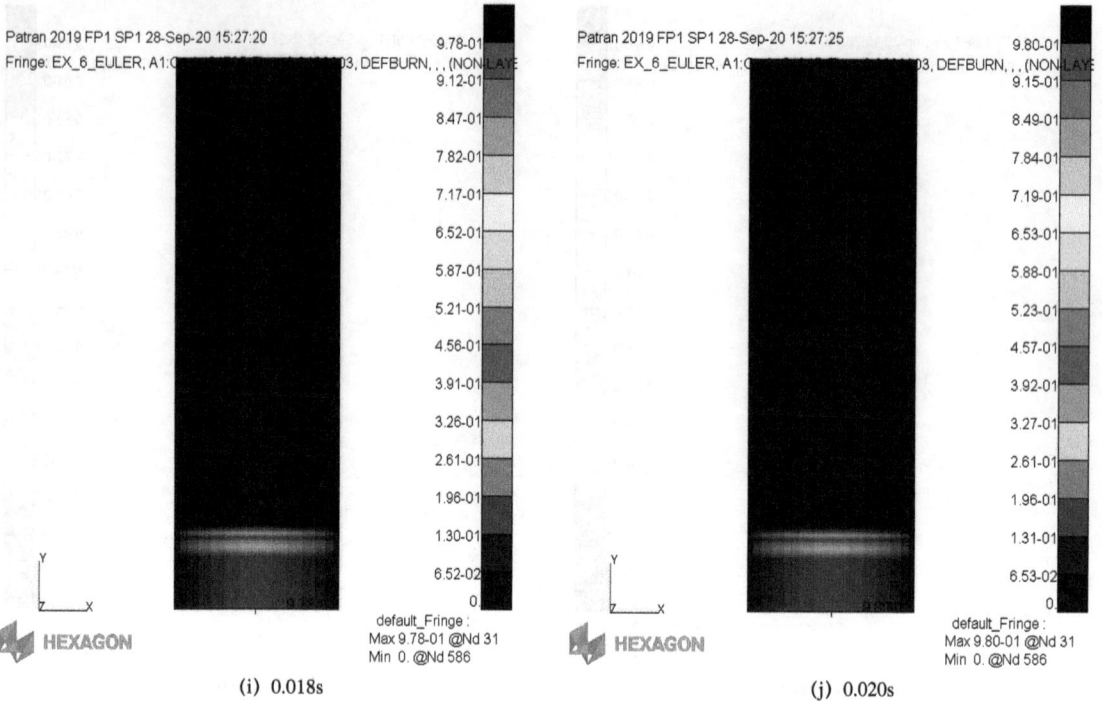

图 14-17　不同时刻火药燃烧百分比（续）

对曲线结果数据进行处理，主要是为了得到压强时间历程曲线，用该曲线和试验曲线进行对比，从而调整材料参数，实现材料数据的拟合。

在 Dytran 界面中双击 "EX_6_EULM_0.THS" 选项，如图 14-18 所示，会进入曲线视图界面。

在曲线视图界面中，按图 14-19 所示设置参数，设置 Y-axis 的参数后，选择一个观测点的压强，就可以画出该压强曲线。单击 "Export THS Data"（导出 THS 数据）按钮 ，可以将结果数据转换为 XLS 文件或者 TXT 文件，本实例选择 XLS 文件，勾选结果数据中的时间 "TIME" 和压强 "PRESSURE800001"，如图 14-20 所示，单击 "Export Dytran Time History Files"（导出 Dytran 时间历史文件）按钮 ，将得到的曲线和试验曲线在 Excel 中进行对比，如图 14-21 所示。

根据达到峰值的时间和峰值的大小调整材料参数，可以直接修改上述 DAT 文件中的 "EOSDEF" 卡片数据，然后再次进行分析，直到仿真数据和试验数据基本吻合为止。

可以将最终的数据保存下来，用于接下来的分析。

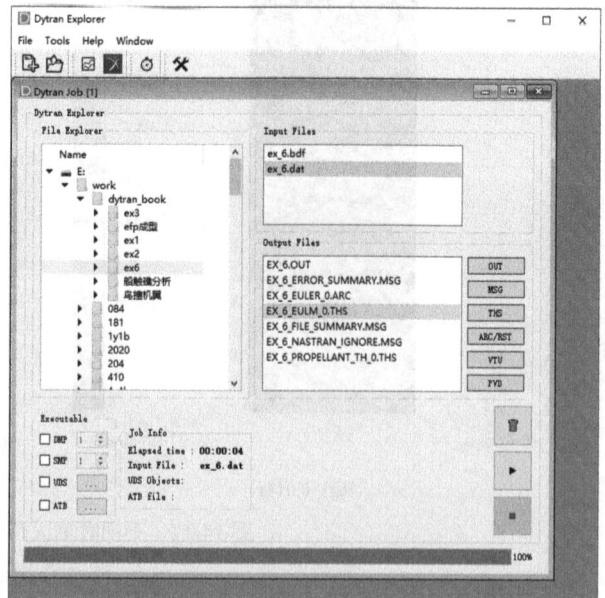

图 14-18　进入曲线视图界面

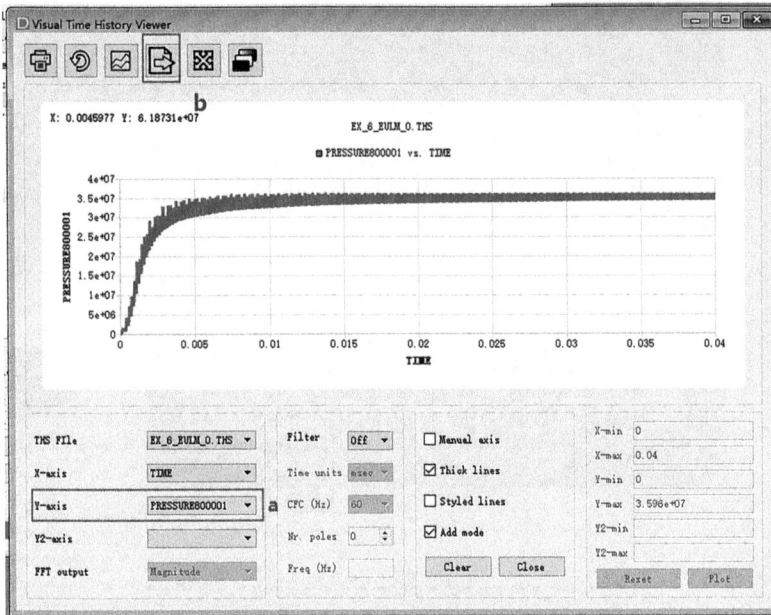

图 14-19　查看仿真分析曲线

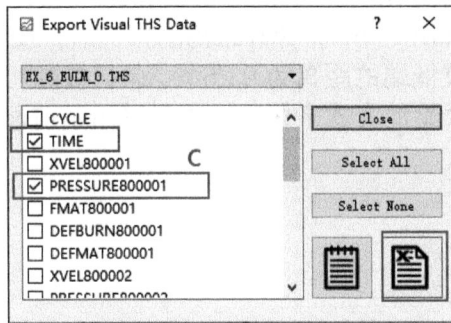

图 14-20　输出仿真分析曲线

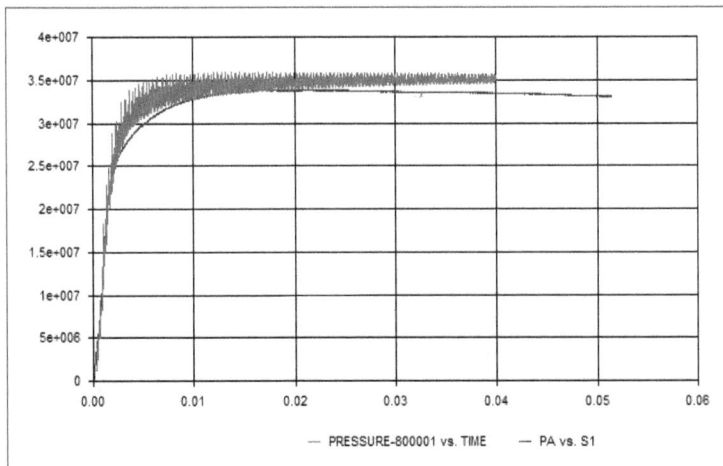

图 14-21　试验数据和仿真数据的对比

第 15 章
火药作用下弹片
运动分析实例

　　本章将模拟弹片在火药作用下的运动过程。为了简化模型，管道用一个正方形截面模拟，长、宽、高分别为 0.1m、0.1m、1m；弹片采用刚体材料，质量为 13kg，弹片距管道低端的距离为 0.25m。火药参数可以参考火药密闭容器试验的方式来获取，本章采用了前面内容中的火药数据。

15.1　创建几何模型

15.1.1　创建数据库文件

在菜单栏中选择"File > New"命令，弹出图 15-1 所示的"New Database"窗口，在"File name"文本框中输入数据文件名"ex7"，单击"OK"按钮。系统右侧显示"New Model Preference"操作面板，按图 15-2 所示设置参数，即设置 MSC.Dytran 为求解器，单击"OK"按钮，完成设置。

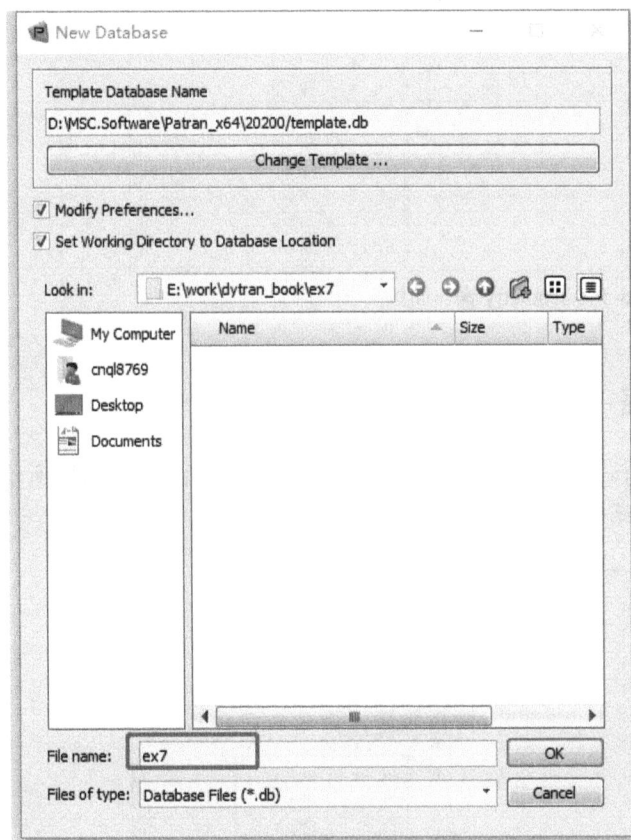

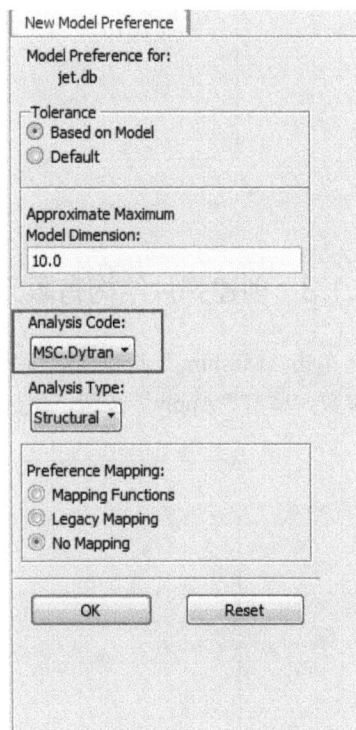

图 15-1　New Database 窗口　　　　图 15-2　New Model Preference 操作面板

15.1.2　创建弹片几何模型

单击"Geometry"选项卡，系统右侧显示"Geometry"操作面板，按图 15-3 所示设置参数，单击"Apply"按钮，生成弹片几何模型 solid 1。

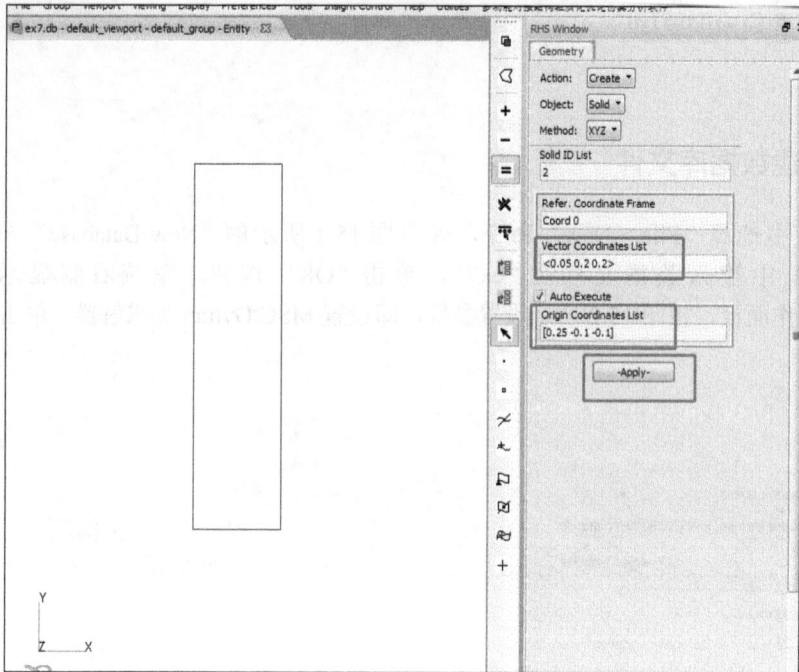

图 15-3　Geometry 操作面板

15.1.3　创建弹片结构有限元网格

单击"Meshing"选项卡，系统右侧显示"Finite Elements"操作面板，按图 15-4 右图所示设置参数，单击"Apply"按钮，生成弹片结构有限元网格。

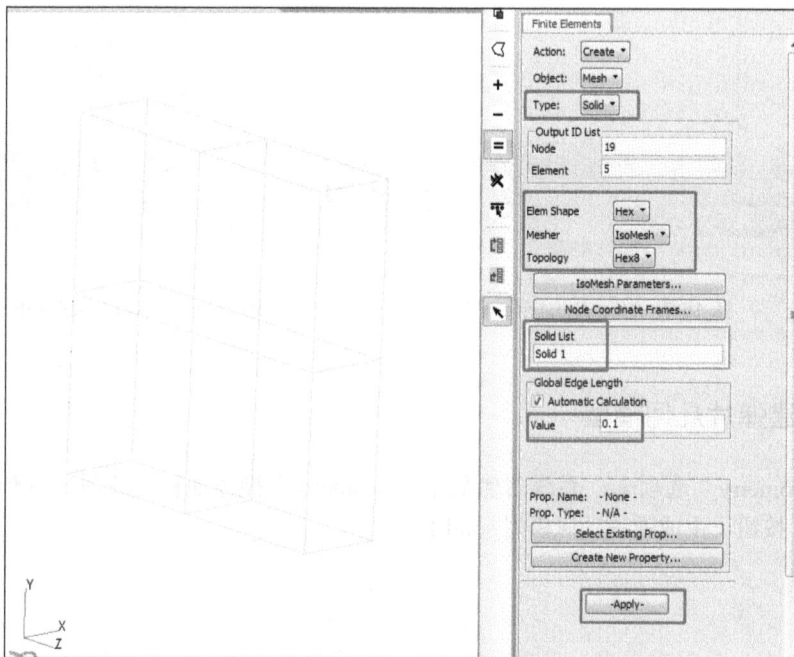

图 15-4　创建弹片结构有限元网格

15.1.4　创建材料参数

本实例需要创建弹片、空气、火药等材料并定义它们的参数。

（1）创建用于定义弹片结构的刚体材料。单击"Properties"选项卡，单击"Isotropic"面板中的"Isotropic"（等轴测）按钮，系统右侧显示"Materials"操作面板，按图 15-5 右图所示设置"Action""Object""Method"参数后，在"Material Name"文本框中输入"rigid"，单击"Input Properties"按钮，弹出"Input Options"窗口，按图 15-5 左图所示设置参数后，单击"OK"按钮，返回"Materials"操作面板，单击"Apply"按钮，创建名为"rigid"的刚体材料。

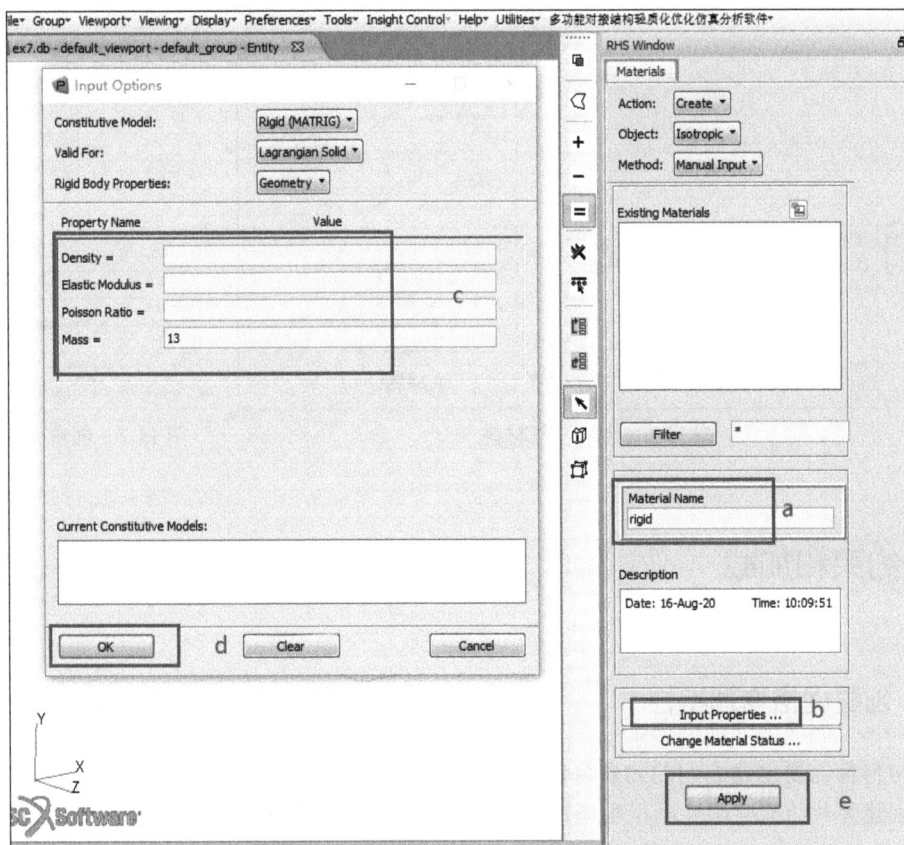

图 15-5　创建用于定义弹片结构的刚体材料

（2）创建空气材料。在"Materials"操作面板中，保持步骤（1）设置的"Action""Object""Method"参数不变，在"Material Name"文本框中输入"air"，单击"Input Properties"按钮，弹出"Input Options"窗口，按图 15-6 所示的 c 步骤设置相关参数后，单击"OK"按钮，返回"Materials"操作面板，单击"Apply"按钮，创建名为"air"的空气材料。

（3）创建火药材料。由于火药材料在 Patran 界面中不支持定义，因此，先在 Patran 界面中定义一个"air1"材料，假定为火药，在产生分析文件后，再修改该材料的属性。在"Materials"操作面板中，保持步骤（1）设置的"Action""Object""Method"参数不变，在"Material Name"文本框中输入"air1"，直接单击"Apply"按钮，创建一个参数与"air"材料相同的"air1"材料，如图 15-7 所示。

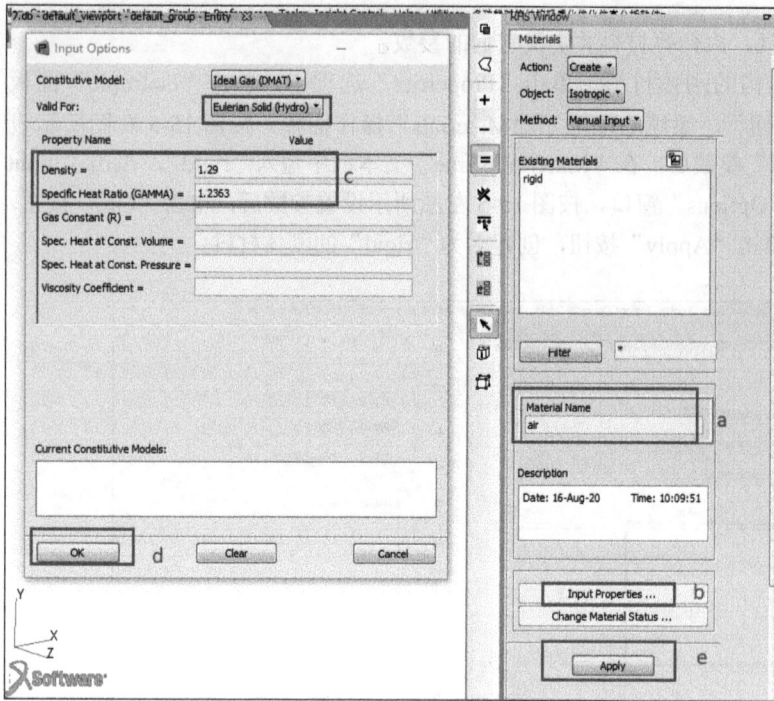

图 15-6　创建空气材料　　　　　　　　　　　图 15-7　创建火药材料

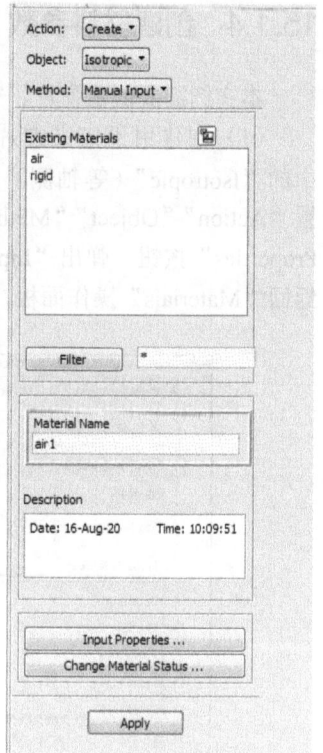

15.2　约束和加载

15.2.1　创建网格物理特性

每种材料都需要创建它们的物理特性。

（1）创建弹片结构有限元网格物理特性。单击"Properties"选项卡，单击"3D Properties"面板中的"Eulerian Solid"（欧拉固体）按钮，系统右侧显示"Element Properties"操作面板，按图 15-8 所示设置"Action""Object""Type"后，在"Property Set Name"文本框中输入"p_danpian"，单击"Input Properties"按钮，弹出"Input Properties"窗口，在"Materials"列表框中选择"rigid"，在"Material Name"后面的文本框中显示"m:rigid"，然后单击"OK"按钮，返回"Element Properties"操作面板。单击"Select Application Region"按钮，显示"Select Application Region"操作面板，在图形区框选所有"solid 1"，将会在"Select Members"文本框中显示"solid 1"，单击"Add"按钮，然后单击"OK"按钮，返回"Element Properties"操作面板，单击"Apply"按钮，创建名为"p_danpian"的物理特性。

（2）创建欧拉网格物理特性。在"Element Properties"操作面板中，按图 15-9 所示设置"Action""Object""Type"参数后，在"Property Set Name"文本框中输入"peuler"，在"Options"下拉列表中选择"MM/Hydro(PEULER1)"选项，然后单击"Apply"按钮，创建名为"peuler"的物理特性。

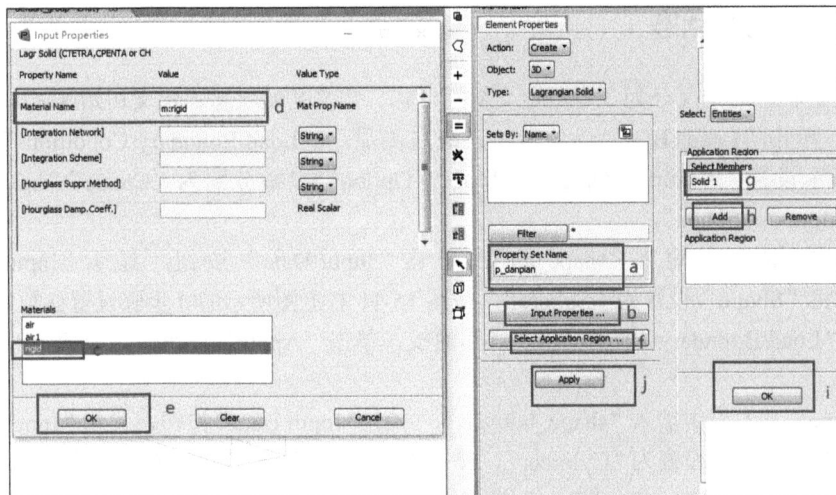

图 15-8　创建弹片结构有限元网格物理特性

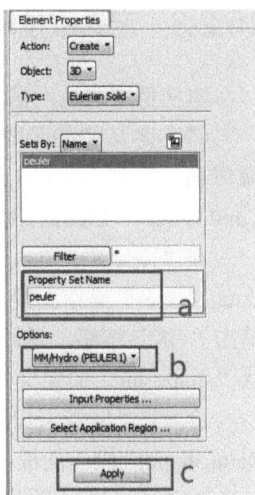

图 15-9　创建欧拉域网格
物理特性

15.2.2　创建耦合面

单击"Loads/BCs"选项卡，系统右侧显示"Load/Boundary Conditions"操作面板，按图 15-9 所示设置"Action""Object""Type""Option"参数后，按图 15-10 左图所示在"New Set Name"文本框中输入"couple"，单击"Select Application Region"按钮。系统显示"Select Application Region"操作面板，按图 15-10 右图所示设置参数，设置"Element Type"参数为"3D"，选择"Geometry"单选项，在图形中框选结构 solid 1.1 1.2 1.3 1.4 1.5 1.6，将会在"Select Entities"文本框中显示"solid 1.1 1.2 1.3 1.4 1.5 1.6"，然后单击"Add"按钮、"OK"按钮，返回"Load/Boundary Conditions"操作面板，接着单击"Apply"按钮，创建名为"couple"的耦合面。

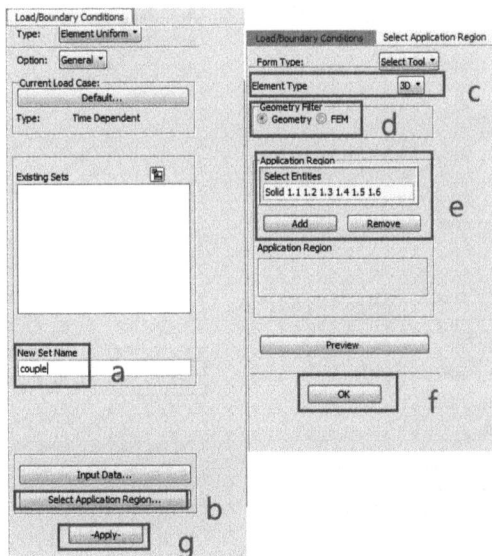

图 15-10　创建耦合面"couple"

341

15.2.3 定义欧拉网格的初始状态

本实例中欧拉网格初始状态的定义分为 3 步：定义初始形状、定义初始状态、定义初始区域。

（1）定义初始形状。单击"Loads/BCs"选项卡，系统右侧显示"Load/Boundary Conditions"操作面板，按图 15-11 所示设置"Action""Object""Type""Option"参数分别为"Create""Init. Cond.Euler""Element Uniform""Shape"。

在"New Set Name"文本框中输入"shape_air"，单击"Input Data"按钮，显示"Input Data(Shape)"操作面板，将"Shape"设置为"Sphere"，按图 15-11 右上图所示的 d 步骤设置参数，单击"OK"按钮，返回"Load/Boundary Conditions"操作面板，单击"Apply"按钮，完成初始形状"shape_air"的定义。

接着在"New Set Name"文本框中输入"shape_huoyao"，单击"Input Data"按钮，显示"Input Data(Shape)"操作面板，将"Shape"设置为"Cylinder"，按图 15-11 右下图所示的 d 步骤设置参数，单击"OK"按钮，返回"Load/Boundary Conditions"操作面板，单击"Apply"按钮，完成初始形状"shape_huoyao"的定义。

（2）定义初始状态。在"Load/Boundary Conditions"操作面板中，按图 15-12 所示设置"Action""Object""Type""Option"参数分别为"Create""Init.Cond.Euler""Element Uniform""Initial Values"。

在"New Set Name"文本框中输入"int_air"，单击"Input Data"按钮，在材料列表中选择"air"，按图 15-12 右上图所示的 d 步骤设置参数后，单击"OK"按钮，返回"Load/Boundary Conditions"操作面板，单击"Apply"按钮，完成初始状态"int_air"的定义。

接着在"New Set Name"文本框中输入"int_huoyao"，单击"Input Data"按钮，在材料列表中选择"air 1"，按图 15-12 右下图所示的 d 步骤设置参数后，单击"OK"按钮，返回"Load/Boundary Conditions"操作面板，单击"Apply"按钮，完成初始状态"int_huoyao"的定义。

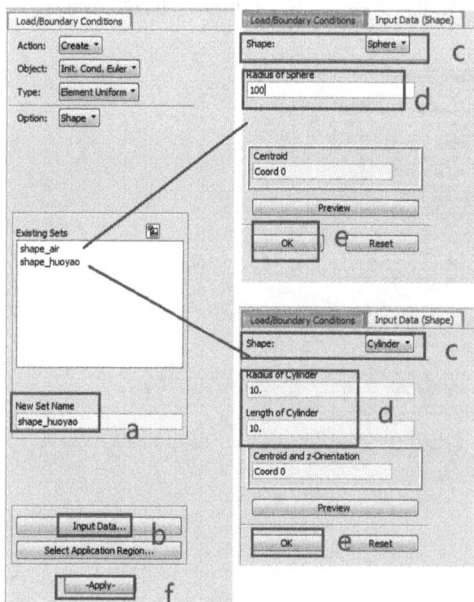

图 15-11　定义初始形状　　　　　　　图 15-12　定义初始状态

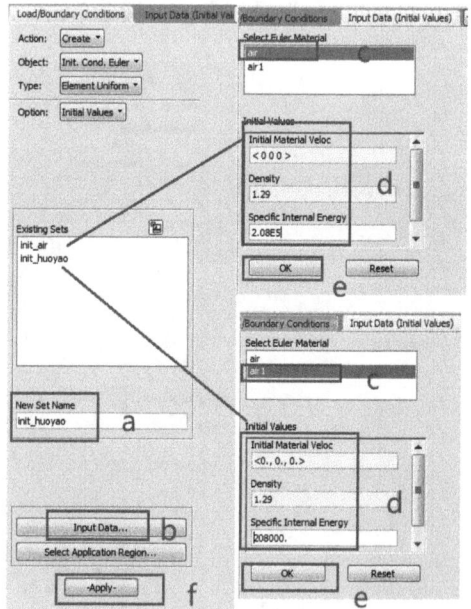

（3）定义初始区域。在"Load/Boundary Conditions"操作面板中，按图 15-13 的图 1 所示设置"Action""Object""Type""Option"参数，在"New Set Name"文本框中输入"region"，单击"Input Data"按钮，弹出"Input Data(Region Definition)"窗口，在"Existing PEULER 1 Sets"列表框中选择"peuler"，在"Existing Shapes Sets"列表框中选择"shape_air"，在"Existing Initial Values Sets"列表框中选择"int_air"，在"Level Indicator"文本框中输入"1"，单击"Add Row"按钮，如图 15-13 的图 2 所示，将会在"Table Data"表中添加一行数据；在"Existing Shapes Sets"列表框中选择"shape_huoyao"，在"Existing Initial Values Sets"列表框中选择"int_huoyao"，在"Level Indicator"文本框中输入"2"，单击"Add Row"按钮，将会在"Table Data"表中添加一行数据，结果如图 15-13 的图 3 所示，然后单击"OK"按钮，关闭"Input Data(Region Definition)"窗口，然后单击"Apply"按钮，创建名为"region"的初始区域。

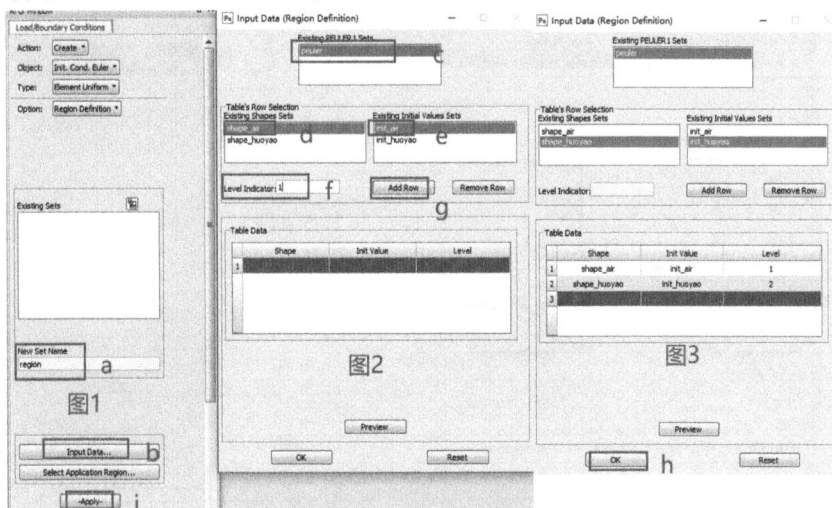

图 15-13　定义初始区域

15.2.4　定义欧拉网格

单击"Loads/BCs"选项卡，系统右侧显示"Load/Boundary Conditions"操作面板，按图 15-14 左图所示设置"Action""Object""Type""Option"参数，在"New Set Name"文本框中输入"mesh"，单击"Input Data"按钮，显示"Input Data"操作面板，按图 15-14 右图所示的 c、d、e、f 步骤设置参数后，可以单击"Preview"按钮进行预览（不是生成网格），然后单击"OK"按钮，返回"Load/Boundary Conditions"操作面板，单击"Apply"按钮。具体操作步骤如图 15-14 所示。

15.2.5　定义弹片固定约束

单击"Loads/BCs"选项卡，系统右侧显示"Load/Boundary Conditions"操作面板，按图 15-15 右图所示设

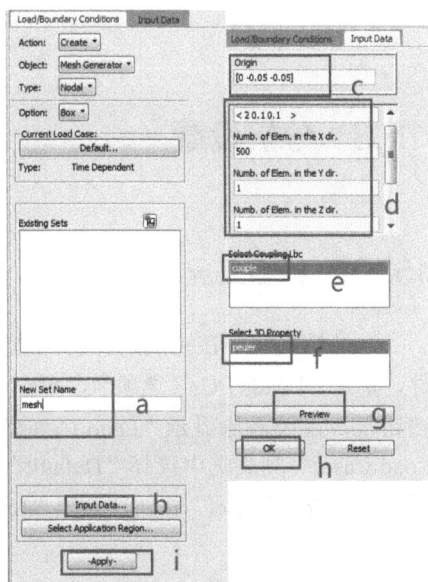

图 15-14　定义欧拉网格

置"Action""Object""Type"参数分别为"Create""Rigid Body Object""Nodal"。

在"New Set Name"文本框中输入"rbo",单击"Input Data"按钮,弹出"Input Data"窗口,在"Select Rigid Material,Nodal Rigid Body or Rigid Surface"列表框中选择"rigid",在"Rigid Body Constraint"多选框中勾选 UY、UZ、RX、RY、RZ 选项,如图 15-15 所示,单击"OK"按钮,然后单击"Apply"按钮,完成弹片固定约束"rbo"的创建。

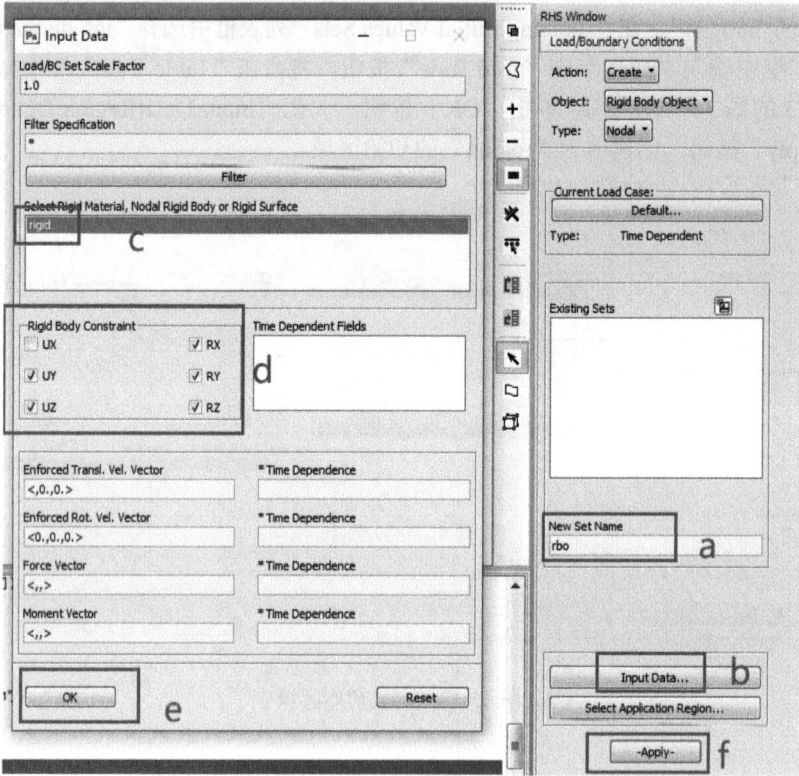

图 15-15　定义弹片固定约束

15.3　分析设置

15.3.1　检查工况

一般情况下,在完成边界条件的定义后,需要对工况进行检查,查看是否存在漏掉的边界条件,单击"Loads/BCs"选项卡,单击"Load Cases"面板中的"Create Load Case"(创建荷载工况)按钮 ,系统右侧显示"Load Cases"操作面板,设置"Action"参数为"Create",在"Existing Load Cases"列表框中选择"Default",弹出"Input Data"窗口,如图 15-16 所示,如果工况正确无误,单击"Cancel"按钮,关闭"Input Data"。

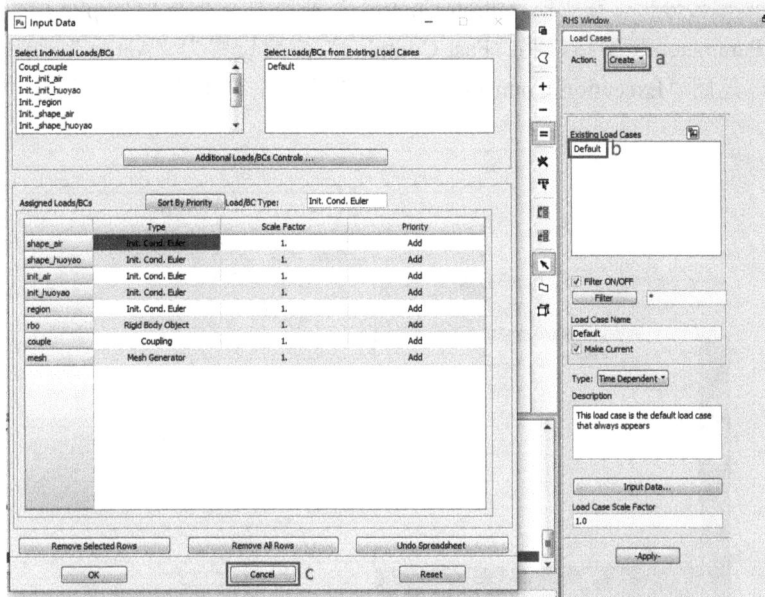

图 15-16　检查工况

15.3.2　设置分析求解参数

在显式非线性分析中，分析设置相对于静力学、动力学分析要更复杂，主要是要定义一些求解的参数、输出结果信息等。

（1）定义初始时间步长和分析时间。单击"Analysis"选项卡，系统右侧显示"Analysis"操作面板，设置"Action""Object""Method"参数分别为"Analyze""Input Deck""Translate"。单击"Execution Controls"按钮，弹出"Execution Controls"窗口，单击"Execution Control Parameters"按钮，弹出"Execution Control Parameters"窗口，在"End Time"文本框中输入"0.015"，在"Time-Step Size at Start"文本框中输入"1e-8"，单击"OK"按钮，如图 15-17 所示，返回"Execution Controls"窗口。

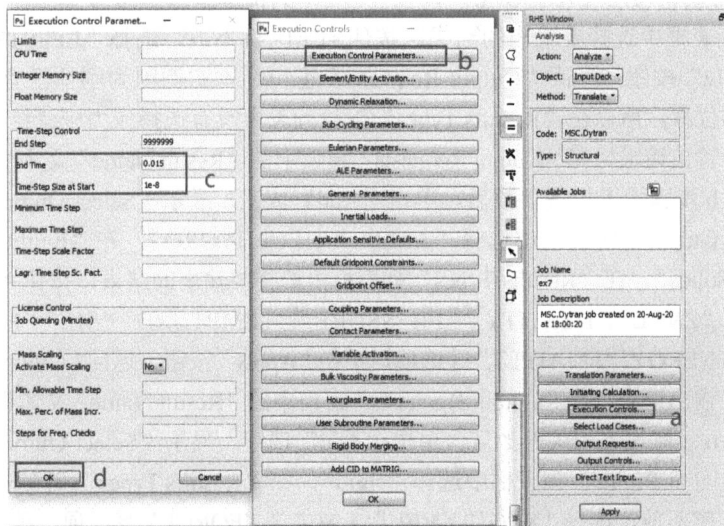

图 15-17　定义初始时间步长和分析时间

（2）激活快速耦合分析。在"Execution Controls"窗口中，单击"Coupling Parameters"按钮，弹出"Coupling Parameters"窗口，将"Fast Coulping"参数设置为"Active"，单击"OK"按钮，如图15-18所示，返回"Execution Controls"窗口，然后单击"OK"按钮，返回"Analysis"操作面板。

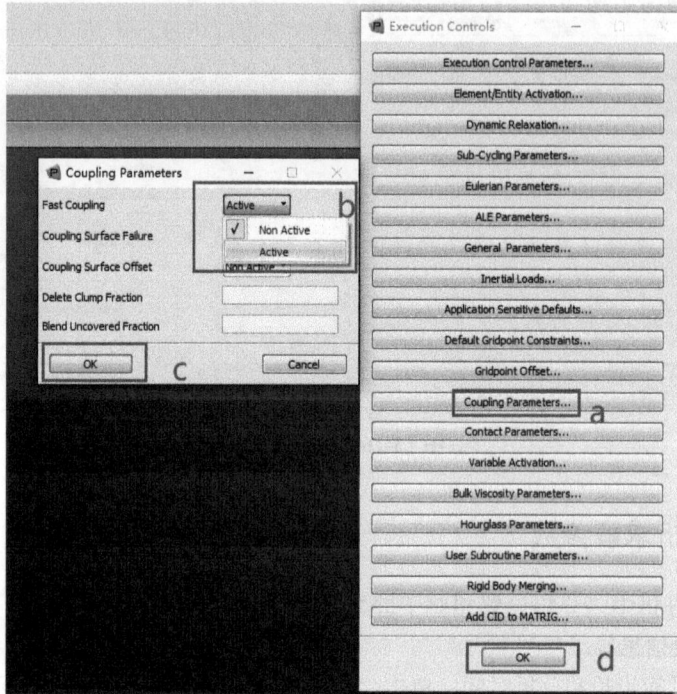

图 15-18　激活快速耦合分析

（3）定义输出设置。在"Analysis"操作面板中，单击"Output Requests"按钮，弹出"Output Requests"窗口，在"Result Name"文本框中输入"danpian"，按图15-19所示的c、d、e、f、g步骤设置相关参数后，单击"Add"按钮，显示"Select Output"操作面板，在"Select Groups for Output"列表框中选择"ALLLAGSOLID"，在"Entity Type"下拉列表中选择"Lagrangian"，在"Results Types"列表框中选择要输出的结果，按住 <Ctrl> 键不放，选择"EFFSTS""EFFPLS"等选项，单击"Apply"按钮，返回"Output Requests"窗口。本实例因为刚体没有应力应变，主要是为了输出刚体的位移，所以在"Results Types"下拉列表中没有选择应力应变结果。

定义另外一个输出请求，在"Output Requests"窗口中的"Result Name"文本框中输入"euler"，按图15-20所示的b步骤设置相关参数后，单击"Add"按钮，显示"Select Output"操作面板，在"Select Groups For Output"列表框中选择"ALLMULTIEULHYDRO"，在"Entity Type"下拉列表中选择"Eulerian Solids"，在"Results Types"列表框中选择要输出的结果，按住 <Ctrl> 键不放选择"XVEL""YVEL""ZVEL""DENSITY""PRESSURE""TEMPTURE""SIE""FMAT""FBURN""VOID""TDET""ENERGY""FMATPLT"等选项，单击"Apply"按钮，返回"Output Requests"窗口。

定义另外一个输出请求，在"Output Requests"窗口中的"Result Name"文本框中输入"rigid"，按图15-21所示的b步骤设置相关参数后，单击"Add"按钮，显示"Select Output"操作面板，在"Select Rigid Material or Rigids"列表框中选择"rigid"，在"Results Types"列表框中选择要输出的结果，按住 <Ctrl> 键不放，选择"XCG""XVEL""XACC""XFORCE"等选项，单击"Apply"按钮，

返回"Output Requests"窗口。

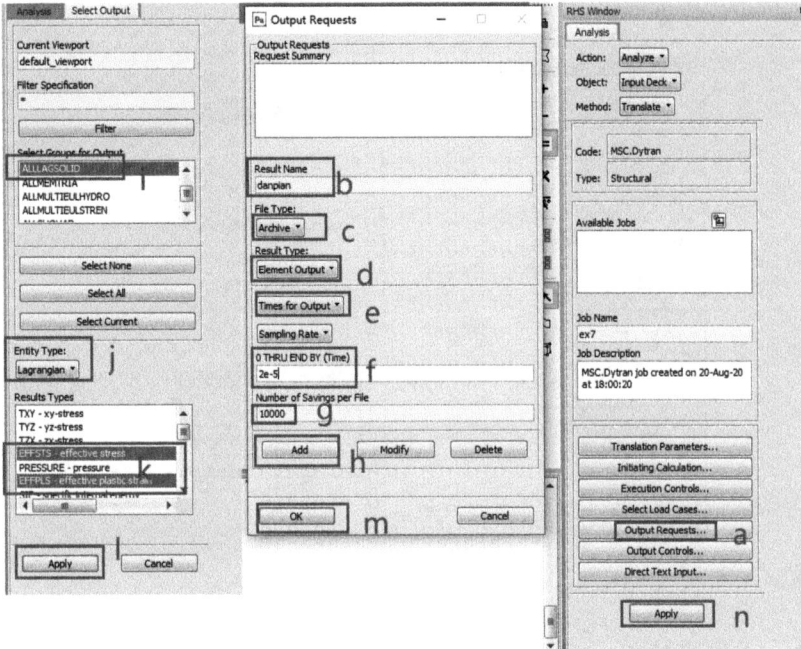

图 15-19　定义输出设置 1

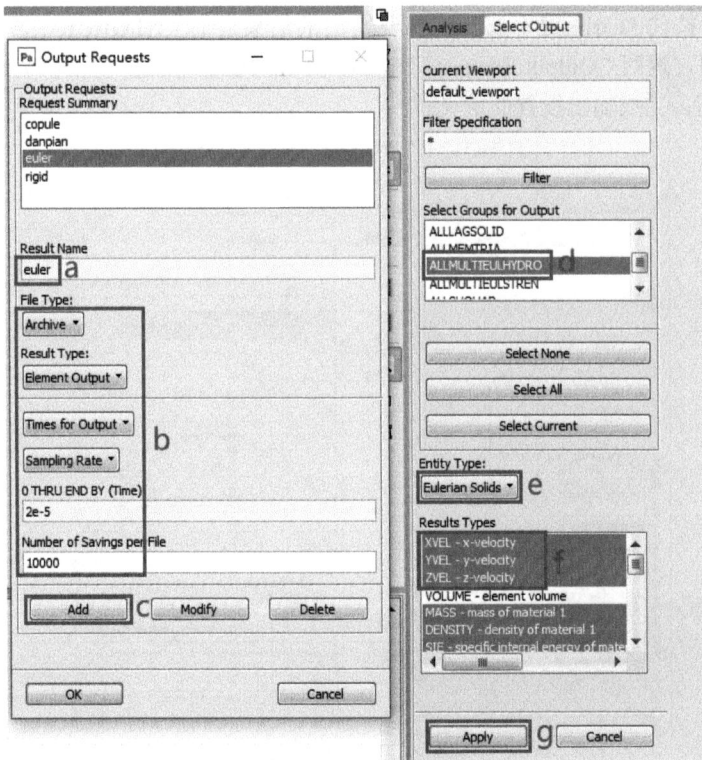

图 15-20　定义输出设置 2

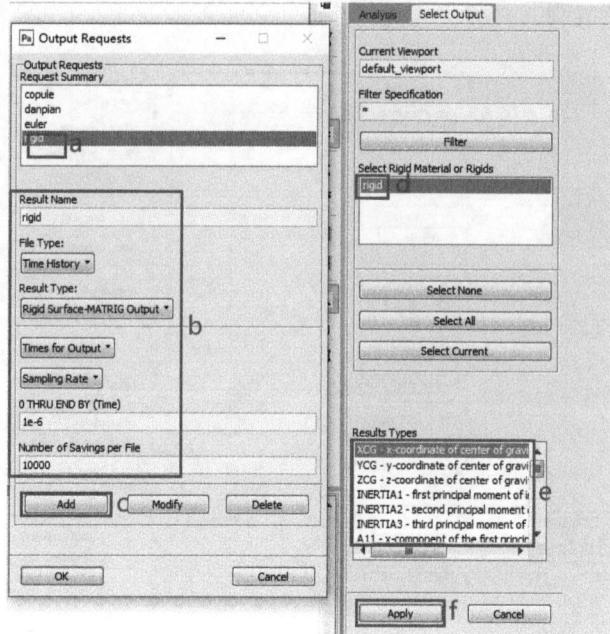

图 15-21　定义输出设置 3

定义另外一个输出请求，在"Output Requests"窗口中的"Result Name"文本框中输入"couple"，按图 15-22 所示的 b 步骤设置相关参数后，单击"Add"按钮，显示"Select Output"操作面板，在"Select Surfaces for Output"列表框中选择"couple"，在"Results Types"列表框中选择要输出的结果，按住 <Ctrl> 键不放，选择要输出的结果，如"XFORCE""YFORCE"等选项，单击"Apply"按钮，返回"Output Requests"窗口，单击"OK"按钮，返回"Analysis"操作面板，单击"Apply"按钮，完成输出设置的定义。

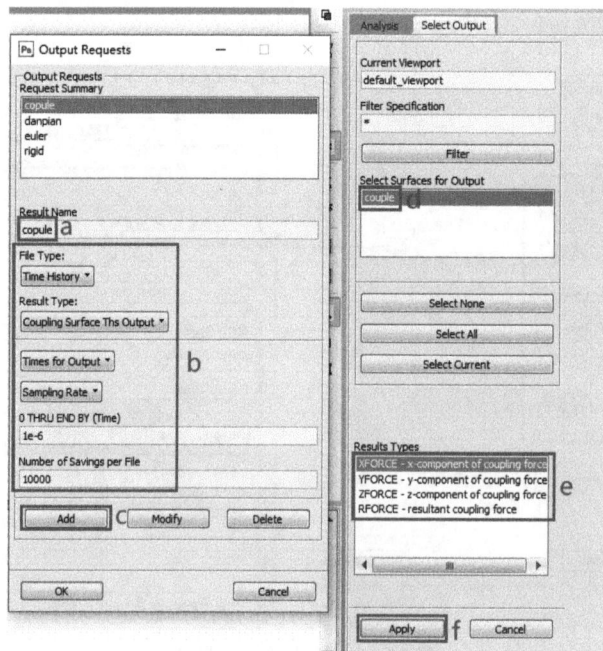

图 15-22　定义输出设置 4

15.3.3　修改模型数据文件

在工作目录中找到生成的 **ex7.dat** 文件并打开，进行如下修改。

（1）添加欧拉边界。

在文件最后的"ENDDATA"文本前添加如下文本内容，用于添加欧拉域的流动边界，如图 15-23 所示。

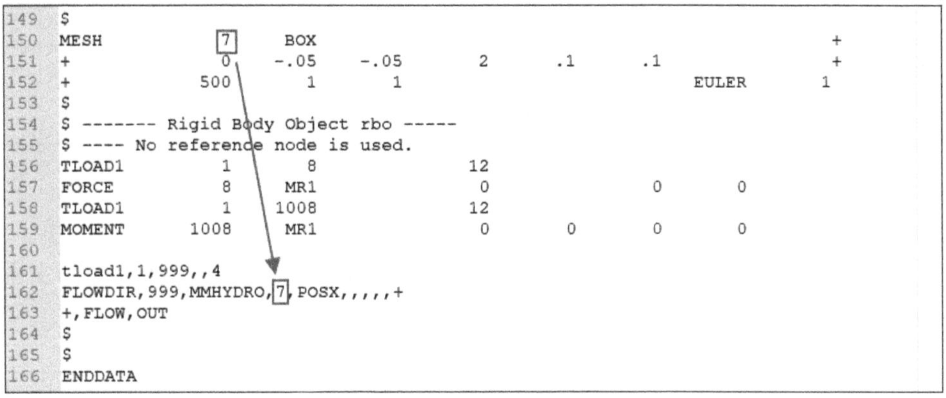

```
149  $
150  MESH            7       BOX                                         +
151  +        0      -.05    -.05        2      .1      .1               +
152  +       500      1       1                              EULER      1
153  $
154  $ ------- Rigid Body Object rbo -----
155  $ ---- No reference node is used.
156  TLOAD1         1       8            12
157  FORCE          8       MR1           0                0       0
158  TLOAD1         1      1008          12
159  MOMENT       1008     MR1           0        0       0       0
160
161  tload1,1,999,,4
162  FLOWDIR,999,MMHYDRO,7,POSX,,,,,+
163  +,FLOW,OUT
164  $
165  $
166  ENDDATA
```

图 15-23　添加欧拉边界

```
tload1,1,999,,4
FLOWDIR,999,MMHYDRO,7,POSX,,,,,+
+,FLOW,OUT
```

（2）修改材料参数。

对空气材料和火药材料的参数进行修改，可以参考火药密闭容器试验参数，如图 15-24 所示。

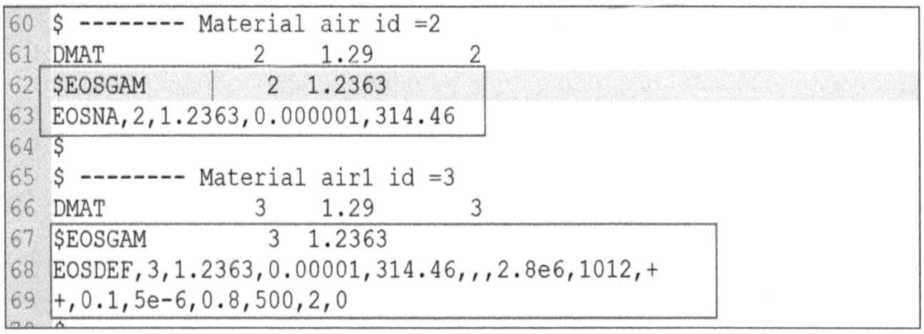

```
60  $ -------- Material air id =2
61  DMAT          2      1.29         2
62  $EOSGAM       2   1.2363
63  EOSNA,2,1.2363,0.000001,314.46
64  $
65  $ -------- Material air1 id =3
66  DMAT          3      1.29         3
67  $EOSGAM       3   1.2363
68  EOSDEF,3,1.2363,0.00001,314.46,,,2.8e6,1012,+
69  +,0.1,5e-6,0.8,500,2,0
70
```

图 15-24　修改材料参数

（3）修改火药的初始状态。

修改火药的初始状态，将其定义为 defmat，如图 15-25 所示。

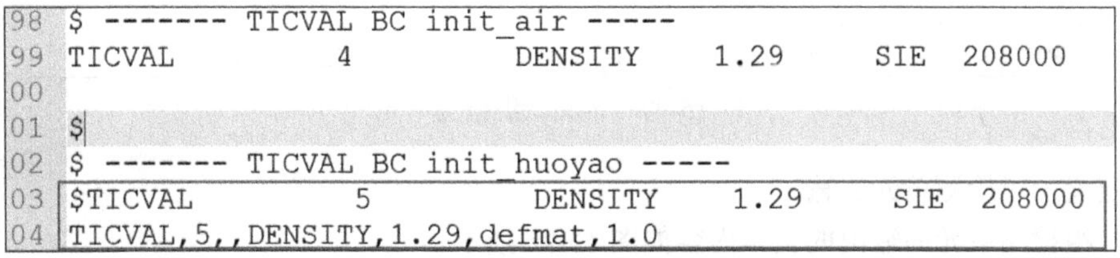

```
98  $ ------- TICVAL BC init_air -----
99  TICVAL          4        DENSITY     1.29      SIE    208000
00
01  $
02  $ ------- TICVAL BC init_huoyao -----
03  $TICVAL          5        DENSITY     1.29      SIE    208000
04  TICVAL,5,,DENSITY,1.29,defmat,1.0
```

图 15-25　修改火药的初始状态

（4）修改火药的初始形状。

修改火药的初始形状，设置高为 0.25m，半径为 10m，包含整个欧拉区域即可，如图 15-26 所示。

```
106  $ ------- TICEUL BC region -----
107  TICEUL        6                                              +
108  +        SPHERE        2        2        4        1          +
109  +        CYLINDER      3        3        5        2
110  SPHERE        2                0        0        0      100
111  $CYLINDER      3                0        0       -5        0        0      5+
112  $+           10
113  CYLINDER,3,,0.0,0.0,0.0,0.25,0,0,+
114  +        ,10.
```

图 15-26 修改火药的初始形状

（5）定义一组检测单元。

这一步是非必要项，主要是为了检测不同位置的结果，定义一组检测单元的文本内容如图 15-27 所示。

```
95   CFACE         15        1        3        4
96   CFACE         16        1        4        4
97   $
98   PMARKER,900001,FIXED
99   $----------|--X--|--Y--|--Z--|
100  GRID,800001,,0.1,0.05,0.0
101  GRID,800002,,0.25,0.05,0.0
102  GRID,800003,,0.5,0.05,0.0
103  GRID,800004,,0.75,0.05,0.0
104  GRID,800005,,1.0,0.05,0.0
105  GRID,800006,,1.25,0.05,0.0
106  GRID,800007,,1.5,0.05,0.0
107  GRID,800008,,1.75,0.05,0.0
108  GRID,800009,,1.99,0.05,0.0
109  $-------------------------
110  CMARKN1,500001,900001,800001
111  CMARKN1,500002,900001,800002
112  CMARKN1,500003,900001,800003
113  CMARKN1,500004,900001,800004
114  CMARKN1,500005,900001,800005
115  CMARKN1,500006,900001,800006
116  CMARKN1,500007,900001,800007
117  CMARKN1,500008,900001,800008
118  CMARKN1,500009,900001,800009
119
120  $ ------- TICVAL BC init_air -----
121  TICVAL         4           DENSITY    1.29    SIE   208000
122
123  $
124  $ ------- TICVAL BC init_huoyao -----
125  $TICVAL         5           DENSITY    1.29    SIE   208000
```

图 15-27 定义一组检测单元

（6）定义一组检测单元的输出。

定义一组检测单元的输出的文本内容如图 15-28 所示。

```
32  $ Output result for request: rigid
33  TYPE (rigid) = TIMEHIS
34  RIGIDS (rigid) = 4
35  SET 4 = mr1
36  RBOUT (rigid) = XCG XVEL XACC XFORCE
37  TIMES (rigid) = 0 THRU END BY 1e-6
38  SAVE (rigid) = 10000
39
40  TYPE(EULM)= TIMEHIS
41  CMARKS(EULM)= 999
42  SET 999 = 500001 500002 500003 500004 500005 500006 500007 500008 500009
43  CMARKOUT(EULM)= XVEL PRESSURE FMAT DEFMAT DEFBURN
44  TIMES(EULM)= 0.0 THRU END BY 1E-6
45  SAVE(EULM)= 100000
46
47  $------ Parameter Section ------
48  PARAM,CONTACT,THICK,0.0
49  PARAM,FASTCOUP
50  PARAM,INISTEP,1e-8
51  $------ BULK DATA SECTION -------
52  BEGIN BULK
53  INCLUDE ex7.bdf
```

图 15-28　定义一组检测单元的输出

15.4　提交计算及后处理

15.4.1　提交计算

将修改后的 DAT 文件提交 Dytran 进行计算。

启动 Dytran 后，单击 "New Job"（新任务）按钮 ，新建一个任务，在 "File Explorer" 导航区中找到相应工作目录的文件夹后，在 "Input Files" 列表框中选择 ex15.dat 文件，可以选择采用 DMP 并行计算，然后单击 "Run Job"（运行任务）按钮 ，开始计算，在计算过程中，底部显示计算状态的进度条，如图 15-29 所示。

15.4.2　后处理

后处理的目的是以图和表的形式描述计算结果。数据运算完成后，就可以进行后处理操作。

（1）后处理中，可以新建一个 DB 文件，名称为 result。单击 "Analysis" 选项卡，系统右侧显

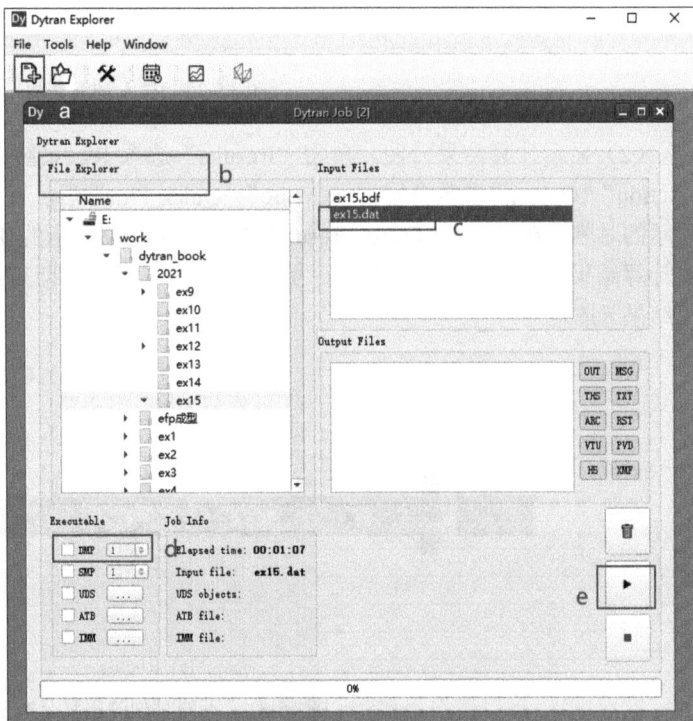

图 15-29　提交计算

示"Analysis"操作面板，按图 15-30 所示设置"Action""Object""Method"参数后，单击"Select Archive File"按钮，在打开的窗口中选择需要导入的 ARC 文件，然后依次单击"Add"按钮，"Apply"按钮，返回"Analysis"操作面板，单击"Apply"按钮，完成结果的导入。

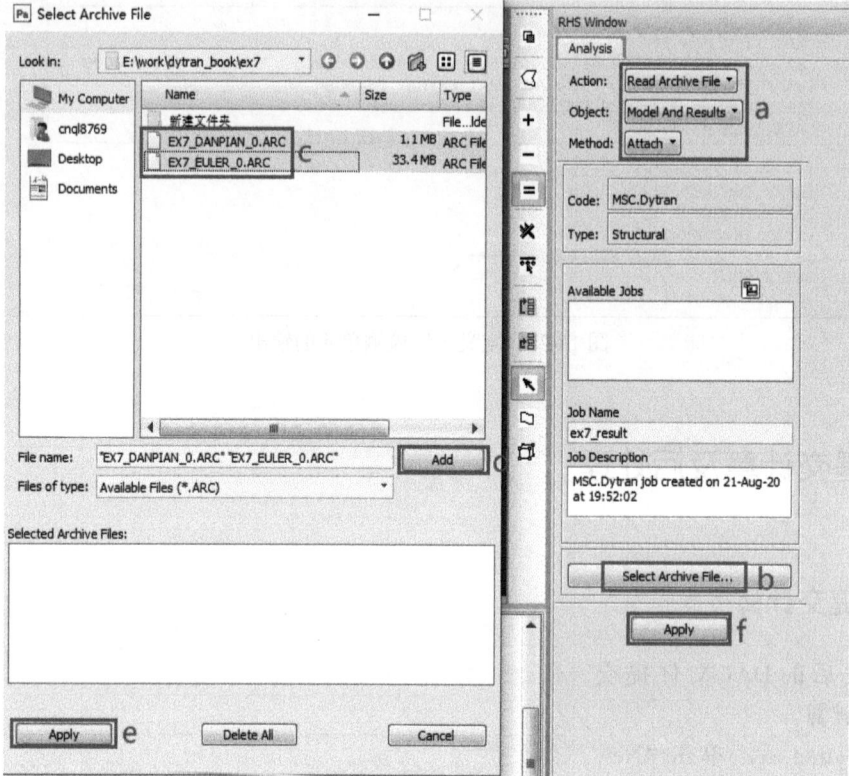

图 15-30　导入计算结果

（2）显示计算结果云图。单击"Results"选项卡，系统右侧显示"Results"操作面板，设置"Action""Object"参数分别为"Create""Quick Plot"后，在"Select Result Cases"列表框中选取显示的时刻，在"Select Fringe Result"列表框中选取显示的变量，然后单击"Apply"按钮，即显示计算结果云图。选取多个时刻，单击"Apply"按钮，即可显示动画。图 15-31 为显示的部分计算结果云图。

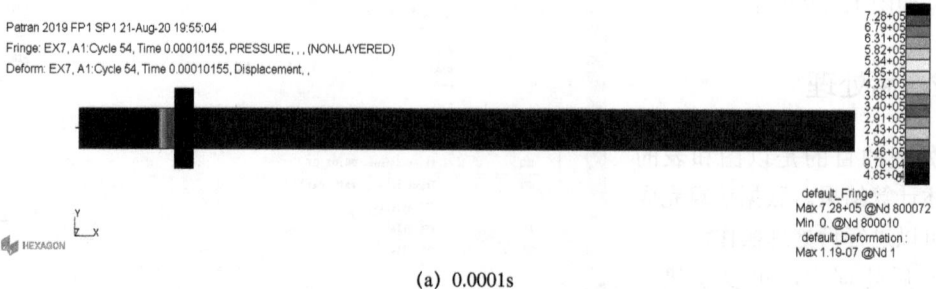

（a）0.0001s

图 15-31　不同时刻的压强公布云图

(b)　0.0002s

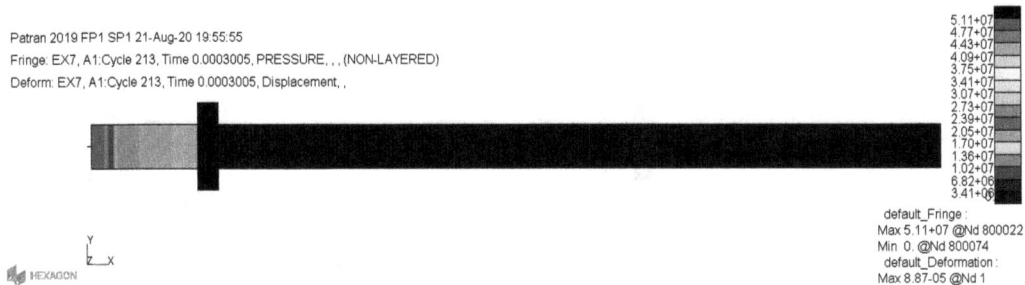

(c)　0.0003s

(d)　0.0004s

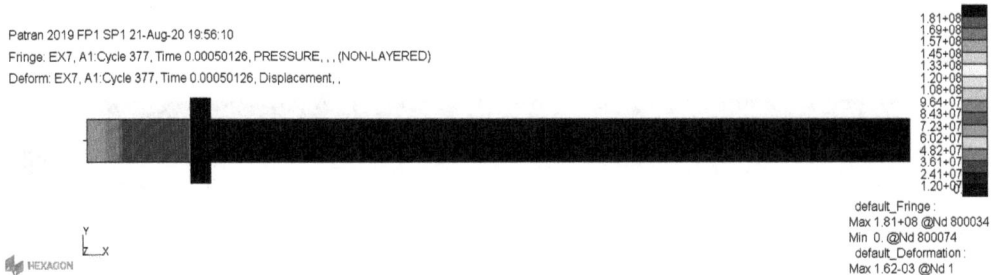

(e)　0.0005s

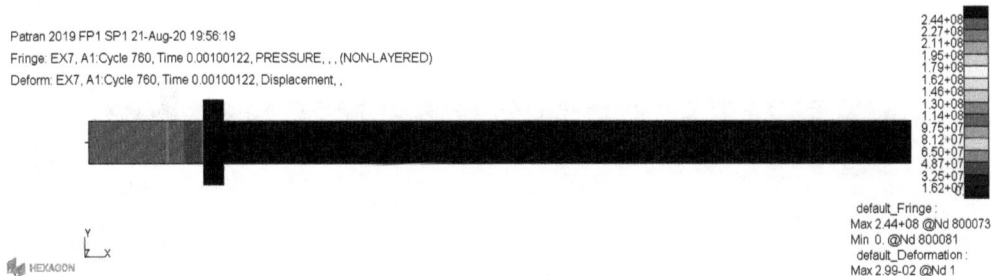

(f)　0.001s

图 15-31　不同时刻的压强分布云图（续）

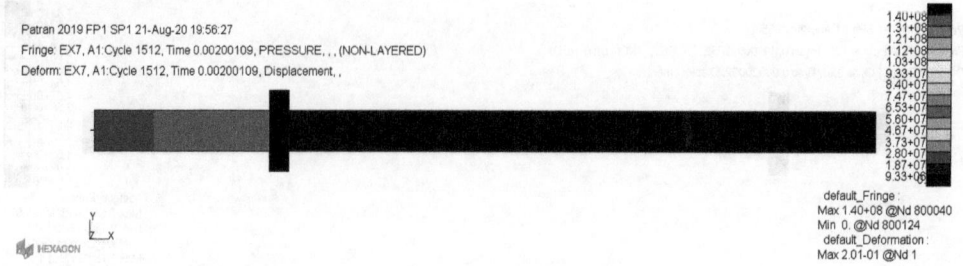

Patran 2019 FP1 SP1 21-Aug-20 19:56:27
Fringe: EX7, A1:Cycle 1512, Time 0.00200109, PRESSURE, , , (NON-LAYERED)
Deform: EX7, A1:Cycle 1512, Time 0.00200109, Displacement, ,

1.40+08
1.31+08
1.21+08
1.12+08
1.03+08
9.33+07
8.40+07
7.47+07
6.53+07
5.60+07
4.67+07
3.73+07
2.80+07
1.87+07
9.33+06

default_Fringe :
Max 1.40+08 @Nd 800040
Min 0. @Nd 800124
default_Deformation :
Max 2.01-01 @Nd 1

(g) 0.002s

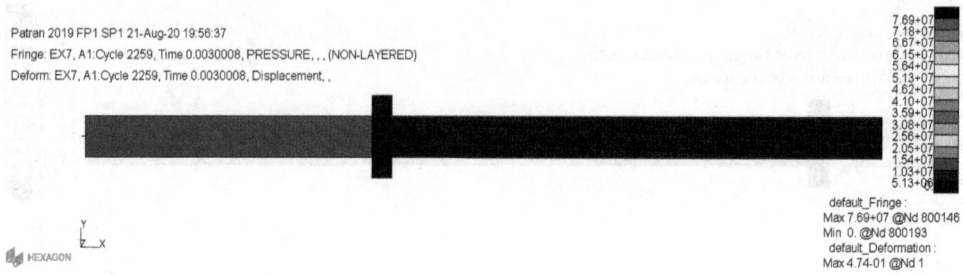

Patran 2019 FP1 SP1 21-Aug-20 19:56:37
Fringe: EX7, A1:Cycle 2259, Time 0.0030008, PRESSURE, , , (NON-LAYERED)
Deform: EX7, A1:Cycle 2259, Time 0.0030008, Displacement, ,

7.69+07
7.18+07
6.67+07
6.15+07
5.64+07
5.13+07
4.62+07
4.10+07
3.59+07
3.08+07
2.56+07
2.05+07
1.54+07
1.03+07
5.13+06

default_Fringe :
Max 7.69+07 @Nd 800146
Min 0. @Nd 800193
default_Deformation :
Max 4.74-01 @Nd 1

(h) 0.003s

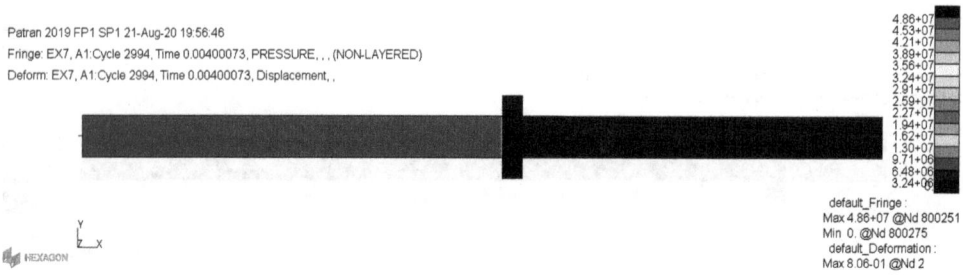

Patran 2019 FP1 SP1 21-Aug-20 19:56:46
Fringe: EX7, A1:Cycle 2994, Time 0.00400073, PRESSURE, , , (NON-LAYERED)
Deform: EX7, A1:Cycle 2994, Time 0.00400073, Displacement, ,

4.86+07
4.53+07
4.21+07
3.89+07
3.56+07
3.24+07
2.91+07
2.59+07
2.27+07
1.94+07
1.62+07
1.30+07
9.71+06
6.48+06
3.24+06

default_Fringe :
Max 4.86+07 @Nd 800251
Min 0. @Nd 800275
default_Deformation :
Max 8.06-01 @Nd 2

(i) 0.004s

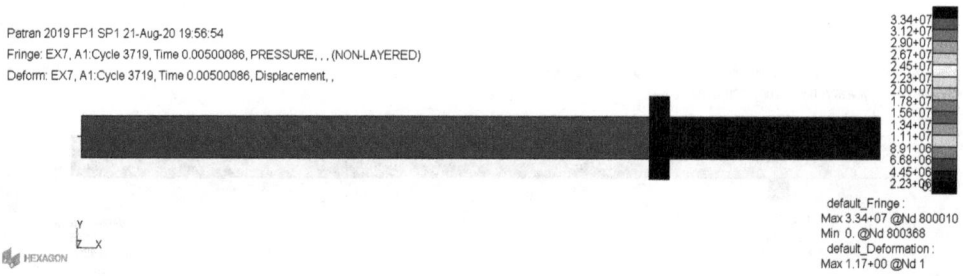

Patran 2019 FP1 SP1 21-Aug-20 19:56:54
Fringe: EX7, A1:Cycle 3719, Time 0.00500086, PRESSURE, , , (NON-LAYERED)
Deform: EX7, A1:Cycle 3719, Time 0.00500086, Displacement, ,

3.34+07
3.12+07
2.90+07
2.67+07
2.45+07
2.23+07
2.00+07
1.78+07
1.56+07
1.34+07
1.11+07
8.91+06
6.68+06
4.45+06
2.23+06

default_Fringe :
Max 3.34+07 @Nd 800010
Min 0. @Nd 800368
default_Deformation :
Max 1.17+00 @Nd 1

(j) 0.005s

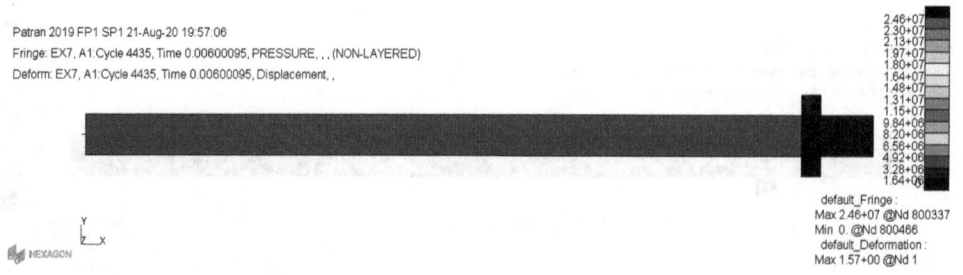

Patran 2019 FP1 SP1 21-Aug-20 19:57:06
Fringe: EX7, A1:Cycle 4435, Time 0.00600095, PRESSURE, , , (NON-LAYERED)
Deform: EX7, A1:Cycle 4435, Time 0.00600095, Displacement, ,

2.46+07
2.30+07
2.13+07
1.97+07
1.80+07
1.64+07
1.48+07
1.31+07
1.15+07
9.84+06
8.20+06
6.56+06
4.92+06
3.28+06
1.64+06

default_Fringe :
Max 2.46+07 @Nd 800337
Min 0. @Nd 800466
default_Deformation :
Max 1.57+00 @Nd 1

(k) 0.006s

图 15-31　不同时刻的压强分布云图（续）

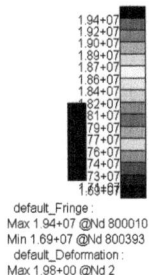

Patran 2019 FP1 SP1 21-Aug-20 19:57:13
Fringe: EX7, A1:Cycle 5156, Time 0.00700033, PRESSURE, , , (NON-LAYERED)
Deform: EX7, A1:Cycle 5156, Time 0.00700033, Displacement, ,

(1) 0.007s

图 15-31　不同时刻的压强分布云图（续）

在 Dytran 界面中的"Dytran Job[2]"窗口中，双击文件"EX15_COPULE_0.THS"，如图 15-32 所示，会进入曲线视图界面。

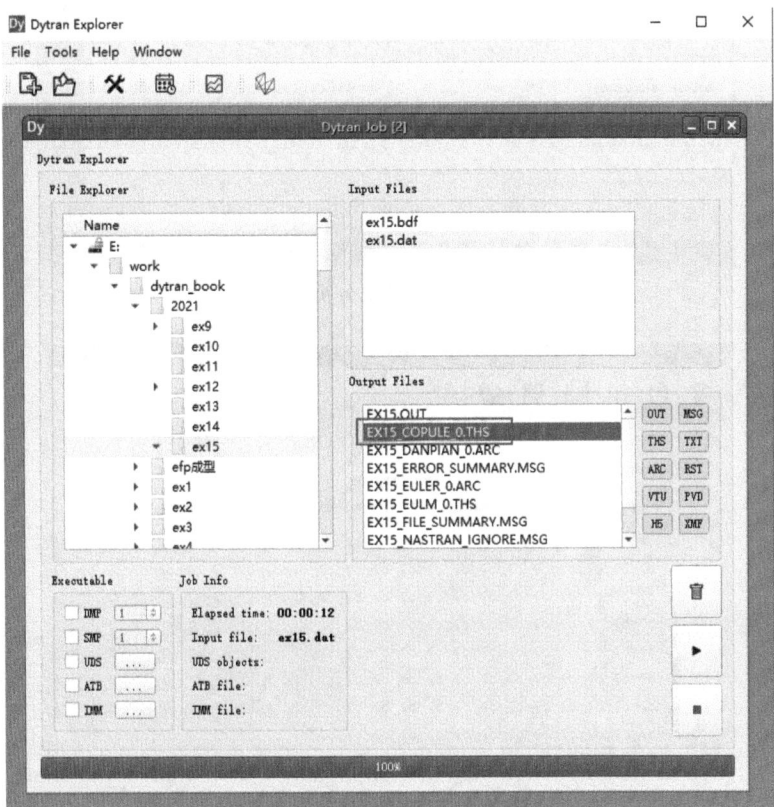

图 15-32　双击文件"EX7_COPULE_0.THS"

下面可以查看耦合面输出结果，在"Visual Time History Viewer"窗口中的"Y-axis"下拉列表中选择"XFORCE"，将显示仿真分析曲线，如图 15-33 所示，查看后单击右上角的"关闭"按钮 X ，关闭窗口。

下面查看检测点计算结果，在 Dytran 界面中的"Dytran Job[2]"窗口中，双击文件"EX15_EULM_0.THS"，在"Visual Time History Viewer"窗口中的"Y-axis"下拉列表中选择"PRESSURE800001"，可以查看不同位置的压强曲线，可以通过选择不同的值叠加显示曲线，不同位置有压强曲线如图 15-34 所示，查看完毕后，单击右上角的"关闭"按钮 X ，关闭窗口。

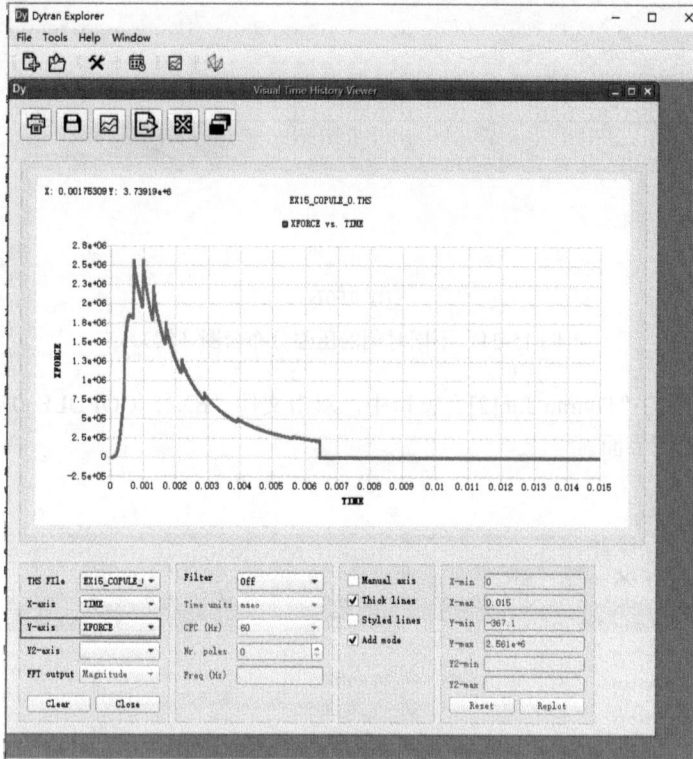

图 15-33　仿真分析曲线

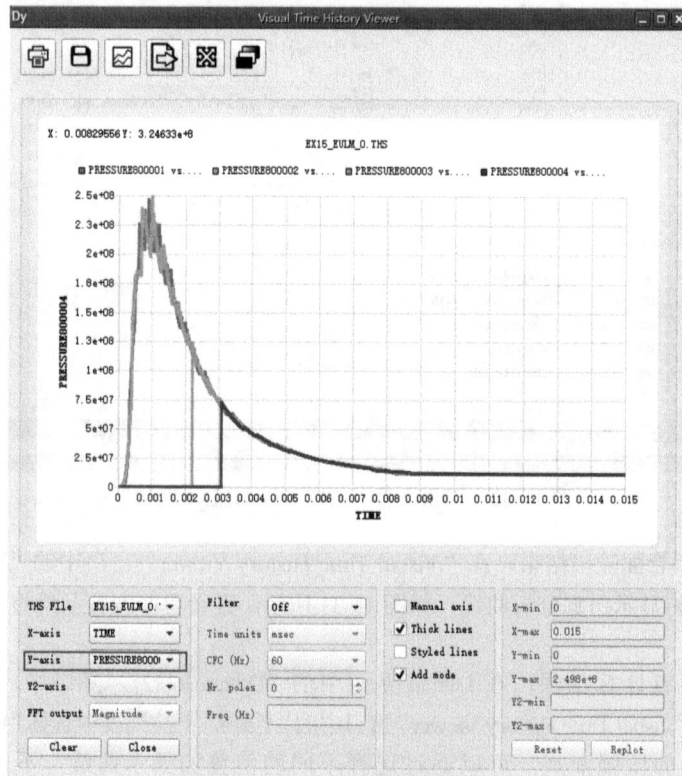

图 15-34　不同位置的压强曲线

　　下面查看刚体的计算结果，在 Dytran 界面中的"Dytran Job[2]"窗口中双击文件"EX15_
RIGID_0.THS"，在"Visual Time History Viewer"窗口中的"Y-axis"下拉列表中选择"XVEL"，
可以查看单元运动速度曲线，如图 15-35 所示，查看完毕后，单击右上角的"关闭"按钮 ![X]，关
闭窗口。

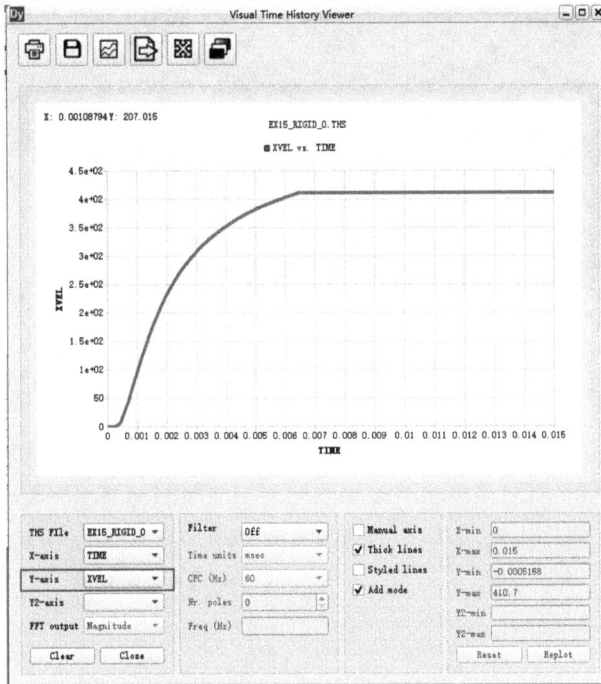

图 15-35　单元运动速度曲线

附录
工具图标

图标	名称	对应菜单命令	功能介绍
	File New	File > New	建立一个新的 Patran 数据库文件
	File Open	File > Open	打开一个以前建立的 Patran 数据库文件
	File Save	File > save	保存
	Print	File > Print	打印
	Copy to Clip-board	—	复制图形界面中的内容到剪切板
	Undo	—	取消上一次存入数据库的操作
	Abort	—	中止当前正在进行的工作，Patran 运行状态指示图标为绿色时才能中止
	Reset graphics	—	复位图形
	Refresh graphics	—	刷新当前界面
	Mouse rotate XY	Preferences > Mouse	按住鼠标中键，左右拖曳鼠标，模型绕屏幕平面竖直方向的轴旋转；上下拖曳鼠标，模型绕屏幕平面水平方向的轴旋转；往其他方向拖曳鼠标，模型同时绕这两个轴旋转
	Mouse Rotate Z	—	按住鼠标中键拖曳鼠标，模型绕垂直于屏幕的轴旋转
	Mouse translate XY	—	按住鼠标中键拖曳鼠标，模型在屏幕区域左右上下移动
	Mouse Zoom	—	滚动鼠标中键，实时放大或缩小模型
	View corners	Viewing > Select Corners	局部框选放大显示模型
	Fit View	Viewing > Fit View	模型适应视窗，使所有的实体都在当前视窗中显示
	View Center	Viewing > Select Center	以选中的点作为整个视窗的中心点显示模型
	Rotation Center	—	以选中的点作为模型旋转的中心点
	Model Center	—	把视窗中的模型中心点作为旋转中心点
	Tile Viewports	—	平铺视图
	Zoom out	Viewing > Zoom	缩小图形
	Zoom in	—	放大图形
	Wireframe	Display > EntityColor > Label > Render	以线框形式显示实体，不做隐藏处理
	Hidden line	—	以线框形式显示实体，隐藏被遮挡的部分
	Smooth shaded	—	以光滑着色渲染的形式显示实体，看起来图形更逼真

续表

图标	名称	对应菜单命令	功能介绍
	Element Shrink	—	单元视图离散化
	Cycle Back-ground	—	切换图形界面背景颜色为黑色或白色
	Cycle Show labels	—	隐藏或显示所有实体标号
	Front View	—	前视图
	Rear View	—	后视图
	Top View	—	俯视图
	Bottom View	—	仰视图
	Left Side View	—	左视图
	Right Side View	—	右视图
	Iso 1 ViewIso	—	视图 1
	Iso 2 ViewIso	—	视图 2
	Iso 3 ViewIso	—	视图 3
	Iso 4 ViewIso	—	视图 4
	Plot/Erase	Display > Plot/Erase	图形界面上几何图形、参考坐标系和有限元实体的显示或者隐藏控制，擦去和隐藏后并没有在数据库文件中真实删除该对象
	Plot/Erase FEM	—	图形界面上几何图形实体的显示或者隐藏控制，擦去和隐藏后并没有在数据库文件中真实删除该对象
	Plot/Erase Geometry	—	图形界面上有限元实体的显示或者隐藏控制，擦去和隐藏后并没有在数据库文件中真实删除该对象
	Plot LBC Markers	—	图形界面上载荷或边界条件的显示或者隐藏控制，擦去和隐藏后并没有在数据库文件中真实删除该对象
	Label Control	Display > Entity Color/Label/Render	在其提供的操作面板上定义实体标号的显示
	Point size	Display > Geometry > Point Size	以小点（1 个像素）或小圆圈（9 个像素）的形式显示几何点
	Node size	Display > Finite Elements	以小点（1 个像素）或小圆圈（9 个像素）的形式显示单元节点

图标	名称	对应菜单命令	功能介绍
	Display lines	—	在曲面内部按其参变量的方向画零条或者两条剖面线，能够更形象地显示实体。可以通过设置显示更多条剖面线（Display > Geometry > Number of display lines ）
	MSCResource Services	—	连接到公司官网